Uwe Backes/Eckhard Jesse (Hrsg.)

Jahrbuch Extremismus & Demokratie (E & D)

20. Jahrgang 2008

Nomos

Herausgeberschaft und Redaktion: apl. Prof. Dr. Uwe Backes, Hannah-Arendt-Institut für Totalitarismusforschung, D-01062 Dresden, Tel. (0351) 46 33 28 02; Prof. Dr. Eckhard Jesse, TU Chemnitz, Politikwissenschaft, Philosophische Fakultät, D-09107 Chemnitz, Tel. (0371) 53127720.

Redaktionsassistenz: Dr. Tom Thieme, Madeleine Petschke.

Internet:
http://www.tu-chemnitz.de/phil/politik/jahrbuch_extremismus_&_demokratie.html

Die Deutsche Nationalbibliothek verzeichnet diese Publikation in der Deutschen Nationalbibliografie; detaillierte bibliografische Daten sind im Internet über http://www.d-nb.de abrufbar.

ISBN 978-3-8329-4452-0

Jahrbuch
EXTREMISMUS & DEMOKRATIE (E&D)

Inhalt Band 20 (2008)

Inhalt

Editorial

Dieses Jahrbuch steht im Zeichen des Doppeljubiläums „60 + 20“: 2009 jährt sich zum sechzigsten Mal die Gründung der Bundesrepublik, zum zwanzigsten Mal die friedliche Revolution in der DDR, die kurz danach in die deutsche Einheit mündete. War die Teilung Deutschlands und die Bildung zweier deutscher Staaten 1949 länger absehbar, brach der „reale Sozialismus“ gleichsam „über Nacht“ zusammen. Die Freiheitsrevolution („Wir sind das Volk“) schlug schnell in die Einheitsrevolution um („Deutschland einig Vaterland“). Nicht nur für die Extremismusforschung bieten solche tektonischen Verschiebungen eine gute Gelegenheit zu Rück-, Ein- und Ausblicken.

Wer die Geschichte der Bundesrepublik als „success story“ und die Geschichte des politischen Extremismus als eine Summe gescheiterter Unternehmungen präsentiert, trifft die Wirklichkeit – allerdings nur zum Teil. Wiewohl die zweite deutsche Demokratie nach Eckhard Jesse im Vergleich zur Weimarer Republik weitaus besser abschneidet, gibt es neben vielen Stärken auch Schwächen – etwa grassierende Lagermentalitäten, verbreitete Unsicherheiten, mangelnde Gelassenheit im Umgang mit gewaltlosen Extremismen. Die *Analyse* geht vor allem auf die Rolle der Parteiendemokratie und des Parteiensystems ein – vor und nach der deutschen Einheit. Sie sondiert zudem die Rolle des Demokratieschutzes. Mit dem Konzept der streitbaren Demokratie hat der Parlamentarische Rat einen Beitrag geleistet, den andere Verfassungsstaaten so nicht gekannt haben und kennen. Daher fällt Jesses Fazit eher positiv aus. Uwe Backes‘ *Analyse* erörtert die andere Seite der Medaille: den politischen Extremismus. Entgegen den Befürchtungen der Demokratiegründer entwickelte er sich zu keinem Zeitpunkt zu einer existentiellen Gefahr – dies gilt für Rechts- wie Linksextremismus gleichermaßen. Indes hat die deutsche Vereinigung aufgrund der autokratischen Erblast und der Transformationsfolgen im östlichen Deutschland zu einer Repolarisierung des Parteiensystems geführt. Zum einen ist eine harte rechtsextremistische, Affinitäten zum historischen Nationalsozialismus aufweisende Partei, die NPD, in zwei östliche Landesparlamente eingezogen. Zum anderen konnten die halbherzig gewandelten, allenfalls semiloyalen Nachfolgeorganisationen der SED/PDS, gestützt auf ihre Hochburgen im östlichen Deutschland und im Bündnis mit der WASG des ehemaligen SPD-Bundesvorsitzenden Lafontaine, in westliche Landesparlamente einziehen. Ob aus dieser Konstellation ein ernstes Konsolidierungsproblem erwächst? Angesichts der Gesamtgeschichte der zweiten deutschen Demokratie ist Optimismus angebracht.

Die zwei weiteren *Analysen* – des Hamburger Politikwissenschaftlers Wolfgang Kraushaar und des Rostocker Historikers Werner Müller – ziehen Bilanzen anderer Art. Wird die Studentenbewegung zum Teil als Nach-, Um- oder Neugründung der Bundesrepublik Deutschland interpretiert, macht sich Kraushaar eine derartige Charakterisierung nicht zu eigen. Er betont – 40 Jahre danach – die Ambivalenz der 68er, die heute mitunter 68 Jahre alt sind. Wie Werner Müller nachweist, war der von Walter Ulbricht abgehalfterte Karl Schirdewan, nach der friedlichen Revolution von der PDS rehabilitiert, keineswegs ein reformbewußter „Dissident“, kein Streiter wider den „Dogmatismus“, sondern ein loyaler Mann der KPdSU. Müllers Beitrag verdeutlicht einmal mehr: Die DDR, ein Staat ohne zureichende Legitimität, verdankte ihre Existenz dem „großen Bruder“.

Im Jahr 2007 feierte die Marxistisch-Leninistische Partei Deutschlands (MLPD) ihr 25jähriges Bestehen. Das *Dossier* des Berliner Politikwissenschaftlers Helmut Müller-Enbergs belegt: Diese Partei, eine Art politische Sekte, verficht einen harten Extremismus – ohne sonderlichen Einfluß, wenngleich Stefan Engel, welcher der Partei seit ihrer Gründung vorsteht, dies anders sieht. Auch die „junge welt“, in der DDR die Tageszeitung mit der größten Auflage, fristet heute ein Schattendasein. Das *Zeitschriftenporträt* des Jenaer Politikwissenschaftlers Norman Bock erhellt dies augenfällig. Die Absplitterung des antideutschen Organs „Jungle World“ 1997 von der antifaschistischen „jungen Welt“ erfolgte nicht wegen deren extremistischem Charakter. Das neue Buch der Europaabgeordneten Sahra Wagenknecht, Repräsentantin und Aushängeschild der Kommunistischen Plattform innerhalb der LINKEN, paßt in der Tendenz gut zur „jungen welt“. Wie die Dresdener Publizistin Susanne Kailitz in der *Literatur aus der „Szene“* darlegt, können die Gedankengänge Wagenknechts schwerlich als Beitrag zur Stärkung der offenen Gesellschaft in Deutschland gelten.

Die rechtsextremistische NPD ist ungeachtet aller vollmundigen Parolen in einer tiefen (ideologischen, strategischen und organisatorischen) Krise. Darüber kann auch ihr Erfolg bei den letzten Landtagswahlen in Mecklenburg-Vorpommern nicht hinwegtäuschen. Die Rostocker Politikwissenschaftlerin Sandra Pingel-Schliemann gibt in ihrem *Dossier* einen Überblick zur „Fundamentalopposition“ in den Parlamenten. Das Ergebnis: Die NPD sucht durch Versprechungen eine breite Klientel zu bedienen (vom Arbeitslosen bis zum Mittelständler), macht sich um deren Finanzierung aber wenig Gedanken. Die NPD setze im nord-östlichen Bundesland gezielt auf „Ostalgie“ und knüpfe an kollektivistische Gesellschaftsmodelle an – nicht ohne Erfolg. Das *Dossier* des Chemnitzer Politikwissenschaftlers Marc Brandstetter nimmt sich der „Autonomen Nationalisten“ an, einer neuen Strömung innerhalb des Rechtsextremismus, gegenüber der die NPD nach außen hin auf Distanz geht. Brandstetters Vergleich mit der linksextremen autonomen Szene illustriert eine Reihe augenfälliger Parallelen (Verwendung ähnlicher Codes, Betonung eines sozialrevolutionären Antikapitalismus, Akzeptanz von Gewalt). Einen Eindruck vom verbreiteten Selbstverständnis der Aktiven vermittelt die „Dokumentation 2007“. Der Dresdner Politikwissenschaftler Martin Thein arbeitet in seinem *Biographischen Porträt* über den früheren Kühnen-Mitstreiter Christian Worch, einem der „dienstältesten“ Aktivisten neonationalsozialistischer Couleur, u.a. dessen Geltungssucht heraus. Doch spielt er in der Szene der „Freien Nationalisten“ dessen ungeachtet eine wichtige Rolle als eifriger und erfahrener Demonstrationsunternehmer.

Der deutsche Terrorismus ist heute Geschichte. Die Vielzahl der Publikationen – und nicht nur solcher – 30 Jahre nach dem sogenannten „deutschen Herbst“ unterstreicht seine mächtige Nachwirkung. Der *Literaturbericht* von Eckhard Jesse erhellt die Nähe und Ferne des damaligen Terrorismus in der heutigen Wahrnehmung. Zu den Terroristen gehörten mit Horst Mahler und Ulrike Meinhof „typische“ Intellektuelle. Daß diese nicht von totalitärer Versuchung frei sind, belegt eindrucksvoll die *Sammelrezension* des Rostocker Historikers Alexander Gallus zum Thema. Auch und gerade junge Demokratien sind von extremistischen Strömungen nicht frei. Das *Länderporträt* über Ungarn aus der Feder der beiden Chemnitzer Politikwissenschaftler Melani Barlai und Florian Hartleb macht als Folge einer gesellschaftlichen Polarisierung auf einen schleichenden Wandel in der ungarischen Politik aufmerksam: auf den Populismus der beiden Großparteien, der postkommunistischen MSZP und der bürgerlichen Fidesz-Partei. Das neueste Phänomen ist der subkulturell ausgerichtete Rechtsextremismus der „Jobbik“-Bewegung, aus deren Reihen im August 2007 die „Ungarische Garde“ hervorging.

Die Rubriken „Wahlen 2007“, „Organisationen 2007“ beleuchten die aktuelle Situation des organisierten Extremismus im Berichtsjahr. Weit darüber hinaus weist der *Rezensionsessay* des Münchner Politikwissenschaftlers Christopher Daase hinaus. Er enthält eine kritische Würdigung des Bandes von Michael Mann „Die dunkle Seite der Demokratie“. Gemeint sind „ethnische Säuberungen“. In der Rubrik *„Wieder gelesen“*, die diesmal der Bonner Politikwissenschaftler Frank Decker verfaßt hat, wird ein englischsprachiger Klassiker von Ghita Ionescu/Ernest Gellner zum Populismus in Erinnerung gerufen. Er spannt den Bogen weltweit und enthält für die heutige Populismusforschung nach wie vor zahlreiche wertvolle Anregungen.

Einem eher ungewöhnlichen Themenbereich nimmt sich die Rubrik *„Kontrovers besprochen“* an: Die provokante Streitschrift „Der Gotteswahn“ des britischen Evolutionsbiologen Richard Dawkins schlug 2007 hohe Wellen. Die Grundverschiedenheit der öffentlichen Reaktionen auf dessen Fundamentalkritik an den Ursachen und Auswirkungen religiösen (Irr-)Glaubens setzt sich in den Rezensionen der Rubrik *„Kontrovers besprochen“* fort – allerdings zum Teil jenseits klassischer Erwartungen. Während der Bonner Politikwissenschaftler Tilman Mayer und der protestantische Wuppertaler Pastor Heinrich Lüchtenborg den wissenschaftlich-theologischen Hintergrund in der Argumentation Dawkins' vermissen, stützen der Berliner Molekularbiologe Jens Reich und der Chemnitzer Politologe Tom Thieme die Befunde des Autors zu den Gefahren radikaler Religiosität jedweder Couleur. Die Position des Kölner Politikwissenschaftlers Armin Pfahl-Traughber ist dazwischen angesiedelt. Nicht zuletzt wegen des Hangs zur Polemik – den alle mehr oder weniger kritisieren – sei das Buch ungeachtet inhaltlicher Stärken etwas „geschwätzig“ und zum Teil „holzschnittartig“ in der Argumentation.

Der gewohnten Anlage der Jahrbücher gemäß finden sich erneut „Hauptbesprechungen“, „Kurzbesprechungen“, eine kleine „Zeitschriftenauslese“ und ein „Verzeichnis der besprochenen Bücher“. Die „Kommentierte Bibliographie“ ergänzt den Rezensionsteil um bibliographische Informationen zu nationalen wie internationalen Neuerscheinungen. Die Rubrik *Mitteilungen und Hinweise* versammelt diesmal Informationen zur Gedenkstätte Berlin-Hohenschönhausen sowie zu zwei Jahrbüchern – zum „Terrorismus“ und zur „Liberalismus-Forschung“.

Wer auf die Extremismusforschung der letzten 20 Jahre zurückblickt, mag konstatieren, daß das Jahrbuch seinen Beitrag zu deren Etablierung in der Bundesrepublik geleistet hat. Mit Band 20 feiert es auch ein (kleines) Jubiläum.

U.B./E.J.

Analysen

60 Jahre Extremismus in Deutschland

Von Uwe Backes

1. Einleitung

Der Untergang der Republik von Weimar, die Machtübernahme der Nationalsozialisten mit ihren verheerenden Folgen, die Teilung des Landes und die mehr als vier Jahrzehnte währende repressive Realität auf dem Territorium der Sowjetischen Besatzungszone erklären zusammengenommen die hohe Aufmerksamkeit für antiliberale und antidemokratische, meist mit dem Sammelbegriff „politischer Extremismus" bezeichnete, Bedrohungen im Inneren, die im wiedervereinten Deutschland kaum weniger ausgeprägt erscheint als im westlichen Landesteil vor der Epochenzäsur 1989/90. Allerdings haben sich die Aufmerksamkeitsschwerpunkte – über die oft mit Wahlerfolgen verbundenen Konjunkturen hinweg – im Laufe der Jahrzehnte verändert. Die Auseinandersetzung mit dem Rechtsextremismus war aufgrund der mega-kriminellen NS-Erblast schon in den sechziger Jahren außerordentlich intensiv und ist es, nicht zuletzt angesichts der NPD-Erfolge und des anhaltend hohen Gewaltpotentials militanter Szenen, bis heute geblieben. Der Linksextremismus blieb trotz anhaltender Bedeutungslosigkeit bei Wahlen in der alten Bundesrepublik vor allem wegen der Existenz und Alimentierungspraxis der SED-Diktatur Gegenstand lebhafter Diskussionen. Der Zusammenbruch des „realen Sozialismus" hat die Bedrohungswahrnehmung und Aufmerksamkeit nachhaltig verringert, da sich die ehemalige Monopolpartei weitaus wandlungs- und anpassungsfähiger erwies als ihre rechtsextremen Antipoden und ihre (im Vergleich zum Nationalsozialismus weniger belastende) Diktaturvergangenheit in der öffentlichen Wahrnehmung erheblich schneller abzustreifen vermochte. Der politisch-religiöse Fundamentalismus blieb bei den christlichen Denominationen weitgehend bedeutungslos, ist erst durch das Anwachsen des Islamismus in der muslimischen Welt, den international operierenden Terrorismus und den Extremismus von Minderheiten am Rande muslimischer Exil- und Immigrationsgemeinschaften zu einer ernsten Bedrohung für die innere Sicherheit geworden.

Der folgende Beitrag umreißt Entwicklung und Wandel der organisierten politischen Extremismen in den sechs Jahrzehnten nach Gründung der Bundesrepublik Deutschland. Die Lage im geteilten und im vereinten Deutschland wird jeweils für die drei Hauptsegmente: Rechtsextremismus, Linksextremismus, politisch-religiöser Fundamentalismus, gesondert dargestellt.[1] Die abschließende Bilanz fragt nach Kontinuitäten

1 Vgl. zur Begrifflichkeit ausführlich: Uwe Backes, Politische Extreme. Eine Wort- und Begriffsgeschichte von der Antike bis zur Gegenwart, Göttingen 2006, S. 233-250. Im übrigen sei auf die alljährliche Rubrik „Organisationen" im Jahrbuch verwiesen.

und Diskontinuitäten der heutigen Situation im Vergleich zu der vor 1989/90. Im Zentrum steht die Frage nach dem Gefahrenpotential für Bestand, Stabilität und Konsolidierung des demokratischen Verfassungsstaates. Die Darstellung des parteipolitisch relevanten Spektrums nimmt daher naturgemäß den größten Raum ein.

2. Geteiltes Deutschland

Im westlichen Deutschland beruhte der Verfassungskonsens auf der Abgrenzung zur NS-Diktatur der Vergangenheit wie zur SED-Diktatur der Gegenwart. Die politischen Extremismen, wie sie die bald nach Gründung der Bundesrepublik eingerichteten Verfassungsschutzämter als potentielle Gefahrenquellen für den Bestand der „freiheitlich-demokratischen Grundordnung" beobachteten, wurden nicht zuletzt über ihre jeweilige Nähe zu den beiden Diktaturen definiert. Die Präsenz des anderen deutschen Staates wirkte zugleich auf das politische Kräftefeld der Bundesrepublik ein, da die SED mit der KPD (bis zum Verbot 1956 und wieder ab 1968 mit Gründung der DKP) einen Brückenkopf unterhalten konnte, mit dem sie die Entwicklung im westlichen Deutschland zu beeinflussen suchte. Für die extreme Rechte wiederum bildete der Antikommunismus eine sprudelnde Motivationsquelle.

2.1. Linksextremismus

Den linken Flügel des sich etablierenden westdeutschen Parteiensystems dominierte die Statthalterin Ostberlins und Moskaus, die *Kommunistische Partei Deutschlands* (KPD). Ihr opferreicher, von antifaschistischen Mythen umrankter Widerstand gegen das NS-Regime hatte ihr Startvorteile verschafft, so daß sie mit beachtlichen Quoren in die ersten westdeutschen Landtage eingezogen war und zunächst den neugebildeten Regierungen angehörte („Allparteienregierungen"). Noch bei der ersten Bundestagswahl von 1949 erzielte sie unter Max Reimann 5,7 Prozent der Stimmen.[2] Wenn sie bereits zu diesem Zeitpunkt stark an Einfluß eingebüßt hatte, lag dies an der Entwicklung im anderen Teil Deutschlands. Dort hatte sich die KPD im April 1946 unter Anwendung von Zwang und Gewalt die Sozialdemokratie einverleibt und nach und nach alle anderen Parteien gleichgeschaltet. Die abschreckenden Nachrichten aus dem östlichen Landesteil, wo die Menschen wesentlicher Grundrechte beraubt blieben und eine Flucht in den

2 Vgl. Jens Ulrich Klocksin, Kommunisten im Parlament. Die KPD in Regierungen und Parlamenten der westdeutschen Besatzungszonen und der Bundesrepublik Deutschland, 1945-1956, 2. Aufl., Bonn 1994; Hans Kluth, Die KPD in der Bundesrepublik. Ihre politische Tätigkeit und Organisation 1945-1956, Köln/Opladen 1959; Dietrich Staritz, Kommunistische Partei Deutschlands, in: Richard Stöss (Hrsg.), Parteien-Handbuch. Die Parteien der Bundesrepublik Deutschland 1945-1980, Bd. 1, Opladen 1983, S. 1663-1809.

Westen nach dem Bau der Mauer 1961 an der scharf gesicherten Grenze oftmals tödlich endete, minderte die Erfolgsaussichten der Kommunisten erheblich.

Auch wenn die KPD 1956 nicht verboten worden wäre, hätte sie wohl kaum mehr als eine politische Randexistenz gefristet. Jedenfalls gelang es der 1968 „neu konstituierten", von der SED abhängigen *Deutschen Kommunistischen Partei* (DKP) zu keiner Zeit, an die kurze Erfolgsphase der KPD nach 1945 anzuknüpfen.[3] Über Jahre hinweg verfügte sie zwar mit rund 40.000 Personen über einen beachtlichen Mitgliederstamm, konnte bei Wahlen über den Kreis ihrer Aktiven hinaus aber kaum Wähler mobilisieren (Tiefpunkt Bundestagswahl 1983: knapp 65.000 Zweitstimmen; siehe Abb. 1 und 2). 1987 trat die DKP als „Friedensliste" nur mit Direktkandidaten, gemeinsam mit befreundeten Gruppierungen (wie der Deutschen Friedens-Union) – erfolglos – zur Wahl an.

Abb. 1: Zweitstimmenergebnisse von KPD und DKP bei den Bundestagswahlen 1949-1983 (in Prozent)

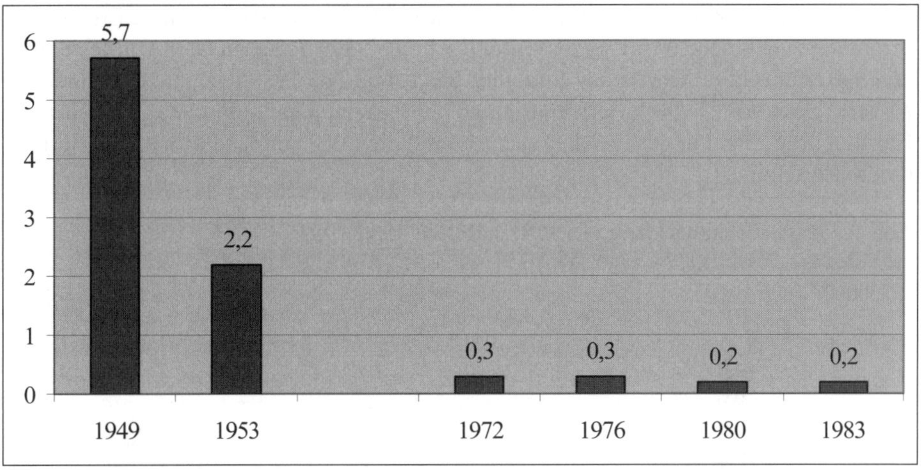

Quelle: Amtliche Wahlstatistiken.

Von der Mobilisationswirkung der „68er"-Bewegung hatte die DKP kaum profitiert. Die enge Bindung an die SED blieb ein entscheidender Wettbewerbsnachteil, obwohl Ostberlin umfangreiche organisatorische und finanzielle Unterstützung leistete. Die

3 Siehe zur Geschichte der DKP vor allem: Wilhelm Mensing, Wir wollen unsere Kommunisten wieder haben ... . Demokratische Starthilfen für die Gründung der DKP, Zürich/Osnabrück 1989; Siegfried Heimann, Die Deutsche Kommunistische Partei, in: Richard Stöss (Hrsg.), Parteien-Handbuch, Bd. 1, Opladen 1983, S. 901-981; Manfred Wilke/Hans-Peter Müller/Marion Brabant, Die Deutsche Kommunistische Partei (DKP). Geschichte – Organisation – Politik, Köln 1990; Gerhard Hirscher/Armin Pfahl-Traughber (Hrsg.), Was wurde aus der DKP? Beiträge zu Geschichte und Gegenwart der extremen Linken in Deutschland, Brühl/Rheinland 2008.

jährlichen Zuwendungen wurden vom ZK-Sekretariat der SED „gleichsam etatmäßig“[4] bereitgestellt, zuletzt noch im Oktober 1989 durch Generalsekretär Erich Honecker in Höhe von mehr als 60 Mio. DM einschließlich der Summen für Jugend- und befreundete Organisationen. So konnte die DKP trotz ihrer wahlpolitischen Erfolglosigkeit einen enormen Parteiapparat unterhalten und mit dessen Hilfe beträchtlichen Einfluß auf gesellschaftliche Teilbereiche (Verlagswesen, Bücher und Zeitschriften, studentische Hochschulgruppen und befreundete Hochschullehrer an nahezu allen Universitäten, Einzelgewerkschaften wie die GEW, „Friedensbewegung“) ausüben. Doch in ihrer gemäß offizieller Ideologie wichtigsten Klientelgruppe, der Industriearbeiterschaft, erreichte sie selbst in ihren wenigen lokalen Hochburgen eine nur geringe Verankerung. Zudem setzte die ideologische Starrheit der Anpassungsfähigkeit an soziale Entwicklungen enge Grenzen. Die als „Eurokommunismus“ bezeichnete Phase beschränkter ideologischer Lockerung bei einigen westlichen KPen (vor allem in Italien und Spanien) ging spurlos an der DKP vorüber. Erst die Reformen Gorbatschows stellten den „demokratischen Zentralismus“ vor eine Bewährungsprobe, da nun eine „Erneuerer“-Strömung zunehmend Kritik an der mit unverbrüchlicher Treue an Ostberlin festhaltenden Parteiführung übte. Als das Ende des SED-Regimes 1989 das ganze Ausmaß der Abhängigkeit von Ostberlin offenbarte und der Parteiapparat kollabierte, behielten die Hardliner die Zügel in der Hand. So schrumpfte die DKP auf das Format einer ultraorthodoxen Sekte.

Abb. 2: Mitgliederentwicklung von KPD und DKP, 1945-1989

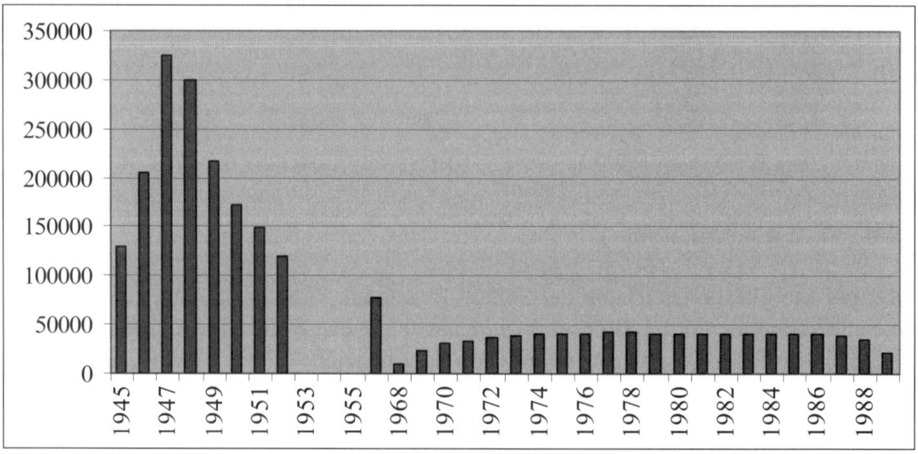

Quelle: Parteiangaben; Verfassungsschutzberichte des Bundes.

4 Michael Roik, Die DKP und die demokratischen Parteien 1968-1984, Paderborn u.a. 2006, S. 109. Siehe auch schon: Patrick Moreau, Der westdeutsche Kommunismus in der Krise, in: Uwe Backes/ Eckhard Jesse (Hrsg.), Jahrbuch Extremismus & Demokratie, Bd. 2, Bonn 1990, S. 170-206.

Andere Spielarten des Marxismus-Leninismus – gleichgültig, ob sie sich an Peking, Pjöngjang, Tirana oder einer der rivalisierenden trotzkistischen „Internationalen" orientierten, gewannen, getragen weitgehend von der Opferbereitschaft der Aktiven[5], in Gestalt der sogenannten K-Gruppen im Zuge der Studentenbewegung Auftrieb – eine jedoch nur in den siebziger Jahren blühende Spielwiese des „virtuellen Totalitarismus".[6] Im Gegensatz zum staatlichen gesponserten Extremismus der DKP blieb ihnen jedoch außerhalb universitärer Milieus gesellschaftlicher Einfluß weitgehend versagt. Ende der siebziger Jahre erlebten sie einen raschen Niedergang und lösten sich danach zumeist auf. Gleiches gilt für den Linksterrorismus der *Roten Armee Fraktion* (RAF) und *Revolutionärer Zellen* (RZ), die ihre politische Chancenlosigkeit durch systematische Gewaltanwendung zu kompensieren suchten.[7] Als dauerhafter erwiesen sich demgegenüber von der Auflockerung der Orthodoxien profitierende „antiautoritäre" Formen. Im Umfeld der „Spontis" und „Hausbesetzer" entstand Ende der siebziger, Anfang der achtziger Jahre die Szene der *Autonomen*, von deren Existenz die breite Öffentlichkeit vor allem durch das gewaltsame Agieren des Schwarzen Blocks am Rande des Demonstrationsgeschehens erfuhr.[8] Zwar ging von ihr bereits in den achtziger Jahren das Gros politisch motivierter Gewalttaten aus, doch blieb ihr politischer Einfluß am linken Rand des politischen Spektrums auch infolge der teilweise anarchistisch geprägten Theorie- und Organisationsscheu gering.

2.2. Rechtsextremismus

Anders als es die SED-Ideologen wahrhaben wollten, markierten das Ende des Zweiten Weltkriegs und der Untergang des Dritten Reiches im westlichen Deutschland einen historischen Bruch in der Entwicklung der bis dahin stark ausgeprägten Traditionen einer extremen, antidemokratischen Rechten. Entgegen verbreiteter Befürchtungen sollte sich der Rechtsextremismus in den folgenden Jahrzehnten nicht mehr von der 1933 ausgelösten politischen Katastrophe erholen. Dennoch entwickelten sich in den westlichen Besatzungszonen trotz des Verbots der NSDAP, der Entnazifizierung und Internierung von Parteiaktivisten sowie der Wachsamkeit der Besatzungsmächte mit Blick auf neonationalsozialistische Aktivitäten Freiräume für „weichere" rechtsextreme Gruppie-

5 Siehe zu den Finanzierungspraktiken: Andreas Kühn, Stalins Enkel, Maos Söhne. Die Lebenswelt der K-Gruppen in der Bundesrepublik der 70er Jahre, Frankfurt a.M./New York 2005, S. 48-51.

6 So, gemünzt auf den Kommunistischen Bund Westdeutschlands: Gerd Koenen, Das Rote Jahrzehnt. Unsere Kleine Deutsche Kulturrevolution 1967-1977, Köln 2001, S. 415.

7 Vgl. Stefan Aust, Der Baader Meinhof Komplex, Neuausgabe, Hamburg 2008; Butz Peters, Tödlicher Irrtum. Geschichte der RAF, Neuausgabe, Frankfurt a.M. 2007.

8 Die meisten Darstellungen entstammen der Szene selbst oder ihrem intellektuellen Umfeld. Siehe vor allem: A.G. Grauwacke, Autonome in Bewegung. Aus den ersten 23 Jahren, Berlin o.J. (2003), S. 10; Geronimo, Feuer und Flamme. Zur Geschichte der Autonomen, 4. Aufl., Berlin/Amsterdam 1995; Thomas Schultze/Almut Gross, Die Autonomen. Ursprünge, Entwicklung und Profil der Autonomen Bewegung, Hamburg 1997.

rungen eher deutsch-nationaler und/oder autoritär-monarchistischer Prägung.[9] Manche Vertreter konnten darauf verweisen, daß sie in der nationalsozialistischen Zeit nicht aktiv gewesen waren oder gar gegen das Regime opponiert hatten. So kandidierte bei der Wahl zum Ersten Deutschen Bundestag ein mehrheitlich deutsch-national ausgerichtetes Wahlbündnis aus verschiedenen regionalen rechtsextremen Vereinigungen unter der Bezeichnung *Deutsche Konservative Partei – Deutsche Rechtspartei* (DKP-DRP).[10] Das Ergebnis fiel bescheiden aus: Mit 1,8 Prozent der Stimmen hätte die DKP-DRP unter den heutigen wahlrechtlichen Bedingungen kein Mandat erhalten. Da bei der Wahl von 1949 jedoch eine Überwindung der Fünfprozenthürde in einem Bundesland genügte, konnte die DKP-DRP aufgrund ihres guten Abschneidens in Niedersachsen fünf Abgeordnete in den Bundestag entsenden.

Die dort gebildete Gruppe der „Nationalen Rechten" geriet indes schon bald darauf in Bewegung. Fritz Dorls scherte bereits Anfang Oktober 1949 aus der Gruppendisziplin aus, da er maßgeblich an der Gründung einer neuen rechtsextremen Organisation beteiligt war: der *Sozialistischen Reichspartei* (SRP). Da Dorls Mitglied des Bundestages blieb – zunächst als fraktionsloser Abgeordneter –, verfügte die SRP auf diese Weise indirekt über eine parlamentarische Vertretung, ehe sie an einer Wahl teilgenommen hatte. Die SRP kultivierte als erste Partei im westlichen Nachkriegsdeutschland die Faszination des Dritten Reiches. Mit der angestrebten Synthese von Nationalismus und „Volkssozialismus", der Ablehnung der Systeme des Westens wie des Ostens, dem Streben nach Autarkie und der ausgeprägten Sorge um die „Erhaltung der volklichen Lebenssubstanz" traten deutliche Anklänge an die NS-Programmatik hervor, wenngleich sich die Partei einer vorsichtigen Diktion befleißigte. Die SRP kandidierte in den Jahren 1950 bis 1952 bei Landtagswahlen und erreichte zwischen 0,2 Prozent (Nordrhein-Westfalen) und 11,0 Prozent (Niedersachsen) der Stimmen. Ihre Hochburgen lagen in protestantisch geprägten Gebieten Norddeutschlands, in denen bereits die NSDAP überdurchschnittliche Ergebnisse erzielt hatte. Hier wiederum stimmten vor allem solche Wähler für die Partei, die etwa durch Arbeitslosigkeit, Vertreibung und sozialen Abstieg besonders hart von den Folgen der Kriegsniederlage betroffen waren.[11]

Nach dem Verbot der SRP 1952 sollte es über viele Jahrzehnte hinweg keiner der sich ideologisch am Nationalsozialismus orientierenden Formation mehr gelingen, bei Wahlen in nennenswertem Maße erfolgreich zu sein. Die rechtsextreme „Szene" ent-

9 Vgl. dazu die grundlegende Studie von: Kurt P. Tauber, Beyond Eagle and Swastika. German Nationalism Since 1945, Bd. 1, Middletown, Conn. 1967, S. 47-116. Siehe im Überblick: Uwe Backes/Eckhard Jesse, Politischer Extremismus in der Bundesrepublik Deutschland, 4. Aufl., Bonn 1996, S. 60-137.

10 Vgl. Horst W. Schmollinger, Die Deutsche Konservative Partei-Deutsche Rechtspartei, in: Stöss (FN 2), S. 982-1024.

11 Vgl. Horst W. Schmollinger, Die Sozialistische Reichspartei, in: Stöss (FN 2), Bd. 2, S. 2274-2336; Otto Büsch/Peter Furth, Rechtsradikalismus im Nachkriegsdeutschland. Studien über die „Sozialistische Reichspartei" (SRP), Berlin 1957, S. 95-104; Henning Hansen, Die Sozialistische Reichspartei (SRP). Aufstieg und Scheitern einer rechtsextremen Partei, Düsseldorf 2007.

wickelte sich unter vergleichsweise restriktiven Bedingungen überwiegend in der Gestalt eines politischen Mikrokosmos jenseits des etablierten Parteiengefüges – mit zum Teil subkulturellen Zügen. Der Rechtsextremismus war in den ersten Nachkriegsjahrzehnten – mit seinem Organisationsnetz und seinen publizistischen Organen – keine *Quantité négligeable*[12], hielt sich aber auf einem wenig systemgefährdenden Niveau. Östliche Geheimdienste unternahmen immer wieder Versuche, die weithin subkulturell geprägte „Szene“ anzustacheln, um die These vom revanchistischen und faschistisch-kapitalistischen Charakter des westlichen Deutschland zu erhärten.[13]

Indes bedurfte es nicht der Einflußnahme östlicher Agenten, um die militante rechtsextreme „Szene“ zu stimulieren. Eine Nachfolgeorganisation der in den fünfziger Jahren erfolglosen *Deutschen Reichspartei* (DRP), die 1964 gegründete NPD, sorgte in der zweiten Hälfte der sechziger Jahre mit spektakulären Wahlerfolgen für Aufsehen. 1968 erreichte sie mit 9,8 Prozent der Stimmen bei der baden-württembergischen Landtagswahl ihr höchstes Resultat. Die Führungsgruppe der Partei bestand in wesentlichen Teilen aus ehemaligen DRP-Aktivisten um Adolf von Thadden. Wenn auch zahlreiche ehemalige NSDAP-Kader zum Teil in führenden Positionen agierten[14], erzielte die NPD ihre Erfolge doch nicht aufgrund ihrer Affinitäten zum Nationalsozialismus, sondern durch das Bemühen um ein „moderates“ Auftreten und das unablässige Beteuern demokratischer Zuverlässigkeit.

Die Ursachen für den Aufstieg der NPD in den sechziger Jahren waren vielfältig. Zum einen war es der Partei und ihrer Führung gelungen, disparate Strömungen des „nationalen Lagers“ unter einem gemeinsamen Dach zu vereinen. Zum anderen kamen der NPD verschiedene exogene Faktoren zugute: das Ende der Ära Adenauer, begleitet von Nachfolgekrisen und Umstrukturierungen in den Unionsparteien; die von vielen Konservativen heftig kritisierte Große Koalition der CDU/CSU mit den Sozialdemokraten; verstärkte gesellschaftliche Reformtendenzen und die Entstehung einer linksorientierten Protestbewegung (APO); ein verbreitetes Bedürfnis nach Ausdrucksformen nationaler Selbstbestätigung; und schließlich der erste spürbare wirtschaftliche Einbruch im Land des „Wirtschaftswunders“.

---

12 Vgl. besonders Peter Dudek/Hans-Gerd Jaschke, Entstehung und Entwicklung des Rechtsextremismus in der Bundesrepublik. Zur Tradition einer besonderen politischen Kultur, 2 Bde., Opladen 1984.

13 Vgl. nur Hubertus Knabe, Die unterwanderte Republik. Stasi im Westen, Berlin 1999, S. 122 ff.; Stefan Meining, Kommunistische Judenpolitik. Die DDR, die Juden und Israel, mit einem Vorwort von Michael Wolffsohn, Hamburg 2002, S. 266 ff.

14 Vgl. dazu etwa: Lutz Niethammer, Angepaßter Faschismus. Politische Praxis der NPD, Frankfurt a.M. 1969. Eine ausgewogene, die Entwicklung bis Ende der neunziger Jahre berücksichtigende Darstellung stammt von: Uwe Hoffmann, Die NPD. Entwicklung, Ideologie und Struktur, Frankfurt a.M. 1999; Horst W. Schmollinger, Die Nationaldemokratische Partei Deutschlands, in: Stöss (FN 2), Bd. 2, S. 1922-1994.

Abb. 3: Zweitstimmenanteil von DRP und NPD bei den Bundestagswahlen 1953-1987

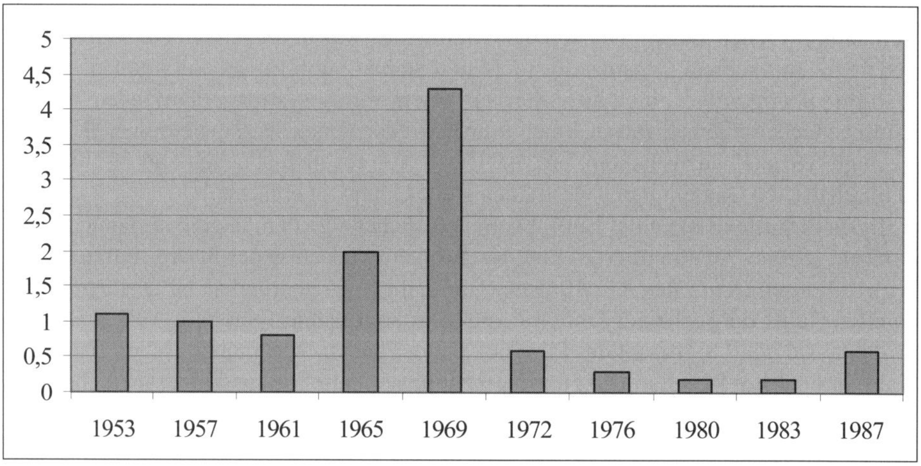

Quelle: Amtliche Wahlstatistiken. 1953-1961 kandidierte die DRP als erfolgreichste Rechtsaußenpartei; die Stimmen von DNS (1953 0,3 Prozent) und DG (1957 und 1961 jeweils 0,1 Prozent) sind unberücksichtigt. 1965-1987 kandidierte die NPD als erfolgreichste Rechtsaußenpartei. Nicht berücksichtigt sind die Stimmen der AUD (1965 0,2 Prozent, 1976 0,1 Prozent) und der UAP (1969 0,1 Prozent).

Manche Beobachter rechneten damit, die NPD werde sich auf Jahre hinweg in den Parlamenten der Bundesrepublik etablieren. Doch der Niedergang der Partei verlief so schnell wie ihr unerwarteter Aufstieg. Nachdem die NPD mit 4,3 Prozent der Stimmen bei der Bundestagswahl von 1969 die Fünfprozenthürde knapp verfehlt hatte, erhielt ihre Erfolgskurve einen Knick. Bei den folgenden Landtagswahlen sank der Stimmenanteil kontinuierlich ab – bis in die Region von Zehntelprozentpunkten. Nun bestätigten sich Erkenntnisse von Wahlforschern, die in der Wählerschaft der NPD einen erheblichen Anteil von Protestwählern unterschiedlicher politischer und sozialer Herkunft festgestellt hatten. Im Nachhinein erwies sich die Erfolgsperiode der rechtsextremen Organisation als politisches Strohfeuer.

Nach der Niederlage von 1969 orientierten sich jedoch nicht nur die ehemaligen NPD-Wähler um. Auch Scharen von Mitgliedern verließen die Partei. War die Mitgliedschaft der NPD für das Jahr 1969 auf ca. 27.000 geschätzt worden, so sank dieses Potential im Verlaufe der folgenden zehn Jahre auf etwa 8.000 ab. Die innerparteilichen Spannungen nahmen Anfang der siebziger Jahre zu. Aktionistisch gesonnene Kräfte ließen sich auch nicht durch Verbalradikalismen – etwa gegen die neue Ostpolitik der sozial-liberalen Regierung – zufriedenstellen. Sie verließen nach und nach die Partei. Die 1972 unter der Regie des ehemaligen bayerischen NPD-Vorsitzenden Dr. Siegfried Pöhlmann gebildete *Aktion Neue Rechte* (ANR) wurde zum Ausgangspunkt strategischer und ideologischer Neuorientierung. Hier fanden sich auch „nationalrevolutionäre“ und „solidaristische“ Gruppierungen ein, die, anknüpfend an die Konzepte „konservativer Revolutionäre“ der Weimarer Republik, für eine umfassende Modernisierung und Revitalisierung der „rechten“ Ideen eintraten. Versuche dieser Art blieben in organisatorischer Hinsicht erfolglos, führten jedoch auf ideologisch-programmatischer Ebene – teilweise durch Anleihen bei ausländischen Vorbildern wie der französischen „Nouvelle droite“ – zu Innovationen in der organisierten rechtsextremen „Szene“.[15]

Abb. 4: Mitgliederentwicklung von NPD und DVU, 1965-1989

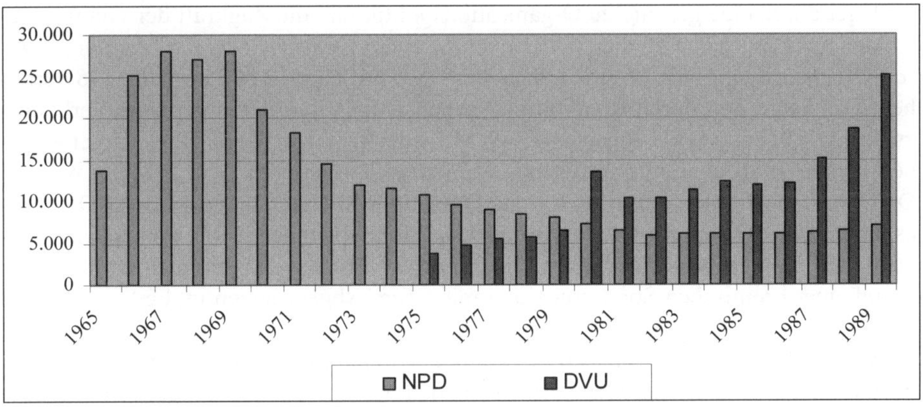

Quelle: Verfassungsschutzberichte des Bundes.

Ein bedeutender Teil des schwindenden Mitgliederpotentials der NPD wurde von der *Deutschen Volksunion* (DVU) des Münchener Verlegers Dr. Gerhard Frey aufgesogen. Der 1933 im oberpfälzischen Cham als Sproß einer alteingesessenen national-konservativen Kaufmannsfamilie geborene Frey hatte 1958 eine 50-Prozent-Beteiligung an der von finanziellen Schwierigkeiten geplagten *Deutschen Soldaten-Zeitung* erworben.[16] Seither fungierte er als Herausgeber und Chefredakteur des Blattes, das in den folgenden Jahren mehrfach redaktionell umgestaltet und umbenannt wurde. 1960 erwarb er auch die restlichen Anteile. Die Zeitung wurde von einer monatlichen auf eine wöchentliche Erscheinungsweise umgestellt und thematisch erweitert. Reißerische Artikel und Prominenten-Interviews trugen zur finanziellen Konsolidierung bei. Bis Ende der sechziger Jahre konnte die Auflage auf nominell 100.000 Exemplare gesteigert werden. Das *ceterum censeo* der Zeitung bildete die Klage über die „Verfolgung und Entrechtung“ des „nationalen Lagers“ nach 1945. Sie zeichnete ein leuchtendes Bild vom

15 Vgl. vor allem: Günter Bartsch, Revolution von rechts? Ideologie und Organisation der Neuen Rechten, Freiburg im Brsg. 1975; Klaus Schönekäs, Bundesrepublik Deutschland, in: Franz Greß/Hans-Gerd Jaschke/ders., Neue Rechte und Rechtsextremismus in Europa. Bundesrepublik, Frankreich, Großbritannien, Opladen 1990, S. 218-347.

16 Vgl. Stefan Mayer, Biographisches Porträt: Gerhard Michael Frey, in: Uwe Backes/Eckhard Jesse (Hrsg.), Jahrbuch Extremismus & Demokratie, Band 14, Baden-Baden 2002, S. 169-181.

„deutschen Soldaten", spielte die Bedeutung der NS-Verbrechen herunter und entwikkelte sich auf diese Weise zu einem Sprachrohr der extremen Rechten. Frey erwarb Anteile von Vertriebenenblättern und bei *Nation Europa*, vergrößerte sein Presse-Reich Stück um Stück. Vor dem Hintergrund des Kampfes gegen die Ostpolitik der sozial-liberalen Regierung rief Frey am 100. Jahrestag der Bismarckschen Reichsgründung die *Deutsche Volksunion* als nationalistische Sammlungsorganisation ins Leben. Während die Mitgliederzahl der NPD Anfang der achtziger Jahre auf ca. 6.000 sank, konnte der Verleger durch eine geschickte Organisationspolitik und die Zugkraft der von ihm gelenkten rechtsextremen Medien (*Deutscher Anzeiger*, *Deutsche National-Zeitung*, *Deutsche Wochenzeitung*) die Mitgliederzahl der DVU auf über 12.000 im Jahre 1987 erhöhen. Das lange Zeit durch Rivalität und gegenseitiges Ignorieren geprägte Verhältnis zwischen NPD und DVU entspannte sich Mitte der achtziger Jahre. Beide Organisationen kamen 1986 überein, künftig bei Wahlen zu kooperieren. Von 1987 an war die DVU auch als Wahlorganisation („Liste D") tätig. Mit Unterstützung der NPD gelang es ihr, bei den Wahlen zur Bremer Bürgerschaft im September 1987 einen ersten Wahlerfolg auf Landesebene zu erzielen. Sie erhielt 3,7 Prozent der Stimmen und zog aufgrund einer bremischen Sonderregelung mit einem Abgeordneten in die Bürgerschaft ein.

Als erfolgreicher erwiesen sich zeitweilig *Die Republikaner* (REP), die im wesentlichen als CSU-Abspaltung in Bayern entstanden waren – aus Protest gegen die ausgebliebene „geistig-moralische Wende" nach dem Regierungswechsel 1982 und die Vermittlung eines Milliardenkredits an die DDR unter maßgeblicher Beteiligung von Ministerpräsident Franz Josef Strauß.[17] Zu denen, die der Partei den Rücken kehrten, gehörten die Bundestagsabgeordneten Franz Handlos und Ekkehard Voigt, die sich mit dem beim Bayerischen Rundfunk in Ungnade gefallenen Fernsehjournalisten Franz Schönhuber zusammentaten und im November 1983 die neue Partei ins Leben riefen. Aus den anschließenden Richtungskämpfen an der Parteispitze ging der ehemalige Waffen-SS-Angehörige Schönhuber als Sieger hervor.

Bis 1989 blieben Durchbrüche bei Wahlen aus. Das änderte sich mit der Wahl in Westberlin im Januar 1989. Aus dem Stand erhielt die Partei 7,5 Prozent der Stimmen. Das Ergebnis verdankte sie nicht besonderen Anstrengungen des bis dahin sehr schwachen Berliner Parteiverbands, sondern einem Werbespot, in dem spielende türkische Kinder, unterlegt mit der Filmmelodie *Spiel mir das Lied vom Tod*, zwischen Szenen über Drogentote und Müll zu sehen waren. Der Aufschrei in den Medien machte die Partei schlagartig in der Bevölkerung bekannt. So gelang es ihr, fluktuierende Protestmotive zu bündeln und das rechtsextreme Einstellungspotential zu mobilisieren. Das

17 Siehe zur Frühphase der REP vor allem: Hans-Gerd Jaschke, Die „Republikaner". Profile einer Rechtsaußen-Partei, Bonn 1990; Claus Leggewie, Die Republikaner. Ein Phantom nimmt Gestalt an, völlig überarb. und erw. Neuausgabe Berlin 1990; Michael Stiller, Die Republikaner. Franz Schönhuber und seine rechtsradikale Partei, München 1989; Richard Stöss, Die „Republikaner". Woher sie kommen – Was sie wollen – Wer sie wählt – Was zu tun ist, Köln 1990.

Westberliner Ergebnis erfuhr bei der Europawahl im Juni 1989 seine Fortsetzung auf europäischer Ebene. Bei der für neue Parteien generell günstigen Europawahl erzielten die REP 7,1 Prozent der Stimmen. Seit den Erfolgsjahren der NPD hatte keine Partei rechts von der Union mehr die Fünfprozenthürde auf Bundesebene überwinden können. Die REP erlebten nun eine stürmische Mitgliederentwicklung und erhielten verstärkt Zulauf aus rechtsextremen Kreisen. Die Zahl der Mitglieder stieg nach eigenen Angaben von 8.500 im Januar auf 25.000 am Jahresende. Allerdings erreichte der Parteiapparat keine auch nur annähernd flächendeckende Organisationsdichte. Schwerpunkte blieben Bayern, Baden-Württemberg und Westberlin. Heftige innerparteiliche Querelen um Posten, Einfluß und Strategien stellten die Handlungsfähigkeit in vielen Landesverbänden in Frage. Aus der Perspektive der Verfassungsordnung bot die Partei ein zwiespältiges Bild: Einerseits beteuerte sie bei jeder Gelegenheit ihre Loyalität gegenüber zentralen Werten und Spielregeln, grenzte sich verbal und mittels Unvereinbarkeitsbeschlüssen von rechtsextremen Organisationen ab, erschien die Parteipresse im Vergleich zu NPD oder DVU moderat. Andererseits waren autoritäre Züge der auf den Parteiführer zugeschnittenen populistischen Kraft unübersehbar, schürte die Ausländerprogrammatik Fremdenfeindlichkeit, konnten die deutschlandpolitischen Forderungen ihre nationalistischen Implikationen nicht verbergen, arbeiteten ehemalige NPD- und DVU-Aktivisten in führenden Funktionen. Wenn dem Erfolgsjahr 1989 ein Jahr der Niederlagen folgte, hatte das aber noch andere Gründe: Der sich beschleunigende Vereinigungsprozeß kam den REP nicht zugute. Im Gegenteil: Ihre Themen verloren an Attraktivität, und die Bundesregierung konnte die nationalen Emotionen kanalisieren.

2.3. Politisch-religiöser Fundamentalismus

Im westlichen Deutschland blieb der politisch-religiöse Fundamentalismus christlicher Prägung – etwa in der Form der protestantischen „religious right" in den USA oder des autoritär-katholischen Integrismus, wie er teilweise das Franco-Regime in Spanien mitgetragen hatte – politisch bedeutungslos. Dagegen gewann er als Minderheitenströmung in den Exil- und Einwanderungsgemeinschaften der Muslime (Islamismus) im Laufe der achtziger Jahre an Bedeutung. Der Sturz des Schah-Regimes und der Beginn der islamischen Revolution im Iran 1979 hatten den Einfluß des schiitischen Islamismus erhöht, indirekt auch andere Formen des islamischen Fundamentalismus stimuliert. Die Zahl der vom Verfassungsschutz erstmals für das Jahr 1983 quantitativ getrennt ausgewiesenen „islamischen Extremisten" stieg von 12.000 (1983) auf 19.000 (1984) (Ende 1989: 17.450).[18] Das Phänomen zeigte sich zunächst vor allem in den gewaltsamen Zusammenstößen zwischen exil-iranischen Khomeini-Gegnern und -Anhängern zu Beginn der achtziger Jahre.[19] Wegen der weit höheren Zahlenstärke der Einwande-

18 Vgl. Verfassungsschutzbericht 1984, S. 194; Verfassungsschutzbericht 1989, S. 149.
19 Vgl. Verfassungsschutzbericht 1981, S. 163.

rungsgemeinschaft gewann demgegenüber der türkische Islamismus sunnitischer Observanz größeres Gewicht. Mitte 1985 schlossen sich die *Islamische Union Europa* und das *Islamische Zentrum Köln* zur *Vereinigung der neuen Weltsicht in Europa* (AMGT), einem „Sammelbecken von Anhängern der in der Türkei verbotenen und aufgelösten ‚Nationalen Heilspartei'"[20] Necmettin Erbakans, zusammen. Unabhängig davon fiel der *Verband der islamischen Vereine und Gemeinden* unter dem Vorsitz Cemaleddin Kaplans durch aggressive Propaganda für einen theokratischen türkischen Staat auf. Allen genannten, als extremistisch bewerteten islamistischen Vereinigungen war die Orientierung auf die politischen Systeme und Konflikte ihrer Heimatländer gemeinsam. Sie stellten mitunter eine Gefahr für die innere Sicherheit der Bundesrepublik dar, beeinflußten deren innenpolitisches Kräftegefüge hingegen nicht.

3. Vereintes Deutschland

Der unverhoffte, sich nach dem Fall der Mauer am 9. November 1989 in rasender Geschwindigkeit, innerhalb nur eines Jahres, vollziehende Vereinigungsprozeß der beiden deutschen Staaten veränderte die Wirkungsbedingungen der Extremismen nicht weniger als die der übrigen politischen Kräfte. Die Ausdehnung des politischen Systems der Bundesrepublik auf das östliche Deutschland schuf auf dem Territorium der neu gebildeten Länder günstige Startbedingungen für alle nicht-staatssozialistischen Vereinigungen. Die im Sinne einer offenen Gesellschaft wünschenswerte Pluralisierung und Liberalisierung begründete zugleich Probleme der inneren Sicherheit, die der Überwachungsstaat mit teils subtilen, teils brachialen Repressionsmethoden im Zaum gehalten hatte. Die Bewältigung der realsozialistischen Hinterlassenschaft (wie Auflösung der Reste des Verfolgungs- und Repressionsapparates, Kontrolle und Auswertung der Archive des MfS, Personalaustausch in sensiblen Bereichen des öffentlichen Dienstes, strafrechtliche Verfolgung von SED-Unrecht) vollzog sich in geordneten und vergleichsweise zurückhaltenden Formen, zumal die kriminelle Dimension des SED-Regimes nicht annähernd die Monstrosität des NS-Regimes erreicht hatte. So konnte sich die – zu keiner Zeit von einem Verbot bedrohte – Staatspartei nach ihrer historischen Niederlage wieder erholen und in der neuen gesellschaftlichen Umgebung einrichten.

3.1. Linksextremismus

Die ideologisch rigide DKP verlor ihre Rolle als dominierende Kraft im politischen Raum links von SPD und Bündnisgrünen an die SED, die sich 1989/90 in zwei Stufen in *Partei des Demokratischen Sozialismus* (PDS) umbenannte. Zwar verlor die ehemalige Diktaturpartei einen Großteil ihrer Mitglieder (von 2,3 Mio. im Sommer 1989 wa-

20 Vgl. Verfassungsschutzbericht 1985, S. 208.

ren zum Zeitpunkt der deutschen Vereinigung im Oktober 1990 nur noch rund 300.000 übrig), blieb aber wahlpolitisch in den neuen Ländern ein bedeutender Faktor. Bei der ersten und einzigen demokratischen Volkskammerwahl am 18. März 1990 erhielt sie 16,4 Prozent der Stimmen, und bei den ersten Landtagswahlen in den neuen Ländern zog sie mit einem Stimmenanteil zwischen 15,7 (Mecklenburg-Vorpommern) und 9,7 Prozent (Thüringen) in alle Parlamente ein.[21]

Die von ehemaligen SED-Kadern der mittleren Ränge mit minderer politischer Belastung dominierte PDS-Führung wahrte die vereinsrechtliche Kontinuität zur SED, um deren Parteivermögen zu retten, brach aber frühzeitig mit den leninistischen Organisationsprinzipien. Mit einer Vielfalt innerparteilicher „Arbeitsgemeinschaften" und „Plattformen" verstand sie es, einen bei SPD und Bündnisgrünen nicht integrierbaren Mikrokosmos radikaler linker Gruppierungen (DKP-„Erneuerer", Trotzkisten, Ökofundamentalisten, „Autonome" usw.) an sich zu binden. In ihrer ideologisch-programmatischen Orientierung vollzog sie Wandlungen, wie sie die italienische KP in der Phase des „Eurokommunismus" durchlaufen hatte. Sie rechnete heftig mit dem „Stalinismus" ab, propagierte einen „dritten Weg", entdeckte den sanften Weg des Gramscismus zur „kulturellen Hegemonie", berief sich u.a. auf sozialdemokratische Vordenker wie Eduard Bernstein und Karl Kautsky, hielt aber zugleich Rosa Luxemburg und Lenin die Treue. Die Vereinigung des Unvereinbaren begründete einen innerparteilichen Dauerkonflikt, wie er die wandlungsfreudigeren KPen Westeuropas schon in den siebziger und achtziger Jahren gekennzeichnet hatte. Reformistische Weiterentwicklung der „bürgerlichen Demokratie" oder revolutionärer Bruch mit dem Status quo, Priorität der parlamentarischen oder der außerparlamentarischen Aktivitäten, Eingehen von Koalitionen oder strikte Fundamentalopposition – so lauteten die wichtigsten Alternativen, an denen sich der Streit immer wieder neu entzündete.

Die historische Erblast, der ideologische Grundsatzkonflikt, die damit verbundene geringe Problemlösungskompetenz, die rasche Ostausdehnung des westdeutschen Parteiensystems und das sich früh abzeichnende Scheitern der Westausdehnung der PDS veranlaßten viele der professionellen Beobachter zu Beginn der neunziger Jahre, der Partei eine negative Entwicklungsprognose auszustellen. Das Gegenteil trat im Laufe der neunziger Jahre ein: Bei den Bundestagswahlen von 1994 und 1998 weitete sie ihren Stimmenanteil stufenweise aus, überwand 1998 erstmals die Fünfprozenthürde und erlangte Fraktionsstatus. 1999 gelang ihr der Einzug ins Europaparlament (5,8 Prozent), nachdem sie 1994 noch an der Fünfprozenthürde (4,7 Prozent) gescheitert war. 2004 konnte sie ihren Stimmenanteil weiter steigern (6,1 Prozent). Bei den Landtagswahlen in den östlichen Ländern gelang dies ebenfalls. Ihr Bemühen um Akzeptanz und Bündnisfähigkeit gegenüber der gemäßigten Linken war in Sachsen-Anhalt (1994 und 1998 Tolerierung einer von der SPD geführten Minderheitsregierung), Mecklenburg-Vorpommern (1998 und 2002 Bildung einer SPD-PDS-Koalition) und Berlin (2002 und

21 Vgl. Backes/Jesse (FN 9), S. 189.

2006 Bildung einer SPD-PDS-Koalition) erfolgreich. Der Ausbau der parlamentarischen Repräsentanz ging mit einem erheblichen Ressourcenzufluß einher und stärkte die organisatorische Basis der Partei. Vom Herbst 1999 an erhielt die Rosa Luxemburg Stiftung für „Gesellschaftsanalyse und Politische Bildung" Mittel aus dem Bundeshaushalt.

Der für viele unerwartete Etablierungsprozeß hatte zahlreiche Ursachen: Mit den funktionsfähigen Restbeständen des SED-Parteiapparats verfügte die PDS im östlichen Deutschland über einen Wettbewerbsvorteil. Die PDS konnte sich auf Bevölkerungsgruppen (wie die früheren Partei- und Staatsfunktionäre, Teile der kulturellen Eliten der DDR) stützen, die ihrer Privilegien beraubt worden und/oder dem System aus ideologischen Gründen verbunden gewesen waren.[22] Über diese sozialen Segmente hinaus wuchs generell die Neigung, das SED-Regime in einem eher milden Licht zu betrachten und seine „positiven Seiten" (wie Arbeitsplatzsicherheit) hervorzukehren. Trotz großer Fortschritte im Transformationsprozeß blieb das östliche Deutschland ein sozialökonomisches Problemgebiet (geringere Produktivität, hohe Arbeitslosenquote). Je weiter das Ende der DDR in die Ferne rückte, desto überzeugender konnte die PDS den regierenden Parteien die Verantwortung für Mißstände anlasten. Die gemäßigte Linke hatte sich mit westlicher Unterstützung zwar rasch im Osten etabliert, sich aber organisatorisch, personell und sozial nur schwach verankert; sie verstand es nicht, der PDS mit ihrem weit größeren personellen und organisatorischen Apparat in der täglichen politischen Kleinarbeit auf kommunaler Ebene Paroli zu bieten. So trat die PDS als eigentliche Interessenvertretung „der Ostdeutschen" auf. Zudem verfügte sie mit ihrem Medientalent Gregor Gysi um eine charismatische, populäre Führungsgestalt, die es mit populistischem Gespür verstand, das Image der Partei anläßlich unzähliger Talk Show-Runden aufzuhellen.

Trotz aller Fortschritte stieß die Partei bei ihren Etablierungsbemühungen auf Grenzen. Das Projekt der „Westausdehnung" mißlang weithin, und die von ehemaligen DKPlern, Aktivisten erloschener kommunistischer Sekten und Ökofundamentalisten dominierten Westverbände lieferten dem behördlichen Verfassungsschutz Stoff für seine Berichte.[23] Gleiches galt für die „Kommunistische Plattform" und das „Marxistische Forum", die den Bemühungen der „Reformer" in der Parteiführung hartnäckigen Widerstand entgegensetzten. Zudem betrieb die Partei eine halbherzige Vergangenheitsbe-

22 Vgl. nur Jürgen W. Falter/Markus Klein, Die Wähler der PDS bei der Bundestagswahl 1994. Zwischen Ideologie, Nostalgie und Protest, in: Aus Politik und Zeitgeschichte. Beilage zur Wochenzeitung „Das Parlament", B. 51-57/94, S. 22-34; Markus Klein/Claudio Caballero, Rückwärtsgewandt in die Zukunft. Die Wähler der PDS bei der Bundestagswahl 1994, in: Politische Vierteljahresschrift 37 (1996), S. 229-247.

23 Zur Frage des extremistischen Charakters der PDS siehe auch: Jürgen P. Lang, Ist die PDS eine demokratische Partei? Eine extremismustheoretische Untersuchung, Baden-Baden 2003; Patrick Moreau, PDS. Anatomie einer postkommunistischen Partei, Bonn/Berlin 1992; ders./Rita Schorpp-Grabiak, „Man muß so radikal sein wie die Wirklichkeit" – Die PDS: eine Bilanz, Baden-Baden 2002.

wältigung[24], versuchte gegenüber der von der Bundesregierung eingesetzten Unabhängigen Kommission mit nahezu allen Mitteln, ihr von der SED stammendes „Alt-Vermögen dauerhaft zu verschleiern und zu sichern“[25], hofierte frühere Inoffizielle Mitarbeiter des MfS, trat als Interessenvertretung ehemaliger DDR-Spione auf, setzte sich für eine allgemeine Amnestie für SED-Verbrechen ein, wandte den Opfern des SED-Regimes hingegen wenig Aufmerksamkeit zu und arbeitete auf internationaler Ebene gerade mit den weniger wandlungsfähigen KPen und deren Nachfolgeorganisationen zusammen (wie der französischen KP und der italienischen „Rifondazione Comunista“).[26] Die mangelnde programmatische Innovationskraft war zum Teil strukturell bedingt. Die Jahr für Jahr schrumpfende PDS-Mitgliedschaft stammte ganz überwiegend aus der SED, war hochgradig überaltert (im Herbst 2000 gehörten über 80 Prozent der PDS-Mitglieder im Osten der Altersgruppe der über 60 Jährigen an[27]) und stand den Bemühungen der „Reformer“ skeptisch bis ablehnend gegenüber.

Das Jahr 2002 brachte deutliche Signale, daß die PDS ihren Höhepunkt überschritten haben könnte. In Mecklenburg-Vorpommern konnte die SPD-PDS-Koalition nach der Landtagswahl zwar fortgesetzt werden, doch mußte die PDS schwere Stimmenverluste (von 24,4 auf 16,4 Prozent) hinnehmen. Wichtiger war das Ergebnis der Bundestagswahl am gleichen Tag: Die PDS konnte die Fünfprozenthürde nicht überwinden und unterschritt mit 4,0 Prozent der Zweitstimmen sogar ihr Ergebnis von 1994. Gewiß waren situative Faktoren entscheidend: Ihr Medienstar Gregor Gysi hatte im Vorfeld der Wahl eine finanzielle Regelwidrigkeit zum Anlaß genommen, vom Amt des Berliner Wirtschaftssenators zurückzutreten. Jene Themen, die in der letzten Phase des Wahlkampfes den Ausschlag zugunsten der amtierenden Bundesregierung gegeben hatten: die Flutkatastrophe im Osten und Bundeskanzler Schröders Brüskierung der US-Regierung mit Stellungnahmen gegen eine Beteiligung an einem Krieg gegen den Irak, wirkten sich für die PDS ungünstig aus. Angesichts des Jahrhundert-Hochwassers zeigte sich die Regierung handlungsfähig; die Ost-West-Spannung wurde durch die Solidarität der Westdeutschen überdeckt und mit der Kritik des Kanzlers an den amerikanischen Kriegsplänen kam der PDS das Friedensthema abhanden.

Der Verlust der parlamentarischen Vertretung im Bundestag führte jedoch nicht zu einer dauerhaften Einflußminderung. Nach einem Führungswechsel an der Parteispitze

24 Vgl. Rudolf van Hüllen, „Geschichtsarbeit“ unter Postkommunisten, in: Uwe Backes/Eckhard Jesse (Hrsg.), Jahrbuch Extremismus & Demokratie, Bd. 7, Baden-Baden 1995, S. 27-41; Mike Schmeitzner, Postkommunistische Geschichtsinterpretation. Die PDS und die Liquidierung der Ost-SPD, in: Zeitschrift des Forschungsverbundes SED-Staat 2002, Nr. 11, S. 82-101.

25 Bericht der Unabhängigen Kommission zur Überprüfung des Vermögens der Parteien und Massenorganisationen der DDR vom 24. August 1998, Deutscher Bundestag, 13. Wahlperiode, Drucksache 13/11353, S. 67.

26 Vgl. die detaillierte Analyse bei Patrick Moreau/Marc Lazar/Gerhard Hirscher (Hrsg.), Der Kommunismus in Westeuropa. Niedergang oder Mutation?, Landsberg am Lech 1998, S. 242-332, 621-654.

27 Vgl. folgende parteiinterne Untersuchung: Michael Chrapa/Dietmar Wittich, Die Mitgliedschaft, der große Lümmel ..., Berlin 2001.

und einer schwierigen Startphase des neu-alten Bundesvorsitzenden Lothar Bisky konnte sich die PDS im Jahr 2004 erholen. Wie die Europawahl und die Landtagswahlen zeigten, erhielt die Partei durch die Protestwelle gegen den „Sozialabbau“ der „Agenda 2010“ und die „Hartz IV“-Reformen vor allem in den östlichen Ländern Rückenwind. Die PDS gewann als Protestvehikel („Hartz IV ist Armut per Gesetz. Weg damit!“) neue Attraktivität.

Nicht die Schwäche der PDS Biskys, sondern die der SPD, von den Reformen der rot-grünen Regierung leidgeprüft, ließ dann aber einen neuen Akteur am linken Flügel des politischen Spektrums hervortreten, der nicht nur der Regierungspartei, sondern auch der PDS bedrohlich erscheinen mußte. Die nach einem längeren Anlauf Anfang Juli 2004 als Verein gegründete *Wahlalternative Arbeit & soziale Gerechtigkeit* (WASG) suchte wie die PDS den Protest gegen „Hartz IV“ zu kanalisieren und fand bei linken Sozialdemokraten wie Gewerkschaftern Anklang. Die PDS-Führung verhielt sich strategisch klug, wenn sie nicht auf Konfrontation zu der neuen Organisation ging, sondern ihr frühzeitig Avancen machte, bot sich doch die Chance, das Reservoir der mit SPD und Bündnisgrünen unzufriedenen Westlinken anzuzapfen.

Der Annäherungsprozeß zur WASG, die sich am 22. Januar 2005 in Göttingen als Partei konstituiert hatte, wurde durch den Ausgang der Landtagswahl in Nordrhein-Westfalen beschleunigt. Die erstmals antretende WASG erzielte mit 2,2 Prozent der Stimmen einen bescheidenen Erfolg, während die PDS nur 0,9 Prozent der Stimmen verbuchen konnte. Unmittelbar nach der noch am Wahlabend von Bundeskanzler Schröder und dem SPD-Parteivorsitzenden Müntefering ausgesprochenen Ankündigung, man werde sich um vorgezogene Neuwahlen bemühen, nahmen PDS und WASG Gespräche auf und verständigten sich auf eine koordinierte Kandidatur und den Beginn eines Vereinigungsprozesses. Die WASG trat nicht eigenständig zur Bundestagswahl an, sondern kandidierte auf offenen Listen der neuen *Linkspartei.PDS.*

Einer der entschiedenen Befürworter des Zusammengehens mit dem Linksbündnis war der ehemalige SPD-Vorsitzende Oskar Lafontaine, der noch als SPD-Mitglied in einer – Wochen vor der Landtagswahl in Nordrhein-Westfalen erschienenen – Streitschrift „Politik für alle“ seine Partei zu einer klaren Entscheidung aufgefordert hatte. Wenn die SPD den Weg „mit Schröder und seinem neoliberalen Kurs“ fortsetze, müsse „eine neue Partei antreten, um vielen Wählern die Möglichkeit zu bieten, mit ihrer Stimme eine Politik zu unterstützen, die das Ziel hat, die Umverteilung von unten nach oben zu beenden.“[28] Kurz nach der Landtagswahl, in der die SPD ein Debakel erlitten hatte, erklärte Lafontaine seinen Parteiaustritt. Am 18. Juni wählte ihn der Landesparteitag der WASG Nordrhein-Westfalen zum Spitzenkandidaten ihrer Liste für die vorgezogene Bundestagswahl.

28 Zitiert nach: „Kurswechsel für Arbeit und soziale Gerechtigkeit“, http://www.w-asg.de/28+M529ec7ce716.98.html (5. September 2005).

Die mit Lafontaine und dem an die Spitze der PDS zurückgekehrten Gregor Gysi markierte populistische Öffnung der *Linkspartei.PDS* war keineswegs mit einem Prozeß der Loslösung von dogmatisch-marxistischen Gruppierungen verbunden. Auch bei der WASG bestanden in dieser Hinsicht wenig Berührungsängste. Die PDS bot der DKP die Kandidatur auf offenen Listen der *Linkspartei* an. Obwohl es sich um wenig aussichtsreiche Plätze handelte, akzeptierte die DKP-Führung das Angebot. Insgesamt kandidierten elf DKP-Kandidaten auf Listenplätzen der *Linkspartei.PDS* – ausschließlich im Westen. In die Wahlkooperation einbezogen waren Aktivisten aus dem globalisierungskritischen Netzwerk *Attac*, was insofern keine Überraschung sein konnte, als sich Gliederungen der PDS seit längerem an *Attac*-Aktivitäten beteiligt hatten und sich ein Teil der bei der WASG Aktiven auch in den globalisierungskritischen „Sozialforen" engagierte. Die Kreise um Oskar Lafontaine bemühten sich ebenfalls darum, die Protestanliegen der Globalisierungskritiker aufzugreifen und zu kanalisieren. Das galt gleichermaßen für Gruppierungen innerhalb des Attac-Netzwerks, die der Verfassungsschutz als linksextremistisch einstufte. So gehörte ein WASG-Bundesvorstandsmitglied, Christine Buchholz (geb. 1971), der Vereinigung *Linksruck* an, einem Ableger des trotzkistischen Dachverbandes *International Socialist Tendency* (IST; London) mit rund 400 Aktiven (Ende 2004). Zugleich engagierte sie sich bei *Attac* und der Gewerkschaft *ver.di.*[29] Die bunte Mischung der WASG-Verbände, vor allem der Stadtstaaten, stieß bei pragmatischer denkenden PDS-Politikern der Ostverbände auf Vorbehalte. Die Berliner Situation charakterisierte ein genauer Szene-Beobachter als „spezielle Mischung [...] aus Linkssektierern, Trotzkisten, den ‚Ruckis' von Linksruck, aus ehemaligen PDS-Mitgliedern, aus alten SEW-Kadern, linken Gewerkschaftern und jener Wutfraktion gegen alle Politik. Nachdem die PDS in den neunziger Jahren ihre eigenen traumatischen Erfahrungen mit der sektiererischen Westlinken gemacht und überwunden hat, befürchtet sie, mit der WASG wieder in die Wirbelstürme am linken Rand zu geraten."[30] Erhebliche Teile von PDS wie WASG betrachteten das Zusammengehen nicht als Liebesheirat, sondern eher als Zweckbündnis.

Das binnenorganisatorische Konfliktpotential wurde jedoch durch das Wahlergebnis entschärft. Mit 8,7 Prozent der Zweitstimmen (2002: 4,0 Prozent) erreichte die Partei auf Bundesebene den bei weitem höchsten Stimmenanteil ihrer Geschichte. Die Kooperation mit Oskar Lafontaine und der WASG hatte sich ausgezahlt. In den westlichen Bundesländern war sie überwiegend ohne den Namenszusatz „PDS" angetreten und erzielte 4,9 Prozent (2002: 1,1 Prozent). Im Saarland, wo Oskar Lafontaine im Wahlkreis Saarbrücken kandidierte, entfielen 18,5 Prozent (2002: 1,4 Prozent) auf die Landesliste – das mit Abstand beste Ergebnis in den westlichen Ländern. Die bundespolitische Bedeutung des Ergebnisses läßt sich anhand der Wahlentwicklung der Wahlgebiete West und Ost verdeutlichen. Die PDS konnte ihren Stimmenanteil im Wahlgebiet West bis zur

29 Vgl. http://parteitage.w-asg.de/703.98.html (31. August 2005). Siehe zu „Linksruck": Verfassungsschutzbericht 2004, S. 161 f.

30 Klaus Hartung, Linke: Kinder der Wut, in: Die Zeit vom 4. August 2005.

BTW 2002 nicht nennenswert erhöhen. 2005 gelang ihr demgegenüber eine deutliche Überwindung der Fünfprozentmarke. Die erhebliche Differenz zum Wahlgebiet Ost blieb bestehen, da sie ihren Stimmenanteil auch im Osten deutlich ausbauen konnte. Das Wahlbündnis hatte somit eine doppelte Bewährungsprobe bestanden.

Tabelle 1: PDS-Zweitstimmenanteil bei den BTW 1990-2005 nach Wahlgebiet West/Ost

	Wahlgebiet West (in Prozent)	Wahlgebiet Ost (in Prozent)	Differenz (Prozentpunkte)
1990	0,3	11,1	10,8
1994	1,0	19,8	18,8
1998	1,2	21,6	20,4
2002	1,1	16,9	15,8
2005	4,9	25,3	20,4

Quelle: Zusammenstellung nach den amtlichen Wahlstatistiken. Wahlgebiet West entspricht dem früheren Bundesgebiet (einschließlich Berlin-West), Wahlgebiet Ost dem Territorium der ehemaligen DDR (einschließlich Berlin-Ost).

Seither hat sich der Etablierungsprozeß der Linkspartei fortgesetzt. Innerparteiliche Divergenzen bei WASG wie PDS verhinderten den erfolgreichen Abschluß des Fusionsprozesses nicht. Die parallel organisierten Gründungsparteitage am 4./5. März 2007 in Dortmund verabschiedeten neben den organisatorischen Gründungsdokumenten „Programmatische Eckpunkte", die einen schrill-antikapitalistischen Ton anschlugen. Als Alternative zum „entfesselten Kapitalismus" wurde die vage Vision einer solidarisch erneuerten und „konsequent" demokratisch gestalteten Wirtschaft und Gesellschaft entworfen. Das Papier verwahrte sich wie frühere programmatische Dokumente der PDS gegen jegliche Form des Antikommunismus, zog aber einen Trennungsstrich zur sozialistischen Autokratie.[31] Für Rückenwind sorgte der Einzug in die bremische Bürgerschaft im Mai 2007 (8,4 Prozent), so daß der Vereinigungsprozeß mit dem Berliner Gründungsparteitag im Juni und der Wahl der beiden gleichberechtigten Vorsitzenden Bisky und Lafontaine seinen Abschluß fand. Der revolutionär-marxistische Einfluß innerhalb der LINKEN kam nicht nur im hohen Wahlergebnis der Vorstandskandidatin Sahra Wagenknecht (75,2 Prozent), sondern auch in der Nominierung trotzkistischer Vorstandsmitglieder zum Ausdruck. Sie genossen u.a. die Unterstützung der 2006 innerhalb der WASG entstandenen „Sozialistischen Linken", die nach eigenem Verständnis an „linkssozialdemokratische und reformkommunistische Traditionen"[32] anknüpfte.

31 Vgl. Die Linke, Programmatische Eckpunkte, Berlin 2007, S. 3. Siehe ausführlich den Beitrag „Organisationen 2007" in diesem Band.

32 Sozialistische Linke – realistisch und radikal!, August 2006, http://www.sozialistische-linke.de/cms/upload/pdf/SozialistischeLinke_Langfassung-8-8-06.pdf (4. Oktober 2006).

Daneben forderte die *Antikapitalistische Linke* u.a. den Austritt aus der NATO und plädierte für eine angemessene Würdigung der „fortschrittlichen Entwicklungen“[33] der DDR.

Die LINKE gab die Zahl ihrer Mitglieder Ende 2007 mit rund 72.000 an. Auf die Westverbände entfielen 24.000.[34] Da die PDS im Westen über die Marke 5.000 kaum hinausgekommen war, dominierten dort ehemalige WASG-Aktive. In der Gesamtpartei hingegen überwog die – überalterte, aus der SED stammende – Mitgliedschaft der ehemaligen PDS-Ostverbände bei weitem. Die Partei konnte im Jahr 2008 ihren Siegeszug bei Landtagswahlen teilweise fortsetzen. Im Januar zog sie mit 5,1 Prozent der Stimmen in den hessischen und mit 7,1 Prozent in den niedersächsischen Landtag ein. Auch der Skandal um die auf der Linkspartei-Liste gewählte Hannoversche DKP-Aktivistin Christel Wegner, die sich in einem Interview verständnisvoll über die Mauer geäußert und für die Bildung eines neuen „Staatssicherheitsdienstes“ nach erfolgreicher sozialistischer Revolution geworben hatte, konnte das verbesserte Image der Partei im Westen nicht dauerhaft trüben. Im Stadtstaat Hamburg erzielte sie im Februar 6,4 Prozent der Stimmen. Einen leichten Dämpfer erhielt sie in Bayern, wo sie im Oktober 2008 mit 4,3 Prozent der Stimmen ihr vorheriges Ergebnis zwar erheblich verbessern konnte, den Einzug in das Landesparlament indes verfehlte. Insgesamt jedoch hielt sich die Wählerzustimmung auf hohem Niveau.

Ein wesentlicher Erfolgsfaktor von PDS, *Linkspartei* und LINKEN war und ist die Integrationsfähigkeit. Daher tat sich die Partei schwer mit einer klaren Grenzziehung zur DKP, zumal „viele Ältere aus SED-Zeiten eine ‚Grundsympathie‘ mit deren westdeutschem Zögling hegten“.[35] Die Partei dürfte es daher auf absehbare Zeit noch schwerer haben, für ihre 2006 im neuen Grundsatzprogramm bekräftigten marxistisch-leninistischen Positionen Gehör zu finden.[36] Neben ihr gibt es im linksextremen Spektrum nur wenige Formationen, die sich nicht zumindest zeitweilig von der LINKEN und ihren Vorläuferorganisationen einbinden ließen. Neben der Marxististisch-Leninistischen Partei Deutschlands (MLPD), die mit ihren rund 2.000 Mitgliedern selbst Stalin und Mao Tse-tung die Treue hielt, trifft dies vor allem auf die *Autonomen*-Szene zu, deren Mitgliederpotential im vereinten Deutschland die Schwelle von 5.000 nie unterschritt. Sie hatte sich rasch auf die östlichen Länder ausgedehnt, wo Schwerpunkte in

---

33 Die Linke bewegen – Gesellschaft verändern!, Abschlußerklärung der bundesweiten Konferenz der Antikapitalistischen Linken in Erfurt am 10. März 2007. Siehe zu den innerparteilichen Gruppenbildungen auch: Eckhard Jesse/Jürgen P. Lang, Die Linke – der smarte Extremismus einer deutschen Partei, München 2008, S. 97-108.

34 Bericht des Bundesausschusses vom 3. Mai 2008, BA 1/2008-8.

35 „Zähe Abkehr vom Zögling. Die Linkspartei nach der Distanzierung von der DKP“, in: Frankfurter Allgemeine Zeitung v. 20. Februar 2008, S. 4.

36 Vgl. nicht nur zur neuesten Entwicklung: Hirscher/Pfahl-Traughber (FN 3); Armin Pfahl-Traughber, Die „Deutsche Kommunistische Partei“ (DKP) nach vierzig Jahren. Eine Bilanz zur Entwicklung des ehemaligen Interventionsapparates der SED, in: Ders. (Hrsg.), Jahrbuch für Extremismus- und Terrorismusforschung 2008, Brühl 2008, S. 342-376.

Universitätsstädten (wie insbesondere Leipzig) entstanden. Versuche organisatorischer Bündelung wie die 1992 gegründete, 2001 wieder aufgelöste *Antifaschistische Aktion/ Bundesweite Organisation* (AA/BO) scheiterten. Die als treibende Kraft fungierende Göttinger *Autonome Antifa (M)* gab im April 2004 ihre Auflösung bekannt. Neben einem Generationenwechsel trugen dazu innere Differenzierungen bei, wie sie sich in der Antikriegsbewegung und in der Interpretation des Nahost-Konflikts niederschlugen und zur Polarisierung zwischen bedingungslos proisraelischen (und teilweise proamerikanischen) „antideutschen" und betont israel- und amerikakritischen Positionen führten.[37] In „Militanzdebatten" schlug sich die Heterogenität strategischer Orientierungen nieder. Auf verschiedenen Themen- und Handlungsfeldern entstanden teilweise eigenständige Netzwerke. Die Probleme der Weltwirtschaft und der internationalen Solidarität, die in der zweiten Hälfte der 1980er Jahre mit der Kampagne gegen den Internationalen Währungsfonds für Konfliktstoff gesorgt hatten, tauchten unter dem neuen Label „Globalisierung" mit der „Initialzündung"[38] des infolge heftiger, gewaltsam eskalierender Proteste abgebrochenen 3. WTO-Gipfels von Seattle (1999) wieder aus der Versenkung auf. Daneben avancierte der militante Antifaschismus aufgrund der fremdenfeindlichen Exzesse zu Beginn der neunziger Jahre zu einem neuen Aktivitätsschwerpunkt.

3.2. Rechtsextremismus

Während fremdenfeindliche Gewalttaten zu Beginn der neunziger Jahre für Aufsehen in der Öffentlichkeit sorgten, schienen die Auswirkungen von 1989/90 die Erfolgschancen der Rechtsaußenparteien eher zu schmälern. Durch den Fall des Eisernen Vorhangs und den Vereinigungsprozeß büßten die Reizthemen Antikommunismus und deutsche Teilung ihre propagandistische Bedeutung (weitgehend) ein. Die östlichen Bundesländer zeigten in den ersten Jahren nach der Vereinigung keine besondere Anfälligkeit für rechtsextreme Wahlmobilisierungen. Bei der ersten gesamtdeutschen Wahl vom Dezember 1990 schnitten die Rechtsaußenparteien im alten Bundesgebiet besser ab als auf dem Territorium der Ex-DDR.[39] Doch auch in den westlichen Ländern blieben sie weit hinter den eigenen Erwartungen zurück. Die REP erzielten nur 2,1 Prozent der Zweitstimmen. Der unverhoffte Vereinigungsprozeß hatte die Streitthemen der Partei (vor allem die Ausländer- und Asylproblematik) zeitweilig in den Hintergrund treten

37 Vgl. Bundesamt für Verfassungsschutz, Massiver ideologischer Streit zum Nahost-Konflikt unter Linksextremisten, in: Bundesministerium des Innern (Hrsg.), Extremismus in Deutschland. Erscheinungsformen und aktuelle Bestandsaufnahme, Berlin 2004, S. 197-210.

38 Claus Leggewie, Globalisierungskritik – Eine neue außerparlamentarische Linke im Weltmaßstab?, in: Bundesministerium des Innern (Hrsg.), Extremismus in Deutschland. Erscheinungsformen und aktuelle Bestandsaufnahme, Berlin 2004, S. 211-221, hier S. 214.

39 Siehe auch zum Folgenden: Uwe Backes, Rechtsextreme Wahlmobilisierung und Demokratiekonsolidierung im östlichen Deutschland, in: Totalitarismus und Demokratie 4 (2007), S. 17-43.

lassen.[40] Der Zweitstimmenanteil der Rechtsaußenparteien belief sich auf 2,6 Prozent im Wahlgebiet West und nur 1,6 Prozent im Wahlgebiet Ost (siehe Tab. 2).

Tabelle 2: Zweitstimmenanteil der Rechtsaußenparteien bei den Bundestagswahlen 1990-2005 nach Wahlgebieten West und Ost

	Wahlgebiet West (in Prozent)				Wahlgebiet Ost (in Prozent)				Differenz (Prozent-punkte)
	DVU	REP	NPD	Summe	DVU	REP	NPD	Summe	
1990	--	2,3	0,3	2,6	--	1,3	0,3	1,6	-1,0
1994	--	2,0	--	2,0	--	1,3	--	1,3	-0,7
1998	0,8	1,9	0,1	2,9	2,8	1,5	0,7	5,0	+2,1
2002	--	0,6	0,3	0,9	--	0,5	1,2	1,7	+0,8
2005	--	0,6	1,1	1,7	--	0,4	3,6	4,0	+2,3

Quelle: Zusammenstellung nach den amtlichen Wahlstatistiken. Wahlgebiet West entspricht dem früheren Bundesgebiet (einschließlich Berlin-West), Wahlgebiet Ost dem Territorium der ehemaligen DDR (einschließlich Berlin-Ost).

Die Bundestagswahl 1998 zeigte erstmals klar die steigenden Mobilisierungschancen der Rechtsaußenparteien im östlichen Deutschland. Von ihnen profitierten zudem „härtere" Formationen. Zeitweilig galt die DVU als aussichtsreichste Anwärterin auf die Nachfolge der REP in der Rolle der rechtsextremen Wahl-Lokomotive. Sie blieben im Westen hinter den REP zurück, überrundeten sie jedoch im Osten deutlich (2,8 Prozent). Die DVU hatte wenige Monate zuvor bereits bei der Landtagswahl in Sachsen-Anhalt ihre Mobilisierungsfähigkeit unter Beweis gestellt, als sie mit dem sensationellen Ergebnis von 12,9 Prozent in den Magdeburger Landtag eingezogen war.[41] Die Resultate der NPD erschienen daneben sehr bescheiden, obwohl ihr Stimmenanteil bei der Bundestagswahl 1998 im Wahlgebiet Ost immerhin 0,7 Prozent erreichte – ein Vielfaches ihres Anteils im Westen (0,1 Prozent). Die Summe der Stimmenanteile der drei Rechtsaußenparteien betrug im Osten 5,0 Prozent und lag damit um 2,1 Prozentpunkte über den Ergebnissen der Westländer.

Daß die NPD im Osten auf Landesebene einmal ähnlich hohe Werte erreichen könnte wie die DVU (oder die REP im Westen), hielten viele Beobachter für sehr unwahrscheinlich. Wider Erwarten vermochte die Partei jedoch allmählich Terraingewinne zu verbuchen. Bei der Bundestagswahl 2002 kam sie im Westen zwar nur auf 0,3 Prozent, erreichte aber im Osten immerhin einen Stimmenanteil von 1,2 Prozent. Sie profitierte dabei vom weiteren Niedergang der REP und der Wahlabstinenz der DVU, deren Per-

40 Vgl. nur Uwe Backes/Patrick Moreau, Die extreme Rechte in Deutschland. Geschichte – gegenwärtige Gefahren – Ursachen – Gegenmaßnahmen, 2. Aufl., München 1994, S. 77-103.

41 Vgl. vor allem Everhard Holtmann, Die angepaßten Provokateure. Aufstieg und Niedergang der rechtsextremen DVU als Protestpartei im polarisierten Parteiensystem Sachsen-Anhalts, Opladen 2002.

sonaldecke für eine bundesweite Kandidatur zu schwach war und deren auseinander gebrochene Magdeburger Landtagsfraktion für ständige Negativschlagzeilen gesorgt hatte. Die NPD konnte den Stimmenverlust der beiden Konkurrenten allerdings nicht ausgleichen, und im Osten schnitten die beiden Rechtsaußenparteien nur um 0,8 Prozentpunkte besser ab als im Westen.

Wie das Wahljahr 2004 bewies, war die NPD noch nicht am Ende ihrer Mobilisierungsfähigkeit angelangt. Im Saarland kam sie auf 4,0 Prozent, in Sachsen konnte sie mit 9,2 Prozent der Stimmen seit 1968 erstmals wieder in einen Landtag einziehen. Zugleich gelangte die DVU in Brandenburg zum zweiten Mal in Folge und mit einem verbesserten Stimmenergebnis (6,1 Prozent) in das Landesparlament. Bei den Landtagswahlen in Thüringen fiel das Ergebnis vergleichsweise bescheiden aus, doch erreichten REP und NPD zusammen immerhin 3,6 Prozent. Auch bei den Landtagswahlen des Jahres 2006 erzielten Rechtsaußenparteien im Osten überall drei Prozent der Stimmen und mehr. Die Wahrscheinlichkeit eines Wiedereinzugs in den sächsischen Landtag bei den 2009 bevorstehenden Wahlen ist nicht gering. Offenbar hat die Partei im Transformationsgebiet der östlichen Länder günstige Rahmenbedingungen und Gelegenheitsstrukturen ausgenutzt.

Doch konnte sie auch spezifische Stärken zur Geltung bringen. Die Partei hatte, gestützt auf einen Kern überzeugungstreuer Aktivisten, trotz ihres politischen Schattendaseins über die Jahrzehnte einen Parteiapparat aufrechterhalten, der extreme finanzielle Dürreperioden überstand und in vielen Bundesländern einigermaßen funktionierte. Unter dem Parteivorsitzenden Udo Voigt (geb. 1952, Bundesvorsitzender seit 1996), einem ehemaligen Berufssoldaten, der nach dem Ausscheiden aus der Bundeswehr in München ein Diplom in Politikwissenschaft erworben hatte, öffnete sie sich gegenüber militanten Szenen. Zwar hielt sie an ihrem legalistischen Kurs fest, setzte aber verstärkt auf provokative öffentliche Auftritte und propagierte eine Mischung aus Ethnonationalismus und Antikapitalismus. Die Akzentuierung der „Straßenpolitik", das Bemühen um die Integration jugendlicher Subkulturen zeitigten vor allem in den östlichen Ländern gewisse Erfolge. Hier stellte sie soziale Themen in den Vordergrund, gebärdete sich aggressiv-antikapitalistisch, warb um „ehemalige Hoheitsträger und Führungskräfte der DDR". Auf einer Wahlkampfreise beteuerte der NPD-Vorsitzende Voigt, seine Partei habe „mehr mit der PDS zu tun als mit rechten Parteien".[42] Die Mobilisierungsbemühungen im Osten blieben nicht erfolglos. Die NPD wies bald einen höheren Anteil östlicher Mitglieder auf als alle in den Parlamenten vertretenen Parteien, die PDS ausgenommen.[43] In Sachsen hatte die NPD zeitweilig ihren stärksten Landesverband (Hö-

42 Zitiert nach Staatsministerium des Innern/Landesamt für Verfassungsschutz Sachsen, Verfassungsschutzbericht 1998, Dresden 1999, S. 28. Siehe auch Uwe Backes, Organisationen 1998, in: Ders./ Eckhard Jesse (Hrsg.), Jahrbuch Extremismus & Demokratie, Bd. 11, Baden-Baden 1999, S. 113-126, hier S. 122.

43 Vgl. Klaus Schroeder, Die veränderte Republik. Deutschland nach der Wiedervereinigung, München 2006, S. 481.

hepunkt 1998: 1.400 Mitglieder). Bei der Landtagswahl 1999 erreichte sie hier mit 1,4 Prozent ihr seit langer Zeit bestes Ergebnis. Auf der Wahlliste hatte ein ehemaliger Professor für „dialektischen und historischen Materialismus" kandidiert, der gegenüber Journalisten bekundete, nur zwei Parteien könnten in Deutschland die Katastrophe abwenden: „die PDS in Teilen und gänzlich die NPD".[44]

Besonders die Jugendorganisation *Junge Nationaldemokraten* (JN) bemühte sich um die Anhänger neonationalsozialistischer „Kameradschaften", die sich infolge der zahlreichen Vereinigungsverbote der neunziger Jahre lose gruppierten und nach organisatorischem Rückhalt suchten. Auch Teile der militanten „Skinhead"-Szene galten als potentielles Rekrutierungsreservoir. Der Erfolg dieser Integrationsbemühungen zeigte sich u.a. in einer steigenden Frequenz und Teilnehmerzahl der von der NPD organisierten Aufmärsche und Demonstrationen.[45] Diese Bemühungen wurden zwar durch das 2001 eingeleitete NPD-Verbotsverfahren zeitweilig unterbrochen; für Irritationen sorgten das taktische Lavieren der NPD-Führung zwischen heuchlerischer Verfassungstreue und ostentativer Verfassungsfeindschaft ebenso wie die Enthüllungen zur massiven Präsenz von V-Leuten des Verfassungsschutzes in hohen Parteirängen. Nachdem das Bundesverfassungsgericht im März 2003 „in Folge mangelnder Staatsfreiheit der Antragsgegnerin auf der Führungsebene sowie mangelnder Staatsfreiheit des zur Antragsbegründung ausgebreiteten Bildes der Partei"[46] die Einstellung des Verfahrens verkündet hatte, fand die nun im Rampenlicht der Medienöffentlichkeit stehende NPD bald den Weg aus der Krise.

Im Vorfeld der sächsischen Landtagswahl vom September 2004 konzentrierte die Partei ihre Kräfte auf den stärksten Landesverband. Erfahrenes Personal wurde nach Dresden entsandt. Schon zuvor hatte man die Zentralen des Theorieorgans *Deutsche Stimme* und der JN nach Sachsen verlegt. Um Konkurrenz bei Wahlen zu verhindern, bemühte sich die Partei um Einvernehmen mit den REP, deren sächsischer Landesverband sich teilweise auflöste, nachdem die Führung auf Konfrontation mit dem Bundesvorstand gegangen und die Landtagswahl-Kandidatur hintertrieben hatte.[47] Das Festhalten des Bundesvorsitzenden Schlierer am Abgrenzungskurs gegenüber „der NPD

44 Zitiert nach Karsten Kehr, Die zweite Karriere, in: Berliner Morgenpost vom 5. August 1999.

45 Vgl. Fabian Virchow, Dimensionen der „Demonstrationspolitik" der extremen Rechten in Deutschland, in: Andreas Klärner/Michael Kohlstruck (Hrsg.), Moderner Rechtsextremismus in Deutschland, Hamburg 2006, S. 68-101.

46 BVerfG: 2 BvB 1/01 vom 18. März 2003, Abs. 62. Siehe zum NPD-Verbotsverfahren vor allem: Lars Flemming, Das NPD-Verbotsverfahren. Vom „Aufstand der Anständigen" zum „Aufstand der Unfähigen", Baden-Baden 2005; Eckhard Jesse, Der gescheiterte Verbotsantrag gegen die NPD. Die streitbare Demokratie ist beschädigt worden, in: Politische Vierteljahresschrift 44 (2003), S. 292-301; Claus Leggewie/Horst Meier (Hrsg.), Verbot der NPD oder Mit Rechtsradikalen leben?, Frankfurt a.M. 2002, Robert Chr. van Ooyen, Die Parteiverbotsverfahren vor dem Bundesverfassungsgericht, in: Ders./Martin H.W. Möllers (Hrsg.), Das Bundesverfassungsgericht im politischen System, Wiesbaden 2006, S. 333-349.

47 Vgl. Sächsisches Staatsministerium des Innern/Landesamt für Verfassungsschutz Sachsen (Hrsg.), Verfassungsschutzbericht 2004, Dresden 2005, S. 71.

und Neonazis"[48] wirkte sich in den östlichen Ländern ohnehin weniger nachteilig aus als im Westen. Wichtiger war das Einvernehmen mit der hier erfolgreicheren DVU. Bereits 2004 hatte sich die NPD mit der Münchener Zentrale auf ein koordiniertes Vorgehen bei Wahlen verständigt. Angesichts der „zunehmenden Überfremdung und der sozialen Verarmung der Deutschen" wurde der Beschluß gefaßt, „sich bei den Wahlen in Brandenburg und Sachsen nicht durch gleichzeitige Kandidaturen zu behindern".[49] Das erfolgreiche Abschneiden in beiden Ländern ermutigte zur Fortsetzung. Im Januar 2005 unterzeichneten die Parteivorsitzenden Voigt und Frey auf dem DVU-Bundesparteitag in München den „Deutschland-Pakt", der die Zusammenarbeit bis ins Jahr 2009 regelte. Bei der Bundestagswahl kandidierte die NPD, nahm aber DVU-Kandidaten in ihre Landeslisten auf.[50]

Vor der sächsischen Landtagswahl ließen sich szenebekannte „Freie Nationalisten" zu einer Mitgliedschaft bewegen. In einer „Erklärung zum Eintritt in die NPD" riefen Thomas Wulff, der frühere Gründer der Hamburger *Nationalen Liste* (NL), Thorsten Heise und Ralph Tegethoff, beide ehemals führende Aktivisten der neonationalsozialistischen, 1995 verbotenen *Freiheitlichen Deutschen Arbeiterpartei* (FAP), zur Bildung einer „Volksfront von Rechts"[51] auf. Heise wurde wenig später in den NPD-Bundesvorstand (2004) gewählt. Er und seine beiden Mitunterzeichner kandidierten bei der Bundestagswahl 2005 auf Landeslistenplätzen. Damit wurde die Kooperation der NPD mit der „Kameradschaftsszene" gleichsam institutionalisiert. Dies stärkte die Kampagnefähigkeit der Partei, die in ihren Wahlkämpfen „massiv von Neonazis unterstützt"[52] wurde. Auch so erklärt sich das vergleichsweise geringe Durchschnittsalter der NPD-Wahlbewerber. Auch wenn viele der meist jugendlichen Anhänger militant-rechtsextremer „Szenen" parteipolitisches Engagement scheuten, fungierten diese doch in zunehmendem Maße als Rekrutierungsreservoir der NPD.

Dieses Reservoir war im Jahr 2006 pro Kopf der Bevölkerung im östlichen Deutschland mehr als dreimal so groß wie im westlichen. Den Spitzenwert erreichte Mecklenburg-Vorpommern mit 50 Aktiven pro 100.000 Einwohner, gefolgt von Sachsen (48), Sachsen-Anhalt (43), Berlin (37), Brandenburg (32), und Thüringen (31). Den höchsten Anteil im westlichen Deutschland wies – mit einigem Abstand – Schleswig-Holstein

48 Vgl. nur die Grundsatzerklärung des Bundesvorsitzenden: Rolf Schlierer, Keine braune Volksfront!, Oktober 2004. Schlierer wurde auf dem Bundesparteitag im Dezember 2006 im mittelfränkischen Höchstadt mit 135 von 206 Delegiertenstimmen in seinem Amt bestätigt. Sein Gegenkandidat Björn Clemens, der sich für die Mitarbeit im „Deutschlandpakt" ausgesprochen hatte, erhielt 71 Stimmen. Vgl. REP-Pressemitteilung Nr. 46 vom 10. Dezember 2006.

49 „Taten statt Worte. Gemeinsame Erklärung der Parteivorstände von DVU und NPD", http://www.npd.de/npd_info/meldungen/2004/m0604-18.html (18. Mai 2005).

50 „Deutschland-Pakt von DVU und NPD", 16. Januar 2005, http://www.dvu.de (6. September 2005).

51 Vgl. Thorsten Wulff/Thorsten Heise/Ralph Tegethoff, Erklärung zum Eintritt in die NPD, 17. September 2004, http://www.eine-bewegung-werden.de/eintritt.htm (14. Mai 2005).

52 Bundesamt für Verfassungsschutz, Die „Nationaldemokratische Partei Deutschlands" (NPD) als Gravitationsfeld im Rechtsextremismus, Köln 2006, S. 5.

(26) auf.[53] Das nach dem starken Anstieg zu Beginn der neunziger Jahre etwas zurückgegangene, aber auf hohem Niveau stabilisierte Gewaltniveau ließ sich indes nur in einer Minderzahl der Fälle dem vom Verfassungsschutz beobachteten Feld des organisierten Rechtsextremismus zuordnen.[54] Die Szene der *Neonationalsozialisten* war an der Gewaltwelle marginal, die der *Skinheads* hingegen in beträchtlichem Umfang beteiligt. Mehr als die Hälfte der fast ausschließlich männlichen, unterdurchschnittlich gebildeten Täter war unter 21 Jahre alt. Sie gehörten meist nur locker strukturierten Gruppen an, handelten überwiegend ohne Planung, oft unter Alkoholeinfluß. Vorurteile gegen Fremde, demütigende Erfahrungen, die Suche nach Anerkennung bei Gleichaltrigen und eine offene oder verdeckte Gewaltneigung kennzeichneten den Motivationshintergrund.

Ideologisch geleitete rechtsterroristische Aktivitäten mit umfangreichem planerischen Vorlauf blieben demgegenüber selten. Um einen solchen Fall handelte es sich bei der *Kameradschaft Süd* um den Neo-NS-Aktivisten Martin Wiese. Sie hatte einen Anschlag auf den Neubau des jüdischen Zentrums in München geplant.[55] Neun Angeklagte wurden im April und Mai 2005 zu Freiheitsstrafen verurteilt. Einen geringeren Organisationsgrad wies eine sich *Freikorps* nennende Gruppe junger Männer im Alter zwischen 14 und 18 Jahren auf, die in den Jahren 2003 und 2004 im Havelland Anschläge auf Imbißbuden, Restaurants und Geschäfte ausländischer Betreiber verübt hatten.[56] Ähnliche Ziele verfolgte die nach einer SA-Brigade benannte Kameradschaft *Sturm 34* in der Region Mittweida (Sachsen), die eine „national befreite Zone“ ausgerufen hatte und gegen Fremde und politische Gegner vorgegangen war. Sie wurde im April 2007 verboten. Gegen die Anführer im Alter zwischen 19 und 23 Jahren verhängte das Dresdener Landgericht im August 2008 Jugendstrafen.[57]

3.3. Politisch-religiöser Fundamentalismus

Die aktivere Rolle, die das vereinte Deutschland bei der internationalen Konfliktbewältigung spielt, hat das Risiko vergrößert, zur Zielscheibe des international operierenden islamistischen Terrorismus zu werden. Der von der US-Regierung nach den Anschlägen

53 Vgl. Uwe Backes, Die Entzauberung der Extremisten? Erfolgsbedingungen der NPD im internationalen Vergleich, hrsg. von der Konrad-Adenauer-Stiftung, Berlin 2008.

54 Vgl. vor allem: Frank Neubacher, Fremdenfeindliche Brandanschläge. Eine kriminologisch-empirische Untersuchung von Tätern, Tathintergründen und gerichtlicher Verarbeitung in Jugendstrafverfahren, Godesberg 1998, S. 178-185; Helmut Willems/Stefanie Würtz/Roland Eckert, Forschungsprojekt: Analyse fremdenfeindlicher Straftäter, hrsg. vom Bundesministerium des Innern, Bonn 1994, S. 45. Siehe zu den Hintergründen auch: Bundesministerium des Innern/Bundesministerium der Justiz (Hrsg.), Erster Periodischer Sicherheitsbericht, Berlin 2001, S. 292 f.; dies. (Hrsg.), Zweiter Periodischer Sicherheitsbericht, Berlin 2006, S. 134 ff.; Kurt Möller/Nils Schuhmacher, Rechte Glatzen. Rechtsextreme Orientierungs- und Szenezusammenhänge – Einstiegs-, Verbleibs- und Ausstiegsprozesse von Skinheads, Wiesbaden 2007.

55 Vgl. Verfassungsschutzbericht Bayern 2004, S. 79 f.

56 Vgl. „Haftstrafen für Rechtsterroristen“, in: Frankfurter Allgemeine Zeitung vom 8. März 2005, S. 4.

57 Vgl. „Sächsische Neonazi-Anführer müssen ins Gefängnis“, in: Der Spiegel vom 6. August 2008.

vom 11. September 2001 ausgerufene „War on Terrorism“ führte keineswegs zu einer Verringerung der Bedrohung durch gewalttätige Islamisten. Das Engagement beim Wiederaufbau Afghanistans und die Beteiligung der Bundeswehr an der NATO-geführten, von den Vereinten Nationen mandatierten International Security Assistance Force (ISAF) rückten Deutschland – wie andere europäische Staaten – ins Fadenkreuz internationaler „Djihadisten“. Eine erhöhte (potentielle) Gefährdung der inneren Sicherheit verbindet sich zudem mit dem Phänomen eines „homegrown terrorism“ an den radikalen Rändern muslimischer Einwanderungsgemeinschaften. In Deutschland wurde die konkrete Gefährdung bei der Verhaftung der Mitglieder der „Sauerland-Zelle“ deutlich, der deutsche Islam-Konvertiten und türkische Immigranten der zweiten Generation angehörten. Die Bundesanwaltschaft bezichtigte sie der Vorbereitung von Anschlägen gegen US-amerikanische Einrichtungen in Verbindung mit der *Islamischen Jihad Union* (IJU), einer von der *Islamischen Bewegung Usbekistans* (IBU) im Jahr 2002 abgespaltenen sunnitisch-fundamentalistischen Gruppierung.[58]

Gewiß handelte es sich dabei um Vertreter einer winzigen Minderheit am Rande der überwältigenden Mehrheit hierzulande lebender Muslime. Doch schienen religiös-fundamentalistische Einstellungen und damit verbundene aggressiv-intolerante Haltungen gegenüber „Ungläubigen“ auch nicht gerade selten zu sein, wie repräsentative Umfragen zeigten.[59] So wird die Kontroverse anhalten, ob die von den Verfassungsschutzämtern erfaßten gewaltfreien islamistischen Organisationen (unter ihnen die wegen ihrer zahlreichen Moscheevereine besonders bedeutende *Islamische Gemeinschaft Milli Görüs*, IGMG; das Personenpotential bewegte sich in den Jahren 1990-2007 zwischen 28.000 und 34.000) eher integrierend oder radikalisierend wirken.[60] Ihre Aktiven sind – und dies gilt in gleicher Weise für Gruppierungen wie Muslimbruderschaft, Hizb Allah oder HAMAS – weithin auf die Konflikte ihrer Heimatländer fixiert. Schon aus diesem Grunde bildeten sie im vereinten Deutschland bislang ein Phänomen *sui generis* und stehen abseits des komplexen politischen Wirkungsgefüges, innerhalb dessen sich rechts- wie linksextreme Vereinigungen bewegen.

58 Vgl. Der Generalbundesanwalt beim Bundesgerichtshof, Pressemitteilung Nr. 21 vom 5. Sept. 2007. Siehe zu den Hintergründen: Simone Kaiser/Marcel Rosenbach/Holger Stark, „Operation Alberich“, in: Der Spiegel Nr. 37 vom 10. September 2007; Ronald Sandee, The Islamic Jihad Union (14. Oktober 2008), http://www.nefafoundation.org (20. Oktober 2008).

59 Vgl. Katrin Brettfeld/Peter Wetzels, Muslime in Deutschland. Integration, Integrationsbereitschaft, Religion sowie Einstellungen zu Demokratie, Rechtsstaat sowie politisch-religiös motivierter Gewalt, hrsg. vom Bundesministerium des Innern, Berlin 2007, S. 119, 175.

60 Vgl. dazu das „Forum“ in folgendem Band: Uwe Backes/Eckhard Jesse (Hrsg.), Jahrbuch Extremismus & Demokratie, Bd. 19, Baden-Baden 2008, S. 115-140.

4. Bilanz

Aufgrund des Scheiterns der ersten deutschen Demokratie waren runde Jahreszahlen in der Vergangenheit stets ein Anlaß, den Konsolidierungsstand der zweiten auf den Prüfstand zu stellen. 60 Jahre nach ihrer Gründung ist die Bundesrepublik Deutschland aber selbst im Vergleich mit alten, in ihrer Tradition ungebrochenen Verfassungsstaaten im Inneren so „normal“ und solide geworden, nach außen so fest in der demokratischen Staatengemeinschaft verankert, daß die Beschwörung „Weimarer Verhältnisse“ weit hergeholt erscheint. Dennoch muß sich eine Bilanz zur Entwicklung des organisierten Extremismus der Frage stellen, ob sich seit der deutschen Vereinigung die Einflußchancen politischer Kräfte vergrößert haben, für welche die fundamentalen Werte und Spielregeln des Grundgesetzes keineswegs „the only game in town“ vorgeben.[61] Die Antwort liegt nicht auf der Hand. Dies allein zeigt, daß große Aufgaben weithin erfolgreich bewältigt worden sind, das „Dilemma der Gleichzeitigkeit“[62] von politischer wie ökonomischer Transformation jedenfalls nicht unentrinnbar war: Die politischen und ökonomischen Grundstrukturen des westlichen Deutschland wurden ohne größere soziale Verwerfungen auf das Territorium der DDR ausgedehnt, 16 Mio. Menschen integriert. Die Demokratien der neuen Länder erwiesen sich nach überraschend kurzer Zeit als stabil und funktionsfähig, blieben von schwerwiegenden Verfassungskrisen verschont.

Allerdings hatte das westliche Deutschland in den vier Jahrzehnten seiner Entwicklung schwierige Lernprozesse durchlaufen, war eine lebendige Bürgerkultur erst allmählich entstanden.[63] Auch wer die Leistungen der demokratischen Revolution in der DDR 1989/90 hoch veranschlagte, konnte realistischerweise nicht davon ausgehen, die demokratische Transformation werde im östlichen Deutschland von der Erblast jahrzehntelanger Autokratie völlig unbeeinflußt bleiben. Bei aller Angleichung blieben für die Wettbewerbsbedingungen extremer Parteien bedeutsame Differenzen bestehen.

Auf der Einstellungsebene deuten viele Indizien darauf hin, daß die für demokratische Verfassungsstaaten elementaren Werte und Verfahrensregeln in der Bevölkerung der östlichen Länder deutlich schwächer verankert sind als in jener der westlichen. So

---

61 So lautet eine der wichtigsten Bedingungen, um von einer „konsolidierten Demokratie“ sprechen zu können. Vgl. Juan J. Linz, Demokratisierung und Demokratietypen – neue Aufgabe für Komparatisten, in: Uwe Backes/Eckhard Jesse (Hrsg.), Jahrbuch Extremismus & Demokratie, Bd. 10, Baden-Baden 1998, S. 81-96, hier S. 88. Siehe zur Messung von Konsolidierung auch: Ders./Alfred Stepan, Problems of Democratic Transition and Consolidation: Southern Europe, South America, and Post-Communist Europe, Baltimore/London 1996, S. 38-54. Siehe auch: Wolfgang Merkel, Gegen alle Theorie? – Die Konsolidierung der Demokratie in Ostmitteleuropa, in: Uwe Backes/Tytus Jaskulowski/Abel Polese (Hrsg.), Totalitarismus und Transformation. Defizite der Demokratiekonsolidierung in Mittel- und Osteuropa, Göttingen 2008, S. 26-48.

62 Claus Offe, Das Dilemma der Gleichzeitigkeit. Demokratisierung und Marktwirtschaft in Osteuropa, in: Merkur 45 (1991), S. 279-292.

63 Vgl. nur die Bilanzen bei Dirk Berg-Schlosser (Hrsg.), Politische Kultur in Deutschland. Bilanz und Perspektiven der Forschung, Opladen 1987; Oskar Niedermayer (Hrsg.), Politische Kultur in Ost- und Westdeutschland, Opladen 1994.

ist der Anteil derer, welche die Demokratie für die beste Staatsform halten, im östlichen Deutschland erheblich geringer als im westlichen. Nicht nur bei der Frage nach der konkreten „Demokratie in Deutschland“, sondern auch bei der nach der abstrakten Demokratie im allgemeinen fallen die östlichen Zustimmungswerte signifikant niedriger aus als die westlichen. Die Flügelparteien profitieren von einem erhöhten demokratieskeptischen bis antidemokratischen Einstellungspotential, das zudem im Vergleich der Jahre 2000 und 2005 (in beiden Teilen Deutschlands) markant gestiegen ist.[64] Zwar war die Demokratiezufriedenheit im östlichen wie im westlichen Deutschland erheblichen konjunkturellen Schwankungen unterworfen – je nach der Wahrnehmung der politischen, sozialen und ökonomischen Situation. Doch bewegten sich diese Schwankungen im Westen in den Jahren 1991 bis 2003 auf einem deutlich höheren Zufriedenheitsniveau. Dies dürfte sich seither nicht grundlegend geändert haben.

Während diese Indikatoren die Flügelparteien gleichermaßen begünstigen, kommt ein anderer Befund in erster Linie der NPD zugute. Der von den niederländischen Sozialwissenschaftlern Marcel Coenders, Marcel Lubbers und Peer Scheepers auf der Grundlage von Umfragendaten des European Social Survey erstellte Immigrationswiderstandsindex zeigt das Ausmaß der Ablehnung gegenüber Immigranten in den EU-Mitgliedsstaaten an. Hier zeigt sich keine klare Differenz zwischen alten und neuen EU-Staaten. So liegen mit Griechenland und Ungarn jeweils ein altes und ein neues Mitgliedsland an der Spitze der Staaten mit hohen Widerstandswerten.[65] Polen bleibt deutlich unter dem Mittelwert 0,5. Ältere EU-Länder wie Großbritannien, Österreich und Portugal erreichen überdurchschnittliche Werte. Der Befund für Deutschland erscheint auf den ersten Blick vergleichsweise günstig: Beide Landesteile liegen unter dem EU-Mittelwert. Allerdings ist der Widerstandswert im östlichen Deutschland höher als im westlichen. Zudem erscheint das Ergebnis für das östliche Deutschland weit weniger schmeichelhaft, berücksichtigt man die vergleichsweise niedrige Immigrantenquote. So lag der Ausländer-Anteil an der Wohnbevölkerung Ende 2007 in Gesamtdeutschland bei 8,8 Prozent, in Sachsen aber lediglich bei 2,8 Prozent.[66] Einer der Gründe für die ausgeprägten Abwehrhaltungen dürfte darin bestehen, daß sich in der DDR keine Kultur des Umgangs mit Immigranten entwickeln konnte. Die Gesellschaft

64 Vgl. Statistisches Bundesamt (Hrsg.), In Zusammenarbeit mit dem Wissenschaftszentrum Berlin für Sozialforschung (WZB) und dem Zentrum für Umfragen, Methoden und Analysen, Mannheim (ZUMA): Datenreport 2006. Zahlen und Fakten über die Bundesrepublik Deutschland, Berlin 2006, S. 649.

65 Marcel Coenders/Marcel Lubbers/Peer Scheepers, Majorities' attitudes towards minorities in Western and Eastern European Societies. Results from the European Social Survey 2002-2003. Report 4 for the European Monitoring Centre on Racism and Xenophobia, University of Nijmegen, 2005, S. 3. Datenbasis: European Social Survey, 2002/03. Siehe auch die für Deutschland ermittelten Ost-West-Befunde bei: Jürgen W. Winkler, Ausländerfeindlichkeit im vereinigten Deutschland, in: Jürgen W. Falter/Oskar Gabriel/Hans Rattinger (Hrsg.), Wirklich ein Volk? Die politischen Orientierungen von Ost- und Westdeutschen im Vergleich, Opladen 2000, S. 435-476.

66 Statistische Ämter des Bundes und der Länder, http://www.statistik-portal.de/statistik-portal/de_jb01_jahrtab2.asp (5. Nov. 2008).

des westlichen Deutschland benötigte dafür unter Pluralitätsbedingungen viele Jahrzehnte und durchlief schwierige Lernprozesse.

Zudem wirkt die systematische Zerstörung der Bürgerkultur unter zwei aufeinander folgenden Diktaturen im östlichen Deutschland nach, auch wenn sich Pluralismus und Zivilgesellschaft rasch herausbilden konnten. Die Schwäche der zivilen Gesellschaft findet einen hervorstechenden Ausdruck in der geringen Rekrutierungsfähigkeit der Parteien. Zwar ist der Anteil der Bevölkerung, der als Parteimitglied bereit ist, politische Verantwortung zu übernehmen, im östlichen wie im westlichen Deutschland seit Jahren rückläufig, bewegt sich aber auf unterschiedlichem Niveau. Was die CDU/CSU angeht, lag der Anteil der Parteimitglieder an der eintrittsberechtigten Bevölkerung (Personen über 16 Jahre) im Westen 2003 knapp dreimal so hoch wie im Osten. Bei der SPD war der Anteil im Westen sogar sechsmal so hoch. Dagegen wies die PDS/Linkspartei trotz starken Mitgliederrückgangs und chronischer Überalterung im Osten immer noch eine mehr als vierzigmal höhere Rekrutierungsfähigkeit auf als im Westen.[67]

Die hohe Rekrutierungsfähigkeit der PDS erklärt u.a., warum die NPD um deren Milieu in der Vergangenheit intensiv geworben hat. Während die PDS jedoch an der Überalterung ihrer Mitgliederbasis litt und bei den jungen Wählern Akzeptanzprobleme hatte[68], bot die NPD auf der Mitglieder- wie auf der Wählerebene ein vergleichsweise jugendliches Bild. So ergab eine Analyse der NPD-Mitglieder, die im Jahr 2004 bei Wahlen kandidierten (15 Prozent der Mitglieder), das überaus geringe Durchschnittsalter von 39,5 Jahren. Die stärkste Altersgruppe stellten die 26-35Jährigen (36,1 Prozent).[69] Auf der Wählerebene war die Situation ähnlich.

Zu den größten Sorgen der – jüngeren wie der älteren – Bürger, vor allem der östlichen Länder, zählt die hohe Arbeitslosigkeit, verbunden mit dem Eindruck, die „politische Klasse“ sei nicht in der Lage, bei ihrer Bekämpfung wesentliche Fortschritte zu erzielen. Zu diesem Stimmungsbild trug der erneute Anstieg der Arbeitslosigkeit in den Jahren 2002 bis 2005 nach zeitweilig leichtem Rückgang in den Jahren 1998 bis 2001 bei. Unter der großen Koalition konnten zwar, auch infolge der von den Flügelparteien so heftig bekämpften „Hartz IV“-Reformen, beachtenswerte Erfolge bei der Bekämpfung der Arbeitslosigkeit erreicht werden, doch blieb die sozial-ökonomische Kluft zwischen West und Ost bestehen. Infolge der weltweiten Finanz- und Wirtschaftskrise ist ein erneuter Anstieg der Arbeitslosenquote im Jahr 2009 absehbar.

Linkspartei und NPD profitierten (wenn auch auf unterschiedlichem Niveau) von der Protestwelle der Jahre 2004/05. Für die PDS erwies sich die Zusammenarbeit mit

67 Berechnungen nach: Oskar Niedermayer, Parteimitgliedschaften im Jahre 2004, in: Zeitschrift für Parlamentsfragen 36 (2005), S. 382-389.

68 Vgl. nur Chrapa/Wittich (FN 27).

69 Vgl. Henrik Steglich, Die sächsische NPD und der Landtagswahlerfolg vom 19. September 2004, in: Uwe Backes/Eckhard Jesse (Hrsg.), Jahrbuch Extremismus & Demokratie, Bd. 17, Baden-Baden 2005, S. 142-159, hier S. 150. Siehe auch ders.: Die NPD in Sachsen. Organisatorische Voraussetzungen ihres Wahlerfolgs 2004, Göttingen 2005; ders., Rechtsaußenparteien in Deutschland. Bedingungen ihres Erfolgs und Scheiterns, Diss. phil., TU Dresden 2008.

der WASG und dem ehemaligen SPD-Bundesvorsitzenden Oskar Lafontaine als überaus vorteilhaft. So konnte sie erstmals das wahlpolitisch mobilisierbare Potential links von SPD und Bündnisgrünen auch in den westlichen Ländern auf ihre Mühlen leiten. Am entgegengesetzten Flügel des politischen Spektrums ist die Situation insofern anders, als REP und NPD in einigen Ländern gegeneinander antraten und sich somit wechselseitig Stimmen wegnahmen. Durch den „Deutschlandpakt" mit der DVU vermochte die NPD nicht an demokratischer Respektabilität zu gewinnen, zumal sie sich in ihren Wahlkämpfen in beachtlichem Umfang auf Helfer und Mitarbeiter aus den – im östlichen Deutschland weit mehr als im westlichen florierenden – militanten rechtsextremen Szenen stützte.

Links- wie Rechtsaußenparteien machten in ihren Wahlkämpfen in ähnlicher Weise Front gegen die Politik der „Etablierten". Der rationale Kern dieser Sichtweise besteht in dem Prozeß der Depolarisierung, den das deutsche Parteiensystem von den achtziger Jahren an durchlief. Die beiden großen Volksparteien haben sich programmatisch einander angenähert. Vor allem ist die SPD durch eine vergleichsweise liberale Ausrichtung ihrer Wirtschafts- und Sozialpolitik in der Ära Schröder an die CDU/CSU herangerückt. Wie vergleichende Studien zeigen, werden durch eine solche politische Konstellation die Erfolgschancen von „Anti-Establishment-Parteien"[70] erhöht – jedenfalls dann, wenn sich überdies andere „Gelegenheitsstrukturen" (in Deutschland vor allem das Absinken des allgemeinen Wohlstandsniveaus im Vergleich zu den ökonomisch prosperierendsten EU-Staaten, die hohe Arbeitslosigkeit, vor allem im Osten, und die lange Zeit unzureichende Reformfähigkeit der großen Parteien) als günstig erweisen.

Links- wie Rechtsaußenparteien bedienten mit ihrer heftigen Kritik an Arbeitsmarkt- und Sozialreformen die Sehnsucht von Teilen der Wählerschaft nach dem „guten alten Sozialstaat" Bundesrepublik Deutschland und schürten Ängste vor den Folgen der strukturellen Reformanstrengungen, die ihnen die großen Parteien in der Überzeugung abverlangten, daß es angesichts der Globalisierung der Märkte und der demographischen Entwicklung kein Zurück mehr geben könne. Die Flügelparteien nährten überdies die Illusion, es könne so etwas wie einen Ausstieg aus dem weltweiten Wettbewerb um Marktanteile und Arbeitsplätze geben. Indes war die *Linkspartei* trotz scharfer antikapitalistischer Töne stärker um eine positive Botschaft bemüht als die NPD, die neben staatsmännisch klingenden Tönen die bekannten Wut- und Hass-Parolen („Schnauze voll?") verlauten ließ.

Wenn die LINKE bei Wahlen weitaus besser abschnitt als die Konkurrenten am rechten Rand, hatte dies viele Gründe: Die *Linkspartei* bediente die Themen „Arbeit" und „Soziales" glaubwürdiger als die Rechtsaußenparteien, deren Kernthemen Einwanderung und innere Sicherheit im neuen Jahrtausend nicht im Vordergrund standen. Die *Linkspartei* profitierte zudem vom gewerkschaftlichen Protest und vom Unmut der SPD-Linken. Mit Gregor Gysi und Oskar Lafontaine verfügt sie über zwei Politiker, die

70 Vgl. Amir Abedi, Anti-Political Establishment Parties. A Comparative Analysis, London 2004.

populistisches Gespür mit beachtlicher Medien- und Talkshow-Tauglichkeit verbinden und mitunter Töne anschlugen, die auch bei der traditionellen Klientel der Rechtsaußenparteien gut ankommen. Demgegenüber kam rechtsaußen kein Volkstribun in Sicht. Der Parteiapparat der NPD, die keinen anhaltenden Mitgliederzulauf verbuchen konnte und von Finanzskandalen in ihrer Existenz gefährdet ist, vermochte mit dem der LINKEN nicht ernsthaft zu konkurrieren. Die PDS profitierte im östlichen Deutschland in personeller wie organisatorischer Hinsicht von ihrer Einheitspartei-Vergangenheit – trotz chronischer Überalterung und stark geschrumpften Mitgliederpotentials. Und im Westen konnte sie durch die Kooperation mit der WASG aufholen.

Die *Linkspartei* hat das Negativimage, das ihr im Westen aufgrund der DDR-Vergangenheit anhing, durch die Namensänderung und die Kooperation mit dem ehemaligen SPD-Vorsitzenden und dessen Anhängern teilweise abzuschütteln vermocht. Die in Vorständen und Fraktionen dominierenden „Reformer“ prägten das Bild der Partei nach außen stärker als die von beachtlichen Teilen der Parteibasis getragenen Hardliner. Dagegen gelang es der NPD nur notdürftig, ihre ideologischen Verbindungen zur NS-Vergangenheit zu übertünchen. Die NPD traf zudem mit Recht der Vorwurf, sie propagiere Rassismus, stimuliere Fremdenfeindlichkeit und rechtsextreme Gewalt. Dies trug zur verbreiteten Negativberichterstattung in den Medien bei. Dagegen genoß die *Linkspartei* schon wegen ihrer stärkeren parlamentarischen Präsenz, des vergleichsweise hohen Pragmatismus ihrer Abgeordneten in den östlichen Ländern (weniger in den westlichen) und ihrer von Kompromißfähigkeit zeugenden Regierungsbeteiligung auf Länderebene (Mecklenburg-Vorpommern, Berlin) höhere mediale Aufmerksamkeit und löste keineswegs nur kritisch-ablehnende Kommentare aus.

Während die Polarisation von rechts ein regionales Problem geblieben ist, schlug die Polarisation von links auf die Bundesebene durch. Die Große Koalition hat die zentrifugalen Kräfte im Parteiensystem zwar in verhältnismäßig geringem Maße begünstigt, da zwei uneingeschränkt systemloyale Parteien, FDP und Grüne, für eine lebendige Opposition sorgten und die Arbeitslosigkeit erfolgreich bekämpft werden konnte. Sie hat aber zur weiteren Schwächung der Volksparteien, der SPD mehr als der CDU/CSU, beigetragen. Die LINKE könnte stabile Regierungsbildungen erschweren, da sie als allenfalls semiloyale Opposition bis auf weiteres auf Bundesebene nicht als koalitionsfähig gelten dürfte. Auf Länderebene ist sie für die SPD ein schwieriger Partner. Zu erwartende Negativschlagzeilen (wie nach dem Glückwunschschreiben des PDS-Bundesvorsitzenden Lothar Bisky an das Geburtstagskind Fidel Castro in Havanna) könnten auf den Koalitionspartner durchschlagen. Für die CDU/CSU ist die Präsenz der LINKEN ebenso ein Problem, da es ihr auf absehbare Zeit nur unter besonders günstigen Rahmenbedingungen gelingen dürfte, allein mit der FDP eine solide Regierungsmehrheit zu bilden. Die zu einem Gutteil vom Osten ausgehende Polarisierung dürfte auch angesichts der tiefen Finanz- und Wirtschaftskrise noch eine Zeitlang anhalten.

Zwei Jahrzehnte nach dem Ende der deutschen Teilung erscheint die deutsche Demokratie weniger konsolidiert als sie es im westlichen Deutschland 1989 war. Mit Blick auf die Stärke des politischen Extremismus fällt Deutschland trotz der gravierenden

Folgelasten des Vereinigungsprozesses und der besonderen Situation in den östlichen Ländern jedoch nicht aus dem westeuropäischen Rahmen. Die öffentliche Sensibilität für totalitäre Gefahren ist aufgrund leidvoller historischer Erfahrungen stärker ausgeprägt als in vielen anderen europäischen Ländern. Dies gilt vor allem für den Rechtsextremismus.

Die Stabilität des Verfassungsstaates in Deutschland beruht wesentlich auf seiner internationalen Einbindung, seinen im großen und ganzen erprobten politischen Institutionen, der gewachsenen Bürgerkultur, dem hohen Wohlstandsniveau, dem noch immer dicht geknüpften sozialen Netz und der von bitteren historischen Lektionen geprägten besonderen Wachsamkeit der „streitbaren Demokratie" mit ihren präventiven wie repressiven Instrumenten. Von der weiteren Sicherung außenpolitischer Stabilität, der Bewahrung der Leistungsfähigkeit des politischen wie des wirtschaftlichen Systems, der Beachtung des sozialen Gleichgewichts und der Befestigung des antiextremistischen Konsenses als eines Kerngehaltes demokratischer Bürgerkultur wird es wesentlich abhängen, in welchem Maße aggressiv-verfassungsfeindliche Parteien wie die NPD und semiloyal-populistische Parteien vom Schlage der LINKEN die politische Agenda bestimmen.

60 Jahre Demokratie in Deutschland – Das Parteiensystem zwischen Kontinuität und Wandel

Von Eckhard Jesse

1. Einführung

Die Bundesrepublik Deutschland feiert demnächst ein doppeltes Jubiläum. Am 23. Mai 1949, vor 60 Jahren, trat das Grundgesetz in Kraft. Das einstige Provisorium erwies sich stabiler als angenommen. Am 9. November 1989, vor 20 Jahren, fiel in der Friedlichen Revolution die Berliner Mauer. Der Freiheit in der DDR folgte binnen Jahresfrist die Einheit. Am 3. Oktober 1990 trat die DDR der Bundesrepublik Deutschland bei. Damit war die staatsrechtliche Einheit besiegelt, nicht aber die innere Einheit. Unter dem Motto „Freiheit, Einheit, Demokratie" wird dieser drei Ereignisse und anderer vielfältig gedacht – mit Veranstaltungen, Ausstellungen, Reden und Diskussionen.

60 Jahre sind für ein Staatswesen wahrlich keine lange Zeit. Doch für ein Land, das im 20. Jahrhundert massive Brüche und vier große Systemwechsel erfahren hat[1], ist dies anders. 60 Jahre Demokratie in Deutschland: Das ist keine Selbstverständlichkeit. Die Bilanz fällt offenkundig positiv aus, ungeachtet grassierender Lagermentalität und verbreiteter Scheinpolarisierungen.[2] Die zweite deutsche Demokratie zeichnet sich durch Stabilität und Liberalität gleichermaßen aus. Wer von einer „geglückten Demokratie"[3] spricht, findet heute viel Unterstützung, auch im intellektuellen Milieu. Das war früher nicht im gleichen Maße der Fall.

Die folgenden Überlegungen fußen mehr auf dem Parteiensystem, den Interaktionen der Parteien untereinander, weniger auf der Parteiendemokratie[4] *in toto* (obwohl zwischen beiden eine Verbindung besteht). Die Frage nach Kontinuität und Wandel des Parteiensystems schließt mehrere Dimensionen ein – eine retrospektive (wie verlief die Entwicklung in der Weimarer Republik?), eine deskriptive (wie ist sie bisher in der Bundesrepublik verlaufen?), eine präskriptive (wie sollte sie verlaufen?) und eine prospektive (wie wird sie verlaufen?). Wenigstens ansatzweise sei darauf am Ende eine zusammenfassende Antwort zu geben versucht.

---

1 Vgl. Alexander Gallus (Hrsg.), Systemwechsel in der deutschen Geschichte, Köln u.a. 2006.

2 Vgl. Hans-Peter Schwarz (Hrsg.), Die Bundesrepublik Deutschland. Eine Bilanz nach 60 Jahren, Köln u.a. 2008.

3 So Edgar Wolfrum, Die geglückte Demokratie. Geschichte der Bundesrepublik Deutschland von ihren Anfängen bis zur Gegenwart, Stuttgart 2006.

4 Wer das politische System in der Bundesrepublik mit einem einzigen Begriff einzufangen sucht (ein zugegeben waghalsiges Unterfangen), kann durchaus mit gewissem Recht von einer „Parteiendemokratie" oder – wenngleich dieser Begriff aufgrund seiner nicht eindeutigen Konnotation einigermaßen mißverständlich ist – von einem „Parteienstaat" sprechen.

Eingangs wird gefragt, welche Rolle die streitbare Demokratie bei der Ausgestaltung der deutschen Parteien gespielt hat und noch spielt. Die Kernfrage lautet: Hat sich durch die Einheit die Parteiendemokratie und das Parteiensystem gewandelt? Die vielen politischen, publizistischen und (politik-)wissenschaftlichen Diskussionen zumindest unterschwellig zugrundeliegende Frage lautet im Kern: Haben wir eine neue oder „bloß" eine erweiterte Bundesrepublik? Wer eine Antwort sucht, kann eine Reihe von Bereichen heranziehen – etwa die politische Kultur, die Bedeutung der streitbaren Demokratie, den politischen Extremismus, das Wahlverhalten, die institutionelle Ordnung, die Rolle des Föderalismus, die Art der Vergangenheitsbewältigung, das nationale Selbstverständnis der Deutschen und die Außenpolitik. Angesichts der starken Bedeutung der Rolle von Parteien in der Bundesrepublik mag es zulässig sein, auf das Beispiel des Parteiensystems zu rekurrieren (unter besonderer Berücksichtigung der Eigenschaften des Parteiensystems).

„Auch scharfe Kritik an den Mängeln des Bonner Systems kann nicht leugnen, daß nirgends der Unterschied der zweiten deutschen Demokratie gegenüber der Weimarer Republik deutlicher hervortritt als in dem reifer und sicherer gewordenen Parteiwesen."[5] Was Karl Dietrich Bracher vor fast vier Jahrzehnten festgestellt hat, gilt noch für die Gegenwart. Die Unterschiede zum Parteiengefüge der Weimarer Republik sind in der Tat fundamentaler Natur: Das trifft auf die einzelnen Parteien zu wie für das Parteiensystem.

Die ideologischen Gegensätze der großen Parteien haben sich „abgeschliffen", wenngleich es immer wieder Phasen der „Verhärtung" geben mag. So haben sich Volksparteien[6] gebildet, die zwar nach wie vor in bestimmten sozialen Schichten ihre Schwerpunkte haben und eine gewisse Nähe zu „ihren" Interessenverbänden aufweisen, sich mit ihrer Programmatik aber generell an das gesamte Volk wenden. Das System wird ganz überwiegend nicht in Frage gestellt, das demokratische Regelwerk bejaht. Das ist ein entscheidendes und, alles in allem betrachtet, positiv zu bewertendes Merkmal der bundesdeutschen Parteien. In Weimar hingegen vermochten die Milieuparteien in einer zerklüfteten politischen Kultur keine oder kaum Brücken zum politischen Gegner zu schlagen. Warfen die Parteienforscher den Parteien der Weimarer Republik vor, sie hätten sich nicht genügend von „ihrem" Milieu gelöst, so geht der Vorwurf heute eher in die umgekehrte Richtung. Den Parteien fehle eine „motivierende Kraft", sie seien

5 Karl Dietrich Bracher, Das Bonner Parteiensystem (1970), in: Ders., Das deutsche Dilemma. Leidensweg der politischen Emanzipation, München 1971, S. 294.

6 Vgl. die Bestandsaufnahme zum Begriff und zu den Ansätzen wie Typologien von Alfred Mintzel, Die Volkspartei. Typus und Wirklichkeit. Ein Lehrbuch, Opladen 1984. Entgegen dem Titel distanziert sich Mintzel von diesem Begriff, ohne aber einen besser vorschlagen zu können. Später benutzte der Autor den Terminus „Großparteien". Vgl. ders., Großparteien im Parteienstaat der Bundesrepublik, in: Aus Politik und Zeitgeschichte, B 11/89, S. 3-14.

„kontextlos" und ohne Bindung an soziale Gruppen.[7] Aber zu Recht wird davor gewarnt, das „Kind mit dem Bade auszuschütten".[8] Es mutet seltsam an, daß ausgerechnet in einem Land, das von Parteiideologisierung und Antiparteiaffekten unterschiedlichster Richtung wahrlich heimgesucht worden ist, erneut eine Klage über die „Entideologisierung" angestimmt wird.

2. Streitbare Demokratie und Parteiendemokratie

Die Streitbarkeit der Demokratie fand bei den tragenden gesellschaftlichen Kräften in Deutschland schnell und umfassende Unterstützung. Zu tief saß der Schock des Dritten Reichs samt seiner verheerenden Folgen. Es herrschte Einigkeit darin, sowohl den Wertrelativismus der Weimarer Demokratie als auch deren mangelnde Abwehrbereitschaft zu überwinden. Die Vorverlagerung des Demokratieschutzes wurde akzeptiert. In den ersten zwei Jahrzehnten der Geschichte der Bundesrepublik blieb der Verfassungsgrundsatz der streitbaren Demokratie nahezu völlig unerörtert, was wesentlich damit zusammenhängen dürfte, daß er ganz und gar als selbstverständlich galt. Später geriet er stark in das Visier überbordender Kritik.

Das Grundgesetz hat – als Reaktion auf Weimar – in mannigfacher Hinsicht Vorkehrungen im Hinblick auf den Schutz der Verfassung getroffen. Das gilt u.a. für das Vereinigungsverbot, die Verwirkung von Grundrechten und das Parteienverbot. Diejenigen Parteien, die aufgrund ihrer Ziele oder wegen des Verhaltens ihrer Mitglieder darauf ausgehen, die freiheitliche demokratische Grundordnung zu beeinträchtigen oder zu beseitigen, sind laut Art. 21 Abs. 2 verfassungswidrig. Nur das Bundesverfassungsgericht darf über die Verfassungswidrigkeit entscheiden („Parteienprivileg"). Im Jahre 1956, anläßlich des KPD-Verbots, hat das Bundesverfassungsgericht erstmals den Begriff der „streitbaren Demokratie" verwendet, indem es den „Versuch einer Synthese zwischen dem Prinzip der Toleranz gegenüber allen politischen Auffassungen und dem Bekenntnis zu gewissen unantastbaren Grundwerten der Staatsordnung"[9] zu begründen unternimmt. Art. 21 Abs. 2 stehe nicht im Widerspruch zu einem Grundprinzip der Verfassung, sei vielmehr „Ausdruck des bewußten verfassungspolitischen Willens zur Lösung eines Grenzproblems der freiheitlichen demokratischen Staatsordnung, Niederschlag der Erfahrungen eines Verfassungsgebers, der in einer bestimmten historischen Situation das Prinzip der Neutralität des Staates gegenüber den politischen Parteien nicht mehr rein verwirklichen zu dürfen glaubte, Bekenntnis zu einer – in diesem Sinne

7 Vgl. in diesem Sinne Wilhelm Hennis, Überdehnt und abgekoppelt. An den Grenzen des Parteienstaats, in: Christian Graf von Krockow (Hrsg.), Brauchen wir eine neues Parteiensystem", Frankfurt a.M. 1983, S. 28-46.

8 Vgl. u.a. Heinrich Oberreuter, Parteien – zwischen Nestwärme und Funktionskälte?, 2. Aufl., Zürich 1984.

9 BVerfGE 5, 139.

– ‚streitbaren Demokratie'. Diese verfassungsrechtliche Entscheidung ist für das Bundesverfassungsgericht bindend."[10] In den sechziger und siebziger Jahren hat das Bundesverfassungsgericht in mehreren Entscheidungen auf das Prinzip der streitbaren Demokratie Bezug genommen. Am bekanntesten dürfte das sogenannte „Radikalenurteil" von 1975 sein, in dem das Gericht den Zusammenhang zwischen der politischen Treuepflicht und der wehrhaften Demokratie hervorhob.[11]

In den Anfangsjahren hat es zwei Parteiverbote gegeben. Am 19. November 1951 stellte die Bundesregierung einen Verbotsantrag gegen die Sozialistische Reichspartei (SRP), die in Bremen und Niedersachsen beachtliche Erfolge erzielt hatte. Ein Jahr später, am 23. Oktober 1952, erklärte das Bundesverfassungsgericht die SRP für verfassungswidrig.[12] Die SRP, die in mancher Hinsicht als eine Nachfolgeorganisation der NSDAP gelten konnte[13], wenngleich sie in ihren Programmen ein gewisses Maß an Tarnung an den Tag legte, wollte dem zu erwartenden Parteiverbot zuvorkommen und löste sich daher im September 1952 von „oben" auf – eine Entscheidung, die das Bundesverfassungsgericht wegen ihrer Rechtswidrigkeit nicht anerkannte.

Am 22. November 1951, also drei Tage nach dem Antrag gegen die SRP, reichte die Bundesregierung ihren Verbotsantrag gegen die Kommunistische Partei Deutschlands (KPD) ein, die in der DDR ihr Vorbild sah. Es dauerte fast fünf Jahre, ehe das Bundesverfassungsgericht das Verbot aussprach.[14] Die Bundesregierung wurde vom Bundesverfassungsgericht im Jahre 1954 gefragt, ob sie an dem Verbotsantrag festzuhalten gedenke. Erst danach begann die mündliche Verhandlung, die sich vom November 1954 bis zum Juli 1955 hinzog. Bis zur Urteilsverkündung verging ein weiteres Jahr. Die KPD wurde wegen ihrer Programmatik wie wegen ihrer praktischen Politik verboten. Strittig war weder die Richtigkeit der Entscheidung noch die Stimmigkeit der umfassenden Begründung des Bundesverfassungsgerichts, sondern die Frage der Notwendigkeit, überhaupt einen Antrag zu stellen, zumal die KPD einen Niedergangsprozeß durchlief. Dies dürfte auch der Grund dafür gewesen sein, wieso sich das Gericht mit seiner Entscheidung derart lange Zeit ließ.[15] Erst viel später setzte prinzipielle Kritik am KPD-Urteil ein.

Weitere Anträge blieben zunächst aus, obwohl gelegentlich einschlägige Erwägungen angestellt wurden – in den sechziger Jahren gegenüber der NPD, in den siebziger Jahren gegenüber den K-Gruppen, in den achtziger Jahren gegenüber der FAP. Diese betrafen weniger das Problem, ob das Bundesverfassungsgericht einem solchen Antrag

10 BVerfGE 5, 139.

11 Vgl. BVerfGE 39, 334-375.

12 Vgl. BVerfGE 2, 1-79.

13 Vgl. Otto Büsch/Peter Furth, Rechtsradikalismus im Nachkriegsdeutschland. Studien über die „Sozialistische Reichspartei" (SRP), Berlin/Frankfurt a.M. 1957; Henning Hansen, Die Sozialistische Reichspartei. Aufstieg und Scheitern einer rechtsextremen Partei, Düsseldorf 2007.

14 Vgl. BVerfGE 5, 85-393.

15 Vgl. Hans Kluth, Die KPD in der Bundesrepublik. Ihre politische Tätigkeit und Organisation 1945-1956, Köln/Opladen 1959.

zustimmt, sondern die Überlegung, daß ein Parteienverbot in einer offenen Gesellschaft kontraproduktiv sein kann, zumal die jeweiligen Parteien über keinen großen Einfluß verfügten. Längst hat sich die Ausrichtung am Opportunitätsprinzip durchgesetzt. Die Tatsache, daß nur zwei Parteien verboten worden sind, läßt somit nicht den Schluß zu, es habe lediglich zwei undemokratische Parteien gegeben. Beispielsweise ist die „Neukonstituierung“ der Deutschen Kommunistischen Partei 1968 mit größter Duldung der damaligen Bundesregierung erfolgt, obwohl niemals ein Zweifel an ihrer Verfassungsfeindlichkeit bestand.

Im Jahre 2000 entfachte nach fremdenfeindlichen Anschlägen eine heftige Diskussion über ein Verbot der NPD. Der Bundestag, der Bundesrat und die Bundesregierung stellten in der ersten Jahreshälfte 2001 übereilt Verbotsanträge. Das Verfahren scheiterte am Bundesverfassungsgericht.[16] Es endete so mit einer Blamage. Für drei der sieben Richter – Jutta Limbach war bereits ausgeschieden (Ende der regulären Amtszeit) – lief das Problem der V-Leute auf ein nicht behebbares Verfahrenshindernis hinaus. Diese gefährdeten das Rechtsstaatsprinzip. Damit wurde der streitbaren Demokratie Schaden zugefügt. Die politischen Verantwortlichen ließen kaum eine Falle aus: die Antifaschismusfalle, die Zeitfalle, die Automatismusfalle, die Medienfalle, die V-Mann-Falle.[17] In der Folge gab es immer wieder halbherzige Versuche, ein solches Verfahren gegen die NPD, die einen harten Rechtsextremismus verficht, erneut zustandezubringen. Auf diese Weise entstand der Eindruck, die weithin geächtete Partei könne den demokratischen Verfassungsstaat gefährden.

Einem Parteienverbot wohnen beträchtliche Probleme inne. So stellt ein Verbotsantrag und das darauf folgende Verbot, wenn es denn erfolgt, einen schwerwiegenden Eingriff in das freie Spiel der politischen Kräfte dar. Es kann Situationen geben, in denen ein Verbotsantrag sinnvoll ist – sei es aus Gründen der Selbstachtung der Demokratie, sei es, daß das Vorgehen einem demonstrativen Charakter dient, sei es, daß auf diese Weise dem Extremismus das Überschreiten der Toleranzgrenze angezeigt wird. In aller Regel sollte eine auf sicheren Fundamenten ruhende Demokratie (und das ist die Bundesrepublik) sparsam von diesem Instrumentarium Gebrauch machen – aus Gründen der Liberalität und aus Gründen der Effektivität. Was die Liberalität angeht, werfen solche Vorkehrungen in aller Regel kein gutes Bild auf den Verfassungsstaat, der als schwach gilt. In der Öffentlichkeit muß deutlich herausgestellt werden, daß nicht-verbotene Parteien keineswegs *per se* demokratisch sind. Unter Umständen führt ein Verbotsverfahren zu negativen Konsequenzen – die „Kader“ werden in den Untergrund getrieben, sind in kriminelle Aktivitäten verwickelt, und die betreffende Partei rekrutiert aufgrund einer häufig kultivierten Märtyrergesinnung neue Anhänger.

---

16 Vgl. Lars Flemming, Das NPD-Verbotsverfahren. Vom „Aufstand der Anständigen“ zm „Aufstand der Unfähigen“, Baden-Baden 2005.

17 Vgl. Eckhard Jesse, Der gescheiterte Verbotsantrag gegen die NPD. Die streitbare Demokratie ist ausgehebelt worden, in: Politische Vierteljahresschrift 44 (2003), S. 292-301.

Wer die einzelnen Schutzvorkehrungen Revue passieren läßt, gelangt zu dem Schluß, daß der demokratische Verfassungsstaat in der Bundesrepublik alles in allem besonnen reagiert hat. Wer glaubt, das Prinzip der streitbaren Demokratie sei längst ad acta gelegt worden, irrt ebenso wie derjenige, dem Begriffe wie „Repression" oder „Schnüffelstaat" leicht von der Zunge gehen. Für die Entwicklung des Parteiensystems hat die streitbare Demokratie keine gravierende Rolle gespielt. Denn die Verbote setzten zu einem Zeitpunkt ein, als die Parteien kaum eine Chance hatten, in den Bundestag zu gelangen. Und auch die Verbotsdrohungen zeigten keine abschreckenden Wirkungen.

3. Parteiensystem vor der deutschen Einheit

Am 10. Juni 1945, bereits einen Monat nach der Kapitulation Deutschlands, ließ die Sowjetische Militäradministration in ihrem Befehl Nr. 2 die Bildung von Parteien zu – der KPD, der SPD, der CDU und der LDPD. In den westlichen Besatzungszonen sollte dieses Vier-Parteienspektrum als Antwort auf den nationalsozialistischen Einparteienstaat Modellcharakter haben, während die Entwicklung in der SBZ und der späteren DDR sich durch die Hegemonie der SED, der faktischen Zwangsvereinigung[18] von KPD und SPD, auszeichnete und der Begriff des „Parteiensystems" aufgrund des vorgesehenen fixen Verteilerschlüssels fortan keine Bedeutung erlangte.

Man kann für das Jahr 1945 in gewisser Weise vollmundig von einer „Stunde Null" sprechen, wiewohl es etwa durch Kooperation im Widerstand Überlegungen für die Zukunft gab. Schwand die NSDAP nach 1945 gleichsam vom Erdboden, so mußte die radikale Ausschaltung der anderen Parteien im Jahre 1933 zu ihrer Nichtbelastung in den folgenden Jahren führen. „Nur" der Makel der Zustimmung beim „Ermächtigungsgesetz" lastete auf den bürgerlichen Parteien, während andere Organisationen und Institutionen in mannigfache Verstrickung geraten waren. „Es ist für die Entwicklung des Bonner Staates und seines parlamentarischen Systems von gar nicht hoch genug einzuschätzender Bedeutung, daß einzig die politischen Parteien von diesem Korruptionsprozeß ausgenommen blieben. [...] Ob zu Recht oder nicht – die Parteien konnten nach 1945 den Eindruck erwecken, sie seien von Anfang an verfolgt gewesen."[19] Damit mußten sie nicht die Verantwortung für das Geschehene übernehmen. Insofern unter-

18 Cum grano salis gilt folgendes interessante Phänomen: Die (vor allem linke) Richtung, die vor der „Wende" in der DDR den Begriff der „Zwangsvereinigung" eher verwarf, verwendet ihn nun wieder verstärkt, während die (eher konservative) Position, die ihn seinerzeit gebrauchte, ihm zum Teil mit Skepsis begegnet. Hier spielen offenkundig politische Elemente hinein, die nichts mit der tatsächlichen Frage des Zusammenschlusses im Jahre 1946 zu tun haben: Die einen wollen heute die oppositionelle Haltung der Sozialdemokraten gegenüber den Kommunisten hervorkehren, die anderen die Funktion der „Blockparteien" indirekt aufwerten.

19 Wilhelm Hennis, Die Rolle des Parlaments und die Parteiendemokratie, in Richard Löwenthal/Hans-Peter Schwarz (Hrsg.), Die zweite Republik. 25 Jahre Bundesrepublik Deutschland. Eine Bilanz, Stuttgart 1974, S. 206.

schied sich die Ausgangslage völlig von der nach dem Ersten Weltkrieg. Aber das gilt noch in anderer Hinsicht: Im Gegensatz zu damals verstanden sich die westlichen Besatzungsmächte angesichts des Ost-West-Konflikts sehr bald nicht mehr als Gegner der Deutschen. Auf der Potsdamer Konferenz vom 17. Juli bis zum 2. August 1945 votierten die Alliierten für die Zulassung demokratischer Parteien in Deutschland, nachdem bereits in der sowjetischen Zone dieser Zulassungsprozeß erfolgt war. Die ins Leben gerufenen Parteien – es bestand Lizenzzwang – wurden von den Besatzungsmächten angesichts der Millionen früherer „Parteigenossen" zum Teil mißtrauisch beäugt. Damit erklärt sich u.a. auch die Verzögerung von überzonalen Zusammenschlüssen, besonders seitens der Franzosen.

Die Parteien knüpften zum Teil an frühere Traditionen an, zum Teil gab es einen Neubeginn. Die alte Fehde zwischen Kommunisten und Sozialdemokraten brach schnell wieder aus. Bald herrschte zwischen ihnen offene Feindschaft. Die Liberalen vereinigten sich – im Gegensatz zur Vergangenheit – in einer Partei, zunächst unter verschiedenen Parteinamen (DVP, LDP, FDP). Erst im Dezember 1948 schlossen sich in Heppenheim die liberalen Landesverbände zur FDP zusammen, womit aber die traditionellen Konflikte zwischen der „national-liberalen" und der „links-liberalen" Richtung keineswegs aufgehoben waren. Die CDU und die CSU waren hingegen völlige Neugründungen, die freilich ältere Traditionen fortführten. Es ging den Gründungsvätern der Union um die Schaffung einer christlich-überkonfessionellen Partei. Sie wollten das Manko des ausschließlich auf den katholischen Bevölkerungsteil orientierten Zentrums überwinden. Erst im Oktober 1950 kam es in Goslar auf dem Ersten Bundesparteitag der CDU zum Zusammenschluß der Landesverbände, während die stärker föderalistisch ausgerichtete CSU bereits im Oktober 1945 in Würzburg entstand.

Überwiegt Kontinuität, oder läßt sich mit dem Begriff des Wandels der Verlauf besser erfassen? Wer diese Frage zu beantworten sucht, muß Kriterien für „Wandel" und „Kontinuität" benennen. Es liegt auf der Hand, daß es von 1949 in der Bundesrepublik Deutschland weder zu einem totalen, dem Jahr 1933 analogen Bruch gekommen war noch zu einer schlichten Fortsetzung des Vorhergegangenen. Wichtige Faktoren für den Wettbewerbscharakter des Parteiensystems sind erstens die Zahl und Größe der Parlamentsparteien (Fragmentierung), zweitens die Möglichkeit einer alternierenden Parteienregierung (Asymmetrie) und drittens die gedeihliche Zusammenarbeit der großen Parteien untereinander (Polarisierung).

Erstens: Die reine Zahl von Parteien, die an den Wahlen teilnehmen, sagt über den Charakter des Parteiensystems ebensowenig aus wie die Zahl der in das Parlament gelangten Parteien. Schließlich spielt es für die Ausprägung des Parteiensystems eine Rolle, ob die drei Parlamentsparteien alle etwa dreißig Prozent der Stimmen auf sich vereinigen konnten oder ob die stärkste Partei über doppelt so viele Stimmen verfügte wie die anderen beiden zusammen (60:15:15). Wer mit Hilfe einer Formel Zahl und Größe der Parteien angemessen ins Verhältnis setzt, kann die „effektive Zahl" der Parteien ermitteln. Die Extremwerte liegen zwischen 2,24 (Bundestagwahl 1969) und 3,53 (Bundestagswahl 1949). Dies zeigt die enorme Parteienkonzentration in den ersten vier

Jahrzehnten der Bundesrepublik. Die Fragmentierung des Parteiensystems unterblieb in den Bundesländern ebenso, auch wenn die Entwicklung Anfang der fünfziger Jahre zeitweilig in Richtung Dekonzentration zu gehen schien. Allerdings hatte in den achtziger Jahre ein gewisser Wandel eingesetzt. Während die Bundesländer früher die Entwicklung im Bund nachvollzogen hatten, schienen im Jahrzehnt vor der Einheit die Länder eine Vorreiterfunktion für die Ausformung des Parteiensystems im Bund zu besitzen.

Zweitens: Mit der Klärung der Zahl und Größe der Parteien ist noch nichts über den Wettbewerbscharakter des Parteiensystems gesagt. In den fünfziger und sechziger Jahren ließe sich von einem asymmetrischen Parteiensystem zugunsten der Union sprechen (der SPD fehlte der Koalitionspartner), danach von einem – freilich abgeschwächten – asymmetrischen Parteiensystem zugunsten der SPD (der Union fehlte der Koalitionspartner), später erneut von einer Asymmetrie zugunsten der Union. Die Liberalen waren in ihrer Koalitionsbindung jeweils eindeutig festgelegt. Insofern führt der populäre Terminus des „Züngleins an der Waage" in die Irre. Mit Union und FDP auf der einen, SPD und Grünen auf der anderen Seiten schien sich Ende der achtziger Jahre ein Zwei-Parteienblöcke-System herauszukristallisieren. Jedenfalls gilt das für die Bundesebene. Aufgrund des föderalistischen Systems wurde die im Bund in den ersten zwei Jahrzehnten unterlegene SPD nicht frustriert, konnte sich in einigen Ländern als Haupt- oder sogar als Alleinregierungspartei profilieren und so auch bei ihr eher skeptisch gegenüberstehenden Wähler „Regierungsfähigkeit" attestiert bekommen. Umgekehrt wurde der Machtverlust der Union im Bund durch die starke Stellung in einigen Ländern abgemildert. Gleiches galt für die SPD in ihrer Oppositionsphase im Bund. Für die Entwicklung einer alternierenden Parteienregierung erscheint es im nachhinein ungemein wichtig, daß sich Konrad Adenauer gegenüber vielen seiner Parteifreunde durchsetzte und nicht mit einer großen Koalition liebäugelte, die sein Gegenspieler von der SPD, Kurt Schumacher, ebenso eindeutig ablehnte. Daher konnte der Parteienwettbewerb in kompetitiver Form früh in Gang kommen und – bei allem Auf und Ab – fortbestehen. Die Anfang der sechziger Jahre verbreitete These vom „Ende des Parteienstaates" erwies sich als eine Chimäre, die Parteienkonkurrenz nicht als „Produkt einer Übergangszeit".[20] Die jeweils durch nachfolgende Wahlen bestätigten Regierungswechsel vom Herbst 1969 und vom Herbst 1982 waren für die junge Parteiendemokratie der Bundesrepublik von großer Bedeutung, so umstritten sie seinerzeit gewesen sein mögen. Denn sie legten in einem entscheidenden Punkt Zeugnis von der Funktionsfähigkeit des politischen Systems ab, das einer Parteienregierung lediglich befristet Verantwortung überträgt. Die Opposition kann ihre Aufgaben nur erfüllen, wenn zumindest mittelfristig Aussicht besteht, die amtierende Regierung abzulösen.

20 So aber Ekkehart Krippendorff, Das Ende des Parteienstaates?, in: Der Monat 14 (1962), Heft 160, S. 69.

Drittens: Sowohl die Zahl der Parlamentsparteien als auch der Komplex des alternierenden Parteiensystems gibt noch keine Antwort auf die Frage nach der Kooperationsbereitschaft der Parteien. Selbst wenn sich die Zahl der Parteien in Grenzen hält und der Ablösungsmechanismus funktioniert, könnten intransigente Auseinandersetzungen zwischen den Parteien die Qualität des Parteiensystems schwächen. Davon kann in der Bundesrepublik der ersten vier Jahrzehnte nicht die Rede sein, sieht man einmal von Antisystemparteien ab, die aber keinen prägenden Einfluß auf das Parteiensystem zu erlangen vermochten. Das Oppositionsverhalten der Parteien schwankte von einer deutlich kompetitiven (SPD von 1949 bis 1953; CDU/CSU von 1969 bis 1972) bis zu einer extrem kooperativen Strategie (SPD von 1961 bis 1966). Die Haltung der SPD von 1982 an ließ sich verallgemeinernd schwer in die Kategorien von „kompetitiv" und „kooperativ" fassen: Je nach dem Bereich variierte ihre Strategie. Selbst in Zeiten, als die Oppositionspartei der Regierung heftig Paroli bot (z.B. zwischen 1969 und 1972), wurden etwa 90 Prozent der Gesetzesvorlagen mit den Stimmen der Opposition verabschiedet. Der Partei der Grünen fiel es angesichts fundamentaloppositioneller Strömungen in den achtziger Jahren zunächst schwer, die Mechanismen der parlamentarischen Demokratie zu akzeptieren, doch erlangten immer mehr „Realpolitiker" Einfluß.

Wer die drei Kriterien zur Beurteilung des Parteiensystems zugrundelegt – Zahl und Größe der Parlamentsparteien, alternierende Parteienregierung, gedeihliche Zusammenarbeit der Parteien –, kann nicht in den Chor derer einstimmen, die von einer Krise des Parteiensystems in den ersten 40 Jahren sprechen. Diese wohlfeile Argumentation nimmt historische Erfahrungen in Deutschland nur unzureichend zur Kenntnis. Die Bildung neuer Parteien wurde durch ein Parteienkartell und durch Mechanismen wie die „Minorisierung als Herrschaftssicherung"[21] eben keineswegs automatisch blockiert. Im übrigen besteht ein auffallender Widerspruch: Man kann nicht, wie das früher häufig der Fall war, von einem wenig innovationsfähigen Parteienkartell sprechen und die abbröckelnden Bindungen an die Parteien als eine schwere Krise des Parteiensystems charakterisieren. Man mag den Umstand, daß die kleine FDP über so viel Einfluß verfügt hatte, als einen Strukturdefekt des Parteiensystems in der Bundesrepublik Deutschland ansehen oder – je nach Perspektive – die „ausschlaggebende, mehrheitsbildende Rolle"[22] der Liberalen positiv hervorheben. Die Grünen machten einen Lernprozeß durch. Mit dem Abstoßen fundamentalistischer Richtungen gewann immer mehr jene Position die Oberhand, die sich nicht als „Anti-Partei-Partei" (Petra Kelly) verstand. Eine Partei rechts von der Union galt – und hier bestand Konsens zwischen den anderen Parteien – nicht als koalitionsfähig. Dies ist wesentlich eine Reaktion auf die leidvolle Last der Vergangenheit.

---

21 Dies ist die Kernthese der Arbeit von Regine Roemheld, Minorisierung als Herrschaftssicherung. Zur Innovationsfähigkeit des westdeutschen Parteiensystems, Frankfurt a.M. 1983.

22 So Arnulf Baring, in Zusammenarbeit mit Manfred Görtemaker, Machtwechsel. Die Ära Brandt-Scheel, Stuttgart 1982, S. 15.

Alle drei Charakteristika sind ohne eine Veränderung wahlrechtlicher Mechanismen eingetreten. Es ist gleichsam eine Paradoxie: Was die Anhänger eines mehrheitsbildenden Wahlverfahrens in den fünfziger und sechziger Jahren gefordert hatten (Schaffung regierungsfähiger Mehrheiten, faktische Regierungsbildung durch das Volk, Ermöglichung des Regierungswechsels, die Etablierung von Volksparteien ohne ideologischen Ballast), war längst – selbst unter den Bedingungen eines Proportionalwahlsystems – Wirklichkeit geworden.

4. Parteiensystem nach der deutschen Einheit

Die deutsche Einheit kam gleichsam „über Nacht“. Die Parteien in der Bundesrepublik übertrugen schnell ihre Organisationsstrukturen auf die DDR, zum Teil vor der ersten demokratischen Volkskammerwahl am 18. März 1990. Die CDU des Westens vereinigte sich binnen kurzem mit zwei Blockparteien – der CDU des Ostens und der „Demokratischen Bauernpartei Deutschlands“ sowie mit der Bürgerbewegung „Demokratischer Aufbruch“, die SPD des Westens mit der SPD des Ostens ebenso noch vor der deutschen Einheit. Die FDP integrierte zwei Blockparteien (die LDPD und die NDPD), ebenso zwei Bürgerrechtsgruppierungen. Bei den Grünen gab es eine „doppelte Vereinigung“.[23] Am Tag nach der Bundestagswahl traten die ostdeutschen Grünen den Westgrünen bei; drei Jahre später schlossen sich die Grünen mit der ostdeutschen Bürgerbewegung „Bündnis 90“ zusammen. Die aus der SED hervorgegangene PDS war lange ohne Pendant im Westen und galt daher weithin als „Ostpartei“. Erst im Jahre 2007 kam es zur Vereinigung von PDS, die inzwischen als „Linkspartei“ firmierte, mit der vornehmlich westdeutschen WASG, im Kern einer linken Absplitterung von der SPD.

Trotz dieser Zusammenschlüsse gibt es weiterhin Konflikte zwischen den Ost- und Westverbänden der Parteien. In den neuen Ländern werden angesichts der Vielzahl der Probleme und einer abgefederten Konfliktstruktur stärker Gemeinsamkeiten zwischen den Parteien betont, weniger Gegensätze. Sind die interparteilichen Konfliktmuster im Osten schwächer, so fallen die intraparteilichen Konfliktmuster dort stärker aus. Das mag wesentlich eine Reaktion auf die mangelnde Etabliertheit des Parteiwesens sein. Die notorische niedrige Mitgliederzahl ist ein weiteres Charakteristikum. Bürgerrechtler spielen bei den Parteien fast 20 Jahre nach der friedlichen Revolution oft keine sonderlich große Rolle. So legten Mitglieder bei den einstigen Blockparteien mehr Stromlinienförmigkeit an den Tag, und Westpolitiker zeigten mehr Machtinstinkt.

Wer die drei Kriterien für die Zeit seit der deutschen Einheit zugrundelegt, kommt zu Ähnlichkeiten wie zu Unterschieden. Damit erklärt sich die unterschiedliche Ein-

23 Vgl. Jürgen Hoffmann, Die doppelte Vereinigung. Der Zusammenschluß der Grünen mit dem Bündnis 90, Opladen 1998.

schätzung in der Forschung. Fassen die einen die Entwicklung des Parteiensystems unter der Überschrift „mehr Kontinuiät als Wandel“[24] zusammen, so heißt es bei den anderen „mehr Wandel als Kontinuität“.[25] Offenbar kommt es auf den Aspekt an, den der jeweilige Autor in den Vordergrund rückt.

Erstens: Die Fragmentierung ging von 1990 bis 2002 nur sehr wenig nach oben.[26] Erst bei der Bundestagswahl 2005 lag sie mit 3,78 deutlich höher als bei den vorherigen Wahlen – fast so hoch wie bei der 1949. Zum einen liegt dies am schwächeren Abschneiden der beiden Volksparteien, die nicht einmal 70 Prozent der Stimmen auf sich vereinigen können, zum anderen am guten Abschneiden der Linkspartei, die dank der Unterstützung durch die WASG auf 8,7 Prozent der Stimmen gelangt.

Zweitens: Gab es 1990 bei der ersten gesamtdeutschen Bundestagswahl eine klare Asymmetrie zugunsten der bürgerlichen Kräfte (im Osten wie im Westen), so fiel bei den nachfolgenden Wahlen ein hohes Maß an Symmetrie zwischen den beiden parteipolitischen Lagern auf. Bei der Bundestagswahl 1998 kam es zum ersten ungefilterten Regierungswechsel. Die beiden bisherigen Oppositionsparteien gelangten in die Regierung, die beiden bisherigen Regierungsparteien in die Opposition. Allerdings konnte sich die Symmetrie bei der letzten Bundestagswahl nicht erfolgreich auswirken, da die im Bund nicht als koalitionsfähig geltende Linkspartei die Regierungsbildung zu blokkieren vermochte. Zum ersten Mal seit 1949 reichte es nicht für die Mehrheitsbildung durch eine große und eine kleine Partei. Seinerzeit bildete die Union eine Koalition mit zwei kleinen Parteien. Das war diesmal angesichts der Koalitionsaussagen vor der Wahl nicht möglich. Nur eine, für eine parlamentarische Demokratie an sich wesensfremde große Koalition kam in Frage. Da es künftig weder für eine schwarz-gelbe noch für eine rot-grüne Koalition reichen könnte, sind andere Koalitionsvarianten im Bereich des Möglichen („Dreier-Koalitionen“). Die Ausweitung zum Fünfparteiensystem legt eine Ausweitung der Koalitionsoptionen nahe.

Drittens: Auch wenn die Polarisierung zugenommen hat, nicht zuletzt durch die Entwicklung im Osten des Landes[27], wäre die Einschätzung verkehrt, die politischen Positionen der großen Parteien drifteten generell auseinander. Die Sachzwänge ermöglichen teilweise keine kraß voneinander abweichenden Auffassungen. So hat ausgerechnet die rot-grüne Regierung die deutsche Beteiligung am Kosovo-Konflikt unterstützt. Und

24 So Richard Stöss, Mehr Kontinuität als Wandel. Das Parteiensystem vor und nach der deutschen Vereinigung, in: Roland Czada/Hellmut Wollmann (Hrsg.), Von der Bonner Republik zur Berliner Republik. 10 Jahre Deutsche Einheit, Wiesbaden 2000, S. 308-327.

25 Vgl. Geoffrey K. Roberts, Ist ein neues Parteiensystem entstanden? Mehr Wandel als Kontinuität, in Karl Eckart/Eckhard Jesse (Hrsg.), Das wiedervereinigte Deutschland – eine erweiterte oder eine neue Bundesrepublik?, Berlin 1999, S. 53-64.

26 Vgl. für die nachfolgenden Ausführungen Eckhard Jesse, Parteiensystem im Wandel? Das deutsche Parteiensystem vor und nach der Bundestagswahl 2005, in: Ders./Roland Sturm (Hrsg.), Bilanz der Bundestagswahl 2005. Voraussetzungen, Ergebnisse, Folgen, Wiesbaden 2006, S. 21-41.

27 Vgl. Uwe Backes, Polarisierung aus dem Osten? Linke und rechte Flügelparteien bei der Bundestagswahl 2005, in: Ebd., S. 157-176.

Bundeskanzler Gerhard Schröder provozierte mit seiner „Agenda 2010" und den Hartz IV-Reformen Kritik im linken Lager – und damit auch zahlreiche Austritte aus den Reihen der Sozialdemokraten. Die aus der Not heraus gebildete Große Koalition tut ein Übriges, die beiden Volksparteien stärker zusammenzuschweißen, zumal die Auswirkungen der internationalen Finanzkrise dies unumgänglich zu machen scheinen.

Insgesamt könnte sich mit der Bundestagswahl 2005 eine Entwicklung vollzogen haben, die auf eine neue Qualität verweist. Bereits in den Bundesländern gibt es Koalitionsmuster, die von den herkömmlichen abweichen (rot-rot in Berlin, schwarz-grün in Hamburg). Dreier-Koalitionen dürften nur noch eine Frage der Zeit sein. Damit würden die beiden parteipolitischen Lager nicht verfestigt, sondern aufgelöst.

5. Stärken und Schwächen der Parteiendemokratie

Die bisherigen Überlegungen zum Parteiensystem sollen keinesfalls den Eindruck erwecken, als sei die Parteiendemokratie nicht reformbedürftig. Der Parteienverdruß hat in den letzten Jahren zugenommen.[28] Die Parteiidentifikation mit „etablierten" Parteien ist in den achtziger Jahren ebenso gesunken wie das Vertrauen von Bürgern in die großen Parteien. Die sinkende, im europäischen Maßstab allerdings immer noch einem durchschnittlichen Niveau entsprechende Wahlbeteiligung ist ein Symptom, das sich unter ungünstigen Rahmenbedingungen zum Menetekel entwickeln könnte.[29] Die Parteien lassen eine beträchtliche Organisationsschwäche erkennen – beispielhaft sind die Probleme der Jugendverbände bei der Rekrutierung politischen Nachwuchses – und haben zum Teil empfindliche Mitgliedereinbußen zu verzeichnen, vor allem seit der deutschen Einheit: So verlor die CDU in den letzten Jahren (Ende 1990: 789.609 Mitglieder; Ende 2007: 536.668 Mitglieder) über 250.000 Mitglieder, die SPD (Ende 1990: 943.402; Ende 2007: 539.81) gar über 400.000, die FDP (Ende 1990:178.625; Ende 2007: 64.078) über 100.000, die LINKE (Ende 1990: 280.82; Ende 2007: 71.711) über 200.000. Nur die CSU (Ende 1990: 186.198; Ende 2007: 166.364) konnte die Mitgliederverluste einigermaßen aufhalten, die Partei der Grünen sie gar stoppen, bei einer allerdings niedrigen Ausgangsbasis (1990: 41.316; Ende 2007: 44.320).[30] Freilich sind die Rückgänge ebenso auf einen neuen Typus von Parteimitglied zurückzuführen, dem es nicht in erster Linie um eine enge Bindung an die Partei geht.[31]

28 Ein Standardwerk zu dieser Thematik liegt trotz zahlreicher Publikationen bisher nicht vor. Vgl. etwa Jürgen Rüttgers, Dinosaurier der Demokratie. Wege aus der Parteienkrise und Politikverdrossenheit, Hamburg 1993.

29 Vgl. zu dieser Problematik u.a. Karl Starzacher/Konrad Schacht/Bernd Friedrich/Thomas Leif (Hrsg.), Protestwähler und Wahlverweigerer. Krise der Demokratie?, Köln 1992.

30 Die Zahlen für die Parteien sind dem folgenden Beitrag entnommen: Oskar Niedermayer, Parteimitgliedschaften im Jahre 2007, in: Zeitschrift für Parlamentsfragen 39 (2008), S. 381.

31 Vgl. Heiko Biehl, Parteimitglieder im Wandel. Partizipation und Repräsentation, Wiesbaden 2005.

Gleichwohl: Der Ansehensverlust von Parteien ist unverkennbar – eine Reaktion auf konkrete Mißstände. Man denke an das Parteibuchunwesen, Finanzaffären oder an mangelnde Glaubwürdigkeit von Politikern. Konsequenzen für das Parteiensystem im Sinne einer Auffächerung zeichnen sich bereits ab (z.B. erfolgreiche Kandidatur einer Freien Wählervereinigung bei der Landtagswahl in Bayern 2008). Vor allem die Volksparteien verlieren nicht nur Mitglieder, sondern auch in beträchtlichem Maße Wählerstimmen. Die Parteien haben sich in zu viele gesellschaftliche Bereiche eingemischt. Diese Interventionen mußten zu ihrer Überforderung führen und den Verdruß steigern. Wähler nehmen es Parteien übel, wenn sie angesichts der gewachsenen Probleme nicht sachgerecht an Lösungen interessiert sind, sondern Schaukämpfe zur eigenen Profilierung veranstalten. Dabei ist die Solidarität der demokratischen Parteien nötiger denn je. Allerdings hat die wissenschaftliche und publizistische Kritik – etwa im Gefolge der partiell populistischen Kritik des Bundespräsidenten Weizsäcker[32] – zuweilen Ausmaße angenommen, die in dieser Form nicht angemessen sind. Zumal die Maßstäbe der Kritik fallen vielfach nicht realitätsgerecht aus. Ob „Bürgergesellschaft" oder „Zivilgesellschaft" ein Ersatz für „Parteiendemokratie" zu sein vermag, ist fraglich. Jedenfalls hat sich das Verhältnis der Bürger zu den Parteien verschlechtert, wie empirische Befunde zeigen.[33]

Die Politikverflechtung hat in der Bundesrepublik in der Tat teilweise die Tendenz zur Verwischung der politischen Verantwortlichkeiten ebenso gefördert wie die Entscheidungsbildung verwässert. Der rhetorische Streit der Parteien steht mitunter in einer gewissen Diskrepanz zur Praxis, die glasklare Alternativen verbietet. Die zuweilen geübte Kritik an der „Mehrheitsdemokratie" rennt daher häufig offene Türen ein. Die mangelnde Integrationskraft der großen Parteien hat zu einem Abbröckeln an den Rändern geführt, mehr bei der SPD als bei der Union. Gleichwohl konnte bei der notorischen Buntscheckigkeit des deutschen Parteiensystems dessen spätere Stabilität in der Bundesrepublik keineswegs vorausgesehen werden, so „strukturbestimmend" die gleich nach 1945 einsetzende „Kanalisierung"[34] auch gewesen ist. Zu unsicher war die Zukunft angesichts der Zerstörungen, der Millionen von Flüchtlingen und Vertriebenen, des materiellen Elends und der Arbeitslosen.

32 Vgl. Richard von Weizsäcker im Gespräch mit Gunther Hofmann und Werner Perger, Frankfurt a.M. 1992; siehe dazu die folgenden Sammelbände: Gunther Hofmann/Werner A. Perger (Hrsg.), Weizsäckers Parteienkritik in der Diskussion, Frankfurt a.M. 1992; Hans Wallow (Hrsg.), Richard von Weizsäcker in der Diskussion. Die verdrossene Gesellschaft, Düsseldorf u.a. 1993. Siehe auch zahlreiche Bände des Parteienkritikers Hans Herbert von Arnim.

33 Vgl. Steffen Kühnel/Oskar Niedermayer/Bettina Westle (Hrsg.), Bürger und Parteien, Wiesbaden 2008.

34 Zutreffend Alf Mintzel, Besatzungspolitik und Entwicklung der bürgerlichen Parteien in den Westzonen (1945-1949), in: Dietrich Staritz (Hrsg.), Das Parteiensystem in der Bundesrepublik. Geschichte – Entstehung – Entwicklung, 2. Aufl., Opladen 1980, S. 80.

Die Bundesrepublik Deutschland ist der erste deutsche „Parteienstaat".[35] Daß der Deutsche Bund keiner war, liegt auf der Hand. Aber auch im Kaiserreich dominierten angesichts der fehlenden Parlamentarisierung der Exekutive und des Einflusses von Bürokratie und Militär nicht die Parteien, die im Vorhof der Macht blieben. Selbst in der Weimarer Republik kam das parteiendemokratische Element nur unzureichend zum Tragen, wie die Verfassungsstruktur, die Fehlperzeption des Parlamentarismus, das Wählerverhalten sowie die verbreiteten Urteile über den „Parteienhader" nachdrücklich zeigen. Auch im Dritten Reich lief die Entscheidungsbildung an der Einheitspartei, der NSDAP, weithin vorbei. Hingegen ist der politische Einfluß der Parteien in der Bundesrepublik so stark, daß sich der Terminus „Parteiendemokratie" zu Recht einer weiten Verbreitung erfreut. Die Auffassungen gehen zum Teil sogar in die Richtung, das parteienstaatliche Element sei ausgeufert – nicht zu Unrecht, wenn man an deprimierende Formen der Parteipatronage denkt, an die Verfilzung zwischen Parteien und öffentlichen Ämtern, an die Aufblähung der Parteiapparate, an die überbordende Parteienfinanzierung mit ihren Finanzskandalen, an das Proporzdenken von Parteien in öffentlichen Institutionen und an Tendenzen eines „Parteitagsstaates". Unter Berufung auf Abstimmungen der Parteitagsdelegierten, die keineswegs die Mitgliedschaft *in toto* und schon gar nicht die Wählerschaft repräsentieren, dürfen Entscheidungen der politisch Verantwortlichen nicht begründet werden. Diese Form der „Basisdemokratie" entzieht der Demokratie ihre Basis.

Durch die genannten und andere Mißstände ist Verdruß hervorgerufen worden[36], wobei freilich längst nicht jede Kritik an den tatsächlichen oder vermeintlichen Unzulänglichkeiten der Parteien angesichts ihrer „Maßstabslosigkeit" und ihrer „Provinzialität" auf einem soliden Fundament ruht.[37] Das „Bedürfnis nach einer Politik mit einer gewissen Bodenhaftung"[38] dürfte ebenso gestiegen sein wie manch ein Mißstand den großen Parteien Anlaß zu Besorgnis gibt, vielleicht sogar Lernprozesse zur Abstellung unerquicklicher Begleiterscheinungen des Parteienstaates fördert. Gleichwohl gehört Krisenrhetorik nun einmal zum „typisch deutschen" Ton einer „Stimmungsdemokratie"[39], die kurzatmige Aufgeregtheit ebenso fördert wie Tendenzen des Irrationalismus. Sie schärft nicht den Blick für tatsächliche Mißstände, deckt sie vielmehr durch „Rundumschläge" gleichsam zu. Freilich verbietet sich Gesundbeterei ebenso.

35 Daß dieser mißverständliche Begriff nicht in der ihm von Gerhard Leibholz gegebenen spezifischen Bedeutung Anwendung findet, versteht sich von selbst. Ausführlich: Kenneth Dyson, Party, State and Bureaucracy in Western Germany, London 1977.

36 Vgl. etwa folgende Beiträge: Elmar Wiesendahl, Der Marsch aus den Institutionen. Zur Organisationsschwäche politischer Parteien in den achtziger Jahren; Richard Stöss, Parteikritik und Parteiverdrossenheit, jeweils in: Aus Politik und Zeitgeschichte, B 21/90, S. 3-14, S. 15-24.

37 Vgl. Peter Haungs, unter Einbezug der komparativen Ebene: Krise der politischen Parteien?, in: Ulrich Matz (Hrsg.), Aktuelle Herausforderungen der repräsentativen Demokratie, Köln 1985, S. 73-94.

38 So Hermann Rudolph, Die Herausforderung der Politik. Innenansichten der Bundesrepublik, Stuttgart 1985, S. 108.

39 Vgl. dazu mit zahlreichen eingängigen Beispielen Heinrich Oberreuter, Stimmungsdemokratie. Strömungen im politischen Bewußtsein, Zürich/Osnabrück 1987.

5. Ist die Bundesrepublik Deutschland mit Blick auf das Parteiensystem eine „Berliner Republik“?

Wer die Bundesrepublik Deutschland als „Berliner Republik“ bezeichnet, kann damit höchst Verschiedenartiges meinen. Durch die Entscheidung des Bundestages im Jahre 1991 wurde mit 338 zu 320 Stimmen Berlin zum Regierungssitz bestimmt. Dabei gerieten die herkömmlichen politischen „Fronten“ durcheinander. Von den Abgeordneten der CDU/CSU-Fraktion stimmte die Mehrheit ebenso für Bonn (164:154) wie von denen der SPD-Fraktion (126:110). Hingegen stimmten die Vertreter der FDP mehrheitlich (53:26) ebenso für Berlin wie die der PDS (17:1).[40] Die Motive für ein Bonn- oder Berlin-Votum waren höchst unterschiedlich. Wer wegen einer solchen Entscheidung von einer „Berliner Republik“ spricht, argumentiert formal.[41] In diesem Sinne gab es zuvor eine „Bonner Republik“. Eher gewinnbringend ist der Terminus in einer anderen, oft gebrauchten Konnotation: Durch die deutsche Einheit sei im Kern eine neue Republik entstanden. Die einen befürworten diesen Sachverhalt, die anderen kommen zu einer negativen Diagnose. Wer nicht von einer neuen, sondern bloß von einer erweiterten Republik spricht, kann diesen Umstand ebenso entweder positiv oder negativ sehen.

Die Antwort auf die Frage, ob wir eine „neue“ oder eine „erweiterte“ Bundesrepublik Deutschland haben (aus Sicht der Menschen in den jungen Bundesländern ist sie selbstverständlich neu), hängt zum einen wesentlich von den Kriterien für „neu“ und für „erweitert“ ab, zum anderen von den herangezogenen Bereichen.[42] Die Auffassung, es handle sich um eine „veränderte Republik“[43], trifft den kleinsten gemeinsamen Nenner. Das wiedervereinigte Deutschland stellt keine „dritte Republik“ dar. Es steht stark in der Tradition der Bundesrepublik vor der Einheit. Die institutionellen Rahmenbedingungen sind im Kern ebenso erhalten geblieben wie die meisten wirtschaftlich-sozialen. Das Parteiensystem ist durch das Aufkommen einer fünften Kraft (erst als PDS dann als Linkspartei, jetzt als LINKE) modifiziert worden; der harte Extremismus von rechtsaußen (NPD) ist ebenso gestiegen wie der weiche von linksaußen (Die LINKE) – im

40 Vgl. Udo Wengst, Wer stimmte für Bonn, wer für Berlin? Die Entscheidung über den Parlaments- und Regierungssitz im Bundestag am 20. Juni 1991, in: Zeitschrift für Parlamentsfragen 22 (1991), S. 339-343.

41 Das gilt auch für die Frage, wenn der Umzug der Regierung nach Berlin Ende der neunziger Jahre in einen solchen Zusammenhang gerückt wird. Vgl. Hans-Dieter Genscher/Ulrich Frank-Planitz (Hrsg.), Nur ein Ortswechsel? Eine Zwischenbilanz der Berliner Republik, Stuttgart 2002.

42 Vgl. beispielhaft Ralf Altenhof: Keine akademische Wortklauberei. Eine „neue“ oder eine „erweiterte Bundesrepublik nach der Wiedervereinigung, in: Ders./Eckhard Jesse (Hrsg.), Das wiedervereinigte Deutschland. Zwischenbilanz und Perspektiven, Düsseldorf 1995, S. 219-242; Czada/ Wollmann (FN 24); Eckhard Jesse/Eberhard Sandschneider (Hrsg.), Neues Deutschland. Eine Bilanz der deutschen Wiedervereinigung, Baden-Baden 2008.

43 So der Titel des Bandes von Klaus Schroeder, Die veränderte Republik. Deutschland nach der Wiedervereinigung, München 2006.

Osten jeweils mehr als im Westen. Im außenpolitischen Bereich wurde zwar die Westbindung gewahrt, doch gibt es beträchtliche Wandlungen: So hat die Bundesrepublik weitaus mehr Verantwortung als früher zu tragen (auch auf dem militärpolitischen Sektor).

Nicht alle Veränderungen seit dem Jahr 1990 gehen auf die Wiedervereinigung zurück. Insofern ist dieser Umstand bei der Frage nach „erweitert" oder „neu" zu berücksichtigen. Die Frage nach dem Charakter der Bundesrepublik ist wesentlich für das Selbstverständnis und die Standortbestimmung des vereinigten Deutschlands. Die jeweiligen Einschätzungen mit Blick auf die Diagnose gehen quer durch die politischen Lager. Gleiches gilt für die Bewertung. Es gibt Konservative, die der „alten" Bundesrepublik nachtrauern (z.B. wegen der niedrigeren Geltung des Werts der Freiheit im Vergleich zu dem der Gleichheit), ebenso Linke, die sich nach der „alten" Republik zurücksehnen (z.B. wegen der als autoritär empfundenen ostdeutschen Mentalitäten).

Wer nun die Frage zu beantworten sucht, ob sich das heutige Parteiensystem eher durch Kontinuität oder durch Diskontinuität gegenüber der Zeit vor der Einheit auszeichnet, kann mit Oskar Niedermayer die wichtigsten Parteisystemeigenschaften heranziehen.[44] Sie betreffen zum Teil die elektorale, zum Teil die gouvernementale Dimension. Dabei wird die doppelte Frage ausgeklammert, ob die Art der Messung hinreichend plausibel ist und ob diese Parteisystemeigenschaften einen tragfähigen Schluß auf das Parteiensystem *in toto* zulassen.

Bei den meisten Parteisystemeigenschaften – Fragmentierung, Asymmetrie, Polarisierung, Legitimität, Volatiliät, Segmentierung, Regierungsstabilität – fallen unterschiedliche Werte in den neuen und den alten Bundesländern auf. So ist die Fragmentierung im Osten stärker, ebenso die Polarisierung mit einer dezidierten Antisystempartei wie der NPD und einer allenfalls semiloyalen Partei wie der LINKEN, hingegen die Legitimität schwächer (stärkere Zunahme der Parteiverdrossenheit). Die Symmetrie kann durch den Osten geschwächt werden, so daß es weder für das eine Lager noch für das andere Lager zu einer regierungsfähigen Mehrheit reicht (doppelte Asymmetrie zuungunsten der einen wie der anderen Richtung). Das höhere Maß an Segmentierung im Osten kann die Regierungsstabilität gefährden und andere Koalitionsvarianten begünstigen. Nicht alle Veränderungen sind wiedervereinigungsbedingt. So nahm bereits vor der deutschen Einheit die Fragmentierung ebenso zu wie die Volatilität. Die deutsche Einheit hat allerdings manchen Trend verschärft. Nun ließe sich die Meinung vertreten, der „kleine" Osten werde nicht den „großen" Westen stark beeinflussen, aber es gibt einige Beispiele für einen solchen Verlauf. Das muß noch kein Grund für Verängstigung sein, doch zeigt es anschaulich den Beginn des Wandels auch im Westen. Das deutsche Parteiensystem des Jahres 1990 ist nicht völlig umgewandelt worden; allerdings wären

44 Vgl. Oskar Niedermayer, Die Entwicklung des bundesdeutschen Parteiensystems, in: Frank Decker/Viola Neu (Hrsg.), Handbuch der deutschen Parteien, Wiesbaden 2007, S. 114-135; ders., Das Parteiensystem Deutschlands, in: Ders./Richard Stöss/Melanie Haas (Hrsg.), Die Parteiensysteme Westeuropas, Wiesbaden 2006, S. 109-133.

manche Veränderungen ohne die deutsche Einheit so nicht aufgetreten. Mag sein, daß in späterer Zeit das Pendel zurückschwingt (bei einer stabileren politischen Kultur in den neuen Bundesländern und einer ökonomischen Prosperität).

6. Abschließende Thesen

Auch wenn es wenig originell erscheint, die Frage von Wilhelm Grewe – „Parteienstaat – oder was sonst?"[45] – hat nach fast sechzig Jahren nichts von ihrem rhetorischen Charakter verloren, in deskriptiver wie in präskriptiver Hinsicht: Es gibt keine angemessene Alternative zu Parteien, weil jede andere Form der Interessenbündelung entweder auf Kosten der Liberalität oder Effizienz ginge. Das bundesdeutsche Parteiensystem funktionierte insgesamt: Die Verantwortungsscheu und Obstruktionspolitik der Weimarer Zeit blieb aus. Vor der jeweiligen Wahl wußte der Wähler prinzipiell, wer mit wem eine Koalition zu bilden beabsichtigte. Er entschied mit seiner Stimmabgabe praktisch zugleich auch über die Regierung. Das Mehrparteiensystem ist faktisch ein „Zweigruppensystem". Im Grunde hat es – im Gegensatz zu Weimar – von Anfang an in der Bundesrepublik zwei „Blöcke" oder besser: zwei „Lager" gegeben, institutionell durch die Sperrklausel des Wahlgesetzes begünstigt (sieht man einmal davon ab, daß in einem föderalistischen System die parteienstaatliche Komponente durch die bundesstaatliche wenn nicht überlagert, so doch abgeschwächt wird).[46] Wer die retrospektive, die deskriptive, die präskriptive sowie die prospektive Dimension des deutschen Parteiensystems Revue passieren läßt, faßt einerseits das bisher Ausgeführte zusammen und geht andererseits darüber hinaus:

Erstens: Im Vergleich zur Weimarer Republik haben sich fundamentale Wandlungen vollzogen. „Absolutistische" und „demokratische Integrationsparteien", um die Terminologie Sigmund Neumanns zu erwähnen[47], spielen heute angesichts des Rückgangs homogener sozio-kultureller Milieus zunehmend eine geringere Rolle. Der politische Extremismus ist gegenüber der Weimarer Republik stark zurückgegangen, die Stabilität des Wahlverhaltens gestiegen. In allen Parteien existieren genügend, von der eigenen Gruppe mitunter mißtrauisch beäugte Repräsentanten, die Brücken zum Gegner zu schlagen vermögen. Auch daran hat es vor 1945 gefehlt. Im Vergleich zur Weimarer Republik sind regierungsfähige Mehrheiten entstanden. 1945 war der Befund über die Koalitionswilligkeit und -fähigkeit schwerlich abschätzbar, so sehr der (Kultur-)Schock über die menschenverachtende und -vernichtende Politik der Nationalsozialisten auch bei demokratischen Kräften einen Lernprozeß ausgelöst hat. Seinerzeit glaubte man angesichts der desaströsen Hinterlassenschaft des Nationalsozialismus vielfach an die Nützlichkeit von Allparteienregierungen, die aber für die Entwicklung eines auf Wett-

45 Vgl. Wilhelm Grewe, Parteienstaat – oder was sonst?, in: Der Monat 3 (1950/51), S. 563-577.
46 Vgl. Gerhard Lehmbruch, Parteienwettbewerb im Bundesstaat, Stuttgart u.a. 1976.
47 Vgl. Sigmund Neumann, Die Parteien der Weimarer Republik, 2. Aufl., Stuttgart u.a. 1970 (1932).

bewerb angelegten demokratischen Verfassungsstaates allenfalls kurzfristig sinnvoll gewesen sein mögen. Bonn ist nun einmal nicht Weimar geworden: Allein die Ära Adenauer dauerte länger als der niemals so recht funktionierende Parteienbetrieb der ersten deutschen Demokratie, in der Parteien weithin als „extra-konstitutionell“ (Heinrich Triepel) galten.

Zweitens: Was das Parteiensystem angeht, so überlagerten die Elemente der Kontinuität lange die des Wandels. Mit Abstrichen gilt das ebenso für die Zeit nach der deutschen Einheit. Zu den Elementen der Kontinuität zählt insbesondere die beeindruckend erscheinende Stabilität des Parteiensystems. Auch der Verlauf der deutschen Einigung hat den Verlauf im Kern zunächst bestätigt, maßgeblich hervorgerufen durch eine häufig wenig beachtete Entscheidung. Die Sozialdemokraten nabelten sich von den Bürgerbewegungen ab und „eröffneten den Einmarsch des westdeutschen Parteiensystems in die darauf noch ganz unvorbereitete DDR.“[48] Wäre das nicht geschehen, so hätte sich nicht nur die deutsche Einheit verzögert, sondern auch ein anderes Parteiensystem herauskristallisieren können – jedenfalls vorübergehend. Der Befund eines funktionsfähigen Parteiensystems ist durch den Umbruch in der DDR nachhaltig ins Gedächtnis gehoben worden. Das Parteiensystem in der Bundesrepublik wurde ungeachtet aller gegenwärtigen und zukünftigen Probleme dadurch gekräftigt, mag auch die geringere Stabilität der Parteibindungen im Osten Deutschlands evident sein. Zu den Komponenten des Wandels hingegen zählt die allmähliche Herausbildung von zwei großen Parteilagern, ergänzt durch das Aufkommen einer linken, auf Bundesebene nicht als koalitionsfähig geltenden Partei. So könnte der Vorteil eines symmetrischen Parteiensystems verspielt werden.

Drittens: Bliebe das Parteiensystem mit seinen zwei Lagern in nächster Zeit erhalten, wäre das kein Manko. Schließlich hat es sich insgesamt als wandlungsfähig erwiesen. Die Wildenmannsche These von den „Ratlosen Riesen“[49] suggeriert, als gäbe es zu dem auf den Volksparteien basierenden Parteiensystem eine Alternative in dem Sinne, daß kleinere Parteien besser in der Lage seien, politische Einstellungen der Bürger zu kanalisieren und ihre Interessen zur Geltung zu bringen. Tatsächlich erhöhten sich die zentrifugalen Tendenzen, und die Fixierung auf die Mitte, nach dem britischen Parteienforscher Gordon Smith das Charakteristikum der deutschen Parteien[50], könnte ohne Not verloren gehen. Bei einem Zweiblöckesystem – CDU/CSU und FDP versus SPD und Bündnis 90/Die Grünen – wäre die Chance für einen durch den Wähler zu bewerkstelligenden Regierungswechsel gegeben, Desintegrationstendenzen ließen sich eindämmen.

---

48 So Gerhard Lehmbruch, Die improvisierte Vereinigung. Die Dritte deutsche Republik. Unentwegter Versuch, einem japanischen Publikum die Geheimnisse der deutschen Transformation zu erklären, in: Leviathan 18 (1990), S. 469.

49 Vgl. Rudolf Wildenmann u.a., Volksparteien. Ratlose Riesen?, Baden-Baden 1989.

50 Vgl. Gordon Smith, West Germany and the Politics of Centrality, in: Government and Opposition 11 (1976), S. 376-407.

Viertens: Die Bundesrepublik ist keine „Insel der Seligen“. Daher spricht vieles für eine Ausdifferenziertheit des Parteiensystems, wechselnde Koalitionen, eine Erosion der herkömmlichen Wählermilieus. Da die Bundesrepublik Deutschland gefestigt erscheint, muß dies nicht zur Dekonsolidierung führen. Die „Bonner Republik“ mit dem Regierungssitz Berlin ist, wie das Beispiel des Parteiensystems bisher belegt, keine „Dritte deutsche Republik“ (Gerhard Lehmbruch) geworden. Die Hoffnungen der einen wie die Befürchtungen der anderen sind eher unbegründet. „Der Untergang der Bundesrepublik“[51] ist ausgeblieben. Selbst wenn das Parteiensystem eine Umformung erfährt, spricht wenig dafür, daß seine zentralen Elemente schwinden.

51 So aber Karlheinz Weißmann, Rückruf in die Geschichte. Die deutsche Herausforderung, Berlin/ Frankfurt a.M. 1992, S. 123-126.

Karl Schirdewan – ein Stalinist mit preußischer Disziplin

Von Werner Müller

1. SED-Führungsanspruch und Führungskrisen

„Der Grunddefekt des DDR-Regimes war von Anfang bis Ende das Fehlen jeder demokratischen Legitimation. Die meisten Menschen verweigerten der Führung den Konsens. Weder das Funktionieren der ‚Apparate' noch die Versprechungen sozialer Sicherheit und ‚Geborgenheit' oder die resignierte Anpassung jener Kreise, die keine Alternative sahen, konnten dies verändern."[1] Mit diesen Worten zog Hermann Weber eine Bilanz der SED-Parteiherrschaft, die keinen ernstzunehmenden Widerspruch hervorrief. Zugleich verwies er auf den stalinistischen Charakter dieses Systems.[2]

Allerdings waren die KPD (seit 1945) und die SED (seit 1946) beständig in der Zwangslage, die eigenen Intentionen und den eigenen Machtanspruch als demokratisch auszugeben – nach dem Ende des „Dritten Reiches" erschien jede Art von Diktatur als diskreditiert, auch die „Diktatur des Proletariats". Unter dem Schutz der sowjetischen Besatzungsmacht konnte die KPD-Führung schnell eine hegemoniale Position erobern, unter dem Siegel des „Antifaschismus" eine neue Wirtschaftsordnung durchsetzen[3] und neue Eliten in Führungspositionen bringen. Mit der zwangsweisen Fusion von KPD und SPD zur SED im März und April 1946 schied der wichtigste Konkurrent für die KPD-Führung um Macht und Wähler aus.[4] Zugleich bedeutete dieses Datum den endgültigen Bruch zwischen den großen politischen Lagern in Deutschland: Zwischen der SED, die von der Gründung an kommunistisch dominiert war, und den nichtkommunistischen Parteien des Westens war prinzipiell keine Verständigung mehr möglich.

Nach dem Scheitern des gesamtdeutschen Anspruchs der SED im Sommer 1947 gingen Besatzungsmacht und der kommunistische Teil der SED-Führung zielstrebig an den Umbau der Sowjetischen Zone auf eine volksdemokratische Ordnung hin. Mit der Deutschen Wirtschaftskommission (DWK) entstand ab dem Sommer 1947 eine faktische Zentralregierung für die sowjetische Zone, in der die SED allein dominierte. Dieser Prozeß stellte das Ergebnis der Landtagswahlen vom Oktober 1946 auf den Kopf, in dem die SED trotz großen materiellen Aufwandes und Bevorzugung durch die Besat-

1 Hermann Weber, Geschichte der DDR, aktualisierte und erweiterte Neuausg., München 1999, S. 16.

2 Ebd., S. 14.

3 Vgl. Die Interzonenkonferenzen der deutschen Gewerkschaften 1946-1948. Eingeleitet und bearbeitet von Werner Müller, Bonn 2007, S. 9-44.

4 Vgl. Werner Müller, Die Gründung der SED – Alte Kontroversen und neue Positionen um die Zwangsvereinigung 1946, in: Hermann Weber u.a., Jahrbuch für Historische Kommunismusforschung 1996, Berlin 1995, S. 163-180.

zungsmacht nur mühsam ein „Patt" zu den „bürgerlichen" Parteien CDU und LDPD erreichen konnte. Die Stalinisierung der SED, der Umbau der Organisation und das Einschwören auf das Modell der zeitgenössischen KPdSU ab 1948 bedeutete die Kampfansage gegen die sozialdemokratischen Traditionen in der eigenen Partei. Parallel erzwang sie die Durchsetzung des „Demokratischen Zentralismus" im Staat und in den „Massenorganisationen" sowie die Unterwerfung der „Blockparteien" unter ihren Führungsanspruch. SED-initiierte und -geführte Massenbewegungen wie die „Volkskongreß-Bewegung" sollten eine Legitimation durch die Bevölkerung suggerieren, zugleich wurden aber die in der SBZ turnusgemäß fälligen Landtags- und Kommunalwahlen unterbunden. Dem Risiko einer Wahlentscheidung wagte sich die SED kein zweites Mal (nach dem Debakel von 1946) auszusetzen.

Noch vor der formellen Staatsgründung am 7. Oktober 1949 waren damit (ohne Legitimation durch Wahlen) alle Strukturen geschaffen, die diesen Staat bis zur friedlichen Revolution 1989/90 prägten. Kurz nach Gründung der DDR regelte das Kleine Sekretariat des Politbüros der SED die Subordination des Staates unter die Parteiführung auch förmlich. Es bestimmte: „Gesetze und Verordnungen von Bedeutung, Materialien sonstiger Art" und anderes mußten vor der Verabschiedung durch Volkskammer oder Ministerrat dem Politbüro oder seinem Sekretariat zur Beschlußfassung vorgelegt werden.[5] Die Parteiherrschaft über den Staat sollte nicht nur institutionalisiert, sondern zugleich auch verschleiert werden. Weisungen sollten bloß im Ausnahmefall schriftlich ergehen. Die „führende Rolle" der „marxistisch-leninistischen" Partei konnte danach mit legalen oder erst recht mit demokratischen Mitteln nicht mehr in Frage gestellt werden.

Begleitet war dieser Prozeß von Verfolgungen und Verhaftungen, die nicht erst mit der „Säuberungs"-Welle von 1948 an einsetzten. Schon von Kriegsende an waren politisch Mißliebige (und keineswegs nur NS-Belastete) inhaftiert worden. Sozialdemokraten, die sich nicht dem kommunistischen Einheits-Diktum fügen wollten, stellten naturgemäß das größte Kontingent der Verfolgten. Mit dem Rostocker Willy Jesse wurde im Juli 1946 das erste gewählte Mitglied des SED-Parteivorstandes von sowjetischen Sicherheitsbehörden verhaftet. Er war in der Tat ein Gegner der Zwangsvereinigung gewesen. Die dann 1948 einsetzenden und bis nach Stalins Tod andauernden „Säuberungen" trafen potentiell alle Gruppen der Bevölkerung.[6]

Mangels demokratischer Verfahrensordnung in der SBZ und dann in der DDR kam daher Führungskrisen und -wechseln ein bedeutsamer Stellenwert zu. Sie sind Machtkämpfe nach eigenen Gesetzen. Die Absetzung der – angeblichen – „Fraktion" um Wilhelm Zaisser und Rudolf Herrnstadt, die folgende Darstellung vom Aufstieg und Fall

5 Protokoll Nr. 57 der Sitzung des Kleinen Sekretariats am 17. Oktober 1949, Stiftung Archiv der Parteien und Massenorganisationen der DDR im Bundesarchiv (SAPMO BArch), DY 30 J IV 2/3/057, Bl. 26-28.

6 Vgl. etwa Karl Wilhelm Fricke, Dimensionen von Opposition und Widerstand in der DDR, in: Klaus-Dietmar Henke u.a. (Hrsg.), Widerstand und Opposition in der DDR, Köln u.a. 1999, S. 21-43.

Karl Schirdewans, der Machtwechsel 1970/71 von Ulbricht zu Honecker und der Versuch einer Gruppe von Funktionären um das Politbüro-Mitglied Werner Krolikowski 1980/81, Erich Honecker zu entmachten,[7] sprechen eine deutliche Sprache.

2. Die Person und Politik Schirdewans

Der Arbeiteraufstand vom 16. und 17. Juni 1953 in der DDR, der sich schnell zum Volksaufstand ausweitete, konnte nur durch das Eingreifen sowjetischer Truppen gewaltsam unterdrückt werden. Hinlänglich bekannt ist, daß diese Erschütterung der DDR letztlich Ulbrichts Führungsrolle stabilisierte, da er die neue sowjetische Führung in dieser prekären Situation von einem personellen Wechsel an der Spitze der SED abbringen konnte.[8] Der von der Sowjetunion zur Konsolidierung des eigenen „Lagers" verordnete „Neue Kurs" brachte für die DDR keine tief greifenden Reformen, anders als etwa in Ungarn.[9] Die Ursachen der Krise, wie die fehlende Demokratie, mangelnde Rechtssicherheit und immense wirtschaftliche Schwierigkeiten, blieben erhalten, bis mit den Folgen des XX. Parteitages der KPdSU die kommunistischen Parteidiktaturen in Ost- und Mitteleuropa erneut in ihrer Existenz bedroht waren.

Im Sommer 1956 zeigte sich erneut eine innerparteiliche Führungskrise in der SED (nach 1952/53). Der Ulbricht-Biograph Mario Frank beschrieb die Lage: „Der Verlauf der Auseinandersetzungen in der SED-Führung, jetzt wie damals, glich sich jedoch frappierend. [...] Erneut wurde im Politbüro Ulbrichts Führungsstil hart attackiert und seine Schönfärberei angeprangert. Seine Kollegen warfen ihm vor, daß er weder im Staat noch in der Partei Demokratie zulasse. Besonders empört waren sie darüber, daß Ulbricht eines der größten Probleme der DDR, die andauernde Republikflucht, tabuisierte und totschwieg. Wieder wurden die ständigen Alleingänge des SED-Chefs und seine innerparteiliche Diktatur angeprangert."[10] Karl Schirdewan, dem zweiten Mann in der SED-Führung, fiel vom Herbst 1956 an allmählich die Rolle des Hauptwidersachers gegen den Ersten Sekretär zu. So hatte es weder unmittelbar nach dem XX. Parteitag im Frühjahr noch im Sommer 1956 sichtbare Differenzen zwischen den beiden gegeben. Erst in einer Sitzung des Politbüros im Oktober 1956 kam es zu einer offenen Auseinandersetzung, die sich dann verstärkt im Vorfeld der Entmachtung Schirdewans im Dezember 1957 und Januar 1958 fortsetzte.[11]

7 Vgl. Peter Przybylski, Tatort Politbüro. Die Akte Honecker, Berlin 1991, S. 122-126, 321-348.

8 Vgl. Gerhard Wettig, Berijas deutsche Pläne im Licht neuer Quellen, in: Christoph Kleßmann/Bernd Stöver (Hrsg.), 1953 – Krisenjahr des Kalten Krieges in Europa, Köln u.a. 1999, S. 64 ff.

9 János M. Rainer, Der „Neue Kurs" in Ungarn 1953, in: Ebd., S. 71 ff. und Bernd Stöver, Zusammenfassung: Das Umbruchsjahr 1953 – Ein Resümee, in: Ebd., S. 204 ff. Vgl. insgesamt: Jan Foitzik, Entstalinisierungskrise in Ostmitteleuropa 1953-1956, Paderborn u.a. 2001.

10 Mario Frank, Walter Ulbricht. Eine deutsche Biographie, Berlin 2001, S. 255.

11 So in der von Erich Honecker redigierten „Anklageschrift": Über die fraktionelle Tätigkeit der Gruppe Schirdewan, Wollweber, Ziller, in: SAPMO BArch, DY 30/2059, Bl. 58-90.

Am 6. Februar 1958 faßte das 35. Plenum des Zentralkomitees der SED einen knappen, kaum 20 Zeilen umfassenden Beschluß. Zunächst wurde erwähnt, daß einige Funktionäre ins Politbüro, in das ZK-Sekretariat (so unter anderem Erich Honecker) oder in das ZK (so wurde Gerhard Grüneberg in das ZK als Kandidat kooptiert) aufrückten. Der zweite Teil des Beschlusses lautete: „Genosse Karl Schirdewan wird wegen Fraktionstätigkeit aus dem Zentralkomitee ausgeschlossen und erhält eine strenge Rüge; Genosse Ernst Wollweber wird im Zusammenhang mit seinen Verstößen gegen das Parteistatut aus dem Zentralkomitee ausgeschlossen und erhält eine strenge Rüge; Genosse Fred Oelßner wird seiner Funktion als Mitglied des Politbüros enthoben wegen wiederholter Verletzung der Disziplin des Politbüros und der Weigerung, sich in das Kollektiv des Politbüros einzufügen."[12] Ein weiterer Spitzenfunktionär, der ZK-Sekretär für Wirtschaft Gerhard Ziller, hatte sich zuvor im Dezember 1957 seiner Degradierung durch Freitod entzogen.[13]

Erich Honecker, der dem ZK-Plenum im Februar 1958 eine umfangreiche Vorlage in dieser Sache unterbreitet hatte, nannte die Mitglieder dieser „Fraktion": In seinem Papier hatte er den Punkt „Über die fraktionelle Tätigkeit der Gruppe Schirdewan, Wollweber, Ziller" handschriftlich um den Namen Oelßners erweitert und die Reihenfolge verändert.[14] Tatsächlich sah das geltende Statut der SED aus dem Jahre 1954 vor, daß die Abberufung von ZK-Mitgliedern (neben einem Parteitag) nur durch Beschlüsse von Parteikonferenzen oder ZK-Tagungen erfolgen konnten, letztere erforderten aber eine Zweidrittel-Mehrheit.[15] Mit diesem Tag endete die Karriere Karl Schirdewans, die mit einem steilen Aufstieg im Jahr 1953 begonnen und ihn auch formell zum zweiten Mann in der SED nach Walter Ulbricht erhoben hatte. Er hatte seine Laufbahn als Funktionär des Kommunistischen Jugendverbandes (KJVD) in der zweiten Hälfte der 1920er Jahre in Schlesien begonnen und war im Dritten Reich über viele Jahre inhaftiert gewesen. Nach einem Intermezzo bei der nordbayerischen KPD nach 1945 kam er 1947 in die Personalpolitische Abteilung der SED-Parteizentrale in Berlin. Damit hatte er das Aufgabengebiet gefunden, das seine kurze und steile Karriere prägte.

Dort und anschließend in der Westkommission der SED, die für die Anleitung und Kontrolle der westdeutschen KPD zuständig war, bearbeitete er das Feld „Parteigeschichte",[16] untersuchte also das Verhalten von Funktionären in der NS-Dikta-

12 Beschluß der 35. Tagung des Zentralkomitees, in: Dokumente der Sozialistischen Einheitspartei Deutschlands. Beschlüsse und Erklärungen des Zentralkomitees sowie seines Politbüros und seines Sekretariats, Bd. VII, Berlin (Ost) 1961, S. 111.

13 Vgl. Karl Schirdewan, Aufstand gegen Ulbricht. Im Kampf um politische Kurskorrektur, gegen stalinistische, dogmatische Politik, Berlin 1994, S. 132 ff.

14 SAPMO BArch DY 30/2059, Bl. 58.

15 Protokoll der Verhandlungen des IV. Parteitages der Sozialistischen Einheitspartei Deutschlands. 30. März bis 6. April 1954 in der Werner-Seelenbinder-Halle zu Berlin. 5. bis 8. Verhandlungstag, Berlin (Ost) 1954, S. 1128 ff.

16 Heike Amos stellte heraus, daß die Zuständigkeiten in der Westkommission häufig wechselten, vgl. Heike Amos, Die Westpolitik der SED 1948/49-1961. „Arbeit nach Westdeutschland" durch die

tur.[17] Zumindest zeitweise fungierte er als deren Stellvertretender Leiter.[18] Im Prozeß der Entmachtung des langjährigen „Kaderchefs" der KPD/SED Franz Dahlem kehrte er nach kurzem Zwischenspiel in den Landes- und Bezirkssekretariaten (Dresden und Leipzig) in den zentralen Parteiapparat zurück, mitten in einer Phase des organisationspolitischen Umbruchs der Personalpolitik. Nach dem Vorbild des XIX. Parteitages der KPdSU reorganisierte die SED ihre Kaderpolitik, zumal mit der Bildung der Bezirke und der wesentlich vergrößerten Zahl von Kreisen in der DDR der ständige Mangel an qualifizierten Funktionären fast dramatische Ausmaße angenommen hatte.[19]

Im November 1952 wurde Schirdewan auf Beschluß des Politbüros zum Leiter der neu gebildeten Abteilung „Leitende Organe der Partei und der Massenorganisationen" ernannt.[20] Ohne Mitglied des ZK zu sein (und damit eigentlich statutenwidrig) wurde er auf dem 15. Plenum des ZK Ende Juli 1953 sowohl zum Mitglied des Politbüros als auch in das ZK-Sekretariat kooptiert. Damit gehörte er nun zum engsten Machtzirkel in der SED. Diese ZK-Tagung bekräftigte und konkretisierte den „Neuen Kurs" der SED, den die Partei auf Weisung der KPdSU eingeschlagen hatte und dessen Verkündung am 9. Juni 1953 den Arbeiteraufstand vom 17. Juni nicht mehr verhindern konnte. Grotewohl, mit Wilhelm Pieck zusammen nominell noch Vorsitzender der SED, kündigte Verbesserungen für die Lebensverhältnisse der Arbeiter an, ferner eine Rückkehr zur „demokratischen Gesetzlichkeit". Mit beiden Maßnahmen sollten die materiellen und politischen Bedrängnisse gegen die Bevölkerung, die die Zweite Parteikonferenz beschlossen hatte, kompensiert werden.[21]

Auf den ersten Blick könnte also der Schluß nahe liegen, der Aufstieg Schirdewans stünde im Kontext des „Neuen Kurses" in der Rücknahme der Beschlüsse der 2. Parteikonferenz und er selbst sei ein Exponent dieser Politik. Allerdings spricht schon das Datum seiner Ernennung zum Abteilungsleiter der neu geschaffenen Abteilung im ZK[22] gegen diesen Schluß. Zu der Zeit galten in Ost-Berlin wie auch in Moskau noch die Regeln Stalins und des XIX. Parteitages der KPdSU. Immerhin hatte Schirdewan sich

Nationale Front, das Ministerium für auswärtige Angelegenheiten und das Ministerium für Staatssicherheit, Berlin 1999, S. 125.

17 Michael Kubina, Der Aufbau des zentralen Parteiapparates der KPD 1945-1946, in: Manfred Wilke (Hrsg.), Anatomie der Parteizentrale. Die KPD/SED auf dem Weg zur Macht, Berlin 1998, S. 89 f., sowie ders.: Zum Aufbau eines zentralen Westapparates der KPD/SED, in: ebd., S. 499f. – Immerhin hatte Schirdewan vor 1933 dem illegalen Apparat des KJVD angehört.

18 Amos (FN 16), S. 79.

19 Vgl. insgesamt Mario Niemann, Die Sekretäre der SED-Bezirksleitungen 1952-1989, Paderborn u. a. 2007.

20 Die Arbeit Schirdewans im Politbüro und im ZK-Apparat ist eingehender untersucht in der detaillierten Studie von Heike Amos, Politik und Organisation der SED-Zentrale 1949-1963. Struktur und Arbeitsweise von Politbüro, Sekretariat, Zentralkomitee und ZK-Apparat, Münster u.a. 2003, S. 142 ff.

21 Weber (FN 1). – Zur Zweiten Parteikonferenz vgl. Werner Müller: Die Zweite Parteikonferenz der SED 1952. Das Regime zeigt sein stalinistisches Gesicht, in: Jürgen Maruhn (Hrsg.), 17. Juni 1953. Der Aufstand für die Demokratie, München 2003, S. 21-45.

22 Frank (FN 10), S. 255.

selbst in seinen beiden Erinnerungs-Bänden als Reformer und Gegner von Dogmatismus darzustellen versucht.[23] Mario Frank attestiert ihm Reformwille, gestützt allerdings nur auf dessen autobiographische Angaben: „Schirdewan forderte nach dem XX. Parteitag der KPdSU eine offene Diskussion über politische Fehler und eine konsequente Entstalinisierung der SED. Er lehnte den politischen Druck auf Kirchen, Künstler und Studenten ab, trat für eine Entspannung zwischen den beiden deutschen Staaten ein und sprach sich für einen langsameren, schrittweisen Aufbau des Sozialismus aus."[24] Wie weit seine Opposition gegen Walter Ulbricht tatsächlich von Grundauffassungen geprägt oder ob sie nur der im Grunde ausgebliebene Entstalinisierung in der SED geschuldet war oder sogar nur „gewöhnlicher" Rivalität um die Macht entsprang, bleibt weitgehend offen.[25]

Schirdewan war bis zu diesem Zeitpunkt immer ein Funktionär gewesen, der treu zur „Parteilinie" stand. Allen „Abweichungen" Ende der zwanziger und Anfang der dreißiger Jahre war er nicht gefolgt. Zudem war er aus diesen Jahren mit Ernst Wollweber[26] bekannt. Im Folgenden sollen weder die Auseinandersetzungen in den Führungszirkeln der SED noch das Problem der Entstalinisierung nachgezeichnet, sondern die Konzeption, die politische Linie und das Feld der wichtigsten Aktivitäten Schirdewans zu eruieren versucht werden. Das bildet den Hintergrund für die eingehende Beleuchtung der Vorwürfe Ulbrichts und Honeckers einer „Fraktionsbildung" vom Februar 1958.

3. Schirdewans Generallinie und Parteikonzeption

Zweifelsfrei war Karl Schirdewan ein disziplinierter marxistisch-leninstischer „Parteisoldat", für den Grundsätze und die Regeln des „Demokratischen Zentralismus" einen entscheidenden Stellenwert besaßen. Gleichwohl erscheint es zulässig, aus den veröffentlichten Äußerungen, vor allem im SED-Funktionärsorgan „Neuer Weg", und aus seinen Debatten-Beiträgen in zentralen Konferenzen der SED seine Grundanschauungen abzuleiten. Trotz aller Beachtung und Respektierung der „Generallinie" werden hier Schwerpunkte und Orientierungen sichtbar. Das gilt für seine Publikationen ebenso wie für seine Beiträge in den Sitzungen, die er als Politbüro-Mitglied und ZK-Sekretär einberufen hatte, in denen die 1. und 2. Sekretäre der Bezirksleitungen in den Jahren 1953 bis 1955 „angeleitet" wurden.

23 Vgl. Karl Schirdewan, Ein Jahrhundert Leben. Erinnerungen und Visionen. Autobiographie, Berlin 1998; ders. (FN 13).

24 Frank (FN 10), S. 256.

25 Vgl. für vieles Thomas Klein/Wilfriede Otto/Peter Grieder, Visionen. Repression und Opposition in der SED (1949-1989), 2 Teile, 2. überarb. Aufl., Frankfurt (Oder) 1997, S. 58 ff., 563 ff.; nicht zuletzt auch detailliert Amos (FN 20).

26 Jan von Flocken/Michael F. Scholz, Ernst Wollweber. Saboteur – Minister – Unperson, Berlin 1994, S. 44 f.

So fallen für den Zeitraum bis 1956 vier Gebiete ins Auge, auf denen sich Schirdewan besonders engagierte. Das war selbstverständlich zum ersten das Feld der Kaderpolitik sowie der Ausbildung und Gewinnung leitender Kader, sein eigentliches Arbeitsfeld. Das zweite Gebiet bildete die „Massenarbeit", verbunden auch mit der „Anleitung" der Massenorganisationen. Das dritte bildete die Deutschlandpolitik, einschließlich der Haltung gegenüber der Sozialdemokratie, das vierte letztlich die Reaktion auf den XX. Parteitag der KPdSU im Februar 1956, an dem Schirdewan als Mitglied der SED teilgenommen hatte und dem dann die Aufgabe zugefallen war, Chruschtschows „Geheimrede" der SED-Führung zur Kenntnis zu geben.

Noch in seiner Zeit als Abteilungsleiter im ZK-Apparat legte Schirdewan in einem Artikel im „Neuen Weg" seine Grundauffassung offen. Sie orientierte sich an den zeitgenössischen sowjetischen Maximen: So sprach „Genosse Stalin davon, daß die Ehre der Generalüberprüfung und Generalsäuberung der Augiasställe der II. Internationale dem Leninismus zufiel."[27] Der eigentliche Kern war die bedingungslose und prinzipielle Bekämpfung der Sozialdemokratie: „In dieser Lage, so sagt Genosse Stalin, wurde die Methode des Leninismus geboren und geschmiedet. Sie bestand im Kampf um die Wiederherstellung der Einheit von Theorie und Praxis, in der Überprüfung der Parteien der II. Internationale, in der Umstellung der gesamten Parteiarbeit auf neue, auf revolutionäre Art im Geiste der Erziehung und Vorbereitung der Massen zum revolutionären Kampf, in der Selbstkritik der proletarischen Partei und in ihrer Schulung und Erziehung an Hand der eigenen Fehler."[28]

Die Vision einer effizienten Partei, die sich an diesen Maximen orientierte, begleitete und leitete Schirdewan während seiner Zeit im Zentrum der Macht. Immer wieder, wie noch zu zeigen sein wird, kam er auf diese Fragen zurück. Das war nicht nur eine ideologische Floskel, sondern geradezu das Leitmotiv seiner Organisations- und Kaderpolitik, die Stalinsche Vorstellung einer kämpferischen Avantgardepartei möglichst weit in die Realität umzusetzen. Hier wird nicht Reformbereitschaft oder das Streben nach Erneuerung sichtbar, sondern nichts weniger als die Perfektionierung des Vorhandenen. Die SED sah er zugleich auf dem richtigen Weg. Er resümierte: „Unsere Partei schreitet entschlossen vorwärts auf dem Wege, den Marx, Engels, Lenin und Stalin gewiesen haben. […] Sie verkörpert in Deutschland die Lehre von der marxistisch-leninistischen Partei."[29] Die Orientierung an der KPdSU hatte für Schirdewan zugleich eine höchst aktuelle Bedeutung. Deren Veränderungen in Struktur und Organisation, auf dem XIX. Parteitag im Oktober 1952 beschlossen, wurden für ihn zum Vorbild: „Das Parteistatut der Kommunistischen Partei der Sowjetunion ist der Ausdruck des Triumphes der marxistisch-leninistischen Lehre von der Partei über alle ihre Feinde.

27 Karl Schirdewan, Karl Marx und die Verwirklichung der marxistischen Lehre von der Partei, in: Neuer Weg 8 (1953), H. 1 (März), S. 28.
28 Ebd.
29 Ebd., S. 29.

Dieses Statut ist als Vorbild eine gewaltige Waffe im Kampf um die Erziehung unserer Parteimitglieder."[30]

Die sowjetische Partei hatte nach dem XIX. Parteitag statt des Politbüros und des ZK-Sekretariats ein – wesentlich vergrößertes – Präsidium gebildet und das frühere Organisationsbüro aufgelöst. Nikita S. Chruschtschow hatte diese Veränderungen dargelegt und begründet; sie dienten der Zentralisierung und der effektiveren Anleitung der Parteiarbeit sowie einer verbesserten Kontrolle.[31] Die Zentrale Parteikontrollkommission konnte nun eigene Bevollmächtigte in untere Parteigliederungen einsetzen, die Pflicht zur „Wachsamkeit" wurde immer wieder herausgestellt und nicht zuletzt die ideologische Arbeit intensiviert. Stalins Tod fiel in die Mitte von Schirdewans Amtszeit als Leiter einer neuen Abteilung des ZK. Da er noch nicht der Parteiführung angehörte, blieb es ihm erspart, sich in zum Teil unterwürfigen Kondolenz-Artikeln über Stalin zu äußern, so wie es Pieck, Grotewohl, Ulbricht oder auch der später zusammen mit Schirdewan der „Fraktionsbildung" beschuldigte Fred Oelßner getan hatten.[32]

Ganz im Geist des XIX. Parteitages versuchte Schirdewan, diese neuen Prinzipien in der SED-Organisation durchzusetzen. In der „2. Organisationskonferenz" der SED Ende April/Anfang Mai 1953 befürwortete er die „Entfaltung der Kritik von unten". Von den „Werktätigen" wurde erwartet, „die Partei bei der Aufdeckung von Mißständen zu unterstützen", sowie „auf die Rückständigkeit mancher Genossen im Verhältnis zu den Massen aufmerksam" zu machen. Ferner erwartete er, daß diese „der Partei bei der Entlarvung helfen und auf diese Weise aktiv teilnehmen am Kampf um die Verwirklichung der Politik der Partei und an der Überwindung der Schwierigkeiten."[33] Schirdewans Argumentation weist auf ein Paradoxon im stalinistischen Organisations- und Politikverständnis hin: Einerseits werden die „Massen", ja auch die große Zahl der einfachen Parteimitglieder durch die immer wiederholte „Erziehungsaufgabe" der Partei letztlich für unmündig, zumindest für unreif erklärt, andererseits erwartete er gerade von diesen eine aktive, bewußte und verantwortliche Rolle.

Darüber hinaus beklagte Schirdewan alle möglichen Arten von Bürokratismus und Schlendrian, so etwa, daß „Kritik und Selbstkritik" häufig zu abstrakt und nicht an den jeweiligen konkreten Aufgaben orientiert durchgeführt würde, daß sie Kritik von unten hemme, daß das „Niveau der Organisationstätigkeit unserer Partei" nicht ausreichend sei. Wie üblich, gab er den Schwarzen Peter nach unten weiter, indem er ein „Zurückbleiben hinter den Forderungen, die Beschlüsse des Zentralkomitees an die Parteilei-

30 Ebd., S. 28.

31 Wolfgang Leonhard, Kreml ohne Stalin, Frankfurt a.M. u.a., o. J., S. 21 f.; Leonard Schapiro, The Communist Party of the Soviet Union, New York 1964, S. 520 ff.

32 Vgl. Fred Oelßner, Stalin – die größte Koryphäe der Wissenschaft, in: Einheit 8/1953, S. 387-397.

33 Karl Schirdewan, Die Verbesserung der Organisationsarbeit der Partei, in: Neuer Weg 10/1953, 2. Maiheft, S. 9. – In der Unterzeile der Überschrift dieses Artikels wird der Autor schon als „Mitglied des Sekretariats des ZK" bezeichnet, was er aber erst von Juli 1953 an war. Vgl. Amos (FN 16), S. 141 f.

tungen und an die Parteimitglieder stellen", konstatierte.[34] Dem fügte er eine Mängelliste in der Arbeit vieler Bezirksleitungen der SED an, die, weniger als ein Jahr nach ihrer Konstituierung, häufig immer noch unterbesetzt und mit wenig qualifizierten „Kadern" arbeiten mußten. Gravierende Defizite benannte er in der Umsetzung des Volkswirtschaftsplanes, des „Feldzuges für strenge Sparsamkeit"[35] sowie der Durchsetzung von Betriebskollektivverträgen, die in der Regel den Arbeitern Lohneinbußen brachten. Die Resultate der Überprüfung von Betrieben, wie im Falle des Berliner Betriebes VEB Bergmann-Borsig, die schwere Mängel in der Parteiarbeit und der Führung des Werkes dokumentieren sollte,[36] wurden ebenfalls nur selten und richtig „ausgewertet".

Schirdewan resümierte: „Das zeigt uns, daß in einer Reihe von Bezirksleitungen die Beschlüsse des Zentralkomitees nicht in ihrer ganzen Bedeutung und in ihrer Zielsetzung nicht rasch genug erfaßt werden."[37] Sein Lösungsvorschlag war seiner Grundposition angemessen: „Das ganze System der Beschlußfassung, der Organisierung der Durchführung, der Kontrolle der Durchführung muß auf das Niveau der Kommunistischen Partei der Sowjetunion gehoben werden."[38] Kritik und Ratschläge an die unteren Parteigliederungen folgten in größerem Umfang. Er bemängelte eine zu große Zahl von Beschlüssen, die nicht einmal „formal" abgearbeitet werden konnten, vermißte eine gründliche Vorbereitung von Sekretariatssitzungen, beschwor die Gefahr, daß Beschlußkontrolle zur Routine und zum formalen Akt werden könne, ferner, daß die Bezirksleitung Anleitung und Kontrolle unterer Einheiten (der Kreisleitungen) nicht intensiv genug wahrnehmen würden und vieles mehr. Insgesamt demonstrierte er die breite Palette in der diktatorisch-zentralistischen Parteiarbeit. Die unteren „Kader" standen regelmäßig vor einer Kette schwer lösbarer Probleme. Eine Selbstkritik eines führenden Funktionärs blieb jedoch aus.

Schirdewans folgende Publikation, ein Schlußwort auf einer Konferenz der ersten Kreissekretäre der SED Ende August 1953,[39] griff einen weiteren Akzent des XIX. Parteitages auf: die Frage der „Massenarbeit". Das umfaßte nicht nur die Leitungen und damit die Arbeit der großen „Massenorganisationen", wie Gewerkschaften, Frauen- und Jugendverband, enger unter die Kontrolle der Parteiführung zu bringen. Es bedeutete darüber hinaus in Schirdewans Worten: „Unsere Hauptverpflichtung ist, die Arbeiterklasse in allen ihren Schichten zu gewinnen. Unsere Hauptverpflichtung ist, das Bündnis zwischen der Arbeiterklasse und der werktätigen Bauernschaft zu festigen. Unsere

34 Schirdewan (FN 33), S. 10.

35 Beschluß des ZK vom 3. Februar 1953, in: Dokumente der Sozialistischen Einheitspartei Deutschlands (FN 5), Bd. IV, Berlin (Ost) 1954, S. 263-269.

36 Stellungnahme des Sekretariats zur Arbeit im VEB Bergmann-Borsig, Berlin, in: ebd., S. 231-241.

37 Schirdewan (FN 33), S. 10.

38 Ebd.

39 Die Entwicklung der richtigen politischen Massenarbeit ist die aktuellste Aufgabe. Aus dem Schlußwort des Genossen Karl Schirdewan auf der Konferenz der Ersten Kreissekretäre der Partei in Berlin am 27. August 1953, in: Neuer Weg 16/1953, S. 1-4.

Hauptverpflichtung ist, das Bündnis mit der Intelligenz zu festigen.“[40] Unmittelbar anschließend – und auch als Reaktion auf den Arbeiteraufstand vom 17. Juni – setzte er einen anderen Akzent: „Kern der Sache und Kern unserer Beratungen heute ist der, daß man die Betriebe fest in die Hand der Partei bringen muß. Wenn wir das erreicht haben, dann kann der Feind schreien, toben, hetzen wie er will, er kommt nicht mehr zu Rande.“ Dieser Satz wäre auch dermaßen interpretierbar, Schirdewan sei sich der Defizite der SED-Politik durchaus bewußt gewesen.

Besonders auffällig jedoch war, wie er hier sowohl das Stalinsche Diktum der „Verschärfung des Klassenkampfes“ im Prozeß des Voranschreitens zum Sozialismus auf der einen und seine Interpretation des „Neuen Kurses“ auf der anderen Seite miteinander verband. „Der Feind“, so formuliert er apodiktisch, „wird seine Provokationen verdoppeln und verdreifachen. Er wird alles versuchen, jetzt in diesen Tagen und Wochen neue Störungen zu organisieren. Denn je offensiver unsere Politik wird, um so verzweifelter wehrt sich der Feind.“[41]

Der neue Kurs[42] bekam in Schirdewans Sicht völlig andere Inhalte: „Das heißt, auf der ganzen Front in Deutschland den amerikanischen Imperialismus schlagen, das heißt, das Adenauer-Regime zu beseitigen, das heißt, die leidenschaftliche Diskussion mit den sozialdemokratischen Genossen führen, um ihnen die verhängnisvolle Politik der SPD und des DGB zu erläutern und sie davon überzeugen, daß eine solche Politik in Westdeutschland keine Arbeiterpolitik ist und auch nicht dem Frieden dient. [...] Das ist die entscheidende Perspektive des neuen Kurses. Das muß man den Werktätigen, vor allem aber den Arbeitern, immer wieder und täglich in neuen Varianten, in neuen politischen Verbindungen und Überlegungen klarmachen.“[43] Immerhin – Schirdewan schrieb das nur wenige Wochen nach dem Volksaufstand vom 17. Juni. Wie üblich, sah er die Defizite bei den Funktionären und Mitgliedern. In den Organisationsfragen offenbare sich „die ganze Schwäche in der Partei“. Er beschuldigte die „meisten unserer leitenden Funktionäre“, daß sie „kein richtiges Verhältnis zu unseren Organisationsfragen haben“. Es ging noch weiter: „Was fehlt der Parteimitgliedschaft? Ihr fehlt die gründliche, sorgfältige Erklärung und Erläuterung der politischen Bedeutung der einzelnen Organisationsmaßnahmen“. Die Parteiaktivs, die nach dem 17. Juni als „Einsatzreserve“ der SED gebildet worden waren, kamen nicht besser weg: „Wenn wir uns die Parteiaktivs der Großbetriebe ansehen, dann muß man sagen, daß die Leitungen schlecht beraten worden sind, weil sie diese Parteiaktivs nicht besser vorbereiten und ihre Zusammensetzung nicht besser kontrollieren.“[44]

40 Ebd., S. 2.

41 Ebd., S. 1.

42 Vgl. Kommuniqué des Politbüros vom 9. Juni 1953, in: Dokumente der Sozialistischen Einheitspartei Deutschlands (FN 12), Bd. 4, Berlin (Ost) 1954, S. 428-431 – Hier „empfahl“ das Politbüro der Regierung Maßnahmen zur „Entschiedenen Verbesserung der Lebenshaltung der Bevölkerung“ und der „Stärkung der Rechtssicherheit“. Nicht aufgehoben wurde der Beschluß zur Normenerhöhung.

43 Ebd., S. 1.

44 Schirdewan (FN 39), S. 3.

Naturgemäß handelte es sich bei diesen Äußerungen nicht um flüchtige Bemerkungen. Schirdewan, im Politbüro und im ZK-Sekretariat zuständig für die Neuwahl der Parteileitungen und die Delegiertenwahlen zum IV. SED-Parteitag, setzte seine Politik des XIX. Parteitages der KPdSU und seiner Sicht des neuen Kurses unbeirrt fort. Den bevorstehenden Parteitag kennzeichnete er als „wichtiges politisches, erzieherisches Ereignis von hoher prinzipieller Bedeutung.“[45] Paradoxerweise interpretierte er Kontinuität als Kern des neuen Kurses. So „wahrte die Partei die Quelle ihrer Kraft, die unerschütterliche Einheit und Reinheit ihrer Reihen. Das bedeutet, daß die Kader der Partei [...] die grundlegende marxistische These von der Rolle der Partei als dem führenden, bewußten, organisierten Trupp der Arbeiterklasse, daß sie die Sache der proletarischen Ideologie aktiv verfochten haben.“[46]

Des Weiteren führte er an: „Die Prinzipien unserer Kaderarbeit bleiben unverändert“. Dem entsprach, daß er die „Kaderentwicklung“ in der Schwerindustrie noch vor der in der Leichtindustrie nannte. Zugleich wies dieses Feld offenbar noch beachtliche Defizite auf: „Vor allen Dingen ist es notwendig, daß wir die Partei-, Staats- und Wirtschaftskader in- und auswendig kennenlernen. Ohne dieses Studium und diese Kenntnis ist es unmöglich, rechtzeitig tüchtige, begabte Menschen zu fördern, ihre Initiative für leitende Arbeit zu nützen und unfähige Mitarbeiter zu entfernen.“[47] In Konsequenz dessen setzte er sich mit der Ausweitung des Schulungssystems auseinander – und kritisierte selbstverständlich die Auswahl der Kandidaten in Bezirksleitungen, Betrieben oder Kreisleitungen.

Das zweite Feld, die „Massenarbeit“, blieb daneben selbstverständlich aktuell. Die Grundaufgabe war unverändert, nämlich die „ganze Arbeiterklasse eng um die Partei zu scharen“. Wie es allerdings zu einer „entschiedenen Verbesserung der politischen Massenarbeit“ kommen könnte, beantwortete er auch nur vage: „Heute kommt es darauf an, daß die Funktionäre im Parteiapparat politische Kraft und Überzeugung ausstrahlen, daß alle diese Organe und Mitarbeiter wirkliche Organisatoren und Helfer der breiten Masse der Parteifunktionäre in den unteren Organisationen sind. Die politischen Mitarbeiter müssen zu politischen Führern erzogen werden.“[48] Ein Aspekt, der für Schirdewans weitere Karriere mit bestimmend werden sollte, taucht hier erstmals auf: das Prinzip der Kollektivität „als höchstes Prinzip der Führung der Partei“.[49] Er reagierte damit schnell auf Vorgaben in der sowjetischen Führung. Noch im April hatte das sowjetische Parteiorgan einen entsprechenden Grundsatzartikel veröffentlicht.[50] Deutliche Kritik galt dem Faktum, daß einzelne Persönlichkeiten „wichtige Fragen einzig durch ihre

45 Karl Schirdewan, Die Vorbereitung des IV. Parteitages und die Wahl der leitenden Organe der Partei, in: Neuer Weg 18/1953, S. 1-18.

46 Die Anknüpfung an Stalins Definition der Partei ist unübersehbar. Vgl. Josef Stalin, Fragen des Leninismus, Moskau 1938, S. 87 ff.

47 Schirdewan (FN 45), S. 6, auch für die folgenden Ausführungen.

48 Ebd., S. 8.

49 Ebd., S. 13.

50 Leonhard (FN 31), S. 52.

persönliche Entscheidung regelten".[51] Zugleich richtete die neue Parteiführung[52] in Moskau ihr Augenmerk auf den Personenkult. Stalins Name wurde in der Presse nach seinem Tod immer weniger genannt. Das ZK-Präsidium faßte im Mai 1953 einen Beschluß, bei Demonstrationen keine Bilder und Plakate lebender Parteiführer mehr zu tragen,[53] die theoretische Zeitschrift „Kommunist" wandte sich in mehreren Beiträgen gegen den Personenkult, zuletzt verurteilten die Thesen des ZK der KPdSU zum 50. Jahrestag der Parteigründung im Juli diesen als „idealistische Theorie".[54]

Schirdewans Ausführungen zum Prinzip der Kollektivität waren einerseits recht allgemeiner Natur, andererseits in ihren konkreten Hinweisen den mittleren und unteren Parteileitungen zugewandt. Als positives Resultat verzeichnete er die Zunahme der Anwesenheit von Leitungsmitgliedern in Beratungen der Bezirks- und Kreisleitungen sowie einen verkürzten Turnus der Sitzungen.[55]

Als unerläßlich erachtete er aber zwei Problemkreise: zum einen die Intensivierung von Kritik und Selbstkritik, zum anderen gab er seiner Überzeugung Ausdruck, daß die Kollektivität der Leitungsarbeit „um so erfolgreicher sein" werde, „je verbundener das Leitungsmitglied mit den Massen ist. Die Kontrolle über die Tätigkeit des Funktionärs der Partei kann sich in Zukunft nicht nur auf die Erfüllung seiner Aufträge im allgemeinen erstrecken, sondern wichtig ist, auf welche Weise er sie erfüllt hat."[56] Für Schirdewan reduzierte sich im Grunde das Prinzip der kollektiven Leitung auf den Komplex einer vertieften und verbesserten Kontrolle der gesamten Arbeit eines Funktionärs. Kritik und Selbstkritik sowie Kollektivität, so führte er wenige Monate später aus, könne man „kaum voneinander trennen."[57] Ferner intendierte er eine Überwindung der Ressortgrenzen in den Leitungen. Jedes Mitglied sei nicht nur für seine Spezialaufgaben verantwortlich, „sondern auch für die Entfaltung eines lebendigen Meinungs- und Erfahrungsaustausches innerhalb des Kollektivs, dafür daß eine beharrliche Auseinandersetzung über alle auftauchenden Meinungsverschiedenheiten in der Durchführung der Parteilinie geführt wird."[58] Zugleich bedeutete das nicht die Schwächung der persönlichen Verantwortlichkeit des einzelnen Funktionärs. Diese galt vor dem Kollektiv, es „entscheidet und urteilt; und dieses Urteil birgt in sich die Sicherheit, daß, unabhängig von der subjektiven Betrachtungsweise des Einzelnen, eine kollektive Meinung und ein kollektives Urteil entsteht."[59]

51 Zitiert bei Leonid Luks, Geschichte Rußlands und der Sowjetunion. Von Lenin bis Jelzin, Regensburg 2000, S. 430.
52 Ebd., S. 428 ff.; für diesen Komplex weniger ergiebig Manfred Hildermeier, Geschichte der Sowjetunion 1917-1991. Entstehung und Niedergang des ersten sozialistischen Staates, München 1998, S. 788 ff.
53 Luks (FN 51), S. 430.
54 Roy Medwedjew, Chruschtschow. Eine politische Biographie, Stuttgart/Herford 1984, S. 102 f.
55 Schirdewan (FN 45), S. 14 f.
56 Ebd., S. 15.
57 Karl Schirdewan, Über das Prinzip der Kollektivität der Leitung, in: Neuer Weg 6/1954, S. 1.
58 Ebd., S. 2.
59 Ebd.

Diese Dimension intendierter Kontrolle, verbunden mit Entindividualisierung und Konsenszwang, gewann zusätzliche Brisanz durch die von Schirdewan betonte „Erziehungsfunktion“ der politischen Leiter. Bei der Ausbildung von Kollektivität wies er den nach dem 17. Juni 1953 gebildeten Parteiaktivs[60] eine zentrale Rolle zu. „Wir betrachten das Parteiaktiv als den politisch reifsten, geschlossensten und gestähltesten Teil der Parteiorganisation. Es ist ein großes Kollektiv, das die besten Parteiarbeiter vereint. Unser Beschluß, 150.000 bis 200.000 Parteiaktivisten in Parteiaktivs zusammenzuschließen, ist geleitet von der Überlegung, daß diese Parteiaktivisten am engsten mit den Parteibeschlüssen und der Parteiarbeit verbunden sind und daß sie den Typus des politischen Führers verkörpern.“[61]

Er verwies auf einige aus seiner Sicht positive Beispiele: So nannte er fünf Bezirksleitungen (Berlin, Neubrandenburg, Halle, Dresden und Magdeburg) und die Kreisleitungen Buna, Leuna und Wolfen (in chemischen Großbetrieben), wo „nach einer gründlichen Diskussion wichtige personelle Entscheidungen getroffen“ wurden[62] – und umschrieb damit die Personal-Umbrüche in der Folge des 17. Juni. Er betonte danach, „es gibt in unserer Partei kaum noch einen leitenden Funktionär, dessen Verhalten nach dem 9. Juni nicht einer kritischen Überprüfung unterlag. Das haben wir erreicht, indem wir den Kampf gegen die Eigenmächtigkeit, die Selbstherrlichkeit, die Unterdrückung der Kritik aufnahmen und die volle Entfaltung der Kritik und Selbstkritik [...] herbeiführten.“[63] In der Tat dürfte das Schirdewans Zielvorstellungen einer kollektiven Kaderpolitik ziemlich nahe gekommen sein.

In diesem Kontext griff er auch erstmals für sich das Thema Personenkult auf: „Die Kollektivität der Leitung steht in vollem Einklang mit den Grundsätzen des Marxismus-Leninismus über die Schädlichkeit und Unzulässigkeit des Personenkults“.[64] Er bezog sich dabei auf einen Passus in der Entschließung der 15. Tagung des ZK der SED von Ende Juli 1953, das Plenum, das den Aufstand vom 17. Juni einerseits und die Entmachtung von Wilhelm Zaisser und Rudolf Herrnstadt andererseits zu bewältigen hatte. Recht unpräzise hieß es dort: „Statt die Kraft und Initiative der werktätigen Massen als Schöpfer der Geschichte hervorzuheben, wurde die marxistisch-leninistische Auffassung von der Rolle der Persönlichkeit in der Geschichte in starkem Maße in der Richtung des Personenkults entstellt und dadurch die eigene Initiative der Massen geschwächt und gehemmt.“[65] Schirdewans Angaben blieben ähnlich vage, er verband sie nur mit einer Erfolgsmeldung, daß man die „Erscheinungen des Personenkults wesent-

60 Vgl. Weber (FN 1), S. 173.
61 Schirdewan (FN 57), S. 3.
62 Schirdewan (FN 45), S. 14.
63 Ebd.
64 Schirdewan (FN 57), S. 1.
65 Dokumente der Sozialistischen Einheitspartei Deutschlands (FN 12), Bd. IV, S. 436-478, hier S. 470.

lich eingedämmt“ habe.[66] Beispiele nannte er nicht. Immerhin zitierte er in diesem Kontext mehrfach Stalin.

Unter seiner Federführung wurde der Entwurf für ein neues Statut erarbeitet, das dritte in der bis dahin recht kurzen Geschichte der SED. Dieses setzte Schirdewans Konzept von Kader- und Organisationspolitik um: das Prinzip der kollektiven Führung fand Eingang in das neue Statut.[67] In einer langen Rede[68] begründete er vor dem Plenum des Parteitages diese Veränderungen, ohne sie jedoch zwingend nachvollziehbar zu machen. Immerhin erhob er den Anspruch, die SED „noch entschlossener und rascher zu einem unbesiegbaren freiwilligen Kampfbund gleichgesinnter Menschen, von Marxisten-Leninisten, zu entwickeln.“ Auch die Orientierung am „Vorbild der Mitglieder der Partei Lenins und Stalins“ [69] fehlte nicht. Schirdewans organisationspolitische Vorstellungen spiegeln letztlich die zeitgenössische Wahrnehmung der Struktur der KPdSU nach deren XIX. Parteitag wider. Differenzen in Fragen der Kaderpolitik und der Leitungsmechanismen sind nicht sichtbar.

4. Das politische Wirken Schirdewans

Daß der Kaderleiter und zugleich für die Anleitung der Massenorganisationen Verantwortliche weniger im Rampenlicht stand als andere Spitzenfunktionäre, mag verständlich sein. Offenkundig suchte Schirdewan die breite Öffentlichkeit nicht. Es entsprach seinem Verständnis der „Erziehung“ der Kader, daß er nach seinem Amtsantritt jährlich mit den 1. und 2. Bezirkssekretären zusammen kam. Hier wurde auch seine politische Konzeption deutlich.

In der ersten dieser Beratungen unter seinem Vorsitz im November 1953 wurde ein Bericht einer „Instrukteurbrigade“ des ZK zur Diskussion gestellt, die sich mit der Lage der Partei im Kreis Altenburg (Thüringen) befaßt hatte. Diese Stadt war ins Visier der Parteiführung geraten, weil die Aufstandsbewegung vom 17. Juni hier stark gewesen und die Forderung nach Ablösung Ulbrichts intensiv vorgebracht worden war. Zudem war Altenburg in der Weimarer Republik eine sozialdemokratische Hochburg gewesen; die KPD war seit 1928, nach Gründung der „rechten“ KPD-Opposition (KPO), nur noch eine Splittergruppe.[70] Schirdewan resümierte: „Zweifellos haben wir keinen typischen Kreis in Bezug auf unsere Parteiorganisation vor uns. Aber wir haben hier einen Kreis, der uns eine Summe von Gefahren ganz ernst signalisiert.“[71] Eigentlich war Al-

66 Schirdewan (FN 50), S. 1.
67 Protokoll der Verhandlungen des IV. Parteitages (FN 15), S. 1115-1141, hier S. 1126.
68 Ebd., S. 904-970.
69 Ebd., S. 914.
70 Vgl. im Einzelnen Heidi Roth, Der 17. Juni 1953 in Sachsen. Mit einem einleitenden Kapitel von Karl Wilhelm Fricke, Köln u.a. 1999, S. 451 ff.
71 SAPMO BArch, DY 30/3342, Bl. 23.

tenburg für ihn geradezu idealtypisch für alle rechts- oder linksabweichlerischen Bewegungen in der SED: „Aber Altenburg ist insofern interessant, als es einer jener Kreise ist, der uns gezeigt hat, wie dort in der Geschichte der Arbeiterbewegung gerade die opportunistischen Einflüsse von Anfang an überwogen haben. In der Zeit, als Genosse Thälmann den entscheidenden Teil der Arbeiterklasse, den revolutionären Teil der Arbeiterklasse führte, erzog und entwickelte, nämlich die Kader der Kommunistischen Partei, war in diesem Kreis der Einfluß der kommunistischen Partei schwach. Dort gab es eine Gruppe von Verrätern der kommunistischen Partei, nämlich KPO-Mitglieder, Brandleristen und trotzkistische Elemente. Dort hatte der Sozialdemokratismus verschiedene Spielarten hervorgebracht."[72]

Schirdewans Monitum, die Wurzeln der SED aus Kommunisten und Sozialdemokraten mit zu bedenken,[73] bekam so eine eigene Logik: Die Erziehungsarbeit der Partei, die Pflicht zu Kritik und Selbstkritik, zur Kollektivität, zur Wachsamkeit und zur Orientierung an der aktuellen Entwicklung der Sowjetunion konnte nur bedeuten, diese Positionen und Tendenzen präziser zu erkennen und zu bekämpfen. Aus den Vorbereitungen des IV. Parteitages folgerte er, „daß man auch heute die Fragen der ideologischen Einheit der Partei in den Mittelpunkt des Kampfes um die weitere Festigung der Partei stellen muß."[74]

Von den früheren Sozialdemokraten in der SED erwartete er eine eindeutige und unmißverständliche öffentliche Distanzierung von ihrer früheren Partei. „Von großer Bedeutung ist, daß in den Parteiversammlungen und den Delegiertenkonferenzen im Kampf gegen den Sozialdemokratismus die Parteimitglieder, die früher der Sozialdemokratischen Partei angehörten, offen aufgetreten sind und offen auftreten".[75]

Für ihn war die Kernfrage eindeutig: Es ging um die Diktatur des Proletariats.[76] Er entwickelte ein mehrstufiges System. Zunächst hielt er es für erforderlich, die Lage vor Ort genau zu kennen. So dürfe es keine Kreisleitung der Partei geben, „die nicht Klarheit über die ganzen Entwicklungszüge der Arbeiterbewegung in ihrem Kreis in den vergangenen Jahrzehnten hat." Intendiert war naturgemäß kein Studienzirkel, sondern es ging ihm um „die wirklich operative politische Arbeit, die gründliche Massenarbeit unter bestimmten Schichten von Arbeitern, die nach wie vor dem Sozialdemokratismus unterliegen."[77] Wie in den „Massen" oder den einfachen Parteimitgliedern sah er in Sozialdemokraten schlichtweg Erziehungsobjekte, die es zu gewinnen galt.

Die zweite Ebene sah Schirdewan in der intensiven Kenntnis der Kräfte und der Argumente der Gegenseite. „Die Partei muß als politischer Führer in einem Kreis wissen,

---

72 SAPMO BArch, DY 30/3342, Bl. 90 f.
73 SAPMO BArch, DY 30/3342, Bl. 23.
74 Karl Schirdewan, Unter Führung der Partei zu neuen Erfolgen im Jahre 1954, in: Neuer Weg 1+2/1954, Januarheft, S. 3.
75 Ebd.
76 SAPMO BArch, DY 30/3342, Bl. 91.
77 Ebd.

mit welchen Kräften der gegnerischen Front sie rechnen muß, wo der Feind in die Arbeiterklasse einbricht und welche Rolle dabei gewisse Traditionen spielen."[78] Abgesehen davon, daß Schirdewan in bester kommunistischer Tradition die „Arbeiterklasse" umstandslos mit der eigenen Partei gleichsetzte, wird hier sichtbar, daß er weder Verständnis noch Toleranz gegenüber anderen Auffassungen, auch der politischen Linken, aufzubringen gewillt war. Er wollte „von der prinzipiellen Stellung der SED zu diesen Fragen ausgehen."[79] Für Altenburg kündigte er an, die Erinnerung an den Rechtskommunisten Otto Engert[80] zu „beseitigen", der als Widerständler im Dritten Reich hingerichtet worden war.

Die dritte Ebene schlug den Bogen zurück zu seinen Vorstellungen zur Kaderpolitik. Man habe „nach wie vor keine ordentliche, auf Jahre orientierte Kaderpolitik" betrieben. „Nach acht Jahren der Entwicklung unserer Parteigenossen kann und darf man nicht sagen, daß es im Kreis nicht genügend Kader gäbe." Er unterstellte, „daß es überhaupt keine ordentliche Kadererziehung gibt."[81] Darüber hinaus nutzte er das Forum, um den Sekretären der Bezirksleitungen seine Sicht des neuen Kurses zu vermitteln. Er verwies auf die Entwicklungen in der Sowjetunion und nahm auch Fragen der DDR-Wirtschaft ins Visier. Er schlug einen weiten Bogen über die Mobilisierung der Mitglieder, zur Blockpolitik und zum Verhalten der SED-Mitglieder in den Verwaltungen. Alles das lag auf der Linie dessen, was als gängige Parteilinie kodifiziert war. Neue Einsichten oder neue Aufgaben hatte er den Sekretären der Bezirksleitungen nicht mitzugeben.

Das Jahr 1954 sah ihn als Verfechter der sowjetischen Deutschlandpolitik und als kompromißlosen Gegner der (west-)deutschen Sozialdemokratie. Zu Jahresanfang formuliert er die Agenten- und Verratsthesen: „Das deutlichste Lehrbeispiel unserer Tage für die Verrätertätigkeit der rechtssozialdemokratischen Führer geben diese der ganzen deutschen Arbeiterklasse in Westdeutschland. Sie erweisen sich als die willfährigen Agenten des amerikanischen Imperialismus, als die zuverlässige Stütze der Macht des deutschen Monopolkapitals. Ihr Haß und ihre Hetze gegen die Deutsche Demokratische Republik, gegen den Arbeiter- und Bauernstaat, dienen gerade dazu, der Arbeiterklasse in Westdeutschland die Augen zu blenden vor dem grundsätzlichen Vergleich zwischen unserem demokratischen Staat der Arbeit und Bauern und dem Staat der Herrschaft des Monopolkapitals in Westdeutschland."[82]

Die sich abzeichnende Kampagne zur Unterstützung der sowjetischen Deutschlandpolitik fungierte als Anlaß breiter Mobilisierungsversuche in der „Nationalen Front" und in der Bevölkerung. Wieder einmal sollte die „deutsche Frage" der SED Loyalität sichern und der Appell an die Einheit der Nation zu Resonanz führen. Mit großem Pathos

78 Ebd.
79 SAPMO BArch, DY 30/3342, Bl. 92.
80 Vgl. Theodor Bergmann, „Gegen den Strom". Die Geschichte der Kommunistischen Partei-Opposition, Hamburg 1987, S. 372 f.
81 SAPMO BArch, DY 30/3342, Bl. 92.
82 Schirdewan (FN 74), S. 3.

führte Schirdewan aus: „Die Wiedervereinigung Deutschlands kann nur erfolgen, wenn die Deutschen sich ihrer eigenen nationalen Verantwortung, die ihnen niemand abnehmen kann, bewußt sind, wenn sie für ihre eigene nationale Sache kämpfen und die höchsten patriotischen Eigenschaften dafür entfalten. Die Wiedervereinigung Deutschlands kann nur auf demokratischem Wege erfolgen. Die Losung ‚Deutsche an einen Tisch' behält ihre tief mobilisierende Bedeutung, denn sie entspringt dem Empfinden eines jeden Deutschen, der den Bruderkrieg verhindern und der die eigene nationale Verantwortung verwirklichen will."[83] Daß sich Schiredewan nahtlos in die zeitgenössischen Kampagnen der SED gegen die Europäische Verteidigungsgemeinschaft, gegen den westdeutschen „Militarismus und Revanchismus" und für die Unterstützung der „Einheit und Zielstrebigkeit des Weltfriedenslagers" einreihte, ist nicht gesondert zu betonen.[84] Im Gegenteil: Er sah Mitte des Jahres 1954 die SED auf der Erfolgsstraße. „Nicht unsere Position der Demokratie und der nationalen Arbeit leidet unter den Vorurteilen der Massen, sondern unsere Feinde erleiden gegenwärtig ernsthafte und fühlbare Schläge. [...] Die Krise des Adenauer-Regimes wird immer offener und sichtbarer für die Massen."[85] Das dekretierte er den 1. und 2. Bezirkssekretären der SED im August 1954.

Gleichwohl: Die Vermittlung der SED-Positionen nach innen blieb Schirdewans Hauptaugenmerk. „In unserem Kampf um die nationale Wiedervereinigung Deutschlands gibt es also gegenwärtig einen großen politischen Prozeß der Erziehung der Massen durch die internationalen und nationalen Ereignisse. Aber ich glaube, daß diese Frage nicht mit allem Ernst, nicht mit allem ihrem möglichen schöpferischen Ernst, mit allen möglichen kühnen Perspektiven, die sich daraus ergeben, im Mittelpunkt der politischen Massenarbeit unter allen Schichten der Bevölkerung steht."[86] Das schien Schirdewan in der Tat ein Kernproblem zu sein, auf das er mehrfach zurückkam. „Die Verbindung der politischen Frage mit der örtlichen Lage und den Arbeitsproblemen muß noch stärker werden. Man muß mehr Hinweise auf die starke Bedeutung der kleinen Versammlungen geben, die eine bessere und intensivere Unterhaltung über politische Fragen gewährleisten. In den kleinen Versammlungen gibt es weniger Hemmungen, vor allem in den Haus- und Hofversammlungen, und das hilft den Schematismus beseitigen. [...] Natürlich muß man auch Wege finden der Kontrolle der anderen Parteien und Organisationen, der staatlichen Einrichtungen, wie ihre Tätigkeit und Aufklärung für die Wahlen vor sich geht [...]. Es muß ja nicht alles unter dem Stempel der Schulung gehen. Hauptsache, wir erreichen, was wir erreichen wollen, daß wir neue Kräfte heranbilden, sie mit Erfahrungen der anderen vertraut machen."[87] Dieses fast wohlwollende Bild der unteren Funktionäre und der Parteibasis erforderte einen Kontrapunkt. Die Parteiführung war naturgemäß sakrosankt. Es folgte eine für Schirdewan

83 Karl Schirdewan, Nach dem IV. Parteitag, in: Neuer Weg 8/1954, S. 1.
84 Karl Schirdewan, Unsere Vorbereitung auf die Berliner Konferenz, in: Neuer Weg 23/1953, S. 1-4.
85 SAPMO BArch, DY 30/3343, Bl. 135.
86 Ebd., S. 136.
87 SAPMO BArch, DY 30/3342, Bl. 156.

geradezu typische Schlußfolgerung: „Die Ursache liegt nicht in den unteren Organen, wenn dort Nachlässigkeiten in der Durchführung der Beschlüsse des Parteitages, des Zentralkomitees, des Politbüros sind. Die Ursache liegt in dem mangelhaften ideologischen Kampf, den die Büros der Bezirksleitungen in der Erziehung der Parteimitglieder im Geiste des Statuts führen.“[88]

Ein knappes Jahr später hatten sich weder die Situation in der SED noch die Auffassungen Schirdewans gewandelt. Es blieb die Aufgabe, die Partei und die Funktionäre zu mobilisieren und die „Massen“ für die aktuelle Politik der Partei zu gewinnen. Zunächst strich er heraus, daß die Viermächtekonferenz zur Deutschlandfrage im Juli 1955 in Genf[89] „eine neue Lage im internationalen und auch im nationalen Maßstab“[90] hervorgebracht habe. Er sah dort – rund ein halbes Jahr vor dem XX. Parteitag der KPdSU – das Prinzip der Koexistenz durchgesetzt. Er warnte jedoch davor, das als „Ausdruck etwa der Versöhnung zwischen Kommunismus, Sozialismus und Kapitalismus“ fehl zu interpretieren.[91] Er wollte das als Moment des gewachsenen Einflusses der Sowjetunion und ihrer Verbündeten verstanden wissen, denn der „Charakter der gegenwärtigen Verständigung“ sei „bestimmt durch den allgemeinen Vormarsch der fortschrittlichen Kräfte in der Welt.“[92] Für die politisch-agitatorische Umsetzung kündigte er zwei unterschiedliche Stufen an: In der Partei, der SED, könne man „schärfer die tatsächliche Lage und die grundsätzliche Seite dieser Entwicklung darlegen“, für die „Massen“ sah er einen indirekten Weg als sinnvoll an. Dort müsse man an die Wünsche, Sehnsüchte, politischen Überlegungen wie Friedenssehnsucht und die Frage der Einheit Deutschlands anknüpfen.

Großer Optimismus und hohe Erwartungen kennzeichneten seine Ausführungen: Es könnten „in der Tat neue Millionen Menschen, die vielleicht geschwankt haben hinsichtlich der Perspektiven, jetzt noch fester an uns gebunden werden. Jetzt kann man sagen – wir kämpfen ja bekanntlich um die Mehrheit der Arbeiterklasse –, daß der Teil der Arbeiterklasse, der jetzt auf Grund der eigenen politischen Erfahrungen die Situation besser versteht, bewußter und fester nun für die Politik der Sozialistischen Einheitspartei Deutschlands eintritt, und das gilt selbstverständlich auch für die kleinbürgerlichen Massen“.[93] Schirdewan berauschte sich geradezu an der Vision einer Massenresonanz des „Weltfriedenslagers“, vergaß aber seine Grundposition nicht, daß die „Kader“ in der SED erzogen werden müßten, „das grundsätzlich Neue in der Entwicklung zu betrachten“ – und berief sich dabei auf die letzte Arbeit Stalins.[94]

88 Ebd., S. 160.
89 Vgl. Jürgen Wendler, Die Deutschlandpolitik der SED 1952-1958. Publizistisches Erscheinungsbild und Hintergründe der Wiedervereinigungsrhetorik, Köln u.a. 1991, S. 341 ff.
90 SAPMO BArch, DY 30/3345, Bl. 16.
91 Ebd., S. 17.
92 Ebd., S. 18.
93 Ebd., S. 19.
94 Ebd., S. 19 f. – Es ist unklar, auf welche Publikation Stalins „über die Wirksamkeit der internationalen Friedensbewegung“ sich Schirdewan bezieht.

Als bedeutsamstes Merkmal benannte er, „den Massen" nahe zu bringen, daß die DDR ihrerseits zu Veränderungen in Westdeutschland führen werde. So verwundert es nicht, wenn er den Vorstellungen einer Wiedervereinigung durch freie Wahlen eine radikale Absage erteilte: „Unsere Feinde haben es in den vergangenen Monaten an sich sehr geschickt verstanden, [...] in den Massen sozusagen ganz als selbstverständlich es so darzustellen, daß bei der Wiedervereinigung ein bürgerliches, imperialistisches Deutschland entsteht. Das ist sogar tief eingedrungen in das Bewußtsein vieler Menschen bei uns. Die Frage der gesamtdeutschen Wahlen wurde in diesem Sinne beantwortet. In der Tat, jedermann hat dann gespürt, und wir können das auch hier aussprechen, daß bei solchen Wahlen, wie sie sich vorstellen unter den gegenwärtigen Bedingungen, das die Liquidierung der Errungenschaften bedeuten würde. Natürlich hat niemand die Absicht gehabt, solche Wahlen durchzuführen."[95] Deutlicher konnte er seine Eingangs-Darlegungen zur wachsenden Resonanz des „Weltfriedenslagers" nicht konterkarieren.

Die Wiedervereinigung war aus seiner Meinung auf lange Sicht unmöglich, aber „aus taktischen Erwägungen" habe man das nicht in der Öffentlichkeit gesagt. Statt dessen sah er eine Chance in der Herausstellung der „Errungenschaften" sowie der Perspektive einer kollektiven Sicherheit in Europa, um „in den Massen selbst die Anschauungen zu wandeln", sie also für die SED-Ziele zu gewinnen.[96] Jedem wie auch immer gearteten Aufgeben der DDR erteilte er eine radikale Absage. „Die Imperialisten reden so, als wenn sie jetzt zu Verhandlungen gehen mit der Sowjetunion, um welchen Preis können sie die Wiedervereinigung haben? Das heißt also, mit der Sowjetunion könne man sozusagen schachern um die DDR [...], es ist also ein Nonsens, wenn die Imperialisten glauben, sie könnten in diesen Fragen irgendwo in der Welt verhandeln."[97] Das könne man, so Schirdewan, nur in und mit der DDR. Spielräume gab es dennoch keine. Freie Wahlen oder die Wiederzulassung der SPD in der DDR schloß er kategorisch aus. Das tat er ab als „die alten Fragen in neuer Backform".[98]

An konkreten Schlußfolgerungen hatte er seinen Zuhörern, den Sekretären der Bezirksleitungen, kaum Neues mitzuteilen. Im Gegenteil, seit Jahren Gesagtes kehrte in anderen Worten wieder. Die Sekretariate der Bezirks- und Kreisleitungen hätten Sorge zu tragen, „wie die Erziehung der Parteimitgliedschaft und die Erziehung der Parteikader grundsätzlicher, prinzipieller vor sich geht, wie also die Partei selbst ihre führende Rolle verstärkt, sichtbar macht." Implizit räumte er ein, daß es eine Reihe von Schwachpunkten und Fehlern gebe, „Erscheinungen des Reglementierens", aber auch noch „gewisse sozialdemokratische Reste".[99] Weiterhin kündigte Schirdewan eine Verschärfung des Kurses an: „Die Reste dieses Liberalismus, die noch aus den letzten Jahren beste-

95 Ebd., S. 24.
96 Ebd., S. 28.
97 Ebd., S. 29.
98 Ebd.
99 Ebd., S. 29, 31.

hen, muß man beseitigen. Die Fragen der Parteidisziplin, des demokratischen Zentralismus stehen schärfer, prinzipieller, und wir brauchen eine gewisse Periode der konsequenten und scharfen Heranführung der Parteimitglieder an die Prinzipien des Statuts und an die Beschlüsse der Partei."[100]

Insgesamt zeigte sich Karl Schirdewan in den Jahren von 1953 bis 1955 als eiserner und kompromißloser Verfechter der Parteilinie, einschließlich der engen Orientierung an der Sowjetunion und als Hardliner in der deutschen Frage. Die Wiedervereinigung war für ihn nur vorstellbar unter Wahrung der „Errungenschaften" der DDR, wie es Chruschtschow erstmals im Juli 1955 verkündet hatte.[101] Schirdewans Haltung zur Bundesrepublik, die er als „amerikanisches Protektorat" [102] abtat, und seine Beurteilung der Sozialdemokratie lassen keine Flexibilität, geschweige denn eine Kompromißfähigkeit sichtbar werden.

5. Schirdewans Rolle nach dem XX. Parteitag der KPdSU

Walter Ulbricht, Otto Grotewohl, Karl Schirdewan und Alfred Neumann bildeten die Delegation der SED-Führung zum XX. Parteitag der KPdSU im Februar 1956 in Moskau. Separiert von den Delegierten trug man ihnen Chruschtschows Geheimrede[103] nach dem Abschluß des Parteitages in deutscher Sprache vor. Für Schirdewan waren die Berichte „zutiefst bestürzend", so schreibt er in seinen Erinnerungen.[104] Ihm delegierte Ulbricht die Aufgabe, den Text einem ausgewählten Kreis von Spitzenfunktionären zur Kenntnis zu bringen. Ulbricht beabsichtigte bekanntlich,[105] die Rede nicht zu publizieren und den Beginn eines Entstalinisierungsprozesses in der SED zu verhindern. Als im März 1956 in britischen Zeitungen die Rede publiziert worden war, konnte die SED-Führung dieses drängende Problem nicht mehr umgehen. Ulbricht sandte ein Telegramm nach Moskau, in dem er es für unangenehm erklärte, zu Problemen der KPdSU Stellung zu nehmen, bevor die „Prawda" sich geäußert habe. Das ZK der so-

100 Ebd., S. 83.

101 Chruschtschow hatte am 26. Juli 1955 auf einer Großkundgebung der SED ausgeführt, daß auf dem Gebiet Deutschlands „zwei Staaten mit unterschiedlicher gesellschaftlicher und wirtschaftlicher Ordnung" entstanden seien; eine „mechanische Vereinigung beider Teile Deutschlands" schloß er ebenso aus wie eine „Lösung auf Kosten der Interessen der DDR". Vgl. für vieles: Dokumente zur Außenpolitik der Deutschen Demokratischen Republik, Bd. III, herausgegeben vom deutschen Institut für Zeitgeschichte, Berlin (Ost) 1956, S. 211 ff. – In seinen Erinnerungen übergeht Chruschtschow diese Episode, unterstreicht aber, die Westmächte wüßten nach Genf, „daß sie unsere Grenzen und unsere Rechte zu respektieren hatten und daß sie das, was sie haben wollten, nicht durch Gewalt oder Erpressung bekommen konnten." Chruschtschow erinnert sich. Die authentischen Memoiren, hrsg. von Strobe Talbott. Eingeleitet und kommentiert von Edward Crankshaw, Reinbek 1992, S. 372.

102 SAPMO BArch, DY 30/3345, Bl. 22.

103 Zum Kontext vgl. Medwedew (FN 54), S. 125 ff.

104 Schirdewan (FN 23), S. 253.

105 Vgl. für vieles Frank (FN 10), S. 250 ff.

wjetischen Partei ließ als Antwort am 3. Juli 1956 im SED-Zentralorgan einen längeren Beschluß vom 30. Juni (zufälligerweise an Ulbrichts Geburtstag) abdrucken, der den unscheinbaren Titel trug: „Über die Überwindung des Personenkults und seiner Folgen".[106]

Immerhin erreichte Schirdewan bei Ulbricht,[107] daß eine Kommission des ZK „zur Überprüfung von Angelegenheiten von Parteimitgliedern" eingesetzt wurde, die sechs Mal zwischen April und Juni 1956 tagte und im Juli 1956 einen Abschlußbericht vorlegte.[108] Die erste, dringend in Partei und Bevölkerung erwartete Reaktion der SED-Führung auf den XX. Parteitag folgte in einem Redebeitrag Schirdewans (Referate hatten nur Ulbricht und Grotewohl, zum Fünfjahrplan und zur „Arbeiter-und-Bauern-Macht", gehalten) auf der 3. Parteikonferenz der SED im März 1956.[109] Nach längerer Vorrede würdigte Schirdewan zunächst die neuen Positionen Chruschtschows im öffentlichen Teil des XX. Parteitages, die Thesen von der friedlichen Koexistenz, der Möglichkeit der Verhinderung von Kriegen sowie unterschiedlicher Wege zum Sozialismus. Verklausuliert und vage sprach er hingegen über Chruschtschows Abrechnung mit Stalin. Er nannte den Dogmatismus, den Personenkult und die „Verletzungen der Leninschen Normen des Parteilebens". Er attestierte dem sowjetischen ZK „einen großen Klärungsprozeß hinsichtlich einer Reihe von Irrtümern und Fehlern in der theoretischen und praktischen leitenden Tätigkeit Stalins durchgeführt" zu haben.[110] Die Verbrechen Stalins nannte er nicht. Auch sein Bericht über die Parteikonferenz im Funktionärsorgan der SED ließ entscheidende Fragen offen. Er konzedierte der Konferenz zwar, sie habe unter „dem großen ideologischen Einfluß des XX. Parteitages" gestanden, erwähnte aber wiederum nur Dogmatismus und Personenkult.[111] Immerhin zeigte sich selbst Ulbricht mit Schirdewans Ausführungen zufrieden.[112]

Wie weit dieser als Triebkraft in den halbherzigen Rehabilitierungen 1956[113] wirkte, ist schwer zu beurteilen. Er selbst gehörte zwar der ZK-Kommission an, war aber von der eigentlichen Arbeit in den Unterkommissionen ferngehalten.[114] Gegen eine aktive Rolle spricht vor allem, daß Schirdewan auf jeden Fall ein Mitwisser der „Säuberun-

106 Beides abgedruckt in: SED und Stalinismus. Dokumente aus dem Jahre 1956, hrsg. von Josef Gabert und Lutz Prieß unter Mitarbeit von Peter Erler und Jutta Findeisen, Berlin 1990, S. 69-91.

107 Schirdewan (FN 23), S. 256.

108 Vgl.: Zur Entlassung werden vorgeschlagen Wirken und Arbeitsergebnisse der Kommission des Zentralkomitees zur Überprüfung von Angelegenheiten von Parteimitgliedern 1956. Dokumente. Mit einem Vorwort von Josef Gabert, Berlin 1991.

109 Protokoll der Verhandlungen der 3. Parteikonferenz der Sozialistischen Einheitspartei Deutschlands. 24. März bis 30. März 1956 in der Werner-Seelebinder-Halle zu Berlin, Berlin (Ost) 1956, S. 305-320.

110 Ebd., S. 310.

111 Karl Schirdewan, Die 3. Parteikonferenz – Kompaß beim weiteren Aufbau des Sozialismus und bei der Stärkung der volksdemokratischen Ordnung, in: Neuer Weg 7/1956, S. 398 f.

112 Vgl. Schirdewan (FN 13), S. 84.

113 Vgl. Thomas Klein, „Für die Einheit und Reinheit der Partei". Die innerparteilichen Kontrollorgane der SED in der Ära Ulbricht, Köln u.a. 2002, S. 268 ff.

114 Schirdewan (FN 23), S. 258.

gen" gewesen ist – so hatte er als Abteilungsleiter der Westkommission des ZK ohne jeden Zweifel frühe und gründliche Kenntnisse von den Verfolgungen und Verhaftungen in der Führung der westdeutschen KPD gehabt.[115] Mehr noch: An den Verfahren gegen das frühere Politbüro-Mitglied Paul Merker und den früheren DDR-Justizminister Max Fechner, die beide mit mehrjährigen Zuchthausstrafen endeten, war er als Mitglied der Sicherheitskommission des ZK aktiv beteiligt.[116]

Als sich von 1954 an eine vorsichtige Annäherung zwischen der KPdSU und dem Bund der Kommunisten Jugoslawiens abzeichnete, wurde Schirdewan von Chruschtschow darüber informiert.[117] Im Mai 1956 kam es zu einer Unterredung zwischen ihm, Gerhard Ziller, Paul Wandel und Peter Florin, Abteilungsleiter für Außenpolitik im ZK-Apparat.[118] Diese Kontakte endeten abrupt, als Chruschtschow im Dezember 1956 sich brüsk gegen die Jugoslawen und Tito wandte und ihnen unter anderem Einmischung in die eigenen Angelegenheiten vorwarf. Tatsächlich dürften die Ursachen dieses neuerlichen Zerwürfnisses in der jugoslawischen Haltung zum ungarischen Aufstand gelegen haben. Auch in den Systemkrisen im Spätherbst 1956 in Polen und Ungarn zeigte er sich der SED- und KPdSU-Führung gegenüber loyal. Als das Politbüro am 6. November 1956 einen Beschluß zu „Maßnahmen zur Unterdrückung konterrevolutionärer Aktivitäten" faßte, die zur Erhaltung von Ruhe und Ordnung den Einsatz bewaffneter Kräfte bis hin zum Militär vorsahen, gehörte Schirdewan zur zentralen Leitungsgruppe für diese Operationen. Neben ihm zählten dazu Ulbricht als Vorsitzender, Hermann Matern, Leiter der Zentralen Parteikontroll-Kommission, das Politbüromitglied Willi Stoph, Erich Honecker, zu dieser Zeit Sekretär der Sicherheitskommission des ZK, Stasi-Staatssekretär Ernst Wollweber und Innenminister Karl Maron. Die beiden letzten waren auch ZK-Mitglieder.[119]

Den sowjetischen Einmarsch in Ungarn rechtfertigte Schirdewan indirekt noch im November 1956. „Die Ereignisse in Ungarn geben ernste Lehren für das Verhalten einer revolutionären Partei zu ihren Fehlern, für das Verhalten der Arbeiterklasse zur Partei und ihren Weisungen, wenn die Feinde ihr Haupt erheben. […] Nicht irremachen darf uns der chauvinistische Haß und die maßlose Hetze, die in den einzelnen kapitalistischen Ländern gegenwärtig gegen die Sowjetunion, gegen die Sowjetarmee und gegen die ungarische Arbeiterklasse geführt wird."[120] Ende 1956 war für Schirdewan die

115 Vgl. etwa Karl Heinz Jahnke, Gegen die Allmacht der Staatssicherheit. Bericht von Fritz Sperling aus dem Gefängnis, März 1956, in: Beiträge zur Geschichte der Arbeiterbewegung 33 (1991), S. 789-803.

116 Hermann Weber, Schauprozeß-Vorbereitungen in der DDR, in: Hermann Weber/Ulrich Mählert (Hrsg.), Terror. Stalinistische Parteisäuberungen 1936-1953, Paderborn u.a. 1998, S. 482.

117 SAPMO BArch, DY 30/3641.

118 Ebd., S. 268-273.

119 Votum für bewaffnete Gewalt. Ein Beschluß des SED-Politbüros vom November 1956, in: Beiträge zur Geschichte der Arbeiterbewegung 34 (1992), H. 4, S. 81-84.

120 Karl Schirdewan, Die Volksmassen fest und allseitig mit der Linie der Partei verbinden, in: Neuer Weg 21/1956, S. 1309, 1311.

Welt in Ordnung, trotz der Turbulenzen des XX. Parteitages und der Volksbewegungen im Herbst 1956 in Polen und Ungarn. Die Sowjetunion blieb sein Orientierungspunkt. Auch mit Walter Ulbricht war er noch nicht in Konflikt geraten. Hingegen hatte Fred Oelßner, der Chefideologe, bereits im Juli 1956 im Politbüro Ulbricht hart attackiert, Ernst Wollweber überwarf sich mit dem Ersten Sekretär im Oktober 1956.[121] Ein Artikel zum Besuch einer Regierungsdelegation der DDR in Moskau im Januar 1957 rundete das Bild von Schirdewan ab. Er beschwor die Gemeinsamkeit der Interessen, die Freundschaft, die Vorbildrolle der KPdSU – und insgesamt die damit verbundene internationale Aufwertung der DDR. Die Ergebnisse der Verhandlungen in Moskau, so hielt er fest, wiesen der DDR „im umfassenden Sinne eine große Bedeutung im Kampf um die Lösung internationaler Fragen für das sozialistische Lager unter Führung der Sowjetunion und in Gemeinschaft mit den Ländern der Zone des Friedens und allen friedliebenden Kräften in der Welt zu."[122]

6. Beschuldigungen und Rechtfertigungen

Der unter Leitung von Erich Honecker erstellte Bericht an das 35. Plenum des ZK, Anfang 1958 verfaßt, stellte im Grunde eine schwere Anklage dar. Beschuldigt wurden Schirdewan und andere „fraktionsmäßig gearbeitet"[123] und damit sich eines der schwersten Vergehen gegen die kommunistische Parteimoral schuldig gemacht zu haben. Sie hätten angestrebt, die Generallinie und die Parteiführung zu verändern. Konkret warf man ihm vor, im Herbst 1956 zwei „grundlegende Fehler" begangen zu haben, nämlich einerseits die NATO-Politik und deren Versuche, die DDR zu unterminieren, zu unterschätzen, ferner zwar von Demokratisierung gesprochen, aber Sicherungsmaßnahmen gegen die „Unterminierungsarbeit des Gegners" vernachlässigt zu haben.[124] Mit den „feindlichen Gruppen" war in diesem Fall die intellektuelle Opposition um Wolfgang Harich, Walter Janka, Heinz Zöger und Gustav Just gemeint. Schirdewan soll deren Auftreten nicht als gefährlich wahrgenommen und nach der Logik der Anklage „Wachsamkeit" vermissen lassen haben. Ein Eingreifen soll er als Rückfall in die Zeit vor dem XX. Parteitag abgetan haben. Schwer wog der Vorwurf, er habe in „verleumderischer Weise" die Politik Ulbrichts mit der Rakosis in Ungarn, die zum Aufstand im Oktober 1956 führte, verglichen. Er sei dann „zum prinzipienlosen Kampf" übergegangen und habe vor Verleumdungen nicht zurückgeschreckt.

---

121 Frank (FN 10), S. 257 f.

122 Karl Schirdewan, Die Moskauer Beratungen – ein wichtiger Schritt zur Festigung der Herrschaft der Arbeiterklasse in der Deutschen Demokratischen Republik, in: Einheit 12 (1957) 1, S. 16.

123 SAPMO BArch, DY 30/2059, Bl. 58.

124 Ebd., S. 62.

Honeckers Bericht räumte ein, die „tiefgehenden[125] Meinungsverschiedenheiten, die es mit dem Genossen Schirdewan gab, hätten im Rahmen von Diskussionen im Politbüro geklärt werden können, wenn nicht Genosse Schirdewan durch seinen kleinbürgerlichen Größenwahn, seinen grenzenlosen Unfehlbarkeitsdünkel sowie seine fraktionelle Tätigkeit mit den Genossen Wollweber und Ziller[126] die Dinge zugespitzt hätte".[127] Es ergaben sich also drei Komplexe, die Vorwürfe gegen ihn enthielten. Das war zuerst die Fraktionsbildung, zweitens die Unterschätzung der inneren und äußeren Bedrohung der DDR und drittens die Rivalität zu Walter Ulbricht. Hier wurde das unter Leitung Honekkers erarbeitete Papier noch deutlicher: „Anstatt die überwiegende Mehrheit des Politbüros zu unterstützen und seine Haltung zu überprüfen, hielt er es für erforderlich, die Angriffe gegen Genossen Ulbricht verstärkt fortzuführen. Dabei glaubte er, wie er zum Ausdruck brachte, die gleichen Auffassungen zu vertreten wie die Mehrheit des Sekretariats. Im Zusammenhang mit dem provokatorischen Auftreten des Genossen Schirdewan gegen den Genossen Ulbricht erklärte Genosse Rau, daß sich Genosse Schirdewan die Rolle des 1. Sekretärs des Zentralkomitees anmaßt, im Parteiapparat eine zweite Leitung schafft."[128]

Der Bericht kam zu dem Schluß, „daß Genosse Schirdewan[129] und die übrigen Genossen die Beschlüsse des XX. Parteitages völlig falsch verstanden haben. Sie waren der Meinung, daß die Politik der Entspannung auch ein Nachlassen des Kampfes gegen den Klassenfeind bedeutet. Sie verstanden nicht, daß die erfolgreiche Durchführung der Beschlüsse des XX. Parteitages und der III. Parteikonferenz die Stärkung der Deutschen Demokratischen Republik zur Voraussetzung hat."[130] Datiert wurde das Zerwürfnis mit Ulbricht auf den Oktober 1956. Wie weit tatsächlich innere und äußere Sicherheitsfragen dafür maßgeblich waren, blieb offen. Immerhin wurde Schirdewan noch Anfang November in die zentrale Führungskommission berufen, die mit militärischen Mitteln die „Unterdrückung konterrevolutionärer Aktionen" leiten sollte.[131] Daß er seine Sicherheitsvorstellung zwischen 1954 und 1956 gravierend verändert hätte, ist nicht sichtbar: Zu grundsätzlich sind dazu seine Äußerungen gegen die Bundesrepublik und gegen die „Reste" des Liberalismus.

Es bleibt der Vorwurf der Fraktionsbildung, der erst Ende des Jahres 1957 konkretisiert werden konnte. Anlaß war eine offenkundig unter Alkoholeinfluß gefallene Ankündigung von ZK-Sekretär Gerhard Ziller auf personelle Veränderungen in der Parteiführung, die der stellvertretende Vorsitzende des Ministerrates Fritz Selbmann unterstützt hatte. Das Politbüro untersuchte erstmals am 13. Dezember 1957 diese Vorgänge.

125 „tiefgehenden" handschriftlich gestrichen.
126 Handschriftlich ersetzt durch: „andere".
127 SAPMO BArch, DY 30/2059, Bl. 66.
128 Ebd., S. 67. – Die letzten zwei Sätze (von: „Dabei glaubte er" an) sind in der Vorlage handschriftlich gestrichen.
129 Handschriftlich eingefügt: Wollweber und Ziller.
130 SAPMO BArch, DY 30/2059, Bl. 76, in der Vorlage handschriftlich gestrichen.
131 Vgl. FN 119.

Die Mehrheit des Politbüros schloß (gegen das Votum von Schirdewan und Oelßner) auf eine fraktionelle Tätigkeit, in die nun die beiden auch einbezogen wurden. Die Anfänge der Fraktionsbildung wurden auf den Herbst 1956 zurückdatiert, als ihre „treibende Kraft“ wurde Schirdewan angesehen.[132] Dieser, vom Politbüro zu einer Stellungnahme aufgefordert, antwortete mit einem langen Papier am 1. Januar 1958.[133]

Selbstverständlich verwies er einleitend darauf, „die Politik der Partei ohne Schwankungen und entsprechend meinen Fähigkeiten und Kenntnissen unter den Parteikadern, in den Parteiorganisationen und in den Arbeiterversammlungen in Wort und Schrift vertreten“ zu haben.[134] Er habe in der Krisenzeit im Herbst 1956 „mit an der Spitze des Kampfes gegen die feindlichen Attacken auf unsere Partei und ihre Führung“ gestanden. Naturgemäß ist einzurechnen, daß ein Beschuldigter in seiner Verteidigung seine Parteitreue besonders nachdrücklich herausstreicht, indes zeigen Schirdewans Ausführungen eine große Kontinuität seiner Auffassungen zu den Jahren zuvor. Insbesondere ein Meinungsumschwung im Herbst 1956 ist nicht erkennbar.

In einigen Punkten zeigte er sich sogar orthodoxer als Ulbricht. Dessen Reaktion auf den XX. Parteitag, Stalin künftig nicht mehr zu den „Klassikern“ des Marxismus-Leninismus zu zählen, lehnte er ab: „Der Versuch des Gen. Ulbricht, in der Kritik an Gen. Stalin unter unseren Bedingungen so weit zu gehen, hat große Unruhe und Verwirrung in der Partei ausgelöst. Das hat auch seinen Einfluß genommen auf unsere Nachbarvolksdemokratien“.[135]

Ferner hatte er Vorbehalte, wie von Ulbricht gefordert, wissenschaftlichen Meinungsstreit zuzulassen. Er habe „den Standpunkt vertreten, daß die Parteiführung selbst und die parteitreuen wissenschaftlichen Kader darauf noch gar nicht genügend vorbereitet sind, um der Gefahr eines liberalen Meinungsstreites sofort zu begegnen. Erst mußte der Kampf in den Parteiorganisationen begonnen werden. Ohne diese Vorbereitung konnte unter der Losung des Meinungsstreites die Entwicklung von parteifeindlichen Gruppierungen gefördert werden.“ Der von Honecker benannte Zusammenstoß im Politbüro im Oktober 1956 war in Schirdewans Darstellung darin begründet, daß Ulbricht Material über die „partei- und staatsfeindliche Gruppierungen“, also die Harich-Gruppe, nicht an die Mitglieder des Politbüros weitergegeben habe. Ulbricht sei danach rund ein Dreivierteljahr einem Gespräch mit ihm ausgewichen.

Sein Verweis auf das Schicksal Rakosis sei „entstanden aus der vielseitigen Erfahrung, die ich in der Zusammenarbeit mit Gen. Ulbricht, insbesondere mit seinem nicht guten Reagieren auf Kritik, in seinem Verhalten zur Kollektivität gemacht habe.“ Selbstverständlich bestritt er auch die „Fraktionstätigkeit“. Mit Gerhard Ziller sei er zwar lange bekannt gewesen, von den Vorfällen im Dezember 1957 habe er jedoch erst

132 SAPMO BArch, DY 30/2059, Bl. 58-61.

133 Karl Schirdewan, Fraktionsmacherei oder gegen Ulbrichts Diktat?, in: Beiträge zur Geschichte der Arbeiterbewegung 32 (1990), S. 499-512.

134 Ebd., S. 500.

135 Ebd., S. 502, ebenso für die folgenden Ausführungen.

in der Sitzung des Politbüros Kenntnis erhalten. Er mißbilligte auch das Verhalten von Ziller und Selbmann. Er schloß seine Ausführungen mit der (zutreffenden) Beteuerung, er habe schon in der Weimarer Zeit „stets an der Seite des leninistischen Zentralkomitees gestanden.“[136]

Zieht man ein Resümee von Schirdewans politischem Leben und Wirken, so wird man ihm bis zu seinem Sturz Geradlinigkeit nicht absprechen können. Er war immer ein Exponent der Parteiführung, noch vor seinem Aufstieg ein Mann, der auf den Kurs der KPdSU setzte. Seine Organisationspolitik in der SED, die Vorstellungen der Kaderschulung und -erziehung, das Bild des „Kampfes um die Massen“, seine apodiktische Ablehnung aller „rechten“ und „linken“ Abweichungen im zeitgenössischen deutschen Kommunismus, seine kompromißlose Haltung gegen die Bundesrepublik und die Sozialdemokratie lassen keinen anderen Schluß zu.

Was ihn von Ulbricht trennte, war seine Prinzipienfestigkeit, die eher mit Starrköpfigkeit zu übersetzen wäre. Taktisches Geschick war ihm offenkundig fremd: Es ging ihm vorrangig um das Grundsätzliche. Das zeigte nolens volens auch seine Haltung zum XX. Parteitag. Die Entstalinisierung war nicht sein Problem. Das einzige, was ihn störte und wo er früh Position bezog, war das Feld des Personenkultes. Der Mann, der die Öffentlichkeit nicht suchte, trat im Rahmen des Kollektivs auf und stellte seine Person nicht in den Vordergrund. Hier ergaben sich die einzigen tatsächlichen Differenzen zu Walter Ulbricht. Die Unterschiede in den politischen Konzeptionen zwischen beiden hingegen waren zu jener Zeit marginal. Schirdewan war der bedingungslose Anhänger des Kurses der sowjetischen Führung. Als Chruschtschow nach den Volksbewegungen in Polen und Ungarn so geschwächt war, daß er seinen Schützling Wollweber und dessen Konzeption der MfS-Arbeit nicht mehr verteidigen konnte, geriet allmählich auch Schirdewan mit seiner Kritik des Personenkults ins Abseits.[137] – Ein Kämpfer gegen Dogmatismus und Linksradikalismus, wie er in seinen beiden Erinnerungsbänden suggeriert, ist er nie gewesen.

7. Die DDR zu Ende der achtziger Jahre

Der letzte außerordentliche Parteitag der SED, der zum Gründungsparteitag der Nachfolgepartei, zunächst der SED/PDS, ab Februar 1990 dann der PDS wurde, rehabilitierte Schirdewan faktisch, indem er ihn in den neu gegründeten „Rat der Alten“ aufnahm.[138] Angesichts seiner Konzeption und des Wirkens in seinen Jahren der Macht

136 Ebd., S. 511.

137 Vgl. insgesamt: Karl Wilhelm Fricke/Roger Engelmann, „Konzentrierte Schläge“. Staatssicherheit und politische Prozesse in der DDR 1953-1956, Berlin 1998.

138 Lothar Hornbogen/Detlef Nakath/Gerd-Rüdiger Stephan (Hrsg.), Außerordentlicher Parteitag der SED/PDS. Protokoll der Beratungen am 8./9. und 16./17. Dezember 1989 in Berlin, Berlin 1999, S. 172 f.

wirft das ein bezeichnendes Licht auf den auf diesem Parteitag vorgetragenen Anspruch, die Partei habe mit dem Stalinismus als System unwiderruflich gebrochen. Die Konferenz beschloß zwar auch, die Vorgänge um die Führungswechsel in der Ulbricht-Ära nach Möglichkeit näher zu untersuchen, aber ob sich die Grundsätze und Auffassungen Schirdewans von den fünfziger Jahren an gewandelt hätten, blieb unerfragt. Allein das Faktum, im Machtkampf mit Ulbricht gescheitert zu sein, trug Schirdewan bei der sich konstituierenden SED-Nachfolgeorganisation einen großen Vertrauensvorschuß ein.

Näher betrachtet, zeigen sich die drei Führungskrisen in der SED mit gescheitertem Führungswechsel sogar als Versuche, den Status quo ante zu konservieren. Rudolf Herrnstadt war bis zu seiner Absetzung 1953 ein harter „Einpeitscher" der Stalinisierung. Ihn als Reformer anzusehen, geht fehl.[139] Ähnliches gilt für Wilhelm Zaisser, der die „Säuberungen" in den Jahren vor 1953 mit zu verantworten hat.[140] Daß Karl Schirdewan kein Reformer war, wurde oben intensiv erörtert. Gleiches gilt für die Bemühungen der Gruppe um Werner Krolikowski zu Beginn der achtziger Jahre. Ihn und seine Gesinnungsgenossen trieb die Sorge um, Honeckers Politik könnte die DDR in eine (zu) große Abhängigkeit vom Westen, insbesondere der Bundesrepublik, bringen.[141] Der einzige gelungene Machtwechsel in der DDR, von Ulbricht zu Honecker 1971, zeigt nur vordergründig ein anderes Bild. Ulbricht, der in seinen letzten Lebensjahren sichtbar der kommunistischen Vision einer technologisch hochentwickelten Zukunftsgesellschaft (insbesondere durch Erwartungen an eine bahnbrechende „wissenschaftlich-technische Revolution") anhing, für deren Gestaltung Investitionen und Konsumverzicht erforderlich waren, wurde abgelöst von Erich Honecker, dessen Weltbild von den Versorgungsstaats-Visionen des Weimarer Kommunismus geprägt war.

Die genaue Prüfung von Schirdewans Vorstellungen und Programmen zeigt, daß sie weder mit Ulbrichts noch mit Honeckers Grundauffassungen harmonieren konnten. Seine Intention einer SED als Erziehungs-, Kontroll- und Kollektivitätsdiktatur war am stalinistischen Menschenbild der späten zwanziger und dreißiger Jahre orientiert und im Grunde schon in seinen Jahren an der Spitze der SED anachronistisch. Die achtziger Jahre, begleitet vom Verfall der Mobilisierungsfähigkeit und der Werteordnung des an der Sowjetunion orientierten Marxismus-Leninismus, hatten nach der KSZE-Schlußakte von Helsinki längst andere Akzente gesetzt. Mögliche Reformer in der SED konnten, selbst wenn sie es gewollt hätten, auf Schirdewan nicht zurückgreifen. Ein Exponent des viel beschworenen, aber kaum konkretisierbaren „dritten Weges" war er ebenfalls nicht.

---

139 So die Fehlinterpretation von Helmut Müller-Enbergs, Der Fall Rudolf Herrnstadt. Tauwetterpolitik vor dem 17. Juni, Berlin 1991; vgl. auch die Rechtfertigungsschrift Rudolf Herrnstadt, Das Herrnstadt-Dokument, hrsg., eingel. u. bearb. von Nadja Stulz-Herrnstadt, Reinbek 1990.

140 Helmut Müller-Enbergs/Wilfriede Otto, Wilhelm Zaisser: Spanienkämpfer – MfS-Chef – Unperson, Berlin 2008.

141 Pryzybylski (FN 7).

Die Aufgabe des Hegemonialanspruchs der Sowjetunion unter Michail Gorbatschow und das Aufkommen der Bürgerbewegungen in der DDR von Anfang der achtziger Jahre an[142] markierten ebenfalls deutliche Kontrapunkte zu Schirdewans Vorstellungen. Die Bürgerbewegungen in der DDR des Jahres 1989, auch wenn sie anfänglich einem „erneuerten Sozialismus" anhingen, nahmen wesentlich andere Positionen ein als die in den Machtkämpfen in der SED Unterlegenen. Die Bürgerbewegungen hatten die Politikformen der SED längst hinter sich gelassen. Das Prinzip der Demokratie war für sie unabdingbar. Allerdings beschleunigte ihr Beharren auf einem wie auch immer „erneuerten Sozialismus" ihre Marginalisierung. Im Gegensatz dazu hat Schirdewan keine Erneuerung des demokratischen Sozialismus angestrebt, sondern dazu beigetragen, die stalinistischen und diktatorischen Traditionen in der deutschen Geschichte zu stärken.

142 Vgl. u. a. Werner Müller, Friedliche Revolution 1989/90: von der Dauerkrise zum Umbruch in der DDR, in: Alexander Gallus (Hrsg.), Deutsche Zäsuren. Systemwechsel vom Alten Reich bis zum wiedervereinigten Deutschland, Köln u.a. 2006, S. 245-290.

Die Achtundsechziger

Von Wolfgang Kraushaar

1. Die 68er als linkes Konglomerat

Vierzig Jahre Achtundsechzig. Im Jahr 2008 hat es fast alles gegeben – Aufschneider und Abwiegler, Konjunkturritter und Trittbrettfahrer, Idealisierer und Skeptiker sowie eine nicht zu unterschätzende Anzahl von Ewiggestrigen. Trotz des inzwischen so beträchtlichen Abstands bleibt die Erinnerung an das turbulente Jahr offensichtlich noch immer diffus und mitunter stark polarisiert. Daß dies so ist, hängt nicht zuletzt mit einer terminologischen Schwierigkeit zusammen.

Denn über die 68er bzw. die 68er-Bewegung verallgemeinernd sprechen zu wollen, kann rasch zu Mißverständnissen führen. Insbesondere dann, wenn dies mit der Verwendung des Generationenbegriffs verknüpft wird. Doch die Rede von der „68er-Generation" ist eher eine rhetorische Figur, mit der die Feuilletons bei wechselnden Anlässen überschwemmt werden. Wie die Inflation derartiger Worthülsen in den letzten Jahren gezeigt hat, enthält sie bereits in quantitativer Hinsicht ein erhebliches Maß an Willkür. Im Nachhinein hat es – angeblich – Hunderte von Mitbewohnern der *Kommune I* und Hunderttausende von Angehörigen der 68er-Bewegung gegeben. Diese Übertreibungen sind jedoch kaum etwas anderes als der Ausdruck von Selbststilisierung. Die Anzahl der einstigen Aktivisten dürfte – bezogen auf die Bundesrepublik und West-Berlin – kaum über 10.000 gelegen und es sich damit eher um eine kleine Minderheit als eine Generationenkohorte gehandelt haben. Weil es rasch zu Pauschalisierungen und Mißverständnissen führen kann, sollte also Vorsicht im Hinblick auf derartige Verallgemeinerungen geboten sein.

Die 68er waren ein Konglomerat ganz unterschiedlicher Strömungen. Ihre Akteursgruppen waren höchst heterogen und ihre programmatischen Überzeugungen trotz aller theoretischer Bemühungen ziemlich diffus. Selbst im *Sozialistischen Deutschen Studentenbund* (SDS), so etwas wie der *braintrust* und aktivistische Motor dieser Bewegung, herrschte keineswegs Homogenität. Der Studentenbund, von dem sich die SPD 1961 mit der Verhängung eines Unvereinbarkeitsbeschlusses getrennt hatte, war von einer Fraktionierung gekennzeichnet, die im Laufe des Jahres 1968 mit innerer Notwendigkeit zu einer Art Spaltung führen mußte.

Denn es existierte eine Kluft zwischen den sogenannten Traditionalisten, die sich an der verbotenen KPD und einem orthodoxen Marxismus orientierten, für die Wolfgang Abendroth mit seiner Marburger Schule maßgeblich war, und den sogenannten Antiautoritären, die alle Spielarten des Sowjetkommunismus ebenso vehement wie die Sozialdemokratie ablehnten, sich mit Rätesozialismus und Anarchismus identifizierten und sich an Herbert Marcuse und der Frankfurter Schule orientierten. Sie wurden erst im

Zuge der Bewegungsdynamik, die nach dem Tod Benno Ohnesorgs am 2. Juni 1967 die Universitäten erfaßte, mehrheitsfähig, bildeten ab dem Herbst 1967 den Bundesvorstand und spielten danach in den meisten Kampagnen eine führende Rolle.

Unter den Akteuren gab es, obgleich sie sich allesamt innerhalb eines breiten Spektrums der Linken verorteten, das von anarchistisch-libertären bis zu stalinistisch-totalitären Positionen reichte, weder eine theoretisch-ideologische noch eine organisatorisch-handlungsleitende Einheit. Keine Großorganisationen (wie Gewerkschaften, kommunistische oder sozialdemokratische Jugendorganisationen) waren für die Ausrichtung der Bewegung ausschlaggebend, sondern eher minoritäre Gruppierungen. Die Akteure entstammten einer akademischen Elite und bildeten in ihrem Alterssegment eine kleine, obgleich durchaus wirkungsvolle Minderheit. Da sie nicht über die Mittel zu einer revolutionären Veränderung verfügten, versuchten sie temporär Koalitionspartner zu finden, um ihre machtpolitischen Defizite zu beheben. Wichtigster Ansprechpartner war in der Bundesrepublik deshalb zeitweilig die *IG Metall*. Sie bot sich im Rahmen der Kampagne gegen die Verabschiedung der Notstandsgesetze als Bündnispartner und Multiplikator an. Als sich jedoch herausstellte, daß diese Kooperation nur auf eine eingeschränkte Weise zustande kam und sich vor allem die Absicht, wegen eines – angeblich – drohenden autoritären Staates einen Generalstreik auszurufen, nicht realisieren ließ, brach das revolutionäre Unterfangen wie ein Kartenhaus in sich zusammen.

Die Idee einer revolutionären Machtergreifung war letztlich eine Fiktion. Selbst in Frankreich, wo der Sturz des Staatspräsidenten und seiner Regierung für einen begrenzten Zeitraum auf der Tagesordnung zu stehen schien, wären die romantisch-anarchistisch inspirierten Studenten um die *Bewegung 22. März*, die den Funken von der Universität Nanterre auf die Sorbonne hatte überspringen lassen, niemals an die Macht gekommen. Sie waren Katalysatoren eines sozialen und politischen Prozesses, nicht jedoch dessen Träger, geschweige denn ihr politischer Nutznießer. Bei einem Rücktritt de Gaulles wäre es mit hoher Wahrscheinlichkeit zur Bildung einer sozialistischen Regierung gekommen. Nicht ohne Grund hatte sich François Mitterrand zusammen mit einigen seiner Weggefährten medienwirksam an die Spitze einiger Großdemonstrationen gesetzt. Der Politiker, der dann 1981 die Macht übernahm und Staatspräsident wurde, stand dafür bereits im Mai 1968 bereit.

In der Bundesrepublik war die politische Konstellation eine völlig andere. Für einen revolutionären Umschwung fehlte es in jeder Hinsicht an den dafür notwendigen Voraussetzungen. Als sich die Bewegung im Herbst 1969 aufzulösen begann, versuchte sich der harte Kern der Antiautoritären eines Tricks zu bedienen und seine machtpolitische Ohnmacht durch die Adaption kommunistischer Modelle und Strategien zu kompensieren. Man unternahm Anleihen beim Leninismus, dem Stalinismus oder dem Maoismus und kostümierte sich mit entliehenen Identitätsformen. Doch das, was revolutionär zu sein schien, waren in Wirklichkeit Ausformungen totalitären Größenwahns.

Im Gegensatz zum SDS war die Außerparlamentarische Opposition (APO) ein Sammelbecken ganz unterschiedlicher Personengruppen wie Gewerkschaftlern, Christen, Jungarbeitern gewesen. In ihr versammelten sich vor allem jene, die von der Tatsache, daß die SPD bereit war, mit der Union eine große Koalition einzugehen, tief enttäuscht waren und einen politischen Ausweg durch eine externe Korrektur des sozialdemokratischen Kurses auf dem Wege außerparlamentarischer Kampagnen oder durch die Gründung einer sozialistischen Partei suchten.

In der Entstehung der APO mit dem SDS als ihrem wichtigsten Motor trat auch das Moment einer verschleppten Identitätskrise der Sozialdemokratie in Erscheinung. Dieses Problem, mit dem die Partei, die sich einst in erster Linie als Interessenvertretung der Lohnabhängigen verstand, dem Strukturwandel einer modernen Industriegesellschaft Rechnung zu tragen versucht hatte, verschärfte sich in zwei Schritten: zunächst 1959 mit der Verabschiedung des Godesberger Programms durch die Transformation von einer Klassenkampf- in eine Volkspartei und der nachträglichen Akzeptanz der vom politischen Gegner eingeschlagenen Richtung – der Westbindung, der Wiederbewaffnung und der Mitgliedschaft in der NATO; dann 1966 mit der Bildung einer großen Koalition, die es dem schärfsten innenpolitischen Gegner, dem wegen der *Spiegel*-Affäre zurückgetretenen Verteidigungsminister Franz Josef Strauß ermöglichte, in die Bundesregierung, diesmal als Finanzminister, zurückzukehren. Diese beiden Kursänderungen, für die Herbert Wehner maßgeblich Verantwortung trug, hatten altbekannte Vorwürfe wiederbelebt, tiefsitzende Vorbehalte genährt und das Glaubwürdigkeitsproblem, das sich angesichts der damals bevorstehenden Verabschiedung der Notstandsgesetze stellte, auf dramatische Weise verstärkt.

2. Demokratisierung als zentrale Zielsetzung

Unter den vielen Zielsetzungen, die die 68er-Bewegung verfolgt hat, ist die nach einer umfassenden Demokratisierung der Gesellschaft zentral gewesen. Das drückte sich in drei wesentlichen Punkten aus: Erstens, die Akteure propagierten nicht nur, sondern versuchten auch selbst eine Form der direkten Demokratie zu praktizieren; auf Vollversammlungen sollte jedenfalls das Plebiszit gelten. – Zweitens, die Kritik an der parlamentarischen Demokratie wurde radikalisiert und in eine alternative Form politischer Herrschaft zu wenden versucht; die Räteherrschaft galt daher eine Zeit lang als ein aussichtsreiches Modell. – Drittens, nachdem sich herausgestellt hatte, daß die Voraussetzungen zur Einführung von Räten nicht gegeben waren, wurde ein Basisgruppenkonzept verfolgt, zunächst an den Universitäten, dann in Stadtteilen und Betrieben. Dies alles spielte sich zwischen 1967 und 1969 ab. Als der neugewählte Bundeskanzler Willy Brandt in seiner ersten Regierungserklärung die Parole „Mehr Demokratie wagen" vertrat, wurde das von vielen als ein Echo dieses radikaldemokratischen Impulses aufgenommen.

Umso überraschender mußte es für Beobachter und Kommentatoren sein, daß sich im Zuge dieses Aufbruchs die radikalsten Kräfte schon bald darauf elitärer Herrschaftsmodelle bedienten, die ihre totalitäre Herkunft nicht verbergen konnten. Im Zentrum der sogenannten Organisationsphase, in der man nach Auswegen aus den innenpolitischen Niederlagen suchte, standen auf einmal ganz unverblümt der Leninismus, der Stalinismus und der Maoismus. Die wichtigsten Stichworte waren innerorganisatorisch der „demokratische Zentralismus" und gesamtpolitisch die beim Sturz des Systems von vielen als unverzichtbar angesehene „Diktatur des Proletariats". Wie war es möglich, so ist zu fragen, daß sich Gruppen und Fraktionen, die sich einer entschiedenen Demokratisierung verschrieben hatten, in rigide, tendenziell diktatorisch eingestellte Kleinorganisationen umschlagen und damit ihren eigenen Ansprüchen Lügen strafen konnten? Für eine schlüssige Antwort ist es nötig, die Entwicklung näher zu beschreiben, die damals unter Studierenden zu einer Radikalisierung der demokratischen Frage geführt hat.

Bereits viele Jahre vor der 68er-Rebellion hatte einer der wichtigsten Exponenten der Frankfurter Schule seine Vorstellung von einer Demokratisierung und den in der Studentenschaft nicht ausgeschöpften politischen Potentialen skizziert. Auf einer studentischen Vollversammlung, im Dezember 1952 in der Aula der Frankfurter Universität, hatte Max Horkheimer, der damals als Direktor des Instituts für Sozialforschung und Rektor der Johann Wolfgang Goethe-Universität eine Doppelfunktion wahrnahm, den Studierenden einen basisdemokratisch-plebiszitär orientierten Gedankengang nahezulegen versucht: „Zur Zeit Rousseaus dachte man, Demokratie bestände darin, daß diejenigen, die ihre Regierung wählen, zusammenkommen und in Urversammlungen sich aussprechen, und ihre Vertreter dann zueinander schicken von den verschiedenen Orten aus, so daß die Regierung konstituiert wird. Davon ist man in der Massendemokratie abgekommen. Denn wie sollte man die Menschen zusammenbringen? Die meisten von ihnen haben mit denen, von denen sie regiert werden, noch nie ein Wort gesprochen oder sie von Angesicht zu Angesicht gesehen. [...] Hier in der Universität während der Studentenzeit, die utopische Züge trägt, wäre so etwas möglich. Die studentische Vollversammlung könnte eine Urversammlung sein. Es könnte so sein, daß alle, die etwas zu sagen haben, sich zusammenfinden und die wählen, die sie vertreten sollen und die sie auch zur Rechenschaft ziehen können. Dies gilt zuerst für die Vertretung im AStA."[1] Wiederholt betonte Horkheimer dabei, daß es der spontanen und aktiven Mitwirkung der Studenten bedürfe, um ihren Einfluß geltend zu machen. Wenn von der studentischen Seite kein Druck erfolge, dann würden sich viele der als notwendig angesehenen Neuerungen wenn überhaupt nur allzu langsam vollziehen.

Was Horkheimer den Studierenden vorgeschlagen hatte, das wurde von keiner anderen Hochschulgruppe so ernst genommen wie dem SDS und ist schließlich Mitte der sechziger Jahre für die politisierten Studenten zu einer nicht mehr zu hinterfragenden Selbstverständlichkeit geworden: politische Debatten in aller Öffentlichkeit auszutragen und eine Form der direkten Demokratie zu praktizieren. Diesem Prinzip fühlte sich die Studentenbewegung von Anfang an verpflichtet. Ihr Organisationsprinzip war das der gemeinsamen Diskussion mit anschließender plebiszitärer Abstimmung. Es ging

1 Zitiert nach: Studentendemokratie gegen Studentenparlament, in: Diskus 2 (1952), H. 10, S. 2.

letztlich um die Einheit von Demokratie und Öffentlichkeit. Ohne eine funktionierende Öffentlichkeit, so die Überzeugung, könne keine funktionsfähige Demokratie zu erwarten sein.

Deshalb war die außerparlamentarische Bewegung von nichts anderem so sehr geprägt, wie dem Versuch, Öffentlichkeitsformen zu erringen, durchzusetzen und dauerhaft zu etablieren.[2] Die Parole, die vor allen anderen zu hören war, lautete: „Öffentlichkeit schaffen!" Bevor irgendein politisches Ziel geäußert werden konnte, ging es zunächst einmal darum, sich des öffentlichen Raums zu versichern. Aus den geschlossenen Räumen ging es auf die Straßen, die Plätze und in die Innenstädte. Zielstrebig wurden Zentren der Urbanität anvisiert, wo die stärkste Publikumsfluktuation herrschte und der größte Resonanzboden für eine Protestaktion zu erwarten war.

Im Unterschied zu den Parteien und – mit Ausnahme der Gewerkschaften – den meisten anderen Großorganisationen wurde in der Studentenbewegung und der aus ihr hervorgegangenen APO die Demonstration zur maßgeblichen Form der politischen Willensartikulation.[3] Sie war nichts weniger als das Lebenselixier der 68er-Bewegung. Von ihrem jeweiligen Verlauf war abhängig, welche Resonanz Forderungen in den Medien und der Öffentlichkeit insgesamt hatten. Auch die damals aus den USA übernommenen Teach-Ins waren integraler Bestandteil einer solchen Öffentlichkeitsstrategie.[4] Oft dienten sie dazu, vor Beginn einer Demonstration oder einer Kampagne, die Interessierten über Hintergründe zu informieren und zugleich die Möglichkeit anzubieten, sich kontrovers darüber auszutauschen.

3. Die Entgrenzung der Parlamentarismuskritik

Als eine mehr oder weniger degenerierte Form der Öffentlichkeit wurden dagegen die Parlamente, insbesondere der Bundestag, angesehen. Die Funktionsfähigkeit der Volksvertretung war massiv in Zweifel gezogen worden. Die politischen Entscheidungen würden – wie es in meist unausgesprochener Anknüpfung an Carl Schmitts Diagnose vom Beginn der Weimarer Republik[5] hieß – außerhalb der Volksvertretung, im Kabinett, den Einzelministerien, speziellen Ausschüssen oder anderen staatlichen Organen gefällt. Das Parlament reduziere sich, hieß es weiter, auf ein bloßes Akklamationsinstrument der Regierung, es verwandle sich zum rhetorischen Beiwerk einer kaum zu

2 Vgl. dazu einen grundlegenden Text, der aus einer Vorlesung mit dem Titel „Protest als publizistische Form" an der Freien Universität hervorgegangen war: Harry Pross, Protest – Versuch über das Verhältnis von Form und Prinzip, Neuwied/Berlin 1971.

3 Ebd., S. 76-82.

4 Vgl. Susanne Kleemann, Ursachen und Formen der amerikanischen Studentenopposition, Frankfurt a.M. 1971, S. 98.

5 Carl Schmitt, Die geistesgeschichtliche Lage des heutigen Parlamentarismus, München/Leipzig 1923.

kontrollierenden Machtpolitik. Die Rede war – wie es mit Wilhelm Hennis von einem namhaften Vertreter der Politikwissenschaft nach den Bundestagswahlen von 1965 beklagt worden war – von einem regelrechten „Prozeß der Entmachtung und Entleerung des Bundestags",[6] von einer zunehmenden Entkoppelung von Legislative und Exekutive.

Mit dem 1967 erschienenen Traktat „Die Transformation der Demokratie" war schließlich eine Radikalkritik der Bonner Demokratie vorgelegt worden,[7] die weit über die 68er-Bewegung und die APO hinaus als *die* Begründung außerparlamentarischer Opposition rezipiert und in der Folge in gewisser Weise kanonisiert wurde. Ihr programmatischer Teil stammte von dem Politikwissenschaftler Johannes Agnoli, der von 1964 an am Otto-Suhr-Institut der Freien Universität Berlin lehrte, das eines der theoretischen Zentren der Studentenbewegung, der APO und letztlich der 68er-Bewegung insgesamt war. Sein gemeinsam mit einem Text des an der Technischen Universität Hannover lehrenden Psychologen Peter Brückner publiziertes Buch paßte in die Zeit der ersten großen Koalition wie ein theoretischer Lückenfüller. Später wurde es gar als „Bibel der außerparlamentarischen Opposition"[8] bezeichnet.

Als Ausgangspunkt der „Transformation der Demokratie" skizzierte Agnoli ein Grundproblem des parlamentarischen Systems: Vom Anspruch her soll das Volk Träger der Staatsgewalt sein, in Wirklichkeit jedoch ist es in seiner Gesamtheit nicht regierungsfähig. Die durch den Wahlakt ausgewiesene Repräsentation muß deshalb das Handeln weniger für alle legitimieren. Unter diesem Ausgangsverhältnis, so Agnoli, vollziehe sich nun im modernen parlamentarischen System ein tiefgreifender Strukturwandel: Die demokratischen Parteien, Verfassung und Staat entwickelten sich in autoritär orientierte vor- oder antiparlamentarische Formen zurück. Agnoli bezeichnet diesen Prozeß als „Involution". Mit dem Terminus charakterisiert er die „Transformation der Demokratie", die auf nichts anderes als eine Camouflage autoritärer, ihrer Tendenz nach undemokratischer Herrschaftsformen aus sei, jedenfalls als eine Kette historischer Rückschritte. Besonderes Merkmal der allenthalben zu beobachtenden Involutionstendenzen sei nun aber, daß mit ihnen die Verfassungsnormen und -formen umfunktionalisiert worden seien. Dadurch stelle sich ein paradox erscheinender Zustand ein: Das Instrumentarium des Verfassungsstaates werde unter Beibehaltung seiner Normen verfeinert. Damit werde jedoch nicht das demokratische Verfahren gestärkt, sondern die Machtapparatur im Dienste der Kapitalinteressen weiter perfektioniert.

Das politische System nehme in der Folge in immer stärkerem Maße die Form eines korporatistischen Blocks an. Organisationen, die einstmals bestimmte Interessen vertreten hätten, die mit anderen nahezu zwangsläufig in Konflikt geraten mußten, verwan-

6 Wilhelm Hennis, Haben wir ein faules Parlament? Wünsche an den neuen Bundestag. Die Reform ist unausweichlich, in: Die Zeit v. 22. Oktober 1965, S. 7.

7 Johannes Agnoli/Peter Brückner, Die Transformation der Demokratie, Berlin 1967.

8 Rudolf Walther, Vom Bewunderer Mussolinis zum Wortführer der APO, in: Die Zeit v. 31. Dezember 2004.

delten sich insgeheim in staatspolitische Vereinigungen. Nicht mehr die offene Austragung gegensätzlicher Interessen sei angesagt, sondern das möglichst reibungslose Einfinden in staatliche Regelungsprozeduren. Der Antagonismus der Klassengesellschaft, der sich sozioökonomisch unvermindert perpetuiere, reduziere sich auf die scheinhafte Pluralität von Parteien, die in Wirklichkeit jedoch wie nach dem Muster einer Einheitspartei funktionierten. Aus Klassen- seien Volksparteien geworden, deren Konkurrenzgebaren immer mehr zum Schein werde. Und das Parlament, die eigentliche Krone der westlichen Demokratien, spiele „dem demos gegenüber" die Rolle eines „Transmissionsriemens der Entscheidungen politischer Oligarchien".[9] Damit löse sich die ursprünglich am Marktmodell orientierte parlamentarische Demokratie nicht einfach auf, sondern transformiere sich ohne Bruch ihres formal rechtsstaatlichen Selbstverständnisses in Organe eines autoritären Staates. Die Gefahr der Inthronisierung eines faschistischen Herrschaftsmodells, das sich demnach auch ohne die Terrorisierung des politischen Gegners durch bestimmte Sturmtruppen etablieren könne, weil es sich immanent mit den Mitteln des Verfassungsstaates klammheimlich durchzusetzen wisse, wurde durch diese Darstellung nahegelegt.

Agnoli zog aus seiner Argumentation in eigens für das theoretische Organ des SDS verfaßten Thesen politische Schlußfolgerungen für die APO.[10] Da es keine immanente Möglichkeit gebe, die Involutionstendenzen zu stoppen oder gar umzukehren, sei jede Form innerparlamentarischer Opposition kontraproduktiv. Sie könne keine andere Rolle als die eines Integrationsinstrumentes spielen. Einer außerparlamentarischen Opposition stünden grundsätzlich zwei Richtungen offen: Einerseits könnte sie sich zu einem Wahlverein entwickeln, dann führe ihr Weg nach „rechts"; andererseits könnte sie die Antagonismen weiter verschärfen, dann führe ihr Weg nach „links". Eine außerparlamentarische Opposition müsse nicht per se antidemokratisch sein. Wenn das Parlament jedoch selbst antidemokratisch würde, dann könne der Kampf für mehr Demokratie nur noch antiparlamentarisch ausgefochten werden. Da die Bundesrepublik in ihrer Kerntendenz „faschistisch" sei[11], bleibe einer außerparlamentarischen Opposition schließlich nichts anderes übrig, als einen antiparlamentarischen Kampf zu führen. Die APO wird hier also als Vorhut zum Klassenkampf betrachtet, die sich auch direkt gegen den Parlamentarismus richten müsse.

Agnoli vertrat in seiner Analyse demnach die Ansicht, daß gegen die – angeblich – drohende Gefahr eines „neuen Faschismus" lediglich der Klassenkampf eine wirksame

9 Agnoli/Brückner (FN 7), S. 68.

10 Johannes Agnoli, Thesen zur Transformation der Demokratie und zur außerparlamentarischen Opposition, in: Neue Kritik 9 (1968) 47, S. 24-33.

11 „Die Bundesrepublik Deutschland ist kein faschistischer Staat, aber die Kerntendenz der Abwehr gegen Emanzipation in der Bundesrepublik, im bürgerlichen Staat, ist faschistisch. D.h. konkreter formuliert und auch historischer: Der Umschlag in den offenen Faschismus ist dem bürgerlichen Staat immanent." Johannes Agnoli, Autoritärer Staat und Faschismus, in: Detlev Claussen/Regine Dermitzel (Hrsg.), Universität und Widerstand. Versuch einer politischen Universität in Frankfurt, Frankfurt a.M. 1968, S. 57.

Gegenwehr darstelle. Er hielt nicht nur den Klassenkampf für den ersten Schritt zu einer wirklichen Demokratie, sondern auch den Umschlag von einer außerparlamentarischen Opposition „in einen offenen antiparlamentarischen Kampf" für denk- und wünschbar.[12] In seiner Argumentation ging es ihm darum, den – angeblich – fiktiven Charakter des Parlamentarismus aufzudecken und dem sozialen Antagonismus Priorität einzuräumen.

4. Die zeitweilige Renaissance des Rätemodells

Unter der Voraussetzung, daß es sich beim modernen Kapitalismus um eine zwar gewandelte, im Kern jedoch ungebrochen fortexistierende Klassengesellschaft handelte, wurden die Hoffnungen auf eine grundlegende Alternative zum parlamentarischen Demokratiemodell gesetzt. Wenn auf der Basis kapitalistischer Produktionsbedingungen keine wirkliche Demokratie möglich sei, so der Gedanke, dann könne nur ein politisches Modell in Frage kommen, das mit dem Problem der Machtausübung zugleich das der Entstehung von Macht zu lösen verspreche.

Die Parlamentarismuskritik war eng verknüpft mit einer Debatte über Möglichkeiten zur Bildung von Räten und zum Aufbau einer regelrechten Räterepublik, die zeitweilig als Antwort auf die als delegitimiert geltende parlamentarische Demokratie propagiert wurden.[13] Insbesondere in anarchistischen, linkssozialistischen und kommunistischen Kreisen war immer wieder das Ideal einer Selbstverwaltung der eigentlichen Produzenten gefordert worden. In Situationen, in denen die tradierten Machtsysteme – zumeist im Gefolge zermürbender kriegerischer Auseinandersetzungen – funktionsunfähig geworden waren und ein Vakuum hinterließen, hatte es einige Versuche gegeben, Räte als Organe direkter Demokratie zu etablieren. Bekannt geworden ist vor allem die Bildung von Soldaten-, Betriebs-, Verwaltungs- und Bauernräten am Ende des Ersten Weltkriegs in Rußland, Deutschland, Ungarn und Italien. Sie besaßen eine Doppelfunktion: Zum einen waren sie Kampfinstrumente zur Niederschlagung des Klassenstaates zum anderen Formen der Selbstherrschaft. Sie waren Organe benachteiligter Gruppen und Klassen, die sich insbesondere gegen das kapitalistische Wirtschaftssystem, gegen den bürokratisch organisierten Zentralstaat, die Unkontrollierbarkeit der Technisierungs- und Industrialisierungsprozesse sowie die Mediatisierung der Gesellschaft im allgemeinen wandten. Sie beruhten zumeist auf der Vorstellung einer Identität von Regierenden und Regierten.

---

12 „Es kann aber im Verlauf bestimmter politischer Prozesse zu einem Umschlag der außerparlamentarischen Opposition in einen offenen, antiparlamentarischen Kampf kommen, [...] sofern Parlamente trotz demokratischer Wahlakte, aus denen sie hervorgehen, antidemokratisch funktionieren, muß der Kampf für die Demokratie in antiparlamentarischer Praxis geführt werden." Agnoli (FN 10), S. 31.

13 Vgl. Wilfried Gottschalch, Parlamentarismus und Rätedemokratie. Mit einem Lesebuch, Berlin 1968.

Ihr Vorbild stellte sowohl 1918/19 als auch 1967/68 die Pariser Kommune dar. Der meistzitierte Kommentar stammte von Karl Marx, der sie trotz ihres Scheiterns eigens verteidigte. In seinem Text „Bürgerkrieg in Frankreich“ schrieb er: „Die Kommune bildete sich aus den durch allgemeines Stimmrecht in den verschiedenen Bezirken von Paris gewählten Stadträten. Sie waren verantwortlich und jederzeit absetzbar. Ihre Mehrzahl bestand selbstredend aus Arbeitern oder anerkannten Vertretern der Arbeiterklasse. Die Kommune sollte nicht eine parlamentarische, sondern eine arbeitende Körperschaft sein, vollziehend und gesetzgebend zu gleicher Zeit.“[14] Sie konstituiere sich im Kampf der Produzenten mit den Profiteuren, ihre Funktion bestehe im wesentlichen darin, „eine Regierung der Arbeiterklasse“ zu sein. Eine rätedemokratische Herrschaft war folglich nur denkbar auf der Basis vergesellschafteter Produktionsmittel, als politische Form sozialistischer Produktionsverhältnisse. Wenn es ihnen nicht gelinge, die errungene Macht auch in eine Änderung der Eigentumsverhältnisse umzusetzen, dann wäre die politische Niederlage wohl unausweichlich.

Wie wenige andere hatte sich der Sozialdemokrat und spätere niedersächsische Kultusminister Peter von Oertzen mit rätedemokratischen Ansätzen in der Novemberrevolution auseinandergesetzt. Von ihm stammt eine der genauesten Fassungen der Prinzipien, mit denen im Rätesystem eine radikale Form direkter Demokratie zu praktizieren versucht wird. In einem Text von 1969 schrieb er: „1. Alle leitenden Positionen werden durch Wahl besetzt. 2. Die Urwähler treten als geschlossene Wahlkörper auf der untersten Ebene des gesellschaftlichen Lebens in Aktion und bilden ihren politischen Willen in den Versammlungen dieser Urwahlkörper. 3. Die Urwähler fällen eine möglichst große Zahl der erforderlichen Entscheidungen selbst und überlassen so wenig wie möglich ihren gewählten Vertretern. 4. Die gewählten Vertreter sind in ihren Entscheidungen nicht frei, sondern an Mandate ihrer Wähler gebunden. 5. Sie unterliegen der dauernden Kontrolle durch die Urwähler, müssen ihnen laufend Rechenschaft geben und können jederzeit durch sie abberufen werden. 6. Die gewählten Vertreter sollen möglichst ehrenamtlich tätig sein, auf keinen Fall jedoch ein erheblich höheres Einkommen beziehen als ihre Wähler. 7. Dieser Gedanke wird bis zu der Forderung nach der sozialen Homogenität von Wählern und Gewählten zugespitzt, d.h. die gewählten Vertreter sollen möglichst derselben sozialen Schicht angehören wie die Wähler.“[15]

An dieser Aufzählung können einige der von der 68er-Bewegung aktualisierten Leitvorstellungen abgelesen werden. Es war der Anspruch, alle für das politische Handeln relevanten Entscheidungen durch „Urwähler” zu fällen, über Entscheidungsalternativen gemeinsam und öffentlich zu beraten, die Gefahr einer Verselbständigung von Herrschaftsrollen durch dauernde Kontrolle und Ämterrotation auf ein Minimum zu beschränken und ein imperatives Mandat zu gewährleisten. Besonders hervorstechend

14 Karl Marx, Bürgerkrieg in Frankreich, in: Karl Marx/Friedrich Engels, Werke Bd. 17, hrsg. vom Institut für Marxismus-Leninismus beim ZK der SED, Ost-Berlin 1971, S. 339.

15 Peter von Oertzen, Freiheitliche demokratische Grundordnung und Rätesystem, in: Politische Bildung 2 (1969) 1, S. 14 ff.

war dabei die Anstrengung, die Grundorientierungen Egalität, Flexibilität und Handlungsfähigkeit miteinander zu verbinden.

Die Grundprinzipien für ein demokratisches Procedere hatten sich aus der Adaption des Rätegedankens durch die 68er-Bewegung herausgebildet. Auch wenn es nur selten zur Inanspruchnahme des Rätemodells durch Studenten-, Schüler- oder Lehrlingsgruppen gekommen ist, so markierte dieser Kanon von Leitvorstellungen doch den Vorstoß einer radikaldemokratischen Bewegung auf die Formen eines legitimationsschwachen, öffentlichkeitsarmen und weitgehend mobilisierungsunfähigen parlamentarischen Systems.

Im Winter 1968/69 bildeten sich an fast allen bundesdeutschen Universitäten Basisgruppen, die vermittelt über öffentliche Kontroversen, Demonstrationen, Aktionszusammenhänge im Frühjahr darauf begannen, in Betriebe, Erziehungsheime, Kindergärten, Schulen, Krankenhäuser, städtische Randbezirke und ländliche Regionen, also in die unterschiedlichsten gesellschaftlichen Bereiche, auszuschwärmen. Noch bevor sich einige dieser Keimzellen einer wörtlich verstandenen Demokratie in neoleninistische Kadertruppen transformierten, bildeten sie das zu dieser Zeit wohl wichtigste Ferment einer politischen Gegenkultur. Der Impuls einer radikalen Demokratisierung hatte sich in den Köpfen festgesetzt, nun sollte es darauf ankommen, ihn auch praktisch umzusetzen. Das Aufgreifen des Rätesystems als Denkmodell und die praktische Inanspruchnahme einzelner Momente durch eine breite Strömung der APO waren von Anfang an nicht unumstritten. Gegen diese politische Kernutopie waren bereits damals die folgenden Einwände vorgebracht worden:

Erstens, der Vorteil, daß es sich bei den Räten um eine Körperschaft handelt, der zugleich gesetzgebende und vollziehende Kompetenz zukommt, birgt eine nicht unerhebliche Gefahr in sich. Durch die Aufhebung der Gewaltenteilung zwischen Legislative und Exekutive entsteht eine Machtkonzentration, die nur von innen, aus der Körperschaft selber, nicht aber mehr von außen zu kontrollieren ist.

Zweitens, die Homogenitätsvorstellung einer Identität von Regierenden und Regierten, die bekanntlich auf Rousseau zurückgeht, mag in einem kleinen überschaubaren Gemeinwesen noch praktikabel sein, in großflächigen, komplexer strukturierten Gesellschaften dürfte sie jedoch kaum durchzuhalten sein. Zudem legt sie einen gewissen Konformitätszwang nahe und sagt nichts über den Schutz von abweichenden Meinungen bzw. Minderheiten aus.

Drittens, die Idealvorstellung der Selbstherrschaft setzt einen äußerst hohen Grad an Mobilisierungsbereitschaft voraus. Nur wenn sehr viele sich kontinuierlich versammeln, die gemeinsam fixierten Regeln akzeptieren und sich auf die Austragung der Debatten konzentrieren, können Räte oder räteähnliche Selbstverwaltungsformen Bestand haben. Ist dies aber nicht der Fall, dann treten sehr schnell erhebliche Risiken für die Funktions- ebenso wie die Legitimationsfähigkeit dieser Körperschaft auf. Das „Permanenzproblem" ist, obwohl es zum Standardrepertoire konservativer Kritiker gehört, überaus ernstzunehmen.

Viertens, damit eng verflochten ist die Gefahr des diktatorischen Attentismus. Da es sich im Prinzip um eine reine Versammlungsdemokratie handelt, kann die Möglichkeit, daß sich per Akklamation eine zufällige oder organisierte Minderheit durchsetzt, nicht nur nicht ausgeschlossen werden, sondern sie ist sogar relativ wahrscheinlich.

Von symbolischen Formen einmal abgesehen haben sich zwischen 1967 und 1969 keine Räte als Instrumente des politischen Kampfes herausgeschält. Die Tatsache, daß es mit der Sowjetunion einen totalitären Staat gab, der sich – das russische Wort „Sowjet" heißt schließlich „Rat" – als „Räte-Union" ausgab, hatte zu keinen Bedenken geführt und niemanden davon abgehalten, dieses Modell nun selbst zu propagieren.

5. Die totalitäre Symptomatik

Im Vorfeld der 68er-Bewegung, genauer in den Jahren zwischen 1963 und 1967, zielten immer mehr linke Studenten darauf, die Vergangenheit ihrer eigenen Professoren auf nationalsozialistische Wurzeln hin auszuleuchten und sie im Zweifelsfalle zur Rede zu stellen. Derartige Initiativen führten an einer Reihe von Universitäten zu Zuspitzungen, Konfrontationen und vereinzelt auch zu Skandalen.[16]

Solche Entlarvungen beschränkten sich jedoch – wie an einem prominenten Fall deutlich wird – auf die als konservativ geltenden Teile der Professorenschaft. Hätten zu dieser Zeit etwa Studierende des Berliner Otto-Suhr-Institutes von ihrem Wissen Gebrauch gemacht, daß einer ihrer linken Vordenker – der bereits erwähnte Politologe Johannes Agnoli – einst bekennender Faschist war, der sich zudem über die Waffen-SS zur Wehrmacht gemeldet hatte und von 1943 bis 1945 in Jugoslawien als Gebirgsjäger zur Partisanenbekämpfung eingesetzt worden war – dann wäre eine Auseinandersetzung mit den totalitären oder zumindest totalitarismusverdächtigen Wurzeln ihrer Parlamentarismuskritik wohl bereits damals unvermeidbar gewesen. An dieses heiße Eisen wollte sich jedoch offenbar niemand heran wagen.

Auch der Historiker Götz Aly, der selbst vom Wintersemester 1968/69 am OSI studiert und zu den entschiedensten unter den Rebellen gehört hat, wußte – wie er inzwischen einräumt – von der faschistischen Vergangenheit seines Lehrers. Der NS-Forscher vertritt nun mit Aplomb die These, daß es sich bei der 68er-Bewegung um einen „sehr deutschen Spätausläufer des Totalitarismus" gehandelt habe.[17] Obwohl er behauptet, daß er keine Gleichstellung von „Rot und Braun" im Sinne habe, so unterstellt er ihr doch ein hohes Maß an Ähnlichkeit mit der NS-Bewegung.

Die Symptome, die er dafür aufzählt, sind zahlreich und nicht so ohne weiteres von der Hand zu weisen: In beiden Fällen ging es um die Mißachtung von rechtsstaatlichen Institutionen, die Verklärung der eigenen Akteurskohorte als „Bewegung", einen gegen-

16 Vgl. die von Rolf Seeliger herausgegebene Reihe: Braune Universität. Deutsche Hochschullehrer gestern und heute, Bd. I-VI, München 1964-68.

17 Götz Aly, Unser Kampf. 1968 – ein irritierter Blick zurück, Frankfurt a.M. 2008, S. 8.

über dem üblichen politischen Handeln zugespitzten Aktionismus, einen ebenso entgrenzten wie ungebremsten Utopismus, zahllose antibürgerliche Affekte sowie einen durchgängig zu beobachtenden Anti-Liberalismus. Die totalitäre Symptomatik beider „Bewegungen" ist offenbar vergleichbar, jedoch ist sie auch überzeugend? Und besteht ihre entscheidende Differenz tatsächlich darin, daß die eine beim Kampf um die Staatsmacht „gesiegt" und die andere „verloren" hat? Im Gegensatz zu der Darstellung, die Aly in seinem Buch „Unser Kampf" – dessen Titel ja bereits die Perspektive einer skandalträchtigen Parallelkonstruktion verrät – vorgelegt hat und in der mancherlei Grenze verwischt wird, kommt eine angemessene Analyse der 68er-Bewegung nicht ohne eine Binnendifferenzierung ihrer Akteure und eine zeithistorische Kontextualisierung ihrer Dynamiken aus.

6. Zerfall und Entmischung der 68er-Bewegung

Außerparlamentarische Bewegungen könnten kaum entstehen, wiesen die Integrationsfähigkeiten eines parlamentarischen Systems und insbesondere die der in ihnen vertretenen Parteien keine Defizite auf. Die Konstitution derartiger Strömungen ist insofern immer auch ein Indiz für das Unvermögen des politischen Systems, soziale Widersprüche und die daraus resultierenden Interessenkonflikte aufzunehmen und als Widerstreit von Abgeordneten innerhalb des Parlaments auszutragen.

Genau diese Situation traf auf das politische System der Bundesrepublik nach Bildung der Großen Koalition zu. Mit ihrem Entschluß, sich an einer von der Union geführten Regierung zu beteiligen, mußte sich die SPD auf staatliches Handeln konzentrieren. Sie konnte die Interessen eines erheblichen Teils ihrer Klientel nicht mehr wie zuvor repräsentieren. Dieses Potential bildete für die innerhalb der Studentenbewegung, insbesondere in dem ein halbes Jahrzehnt zuvor aus der SPD geworfenen SDS, geschulten Meinungsführer eine Protest- und Bewegungsressource.

Die APO war durch eine grundlegende Ambiguität bestimmt. Nicht wenige ihrer Akteure changierten zwischen Außer- und Antiparlamentarismus hin und her. Dabei traten immer stärker Gruppen in den Vordergrund, die der Bundesrepublik Deutschland, dem Rechtsstaat und seinen Institutionen nicht nur kritisch, sondern ablehnend gegenüberstanden. Antistaatlichkeit gehörte zu ihren Grundüberzeugungen. Das Mißtrauen wurde nicht zuletzt aus dem Verdacht geschöpft, daß der bundesdeutsche Staat bis in seine Spitze hinein – die Skandalisierung der politischen Vergangenheiten von Bundespräsident Heinrich Lübke und Bundeskanzler Kurt Georg Kiesinger wurde als exemplarisch betrachtet – von ehemaligen Funktionsträgern des NS-Regimes besetzt sei. Dieser Argwohn wurde auf die verschiedensten Institutionen übertragen und zu einem regelrechten Antiinstitutionalismus erweitert. Das Gespenst eines „neuen Faschismus" war dort überall präsent, die Nichtanerkennung des staatlichen Gewaltmonopols eine logische Folge dieser Einstellung.

Als nach den Bundestagswahlen vom September 1969 die sozialliberale Koalition, gebildet wurde, zeigte sich, daß die außerparlamentarische Bewegung in einem unmittelbaren politischen Sinne mit einer Ausnahme gescheitert war. Zwar hatte sie dazu beigetragen, den Einzug der rechtsextremen NPD in den Bundestag zu verhindern, ihre anderen Hauptziele jedoch verfehlt. Innenpolitisch war bereits die Niederlage in der Anti-Notstandsbewegung entscheidend gewesen. Die vielbeschworene Einheit von Arbeiter- und Studentenbewegung, wie sie zum allgemeinen Erstaunen in Frankreich vorübergehend möglich geworden war, blieb in der Bundesrepublik eine Chimäre. Mit der Verabschiedung der Notstandsgesetze am 30. Mai 1968 hatte die APO ihren Zenit bereits überschritten. Die Struktur des Axel-Springer-Verlags blieb unangetastet, die Hochschulreform erwies sich rasch als Enttäuschung, der Vietnamkrieg dauerte unvermindert an, und die hochfliegenden revolutionären Erwartungen blieben auf der ganzen Linie unerfüllt.

Innerhalb von nur wenigen Monaten fiel mit dem SDS das Zentrum der APO-Aktivitäten faktisch auseinander. Die dynamischen, sich als „antiautoritär" begreifenden Strömungen schienen durch die nachlassende Mobilisierung auf der Straße und die infolge der sozialliberalen Koalition veränderte politische Lage wie paralysiert. Mit der neuen Bundesregierung unter dem sozialdemokratischen Kanzler Willy Brandt, der eine Reformpolitik einzuleiten versprach, entfielen die meisten Voraussetzungen zur Fortführung einer außerparlamentarischen Bewegung. Einige der von der APO freigesetzten Impulse, insbesondere im Bereich der Bildungspolitik, wurden aufgegriffen, andere hingegen eingedämmt oder ganz abgeschnitten. Die Bundesregierung legte einerseits mit dem Amnestiegesetz für Demonstrationsstraftäter ein Integrationsangebot vor, andererseits lieferte sie später mit dem „Radikalenerlaß",[18] durch den Systemgegner vom Staatsdienst ferngehalten werden sollten, bald darauf auch ein Zeichen der Abschreckung. Zwar wuchs das Potential links von der SPD quantitativ stark an, es stellte jedoch wegen seiner Diffusität keine einheitliche Kraft mehr dar und büßte dadurch viel vom Charakter einer politischen Herausforderung ein.

Den Ton gaben nun radikal-orthodoxe Kräfte an – Neoleninisten, Stalinisten und Maoisten. Während der größte Teil der alten APO von der SPD, der FDP und der neu gegründeten *Deutschen Kommunistischen Partei* (DKP) aufgesogen wurde, bildeten sich in kurzer Zeit vielerorts kommunistische Kadergruppen, die sich in völliger Verkennung ihrer wirklichen Rolle als Vorhut der Arbeiterbewegung begriffen. Kurz hintereinander waren sie in die Kostüme historisch längst gescheiterter Parteien geschlüpft; sie hatten damit begonnen, sich als proletarische Avantgarde, als Führungselite einer nicht zu einer radikalen Systemveränderung neigenden Arbeiterschaft zu inszenieren. Als sich im März 1970 der SDS formell auflöste, waren die Weichenstellungen für die Entwicklung der radikalen Linken der siebziger Jahre bereits weitgehend vollzogen.

18 Die offizielle Bezeichnung lautete: Grundsätze zur Frage der verfassungsfeindlichen Kräfte im öffentlichen Dienst.

Aus der APO waren vier Grundströmungen entstanden – zwei, die den Parlamentarismus bejahten (entweder aus prinzipiellen oder aus taktischen Gründen) und zwei, die ihm ablehnend bzw. äußerst kritisch gegenüberstanden:

- eine reformistische, die ihre stärksten Bastionen in den Jugendorganisation der SPD, den *Jungsozialisten*, und der FDP, den *Jungdemokraten*, besaß;
- eine traditionell kommunistische, die nach der Legalisierung einer kommunistischen Partei in der DKP, der SDAJ und dem MSB *Spartakus* ihre Heimat und in der engen Anbindung an die DDR und den Sowjetblock Halt fand;
- eine marxistisch-leninistische, die ihr Heil im „Proletkult" der zwanziger Jahre und in der Gründung zumeist maoistischer Kaderorganisationen wie der KPD/ML, der KPD/AO, dem KB und dem KBW suchte und schließlich
- eine undogmatisch-neomarxistische, die im *Sozialistischen Büro* (SB) eine Art Netzwerkzentrale fand, deren Bedeutung allerdings erst im Laufe der Jahre sichtbar wurde.

Die Universitäten, an denen sich nach den zwischenzeitlich dominierenden Basisgruppen nun *Rote Zellen* auszubreiten begannen, wurden nicht mehr länger als der zentrale Ort angesehen, von dem aus die politische Arbeit zu organisieren war. Die Auseinandersetzungen konzentrierten sich zunehmend auf außeruniversitäre Bereiche, auf Stadtteile und insbesondere auf Betriebe. Betriebsarbeit hatte für die entschiedensten der linksradikalen Gruppierungen Priorität. Denn der Adressat war in erster Linie die Arbeiterschaft als das in ihren Augen einzig erfolgversprechende revolutionäre Subjekt. Es schien alles nur noch eine Frage der Bewußtseinsbildung zu sein, genauer, wie sich das verkehrte, als „ökonomistisch" bezeichnete Arbeiterbewußtsein auf dem schnellsten Wege in ein „revolutionäres Klassenbewußtsein" würde transformieren lassen. Die Tatsache, daß es im September 1969 unter Stahlarbeitern zu wilden Streiks gekommen war, mit denen ein Teil des klassischen Proletariats dem gewerkschaftlichen Führungsanspruch eine Absage erteilt hatte, wurde als Zeichen für ein neues Selbstbewußtsein der Arbeiterklasse gewertet.

Diese eher zufällig auftretende Streikbewegung wurde von den entschlossensten Aktivisten der außerparlamentarischen Bewegung, jenen, die sich als berufsrevolutionäre Kader begriffen, als eine überaus wichtige politische Weichenstellung betrachtet. Auch die Gründung der terroristischen *Rote Armee Fraktion* (RAF), deren Mitglieder sich als „Leninisten mit Knarre" verstanden, muß in diesem Zusammenhang gesehen werden. Die bewaffnete Kaderorganisation, die in den Jahren darauf wie keine andere das innenpolitische Klima in der Bundesrepublik vergiftete, gab vor, Teil eines größeren Ganzen zu sein, einer Art proletarischen Kampfzusammenhanges.

Die meisten der genannten Gruppierungen und Bewegungen waren außerparlamentarisch entstanden und hatten zum Parlamentarismus – wenn überhaupt – ein taktisches Verhältnis. Sie basierten immer noch auf einer, wenn auch höchst unterschiedlich akzentuierten Ablehnung von Parlament und Parteienstaat, deren theoretische Begründung bereits zu Beginn der Großen Koalition geliefert worden war. Diese Abwehrhaltung war so stark verankert, daß sie in den Augen der aus der APO hervorgegangenen Akteure keiner weiteren Überprüfung bedurfte. In gewisser Weise gehörte sie zu den als selbstverständlich angesehenen Grundüberzeugungen. Das war zwar noch kein Totalitarismus, der Übergang zu totalitären Formationen erwies sich jedoch von nun an als fließend. Schon bald wurden in den ersten Politsekten blutige Diktatoren wie Stalin und Mao Tse-tung als Heroen gefeiert.

Auf zwei Jahre der *Ver*mischung, in denen sich innerhalb des Konglomerats APO die unterschiedlichsten linken Gruppierungen zu lokalen, regionalen und überregionalen Bündnissen zusammengeschlossen hatten, folgte – wie das Peter Brückner frühzeitig erkannt hatte – ein rapider Prozeß der *Ent*mischung. Die linke Protestbewegung zerlegte sich innerhalb nur weniger Monate in ihre Einzelteile. Die Resultate dieses folgenschweren Prozesses hätten kaum unterschiedlicher sein können. Ganz verschiedene soziale Aggregationen bildeten sich: Es formten sich politische Sekten, es entstanden subkulturelle Milieus, und es schälten sich mit einer gewissen Verzögerung die Fermente neuer Bewegungen heraus, die erst einige Jahre später tonangebend werden sollten.

Unter diesen drei Formtypen stachen die Sekten am meisten hervor. Sie waren allesamt von einem grundlegenden Widerspruch gekennzeichnet: Es handelte sich um radikale Partialisierungen, die jeweils für sich genommen einen Allgemeinheitsanspruch und damit die Überzeugung vertraten, ein allein erfolgversprechendes bzw. seligmachendes Modell gesellschaftlicher Veränderung vertreten zu können. Sie erschienen wie abgespaltene Elementarteile der einstigen Bewegung. Deren politische und soziopsychische Dimensionen hatten sich separiert und traten nun getrennt voneinander und nicht selten gegeneinander auf. Die gleichzeitige Entstehung von Polit- und von Psychosekten wirkte wie zwei Seiten einer Medaille. Was ursprünglich zusammengehörte, hatte sich auf eine geradezu bizarre Weise verselbständigt. Während die eine Seite den Primat des Objektiven – die Politik bzw. den Klassenkampf – propagierte, forderte die andere unablässig den des Subjektiven – die emphatische Gemeinschaft mit einem besonderen Akzent auf den körperlichen Effekten „befreiter" Sexualität. Einem objektivistischen, mit einer asketischen Lebenseinstellung verbundenen Politikverständnis stand eine sinnes- und gefühlsbestimmte Vorstellung der eigenen Persönlichkeit gegenüber.

Die Politsekten ergaben durch ihre hierarchische Organisationsform, durch das Bestreben nach möglichst großer weltanschaulicher Geschlossenheit, Abgrenzungsmechanismen gegenüber Organisationen ähnlichen Typs und den Zwang zur Unterwerfung ihrer Mitglieder das kohärenteste Erscheinungsbild. Nicht nur im Vergleich zu Milieus und embryonalen Bewegungsformationen waren sie am markantesten. Sie brachen weltanschaulich wie habituell mit der als „kleinbürgerlich" degradierten Studentenbewegung und stellten insofern gegenüber deren antiautoritären Strömungen eine Kehrtwendung um 180 Grad dar. Im Gegensatz zum hedonistischen, an russischen Anarchisten des 19. Jahrhunderts oder den kalifornischen Hippies orientierten Erscheinungsbildern war nun mit Askese, Ernsthaftigkeit und Pedanterie eine Wiederbelebung des Proletkults der zwanziger Jahre angesagt. Fluchtpunkt aller politischen Bestrebungen war die Arbeiterschaft, das Proletariat. Die Politsekten beanspruchten auf je eigene, untereinander heftig konkurrierende Weise die Führerschaft im revolutionären Kampf. Die Frage, wer das revolutionäre Subjekt sei, schien durch die Schriften des Marxismus-Leninismus a priori geklärt zu sein – dafür kam nur das Industrieproletariat in Frage. Zu entscheiden war nur noch, wer sich an dessen Spitze setzte. Und was den Führungsanspruch betraf, gab es schließlich genügend Bewerber.

Das Rätsel, wie aus antiautoritären Bewegungsaktivisten stockautoritäre Organisationsfetischisten werden konnten, verliert viel von seinem vermeintlichen Geheimnis, wenn man nur daran erinnert, daß mit der *Kommune I* die Herzkammer der antiautoritären Bewegung bereits eine maoistische Formation war. Die Doppeldeutigkeit, mit der der kulturrevolutionäre Aufbruch als mixtum compositum zwischen maoistischer Aktionszelle und Hippie-Formation in West-Berlin einsetzte, war mehr als nur ein Hinweis darauf, daß sich die Kommunen unter veränderten Rahmenbedingungen wiederum in unterschiedliche Segmente zerlegen konnten. Dieter Kunzelmann, der in gewisser Weise der Urkommunarde war, hat das in seiner überaus wechselhaften, aber in ihrer inneren Konsequenz auch durchaus logischen politischen Vita vorgemacht: Der Situationist, der 1963 die *Subversive Aktion* gegründet hatte, rief im Zuge der sich 1969 auflösenden *Kommune I* mit den *Tupamaros West-Berlin* die erste Untergrundorganisation ins Leben und wurde nach seiner Haftentlassung Mitglied der maoistischen KPD. Der chamäleonartige Wechsel vom Avantgardisten einer undogmatischen zum Aktivisten einer dogmatischen Linken erscheint nur auf den ersten Blick rätselhaft. In eine maoistische Kaderorganisation überzuwechseln, konnte für einen frühen Protagonisten der Kulturrevolution durchaus zwingend erscheinen.

Auf der anderen Seite traten komplementäre Sekten in Erscheinung, die ebenfalls nach dem Zerfall der 68er-Bewegung entstanden waren. Je mehr die K-Gruppen und mit ihnen vergleichbare andere weltanschaulich definierte Kleinorganisationen an Bindungskraft einbüßten, umso stärker war der Zulauf bei den Psychogruppen. Der Eindruck eines derartigen Zusammenhanges war kaum von der Hand zu weisen und wird von Experten bestätigt. So heißt es beispielsweise in einer Analyse: „Es ist kein Zufall, daß der Psychoboom zu Beginn der 70er Jahre kräftig einsetzte, als die politisch-messianischen Blütenträume welkten. Der Sog in die Psychoszene, der Weg nach Innen bekam Schubkraft durch das Enttäuschungserlebnis der gescheiterten Revolte."[19] Die Parallelität dieser beiden Prozesse und die Gegenläufigkeit ihrer jeweiligen Entwicklungskurven ist jedenfalls auffällig.

Die K-Gruppen wie die Psycho-Gruppen sind Zerfallsprodukte einer in ihren Hauptzielen als gescheitert angesehenen Protestbewegung und repräsentierten insofern Teile eines ehemaligen Ganzen. In den Politsekten kam das objektive Moment in verselbständigter Form zum Vorschein und in den Psychosekten das subjektive. Die Maoisten

19 Gottfried Küenzlen, Auf der Suche nach dem Sinn, in: Gilda Boysen/Hansjörg Hemminger/Gottfried Küenzlen, Im Sog der Psychoszene. Erfahrungen und Kommentare, Stuttgart 1988, S. 139 f.

begaben sich auf die Suche nach dem Proletariat, das sie als die der Theorie allein gültige revolutionäre Kraft wiedererwecken und auch anführen wollten, und die Esoteriker auf die nach dem befreiten Subjekt, das es unter den Panzerungen der kleinbürgerlichen Gesellschaft – angeblich – zu entdecken und durch „freie Liebe" freizulegen galt.

So unterschiedlich beide Strömungen in ihrem Erscheinungsbild nach auch sein mochten, so ähnlich waren sie sich in einem strukturellen Moment ihrer selbstgeschaffenen Kollektivität: Die jeweilige Organisation schuf sich mit geradezu innerer Notwendigkeit ihre Führungsfiguren. Im Gegenentwurf zum Bestehenden bedurfte es offenbar einer personalisierten Ordnungsmacht, um das Gruppengefüge zusammenzuhalten. Der Preis für die Rückkehr zu strikten Autoritätsmodellen bestand in der Unterwerfung der Einzelnen, die bis hin zur persönlichen Selbstaufgabe reichen konnte, und war generell mit einem hohen Maß individueller Unfreiheit gepaart.

Die Binnendynamik in der Schaffung neuer Gemeinschafts- bzw. Organisationsmodelle insgesamt jedoch verriet, wie sehr die neugewonnene Kollektivität und eine eigentlich für überkommen gehaltene Führungsstruktur zusammengehörten. Der Versuch, die objektive wie die subjektive Dimension der einstigen Rebellion nun durch neue Organisationsmodelle in die Tat umzusetzen, hatte auf ganz unterschiedliche Weise das Gegenteil bewirkt. Das Resultat war nichts anderes als ein nochmaliges, weitaus tieferreichendes Scheitern, verbunden mit Konsequenzen, die manche Mitglieder bis an den Rand der persönlichen Selbstzerstörung trieben. Was im Rahmen einer oppositionellen Bewegung nicht gelingen wollte, das ließ sich noch weniger durch den Kraftakt eines strikt geregelten und mit antibürgerlichen Normen verbundenen organisatorischen Gegenentwurfs erreichen.

7. Totalitarismusverdächtige Kerngruppen

Je weiter man sich den aus dem aktivistischen Kern der 68er-Bewegung hervorgegangenen Gruppen und Fraktionen nähert, umso totalitarismusverdächtiger sind nicht wenige ihrer Positionen gewesen. Nicht bloß in mehr als nur verbalradikalen Parolen brachen sich Antiparlamentarismus, Antiamerikanismus und zuweilen ein als Antizionismus getarnter Antisemitismus Bahn. Wer daran Zweifel hat, der sollte sich mit der Tatsache konfrontieren lassen, daß die wohl tiefsten Wurzeln in die *Subversive Aktion* und die *Kommune I* zurückreichen, aus der alles andere als zufällig die beiden ersten, von Kommunarden im Herbst 1969 gegründeten terroristischen Gruppen, die *Tupamaros West-Berlin* und *München*, hervorgegangen sind.[20]

Es waren einzelne Politsekten, die zwar aus der 68er-Bewegung hervorgegangen sind, von dieser jedoch nur Zerfallsteile repräsentierten und nicht als ein pars pro toto angesehen werden dürfen. Ihnen gegenüber ist der Totalitarismusvorwurf durchaus be-

20 Vgl. Wolfgang Kraushaar, Die Bombe im Jüdischen Gemeindehaus, Hamburg 2005.

rechtigt. Alys Behauptung jedoch, daß die 68er als solche totalitär gewesen seien und die nationalsozialistische Weltanschauung ihrer Eltern fortgesetzt hätten, hält einer Überprüfung nicht stand. Sie verdankt sich fragwürdigen Argumentationen und methodisch unhaltbaren Analogieschlüssen. Eher verrät sie die Irritation eines NS-Forschers darüber, früher selbst einmal einer Bewegungskohorte angehört zu haben, die sich im Zuge ihrer Radikalisierung in totalitäre Politikmuster verstrickt hat, als das Ergebnis objektivierbarer zeithistorischer Erkenntnis.

Daten, Dokumente, Dossiers

Wahlen 2007

Von Eckhard Jesse

1. Ausgangsposition

Wie zuletzt 1993 fand im Jahr 2007 keine Bundestags- und keine Europawahl und nur eine einzige Landtagswahl statt. Im „wahlarmen" Jahr 1993 wurde in Hamburg gewählt, diesmal im Stadtstaat Bremen, dem kleinsten Bundesland. Wie nicht anders zu erwarten, hatten die Parteien der Großen Koalition bei den Landtagswahlen 2006 nicht reüssieren können.[1] Die CDU verlor in den beiden Landtagswahlen im „Westen" (Baden-Württemberg, Rheinland-Pfalz) und in den beiden im „Osten" (Sachsen-Anhalt, Mecklenburg-Vorpommern) ebenso Stimmen wie im „gemischten" Berlin. Allerdings hielt sich die Bandbreite der Verluste auf einer Höhe von 0,6 bis 2,6 Punkten in Grenzen. Die SPD gewann zwar in drei Bundesländern minimal (0,9 Punkte in Rheinland-Pfalz, 1,1 Punkte in Berlin, 1,4 Punkte in Sachsen-Anhalt), verlor aber in den anderen beiden Ländern deutlich (8,1 Punkte in Baden-Württemberg; 10,4 Punkte in Mecklenburg-Vorpommern). Insgesamt schnitten die Volksparteien, die schon bei der Bundestagswahl 3,3 Punkte (CDU und CSU) und 4,3 Punkte (SPD) eingebüßt hatten, mäßig bis schlecht ab, während FDP und Grüne eher Gewinne verbuchen konnten. Wer von einer Krise der Volksparteien redet, dramatisiert nicht.[2]

Trotz des mageren Abschneidens der großen Parteien wirkte sich dies auf ihre Regierungsbeteiligung keineswegs ungünstig aus. In Sachsen-Anhalt rückte die SPD zum Juniorpartner der CDU auf (bisher: FDP)[3], in Mecklenburg-Vorpommern die CDU zum Juniorpartner der SPD (bisher: PDS). Dieser Wandel war weniger durch die bundespolitische Konstellation mit der Großen Koalition bedingt als vielmehr durch die Landespolitik: Das Verhältnis der SPD zur PDS hatte sich im „hohen Norden" eingetrübt, und eine schwarz-gelbe Koalition war in Sachsen-Anhalt schon arithmetisch nicht mehr

1 Vgl. Eckhard Jesse, Wahlen 2006, in: Uwe Backes/Eckhard Jesse (Hrsg.), Jahrbuch Extremismus & Demokratie, Bd. 19, Baden-Baden 2008, S. 141-160.

2 Vgl. etwa Heiko Geiling/Michael Vester, Das soziale Kapital der politischen Parteien. Die Akzeptanzkrise der Volksparteien als Frage der Individualisierung oder der sozialen Gerechtigkeit, in: Frank Brettschneider/Oskar Niedermayer/Bernhard Weßels (Hrsg.), Die Bundestagswahl 2005. Analysen des Wahlkampfs und der Wahlergebnisse, Wiesbaden 2007, S. 457-489; Eckhard Jesse, Sinkende Wahlbeteiligung, sinkende Zustimmung zu den Volksparteien, steigende Akzeptanz für radikale Parteien. Vorboten einer Krise der Parteiendemokratie?, in: Bernhard Vogel/Dietmar Herz/Marianne Kneuer (Hrsg.), Politik – Kommunikation – Kultur. Festschrift für Wolfgang Bergsdorf, Paderborn u.a. 2007, S. 75-84.

3 In diesem Fall handelt es sich, arithmetisch betrachtet, nicht um eine Große Koalition, denn die Linkspartei/PDS hatte besser als die SPD abgeschnitten.

möglich. Die Stimmenverluste der großen Parteien rufen ein paradox anmutendes Ergebnis hervor: Sie erschweren kleine Koalitionen, erzwingen unter Umständen damit große Koalitionen, wobei in vier von fünf Bundesländern die *Linkspartei.PDS* an zweiter Stelle rangiert.

Die Rechts- und Linksaußenparteien konnten von der Schwäche der Volksparteien profitieren. Die NPD gelangte 2006 mit ihrem „harten" Rechtsextremismus in Mecklenburg-Vorpommern (7,3 Prozent) nach Sachsen in ein zweites Landesparlament, blieb in den alten Bundesländern aber aussichtslos. Die *Linkspartei.PDS*, die nach ihrem großen Erfolg bei der Bundestagswahl 2005 eine schnelle Verschmelzung mit der (vor allem westdeutschen) *Wahlalternative Arbeit und Soziale Gerechtigkeit* (WASG) anstrebte, war in den beiden „Westländern" Baden-Württemberg und Rheinland-Pfalz nicht angetreten, wohl aber die von ihr unterstützte WASG. In Baden-Württemberg und Rheinland-Pfalz schnitt die WASG jeweils schlechter als die PDS bei der Bundestagswahl 2005 ab. In Sachsen-Anhalt vermochte sich die PDS um 3,7 Prozent zu steigern. Gänzlich unterschiedlich fiel das Ergebnis in Berlin und Mecklenburg-Vorpommern für die Partei aus – trotz jeweils analoger Ausgangsposition (Juniorpartner der SPD in der Landesregierung). Mußte sie in Berlin einen Verlust von 9,2 Prozent hinnehmen, so gewann sie in Mecklenburg-Vorpommern 0,4 Punkte hinzu. Bekanntermaßen verliert die PDS als Regierungspartei. In Mecklenburg-Vorpommern hatte sie bei der Landtagswahl 2002 bereits 8,0 Prozent eingebüßt. Die Wahl in Berlin 2006 hingegen war die erste Wahl, in der sie sich dem Votum der Bevölkerung stellte. Mit dieser Konstellation hängen die unterschiedlichen Ergebnisse zusammen.

In Bremen hatte die Große Koalition drei Legislaturperioden recht gut funktioniert (von 1995 an), auch wenn die Konsolidierung des Haushalts nicht gelungen war. Würde erneut, wegen fehlender Wechselstimmung, eine gebildet werden? Sollte die *Deutsche Volksunion* (DVU) wieder mit einem Abgeordneten vertreten sein (dank der Sonderregelung)?[4] Hatten kleine Rechtsparteien (nicht: Rechtsaußenparteien) eine Chance auf den Einzug in das Landesparlament? Könnten dadurch Schwierigkeiten bei der Regierungsbildung resultieren?

Das kleinste Bundesland Bremen, das im Wahljahr 2007 den 60. Jahrestag der Neugründung feiern konnte, war schon manches Mal Vorreiter einer bundesweiten Entwicklung. So zogen die Grünen 1979 in Bremen zum ersten Mal in ein Landesparlament ein. Gleiches gelang der DVU 1987. Könnte die *Linkspartei.PDS*, die kurz vor ihrer Vereinigung mit der WASG stand, zum ersten Mal in den Landtag eines alten Bundeslandes Einzug halten und damit ein Fünfparteiensystem etablieren?

4 In die Bürgerschaft des Zwei-Städte-Staates zieht ein, wer entweder im Wahlbereich Bremen oder im Wahlbereich Bremerhaven mindestens fünf Prozent der Stimmen erreicht, weil es sich um räumlich getrennte Gebiete handelt. Die Anzahl der Mandate wurde vorab wie folgt für die Wahl 2007 aufgeteilt: Bremen 68 (2003: 67), Bremerhaven 15 (2003: 16). Demokratietheoretisch ist dieses Spezifikum schwerlich zu legitimieren. Der Zweck der Fünfprozenthürde wird so unterlaufen, da die Bürger keine gesonderte Regierung für Bremen und Bremerhaven wählen.

2. Bürgerschaftswahl in Bremen

An der Bremer Bürgerschaftswahl vom 13. Mai 2007 nahmen 13 Parteien teil, drei davon nur im Wahlbereich Bremen, drei lediglich im Wahlbereich Bremerhaven. Die Landespolitik stand im Vordergrund des betont gemächlichen Wahlkampfes[5], der, wie bereits früher im kleinen Stadtstaat[6], wenig von bundespolitischen Faktoren geprägt war. Die Wahlbeteiligung fiel mit 57,6 Prozent so schwach wie nie zuvor aus; in Bremerhaven lag sie sogar nur bei 52,8 Prozent. Fünf Parteien (neben den beiden großen die Grünen, die LINKE[7] und die FDP) gewannen mehr als fünf Prozent der Stimmen (2003: drei).[8] Aber zwei weitere stellten je ein Mandat, hatten sie doch im Wahlbereich Bremerhaven die Fünfprozenthürde überwunden: die DVU und die Wahlvereinigung „Bürger in Wut". Die beiden großen Parteien verloren fast zehn Prozentpunkte, die Sozialdemokraten 5,5, die Christdemokraten „nur" 4,1. Da die Grünen unter ihrer Spitzenkandidatin Karoline Linnert mit 16,5 sehr gut abgeschnitten hatten (dem besten Ergebnis für die Partei bei einer Landtagswahl), setzte die SPD, die im Wahlkampf keine Koalitionsaussage gemacht hatte, die große Koalition mit der CDU, die keine andere Option als diese hatte, nicht fort und ging mit den Grünen ein Bündnis ein, das erste seit dem Jahr 2005 auf Landesebene. Jens Böhrnsen konnte damit im 2005 angetretenen Amt des Bürgermeisters als Nachfolger des jovialen Henning Scherf verbleiben, ohne annähernd dessen „Landesvaterkolorit"[9] zu besitzen. Ihm kam die Farblosigkeit seines jungen und unerfahrenen CDU-Gegenkandidaten Thomas Röwekamp zugute.

Tabelle 1: Landtagswahl Bremen (Stimmen in Prozent)

SPD	36,7	(− 5,5)
CDU	25,7	(− 4,1)
Bündnis 90/ Die Grünen	16,5	(+ 3,7)
Die Linke	8,4	(+ 6,7)
FDP	6,0	(+ 1,8)
DVU	2,7	(+ 0,4)

5 Als die Tätigkeit der früheren RAF-Terroristin Susanne Albrecht in einer Bremer Grundschule bekannt wurde, gab es allerdings heftigen Streit zwischen den Koalitionspartnern. Während die SPD die Einstellung gut hieß, beklagte sie die CDU.

6 Vgl. Kai Arzheimer, „Buten und binnen – wagen und winnen". Bundespolitische Einflüsse auf die Wahlen zur Bremischen Bürgerschaft, in: Kerstin Völkl/Kai-Uwe Schnapp/Everhard Holtmann/Oscar W. Gabriel (Hrsg.), Wähler und Landtagswahlen in der Bundesrepublik Deutschland, Baden-Baden 2008, S. 121-148.

7 Unter diesem Namen trat die Linkspartei mit einer offenen Liste an.

8 Vgl. Beate Hocker, Die Bremer Bürgerschaftswahl vom 13. Mai 2007: Neustart für Rot-Grün und Fünf- statt Dreiparteiensystem, in: Zeitschrift für Parlamentsfragen 39 (2008), S. 270-282.

9 So Lothar Probst, Vorwahlanalyse zur Bürgerschaftswahl in Bremen 2007, Bremen 2007, S. 37.

Die Konservativen	1,6	(–)
BIW	0,8	(–)
REP	0,5	(–)
DIE FRAUEN	0,5	(+ 0,1)
PBC	0,3	(0,0)
Deutschland	0,1	(–)
Die Weissen	0,1	(–)

* Die Angaben in Klammern beziehen sich auf die Veränderungen gegenüber der letzten Landtagswahl im Jahr 2003.
Quelle: Zusammenstellung nach den amtlichen Statistiken.

Mit Spannung wurde das Ergebnis für „Die LINKE“ erwartet. Obwohl die Vereinigung von Linkspartei und WASG erst noch bevorstand, trat die Partei unter diesem Signum im Wahlkampf an. Die beiden Fraktionsvorsitzenden im Bundestag Gregor Gysi und Oskar Lafontaine absolvierten zahlreiche Wahlkampfauftritte für den Bremer Landesverband. Der dortige Spitzenkandidat Peter Erlanson, ein Attac- und Ver.di-Aktivist aus den Reihen der WASG, kam dagegen weniger zur Geltung, blieb blaß. Er hatte im Vorfeld den als gemäßigter geltenden und von der WASG- wie von der Linkspartei-Spitze gewünschten Axel Troost ausgebootet. Der eigentliche Wunschkandidat, Rudolf Hikkel, bekannter Ökonomie-Professor der Universität Bremen, hatte der Partei einen Korb gegeben.

Das Motto der Partei lautete „Hier ist die LINKE“. Konflikte zwischen den Repräsentanten der Linkspartei und denen der WASG fielen Wählern nicht mehr auf. Dabei war dies vorher anders: „Lange Zeit sah es nicht einmal so aus, als ob sich die Bremer WASG und die Bremer PDS überhaupt auf eine gemeinsame Kandidatur würden einigen können. Erst nach langwierigen Auseinandersetzungen, in denen es um Satzungsfragen, Einfluß und um die Wahlkampfinanzierung ging, hat man sich schließlich doch noch – auch mit sanftem Druck aus den jeweiligen Organisationszentralen – darauf verständigt, unter dem Namen DIE LINKE gemeinsam zu kandidieren.“[10] Die Auseinandersetzung mit den anderen Parteien förderte eigene Geschlossenheit.

Im Wahlkampf gab es keine Ausgrenzung der offensiv auftretenden LINKEN durch andere Konkurrenten. Niemand wies darauf hin, daß die Partei nicht nur die traditionelle Gewerkschaftslinke umfaßte, sondern auch „zum Sammelbecken aller ehemals orthodoxen marxistischen Kräfte“[11] geworden war. Das detailliert gehaltene, freilich unübersichtliche, 59 engbedruckte Seiten umfassende Wahlprogramm zur Bürgerschaftswahl, dem als Motto ein Zitat von Rosa Luxemburg vorangestellt war („Entfremdet und entmündigt ist nicht nur der, der kein Brot hat, sondern auch der, der keinen Anteil an

10 Ebd., S. 45.
11 Ebd., S. 46.

den großen Gütern der Menschheit hat“), bestand aus einem kleinen („Ein anderes Bremen ist nötig“) und aus einem großem Teil („Ein anderes Bremen ist möglich“). Es war stark auf Bremen abgestellt und zeigte eine intensive Kenntnis der Probleme „vor Ort“. Im Vorwort hieß es, die LINKE vertrete „konsequent die Anliegen der sozial Entrechteten, der Lohnabhängigen, der prekär Beschäftigten, der Behinderten und Migranten. Wir wollen dem Widerstand gegen den neoliberalen Wildwuchs in der Landes- und Kommunalpolitik eine parlamentarische Stimme geben. Wir wollen die Betroffenen in ihrem Kampf gegen den weiteren Sozialabbau, gegen die Privatisierung öffentlicher Dienste, gegen unsinnigen Gigantismus unterstützen.“[12]

Im ersten Teil des Programms fanden sich „11 Punkte für Bremen und Bremerhaven“: Die Partei forderte u.a. einen Personalausbau im öffentlichen Dienst, eine „Abkehr von der neoliberalen hin zu einer demokratischen Wissenschaftspolitik“[13], ein armutsfestes Grundeinkommen. Die LINKE votierte gegen weitere Privatisierungen, ferner gegen Rassismus und gegen Rüstungsproduktion. Im zweiten Teil wurden weit ausführlicher – mehr oder weniger – die bisher genannten Forderungen aufgegriffen. Da in Bremen (nach Angaben der LINKEN) rund 330.000 Menschen unterhalb oder in der Nähe der Armutsgrenze lebten (d.h. jeder zweite Bremer), sei die Bekämpfung der Armut oberstes Gebot (u.a. Abschaffung der Hartz-Gesetze, bedarfsgerechte Sozialpolitik), ebenso die Bekämpfung der Massenarbeitslosigkeit. Zum Schluß hieß es unter der Überschrift „Solidarität statt Spaltung. Hier ist ‚DIE LINKE'“, vom Parlament lasse sich die Welt zwar nicht ändern, aber es sei nötig, daß die „Bewegung ‚weg vom Neoliberalismus' auch im Parlament Ausdruck findet.“[14]

Die LINKE biete – so das ceterum censeo der Partei – eine klare Alternative „zum herrschenden Neoliberalismus und zur Politik des Sozialabbaus der etablierten Parteien“. „Deshalb wird sich DIE LINKE in Bremen auch an keiner Regierung beteiligen, die Sozialabbau betreibt, Privatisierungen von öffentlichem Eigentum vornimmt oder die Rechte der Lohnabhängigen, prekär Beschäftigten, Erwerbslosen, Rentner und Migranten noch weiter beschneidet. Und da die Bremer SPD für die nächste Legislaturperiode mit ihren angekündigten Kürzungen im Sozialbereich ihre Politik des Sozialabbaus fortsetzt, werden wir nur als Oppositionspartei in die Bremische Bürgerschaft einziehen.“[15] Tatsächlich war dies nicht der Grund für eine derartige Äußerung, sondern die Aussage der SPD, in Bremen nicht für eine Koalition mit der LINKEN zur Verfügung zu stehen.

Bremen war dasjenige westliche Bundesland, in dem die PDS in der Vergangenheit zwar nicht gut, aber bei jeder Wahl am besten abgeschnitten hatte (1995: 2,4 Prozent; 1999: 2,9 Prozent; 2003: 1,7 Prozent). So rechnete die Partei angesichts des Aufwindes, der bei der Bundestagswahl spürbar wurde (alte Bundesländer. 4,9 Prozent; Bremen:

12 Die LINKE, Wahlprogramm Bremer Bürgerschaftswahl 2007, Bremen 2007, S. 2.
13 Ebd., S. 9.
14 Ebd., S. 59.
15 Ebd., S. 12.

8,4 Prozent), mit dem Überwinden der Fünfprozenthürde. Das Ergebnis war mit dem von der Bundestagswahl 2005 identisch, das Ziel („7 Prozent + x“) erreicht. Zum ersten Mal gelangte die LINKE in ein westdeutsches Landesparlament. Der Parteivorsitzende Lothar Bisky urteilte euphorisch, die „chinesische Mauer“ sei nun „durchlässig geworden“; Bodo Ramelow, stellvertretender Fraktionsvorsitzender im Bundestag, sprach von einem „Meilenstein“; nach Dietmar Bartsch, dem Bundesgeschäftsführer, ist die LINKE auf dem Weg, „auch im Westen eine verläßliche Größe zu werden.“ Dagmar Enkelmann, Parlamentarische Geschäftsführerin der Linksfraktion im Bundestag, deutete gar eine Koalitionsmöglichkeit in einem westdeutschen Flächenland an. „In Hessen vertreten die Sozialdemokraten eine viel sozialere Politik.“[16] Andere Stimmen aus den Reihen der Partei, wenn auch nicht aus der ersten Reihe, äußerten sich angesichts der spezifischen Probleme des Bremer Stadtstaates weniger selbstzufrieden und siegesgewiß: „Insofern erlauben wir uns hinter der Erfolgsmeldung, daß mit der Bremer Bürgerschaftswahl DIE LINKE nun im Westen angekommen sei, noch ein kleines Fragezeichen: Es bleibt zu fragen, inwieweit die Bremer Situation überhaupt auf andere Bundesländer übertragbar ist.“[17] Die Autoren kritisierten auch die mangelnde Fähigkeit der Partei, sich neben der Verteilungsgerechtigkeit für lebensweltliche Fragen (Frauenpolitik, Antirassismus, Migration) stärker zu öffnen.

Die trotzkistische „Sozialistische Alternative – Voran“ (SAV) betrachtete die Absage der LINKEN an eine Koalition mit der SPD in Bremen höchst positiv. „Dies machte die „LINKE“ in Bremen im Gegensatz zu Berlin wählbar, auch wenn sie weit davon entfernt bleibt, für Linke aus den Gewerkschaften und aus den sozialen Bewegungen eine attraktive politische Plattform zu bilden.“ Die Ursache dafür sah die SAV im Wahlverzicht der WASG, die im Gegensatz zur Bremer Linkspartei der „unsozialen Regierungspolitik in Berlin“[18] nicht aus dem Weg gegangen sei. Diese Aussage politischer Hardliner stellte eine höchst eigenwillige Interpretation des Wahlresultats dar.

Die LINKE schnitt bei Arbeitslosen und Arbeitern gut ab. Sie konnte viele Protestwähler mobilisieren (die Unzufriedenheit fiel beim Elektorat der Linken besonders hoch aus) und damit deren Votum für die DVU verhindern. Sie vermochte ebenso in den Hochburgen der Grünen zu reüssieren. Die Partei erzielte in den unterschiedlichen Bildungsgruppen ein ähnliches Resultat. Sie profitierte vor allem von ehemaligen SPD-Anhängern, ebenso von bisherigen Nichtwählern.[19] Der Wandel, in der sozialstrukturellen Zusammensetzung der Wählerschaft bereits bei der Bundestagswahl 2005 deutlich geworden, setzte sich damit fort. Der LINKEN ist ein Einbruch in das Milieu der “Mo-

16 Zitate nach: http://www.spiegel.de.politik/deutschland/0,1518,482868,00html (13. Februar 2008).

17 So Bernd Hüttner/Norbert Schepers, Die Bürgerschaftswahl in Bremen 2007: DIE LINKE im Westen angekommen?, in: rls standpunkte 11/2007, S. 6 f.

18 Bremer Bürgerschaftswahlen: Abfuhr für die Große Koalition – Erfolg für die Linke, in: http://www.sozialismus.info/index.php?name=News&sid=2121&d (19. Juli 2008).

19 Vgl. Viola Neu, Bürgerschaftswahl in Bremen am 12. Mai 2007, Berlin 2007, S. 5 f., S. 9.

dernisierungsverlierer“ gelungen.[20] Pointiert formuliert: Sie ist „die Partei der Arbeitslosen“, ebenso „die Partei der Konfessionslosen“ und eine „Männerpartei“.[21]

Wie aus anderen Wahlen bekannt, war sie nämlich bei den Männern (10,8 Prozent) über- und bei den Frauen (6,7 Prozent) unterrepräsentiert.[22] Am besten schnitt die Partei bei den 45- bis 59-Jährigen (mit 11,7 Prozent) ab (18-24 Jahre: 6,6 Prozent; 25-34 Jahre: 6,9 Prozent; 35-44 Jahre: 8,9 Prozent; ab 60 Jahre: 7,1, Prozent). Das beste Ergebnis erhielt die LINKE bei den 45-59-jährigen Männern, das schwächste bei den über 60-jährigen Frauen: In dem einen Fall waren es 14,0 Prozent, indem anderen nur 4,9 Prozent. Ob diese Zusammensetzung wirklich auf konservative Wohlstandsmentalität verweist, wie der Göttinger Parteienforscher Franz Walter meint?[23]

Die Partei hinterließ im Parlament mit ihren sieben Abgeordneten (neben Erlanson hat die parteilose Monique Troedel den Fraktionsvorsitz inne) in den ersten Monaten alles andere als einen guten Eindruck. Sie trat sektiererisch auf, war in – nicht politisch bedingte – Personalquerelen verstrickt.[24] Affären, Intrigen und Klagen bestimmten das Bild der Partei nach außen. So lebte das im Wahlkampf verdeckte Image einer „Chaos-Truppe“ wieder auf. Die Berliner Partei-Spitze entsandte mit Leo Stefan Schmidt, einen Berater der Linkspartei bei ihrem „Aufbau West“, einen neuen Fraktionsgeschäftsführer nach Bremen, um für ein Ende der Streitigkeiten zu sorgen. Unter ihm, der zwischen 2000 und 2007 als Fraktionsgeschäftsführer der SPD im sächsischen Landtag fungiert hatte, kehrte mehr Ruhe bei der LINKEN ein.

Für die DVU war Bremen in der Vergangenheit eine „sichere Bank“, nicht zuletzt wegen der sozial angespannten Situation im problembeladenen Bremerhaven. Die Partei konnte von Beginn ihres Auftretens 1987 bei allen Wahlen in Bremen (bis auf 1995) in die Bürgerschaft einziehen, wenn auch meist nur mit einem Mandat (in Bremerhaven). Lediglich im Jahre 1991 war der Partei mit 6,2 Prozent die Überwindung der Fünfprozenthürde auf Landesebene gelungen.

Es bestand mithin Aussicht, im Jahre 2007 an die Achtungserfolge früherer Jahre anzuknüpfen, zumal die NPD 2005 mit der DVU einen, so die vollmundige Formulierung, „Deutschland-Pakt“ geschlossen hatte, wonach man bei Wahlen nicht gegenseitig in Konkurrenz treten dürfe. Allerdings hatte es im Vorfeld Querelen mit der NPD gege-

20 Vgl. Oskar Niedermayer, Die Wählerschaft der Linkspartei.PDS 2005. Sozialstruktureller Wandel bei gleichbleibender politischer Positionierung, in: Zeitschrift für Parlamentsfragen 37 (2006), S. 523-538.

21 Vgl. Neu (FN 19), S. 9.

22 Diese und die nachfolgenden Daten sind der repräsentativen Wahlstatistik für das Land Bremen entnommen. Vgl. Horst Lange, Ergebnisse der Bürgerschaftswahl 2007 im Lande Bremen nach Altersgruppen und Geschlecht, in: Statistisches Landesamt Bremen, Statistische Hefte 1/2007, S. 10-17.

23 Vgl. Franz Walter, Die neue Linke ist alt, in: Frankfurter Allgemeine Zeitung v. 7. November 2008.

24 Vgl. Michael Fröhlingsdorf, Linke Frucht, in: Der Spiegel v. 22. Oktober 2007, S. 38; Eckhard Stengel, Kabale ohne Liebe. Bremens Linke versinkt nach erfolgreichem Start ins Chaos, in: Frankfurter Rundschau v. 24. Dezember 2007; Jens Schneider, Schwülstige Liebesschwüre per SMS, in: Süddeutsche Zeitung v. 11. Januar 2008; Harald Czycholl, Die Bremer Linke ist in „desolatem Zustand“, in: Die Welt v. 10. Februar 2008.

ben, da die DVU wegen der aggressiven Ausrichtung der NPD ohne einen Kandidaten von ihr ausgekommen war. Zudem mußte die Partei Konkurrenz von vier anderen Rechtsparteien gewärtigen: Sieht man von der winzigen rechtsextremistischen Gruppierung *Ab jetzt ... Bündnis für Deutschland* ab (faktisch eine Ein-Mann-Partei), so waren dies die Partei der *Republikaner* (REP) mit ihrem „ersten Mann" Peter Pricelius, auf dessen Haus Farbeier geflogen waren, die *Bürger in Wut* (BIW) um den früheren Bremer Spitzenkandidaten der Schillpartei Jan Timke (2003: 4,4 Prozent) und *Bremen muß leben – Die Deutschen Konservativen* mit dem Skandaljournalisten Joachim Siegerist, der Jörg Haider zu einer Veranstaltung eingeladen hatte und von dem einstigen APD-Rebellen Bernd Rabehl wie dem früheren hessischen FDP-Politiker Heiner Kappel unterstützt wurde. Die drei Parteien zogen bei allem Populismus einen klaren Trennungsstrich zur DVU. REP (in Bremen) und BIW (in Bremerhaven) traten nur in einem Wahlbereich an, spekulierten damit auf den Einzug in die Bürgerschaft mittels der wahlrechtlichen Sonderregelung.

Der kostspielige Wahlkampf der DVU sah aus wie sonst: reichlich Plakate, wenige „Infostände", einige Postwurfsendungen an alle Haushalte (nach Anrufung der Gerichte), eine einzige Veranstaltung in der Stadthalle (mit dem Bundesvorsitzenden Gerhard Frey und Gerard Menuhin, dem Sohn des Geigers Yehudi Menuhin), Bannerwerbung mit dem Flugzeug. Die Konzentration auf Bremerhaven war offensichtlich. Ein eigenes Wahlprogramm für Bremen gab es nicht. Die Gründe für die fehlende Präsenz der Partei im Wahlkampf dürften doppelter Natur sein: mangelnde organisatorische Stärke und Angst vor Störaktionen militanter Gruppen.

Die Partei forderte eine Konsolidierung des Haushalts und Chancengleichheit in der Schule mit verbindlichen Ausländerhöchstquoten je Klasse und Schule. Eine CD „STOLZ UND FREI" mit „Heimatliedern", „Vaterlandsliedern" und dem Deutschlandlied wurde kostenlos verteilt. Zahlreiche Plakate warben mit dem Konterfei des Spitzenkandidaten Siegfried Tittmann (wie früher: „Ein Mann. Ein Wort. Ein Tittmann"). Die Slogans, bekannt aus früheren Wahlkämpfen, lauteten u.a. wie folgt: „Arbeit statt Zuwanderung" – „Kriminelle Ausländer RAUS" – „Mir reicht's! Diesmal DVU" – „Taten statt Worte". In einem Flugblatt der Partei hieß es: „Die Deutsche Volksunion (DVU) ist die Partei der Deutschen". – „Nicht die Interessen der USA, Israels und des Großkapitals dürfen deutsche Politik bestimmen, sondern nur das Wohl des deutschen Volkes." – „Die DVU tritt ein für ein freies, unabhängiges, souveränes, neutrales, rechtsstaatliches, demokratisches, soziales und vor allem deutsches Deutschland."[25]

Die DVU antwortete auf zwölf Fragen von „Radio Bremen", die vor allem das Land Bremen betrafen, oft ausweichend, so auf die Frage nach dem bremischen Kulturleben der Zukunft und seiner Finanzierung: „Es ist typisch für das Denken der Bremen regierenden Politiker, daß sie bei der Kultur den Rotstift ansetzen. Aber die sozialen Folgekosten mangelnder kultureller Angebote sind viel höher als der finanzielle Aufwand für

25 Zitiert nach: Verfassungsschutzbericht Bremen 2007, Bremen 2008, S. 27.

ihre Erhaltung. Der bedeutende Psychiater Viktor Frankl war nicht umsonst der Auffassung, daß der Mensch in seinem Leben weniger nach Lust oder nach Geltung denn nach Sinn sucht. Und Kultur ist sinnstiftend. Daher plädiert die DVU dafür, das Bremer Landesamt für Verfassungsschutz zu schließen und seinen Gesamtetat dem Kulturetat des Landes Bremen zukommen zu lassen. Bei den Berichten des sog. Verfassungsschutzes handelt es sich nach der Rechtsprechung des Bundesverfassungsgerichts um Meinungsäußerungen, an die ‚keinerlei rechtliche Auswirkungen geknüpft' sind. Wie nutzlos diese Berichte sind, läßt sich daran erkennen, daß darin kein einziger der Verfassungsbrüche etablierter Parteien aufgenommen wird, selbst wenn sie höchstrichterlich festgestellt wurden."[26] In diesem Tenor ging es weiter. Nach der Rolle des Verfassungsschutzes war aber gar nicht gefragt. Bei der Frage nach den wichtigsten Maßnahmen gegen die Arbeitslosigkeit hieß es: „Für das Sofortprogramm zur Bekämpfung der Massenarbeitslosigkeit wird Geld benötigt. Voraussetzung dafür ist, daß Steuergeldverschwendung gestoppt, die Bundeswehr-Auslandseinsätze beendet, die Milliarden ans Ausland gesenkt und weit überhöhte EU-Beiträge sinnvoll reduziert werden." Die Antwort auf die Frage, welche Entscheidungen zuerst im Parlament zu treffen sein, lautete: „Politikergehälter radikal runter!"

Das DVU-Wahlergebnis von 2,7 Prozent fiel für die Partei eher mäßig aus (2003: 2,3 Prozent). Immerhin konnte sie in Bremerhaven, wie bei den letzten Wahlen, die Fünfprozenthürde überwinden, freilich nur knapp. Im Vergleich zum letzten Wahlgang schnitt sie im Wahlbereich Bremen besser ab (2007: 2,2 Prozent; 2003: 1,4 Prozent), im Wahlbereich Bremerhaven deutlich schlechter (2007: 5,4 Prozent; 2003: 7,1 Prozent). Damit wurde die Stellung der DVU im „nationalen Lager" kaum gestärkt.[27] Die DVU stellte das Wahlergebnis trotzdem als Bestätigung der eigenen Politik heraus. Hingegen mokierte sich ein Gastkommentar auf der Web-Seite der NPD über das Abschneiden und über die Art des Wahlkampfs der Konkurrenz. „Die DVU hätte öffentlich wahrgenommen werden können, wenn sie Öffentlichkeitsarbeit in Form von Infoständen, Kundgebungen, Mahnwachen und Demonstrationen durchgeführt hätte." Für den Autor ist die „Journaille [...] unser Feind und Verbündeter". Es sei für eine „volkstreue Partei nahezu unmöglich, eine Wahl ohne Lügen- und Hetzpropaganda von Presse, Funk und Fernsehen zu gewinnen."[28]

Der rhetorisch wenig beschlagene Siegfried Tittmann, gelernter Einzelhandelskaufmann, gelangte erneut in die Bürgerschaft (nach 1999 und 2003), doch bald nach der Wahl erklärte er unter Beibehaltung des Mandats wegen politischer Differenzen seinen Austritt aus der DVU, ohne Einzelheiten zu nennen. Vielleicht war die Erklärung der

26 Zitate nach: http.//www.dvu-bremen.de/ (27. Juni 2008).

27 Vgl. Andreas Förster, Jetzt wieder mit der Nazi-Keule. Der Flop der rechtsextremen DVU in Bremen bringt die Kooperation mit der NPD ins Wanken, in: Berliner Zeitung v. 16. Mai 2007.

28 So Markus Privenau, Gastkommentar. ... und wieder mal den Sieg verschenkt ... Versuch einer Analyse der Bremer Bürgerschaftswahl vom 13. Mai 2007, in: http://www.npd-bremen.de/wahl07.html (20. August 2008).

Münchner DVU-Parteispitze, nächstes Mal solle in Bremen ein neues Gesicht für frischen Wind sorgen, der Auslöser für die Reaktion Tittmanns, der von 2004 an als Stellvertreter des Bundesvorsitzenden fungiert und bei der Bundestagswahl 2005 an zweiter Stelle auf der niedersächsischen Landesliste der NPD kandidiert hatte.

Die DVU war auch in Bremen bei weniger gebildeten Bürgern überrepräsentiert, bei sogenannten „Modernisierungsverlierern". Zum Teil fielen ihre Hochburgen mit denen der LINKEN zusammen (vor allem die sozialen Spannungszonen Bremerhavens). Die Zusammensetzung der Wählerschaft nach Alter und Geschlecht zeigt ein eindeutiges und für die DVU bekanntes Bild: starke Dominanz der Männer (4,3 Prozent) gegenüber den Frauen (1,7 Prozent).[29] Auf zwei weibliche Wähler entfielen fünf männliche. Noch krasser sehen die altersspezifischen Unterschiede aus. Bei den Männern und Frauen entfallen im Kern umso mehr Stimmen auf die Partei, je jünger die Wähler sind. Die Extremwerte lauten wie folgt: 7,5 Prozent bei den 25-34-jährigen Männern, 0,9 Prozent bei den über 60-jährigen Frauen. Dieser Sachverhalt steht in einem bemerkenswerten Kontrast zur eher älteren, weithin passiven Mitgliedschaft.

An sich sind die mageren Ergebnisse der anderen Rechtsparteien nicht erwähnenswert, scheiterten diese doch allesamt an der für die staatliche Parteienfinanzierung wichtigen Hürde von 1,0 Prozent. So gab der Bremer Landesverband der „Deutschen Konservativen" nach der Wahl seine Auflösung bekannt. Das großspurig verkündete Wahlziel (mal 25 Prozent, mal acht Prozent) war weit verfehlt worden. Doch hatte nicht nur die DVU, sondern auch die Liste „Bürger in Wut" ein Mandat erhalten. Allerdings stand dies erst mehr als ein Jahr nach der Wahl zur Bremer Bürgerschaft fest. Mit 2.216 Stimmen fehlte der Partei am Wahlabend eine einzige Stimme. Der Spitzenkandidat strengte wegen Unkorrektheiten in einem Wahlbezirk (Stimmzettel waren unversiegelt transportiert worden) eine Klage an. Ihr gab der Bremer Staatsgerichtshof im Mai 2008 statt[30], worauf in jenem Wahlbezirk eine Neuwahl für den 6. Juli angesetzt wurde. Durch ihr extrem gutes Abschneiden überwand die Partei (sie erreichte diesmal 146 Wählerstimmen, nicht 33) nun die Fünfprozenthürde in Bremerhaven (5,3 Prozent); das Mandat fiel auf Jan Timke, der sich seinerseits wegen Wahlfälschung vor Gericht verantworten mußte (Vortäuschung des Hauptwohnsitzes in Bremerhaven), die SPD hatte eines abzugeben.[31]

Die Gesamtschau zeigt mit Blick auf die Randspektren Kontinuität wie Diskontinuität. Die Entwicklung am rechten Flügel ist eher durch Kontinuität gekennzeichnet. Die DVU gewann dank einer Sonderbestimmung erneut ein Mandat, aber zugleich erhellt das Ergebnis ein Stagnieren des Stimmenanteils für Gruppierungen von rechtsaußen. Hingegen könnte am anderen Ende mit dem Einzug der LINKEN in ein (kleines) westliches Landesparlament ein beträchtlicher Wandel eingekehrt sein. Dieses Ergebnis

29 Diese und die nachfolgenden Daten sind der Repräsentativstatistik für Bremen entnommen. Vgl. Lange (FN 22).

30 Vgl. Urteil des Staatsgerichtshofes der Freien Hansestadt Bremen v. 22. Mai 2008.

31 Vgl. Eckhard Stengel, „Bürger in Wut" im Parlament, in: Das Parlament v. 14./21. Juli 2008.

wurde erreicht, obwohl die Grünen zugleich ihr bestes Resultat (nicht nur in Bremen) einzufahren vermochten. Offenbar bestehen angesichts sozialer Spannungen die tiefen Vorbehalte gegenüber der Partei bei einem Teil der Wählerschaft so nicht mehr fort. Die Interaktion zwischen den Kräften rechts- und linksaußen war unterschiedlich. Während die LINKE durchaus antifaschistisch argumentierte und öfter auf die Gefahr durch die DVU hinwies, vernachlässigte diese eine antikommunistische Agitation.

3. Fazit und Ausblick

Gewiß ließ das Ergebnis im kleinen Bremen keine sonderlich relevanten Schlüsse auf den Ausgang der weiteren Wahlen zu. Immerhin bestätigte sich eine aus anderen Wahlen bekannte Tendenz: Verluste für die beiden großen Parteien, Gewinne für die Grünen und die Liberalen, Oppositionsparteien im Bund. Mit dem ersten Einzug der LINKEN in ein westdeutsches Landesparlament könnte für die Partei auch im Westen ein verheißungsvoller Anfang gemacht sein. Obwohl die Größenverhältnisse zwischen der CDU und der SPD keine grundlegende Änderung erfuhren, wurde die Koalition zwischen ihnen nicht mehr fortgesetzt. Damit besteht nach dem Scheitern der letzten rot-grünen Koalition im größten Bundesland Nordrhein-Westfalen 2005 erneut eine rot-grüne (diesmal im kleinsten Bundesland). Ob dies sich als ein bundespolitisches Signal deuten läßt? Das ist in erster Linie keine Frage der Wahlarithmetik.

Sollte sich das fluide Fünfparteiensystem[32] konsolidieren, könnte dies für die Koalitionsbildung gravierende Folgen haben.[33] Wenn weder eine rot-grüne noch ein schwarz-gelbe Koalition rechnerisch über eine Mehrheit in einem Bundesland verfügt, bietet sich eine andere „Zweier"-Koalition an: entweder ein Bündnis der Union mit der SPD oder eine Minderheitenregierung. Beide Varianten sind eher unbeliebt: die erste Variante wegen ihrer „Hyperstabilität", die zweite wegen ihrer mangelnden Stabilität. Folglich kommen „Dreier"-Koalitionen ins Spiel: die Regierung einer großen Partei mit zwei kleinen. Es gibt drei Konstellationen: (1) schwarz-gelb-grün – (2) rot-grün-gelb – (3) rot-grün-dunkelrot. Das Parteiensystem gerät damit in Bewegung, seine Segmen-

32 Vgl. schon früh Oskar Niedermayer, Nach der Vereinigung: Der Trend zum fluiden Fünfparteiensystem, in: Oscar W. Gabriel/Oskar Niedermayer/Richard Stöss (Hrsg.), Parteiendemokratie in Deutschland, 2. Aufl., Wiesbaden 2002, S. 107-127; zuletzt ders., Das fluide Fünfparteiensystem nach der Bundestagswahl 2005, in: Ders. (Hrsg.), Die Parteien nach der Bundestagswahl 2005, Wiesbaden 2008, S. 9-35.

33 Vgl. Tobias Dürr, Bewegung und Beharrung. Deutschlands künftiges Parteiensystem, in: Aus Politik und Zeitgeschichte, B 32-33/2005, S. 31-38; Uwe Jun, Parteiensystem und Koalitionskonstellationen vor und nach der Bundestagswahl 2005, in: Brettschneider/Niedermayer/Weßels (FN 2), S. 504-527; Oskar Niedermayer, Die Veränderungen des deutschen Parteiensystems, in: Michael Brie/Cornelia Hildebrandt (Hrsg.), Parteien und Bewegungen. Die Linke im Aufbruch, Berlin 2006; Eckhard Jesse, Das deutsche Parteiensystem vor und nach der Bundestagswahl 2005, in: Ders./Roland Sturm (Hrsg.), Bilanz der Bundestagswahl 2005. Voraussetzungen, Ergebnisse, Folgen, Wiesbaden 2006, S. 21-41.

tierung nimmt ab. Die Kernfrage dürfte sein, ob es der SPD und den Grünen gelingt, die Liberalen für ein solches Bündnis zu gewinnen oder ob die Union und die FDP in der Lage sind, die Grünen auf ihre Seite zu ziehen. In dem einen Bundesland kann die eine, in dem anderen Bundesland die andere Variante praxisrelevant werden. Solange Oskar Lafontaine bei der LINKEN eine führende Rolle einnimmt, dürfte die SPD von einem Bündnis jedenfalls in den alten Bundesländern davon Abstand nehmen. „Dreier"-Koalitionen scheitern wohl nicht an Animositäten zwischen den Grünen und den Liberalen. Denn bei den tragenden Konfliktlinien, durch die das deutsche Parteiensystem gekennzeichnet ist (Freiheit versus Sicherheit; soziale Umverteilung versus Marktfreiheit), liegen die beiden Parteien relativ eng zusammen.

Die vier Wahlen 2008 – in Niedersachsen, in Hessen, in Hamburg und in Bayern – könnten angesichts des schwachen Ansehens der Großparteien damit weniger klar ausgehen als das letzte Mal. Seinerzeit hatte es zu drei Alleinregierungen der Union gereicht: Nur in Niedersachsen war die absolute Mandatsmehrheit knapp verfehlt worden. Zudem sind dann herkömmliche Zweierkoalitionen (Zusammenarbeit der Union mit der FDP, Kooperation der SPD mit den Grünen) arithmetisch nicht mehr möglich. Sollte die LINKE damit eine Chance selbst in den alten Bundesländern erhalten, durch ihre parlamentarische Repräsentanz nicht nur ein Koalitionsbündnis zu verhindern, sondern auch selber in die Regierung zu gelangen oder diese zu tolerieren? Die SPD muß sich über die Konsequenzen klar sein.

Weitaus ungünstiger fallen die Gelegenheits- und Angebotsstrukturen für die NPD aus – zumal in den alten Bundesländern. Schafft diese Partei bei den Landtagswahlen die für die Parteienfinanzierung wichtige Hürde von 1,0 Prozent, wäre dies für sie ein Achtungserfolg. Bundesweit spricht momentan so gut wie nichts für die Etablierung einer sechsten Partei, einer solchen von rechtsaußen.

Organisationen 2007

Von Uwe Backes

1. Ausgangssituation und Rückblick

Im Jahr 2006 hatte sich der seit längerem zu beobachtende Repolarisierungstrend des deutschen Parteiensystems fortgesetzt. Am linken Flügel des politischen Spektrums hatte die *Partei des Demokratischen Sozialismus* (PDS) – unter dem (in den Landesverbänden zum Teil variierenden) Namen *Die Linkspartei.PDS* (Die Linke.PDS) den Vereinigungskurs mit der als Partei im Januar 2005 konstituierten *Wahlalternative Arbeit und Soziale Gerechtigkeit* (WASG) fortgesetzt. Die Position innerparteilicher Fusionsgegner war u.a. durch das mehrfache Scheitern der WASG an der Fünfprozenthürde bei Wahlen auf Landesebene geschwächt worden.[1] Die Linke.PDS hatte, gestützt auf ihre Hochburgen im östlichen Deutschland, ihre dominierende Stellung im politischen Raum links von der SPD behauptet und auch in einigen westlichen Bundesländern allmählich Fuß gefaßt. Aus der Szene *radikaler Globalisierungskritiker* war demgegenüber kein gefährlicher parteipolitischer Konkurrent hervorgegangen.

Am rechten Flügel war die *Nationaldemokratische Partei Deutschlands* (NPD) – auf weit bescheidenerem Niveau und im „Deutschlandpakt" mit der *Deutschen Volksunion* (DVU) – vor allem im östlichen Deutschland der bei Wahlen aussichtsreichste Akteur geblieben. Sie konnte sich dabei weiterhin auf große Teile der militanten rechtsextremen Szenen stützen, deren Personenpotential auf hohem Niveau stagnierte. NPD-Wahlerfolge und provozierende Auftritte in der Öffentlichkeit stimulierten eine linksextreme Gegenmobilisierung (u.a. „autonome Antifa") mit teilweise gewaltsamen Interventionsformen.

Zu Beginn des Berichtsjahres 2007 stellten sich Fragen wie die folgenden: Würde der Vereinigungsprozeß von Die Linke.PDS und WASG zum Abschluß gelangen und eine Etablierung der Linkspartei auch im westlichen Deutschland ermöglichen? Oder war mit schweren Konflikten innerhalb des heterogenen Bündnisses zu rechnen? Könnte die NPD trotz oder gerade wegen des von ihr propagierten „nationalen Sozialismus" ihre Erfolge auf regionaler Ebene fortsetzen, ihre soziale Verankerung in Kommunen östlicher Länder noch verstärken? Oder waren Enttäuschungen im NPD-Lager mit schweren inneren Verwerfungen abzusehen? Würde dies womöglich die rechtsextrem motivierte Gewalt erneut in die Höhe treiben? Trotz der nicht zu unterschätzenden Gefahren des Rechts- oder Linksextremismus mußte man mit Blick auf die internationale

---

1 Vgl. Eckhard Jesse, Wahlen 2006, in: Uwe Backes/ders. (Hrsg.), Jahrbuch Extremismus & Demokratie, Bd. 19, Baden-Baden 2008, S. 141-160, hier S. 159.

Lage (Afghanistan, Pakistan, Irak, Libanon, Palästina) die Hauptbedrohung für die innere Sicherheit Deutschlands unverändert im islamistischen Terrorismus sehen.

2. Linksextremismus

Am 4./5. März 2007 fanden in Dortmund zur gleichen Zeit Parteitage von Linkspartei. PDS und WASG statt. 97 Prozent der Linkspartei- und 88 Prozent der WASG-Delegierten stimmten für die Auflösung der bestehenden Organisationen zugunsten der neu zu gründenden Partei DIE LINKE. Neben den organisatorischen Gründungsdokumenten wurden „Programmatische Eckpunkte" verabschiedet, um deren Formulierungen monatelang gerungen worden war und die zwecks Integration nach links (der *Kommunistischen Plattform* [KPF] der PDS wie den revolutionären WASG-Marxisten[2]) einen schrill-antikapitalistischen Ton anschlugen. Als Alternative zum „entfesselten Kapitalismus" wurde die noch vage Vision einer solidarisch erneuerten und „konsequent" demokratisch gestalteten Wirtschaft und Gesellschaft entworfen. Radikale Reformer wie systemüberwindende Revolutionäre sahen sich in folgender Kompromißformel angesprochen: „Unsere Anerkennung gilt den Bemühungen um eine sozial- und wohlfahrtsstaatliche Eindämmung des Kapitalismus ebenso wie Versuchen einer Überwindung der kapitalistischen Eigentums- und Herrschaftsverhältnisse." Nicht zuletzt mit Blick auf die Geschichte der DDR verwahrte sich das Papier gegen „antikommunistische Vorurteile und einseitige Beurteilungen", zog aber einen Trennungsstrich zur sozialistischen Autokratie: „Wir lehnen jede Form von Diktatur ab und verurteilen den Stalinismus als verbrecherischen Mißbrauch des Sozialismus."[3]

Urabstimmungen in beiden Parteien bestätigten in der Folgezeit die Vereinigungsbeschlüsse der Delegierten. Eine gewisse Euphorie erzeugte der erstmalige Einzug der LINKEN in ein westdeutsches Landesparlament im kleinen, universitär geprägten Stadtstaat Bremen.[4] Mit diesem Rückenwind fand der Vereinigungsprozeß auf dem Berliner Gründungsparteitag am 16. Juni 2007 seinen Abschluß. Hier wurden Lothar Bisky und Oskar Lafontaine zu gleichberechtigten Vorsitzenden gewählt. Den revolutionär-marxistischen Einfluß innerhalb der LINKEN verdeutlichte die Zusammensetzung des neugewählten Parteivorstandes. So erhielt die KPF-Protagonistin Sahra Wagenknecht 75,2 Prozent der Delegiertenstimmen. Die Vorstandsmitglieder Christine Buchholz und Janine Wissler waren bereits während ihrer WASG-Mitgliedschaft der trotzkistischen Gruppierung *Linksruck* verbunden. Diese hatte im Sommer ihre Auflö-

2 Siehe zu diesem Zusammenspiel u.a. Heinrich Bortfeldt, Im Gleichschritt. Die Doppelparteitage von Linkspartei und WASG in Dortmund vom 24./25. März 2007, in: Deutschland Archiv 40 (2007), S. 390-395; Viola Neu, Die Sonne geht im Westen auf: Die Fusion von PDS und WASG, Online-Publikation der Konrad-Adenauer-Stiftung, Berlin, Juni 2007.

3 Die Linke, Programmatische Eckpunkte, Berlin 2007, S. 3.

4 Vgl. den Beitrag von Eckhard Jesse, Wahlen 2007, in diesem Band.

sung erklärt und ihre Mitglieder aufgefordert, „den Aufbau der Partei Die LINKE mit ihren marxistischen Positionen zu fördern und die Strömung Sozialistische Linke zu unterstützen, die sich für eine Klassenorientierung und eine Anbindung der Partei an die Gewerkschaftsbewegung einsetzt.“[5] Das anschließend gegründete Netzwerk *marx21* sollte die „Linksentwicklung“[6] der neuen Partei fördern. Dabei konnte man sich u.a. auf die Strömung *Sozialistische Linke* stützen, die innerhalb der WASG im Sommer 2006 entstanden war, um einer sich zeitweilig verstärkenden Fusionskritik zu begegnen. Sie knüpfte nach eigenem Verständnis an „linkssozialdemokratische und reformkommunistische Traditionen“[7] an. Zu ihren Anhängern im Parteivorstand zählten Jürgen Klute, Ralf Krämer, Britta Pietsch und Christel Rajda. Der *Sozialistischen Linken* nahe stand die von ehemaligen WASG- wie Linkspartei.PDS-Mitgliedern initiierte *Antikapitalistische Linke*, die erstmals im März 2006 mit einer programmatischen Erklärung an die Öffentlichkeit getreten war. Sie forderte den Austritt aus der NATO, eine „radikale Abrüstung“, die „Schließung aller Militärbasen in Deutschland“, lehnte Auslandseinsätze der Bundeswehr in jeder Form (auch mit UN-Mandat) ab, trat der „totalitarismustheoretischen Diskreditierung gegenwärtiger oder vergangener Sozialismusversuche“ vehement entgegen und plädierte dafür, die „fortschrittlichen Entwicklungen“[8] der DDR angemessen zu würdigen. Im Parteivorstand insbesondere durch Thies Gleiss und Sabine Lösing vertreten, erhielt sie in vielen Punkten Unterstützung von der KPF. Bestrebungen dieser Art galt die Kritik des Europa-Abgeordneten und Partei-„Reformers“ André Brie, der in einem „Spiegel“-Interview bemerkte, die Partei sei „auch mit Menschen gebildet“ worden, „die Politik in kleinen Zirkeln verabredet haben“. Das „schablonenhafte Denken in Schwarz-Weiß, Freund und Feind“[9] müsse überwunden werden.

Mit ihrer Gründung bildete DIE LINKE in allen 16 Bundesländern Landes- und Kreisverbände. Insbesondere in den ersten Wochen nach dem Gründungsparteitag verzeichnete sie nach eigenen Angaben eine Eintrittswelle. Ende 2007 habe die Zahl der Mitglieder rund 72.000 betragen. Die Westverbände zählten eigenen Angaben zufolge etwa 24.000.[10] Da die PDS im Westen über die Marke 5.000 kaum hinausgekommen war, blieben hier ehemalige WASG-Aktive in der Überzahl. In der Gesamtpartei aber

5 Pressemitteilung zur Auflösung von Linksruck, http://www.linksruck.de/artikel_2036.html (18. Oktober 2007).

6 „Neu Beginnen“, in: marx21. Magazin für internationalen Sozialismus, Gründungsausgabe, 2007.

7 Sozialistische Linke – realistisch und radikal!, August 2006, http://www.sozialistische-linke.de/cms/upload/pdf/SozialistischeLinke_Langfassung-8-8-06.pdf (4. Oktober 2006).

8 Die Linke bewegen – Gesellschaft verändern!, Abschlußerklärung der bundesweiten Konferenz der Antikapitalistischen Linken in Erfurt am 10. März 2007. Siehe zu den innerparteilichen Gruppenbildungen auch: Eckhard Jesse/Jürgen P. Lang, Die Linke – der smarte Extremismus einer deutschen Partei, München 2008, S. 97-108.

9 „Denken in Schwarz-Weiß“. Der Europa-Abgeordnete und Vordenker der Linken André Brie, 57, über den Populismus seiner Partei und den Rückfall in bolschewistische Machtpolitik, in: Der Spiegel Nr. 31 vom 30. Juli 2007, S. 34.

10 Bericht des Bundesausschusses vom 3. Mai 2008, BA 1/2008-8.

überwog die – überalterte, aus der SED stammende – Mitgliedschaft der ehemaligen PDS-Ostverbände bei weitem.

Tabelle 1: SED, SED-PDS, PDS, Linkspartei.PDS, DIE LINKE – Mitgliederentwicklung, 1989-2007

Aug. 1989	2.300.000	Dez. 1998	94.600
Jan. 1990	700.000	Dez. 1999	88.600
Dez. 1990	281.000	Dez. 2000	83.500
Dez. 1991	172.600	Dez. 2001	77.800
Dez. 1992	146.700	Dez. 2002	70.800
Dez. 1993	131.400	Dez. 2003	65.800
Dez. 1994	123.800	Dez. 2004	61.400
Dez. 1995	114.900	Dez. 2005	61.300
Dez. 1996	105.000	Dez. 2006	60.200
Dez. 1997	98.600	Dez. 2007	72.000

Quelle: Gerundete Parteiangaben; Verfassungsschutzbehörden.

Die Führung der *Deutschen Kommunistischen Partei* (DKP) kritisierte die Heterogenität und Widersprüchlichkeit der neuen LINKEN und setzte auf sie dennoch große Hoffnungen: „Die DKP wird als selbstständige Partei an ihrem Projekt einer marxistischen, klassenorientierten Partei weiterarbeiten und gleichzeitig auf allen Ebenen die Zusammenarbeit mit der Linkspartei suchen. Denn es gibt für uns keine vernünftige Alternative zum Aufbau einer eingriffsfähigen marxistischen Partei und einer Politik der Bündelung der Linken und breiter gesellschaftlicher Kräfte, um Kriegspolitik, Sozial- und Demokratieabbau zu stoppen.“[11] Wie in den Jahren zuvor unterhielt die Partei (die Zahl ihrer Mitglieder stagnierte auf niedrigem Niveau: rund 4.200 Ende 2007[12]) enge Beziehungen zur KPF. Weitgehend isoliert blieb dagegen die zweitgrößte unabhängige kommunistische Organisation, die *Marxistisch-Leninistische Partei Deutschlands* (MLPD; Ende 2007 rund 2.300 Mitglieder). Sie beklagte die „unzureichende Verarbeitung der negativen Erfahrung der revisionistischen Entartung der internationalen kommunistischen Bewegung“ nach dem Tod Stalins als Quelle des Antikommunismus. Gegenüber der LINKEN zeigte sie sich dennoch kooperationsbereit. Zwar fehle dieser eine „positive gesellschaftliche Alternative“, bewege sie sich allzu sehr in „systemkonformen Bahnen“, doch habe sie langjährige MLPD-Forderungen wie „uneingeschränkte Ablehnung von Bundeswehreinsätzen“, „Arbeitszeitverkürzung bei vollem Lohnausgleich“ und „die Notwendigkeit eines gesetzlichen Mindestlohns“ in ihr Programm aufgenom-

11 Heinz Stehr/Leo Mayer, „Jetzt geht's los!“ - oder doch die „Internationale“? Vereinigungsparteitag von Linkspartei.PDS und WASG, in: unsere zeit vom 22. Juni 2007.

12 Vgl. Verfassungsschutzbericht 2007, S. 145.

men. Leider seien aber „antikommunistische Ausfälle“ von Anhängern der LINKEN gegen MLPD-Aktivisten zu beklagen: „Wo derartige anmaßende Kindereien unterbunden beziehungsweise überwunden werden, entwickelt sich an vielen Orten eine durchaus fruchtbare praktisch-taktische Zusammenarbeit“.[13]

Tabelle 2: Linksextreme Organisationen, 2005-2007

	2005		2006		2007	
	Zahl	Mitglieder	Zahl	Mitglieder	Zahl	Mitglieder
Marxisten-Leninisten und andere revolutionäre Marxisten						
Kern- und Neben-organisationen	43	25.400	40	25.000	41	24.800
hiervon DKP		4.500		4.200		4.200
MLPD		2.300		2.300		2.300
RH		4.300		4.300		4.300
Beeinflußte Organis.	19		17		17	
Gewaltbereite Linksextremisten	67	5.500	69	6.000	70	6.300

Quelle: Verfassungsschutzberichte 2006 und 2007.

DKP wie MLPD bemühten sich mit unterschiedlichem Erfolg um Einfluß auf die radikalen Globalisierungskritiker. Während die DKP in Rostock anläßlich der Proteste gegen den G8-Gipfel in Heiligendamm eine eigene Diskussionsveranstaltung (mit dem DKP-Vorsitzenden Heinz Stehr, Sahra Wagenknecht, Carolus Wimmer von der KP Venezuela, dem Betriebsratsvorsitzenden der Hamburger Gesamthafenarbeiter Bernt Kamin und dem Mitglied des attac-Rates Hugo Braun) ausrichtete[14], blieb die MLPD unberücksichtigt. MLPD-Vorsitzender Stefan Engel kritisierte die „offizielle Leitlinie von ‚attac'“ als „bestenfalls eine weichgespülte kleinbürgerliche Kritik an der ‚Globalisierungspolitik'“.[15] Der Slogan „Eine andere Welt ist möglich“ gaukele die Realisierbarkeit eines besseren Kapitalismus vor.

13 „Zum 25. Jahrestag der Gründung der MLPD“. Interview mit dem Vorsitzenden der MLPD, Stefan Engel, vom 20. Juni 2007, http://www.mlpd.de/themen/erklaerungen-von-2007/zum-25-jahrestag-der-grundung-der-mlpd (30. August 2007). Siehe auch den Beitrag von Helmut Müller-Enbergs in diesem Band.

14 Vgl. Bernt Kamin, Große Schnittmenge gleicher Interessen. Die Soziale Bewegung in Rostock und die Gewerkschaften, in: unsere zeit vom 15. Juni 2007. Siehe zum DKP-Engagement innerhalb der globalisierungskritischen Szene auch: Udo Baron, Die Bündnis- und Kampagnenpolitik der DKP, in: Gerhard Hirscher/Armin Pfahl-Traughber (Hrsg.), Was wurde aus der DKP? Beiträge zu Geschichte und Gegenwart der extremen Linken in Deutschland, Brühl 2008, S. 48-65.

15 „Zum 25. Jahrestag der Gründung der MLPD“ (FN 12).

Weit mehr globalisierungskritischen Enthusiasmus bewiesen die vielfältigen Gruppen der „undogmatischen“ und „autonomen“ Linken. Die Vorbereitungen auf Heiligendamm hatten bereits anläßlich des G8-Gipfels im schottischen Gleneagles begonnen.[16] Hier war das Szene-„Spektrum“ *Dissent!* entstanden, das sich um eine „linksradikale“ Vernetzung innerhalb der globalisierungskritischen Initiativen bemühte. Etwas später, Anfang 2006, hatten sich betont „antiimperialistisch“ orientierte Gruppierungen zusammengeschlossen, die dem als zu „schwammig und diffus“ empfundenen Konsens des *Dissent!*-Netzwerks eine kohärente „Theorie und Praxis“[17] an die Seite stellen wollten, um die Mobilisierungschancen des Gipfelprotests zu nutzen und eine klare revolutionäre Perspektive aufzuzeigen.[18] Weiter gespannt als *Dissent!* war dagegen das Gruppen-Spektrum der *Interventionistischen Linken* (IL), das auf einer „Arbeitskonferenz“ in Frankfurt am Main Ende 2004 aus der Taufe gehoben worden war. Das Netzwerk wies zum einen Überschneidungen mit *Dissent!* auf, war zum anderen aber bemüht, Vertreter einer bei „attac“, in NGOs und im gewerkschaftlichen Bereich engagierten gemäßigten Linken einzubinden, um den Einflußradius innerhalb der globalisierungskritischen Strömung zu vergrößern. Nicht wenige Gruppierungen verstanden sich als „postautonom“, grenzten sich – teilweise im Anschluß an den gescheiterten Versuch der AA/BO – von herkömmlichen „Autonomen“ durch die „Rückkehr zu Organisation und Theorie und einen überregionalen Zusammenhang“[19] ab. Im Bewußtsein eigener Schwäche sahen sie im „Spagat zwischen Reform und Revolution“ eine mittelfristig sinnvolle strategische Option, um nicht „in linksradikaler Rhetorik zu verharren, sondern in breiten Bündnissen die konstruktive, faire Zusammenarbeit zu suchen und gleichzeitig antikapitalistische Positionen hineinzutragen sowie für konfrontative Aktionsformen wie z.B. sozialen Ungehorsam zu werben.“[20] Allerdings stießen diese Bemühungen im Vorfeld des G8-Gipfels auf Grenzen. Mit großer Enttäuschung kommentierte die G8-XTRA-Redaktion im Frühjahr 2007 die öffentliche Distanzierung gemäßigter Globalisierungskritiker von gewaltsamen Protestformen. Das angestrebte breite Bündnis sei nicht zustande gekommen: „So gibt es zwar heute eine Koordination, aber keinen gemeinsamen Aufruf und keine gemeinsame Verantwortung, keine gemeinsame Kasse und keine

16 Vgl. zum Folgenden ausführlicher: Uwe Backes, „Autonomer“ Altermondialismus zwischen gewaltfreiem Interventionismus und Terrorismus, in: Martin H.W. Möllers/Robert Chr. van Ooyen (Hrsg.), Jahrbuch Öffentliche Sicherheit 2008/2009, Frankfurt a.M. 2009 (i.E.).

17 Vgl. Revolutionäre Aktion Stuttgart (10. Februar 2006), Einladungspapier für ein Revolutionäres Bündnis, http://www.antig8.tk/disku.ras.php [21. Mai 2008]. Siehe auch das „Programmheft des Anti-G8 Bündnis für eine Revolutionäre Perspektive“, www.antig8.tk.

18 Siehe zu den Netzwerk-Bildungen im Vorfeld von Heiligendamm auch: Senatsverwaltung für Inneres und Sport/Abteilung Verfassungsschutz (Hrsg.), Linksextremistische Protestvorbereitungen gegen den G8-Gipfel 2007, Berlin 2007.

19 Thomas Seibert, Die Mobilisierung des Gemeinsamen. Eine Zwischenbilanz aus der Interventionistischen Linken, in: prager frühling. Magazin für Freiheit und Sozialismus, Mai 2008, S. 1.

20 Für eine interventionistische Linke (Februar 2006), Zwischenstand einer andauernden Diskussion, in: G8-XTRA. Zeitung für eine Interventionistische Linke, Nr. 1/2006, S. 2.

gemeinsame Pressestelle. Das ist so gewollt. Allerdings nicht von uns. Konsequenz ist, daß jedes Spektrum so weiter macht wie bisher.“[21]

Wie der Verlauf des Gipfel-Protests in Heiligendamm zeigte, war das Integrationsbemühen der IL bei militanten Kräften erfolgreicher als bei moderaten. Auf der „Internationalen Großdemonstration“ in Rostock am zweiten Tag der „Aktionswoche“ (1.-8. Juni) marschierten mehrere, voneinander getrennte „linksradikale Blöcke“ auf, darunter der von der IL organisierte „Make Capitalism History“-Block mit rund 3.000 Aktivisten: „Eine etwa 2.000 Personen umfassende, fast ausschließlich vermummte und schwarz gekleidete Teilmenge des ‚Make Capitalism History'-Blockes bildete einen geschlossenen ‚Schwarzen Block'. Aus diesem heraus wurden bereits im Zugverlauf Steine gegen ein Sparkassengebäude sowie ein am Zugweg gelegenes Hotel geworfen. Am Stadthafen eskalierte schließlich die Lage, nachdem vermummte Gewalttäter ein mit zwei Polizeibeamten besetztes Dienstfahrzeug massiv angegriffen hatten. Die Aggressionen richteten sich in der Folge gegen parkende Fahrzeuge von Anwohnern, Polizeibeamte wurden mit Pflastersteinen, Flaschen und Brandsätzen (‚Molotowcocktails') beworfen. Auch nach dem Beginn der Abschlußkundgebung kam es immer wieder zu Ausschreitungen. Massiver Kräfteeinsatz der Polizei bewirkte erst am späteren Abend eine Lageberuhigung. Im Verlauf der Ausschreitungen wurden zahlreiche Polizeibeamte verletzt, einige schwer.“[22]

Im Vergleich zur Großdemonstration verliefen die Blockadeaktionen (6. bis 8. Juni) an den Zufahrtswegen nach Heiligendamm weitgehend friedlich. Die gewalttätigen Ausschreitungen des 2. Juni schienen die Akzeptanz des Schwarzen Blocks bei der Mehrheit der Demonstranten stark verringert zu haben, obgleich der Anteil derer, die illegale Maßnahmen (z.B. „Demontage von Schutzeinrichtungen“, 37 Prozent) guthießen, beträchtlich war.[23] Dazu dürfte die Berichterstattung der meisten Medien beigetragen haben, die nach dem 2. Juni, teilweise gestützt auf überzogene Polizeiberichte, der Gewalt aus dem Schwarzen Block große Aufmerksamkeit schenkten und nach Einschätzung von Medienwirkungsforschern zur „Kriminalisierung der radikalen Linken“ neigten, „die spätestens mit den Razzien im Vorfeld des Gipfels“[24] eingesetzt habe. Selbst Autonome räumten indes rückblickend ein, der Polizeieinsatz sei für die Entfesselung der Gewalt nicht ausschlaggebend gewesen: „Für uns ist es völlig unerheblich, wer denn angefangen hat mit der Gewalt am 2. Juni. […] Denn die Legitimität von Not-

---

21 „Eine Sache der Bewegung selbst“, in: G8-XTRA. Zeitung für eine Interventionistische Linke, Nr. 4/2007, S. 1.

22 Verfassungsschutzbericht 2007, S. 155.

23 Vgl. zu den noch unveröffentlichten Ergebnissen einer Umfrage des Zentrums für Kindheits- und Jugendforschung der Universität Bielefeld („Motivstrukturen jugendlicher Globalisierungskritiker“): Peter Wensierski, Studie enthüllt brisantes Profil der G-8-Kritiker, in: Spiegel Online vom 9. Juli 2007.

24 Dieter Rucht/Simon Teune, Was bleibt vom Medienereignis Heiligendamm?, in: Dies. (Hrsg.), Nur Clowns und Chaoten? Die G8-Proteste in Heiligendamm im Spiegel der Massenmedien, Frankfurt a.M./New York 2008, S. 241-252, hier S. 248.

wehr, Widerstand und Angriff ergibt sich aus vielen Hunderten 2. Junis einer zutiefst gewalttätigen Geschichte von Kapitalismus.“ Globalisierungskritiker, die sich von Gewalt distanzierten oder sich gar, wie nach Heiligendamm geschehen, bei der Polizei für ihre kooperative Haltung bedankten, blieben „bürgerlichen Theorien von einer möglichen Reformierung des Kapitalismus verhaftet“. Die Anwendung von Gewalt sei weder als konkreter Versuch der Systemveränderung noch als symbolischer „Angriff auf Staat und Kapital“ zu verstehen: „Militanz ist in diesem Fall Ausdruck radikaler Kritik, der unversöhnliche Akt der Negation [...]. Die riots schaffen ein Spektakel, das sich nicht in bürgerliche Verkehrsformen integrieren läßt. Und genau das wollen sie vermitteln: Radikale Kritik kann in dieser Gesellschaft nicht bedeuten, konstruktive Verbesserungsvorschläge zu machen und positive Utopien aufzustellen. Mittels der ausdrücklichen Destruktivität wird die grundsätzliche Ablehnung des gesamten falschen Ganzen zur Schau gestellt.“[25]

Die Göttinger Gruppe *Redical M* warf selbst Sprechern der IL vor, sich gegen „Aktionen“ des „black bloc“ ausgesprochen zu haben. Die IL rechtfertigte in ihrer Nachbetrachtung widersprüchliche Äußerungen unter anderem mit ihrer inneren Vielgestaltigkeit: „Wir sind ‚Krawallanten‘ *und* ‚Abwiegler‘ in einem, sind der Schwarze Block *und* die Deeskalationscombo.“ Sich von „den Autonomen“ abzusetzen sei schon deshalb „idiotisch“, „weil wir auch die Autonomen sind“. Eine milde, indirekte Distanzierung von jenen „GenossInnen aus dem Block *Make capitalism history*“, die sich „bewußt für Steine entschieden haben“, enthielt die Bemerkung, die IL sei nicht „der Generalvertreter aller Linksradikalen“. Im Übrigen zog die IL eine positive Bilanz. Sowohl die Bildung „offener und breiter Bündniskonstellationen“ als auch die „Zuspitzung gesellschaftlicher Konflikte in antagonistischer Perspektive“ sei gelungen: „Der Anti-G8-Protest war die seit Jahren größte Mobilisierung der radikalen Linken in Deutschland. Gemeinsam mit moderaten Linken und mit GenossInnen und AktivistInnen aus anderen Ländern haben wir den Gipfel effektiv blockiert und mit der Demonstration, in den Camps und während der Aktionstage eine rebellische Welt lebendig werden lassen: Globalisierungskritik wurde Massenpraxis.“[26]

Diese Bewertung blieb bei Aktivisten des Schwarzen Blocks nicht unwidersprochen. Die Steinwürfe vom 2. Juni waren aus dieser Sicht unerläßlich. Die Polizei habe die Auseinandersetzung gesucht, aber: „die Straßenschlachten in Rostock gingen von uns aus. Es krachen zu lassen gehört spätestens seit Seattle dazu. Das wissen sogar Mitglieder der Jugendorganisation ['solid], die sich ganz praktisch daran beteiligten. Die Riots

---

25 Redical M, Oops! ... It did it again (Juni 2007), http://www.redical.antifa.net/index.php/archiv/39-antikapitalismus (20. Dez. 2007).

26 „Wenn der Staub sich legt“ oder: Der richtige Zeitpunkt ist entscheidend. Die Interventionistische Linke zu einigen Aspekten der Anti-G8-Mobilisierung (21. Aug. 2007), http://www.g8-2007 (12. Nov. 2007; Hervorhebungen im Original). Siehe zur Szene-Diskussion nach Heiligendamm auch: Bundesamt für Verfassungsschutz (Hrsg.), Extremistische Globalisierungskritik nach Heiligendamm, Köln 2008.

waren keine unmittelbare Antwort auf die Repressionen im Vorfeld. Sie waren ein Ausdruck unseres Antagonismus." Das Verhalten von Repräsentanten der IL sei, bei aller gebotenen Solidarität, kritikwürdig: „Wir finden es falsch, sich ungezwungen und öffentlich von Steinwürfen zu distanzieren". Wie schon am 1. Mai in Berlin seien „bestimmte Kreise, teils so bezeichnete ‚Chaoten' und ‚Krawallmacher', explizit ausgeladen" worden. Dies halte man für „einen politischen Fehler".[27] Eine Klärung dieser Fragen wurde für eine bevorstehende Konferenz der IL angemahnt.

Tabelle 3: Gesetzesverletzungen mit linksextremem Hintergrund, 2005-2007

	2005	2006	2007
Tötungsdelikte	1	1	1
Sprengstoffanschläge	0	1	2
Brandanschläge	29	42	51
Körperverletzungen	391	444	384
Raubüberfälle	13	22	14
Landfriedensbrüche und Widerstandsdelikte	408	310	339
Gefährliche Eingriffe in den Bahn-, Luft-, Schiffs- oder Straßenverkehr	53	41	40
Freiheitsberaubung	0	0	0
Erpressung	1	1	2
Gewalttaten insgesamt	896	862	833

Quelle: Verfassungsschutzberichte 2006 und 2007.

Das Gros der linksextrem motivierten Gewalttaten entfiel auch im Jahr 2007 auf Täter aus der „Autonomen"-Szene, deren Personenpotential die Verfassungsschutzbehörden auf rund 5.800 bezifferten.[28] Neben der Straßenmilitanz am Rande des Demonstrationsgeschehens wurden zahlreiche Anschläge gegen Behörden und Niederlassungen international tätiger Firmen verübt.[29] In einer anonymen Broschüre „protest, widerstand, perspektive" begründeten „mehrere Organisationszusammenhänge aus dem süddeutschen, ostdeutschen und Berliner Raum" die Notwendigkeit klandestiner Kleingruppen-Militanz, da diese das Gewaltmonopol des Staates offensiv in Frage stelle, sich „teilweise direkt gegen die Vertreter der herrschenden Klasse" wende und „die radikale Ablehnung der kapitalistischen Verhältnisse und die Verweigerung jeglicher Kooperation in militanten Aktionsformen unmißverständlich zum Ausdruck"[30] bringe. Die

27 Anton, „Es hilft nur Gewalt, wo Gewalt herrscht" oder: In Rostock waren Steine notwendig, in: Interim Nr. 660 vom 13. Sept. 2007, S. 22-25, hier S. 24 f.

28 Vgl. Verfassungsschutzbericht 2007, S. 124.

29 Vgl. Generalbundesanwaltschaft beim Bundesgerichtshof, Pressemitteilung Nr. 10 vom 9. Mai 2007.

30 Protest, widerstand, perspektive. Texte zur Mobilisierung gegen den G8-Gipfel 2007, Riesa 2007, S. 46.

Chronologie der „uns bekannten militanten Aktionen mit Bezug zum anstehenden G8-Gipfel in Heiligendamm" reichte bis ins Jahr 2005, den Brandanschlag auf das Auto des Vorstandschefs der Norddeutschen Raffinerie in Hollenstedt, zurück. Nach der Attentatsserie des Jahres 2006 folgten 2007: ein Angriff der Gruppe „Gegen erniedrigung, schikane und ausbeutung" (gesa) auf die „Sklaventreiberfirma GESA" in Wuppertal (Anfang Januar 2007), Farbeier auf die Rostocker Arbeitsagentur (2. Januar 2007), eine Sachbeschädigung bei Adidas in Berlin (3. Januar 2007), Brandanschläge auf Fahrzeuge der Bundespolizei in Oranienburg (15. Januar 2007), Brandanschläge und Farbbeutelangriffe der „Revolutionären Anti-Militaristischen AktivistInnen" bei Vorstandsmitgliedern der Thyssen-Krupp Marine Systems in Hamburg (26. Januar 2007), ein Farbangriff auf Avenir Suisse in Basel (27. Januar 2007), Brandanschläge der „Autonomen AntimilitaristInnen" bei SAP und Bertelsmann in Berlin (8. Februar 2007), ein Brandanschlag auf Transporter des Dussmann-Konzerns in Hamburg (21. Februar 2007), ein Brandanschlag der „Autonomen Gruppen" auf eine Filiale des Dussmann-Konzerns in Berlin-Tegel (6. März 2007) und ein Brandanschlag auf einen Kleintransporter des Europa-Infomobils in Berlin (24. März 2007). Alle Anschläge entsprachen der bekannten Spezifik autonomer Kleingruppen-Militanz[31], die in erheblichem Umfang von der Praxis der „Revolutionären Zellen" (RZ) geprägt worden war.

Zu den „Militanzdebatten" um Spezifik, Legitimität und Effektivität des Gewalteinsatzes hatte eine erstmals im Juni 2001 in Erscheinung getretene „militante gruppe" vielbeachtete Beiträge geleistet. Ihre „Aktionen" der Jahre 2006 und 2007 verstand sie als Teil der globalisierungskritischen Kampagne gegen den Weltwirtschaftsgipfel der G8-Staaten. Am 1. August 2007 erging Haftbefehl gegen in Berlin wohnhafte Tatverdächtige mit deutscher Staatsangehörigkeit im Alter zwischen 35 und 46 Jahren. Drei der wenig später Festgenommenen, einer von ihnen Inhaber eines Antiquariats[32], wurden dringend verdächtigt, „in den frühen Morgenstunden des 31. Juli 2007 in Brandenburg/Havel als Mitglieder der linksextremistischen ‚militanten gruppe (mg)' versucht zu haben, drei Lastkraftwagen der Bundeswehr in Brand zu setzen. Sie wurden vorläufig festgenommen, nachdem sie mehrere Brandsätze unter drei Bundeswehrfahrzeugen abgelegt und gezündet hatten. Die Brandsätze konnten von Polizeibeamten noch so rechtzeitig entfernt werden, daß es zu keinem Übergreifen des Feuers auf die Fahrzeuge selbst kam. Der versuchte Brandanschlag vom 31. Juli 2007 weist hinsichtlich des Anschlagsziels, der Tatzeit und der konkreten Tatausführung eine Vielzahl von Parallelen zu Anschlägen der terroristischen Vereinigung ‚militante gruppe (mg)' in der Vergan-

31 Vgl. Matthias Mletzko, Gewaltdiskurse und Gewalthandeln militanter Szenen, Teil 1. Unterschiede am Beispiel „Antifa" und „Anti-Antifa" dargestellt, in: Kriminalistik Heft 8-9/2001, S. 543-548.

32 Vgl. Sigrid Averesch, Haftbefehle gegen „Feierabendterroristen". Bundesanwaltschaft nimmt vier mutmaßliche Mitglieder der linksextremen Militanten Gruppe fest, in: Berliner Zeitung vom 3. Aug. 2007, S. 5.

genheit auf.“[33] Der vierte Festgenommene habe mit einem der Beschuldigten umfassende konspirative Kontakte unterhalten und werde so ebenfalls der mg-Mitgliedschaft verdächtigt. Der gegen ihn erlassene Haftbefehl wurde am 18. Oktober 2007 aufgehoben, da zwar ein Anfangsverdacht, nicht jedoch ein dringender Tatverdacht bestehe. Die Haftbefehle gegen die drei anderen Tatverdächtigen wurden am 28. November 2007 auf Beschwerde der Angeschuldigten unter Auflagen außer Vollzug gesetzt. Am 21. Juni 2008 erhob die Bundesanwaltschaft gegen sie Anklage vor dem Staatsschutzsenat des Berliner Kammergerichts. Ihnen wurde zur Last gelegt, „als Mitglieder einer kriminellen Vereinigung versucht zu haben, eine Brandstiftung zu begehen und wichtige Arbeitsmittel zu zerstören.“ In den Haftverschonungsbeschlüssen zugunsten der drei Angeschuldigten hatte der 3. Strafsenat des Bundesgerichtshofs entschieden, die mg erfülle zwar die „Tatbestandsvoraussetzung einer kriminellen, nicht aber einer terroristischen Vereinigung im Sinne von § 129a Abs. 2 StGB [...]. Zwar seien die Anschläge der ‚militante[n] gruppe (mg)' dazu bestimmt, die politischen, verfassungsrechtlichen, wirtschaftlichen und sozialen Grundstrukturen der Bundesrepublik Deutschland zu beseitigen oder zumindest erheblich zu beeinträchtigen. Den begangenen und intendierten Taten fehle jedoch die für die Verwirklichung des weitergehenden Straftatbestandes nach § 129a Abs. 2 StGB gleichermaßen erforderliche objektive Schädigungseignung.“[34]

Die *Rote Hilfe* (RH), eine der mitgliederstärkeren Organisationen (Ende 2007: rund 4.300) des linksextremen Spektrums nutzte das Verfahren gegen die mutmaßlichen mg-Mitglieder für ihre Kampagne zur Abschaffung des § 129a: „Die Hausdurchsuchungen im Umfeld des G8-Gipfels zeigen ebenso wie die jüngsten Verhaftungen, die sich gegen angebliche Mitglieder der ‚militanten gruppe' richteten, daß der Antiterrorparagraph weiterhin in erster Linie die Ausforschung, Einschüchterung und letztlich Zerschlagung linker Organisierungsversuche zum Ziel hat.“[35]

3. Rechtsextremismus

Globalisierungskritik war nicht die Domäne der (extremen) Linken. Ultranationalisten reklamierten mit gewissem Recht, nur sie seien wirklich konsequente Gegner der Globalisierung. Der sächsische NPD-Abgeordnete Jürgen Gansel sprach in einer Nachbetrachtung zum Gipfelprotest von den „linken Heerscharen für eine ‚bessere' Globalisierung“, deren Anliegen „vermummte Gewaltfetischisten mit wehenden roten Fahnen“ diskreditiert hätten. Die NPD hingegen sei als „großer politischer Sieger aus dem Ge-

33 „Haftbefehle gegen vier mutmaßliche Mitglieder der ‚militanten gruppe (mg)'“, Generalbundesanwalt beim Bundesgerichtshof, Pressemitteilung Nr. 18 vom 2. Aug. 2007.

34 „Anklage gegen drei mutmaßliche Mitglieder der ‚militante(n) gruppe (mg)'“, Generalbundesanwalt beim Bundesgerichtshof, Pressemitteilung Nr. 16 vom 28. Juli 2008.

35 Mathias Krause für den Bundesvorstand der RH, Weg mit Paragraph 129a!, 24. September 2007, http://www.rote-hilfe.de/topnews/weg_mit_paragraph_129a. (10. Oktober 2007).

woge der Anti-G8-Proteste" hervorgegangen, „weil sich Nationalisten durch antiglobalistische Massenpublikationen, parlamentarische Initiativen und außerparlamentarische Protestformen als seriöse Anwälte sozialer Volksinteressen profilieren konnten und ihre Botschaft nationaler statt internationaler Solidarität im Gegensatz zu Krawall-Linken überall gewaltfrei vertraten."[36]

Gemeinsam mit Teilen der „freien Kräfte" des „Nationalen Widerstandes" hatte die NPD im Vorfeld von Heiligendamm eine „Gib8"-Kampagne gestartet. An mehreren „Aktionstagen" organisierte sie an verschiedenen Orten Informationsstände. In dem Faltblatt „Globalisierung stoppen!" prangerte sie die Strategen und Vordenker einer Weltwirtschaftsordnung an, die „sich an Profiten für Banken und Großkonzerne orientiert und an den Interessen der Völker vorbeigeht". Im Sinne einer „national-antiglobalistischen Grundhaltung" propagierte sie das Konzept der „raumorientierten Volkswirtschaft" und forderte den Verzicht auf „jegliche multikulturelle Utopien": „Unterstützen Sie unsere konstruktive Arbeit für Volk und Heimat und erteilen Sie dem Globalismus sowie auch allen internationalistischen Weltbeglückungsutopisten eine Absage".[37] Allerdings blieb die Mobilisierungswirkung der NPD-Kampagne weit hinter der linker Globalisierungskritiker zurück. Mehr noch: Sie erntete eine massive Gegenmobilisierung mit teilweise abträglichen rechtlichen Konsequenzen: So wurde eine von der NPD in der Schweriner Innenstadt für den 2. Juni geplante Demonstration unter anderem mit dem Argument verboten, diese sei ein „Magnet für gewaltbereite Personen aus der linken Szene".[38] Die Beschränkung des Demonstrationsrechts zeigte in den Augen der NPD nur, daß „die Abdankung des Rechtsstaates [...] immer groteskere Formen"[39] annehme. Dies galt auch für die von SPD-regierten Ländern angestoßene Diskussion um die Eröffnung eines neuen Verbotsverfahrens, die allerdings – nicht zuletzt wegen der V-Mann-Problematik – im Sande verlief.[40]

Auch in anderer Hinsicht erwies sich 2007 als ein schwieriges Jahr für die NPD. Da sie in Bremen zugunsten der DVU auf eine Landtagswahl-Kandidatur verzichtet hatte, konnte sie nur bei den Kommunalwahlen in Sachsen-Anhalt (22. April) ihre Anziehungskraft unter Beweis stellen. Zwar erhöhte sie dort die Zahl ihrer Kreistagsmandate von drei auf dreizehn (von 548), doch blieb sie mit 2,5 Prozent der Stimmen hinter den eigenen Erwartungen zurück. Die beiden Landtagsfraktionen in Schwerin und Dresden entfalteten rege Aktivitäten, erregten aber vor allem mit provokativen Äußerungen und Auftritten öffentliche Aufmerksamkeit. So erstattete die Schweriner Fraktion Strafanzeige gegen den amerikanischen Präsidenten George W. Bush „wegen des dringenden

36 Jürgen Gansel, NPD profiliert sich als gewaltfreie Anwältin der Volksinteressen (9. Juni 2007), http://www.npd.de/index.php?sek=0&pfad_id=9&cmsint_id=1&detail=859 (8. August 2007).

37 NPD, Globalisierung stoppen!, Faltblatt, Berlin 2007.

38 „NPD-Demo bleibt verboten", Pressemitteilung des Oberverwaltungsgerichts Mecklenburg-Vorpommern vom 8. Juni 2007.

39 Klaus Baier, NPD beharrt auf Grundrecht der Versammlungsfreiheit, NPD-Pressemitteilung vom 3. Juni 2007.

40 Vgl. „Große Koalition streitet über NPD-Verbot", in: Die Welt vom 27. August 2007, S. 2.

Verdachts der Begehung von Verbrechen gegen die Menschlichkeit“ und forderte in einem Dringlichkeitsantrag „Vorbereitungen für den Fall einer eventuell notwendigen Festnahme“.[41] In Dresden nahm der Fraktionsvorsitzende Holger Apfel in der Debatte zum Gesetz zur Ausführung des Zuwanderungsgesetzes eine Generalabrechnung mit den „überfremdungspolitischen Ungeheuerlichkeiten der schwarz-rot-gelb-grünen Volksabwickler“ vor. Er propagierte eine „Ausländerrückführungspflicht“, ereiferte sich über „staatsalimentierte orientalische Großfamilien oder arrogante Wohlstandsneger“ und bezeichnete es als Ziel der demokratischen Parteien, „eine entwurzelte Masse ethnokultureller Kastraten zu schaffen, damit eine leicht manövrierbare Masse in den Händen des internationalen Finanzkapitals“.[42]

Die Partei erreichte in Sachsen – vor dem Hintergrund einer in den östlichen Ländern vergleichsweise schwachen demokratischen Bürgergesellschaft – mancherorts ein beachtliches Maß sozialer Verankerung.[43] Wie der Mitgliederrückgang von 1.000 auf 850 Aktive zeigte[44], stieß der organisatorische Aufbau jedoch auch hier auf Grenzen. Das Angebot geeigneter Kandidaten blieb bescheiden, und die Finanzsituation angespannt, da die Mittelzuweisungen aus der staatlichen Parteienfinanzierung mit Rückforderungen der Bundestagsverwaltung für die Jahre 1998, 1999 und 2000 aufgrund unkorrekter Angaben in den entsprechenden Rechenschaftsberichten verrechnet wurden. Die Wahlkampfführung der Partei war dadurch in erheblichem Maße beeinträchtigt.[45] Zudem löste die NPD vielerorts Unmut und Protest aus, was sich u.a. in Schwierigkeiten bei der Anmietung von Sälen für Parteiveranstaltungen bemerkbar machte. So mußte der für Oktober in Oldenburg geplante Bundesparteitag auf das folgende Jahr verschoben werden.

Tabelle 4: Rechtsextreme Organisationen, 2005-2007

	2005		2006		2007	
	Zahl	Mitglieder	Zahl	Mitglieder	Zahl	Mitglieder
Gewaltbereite	2	10.400	2	10.400	2	10.000
Neonationalsozialisten	105	4.100	108	4.200	107	4.400
NPD		6.000		7.000		7.200
DVU		9.000		8.500		7.000
Sonstige	73	4.000	69	3.800	69	4.000

Quelle: Verfassungsschutzberichte 2006 und 2007.

41 Zitiert nach Verfassungsschutzbericht 2007, S. 80.

42 Holger Apfel, Beitrag zur 2. und 3. Lesung des Entwurfs des Sächsischen Gesetzes zur Ausführung des Zuwanderungsgesetzes, Sächsischer Landtag, Plenarprotokoll vom 9. Mai 2007.

43 Vgl. nur Sven Braune u.a., Die Politik der NPD in den Kommunalvertretungen Sachsens, in: Uwe Backes/Henrik Steglich (Hrsg.), Die NPD. Erfolgsbedingungen einer rechtsextremistischen Partei, Baden-Baden 2007, S. 175-207.

44 Vgl. Verfassungsschutzbericht Sachsen 2007, S. 7.

45 Vgl. Verfassungsschutzbericht 2007, S. 77 f.

Die NPD konnte auch im Jahr 2007 die bei Wahlen erfolglose Partei der *Republikaner* (REP) nicht für eine politische Zusammenarbeit gewinnen. Nach dem Parteiaustritt des Düsseldorfer Juristen und Schlierer-Kritikers Björn Clemens Ende 2006 verstummte bei den REP die innerparteiliche Kritik am Abgrenzungskurs gegenüber DVU und NPD. Ein Zusammentreffen der Parteivorsitzenden der drei Parteien in Straßburg infolge einer Einladung der Rechtsaußenfraktion im Europaparlament „Identität, Tradition, Souveränität“[46] gab neuen Spekulationen Nahrung, veranlaßte aber entschiedene Dementis auf REP-Seite: „Aus dem zufälligen Zusammentreffen des Bundesvorsitzenden der Republikaner und seines Stellvertreters in Straßburg mit Vertretern der NPD eine Vereinbarung zu konstruieren [...] macht deutlich, daß die NPD kein ernstzunehmender und verläßlicher Partner ist und sein wird.“[47] Die Partei, deren Mitgliederzahl erneut zurückging (Ende 2007: 5.500), setzte ihre Hoffnungen auf die Europawahlen im Jahr 2009. Auf einem „Europa-Kongreß“ in Mainz (6. Oktober 2007) sprachen Vertreter der „Freiheitlichen Partei Österreichs“ und des flämisch-separatistischen „Vlaams Belang“.[48] Als großen Erfolg verbuchte der REP-Vorsitzende, daß seine Partei im Verfassungsschutzbericht für das Jahr 2006 nicht mehr als verfassungsfeindlich ausgewiesen sei.[49]

Tabelle 5: REP – Mitgliederentwicklung, 1989-2007

1989	25.000	1996	15.000	2003	8.000
1990	20.000	1997	15.500	2004	7.500
1991	17.000	1998	15.500	2005	6.500
1992	20.000	1999	14.000	2006	6.000
1993	23.000	2000	13.000	2007	5.500
1994	20.000	2001	11.500		
1995	16.000	2002	9.000		

Quelle: Gerundete Parteiangaben; Verfassungsschutzberichte.

Während REP und DVU „auf der Straße“ wenig in Erscheinung traten, bildeten Protestveranstaltungen auch 2007 einen Schwerpunkt der NPD-Aktivitäten. Angesichts vermehrter Beschränkungen des Demonstrationsrechts griff die Partei zunehmend zum Mittel unangemeldeter „Spontankundgebungen“. So entrollten die NPD-Landtagsabgeordneten Alexander Delle, René Despang und Jürgen Gansel (auf der Durchreise zum

46 Vgl. Harald Neubauer, Rechtes „Gipfeltreffen“ in Straßburg. ITS-Fraktion unterstützt Einigungsprozeß, in: Deutsche National-Zeitung vom 5. Okt. 2007.

47 „Es gab und gibt keine Absprachen mit der NPD“, Pressemitteilung des REP-Landesverbandes Niedersachsen vom 30. Nov. 2007.

48 Vgl. „Das Europa der Vaterländer“, in: Zeit für Protest, Nr. 10/2007.

49 „Republikaner nicht mehr im Verfassungsschutzbericht des Bundes“, Pressemitteilung Nr. 24 vom 15. Mai 2007.

Gipfelprotest in Schwerin) Anfang Juni auf den Treppen des Berliner Reichstagsgebäudes für kurze Zeit ein Transparent mit einer Stellungnahme gegen die „verheerenden wirtschaftlichen, sozialen und kulturellen Auswirkungen der Globalisierung".[50] Die Zahl der von der Partei oder ihrer Jugendorganisation *Junge Nationaldemokraten* (JN), meist gemeinsam mit Aktivisten der Kameradschafts- und Skinhead-Szene organisierten Demonstrationen blieb mit etwa 70 (2007) gegenüber dem Vorjahr konstant.[51] Die Partei war weiterhin bemüht, möglichst große Teile der militanten Subkulturen („Volksfront von rechts") zu integrieren. Hierbei kam der JN eine wichtige Vermittlerfunktion zu. Die „Szene"-Nähe verkörperten führende Aktivisten wie der Anfang Oktober neugewählte Bundesvorsitzende Michael Schäfer (geb. 1981), der sich gut zwei Jahre zuvor noch in der kurzlebigen *Wernigeröder Aktionsfront*, einem „bandenähnlich"[52] umtriebigen Zusammenschluß jugendlicher Neonationalsozialisten, betätigt hatte. Allerdings grenzte sich das Parteipräsidium von *Autonomen Nationalisten* ab, die sich im äußeren Erscheinungsbild (schwarze Kleidung, Palästinensertuch, Anstecker mit geringfügig abgewandelten Parolen) und Verhalten an linksautonomen Gruppen orientierten.[53] Die Partei stehe „weiterhin zum Schulterschluß mit allen parteiunabhängigen Nationalisten", wolle Demonstrationsteilnehmern auch keinen „Dress-Code" auferlegen. Doch sei das „billige Kopieren von Handlungen, Agitations- und Stilformen des Gegners" inakzeptabel: „Sprüche wie ‚Bambule, Randale, Rechtsradikale', ‚Ladiladio, Antifa – Hurensöhne', ‚Linkes Gezeter – 9 Millimeter', ‚All Cops are Bastards – ACAB' u. ä., gegrölt von einem vermummt hüpfenden Mob, haben auf einer nationalen Versammlung nichts zu suchen; ebensowenig englischsprachige bzw. anglizismengespickte Transparente, die oft auch niveaulos sind (‚Fuck off, Antifa')." Wenn der „Eindruck grundsätzlicher Gewaltbereitschaft" entstehe, „Prügeleien mit Polizisten" gesucht würden, verkomme das „Propagandamittel Demonstration immer mehr zu einer Spaßveranstaltung für ‚erlebnisorientierte' Jugendliche".[54] Die Erklärung stieß auf heftige Kritik unter „Freien Nationalisten". Der Hamburger Neonationalsozialist und NPD-Kritiker Christian Worch bemerkte mit drohendem Unterton, von den 7.000 NPD-Mitgliedern seien „höchstens 2.000 bis 3.000" für „öffentliche Aktionen" mobilisierbar. Die Partei könne also auf die Kooperation der „etwa 4.000" parteifreien Aktivisten nicht verzichten.[55]

50 Pressemitteilung der NPD-Fraktion im Sächsischen Landtag vom 2. Juni 2007.

51 Vgl. VSB 2006, S. 82.

52 Vgl. Verfassungsschutzbericht Sachsen-Anhalt 2005, S. 18.

53 Siehe dazu auch: Bundesamt für Verfassungsschutz, „Autonome Nationalisten". Eine militante Randerscheinung, Köln 2007; Senatsverwaltung für Inneres und Sport/Abteilung Verfassungsschutz, „Autonome Nationalisten", Berlin 2008.

54 Präsidium der NPD, Erklärung: Unsere Fahnen sind schwarz – unsere Blöcke nicht, Berlin, 10. Sept. 2007.

55 Christian Worch, Zum Thema NPD-Präsidium gegen „Schwarzen Block", http://www.1mai.net/rundbriefe/07-09-13.htm (11. Nov. 2007). Siehe zur Rolle Worchs innerhalb der Neo-NS-Szene: Martin Thein, Biographisches Porträt: Christian Worch, in diesem Band.

Das Personenpotential der Neonationalsozialisten stieg erneut – auf rund 4.400 Aktive Ende 2007. Die meisten gehörten locker strukturierten „Kameradschaften" an. Über stärker entwickelte Organisationsstrukturen verfügte demgegenüber die 1990 aus dem *Bund Heimattreuer Jugend* (BHJ) hervorgegangene *Heimattreue Deutsche Jugend e.V.* Sie widmete sich neonationalsozialistischer Jugendpflege, organisierte im Mai 2007 ein Pfingstlager im niedersächsischen Eschede, an dem rund 350 Personen, darunter ganze Familien, teilnahmen.[56] Besonders militant agierte die nach einer SA-Brigade benannte Kameradschaft *Sturm 34* in der Region Mittweida (Sachsen). Sie proklamierte eine „national befreite Zone", ging gegen Fremde und politische Gegner vor. Der sächsische Innenminister stellte gegen sie am 26. April eine Verbotsverfügung aus. Um einen engeren Kreis von 40 bis 50 Personen hätten sich rund 100 Sympathisanten aus allen sozialen Schichten geschart.[57] Bei einer Großrazzia in Wohnungen mutmaßlicher Mitglieder beschlagnahmte die Polizei Schreckschußwaffen, Würgehölzer, Helme, Masken, Hakenkreuzfahnen und rechtsextremes Propagandamaterial.

Im Rahmen des Definitionssystems „Politisch Motivierte Kriminalität" erfaßte das Bundeskriminalamt für das Jahr 2007 insgesamt 17.176 (2006: 17.597) Straftaten im Phänomenbereich „rechts" mit extremistischem Hintergrund. Ganz überwiegend handelte es sich um Propagandadelikte. Die Zahl der Gewalttaten mit rechtsextremistischer Motivation belief sich auf 980 (2006: 1.047). Der hohe Anteil der Körperverletzungen (siehe Tabelle 6) verwies auf die herausragende Bedeutung tätlicher Auseinandersetzungen.

Tabelle 6: Gesetzesverletzungen mit rechtsextremem Hintergrund, 2005-2007

	2005	2006	2007
Tötungsdelikte	2	0	1
Sprengstoffanschläge	3	1	1
Brandanschläge	14	18	24
Körperverletzungen	816	919	845
Raubüberfälle	23	13	11
Landfriedensbrüche und Widerstandsdelikte	85	83	87
Gefährliche Eingriffe in den Bahn-, Luft-, Schiffs- oder Straßenverkehr	9	6	7
Freiheitsberaubung	0	0	0
Erpressung	6	7	4
Gewalttaten insgesamt	958	1.047	980

Quelle: Verfassungsschutzberichte 2006 und 2007.

56 Vgl. Verfassungsschutzbericht 2007, S. 59.

57 Vgl. Olaf Meyer/Albrecht Kolthoff, „Sturm 34" verboten, http://www.redok.de (26. April 2007).

Wie in den Vorjahren entfiel das Gros der rechtsextrem/fremdenfeindlich motivierten Gewalttaten auf jugendliche Täter aus militanten Subkulturen wie den – zunehmend diffuser auftretenden - *Skinheads*. Diese handelten zumeist spontan, ohne planerischen Vorlauf, oft unter Alkoholeinfluß. Nach einer Studie auf der Grundlage von 300 Delikten „rechter Gewalt“ aus den Jahren 2003 bis 2006 war nur eine Minderheit von 10 Prozent der Tatverdächtigen „ideologisch gefestigt“; etwa die Hälfte konnte rechtsextremistischen Vereinigungen zugeordnet werden.[58] Musikveranstaltungen kam eine hohe Bedeutung für den Szene-Zusammenhalt zu, auch wenn ihre Zahl gegenüber dem Vorjahr etwas zurückging (2006: 163, 2007: 138).[59] NPD-Funktionäre waren auch auf diesem Feld um Einfluß bemüht. Am 30. Oktober 2007 durchsuchte die Kriminalpolizei Wohnungen des NPD-Bundesvorstandsmitglieds Thorsten Heise und weiterer Personen im niedersächsischen Teil des Harzes wegen des Verdachts der Verbreitung von Tonträgern mit strafbaren rechtsextremistischen Inhalten wie einer CD „Kommando Freisler – Geheime Reichssache“. Teilweise sei der Vertrieb illegaler CDs ins Ausland (u.a. Skandinavien) verlagert worden, um auf Umwegen deutsche Konsumenten zu bedienen.[60]

4. Politisch-religiöser Fundamentalismus

Eine Autorin des NPD-Parteiorgans „Deutsche Stimme“ sah „die radikalen Islamisten [...] an der Spitze der neuen Opposition gegen die ‚einzige Weltmacht‘. Wenn man ehrlich ist, versetzen nicht deutsche oder europäische Nationalisten die Wall Street in Sorge, wohl aber die Araber. Selbst noch als versprengte Einzelpersonen lehren radikale Moslems das globale Establishment das Fürchten. Man kann nicht umhin, einer solchen Lehre Respekt zu zollen.“[61] Diese Sicht prägte die politische Praxis der Partei allerdings kaum. Sie war bestimmt vom Abwehrkampf gegen die „Überfremdung“ durch radikale wie moderate Islamisten, so daß die von journalistischen Beobachtern gelegentlich beschworene Gefahr einer Allianz zwischen rechten und muslimischen Extremisten als realitätsferner Albtraum erschien. In Deutschland blieben die militanten Islamisten vom autochthonen politischen Spektrum isoliert, untereinander zerstritten und überwiegend auf die Konfliktherde ihrer Heimatländer fixiert.

Diesem typischen Muster entsprach der Fall des marokkanischen Staatsangehörigen Abdelali M., gegen den die Bundesanwaltschaft am 18. November 2007 Anklage erhob. Er wurde u.a. verdächtigt, die Terrororganisation *Al Qaida im Zweistromland*

58 Vgl. Senatsverwaltung für Inneres und Sport/Abteilung Verfassungsschutz, Rechte Gewalt in Berlin 2003-2006, Berlin 2007, S. 55.

59 Vgl. Verfassungsschutzbericht 2007, S. 91.

60 Vgl. „Schlag gegen Herstellung und Vertrieb rechtsextremer Tonträger“, BKA-Pressemitteilung vom 30. Okt. 2007.

61 Willig, Brechen wir die Fronten, in: Deutsche Stimme, Nr. 1/2007, S. 4.

„durch die Rekrutierung und Schleusung islamistischer Kämpfer in den Irak" unterstützt zu haben. Einer seiner Kooperationspartner habe zudem eine terroristische Vereinigung im Ausland gegründet, um „im Sudan eine Front gegen die ‚Kreuzritter' aufzubauen und den Jihad gemäß einer Aufforderung von Usama Bin Laden"[62] zu führen. Auf terroristische Anschläge im Inland waren nach den Ermittlungen der Bundesanwaltschaft dagegen die Aktivitäten der *Islamischen Jihad Union* (IJU), einer im Jahr 2002 von der *Islamischen Bewegung Usbekistans* (IBU) abgespaltenen sunnitisch-fundamentalistischen Gruppierung, gerichtet. Drei Anfang September nach längerer Observation durch ein GSG 9-Kommando im Sauerland Festgenommenen[63], den deutschen Staatsangehörigen Fritz Gelowicz und Daniel Schneider sowie dem türkischen Staatsangehörigen Adem Yilmaz, wurde die Vorbereitung von Anschlägen gegen US-amerikanische Einrichtungen in Deutschland zur Last gelegt. Alle drei hätten im Jahr 2006 ein Ausbildungslager der IJU in Pakistan absolviert, sich in Deutschland ab Ende 2006 zu einer konspirativen Gruppe zusammengeschlossen, amerikanische Einrichtungen ausgespäht und Sprengstoffanschläge vorbereitet, die bei der Detonation mit hoher Wahrscheinlichkeit zahlreichen Menschen das Leben gekostet hätten.[64] Ein weiterer Tatverdächtiger, Attila Selek, wurde am 6. November 2007 im türkischen Konya festgenommen.[65] Bei den inhaftierten Mitgliedern der „Sauerland Zelle" handelte es sich um deutsche Islam-Konvertiten sowie türkische Immigranten der zweiten Generation. Den Sicherheitsbehörden bewiesen sie auf exemplarische Weise die zunehmende Gefährdung der inneren Sicherheit durch einen „homegrown terrorism".

Unter den in Deutschland lebenden Muslimen bildeten gewaltorientierte Gruppierungen eine verschwindende Minderheit. Allerdings ergab eine vom Bundesministerium des Innern in Auftrag gegebene repräsentative Umfrage, daß etwa sieben Prozent der Befragten den Einsatz von Gewalt gegen Ungläubige befürworteten. Immerhin rund 40 Prozent besaßen eine mit der Abwertung von Fremdgruppen verbundene „religiös-fundamentale" Orientierung.[66] Die Verfassungsschutzbehörden rechneten rund 33.170 Personen (Ende 2007) gewaltfrei agierenden Vereinigungen zu. Mit knapp 28.000 Mitgliedern überwogen unverändert Islamisten türkischen Ursprungs.[67]

Unter den gewaltfreien islamistischen Vereinigungen nahm die *Islamische Gemeinschaft Millî Görüş* (IGMG) wegen der großen Zahl ihrer Moscheevereine und einer Vielzahl angegliederter Organisationen im In- und Ausland weiterhin eine hervorgeho-

62 Der Generalbundesanwalt beim Bundesgerichtshof, Pressemitteilung Nr. 33 vom 20. Dez. 2007.

63 Vgl. Simone Kaiser/Marcel Rosenbach/Holger Stark, „Operation Alberich", in: Der Spiegel Nr. 37 vom 10. Sept. 2007. Siehe auch folgenden Hintergrundbericht: Ronald Sandee, The Islamic Jihad Union (14. Okt. 2008), http://www.nefafoundation.org (20. Okt. 2008).

64 Vgl. Der Generalbundesanwalt beim Bundesgerichtshof, Pressemitteilung Nr. 21 vom 5. Sept. 2007.

65 Vgl. Der Generalbundesanwalt beim Bundesgerichtshof, Pressemitteilung Nr. 27 vom 7. Nov. 2007.

66 Vgl. Katrin Brettfeld/Peter Wetzels, Muslime in Deutschland. Integration, Integrationsbereitschaft, Religion sowie Einstellungen zu Demokratie, Rechtsstaat sowie politisch-religiös motivierter Gewalt, hrsg. vom Bundesministerium des Innern, Berlin 2007, S. 119, 175.

67 Vgl. Verfassungsschutzbericht 2007, S. 165.

bene Stellung ein. In welchem Maße die von Osman Döring geleitete IGMG mit ihren rund 27.000 Mitgliedern (Ende 2007) auch unter dem Druck der Ereignisse vom 11. September 2001 einen Prozeß der Mäßigung durchlaufen hatte und wie umfangreich das extremistische Potential noch war, wurde unterschiedlich beurteilt. Der Verfassungsschutz ging in seinen Analysen, die sich insbesondere auf eine Auswertung der türkischen, in Deutschland verbreiteten Tageszeitung *Millî Gazete* und deren Herstellungsweise stützen, vom unverändert dominierenden Einfluß der *Saadet Partisi* des türkischen Politikers Necmettin Erbakan und der von diesem verfolgten großtürkisch-islamistischen Ziele aus.[68] Der Anthropologe Werner Schiffauer, der die Organisation in ihrer inneren Entwicklung intensiv erforscht hat, hielt eine solche Einordnung für einseitig, wies auf die innerorganisatorischen Konflikte und den Bedeutungszuwachs einer „postislamischen“ Denkrichtung hin.[69] Bei den Verfassungsschutzbehörden wurden solche Tendenzen innerhalb der heterogenen Organisation konzediert, in ihrer Bedeutung jedoch weitaus geringer eingeschätzt. Insgesamt begünstige die IGMG eine „ablehnende Haltung gegenüber westlichen Werten und Demokratiedistanz“.[70]

Tabelle 7: Islamistische Organisationen, 2005-2007

	2005	2006	2007
IGMG	26.500	26.500	27.000
Kalifatsstaat	750	750	750
MB	1.300	1.300	1.300
Hizb Allah	900	900	900
HAMAS	300	300	300
Gesamtmitgliederzahl	32.100	32.150	33.170

Quelle: Verfassungsschutzberichte 2006 und 2007.

Keine Meinungsverschiedenheiten gab es mit Blick auf die 2001 verbotene Vereinigung *Kalifatsstaat*, die für die Wiedererrichtung eines nach den Geboten der „Scharia“ geordneten Kalifats auch mit gewaltsamen Mitteln vorgegangen war. Der Verfassungsschutz bezifferte die Zahl der Anhänger Ende 2007 – gegenüber 2006 unverändert – auf 750. Die infolge der Abschiebung Kaplans in die Türkei eingetretene Spaltung der Anhängerschaft bestand fort.[71]

Die mitgliederstärkste islamistische Gruppierung nach der IGMG bildeten die in Deutschland lebenden, ca. 1.300 Anhänger (*Islamische Gemeinschaft in Deutschland*

68 Vgl. ebd., S. 197-205.

69 Vgl. Werner Schiffauer, Forum-Antworten, in: Uwe Backes/Eckhard Jesse (Hrsg.), Jahrbuch Extremismus & Demokratie, Bd. 19, Baden-Baden 2008, S. 126-132.

70 Verfassungsschutzbericht 2007, S. 205. Siehe auch Verfassungsschutzbericht Baden-Württemberg 2007, S. 63-79.

71 Vgl. Verfassungsschutzbericht 2007, S. 206.

e. V., IGD) der *Muslimbruderschaft* (MB) mit Zentren in mehreren deutschen Großstädten. Wie in den Vorjahren stand das „Islamische Zentrum München" im Mittelpunkt der Aktivitäten.[72] Die Funktionäre der IGD waren bestrebt, als solche öffentlich nicht in Erscheinung zu treten.

Die 1988 aus der MB hervorgegangene palästinensische *HAMAS* trug im Jahr 2007 heftige Auseinandersetzungen mit den säkularen Kräften der „Fatah" aus. Dennoch traten die rund 300 in Deutschland lebenden *HAMAS*-Anhänger, deren Spendensammeltätigkeit in den Vorjahren durch repressive Maßnahmen beschränkt worden war, nur sporadisch in der Öffentlichkeit hervor.[73]

Im Vergleich zu 2006 (israelische Militärintervention im Libanon) gingen die Aktivitäten der rund 900 Anhänger der schiitisch-islamistischen *Hizb Allah* in Deutschland zurück. Wichtigstes Ereignis war die Teilnahme am alljährlichen „Al-Quds-Tag" am 6. Oktober in Berlin zur Ermahnung an die Notwendigkeit der „Befreiung Jerusalems". Rund 300 *Hizb Allah*-Anhänger prangerten die „rassistische Herrschaftsideologie"[74] des Staates Israel an und bestritten dessen Existenzrecht.

5. Vergleich und Ausblick

Islamistische ebenso wie rechts- und linksextreme Gewalttäter bedrohten im Jahr 2007 die innere Sicherheit Deutschlands, stellten im politischen Kräftefeld jedoch nur marginale Größen dar. Die wahlpolitisch-legalistischen Formationen beherrschten die Randzonen des politischen Spektrums. Der linke Flügel erfuhr eine weitere Stärkung. Die PDS gewann durch den erfolgreichen Zusammenschluß mit der WASG unter Führung des ehemaligen SPD-Bundesvorsitzenden Lafontaine an bundespolitischer Bedeutung, vermochte erstmals auch in westlichen Bundesländern Fuß zu fassen. Die innerparteilichen Konflikte – zwischen Fundamentalisten und Pragmatikern, Gegnern und Befürwortern einer Regierungszusammenarbeit mit der gemäßigten Linken – nahmen angesichts der Erfolge keine bedrohlichen Ausmaße an. Die Partei vermochte erhebliche Teile des linksextremen Spektrums zu integrieren, ihre dominierende Stellung im politischen Raum links von SPD und Bündnisgrünen sogar noch auszubauen. Am entgegengesetzten politischen Flügel verteidigte die NPD – auf weit bescheidenerem Niveau – ihre Stellung als aussichtsreichste Wahlformation, unterstützt von militanten Szenen und im Bündnis mit einer an Bedeutung weiter verlierenden, selbst in ihren elektoralen Schwerpunktzonen organisatorisch kaum verankerten DVU.

Mit Blick auf das Jahr 2008 stellten sich Fragen wie die folgenden: Würde die neue LINKE programmatisch und strategisch weiter zusammenwachsen, ihre Erfolgsserie im westlichen Deutschland fortsetzen und an Bündnisfähigkeit gegenüber der Sozialde-

72 Vgl. ebd., S. 191-193.
73 Vgl. ebd., S. 190.
74 Flugblatt zur Quds-Demonstration 2007, http://www.quds-tag.de/ (30. Dez. 2007).

mokratie gewinnen? Oder war mit Rückschlägen und eskalierenden Konflikten zwischen den heterogenen innerparteilichen Strömungen zu rechnen? Würde es der NPD weiterhin gelingen, die Wahlallianz mit der DVU fortzusetzen und das Potential der jugendlich-militanten Subkulturen auszuschöpfen? Mit welchen Auswirkungen war mit Blick auf die gewaltorientierten „Szenen" – am rechten wie linken Rand – zu rechnen? Überwögen eskalative oder deeskalative Effekte? Und schließlich: Auf welche Weise würde der Internationale Terrorismus die innere Sicherheit in Deutschland beeinträchtigen?

Dokumentation 2007

Von Uwe Backes

1. Präsentation

Erstmals im Jahr 2002 traten innerhalb der überwiegend neonationalsozialistisch geprägten „Kameradschaftsszene" Gruppierungen als *Autonome Nationalisten* (AN) in Erscheinung. Aus dem Berliner Netzwerk Kameradschaften gingen die *Autonomen Nationalisten Berlin* (ANB) hervor, denen sich überwiegend gewaltbereite Aktivisten anschlossen, u.a. aus der später verbotenen *Kameradschaft Tor Berlin* (KTB).[1] Bald erregten auch andernorts AN in der Gestalt „Schwarzer Blöcke" bei rechtsextremen Demonstrationen Aufmerksamkeit. Vermummung, schwarze Kapuzen-Pullover und Palästinensertücher waren bis dahin unverwechselbare Merkmale der linksextremen Autonomen, deren äußeres Erscheinungsbild mit geringen Abwandlungen übernommen wurde. Auch deren Parolen in englischer Sprache („Fight the system", „support your local ns black block") fanden in modifizierter Form Verwendung. AN reagierten damit teilweise auf den Anpassungs- und Integrationsprozess von Teilen der „Freien Nationalisten" (führende Aktivisten, unter ihnen Thomas Wulff, einer der Vordenker der „Freien Kräfte", traten im September 2004 der NPD bei) gegenüber der NPD und deren Jugendorganisation, wollten ihre Unabhängigkeit und Undomestizierbarkeit ostentativ bekunden.[2] Die Distanzierung des – innerparteilich angefochtenen – NPD-Bundesvorsitzenden vom aggressiven Erscheinungsbild der AN verringerte die Anziehungskraft auf Teile der militanten „Szenen" nicht.[3] Rechneten die Verfassungsschutzbehörden im Mai 2007 lediglich 150-200 jugendliche Aktivisten den Gruppierungen der AN zu[4], schätzten sie das Potential zum Jahresende bereits auf rund zehn Prozent der Neo-NS-Szene (also etwa 400 Personen).[5] Neben Berlin und Bayern entstand in Nordrhein-Westfalen, insbesondere im Raum Dortmund, ein neuer Aktivitätsschwerpunkt.[6]

Der im Folgenden dokumentierte Text wurde der Webseite der „Autonomen Natio-

1 Vgl. Senatsverwaltung für Inneres und Sport/Abteilung Verfassungsschutz (Hrsg.), „Autonome Nationalisten", Berlin 2008, S. 7.

2 Vgl. Christian Menhorn, „Autonome Nationalisten" – Generations- und Paradigmenwechsel im neonationalsozialistischen Lager?, in: Uwe Backes/Eckhard Jesse (Hrsg.), Jahrbuch Extremismus & Demokratie, Bd. 19, Baden-Baden 2008, S. 213-225.

3 Vgl. den Beitrag von Marc Brandstetter in diesem Band.

4 Vgl. Bundesamt für Verfassungsschutz (Hrsg.), Autonome Nationalisten. Eine militante Randerscheinung, Köln, Mai 2007.

5 Vgl. Verfassungsschutzbericht 2007, Berlin 2008, S. 57.

6 Vgl. „Autonome Nationalisten", http:www.im.nrw.de/sch/781.htm (15. Dezember 2008).

nalisten Sauerland" entnommen.[7] Der mit „Autonomie" überschriebene, undatierte erste Teil dürfte noch 2007 verfaßt worden sein. Er ist seit Anfang 2008 im Umlauf, findet sich auch auf anderen, teilweise inhaltsgleich und formal identisch gestalteten Webseiten.[8] Der Eindruck dynamischer Expansion wird durch die virtuelle Welt des Internets verstärkt. Immerhin dürfte der Text das Selbstverständnis weiter Teile der Szene spiegeln. Die anonymen Verfasser betonen eingangs, beim Konzept des „Autonomen Nationalismus" handele es sich keineswegs um eine neue „Weltanschauung". Sie knüpfen an das von Thomas Wulff und Christian Worch entwickelte Selbstverständnis „Freier Nationalisten" an, betonen damit nicht zuletzt den Verzicht auf formalisierte Organisationsstrukturen, die zur Zielscheibe staatlicher Verbotsmaßnahmen werden könnten. Allerdings unterscheiden sie sich darin kaum von vielen anderen „Kameradschaften", die angesichts der Welle von Vereinsverboten seit Mitte der neunziger Jahre aus der Not eine Tugend machen und damit noch dazu erfolgreicher sind als die hierarchisierten neonationalsozialistischen Vereinigungen der siebziger und achtziger Jahre.[9] Innovativ ist dagegen der neue „Dresscode", die Distanzierung vom herkömmlichen Erscheinungsbild, das „Antifa" wie „Medien" die Arbeit erschwere. Das „moderne" Outfit und die „ausgefallenere Propaganda" komme bei Jugendlichen zudem gut an – und das, obwohl keinerlei Widerspruch zur „nationalistischen Weltanschauung" entstehe. Das Auftreten des „Black Block" sei darüber hinaus „ein effektives Druckmittel" gegenüber der repressiv auftretenden Polizei – eine Auffassung, die von Demonstrationsorganisatoren nicht unbedingt geteilt werden dürfte.

Ergänzen die AN die Innovationen im Formalen auch durch inhaltliche Neuerungen? Die Ausführungen im zweiten Teil „Politische Theorie" bewegen sich in den Bahnen bekannter Sichtweisen und Postulate, wie sie bei weiten Teilen der Kameradschaftsszene und der NPD Konsens sein dürften. Das gilt auch für die – ethnopluralistisch unterfütterte – Forderung, die „Freiheit und Souveränität *aller* Völker der Erde" zu erkämpfen, oder die Feststellung, das deutsche Volk setze sich aus „mehreren Subethnien" zusammen. Ein notweniger Gegensatz zum rassenbiologischen Ethnozentrismus „nationalsozialistischer Weltanschauung", wie sie die AN verstehen, ergibt sich daraus nicht, denn die Forderung nach kultureller Homogenität, gepaart mit der Ablehnung des „Multikulturismus", bleibt davon unberührt.

Für die folgende Dokumentation wurde nur die Formatierung leicht verändert. Die im Text enthaltenen orthographischen Fehler blieben aus Gründen der Authentizität unkorrigiert.

7 Vgl. http://logr.org/ansauerland/autonomie/ (18. April 2008).

8 Vgl. http://www.an-wfsz.info/?page_id=4 (24. Oktober 2008); http://logr.org/anmr/uber-uns/ (24. Oktober 2008).

9 Vgl. dazu jetzt Martin Thein, Wettlauf mit dem Zeitgeist – der Neonazismus im Wandel, Göttingen 2009 (i.E.). Siehe auch ders., Biographisches Porträt: Christian Worch, in diesem Band.

2. Dokumentation

Autonomie

Der Autonome Nationalismus bezeichnet eine Agitationsform, welche sich die letzten Jahre innerhalb der nationalen Bewegung entwickelt hat. Eine eigene Weltanschauung o.Ä. ist mit AN nicht gemeint.

Der Grundgedanke ist eine Art "Do it yourself"-Aktivist, also jemand, welcher aktiv und vor allem kreativ politische Arbeit betreibt, ohne sich an feste Organisationen binden zu müssen. Dies hat zum einen den Vorteil, dass Strukturen, die offiziell überhaupt nicht existieren, nicht verfolgt oder gar verboten werden können, und zum anderen gibt es dem Aktivisten mehr Freiheit und darauf aufbauend die Möglichkeit, seine eigene Kreativität in seine Aktivitäten einfließen zu lassen.

Nicht unbedingt als Grundsatz verstanden, aber typisch für den AN ist die Anonymität, welche ausgiebig gepflegt wird. Man grenzt sich ab von "szenetypischen Dresscodes", von subkulturellen Erscheinungsbildern und eindeutigen Erkennungszeichen. Man pflegt seinen eigenen Stil, man unterscheidet sich nicht von "herkömmlichen" Jugendlichen. Dies schützt einen nicht nur vor gewaltbereiten Antifa-Aktivisten, sondern befreit einen außerdem von unsinnigen Vorurteilen seitens der Medien.

Dies alles soll nicht heißen, dass es nicht zuvor Aktivisten/Aktivistinnen gegeben hat, die nach diesem Schema Widerstand leisteten. Allerdings erfreut sich diese Vorgehensweise immer größerer Popularität und wird mittlerweile unter dem Begriff AN subsimiert.

Die folgenden Aspekte sollen weniger als grundsätzlich, sondern eher als Begleiterscheinungen verstanden werden, welche aber keinesfalls negativ sein müssen. So setzt man in rechtsautonomen Kreisen auf ein moderneres Erscheinungsbild. Man setzt auf moderne, buntere und ausgefallenere Propaganda. Dies äußert sich in Sprechchören, Transparenten, Internetseiten, usw. Das Interessante daran ist, dass es, auch wenn es von Kritikern [auch in den eigenen Reihen!] immer wieder verneint wird, keineswegs mit der nationalistischen Weltanschauung in Widerspruch geräht. Der Nationale Sozialismus ist eine progressive Weltanschauung, das heißt dies muss sich auch im Erscheinungsbild bemerkbar machen. Die Linke macht dies seit langem erfolgreich vor, nun liegt es an uns, selbiges Konzept aufzugreifen und es auszubessern.

Ein weiteres Phänomen des AN ist der "Black Block" [in nationalen Kreisen Schwarzer Block oder NS-Block genannt], welcher sich ausschließlich auf Demonstrationen findet. Er dient zum einen der bereits genannten Anonymität, welche durch einheitliche schwarze Kleidung [teils auch durch Vermummung], gewährleistet wird, und zum anderen ist er ein effektives Druckmittel gegenüber der Polizei, welche nicht selten auf Demos des nationalen Widerstandes zu repressalen Maßnamen greift [Unrechtmäßiges Herausziehen von Teilnehmern, grundlose Zeitverzögerungen, fehlende Kooperation, Gewaltanwendung, usw.] um den Aktivisten ihr Recht auf freie Meinungsäußerung zu verwehren.

Politische Theorie

Die ANSAUERLAND (Autonome Nationalisten Sauerland) sind, wie der Name schon sagt, eine (radikal-)politische Jugendgruppierung.

Hier soll eine ausführliche Erklärung zu politischen Begrifflichkeiten erscheinen.

Was wir konkret (u.A.) fordern:

- Sofortigen Einwanderungsstop
- Humanes aber konsequentes Rückführungsprogramm für kriminelle Ausländer und deren Familien
- Befreiung von fremden Einflüssen [Amerika, Israel, usw.]
- Arbeitsplätze sollen deutschen Volksangehörigen zustehen ["Arbeitsplätze zuerst für Deutsche!"]
- Erhaltung und Förderung der deutschen Kultur, dh. gegen Multikulturismus
- Verschärftes Asylrecht [u.A. Sofortige Abschiebung von Asylbetrügern]
- Zerschlagung des Schuldkultes [sogenanntes "Tätervolk"], objektive Aufklärung über die Geschichte des 3. Reichs
- Freiheit und Souveränität **aller** Völker der Erde erkämpfen [Antiimperialismus]
- Kapitalistische Wirtschaftsform abschaffen [Freie Marktwirtschaft im Allgemeinen] und nationalen Sozialismus durchsetzen [Volksgemeinschaft]

Wir erachten es für sinnvoll, dass man, bevor man sich grob mit dem nationalen Sozialismus auseinandersetzt, sich zu aller erst mit grundsätzlichen Dingen beschäftigen sollte. Gehen wir also zuerst auf die zwei Begriffe ein, aus welchen sich der NS-Begriff zusammensetzt.

National(-ismus):

Die Nation [*lat.: natio* - Geschlecht, Volk(sstamm)] bildet den Grundsatz der nationalsozialistischen Weltanschauung. Hierbei vertreten wir die Tatsache, dass ein Sozialismus, auf welchen später genauer eingegangen werden soll, nur auf nationaler Basis funktionieren kann, denn nur eine starke Gemeinschaft kann eben diesen erfolgreich durchführen. Die sozialistische Gemeinschaft muss aufgrund dessen eine Volksgemeinschaft sein, eben eine, welche sich nicht in kultureller, sprachlicher oder ethnischer Herkunft unterscheidet. Das Volk fungiert aus diesem Blickwinkel betrachtet also als Grundpfeiler für den nationalsozialistischen Staat - das Volk ist der Staat. Der Begriff Nation fasst dementsprechend mehrere Komponente zusammen: Volk (welches durchaus aus mehreren Subethnien bestehen kann, wie z.B. das Deutsche), Kultur, Sprache, Land (Fläche) und Staat.

Ein weiteres Argument für die Nation ist nicht nur die Notwendigkeit der grundsätzlichen Gleichheit (Gleichheit i.S.v. kultureller, ethnischer Gleichheit) in einer Gemeinschaft, sondern auch das Ziel des NS, die eigene Kultur zu fördern und zu entwickeln, ohne dabei jedoch maßgebliche Eigenschaften selbiger nicht durch sogenannte "Bereicherungen" zu verfälschen und zu verwischen. Niemand spricht davon, dass es nie Kulturbereicherung im positiven Sinne gegeben habe oder nicht geben dürfte! So lernten unsere Vorfahren, die Germanen, bspw viel von den Römern, welche wiederrum viel von den alten Griechen abkupferten, usw. Heutzutage jedoch scheint sich Kulturbereicherung ausschließlich auf McDonalds, Hip Hop, Ghettoisierung und die Bildung von Parallelgesellschaften zu beschränken; Der von der etablierten Politik angepriesene und in sich vollkommen widersprüchliche “Multikulturismus” (Die flüchtige Theorie eines Staates, in welchem alle möglichen Ethnien und Kulturen eine Gemeinschaft bilden) fungiert hier also nicht als kulturbereichernd, sondern als kulturzersetzend und in manchen Städten (z.B. Frankfurt am Main) gar als kulturvernichtend.

Dies wurde von Nationalisten aus ganz Europa schon am Anfang der Einwanderungswellen vorhergesagt und nun haben wir es schwarz auf weiß. Wenn man bedenkt, dass sich die Kultur unseres Volkes in einer sehr, sehr langen Zeit entwickelt hat und nun mitansehen muss, wie selbige sich in innerhalb von ein paar Jahrzehnten in Luft auflöst, dann wird einem schnell klar, dass wir im Grunde in einer vom ideologischen Wahnsinn befallenen Zeit leben, welche sich derartig zerstörerisch äußert, dass man sie durchaus als eines der dunkelsten Kapitel der Geschichte der Menschheit bezeichnen könnte.

Hier beginnt also ein Punkt, an dem die angeblich ach so veraltete, verstaubte Ideologie des Nationalismus zu greifen beginnt. Ein Nationalist stellt sich wehement gegen die Kulturglobalisierung, gegen die Masseneinwanderung und gegen die Gleichschaltung der Nationen. Wir sind der Ansicht, dass die Welt nur dann in Frieden leben kann, wenn jedes Volk seinen angestammten Platz zugesprochen bekommt. Dieser sollte selbstverständlich dort sein, wo die jeweiligen kulturellen Wurzeln liegen. Die Vermischung der Kulturen und der Völker hat keinerlei Sinn, denn man schafft da durch nichts neues, wie so oft fälschlicherweise behauptet, sondern man zerstört im Endeffekt unsere Identität als Volk - das ist eine Katastrophe, welche es aufzuhalten gilt.

Der Nationalismus bezeichnet also zusammengefasst zum Ersten die Nähe und Liebe zum eigenen Volk und allem was damit zusammenhängt, zum Zweiten die Erhaltung des Volkes und allem was damit zusammenhängt und zum Dritten die Erkämpfung der Souveränität des Volkes bzw aller Völker. Wir lehnen nicht grundsätzlich internationale Beziehungen ab, im Gegenteil, sie sind richtig und wichtig, jedoch darf es nicht soweit gehen (wie in der heutigen BRD), dass man in die Abhängigkeit geräht und sich im Extremfall in die Hände eines anderen Landes wirft. Dies widerspricht sich grundsätzlich mit dem Freiheitsgedanken des Nationalismus und ist deswegen abzulehnen.

Die NPD im Landtag von Mecklenburg-Vorpommern

Von Sandra Pingel-Schliemann

1. Die „nationale Achse“ Dresden-Berlin-Schwerin

Als der rechtsextremistischen NPD in Mecklenburg-Vorpommern am 17. September 2006 aufgrund des Wahlergebnisses von 7,3 Prozent der Einzug in ein zweites ostdeutsches Landesparlament gelang[1], war die Stimmung in der Parteizentrale euphorisch: „Wie kaum zuvor hat die NPD zum 17. September ihren Wählern ein so breit gefächertes inhaltliches Angebot gemacht. Wenn dieser Weg konsequent weitergegangen wird, dann ist alles möglich – auch ein Einzug in den Reichstag bei der Bundestagswahl 2009!“, – so tönte es aus Berlin.[2] Jürgen Gansel, Abgeordneter im sächsischen Landtag, gratulierte seinen Parteifreunden in Mecklenburg-Vorpommern mit den Worten: „Jetzt steht mit den Landtagsfraktionen in Dresden und Schwerin sowie der Parteizentrale in Berlin, die elf Nationalisten in die Berliner Bezirksversammlung entsendet und berlinweit respektable 2,6 Prozent errang, die nationale Achse Dresden-Berlin-Schwerin. Mit dieser strategischen Achse, die durch ihre parlamentarische Präsenz über Redezeiten, Mikrophone, Räumlichkeiten, Geldmittel und hauptamtliche Kader verfügt, lassen wir von Mitteldeutschland aus eine nationale Welle über das Land schwappen. Diese Welle wird mittelfristig mehr verändern als nur die Zusammensetzung von Parlamenten; sie wird die geistig-kulturellen Fundamente des Systems unterspülen und das ganze gesellschaftliche Klima renationalisieren. Nach dem letzten Wahltag ist nichts mehr so wie vorher!“[3]

Erst der Einzug der NPD in den sächsischen Landtag, dann die Wahlerfolge in der Bundeshauptstadt und in Mecklenburg-Vorpommern: Der Öffentlichkeit wird erst langsam bewußt, was es mit der „Achse“ Dresden-Berlin-Schwerin auf sich hat. Sukzessive arbeitet die NPD von Süd nach Nord im Osten Deutschlands an der Unterhöhlung des demokratischen Systems, das sie zwar grundsätzlich ablehnt, dessen Vorteile sie aber zu nutzen weiß. Laut ihrer Drei-Säulen-Strategie schätzt die NPD die Parlamente nicht nur als Bühne für ihre völkisch-rassistische Ideologie.[4] Vielmehr dienen sie der NPD als Lehrwerkstatt und nicht zuletzt als Geldquelle, mit deren Hilfe die rechtsextremisti-

1 Zur Wahlanalyse vgl. Sandra Pingel-Schliemann/Karl-Georg Ohse, Erntefest. Der Wahlerfolg der NPD in Mecklenburg-Vorpommern, in: Rechts oben. Vorpommern als Modellregion der extremen Rechten, Neubrandenburg 2007, S. 11-15.

2 Vgl. Holger Apfel, Politischer Herbststurm im Nordosten, in: Deutsche Stimme 10/2006.

3 Jürgen Gansel, Die nationale Achse Dresden – Berlin – Schwerin, unter: http://www.npd.de/index.php?sek=0&pfad_id=9&cmsint_id=1&detail=535 (10. März 2008).

4 „Kampf um die Straße“, „Kampf um die Parlamente“, „Kampf um die Köpfe“. Mittlerweile ist das Konzept durch eine vierte Säule, den „Kampf um den organisierten Willen“, ergänzt worden.

sche Struktur professionalisiert wird.[5] Sie nutzt die Mittel und Möglichkeiten des „Systems“ mit einer Selbstbedienungsmentalität, die sie den demokratischen Parteien selbst permanent unterstellt.

Nach anderthalb Jahren Parlamentspräsenz (Oktober 2006 bis März 2008) ist deshalb zu fragen, wie sich der Anspruch der NPD, eine „knallharte Oppositionspolitik“[6] zu betreiben, in der Realität zeigt und was die NPD in Mecklenburg-Vorpommern für ihre Wähler getan hat. Mit welchen Themen füllt sie ihre Politik aus? Wie delegitimiert sie unser demokratisches System? Wie setzen sich die Abgeordneten der anderen Fraktionen im Landtag mit der NPD auseinander? Wie gestaltet sich die Zusammenarbeit der NPD mit den „Freien Kameradschaften“ im Land? Diesen und anderen Fragen soll im Folgenden nachgegangen werden, denn die NPD wird in Mecklenburg-Vorpommern nicht so einfach von der Bildfläche verschwinden.[7] Im Gegenteil: Sie baut ihre Strukturen weiter aus, arbeitet an einem positiven Image ihrer Abgeordneten, die sich um Hartz IV-Betroffene kümmern sowie Schulschließungen und die Erhöhung der Energiepreise anprangern. Umfragen zufolge würde die NPD dem nächsten Landesparlament wieder angehören.[8]

2. Die Allianz der NPD mit den „Freien Kameradschaften“

Mit sechs Abgeordneten ist die NPD seit ihrem „politischem Herbststurm“[9] im September 2006 im Schweriner Landtag vertreten. Udo Pastörs, Stefan Köster, Tino Müller, Michael Andrejewski, Birger Lüssow und Raimund Borrmann sind keine Unbekannten. Sie sind schon lange in der rechtsextremistischen Szene aktiv, haben ein festes völ-

5 Vgl. Toralf Staud, Moderne Nazis. Die neuen Rechten und der Aufstieg der NPD, Bonn 2006, S. 108.

6 Vgl. o.V., Wir sind drin!, unter: http://www.npd-mv.de/index.php?sek=0&pfad_id=37&cmsint_id=1&detail= 951 (11. März 2008).

7 Diese Untersuchung basiert auf vielen Quellen. Hervorzuheben sind vor allem die Parlamentsdokumente (Drucksachen und Plenarprotokolle), die über das Landtagsarchiv zugänglich sind, ebenso über die Homepage des Landtages (http://www.dokumentation.landtag-mv.de/parldok/) abrufbar und einsehbar sind. Des weiteren sei auf das vielfach ausgezeichnete Informationsportal www.endstation-rechts.de verwiesen, das von dem SPD-Landtagsabgeordneten Mathias Brodkorb initiiert und betrieben wird. Es hat seinen Schwerpunkt auf die „Parlamentsaktivitäten der NPD“ gelegt und dokumentiert mit vielen Sach- und Videobeiträgen sowie Tonmitschnitten die Arbeit der NPD inner- und außerhalb des Landtages. Darüber hinaus wurden für diese Untersuchungen originäre Quellen der NPD genutzt, wie deren Wahlkampfmaterial aus dem Jahr 2006 sowie Internetportale dieser Partei. Selbstverständlich wurden ebenso Medienberichte der vergangenen anderthalb Jahre für die Analyse genutzt. In die Untersuchung nicht mehr einbezogen werden konnte leider der von Mathias Brodkorb und Volker Schlotmann herausgegebene Sammelband (Provokation als Prinzip. Die NPD im Landtag von Mecklenburg-Vorpommern, Rostock 2008).

8 Vgl. Forsa-Umfrage der Ostseezeitung v. 29. Dezember 2007. Demnach fällt die NPD mit 7 Prozent nur geringfügig gegenüber dem Landtagswahlergebnis von 2006 zurück.

9 Vgl. Apfel (FN 2).

kisch-rassistisches Weltbild und verfügen über eine gewisse Autorität im „nationalen Lager".[10] Die sechs Männer vertreten ein breites rechtsextremistisches Spektrum, das von den „gemäßigten" Nationaldemokraten bis zu den gewaltbereiten militanten „Freien Kameraden" reicht.

Pastörs, Köster und Andrejewski haben eine westdeutsch geprägte Kaderlaufbahn innerhalb diverser rechtsextremer Gruppen und Parteien durchlaufen. Müller und Lüssow können auf eine mehr oder weniger erfolgreiche Kameradschaftskarriere zurückblicken und haben sich in Mecklenburg-Vorpommern in der rechtsextremistischen Szene multifunktional etablieren können. Ein relativ unbeschriebenes Blatt ist Raimund Borrmann, der zu DDR-Zeiten Marxismus-Leninismus studiert hat.

Daß die NPD den strategischen Schulterschluß mit den „Freien Kameradschaften" im Land gesucht hatte, gereichte ihr weder vor noch nach der Wahl zum Nachteil. Selbstverständlich war das nicht. Die „Freien Kameradschaften" tragen aus Sicht hoher NPD-Funktionäre das Stigma „unzuverlässiger Verbündeter", da sie von der NPD unabhängige Wege beschritten, oft „eigene Sache" machten, Interessenkollisionen hervorriefen und die NPD als „Systempartei" diffamierten.[11] Animositäten gibt es ebenfalls auf Seiten der „freien Kräfte", die der NPD Opportunismus, Karrierismus und Unterwanderung durch den Verfassungsschutz vorwerfen.

Ende des Jahres 2005 wurde in Mecklenburg-Vorpommern die sogenannte „Volksfront von rechts" aus NPD und „Freien Kameradschaften" gebildet.[12] Zahlreiche „Freie Kameraden", die regional stärker präsent sind als die NPD, traten seitdem der Partei bei. Die NPD ließ zur Landtagswahl 2006 im Gegenzug auf den ersten 14 Plätzen der Landesliste sieben einflußreiche militante Kameradschaftsaktivisten kandidieren. Zwei von ihnen zogen schließlich in den Schweriner Landtag: Tino Müller und Birger Lüssow. Sie sind seither das wichtigste Bindeglied der Fraktion zu den „Freien Kameradschaften". Wie Müller und Lüssow dürften Köster und Andrejewski, die das Bündnis zwischen der Partei und den Kameradschaften mit vorangetrieben haben, ihre Dienste für Begehrlichkeiten der militanten Kameradschaften leisten. Eine besondere Rolle in diesem Geflecht hat Peter Marx, jener Multifunktionär, der bereits in Dresden als Fraktionsgeschäftsführer angestellt war. Nun zieht er in Schwerin als Fraktionsgeschäftsführer die Fäden im Hintergrund und versucht das schwierige Verhältnis zwischen NPD und „Freien Kameraden" stabil zu halten.[13]

---

10 Vgl. Sebastian Huld, Die NPD im Schweriner Landtag – das Personal, unter: http://www.zentrum-demokratische-kultur.de/pdf/Mandatstraeger_der_NPD.pdf. (11. März 2008).

11 Vgl. Andrea Röpke, Wackelige "Volksfront", in: Blick nach Rechts 18/2006.

12 Aktive rechtsextremistische Kameradschaften im Land sind u.a. „Mecklenburgische Aktionsfront", „Heimatbund Pommern", „Heimattreue Deutsche Jugend", „Kameradschaft Stralsund", „Freundeskreis Avanti". Vgl. Innenministerium Mecklenburg-Vorpommern (Hrsg.), Verfassungsschutzbericht 2006, Schwerin 2007, insb. S. 41 ff.

13 Interview mit Karl-Georg Ohse, Leiter des Regionalzentrums für demokratische Kultur Westmecklenburgs am 19. Januar 2008.

Die NPD profitiert vom Schulterschluß mit den „Freien Kameradschaften" nicht nur personell, sondern nutzt auch deren regionale Verankerung. So gibt es viele kleine Orte im Land, in denen die „Freien Kameradschaften" sich durch eifrige Basisarbeit, die Organisation von Bürgerfesten und Nachbarschaftshilfen, das Engagement in Vereinen sowie Bürgerinitiativen fest im politischen und gesellschaftlichen Leben verankert haben: Orte, in denen es an zivilgesellschaftlichem Engagement fehlt und die von den demokratischen Parteien vernachlässigt werden. Ein prominentes Beispiel ist der auf Platz 2 der NPD-Landesliste gesetzte Tino Müller. Der „Freie Nationalist" hatte in Ueckermünde die Bürgerinitiative „Schöner und sicherer wohnen" ins Leben gerufen, die sich gegen ein Asylbewerberheim richtete. Dafür bekam er viel Zuspruch aus der Bevölkerung und erreichte mit 14,4 Prozent der Erststimmen in seinem Wahlkreis Uecker-Randow das beste Ergebnis eines NPD-Direktkandidaten.[14] Wo sich die NPD der Kameradschaftsszene öffnete, konnte sie – anders als bei den vorherigen Landtagswahlen – die Wähler besser erreichen. Das ist bis heute so. Die NPD macht nach wie vor einen stabilen Eindruck, obwohl sie diese schwierige Allianz eingegangen ist. Auch die „Freien Kameradschaften" im Land haben die Vorteile des Bündnisses erkannt. Sie profitieren zum einen finanziell von der Partei und investieren das Geld in die eigene Arbeit wie in den Druck von Zeitungen, den Ausbau der kommunalen Arbeit oder den Ankauf von Immobilien.[15] Zum anderen erkennen die eigentlich parlamentsfeindlichen „Kameraden" den Schweriner Landtag ebenso als politische Bühne an, auf der sie ihre politischen Ziele publikumswirksam verbreiten können.[16]

Es deutet einiges darauf hin, daß die militanten gewaltbereiten Kameradschaften ihren Einfluß gegenüber der NPD ausbauen werden. Sie haben der Parteispitze nach dem Einzug in den Schweriner Landtag bereits eine Reihe personell wichtiger Zugeständnisse abringen können. So wurden Referenten- und Wahlkreismitarbeiterstellen mit einflußreichen Personen aus der Kameradschaftsszene wie Michael Gielnik, Michael Grewe oder Jörg Hähnel besetzt. Gielnik ist wie das Fraktionsmitglied Tino Müller einer der führenden Köpfe im rechtsextremistischen überregionalen Netzwerk „Soziales und Nationales Bündnis Pommern". Außerdem gelang es, den ehemaligen Funktionär der Wiking-Jugend und bekannten Neonationalsozialisten aus dem Raum Dresden, Eric Kaden, als Referenten nach Schwerin zu holen.[17] Als Wahlkreismitarbeiter wurden „Freie Kameraden" wie David Petereit (Büro Birger Lüssow) eingestellt. Die Einstellung von Petereit ist umso bemerkenswerter, als dieser im Wahlkampf mit eigenen

14 Vgl. Statistisches Landesamt Mecklenburg-Vorpommern (Hrsg.), Wahlen 2006. Wahl zum Landtag von Mecklenburg Vorpommern am 17. September 2006, Statistische Hefte, 3 (2006), Wahlheft 2.

15 Interview mit Karl-Georg Ohse (FN 13).

16 Vgl. Malte Arnsperger, Neonazis wollen Landtag erobern, in: Stern online v. 5. September 2006, unter: http://www.stern.de/politik/deutschland/:Mecklenburg-Vorpommern-Neonazis-Landtag/569310.html (11. März 2008).

17 Vgl. auch Andrea Röpke, Ferien im Führerbunker. Die neonazistische Kindererziehung der „Heimattreuen Deutschen Jugend (HDJ)", Braunschweig 2007.

Flugblättern für Unmut in der NPD-Führungsspitze gesorgt hatte und dem Bündnis seit Beginn sehr kritisch gegenübersteht.[18] Petereit, Student der Rechtswissenschaft, engagiert sich in der „Mecklenburgischen Aktionsfront".[19]

3. Die Auseinandersetzung mit der NPD im Landtag

Als der Landtag am 16. Oktober 2006 zu seiner konstituierenden Sitzung zusammentrat, stand auf der Tagesordnung die Verabschiedung einer neuen Geschäftsordnung. Normalerweise erregt dies wenig Aufsehen. Diesmal war es anders. Es ging um grundlegende Änderungen, die dazu dienten, der NPD enge Grenzen in der Parlamentsarbeit zu setzen. Die Fehler, die die demokratischen Fraktionen im sächsischen Landtag im Umgang mit der NPD gemacht hatten, wollte man in Schwerin von vornherein ausschließen. In Dresden hatte man sich von der NPD schockieren und vor sich her treiben lassen, in Schwerin wollte man die Zügel von Beginn an selbst in der Hand behalten.[20] „Wir gehen souverän und unaufgeregt mit der neuen Situation im Landtag um", versprach der spätere CDU-Innenminister Lorenz Caffier.[21]

Die Gelassenheit von Caffier war dem Umstand geschuldet, daß sich die anderen Schweriner Parteien, anders als in Dresden, auf den Einzug der NPD vorbereitet hatten. Es gab einen intensiven Erfahrungsaustausch mit sächsischen Parlamentskollegen und viele interne Absprachen zwischen den Fraktionen der anderen Parteien im Schweriner Landtag, an dessen Ende eine Art Ehrenkodex verabredet worden war: Trotz der politischen Unterschiede versprach man sich gegenseitig, daß man mit der NPD keine gemeinsame Sache machen werde. Der Spielraum der Rechtsextremisten sollte so eng wie möglich gehalten sein, auch wenn die Regeln so geändert werden mußten, daß sie zum Nachteil aller Parteien ausfielen.[22]

Dennoch war es ein schwieriger politischer Spagat, dem man sich in Schwerin aussetzte, denn auf der einen Seite galt es den Gleichbehandlungsgrundsatz für alle Fraktionen im Parlament aufrechtzuerhalten. Auf der anderen Seite sollte die Demokratie vor ihren Feinden geschützt werden.[23] Anders gesagt: Die Fraktionen des Landtages hatten darauf zu achten, daß sie mit taktischen Finessen die demokratischen Grundsätze nicht ad absurdum führten. Die NPD sollte deutlich ihre Schranken aufgezeigt bekommen, ihre Abgeordneten dürfen nicht zu Märtyrern stilisiert werden.

---

18 Vgl. Postenschacherei in Schwerin, in: Blick nach Rechts 9/2006.

19 Interview mit Karl-Georg Ohse (FN 13).

20 Vgl. Astrid Geisler/Michael Bartsch, Winkelzüge im Schloß, in: taz v. 13. Oktober 2006.

21 Schweriner Volkszeitung v. 17. Oktober 2006, S. 5.

22 Vgl. Vortrag der Landtagspräsidentin Sylvia Bretschneider auf der Tagung der Akademie für Politik, Wirtschaft und Kultur in Mecklenburg-Vorpommern e.V. am 13. Dezember 2006 in Schwerin „Rechtsextremismus im Parlament und in der Gesellschaft", eigene Mitschrift.

23 Vgl. Rede der Landtagspräsidentin Sylvia Bretschneider am 16. Oktober 2006, abgedruckt in: Schweriner Volkszeitung v. 17. Oktober 2006, S. 5.

Im Vorfeld der konstituierenden Sitzung des Landtages hatten sich SPD, CDU, Die Linke und FDP auf eine Änderung der Redezeiten in der neuen Geschäftsordnung verständigt. Zukünftig sollten die Redezeiten der Fraktionen von deren Wahlergebnis abhängig gemacht werden. Mit dieser Einschränkung wollten die Fraktionen verhindern, daß die NPD über das Einbringen vieler Anträge übermäßig lange Redezeit beansprucht und ihren Abgeordneten so ein willkommenes Podium für rassistische, antisemitische und menschenrechtsfeindliche Positionen geboten wird. Des weiteren verständigten sich die Fraktionen, die Ausschußbesetzungen nach dem D'Hondtschen Verfahren, das grundsätzlich kleine Parteien benachteiligt, vorzunehmen, um der NPD nicht den Vorsitz für einen Ausschuß zu überlassen. Außerdem wurde als neuer Passus in die Geschäftsordnung eingefügt, daß zukünftig alle Fraktionsmitarbeiter polizeiliche Führungszeugnisse vorzulegen haben. Darüber hinaus einigten sich die in den Landtag gewählten Parteien, mit Ausnahme der NPD, auf ein neues Finanzierungsmodell für die Fraktionen, zu Lasten der kleinen Fraktionen.[24]

Mit 17 Änderungsanträgen zur neuen Geschäftsordnung versuchte die NPD diesen Konsens zu durchbrechen: erfolglos. Keiner der NPD-Anträge stieß auf Zustimmung eines Abgeordneten der anderen Parteien. Die NPD stilisierte sich daraufhin gleich in der ersten Landtagssitzung als Opfer der Demokratie. Der NPD-Abgeordnete Michael Andrejewski skandalisierte und erklärte, mit dieser Geschäftsordnung werde das Parlament in eine „Schweigekammer" verwandelt. Die NPD, so sagte er weiter, „sehe unvertretbare Demokratiedefizite" und meinte, „diese Geschäftsordnung [wäre] der Volkskammer angemessen gewesen".[25]

Die Verabschiedung einer neuen Geschäftsordnung war nur Teil einer Strategie, mit der die Fraktionen versuchten, öffentliche Provokationen der NPD zu minimieren.[26] Darüber hinaus hatten sich die Fraktionen von CDU, SPD, Die Linke und FDP in mehreren internen Gesprächen darauf geeinigt, daß immer nur ein Abgeordneter im Namen aller Fraktionen auf die Redebeiträge der NPD reagiert. Eine komprimierte und offensive Auseinandersetzung, so die Hoffnung der Schweriner Parlamentarier, bringe mehr als eine demonstrative Ignoranz, wie sie in Sachsen zeitweise praktiziert worden war. Dort hatten die Abgeordneten den Plenarsaal bei Provokationen verlassen. Des weiteren verständigten sich die Abgeordneten, keinem NPD-Antrag zuzustimmen, sondern eine konsequente Geschlossenheit im Abstimmungsverhalten zu zeigen. Auch hier hatten

24 Die Grundausstattung der NPD-Fraktion beläuft sich auf 150.000 Euro pro Jahr. Hinzu kommen 210.000 Euro Förderung für die Abgeordneten. Rechnet man die Sonderleistungen wie Tagegelder, Spezialisierungszuschläge und die Personalmittel für den Wahlkreis hinzu, verfügt die NPD dennoch über eine Summe von 1.275.210,60 Euro jährlich. Vgl. Mathias Brodkorb, Soviel Geld bekommt die NPD-Fraktion, unter: http://www.endstation-rechts.de/index.php?option=com_content&task=view&id =289& Itemid=240 (11. März 2008).

25 Zit. nach Stefan Koslik, Debatten zwischen Auszeiten, in: Schweriner Volkszeitung v. 17. Oktober 2006, S. 5.

26 Vgl. Landtag Mecklenburg-Vorpommern (Hrsg.), Geschäftsordnung des Landtages Mecklenburg-Vorpommern, 5. Wahlperiode, Schwerin 2006.

die Schweriner Parlamentarier die Eklats in Dresden vor Augen. Dort hatte die NPD bei geheimen Abstimmungen wiederholt einige Stimmen aus dem demokratischen Lager erhalten.[27]

Nach anderthalb Jahren hält in Schwerin dieser Konsens. Alle Anträge der NPD sind bis heute von den anderen Fraktionen des Landtages geschlossen abgelehnt worden. Es kam auch nicht wie im sächsischen Landtag zum politischen Skandal, als die Wahl des Ministerpräsidenten auf der Tagesordnung stand. In Schwerin hatte sich der NPD-Fraktionsvorsitzende Udo Pastörs zur Wahl gestellt. Er bekam jedoch anders als in Sachsen nicht eine Stimme von den anderen Fraktionen. Harald Ringstorff ging als Sieger aus dieser Wahl hervor und wurde erneut Ministerpräsident des Landes Mecklenburg-Vorpommern.[28]

Mittlerweile sind im Landtag eine Vielzahl weiterer Änderungen durchgesetzt worden, die vor allem als eine Reaktion auf aktuelle Vorkommnisse mit der NPD zu werten sind. So reagierte zum Beispiel die Landtagsverwaltung mit einer Verschärfung der Hausordnung, nachdem Jörg Hähnel, Referent in der NPD-Landtagsfraktion, im Frühjahr vergangenen Jahres versuchte, einen sogenannten Totschläger in das Schweriner Schloß mitzubringen und dabei von Sicherheitskräften gestellt wurde. Wer heute in das Schloß will, muß durch eine Sicherheitsschleuse. Außerdem ist seit November 2007 das Tragen rechtsextremistischer Szenekleidung in den Räumen des Schweriner Landtages verboten. Anlaß war, daß der parlamentarische Geschäftsführer der NPD, Stefan Köster, zu einer Sitzung des Ältestenrates mit einem Pullover der Marke „Thor Steinar" erschienen war.[29]

Die unmittelbare Konfrontation mit der NPD hat in den letzten Monaten bei fast allen Abgeordneten der demokratischen Fraktionen zudem dazu geführt, sich für ein neuerliches NPD-Verbotsverfahren einzusetzen. Auf der 27. Landtagssitzung am 18. Oktober 2007 brachte die SPD-CDU-Koalition einen entsprechenden Antrag ein. Die Landesregierung wurde aufgefordert zu prüfen, „ob die Voraussetzungen für ein Verbot der NPD erfüllt sind und gemeinsam mit den anderen Bundesländern etwaige Hindernisse, die im Jahr 2003 zur Einstellung des damaligen Verfahrens vor dem Bundesverfassungsgericht führten, zu beseitigen."[30] Die Koalitionsparteien sehen mit einem Verbotsverfahren die Chance, die staatliche subventionierte Infrastruktur der NPD zu schwächen. Daß ein Verbot nicht alle Probleme lösen würde, war den Antragstellern durchaus bewußt. Der Antrag stieß bei den Fraktionen von CDU, SPD und Die Linke auf mehrheitliche Zustimmung. Die FDP und die NPD lehnten den Antrag ab. Die FDP begründete ihre Ablehnung damit, daß ein Verbot nicht geeignet sei, das Denken der Rechtsextremen zu verändern. Die Demokratie solle sich statt dessen selbstbewußt auf politi-

27 Vgl. Vortrag der Landtagspräsidentin Sylvia Bretschneider (FN 22).
28 Vgl. Landtagsarchiv, Plenarprotokoll 5/5.
29 Interview mit Karl-Georg Ohse (FN 13).
30 Landtagsarchiv, Drucksache 5/903.

scher Ebene mit der NPD auseinandersetzen.[31] Alle seit Jahren bundesweit in der Debatte um ein erneutes Verbotsverfahren angeführten Argumente kamen im Schweriner Parlament zum Tragen. Die Landesregierung wirbt im Bundesrat nun seit Monaten für ein Verbotsverfahren; Mehrheiten lassen sich momentan offensichtlich nicht finden.

Trotz vieler Vorkehrungen gibt es nach wie vor Unsicherheiten im Umgang mit den Rechtsextremisten. Ein Beispiel ist der Eklat auf der 33. Sitzung des Schweriner Landtages. Als die Landtagspräsidentin Sylvia Bretschneider am 30. Januar 2008 die Sitzung eröffnete und die Abgeordneten aufforderte, sich im Rahmen einer Gedenkminute für die Opfer des Holocaust von ihren Plätzen zu erheben, blieben die NPD-Abgeordneten sitzen. Daraufhin zogen sich die Fraktionsvorsitzenden der anderen Parteien zu einer Beratung zurück, in deren Ergebnis sie den Beschluß faßten, das Geschehene nicht weiter zu thematisieren. Dieses Verhalten wurde als Ignoranz interpretiert und führte zu bundesweiten Protesten. Die Provokation der NPD geriet in den Hintergrund. Die Fraktionen im Schweriner Landtag mußten sich den Vorwurf gefallen lassen, es den „rechtsradikalen Ideologen“ erleichtert zu haben, „ihr menschenverachtendes Gedankengut zu verbreiten.“[32] Die Schweriner Parlamentarier verstanden die Aufregung nicht und empfahlen den Kritikern, sich einmal selbst ein Vor-Ort-Bild zu machen und die parlamentarischen Realitäten in der Auseinandersetzung mit der NPD kennenzulernen.[33]

4. Die Provokation als zentrales Arbeitsinstrument

Daß die NPD-Abgeordneten der Opfer des Nationalsozialismus nicht gedachten, weil damit aus ihrer Sicht ein „einseitiger Schuldkult“[34] unterstützt werde, war nur die Spitze des Eisberges alltäglicher Provokationen. Die NPD provoziert besonders, wenn sie ein Publikum hat, wenn Medien den Sitzungen beiwohnen. Dann ist nichts mehr zu spüren von der verbalen Zurückhaltung der Mitglieder im Wahlkampf. Anders gesagt: Während die NPD-Mitglieder im Wahlkampf platten Rassismus vermieden und ihre politischen Forderungen nur unterschwellig mit ausländerfeindlichen und antidemokratischen Parolen garnierten, um bestimmte Wählerschichten nicht zu verschrecken, präsentieren sie der Öffentlichkeit seither auf der Bühne des Parlamentes in anschaulicher Breite ihre Ideologie des völkischen Nationalismus. Das Parlament wird zur „Volkskammer“ degradiert, die anderen Parteien im Landtag als „Systemparteien“ beschimpft und die Medien zur „Feindpresse“ erklärt.[35] Die NPD fordert die alten Staatsgrenzen

31 Vgl. Landtagsarchiv, Plenarprotokoll 5/27.

32 Beispielhaft: Angela Hoffmann, Empörung über Göring-Eckardt, in: Schweriner Volkszeitung v. 1. Februar 2008.

33 Vgl. Süddeutsche Zeitung v. 31. Januar 2008.

34 Vgl. Frank Ruhkieck, Aufstand der Anständigen, in: Schweriner Volkszeitung v. 31. Januar 2008.

35 Vgl. u.a. 2. und 8. Landtagssitzung.

vor 1945 zurück und redet deshalb von „Pommern“ statt von Vorpommern. Sie propagiert das Gesellschaftsmodell einer autoritär geführten Volksgemeinschaft, in der es nichts „Fremdes“ mehr gibt und die Reinheit der eigenen Kultur zum Tragen kommt.[36] Sie fordert einen Zuwanderungsstop und die „Rückführung“ von Einwanderern in ihre eigenen Kulturen.[37] Sie fordert auch einen Sozialstaat nur für Deutsche und will die Förderung benachteiligter Menschen abschaffen, da nur „das Gesunde und Starke“ einen angemessenen Platz in der Gesellschaft haben dürfte.[38] Sie pflegt den Kollektivismus und bringt ihre Verachtung gegenüber individuellen Entfaltungsmöglichkeiten zum Ausdruck. Sie will die Emanzipation der Frauen zurückdrehen, denn sie selbst vertritt ein reaktionäres Frauenbild, in der Frauen rein biologische Funktionen haben.[39]

Noch etwas anderes ist von Belang: Seit dem Amtsantritt von Udo Voigt als Bundesvorsitzender bemüht sich die NPD, sich vom Makel der Ewiggestrigen zu befreien. Sie will als moderne Partei in der Gesellschaft Anerkennung finden und nicht mehr als Erbin des Nationalsozialismus identifiziert werden. Das gelingt ihr nicht. Die Verlautbarungen der Schweriner NPD-Abgeordneten in den vergangenen anderthalb Jahren haben das Gegenteil bewiesen. Sie sympathisieren nach wie vor mit dem Nationalsozialismus, aus dem sie – auch wenn sie es nach außen nicht so richtig preisgeben wollen – ihre Existenz und ihre Identität speisen. Für den Fraktionsvorsitzenden der NPD, Udo Pastörs, ist Adolf Hitler ein Mann, der „ja wahnsinnige Pflöcke eingerammt [hat], auf fast allen Gebieten, er ist ja ein Phänomen gewesen dieser Mann, militärisch, sozial, ökonomisch.“[40] Pastörs' „Fraktionskameraden“ stehen ihm in nichts nach, wie an einer Episode aus der achten Landtagssitzung deutlich gemacht werden kann.

Zu dieser Landtagssitzung hatte die Linkspartei einen Dringlichkeitsantrag zum Thema „Internationale Wanderausstellung ‚Anne Frank und wir'“ auf die Tagesordnung gebracht.[41] Die Abgeordneten sollten die Ausstellung unterstützen, so das Ziel des Antrages. Der Wunsch nach einer symbolischen Geste der Volksvertreter hatte einen unmittelbaren Hintergrund: Vor Ausstellungseröffnung Anfang Dezember 2006 in der Stadt Grimmen gab es mehrere rechtsextremistische Übergriffe. So verteilten Rechtsextreme eine CD, die das Andenken von Anne Frank verunglimpfte und die Verbrechen der Nationalsozialisten bagatellisierte. Als Redner zum Antrag trat für die NPD der „Freie Kamerad“ Birger Lüssow ans Mikrophon und behauptete, das Bundeskriminalamt hätte herausgefunden, daß Anne Frank ihr Tagebuch mit einem Kugelschreiber verfaßt habe. Die NPD-Fraktion sei der Ansicht, die Aufzeichnungen des jüdischen Mädchens seien gefälscht, denn vor 1945 habe es noch keine Kugelschreiber gegeben. Lüssow nahm den Dringlichkeitsantrag auch zum Anlaß, um auf die Bombardierung

36 Vgl. 18. Landtagsitzung.
37 Vgl. 27. Landtagssitzung.
38 Vgl. 11. und 12. Landtagssitzung.
39 Vgl. 38. Landtagssitzung.
40 Vgl. Stern 37/2006, S. 80.
41 Vgl. Landtagsarchiv, Drucksache 5/103.

deutscher Städte durch die Alliierten einzugehen und die Forderung zu erheben, „das unendliche Kriegsleid, welches die Amerikaner gemeinsam mit ihren Hilfswilligen verbreiteten, zu dokumentieren und zu brandmarken“ – statt die „deutsche Jugend“ mit „[einseitigem] Kollektivschuldgeschwätz“ und „Schuldkultorgien“ zu verblenden.[42] Lüssow deutete in seiner Rede das Geschichtsbild über die Zeit des Nationalsozialismus um. Er relativierte den Holocaust, indem er den alliierten Bombenangriff mit dem Mord an Millionen Juden im Nationalsozialismus gleichsetzte. Seine Rede schloß er mit den Worten: „Ich bin stolz ein Deutscher zu sein.“[43]

Es war ein erster Tabubruch, den die NPD-Fraktion im Schweriner Landesparlament begangen hatte. Das rückwärtsgewandte Streben der NPD nach einer Neubewertung der deutschen Vergangenheit und die daraus abgeleiteten politischen Forderungen sind nur ein Teil dessen, was in der Debatte um die Anne-Frank-Ausstellung zum Ausdruck kam. Der „Freie Kamerad“ und NPD-Abgeordnete Birger Lüssow förderte in seiner Rede ein weiteres wichtiges ideologisches Element der NPD zutage: ihren Antiamerikanismus. Die USA sind schon seit Jahrzehnten ein zentrales Feindbild der NPD. Sie seien das Synonym für Multikulturalität, Liberalismus, Kapitalismus, Demokratie, Globalisierung – also für all das, was die Rechtsextremisten ablehnen. Einen Höhepunkt erreichte der Antiamerikanismus der NPD-Abgeordneten im Zuge des G8-Gipfels, vom 6. bis 8. Juni 2007 im Seebad Heiligendamm nahe Rostock. Dieser wurde allerdings von der NPD nicht nur dazu genutzt, um den „Kriegstreiber Busch“[44] zur unerwünschten Person zu erklären, sondern um auch eines ihrer ureigensten Themen – die „Zersetzung der deutschen Kultur“ durch die Globalisierung – auf die Tagesordnung zu rufen.

5. Die Anträge und Anfragen der NPD-Fraktion

Schon im Wahlkampf hatte die NPD angekündigt: „Die NPD ist die einzige konsequente Kraft gegen Globalismus und für eine volks- und raumnahe Wirtschaft! Sie ist die Partei, die sich bewußt für das Existenzrecht der Völker einsetzt und gegen die Zerstörung der Volksidentitäten kämpft, die sowohl Ab- wie auch Zuwanderung großer Teile der Arbeitnehmerschaft automatisch mit sich bringen.“[45] Der G8-Gipfel in Heiligendamm war Gegenstand der bis zur 38. Landtagssitzung am 7. März 2008 einzigen Großen Anfrage der NPD-Fraktion. 165 Fragen hatte sie im Juni 2007 an die Landesregierung gerichtet. Sie wollte mehr wissen zu den Kosten des Gipfels, zu dem Auftreten

42 Vgl. Landtagsarchiv, Plenarprotokoll 5/8, S. 53.
43 Ebd., S. 54.
44 Dirk Arendt/Bernd Flotow, Sorry, Mr. Bush - Kriegstreiber sind in Stralsund nicht erwünscht!, unter: http://www.npd-mv.de/index.php?sek=0&pfad_id=50&cmsint_id=1&detail=391&altp=33 (11. März 2008).
45 Vgl. Aktionsprogramm der NPD zur Landtagswahl 2006 in Mecklenburg-Vorpommern.

von Polizei und anderen Einsatzkräften sowie zu den linken „Krawallmachern“.[46] Sie verlieh mit diesem Fragenkonvolut und zwölf Anträgen ihrem Protest gegen den Weltwirtschaftsgipfel auf parlamentarischem Wege Ausdruck. Auch wenn die Anträge, die die NPD in den Jahren 2006 und 2007 einbrachte, um den Gipfel zum Scheitern zu bringen, von den anderen Fraktionen im Landtag abgelehnt wurden, hatte sie eines erreicht: Sie suggerierte den Globalisierungsverlierern – vor dem Schweriner Landtag –, daß man die Probleme Zuwanderung, Sozialabbau und Arbeitslosigkeit ernst nehme und sich kümmere. Sie spielte sich in ihrem Engagement gegen den Weltwirtschaftsgipfel zum Anwalt der sozial benachteiligten und ordnungsliebenden Deutschen auf. Die in der Bevölkerung vielfach vorherrschende Kritik an den hohen Beteiligungskosten des Landes bei der Umsetzung des Weltwirtschaftsgipfels hat sich die NPD im Land besonders schnell zunutze gemacht und damit eine andere Oppositionspartei im Landtag, Die Linke, in erhebliche Bedrängnis gebracht.

Von allen Fraktionen hat die NPD bislang die meisten Kleinen Anfragen in das Parlament eingebracht und das obwohl sie die kleinste Fraktion im Landtag ist. In der Antragsarbeit liegt sie knapp hinter der Fraktion Die Linke. Die NPD-Fraktion hat viele ihrer Anträge, Anfragen, Gesetzesentwürfe sowie Redebeiträge auf ihre Internetseite gestellt und präsentiert zudem einen „Zähler“, der die Arbeit in aktuelle Zahlen faßt. Nach jeder Landtagssitzung schnellen die Zahlen, die den Fleiß symbolisieren sollen, in die Höhe. Nach der 38. Landtagssitzung am 7. März 2008 verzeichnete sie 412 Kleine Anfragen, 76 Anträge, 59 mündliche Anfragen, 57 Änderungsanträge, zwei Gesetzesentwürfe und eine Große Anfrage.[47]

Dem Internetnutzer erklärt sie aber nicht, daß etwa Stefan Köster 136 ähnlich lautende Kleine Anfragen an die Landesregierung zu Beratungsfällen des Opfervereins Lobbi e.V. unter dem Titel „Politisch motivierte Straftaten in Mecklenburg-Vorpommern“ gestellt hatte. Unerwähnt bleibt auf der Internetseite der NPD-Fraktion ebenfalls, daß ihr erster in den Landtag eingebrachter Gesetzesentwurf „Gesetz über den Öffentlichen Gesundheitsdienst“[48] bei der saarländischen CDU abgeschrieben worden war, den diese am 23. November 2006 in den Landtag eingebracht hatte.[49]

In ihren Kleinen Anfragen ruft die NPD-Fraktion sowohl sozial- und bildungspolitische Themen auf die Tagesordnung als auch kultur- und europapolitische. Sie fragt im Interesse der Hartz IV-Empfänger, der Mittelständler oder der alleinerziehenden Mütter nach. „Aus dem Volk für das Volk“ war schon das Motto der NPD im Landtagswahlkampf. Schon damals erreichte sie ein breites Klientel, das bis in die Mitte der Gesellschaft reichte und das sie weiterhin zu bedienen hat. Sie erzielte zwar ihr altersspezi-

46 Vgl. Landtagsarchiv, Drucksache 5/712.

47 Vgl. http://www.npd-fraktion-mv.de/antraege.html (11. März 2008).

48 Vgl. Landtagsarchiv, Drucksache 5/467.

49 Mathias Brodkorb, Erstes NPD-Gesetz floppt: Nieszery (SPD) enttarnt Vorlage als CDU-Plagiat, unter: http://www.endstation-rechts.de/index.php?option=com_content&task=view&id=393&Itemid=117 (11. März 2008).

fisch bestes Ergebnis bei den 18- bis 24jährigen mit 17 Prozent, aber sie lag auch besonders in der Wählergunst bei den Arbeitslosen (17 Prozent), den Arbeitern (10 Prozent) und den Selbständigen (10 Prozent), selbst bei den Beamten konnte sie 4 Prozent von ihren Politikvorstellungen überzeugen.[50]

In den Kleinen Anfragen greift sie Themen auf wie zur „Situation der Obdachlosigkeit", zur „Schließung von Postämtern"[51], zu „Schulgärten und Schulgartenunterricht"[52] oder zur „Belastung des Nationalparkes Vorpommersche Boddenlandschaft."[53] Aber sie stellt auch immer wieder Anfragen, die ihr fremdenfeindliches Klientel bedienen sollen wie etwa zu „Migranten"[54], zur „Ausländerkriminalität"[55], zu „Asylbewerberheimen"[56] oder zur „Beschäftigung ausländischer Arbeitnehmer auf den Werften".[57] Sie versucht darüber hinaus mit Anfragen zu politisch motivierten Gewalttaten nicht nur Informationen über den politischen Gegner zu erhalten, sondern auch den Rechtsextremismus zu relativieren und dem Linksextremismus eine gefährlichere Dimension zu geben.[58] In ihren Anträgen ist die NPD-Fraktion weniger inhaltlich breit orientiert. Bei einer Analyse ihrer von Oktober 2006 bis März 2008 gestellten 95 Anträge (einschließlich Änderungsanträgen) fällt folgendes auf:

- 29 von 95 Anträgen befassen sich mit der Geschäftsordnung des Landtages und den Rechtsverhältnissen der Abgeordneten. Konkret ging es um eigene Belange, also die Stellung der NPD-Fraktion und ihrer Mitglieder im Parlament.
- In 21 Anträgen profiliert sich die NPD-Fraktion als antiglobalistisch, nationalistisch und europafeindlich. Dabei bildete ein Schwerpunkt die Auseinandersetzung mit dem Weltwirtschaftsgipfel in Heiligendamm.
- 13 Anträge beinhalten im wesentlichen sozialpopulistische Forderungen in den Bereichen Hartz IV, Familien, Rente, Pflege, Blindengeld und Kinderschutz.
- In 9 Anträgen entdeckt man die klassischen Grundmuster einer nationalistischen „Volksgesundheitspolitik".
- In ebenfalls 9 Anträgen greift die NPD lokale Brennpunktthemen auf und versucht sich an die Spitze von Protestbewegungen etwa gegen den Braunkohleabbau um Lübtheen, das geplante Bombodrom oder die Schließung der Zuckerfabrik in Güstrow zu stellen.
- In 7 Anträgen dokumentiert die NPD-Fraktion ihr Geschichtsbild vom Nationalsozialismus und beschönt die DDR-Vergangenheit.

50 Vgl. Umfrageergebnisse von infratest dimap am 17. September 2006, Presseexemplar.
51 Vgl. Landtagsarchiv, Drucksache 5/641.
52 Vgl. Landtagsarchiv, Drucksache 5/802.
53 Vgl. Landtagsarchiv, Drucksache 5/975.
54 Vgl. Landtagsarchiv, Drucksache 5/210.
55 Vgl. Landtagsarchiv, Drucksache 5/224.
56 Vgl. Landtagsarchiv, Drucksache 5/554.
57 Vgl. Landtagsarchiv, Drucksache 5/683.
58 Vgl. Landtagsarchiv, Drucksache 5/264.

- 4 NPD-Anträge widmen sich dem Schutz des „völkischen“ Eigentums. So forderte die Fraktion die Verstaatlichung der Strom- und Gasnetze; sie sprach sich gegen die Privatisierung der Deutschen Bahn und gegen die Privatisierung kommunalen Wohnungseigentums aus.
- 3 Anträge lassen sich den vorgenannten Mustern nicht eindeutig zuordnen (Verfolgung von Sexualstraftätern, Direktwahl des Bundespräsidenten, kein Einsatz von Wahlmaschinen in Mecklenburg-Vorpommern).

Themen der Wirtschafts-, Arbeitsmarkt-, Verkehrs-, Sport-, Kultur- und Schulpolitik sowie der Wissenschaft und Forschung spielen in den Anträgen der NPD kaum eine Rolle. Die Zukunftsthemen blendet die Partei bislang weitgehend aus. Sie setzt stattdessen auf Abschottung, Ausgrenzung und Konservierung der Ideen des DDR-Sozialismus, auf Vorbehalte und Neidreflexe gegenüber Ausländern, auch wenn deren Bevölkerungsanteil in Mecklenburg-Vorpommern lediglich 1,8 Prozent beträgt.[59]

In den Landtagssitzungen läuft die NPD zur Hochform auf, in den Ausschüssen, wo die eigentliche Arbeit gemacht wird, sind die Abgeordneten hingegen kaum wahrnehmbar. Dieser Gegensatz hat seinen Grund. Der NPD-Abgeordnete Michael Andrejewski erklärte: „Die Ausschüsse würden in der Regel nicht-öffentlich stattfinden, und außerdem könne nicht erwartet werden, daß man sich gegenseitig befruchte.“[60] Das Parlament ist die Bühne, auf der die NPD die Öffentlichkeit erreichen kann, wenn es ihr gelingt die „Schweigespirale der Medien“[61] durch eine entsprechende Provokation zu durchbrechen. Das weiß sie, und so handelt sie auch.

6. Resümee

Im Schweriner Landtag, so der Anspruch der NPD, will sie „Fundamentalopposition“ betreiben und „den Bonzen auf die Finger hauen“.[62] Sie suggeriert ihren Wählern, daß sie die Wahlversprechen umsetzt. So übte sie in der Vergangenheit nicht nur Kritik an der Umsetzung der Hartz IV-Gesetze, sondern forderte auch deren Abschaffung. Sie setzte sich für mehr Mutterschutz, mehr Kindergeld und mehr berufliche Förderung ein. Sie bediente in ihrer Parlamentsarbeit bislang ein breites Klientel: vom Arbeitslosen über die Großfamilie bis zum Mittelständler. Damit ist sie in Mecklenburg-Vorpommern nicht erfolglos. Gerade in Ostdeutschland trifft sie mit ihrem Ideologiegemisch

59 Vgl. Analyse des Statistischen Landesamtes in Schwerin, abgedruckt: in Ostseezeitung v. 12. Februar 2008.

60 Zitiert nach: Mathias Brodkorb, 31. Landtagssitzung: Dyskalkulie bei der NPD, unter: http://www.endstation-rechts.de/index.php?option=com_content&task=view&id=981&Itemid=117 (15. März 2008).

61 So Udo Pastörs auf einem gemeinsamen Treffen der Abgeordneten der NPD-Fraktionen in Schwerin und Dresden. Vgl. Deutsche Stimme 2/2008.

62 Das war einer der Wahlkampfslogans der NPD.

aus DDR-Sozialismus und Nationalismus auf völlig andere gesellschaftliche und mentale Voraussetzungen als im Westen. Sie spielt im nördlichsten ostdeutschen Bundesland gezielt die Ostalgie-Karte, knüpft an die Empfänglichkeit der Menschen für kollektivistische Gesellschaftsmodelle an und lobt die „sozialen Errungenschaften" der DDR.[63]

Die NPD läßt jedoch unberücksichtigt, wie sie ihre politischen Forderungen finanzieren will. Ernsthafte Lösungen für die vielfältigen Probleme der Arbeitslosigkeit und Armut, die mangelnden Industrieansiedlungen oder die demographischen Verluste in Mecklenburg-Vorpommern bietet sie nicht an. Sie hat keine wirtschaftspolitischen Konzepte, mit denen sie die Unternehmenskultur im Land verbessern und Arbeitsplätze schaffen könnte. Sie suggeriert den Wählern nur, daß alles besser werde, wenn man keine Menschen anderer Nationalität mehr im Land habe und eine „raumorientierte Wirtschaft" betreibe, in der es keine internationalen Handelsbeziehungen und Waren mehr gibt.

„Randale statt Realpolitik, Skandale statt Sacharbeit": So könnte man die Arbeit der NPD-Abgeordneten in den ersten anderthalb Jahren im Parlament kurz umschreiben.[64] All ihre Forderungen müssen deshalb als das bloßgestellt werden, was sie in Wirklichkeit sind.[65] Sie zielen darauf, die negative Stimmung zu schüren und die Menschen von der Demokratie und der Politik weiter zu entfremden. Ihren Forderungen liegt zudem eine Ideologie zugrunde, die den Menschen zu einem rechtlosen Individuum macht. Die Mehrheit der Deutschen kann nicht ernsthaft eine dritte deutsche Diktatur wollen – und deshalb gilt es, ihr völkisches Konzept tagtäglich zu demaskieren. „Die NPD mit ihren Parolen und ihrer Hetze", so formulierte der Politologe Hubertus Buchstein treffend, „bietet gutes Anschauungsmaterial dafür, was Demokratie nicht ist."[66]

Das Erstarken der NPD zeigt aber auch, daß Demokratieentwicklung und die Auseinandersetzung mit destruktiven Utopien eine Langzeitaufgabe ist. Engagement für Demokratie braucht eine Infrastruktur in der Fläche und langen Atem. Es gibt in Mecklenburg-Vorpommern mittlerweile Regionen, in denen die Rechtsextremisten wie selbstverständlich zum Alltag gehören. In Postlow, im Landkreis Ostvorpommern, erreichte die NPD zur Landtagswahl 38,2 Prozent der Wählerstimmen. 55 von 144 wahlberechtigten Einwohnern gaben der rechtsextremistischen Partei ihre Stimme. Und Postlow ist in Mecklenburg-Vorpommern nicht der einzige Ort, an dem die NPD zweistellige Ergebnisse erzielte. Im Landkreis Mecklenburg-Strelitz hatte die NPD ihr bestes Ergebnis mit 15,9 Prozent in Petersdorf bei Woldegk. In Gemeinden des Landkreises Uecker-Randow wie Koblentz wählten 24,6 Prozent die NPD.[67] Postlow, Petersdorf

63 Vgl. auch Staud (FN 5), S. 91 ff.

64 Vgl. Jürgen Schultz, Randale statt Realpolitik, in: Ostseezeitung v. 2. Februar 2008.

65 Vgl. auch die Forderungen von Eckhard Jesse zum Umgang mit der NPD: Eckhard Jesse, Das Auf und ab der NPD, in: Aus Politik und Zeitgeschichte B 43/2005, S. 31-38.

66 Vgl. Schweriner Volkszeitung v. 18. September 2006, S. 4.

67 Vgl. Landtagswahl 2006, Landeswahlleiter Mecklenburg-Vorpommern: Ergebnisse in amtsangehörigen Gemeinden, unter: http://www.statistik-mv.de/index_lwahll.htm (2. März 2008).

und Koblentz sind Orte in prekären Regionen, in denen eine hohe Arbeitslosigkeit herrscht. In Postlow mangelt es an Zukunftsperspektiven, die jungen Leute ziehen weg, es gibt keine Sportvereine, keinen Kindergarten, keine Lokalität, keine Kultur. In der Freiwilligen Feuerwehr sind die „Freien Kameraden“ aktiv. Es sind Landstriche, die die NPD für sich durch Aktionismus und einfache Propaganda erobern konnte – und Orte, die eine ihrer wesentlichen Strategien deutlich machen: den Kampf um die Köpfe der Menschen. Sie will schrittweise und langfristig in die Mitte der Gesellschaft vordringen, „indem sie eine national-soziale Protestbewegung mit Alltagsverankerung zu formieren versucht.“[68] Um es mit den Worten von Toralf Staud zu sagen: „Gefährlich ist die NPD, weil sie an einer Faschisierung der ostdeutschen Provinz arbeitet.“[69] Erst dann, wenn die NPD diesen Kampf entschieden hat, so glaubt sie, hat sie dauerhaft Erfolg in den Parlamenten.

Ihr Selbstbewußtsein ist seit dem Einzug in den Landtag gestiegen. Der Fraktionsvorsitzende der NPD im Schweriner Landtag Udo Pastörs sagte bereits den Untergang der „Gauner-BRD“ für das Jahr 2017 voraus. Dann wolle die NPD in Deutschland die Macht übernehmen.[70] Die NPD in Mecklenburg-Vorpommern zeigt sich radikaler als sonst und fordert immer häufiger öffentlich den Umsturz der Demokratie. Die Gründe dafür liegen auf der Hand: „Die Kameradschaften, das Fußvolk der NPD, müssen bei der Stange gehalten werden. Einerseits wäre ohne ihre eifrige Arbeit vor Ort der Einzug der Partei in den Schweriner Landtag unmöglich gewesen. Andererseits sind sie heute das Druckpotential auf die NPD-Führung vom äußersten rechten Rand.“[71] So geriet Pastörs in die öffentlichen Schlagzeilen, als er bei einem Auftritt vor „Kameraden“ am 3. März 2007 in Halbe in Brandenburg anläßlich einer Gedenkstunde für die deutschen Opfer des Zweiten Weltkrieges forderte, Widerstand zu organisieren und eine „geplante, systematische und vom tiefen Herzen gewollte Bewegung“ aufzubauen. Er rühmte: „Am 8. Mai 1945 hat unsere heldenhafte Wehrmacht kapituliert. Das Deutsche Reich hat niemals kapituliert. Das Deutsche Reich besteht als Völkerrechtssubjekt bis heute fort. Und nur das Deutsche Reich kann eine, in Zukunft wieder lebendige, deutsche Nation bedeuten. Das System, das sich BRD nennt, ist irreparabel.“ Pastörs schloß seine Rede mit den Worten: „Laßt uns diese ganze verfaulte Republik unterwühlen! Laßt sie uns unterwühlen!“.[72] Drei Monate später, bei einem Aufmarsch am 16. Juni 2007 in Rathenow, kündigte er eine Gewaltherrschaft gegen Demokraten mit den Worten an: „Also, liebe herrschende Klasse, seht euch vor, denn wer Wind sät, wird Sturm ernten. Laßt uns Sturm sein!“[73]

---

68 Matthias Brodkorb/Thomas Schmidt, Gibt es einen modernen Rechtsextremismus? Das Fallbeispiel Mecklenburg-Vorpommern, Rostock 2002, S. 7.

69 Staud (FN 5), S. 10.

70 Thomas Volgmann, Pastörs „Göttlicher Auftrag“, in: Schweriner Volkszeitung v. 23. August 2007.

71 Ders., Gefährliches Spiel, in: Schweriner Volkszeitung v. 2./3. Juni 2007.

72 Auszüge aus der Rede, unter: http://www.endstation-rechts.de/index.php?option=com_content&task=view&id=469&Itemid=240 nachlesbar und hörbar (11. März 2008).

73 Ebd.

Während es im Landtag oft einfach erscheint, die politische Bühne der NPD zu verkleinern, belegen viele Fälle, daß es im Alltag schwierig geworden ist, sich den Rechtsextremisten entgegenzustemmen.[74] So wurde im Herbst 2007 bekannt, daß der Bürgermeister der Gemeinde Bargischow, in der die NPD schon bei der Landtagswahl eines ihrer Spitzenergebnisse von 31,6 Prozent erhalten hatte, seit Jahren Mitgliedern des rechtsextremistischen „Heimatbund Pommern" den örtlichen Jugendclub für Treffen überlassen hatte, weil sie die einzigen seien, die dort für Ordnung sorgen würden.[75] Mittlerweile haben die Bargischower Gemeindevertreter jedoch eine Raumordnung für den kommunalen Jugendclub erlassen, der Mitgliedern verfassungsfeindlicher Organisationen den Zutritt zum Jugendclub verbieten soll. Das Rechtsextremismus-Problem in Bargischow ist damit nicht gelöst. Die NPD hat angekündigt, zur nächsten Kommunalwahl einen eigenen Bürgermeisterkandidaten aufstellen zu wollen.[76] Ein anderes Beispiel: Im September 2007 gelang es einem der bekanntesten „Freien Kameraden" im Land, Thomas „Steiner" Wulff, der im Elternrat der Boizenburger Grundschule „Ludwig Reinhard" aktiv war, einen Klassensatz T-Shirts mit dem Logo der Schule bei einem rechtsextremistischen Textilversand zu organisieren. Weder die anderen Elternvertreter noch die Schulleitung, die die Rechnung bezahlte, meldeten Bedenken an.[77] Ein weiteres Beispiel macht deutlich, daß Rechtsextremismus längst in der Mitte der Gesellschaft angekommen ist und dort auch toleriert wird. Als die Industrie- und Handelskammer (IHK) Westmecklenburg 2008 zum Neujahrsempfang einlud, stand der NPD-Fraktionsvorsitzende Udo Pastörs auf der Gästeliste. Die NPD sei schließlich demokratisch gewählt, verteidigte sich die IHK-Spitze. Besonders pikant war, daß auf der Veranstaltung Avi Primor redete, der frühere Botschafter Israels in Deutschland. Erst nachdem der öffentliche Druck zu groß geworden war, entschuldigte sich die IHK und nannte die Einladung einen Fehler.[78]

Demokratie lebt von Fehlern. Es bleibt zu hoffen, daß die Auseinandersetzungen mit der rechtsextremistischen NPD und ihren Sympathisanten nicht nur auf Wahlkämpfe und Medienspektakel beschränkt bleiben, sondern als alltägliche Herausforderung begriffen werden.

---

74 Interview mit Karl-Georg Ohse (FN 13).

75 Vgl. André Mächler, Wende im Fall Bargischow: Bürgermeister übergibt Jugendklub an Neonazis, unter: http://www.endstation-rechts.de/index.php?option=com_content&task=view&id=881&Itemid=241 (16. März 2008).

76 Vgl. Antje Wegwerth, Besseres Zuhören in Bargischow notwendig, in: Nordkurier-Anklam v. 19. März 2008.

77 Vgl. Mathias Brodkorb, Boizenburger Grundschule kauft T-Shirts bei Textilversand eines Rechtsextremisten, unter: http://www.endstation-rechts.de/index.php?option=com_content&task=view&id=632&Itemid=240 (16. März 2008).

78 Vgl. Claudia Naujoks, IHK Schwerin lädt NPD nicht wieder ein, unter: http://www.endstation-rechts.de/index.php?option=com_content&task=view&id=1075&Itemid=242 (16. März 2008).

Eine stalinistische Sekte wird 40 Jahre alt – seit 25 Jahren heißt sie MLPD

Von Helmut Müller-Enbergs

1. Einleitung

„Die bürgerliche Presse schweigt uns in der Regel tot“[1], hadert die MLPD schon immer.[2] Für die *Marxistisch-Leninistische Partei Deutschlands* (MLPD) ist dies der Hauptgrund für ihre „relative Isolierung“. Für Außenstehende liegen andere Gründe auf der Hand: Die MLPD ist politisch und gesellschaftlich belanglos, so sehr, daß nicht einmal alle, die von Berufs wegen mit ihr befaßt sind, sie in ihren jährlichen Berichten oder wissenschaftlichen Analysen für erwähnenswert erachten. Sie spielt also weder in den Medien[3], in der Parteienforschung[4] noch bei den Nachrichtendiensten eine nennenswer-

1 Stefan Engel/Monika Gärtner-Engel, Sozialismus im Brennpunkt, Essen 2007, S. 21. Die Erwähnung der Partei in den Medien wird offenbar genau ausgezählt: „Nach einer unvollständigen Erfassung wurde die MLPD“, wie sie feststellte, „von Mitte August bis Ende Oktober [2004] in 182 Artikeln der überregionalen bürgerlichen Presse erwähnt, also durchschnittlich 18-mal pro Woche. Die Gesamtauflage der dabei erfaßten Medien lag bei mindestens zehn Millionen. Hinzu kamen einige Fernseh- und Radioberichte. Dagegen war die MLPD noch im zweiten Halbjahr 2003 nur 13-mal in überregionalen Zeitungen erwähnt worden und im Fernsehen völlig unsichtbar.“ Vgl. Stefan Engel v. 15. Dezember 2004; Website der MLPD.

2 Das Manuskript dieses Beitrages lag der MLPD unter Angabe des Verwendungszweckes mit der Bitte vor, es auf mögliche sachliche Fehler und Ungenauigkeiten zu prüfen, verbunden mit dem Angebot, entsprechende Hinweise unter Nennung der Quelle zu berücksichtigen. Darauf teilte das Zentralkomitee der MLPD durch seinen Pressesprecher Jörg Weidemann mit Schreiben vom 21. Juli 2008 mit: „Sie haben uns Ihren Entwurf eines Aufsatzes über die MLPD geschickt. Dieser Artikel ist von einer erschreckenden Inkompetenz, spekulativen Darstellungen und verleumderischen Behauptungen geprägt. Er enthält zudem zahlreiche gravierende Fehler und Ungenauigkeiten. An einer ernsthaften Berichterstattung scheinen Sie kein Interesse zu haben, sonst hätten Sie sich nicht derart ausführlich ausgerechnet auf Geheimdienst-Dossiers gestützt und sich den Jargon der Verfassungsschutzberichte zu eigen gemacht. Wir können in Ihrem eigenen Interesse von einer Veröffentlichung nur abraten. Nicht zuletzt wäre auch zu prüfen, inwieweit im juristischen Sinne Persönlichkeitsrechte in Ihrem ‚Aufsatz' verletzt werden.“ Die unmittelbar erbetene Antwort auf Hinweise, wodurch mögliche Verletzungen von Persönlichkeitsrechten im juristischen Sinne erfolgt sein könnten, um gegebenenfalls diese Rechte zu wahren, lag bis zum Redaktionsschluß am 12. August 2008 nicht vor.

3 Vgl. zu den seltenen Ausnahmen Matthias Lohre, Der Getreue, in: taz v. 31. Juli 2007.

4 Vgl. Eckhard Jesse, Die Politik der MLPD – Programm, Polemik und Parolen, in: Uwe Backes/Eckhard Jesse (Hrsg.), Jahrbuch Extremismus & Demokratie 1989, Bd. 2, Bonn 1990, S. 232-237; Steffen Kailitz, Politischer Extremismus in der Bundesrepublik Deutschland, Wiesbaden 2004, S. 65; Patrick Moreau/Jürgen Lang, Linksextremismus, Bonn 1996, S. 276-311; Dieter Rucht, Berlin, 1. Mai 2002, Opladen 2003, S. 35; Alf Mintzel/Heinrich Oberreuther, Parteien in der Bundesrepublik Deutschland, München 1990, S. 362; Andreas Schulze, Kleinparteien in Deutschland, Wiesbaden 2004, S. 131; Gerd Langguth, Protestbewegung, Köln 1983, S. 108; Frank Decker/Viola Neu (Hrsg.), Handbuch der deutschen Parteien, Wiesbaden 2007, S. 330.

te Rolle.[5] Nicht einmal das Ministerium für Staatssicherheit zeigte sich seinerzeit sonderlich an ihr interessiert: Dem Ministerium genügte mit „Heizer“ ein einziger Altkommunist, um bei dessen gelegentlichen Gesprächen mit dem Mitglied Willi Dickhut das Informationsinteresse des SED-Staates abgedeckt zu erhalten. Diese Bedeutungslosigkeit und Isolation ist für die hoch motivierten und selbstlosen Mitglieder seit Jahren bitter und enttäuschend.[6] Denn von den in den sechziger und siebziger Jahren entstandenen marxistisch-leninistischen Gruppen (gemeinhin K-Gruppen genannt), die sich auch an Theorie und Praxis Josef W. Stalins und Mao Tse-tungs orientieren, sind heute nur wenige übrig geblieben. Die stärkste unter diesen Parteien und Gruppen ist der im Juni 1982 in MLPD umbenannte „Kommunistische Arbeiterbund Deutschlands“ (KABD).[7]

2. Geschichte

Die MLPD versteht sich als „politische Vorhutorganisation der Arbeiterklasse in Deutschland“ und strebt einen „echten Sozialismus“ an. Als leuchtendes Vorbild stellt sie sich darunter die Sowjetunion unter Lenin und Stalin und das China Mao Tse-tungs vor, die mit ihrer Praxis ihren eigenen Idealen widersprachen. Das stört die MLPD offenbar nicht, denn in ihrem Programm heißt es: Sie „erkennt die großen Leistungen des sozialistischen Aufbaus in der Sowjetunion und in der DDR an.“ Ferner: „Gegen den erbitterten Widerstand der inneren und äußeren Feinde hat Stalin nach dem frühen Tod Lenins die Sowjetunion entschlossen auf dem sozialistischen Weg weitergeführt. Dabei wurde jedoch der notwendige ideologische Kampf gegen die kleinbürgerliche Denkweise vernachlässigt und auf die Mobilisierung der Massen gegen die kleinbürgerlich entarteten Vertreter der Bürokratie verzichtet. Das waren die beiden Hauptfehler Stalins“[8] – sonst nichts. Allein, daß nunmehr überhaupt von Hauptfehlern die Rede ist, bedeutet für die MLPD einen großen Sprung. Zuvor hieß es stets: „Wer Stalin angreift, der greift den Marxismus-Leninismus an“. Oder: Die Partei habe „seit ihrem Bestehen die Verdienste Stalins verteidigt.“[9] Im Klartext bedeuten solche programmatischen Aussagen die Verteidigung von Unterdrückung, Deportationen, Vernichtungen und auch

5 Vgl. Rote Fahne v. 17. November 2005.

6 Die Partei überhöht dennoch erheblich ihren Stellenwert: „In Deutschland konnte die MLPD die Entwicklung des Klassenbewußtseins maßgeblich beeinflussen. Obwohl die Partei gesamtgesellschaftlich heute noch eine relativ kleine Kraft darstellt, konnte sie an Brennpunkten der Arbeiterbewegung, aber auch der Frauen-, Jugend- und Friedensbewegung eine prägende Rolle einnehmen.“ Vgl. Rechenschaftsbericht der MLPD auf dem VII. Parteitag 2004.

7 Er steht zwar politisch und intellektuell, jedoch nicht organisatorisch und personell in der Tradition einer gleichnamigen, bereits 1965 bis 1968 existierenden Partei. Vgl. Franz Ansprenger, Die Außenpolitik Chinas: Entscheidungsstruktur, Stellung in der Welt, Beziehungen zur Bundesrepublik Deutschland, München/Wien 1975, S. 347.

8 Vgl. Programm der MLPD, Essen 2000, S. 44.

9 Vgl. Rote Fahne von 28. Februar 2003.

Ermordung vermeintlicher oder wirklicher politischer Gegner, nur habe Stalin mit Volkes Stimme ungenügend „entartete Bürokraten“ verfolgt.

Mit dem XX. Parteitag der sowjetischen KP im Jahre 1956, also mit Beginn der zaghaften Kritik an den Herrschaftsmethoden Stalins, sieht die MLPD die „Restauration des Kapitalismus“ in der Sowjetunion eingeleitet – wie in China, als die dortige KP die „Theorie der drei Welten“ Ende der siebziger Jahre vertrat. Leidenschaftlich verteidigt sie die „Kulturrevolution“ in China, die Auswüchse und Entgleisungen darin stillschweigend eingeschlossen. In ihrem Programm heißt es: „Mao Tse-tung entwickelte 1966 die Idee der Großen Proletarischen Kulturrevolution als der höchsten Form des Klassenkampfs im Sozialismus [...] Die Große Proletarische Kulturrevolution stellt die entscheidende Methode des Kampfs gegen die Gefahr einer revisionistischen Machtergreifung dar durch eine sprunghafte Entwicklung des sozialistischen Bewußtseins der Massen und die Festigung der Diktatur des Proletariats.“[10] Die MLPD betrachtet sich als führende Partei des Marxismus-Leninismus und als „Partei neuen Typs“, zum einen, weil sie aus dem „Verrat an den kommunistischen Idealen“ in der Sowjetunion und in Osteuropa, wie sie annimmt, Lehren gezogen hat, zum anderen sieht sie in ihrer „Lehre von der proletarischen Denkweise“ eine Weiterentwicklung der chinesischen Kulturrevolution. Ihr Ziel sei lediglich mit einer „proletarischen Denkweise“ und auf revolutionärem Wege zu erreichen: „Die Arbeiterklasse muß nach dem Sturz der Diktatur der Monopolkapitalisten und der Eroberung der Staatsmacht die Diktatur des Proletariats errichten und die Produktionsmittel in gemeinsames Eigentum des gesamten werktätigen Volkes überführen“.[11]

Die Partei bemüht sich daher besonders um den Einfluß unter den Arbeitern. Die Betriebs- und Gewerkschaftsarbeit gilt ihr als Hauptkampflinie. Sie leiste – nach Eigenangaben – in 170 der 500 größten Betriebe in der Bundesrepublik systematische Arbeit und habe bei den Wahlen zu den Betriebsräten 2006 ihre Mandate verdreifachen können, insbesondere in der Automobil-, Stahl- und Elektroindustrie.[12] Allerdings erzielten ihr nahestehende Wahllisten wie die bei DaimlerChrysler in Untertürkheim lediglich 314 von 14.701 Stimmen, bei Opel in Bochum 442 von 5.740 Stimmen[13], und 1987 verfügte sie über lediglich 40 Betriebszellen, vornehmlich in der Stahlindustrie. Selbst nach vierzigjährigem Bemühen um die Arbeiterklasse ist ihr Einfluß marginal, was die MLPD nicht als selbstverschuldet reflektiert, sondern „rechten“ Betriebsräten und Gewerkschaftsleitungen anlastet, die das vorgeblich zunehmende Klassenbewußtsein zurückdrängen würden.

Die Wurzeln der MLPD reichen bis in die sechziger Jahre zurück. Ihren Ursprung hat sie bei Tübinger Studenten und Arbeitern, die von Josef W. Stalin und den Mao Tsetung Ideen begeistert waren, und sich damit von der 1968 gegründeten Deutschen Kom-

10 Vgl. Programm der MLPD (FN 8), S. 45.
11 Vgl. ebd.
12 Vgl. Engel/Gärtner-Engel (FN 1), S. 25, 59.
13 Vgl. Avanti v. 29. April 2006.

munistischen Partei (DKP) abgrenzten. Sie gehörten teils dem Sozialistischen Deutschen Studentenbund an und später seinen Zerfallsprodukten, die sich 1969 um die Publikation „Roter Pfeil" gruppierten. Diverse studentische Gruppen dieser Couleur in Baden-Württemberg vereinten sich zunächst im „Zentralen Aktionskomitee" (ZAK), das im August 1970 den „Kommunistischer Arbeiterbund" gründete und bald den Zusatz „Marxisten-Leninisten" annahm (KAB/ML). Der KAB/ML vereinigte sich im August 1972 wiederum mit einer Handvoll Altkader der KPD zum KABD. Bei den Altkadern handelte es sich u.a. um Franz Wennig, Gerd Flatow und Willi Dickhut, die sich der chinesischen Strömung innerhalb der kommunistischen Bewegung angeschlossen und bereits an der Gründung der „Kommunistischen Partei Deutschlands/Marxisten-Leninisten" (KPD/ML) 1968 beteiligt hatten, sich aber im August 1970 als KPD/ML („Revolutionärer Weg") abspalteten.[14]

In den siebziger Jahren kam es auch beim KABD mehrfach zu Abspaltungen – in Bayern, Hessen und im Saarland, zuletzt bei der Bewertung der chinesischen Politik.[15] „Regionale Hegemonie" konnte der KABD unter den K-Gruppen allein im süddeutschen Raum beanspruchen, vor allem in Tübingen, Böblingen, Sindelfingen, Leonberg, Weil der Stadt, Esslingen und Kirchheim, Nürtingen und schließlich, aus der Provinz vorpreschend – in Stuttgart.[16] Insoweit war der KABD ein Produkt der zweiten Welle der Studenten- und Lehrlingsbewegung, die vor allem ihren Ursprung neben den städtischen Metropolen hatte.

In anderen Regionen der alten Bundesrepublik Deutschland dominierten K-Gruppen wie der „Kommunistische Bund Westdeutschlands" (KBW), die „Kommunistische Partei Deutschlands" (KPD), die erwähnte KPD/ML, der „Kommunistische Bund" (KB) oder der „Arbeiterbund für den Wiederaufbau der KPD" (AB). In der Bedeutung dieser marxistisch-leninistischen Gruppen nahm der KABD in der Regel lediglich den fünften oder sechsten Platz ein.[17] Anders als diese Gruppen zerfiel der KABD in den achtziger Jahren keinesfalls, was vor allem dadurch begründet ist, daß sich die Mitglieder weithin von Diskussionsprozessen außerhalb der eigenen Organisation durch, wie sie es nennt, „revolutionäre Kleinarbeit", abgeschottet hatten, wobei der auffallend geheimbündische Charakter des KABD, die dauerhaft angelegte parteiinterne Beschäftigung durch Rechenschaftslegungen, Parteitags- und mit Kritik- und Selbstkritik-Kampagnen, die Ausrichtung seiner Mitglieder auf die „proletarische Denkweise" und eine beachtliche kritische Distanz insbesondere gegen Intellektuelle geholfen hat.

---

14 Vgl. Gerd Koenen, Das rote Jahrzehnt. Unsere kleine deutsche Kulturrevolution 1967-1977, Köln 2001, S. 258 f. u. 296-298.

15 Vgl. Langguth (FN 4), S. 102 f.

16 Vgl. Jürgen Schröder, Ideologischer Kampf versus regionale Hegemonie. Ein Beitrag zur Untersuchung der K-Gruppen, Berlin 1990.

17 Vgl. Detlef Siegfried, Urbane Revolution, befreite Zonen. Über die Wiederbelebung der Stadt und die Neuaneignung der Provinz durch die „Gegenkultur" der 1970er Jahre, in: Adelheid von Salder (Hrsg.), Stadt- und Kommunikation in bundesrepublikanischen Umbruchzeiten, Stuttgart 2006, S. 351-366, hier 356.

3. Parteitage, Zentralkomitee und Landesverbände

Das laut Statut höchste Gremium ist der Parteitag der MLPD, der in der Regel alle vier Jahre stattfinden soll. Die vergleichsweise lebendige Diskussion unter den Mitgliedern in früheren Jahren bei der Vorbereitung von Parteitagen ist einer Routine gewichen, die wirklichkeitsfremde, schönfärberische und selbstgerechte Züge enthält. Einem Parteitag gehen regelmäßig monatelange Diskussionen über den Rechenschaftsbericht des Zentralkomitees voraus, die auf Orts- bzw. Kreisdelegiertentagen in Anträgen meist inhaltlicher und redaktioneller Art münden. Kritische Anträge wurden wiederholt von der Parteiantragskommission des ZK zu Leitanträgen zusammengefaßt, um ihnen die Spitze zu nehmen. Zeitversetzt erfolgen die Rechenschaftslegungen aller anderen Leitungen auf Kreis-, Bezirks- oder Landesebene. Im Konzert dieser stets auch erzieherischen Charakter tragenden Debatten wird ein geschlossenes Welt- und Selbstbild geprägt, dessen stete Erörterung zudem eine filternde Wirkung hat. Kritische Fragen, Einstellungen oder Widersprüche zur Theorie und Praxis der Partei werden auf diese Weise geglättet und relativiert. So entstehen auf allen Ebenen Parteitagsdokumente, die die Mitglieder binden und von ihnen mitgetragen werden. Darin sieht die MLPD einen demokratischen Willensprozeß ihrer Mitglieder, was aber tatsächlich lediglich die diskursive Anpassung an die vom Zentralkomitee ausgegebenen Vorstellungen ist.

Genaue Termine und Orte der Parteitage werden erst zu einem späteren Zeitpunkt bekannt gemacht.[18] Bis 2007 fanden sieben Parteitage und ein außerordentlicher Parteitag mit in der Regel durchschnittlich um die einhundert Delegierten statt: 1982 der I. und Gründungsparteitag (Bochum), 1985 der II. Parteitag (Köln), 1988 der III. Parteitag (Duisburg), 1991 der IV. Parteitag (Belgien), 1996 der V. Parteitag (Solingen), 1999 der VI. Parteitag (Gelsenkirchen), 2004 der VII. Parteitag (Magdeburg), 2005 der 1. außerordentliche Parteitag, und im Jahr 2008 soll der VIII. Parteitag folgen.

Der I. Parteitag verabschiedete neben Programm und Statut ein „Kampfprogramm". Die MLPD konnte sich in Baden-Württemberg mit ihren 350 Mitgliedern zu diesem Zeitpunkt vor allem in Stuttgart auf ein Sympathisantenumfeld von gut 2.000 Personen stützen.[19] Der II. Parteitag betonte als „Kernschwäche" der Partei die „Kaderfrage".[20] Der III. Parteitag nahm sich die Teilnahme an den Europa- und Kommunalwahlen vor und die Reorganisation ihres Marxistisch-Leninistischen Bundes Intellektueller (MLBI); 1.200 Besucher wurden für die öffentliche Abschlußveranstaltung verzeichnet. Der IV. Parteitag löste den MLBI auf und beschloß die Zusammenlegung der Jugendverbände. Auf dem V. Parteitag lehnte die MLPD jede Form von „Klassenzusammenarbeit" ab und verurteilte die „schädliche" Rolle der PDS, mit der sie zwei Jahre

18 Zum VI. Parteitag etwa schrieb die „Rote Fahne" (v. 17. Dezember 1999): „Vor kurzem führte die Marxistisch-Leninistische Partei Deutschlands ihren sechsten, den Gelsenkirchener Parteitag durch".

19 Von diesen Sympathisanten sind heute wenige übrig geblieben. Der Mobilisierungsgrad in Stuttgart liegt bei 130-200 Personen.

20 Vgl. Dokumente des II. Parteitages der MLPD, Essen 1985, S. 296.

zuvor zu den Bundestagswahlen zu kandidieren beabsichtigt hatte. Schwerpunkt sollte fortan der Aufbau des Jugendverbandes „Rebell“ zu einer „wirklichen Massenorganisation“ werden. Auf dem VI. Parteitag beschloß die MLPD ein neues Programm, das wie zuvor auf die revolutionäre Umgestaltung in der Bundesrepublik zielt. Sie wünschte sich einen „neuen Aufschwung des Kampfes für den echten Sozialismus“.[21] Wie krude ihre Bündnispolitik gestaltet ist, zeigt die Vorstellung, daß das „Wesen der Bündnisvorbereitung [...] eine systematische Umerziehung zu einer proletarischen Denkweise“ sei.[22] Der ursprünglich für 2003 vorgesehene VII. Parteitag wurde um ein Jahr verschoben.

Falls die erzieherischen Anpassungsbemühungen dennoch nicht greifen sollten, reagiert die MLPD traditionell auf – angebliche – „Abweichungen“ von der „proletarischen Denkweise“ mit einem „Kampf gegen die kleinbürgerliche Denkweise“, faktisch einer internen „Säuberung“. Anläßlich einer solchen Abweichung fand 2005 der 1. außerordentliche Parteitag der MLPD statt, der betrüblicherweise bei der mit erheblichen Vollmachten ausgestatteten Zentralen Kontrollkommission (ZKK) – wenige Mitglieder, davon einzelne freigestellt und Assistenten – „Tendenzen einer revisionistischen Entartung“ ausgemacht haben will. Die 2004 auf dem VII. Parteitag gewählte Kommission wurde auf dem Parteitag suspendiert, ihr Rechenschaftsbericht (stets einer der Höhepunkte eines jeden Parteitages) zurückgewiesen und dieses Ergebnis als wichtiger Erfolg der MLPD gefeiert. Wie von mehreren aktiven bzw. ehemaligen Mitgliedern übereinstimmend bekundet, besaßen mehr als zwei Dutzend Untersuchungsverfahren der ZKK manipulativen Charakter, um die Entfernung oder das Gefügigmachen unliebsam gewordener Mitglieder zu erleichtern. Über daran geäußerte Kritiken und Hinweise von Mitgliedern bzw. Betroffenen gingen Zentralkomitee und ZKK hinweg, ignorierten sie, bis eine Stimmung auf dem Parteitag erreicht war, die zum Handeln zwang – und das Zentralkomitee ging siegreich hervor. Nicht wenige Mitglieder irritierte der Umstand, daß ausgerechnet im Zentrum der Partei, das über die „proletarische Denkweise“ zu wachen hatte, eben jene „Tendenzen einer revisionistischen Entartung“ festgestellt wurden. Eine breite öffentliche Aufklärung der Hintergründe erfolgte nicht. Ohnehin finden sich unangenehme Stimmen selten in den Parteitagsdokumenten. Selbst Willi Dickhuts bemerkenswerte Einlassungen auf dem letzten von ihm besuchten Parteitag, gegen autoritäre, erniedrigende und rüde Führungsmethoden gerade der Genossen um Stefan Engel sucht man vergeblich. Die für marxistisch-leninistische Parteien typische Vorgehensweise beschreibt einmal mehr den Anspruch der umfassenden Kontrolle des Zentralkomitees über die Partei. „Die Kontrolle der Denkweise insbesondere der leitenden Kader der Partei“, erklärte sie, sei ausschlaggebend, um einer „revisionistischen Entartung“ vorzubeugen.[23] Die Tendenzen eines Personenkults um den Partei-

---

21 Vgl. Rote Fahne v. 19. Februar 1999.

22 Vgl. Programmentwurf der MLPD, Essen 1990, S. 51.

23 Vgl. Dokumente des 1. außerordentlichen Parteitages der MLPD, Essen 2005, S. 94.

vorsitzenden nahmen bei dieser Gelegenheit erheblich zu, der sich immerhin für den „dienstältesten Parteivorsitzenden der Bundesrepublik“ hält.[24]

Im Vorfeld des VIII. Parteitages erfolgt eine abermalige, allerdings die größte Neustrukturierung der MLPD in sieben Landesverbände mit geplanten 50 Kreisverbänden. Vermutlich soll mit diesen Strukturveränderungen ein ruhigerer Parteitagsverlauf als zuvor angestrebt werden, wenn es heißt, daß dem „Bedürfnis an konkreter und allseitiger Anleitung und Kontrolle“ der Mitglieder entsprochen werden soll. 2005 gründete die Partei den Landesverband Nordrhein-Westfalen, der in Sachsen-Anhalt und Baden-Württemberg soll folgen.[25] Ein weiteres Ziel der MLPD besteht in dem Bemühen, aus der selbstverschuldeten Isolation herauszukommen – ohne von den ideologischen Glaubenssätzen abzurücken. In der Sprache der MLPD: „Der VIII. Parteitag wird sich genauer mit der Frage zu befassen haben, wie der fortschreitende Prozeß der nachhaltigen Durchbrechung der relativen Isolierung der MLPD zur nachhaltigen Höherentwicklung der Wechselbeziehung von systematischem Parteiaufbau und Förderung der Selbstorganisation der Massen genutzt werden kann.“[26] Denn das proletarische Klassenbewußtsein könne allein durch eine vielschichtige Organisiertheit der Massen dauerhaft geweckt und höher entwickelt werden.

Das Zentralkomitee der MLPD wird seinem Statut (§ 13) nach auf einem in der Regel alle vier Jahre tagenden Parteitag gewählt. Es hat unter seinem Vorsitzenden eine starke Stellung innerhalb der Partei, denn nach § 9 „muß“ der Einzelne sich der Partei, die Minderheit der Mehrheit, die unteren der höheren Ebene und die gesamte Partei dem Zentralkomitee unterordnen. Erstmals im Laufe des Jahres 1983 gab die MLPD die Namen von führenden Repräsentanten der Partei an, was in den Jahren zuvor sehr zurückhaltend praktiziert wurde. Nur, die „Partei der Jugend“ ist in die Jahre gekommen. Die 13 öffentlich genannten Spitzenfunktionäre haben ein Durchschnittsalter von 54 Jahren und die Studentenbewegung 1967/68 zumeist als Schüler erlebt, verspäteten sich in den Tagen der Revolte also biologisch. Die älteren Mitglieder des Zentralkomitees hingegen (Jahrgänge 1948/49) wurden als Studenten politisiert wie Anna Bartholomé (Jg. 1949) im Jahre 1971 oder Klaus Arnecke (Jg. 1948) im Jahre 1969. Aus der Lehrlingsbewegung kommen die Schlosser Stefan Engel (Jg. 1954), der seit seinem 28. Lebensjahr Parteivorsitzender ist, und Günter Slave (Jg. 1955).[27] Das Durchschnittsalter nahm in den letzten Jahren ebenso zu wie es in den nächsten Jahren weiterhin zunehmen dürfte. Die meisten Spitzenkader weisen als regionale Herkunft Bayern und Baden-Württemberg auf. Insoweit ist die regionale Repräsentation kein Selektionsmuster für Spitzenfunktionen innerhalb der Partei wie ebenfalls nicht das Geschlecht: Die Hälfte des Himmels gehört innerhalb dieser „Partei neuen Typs“ nicht den Frauen – lediglich drei finden sich unter den bekannten Spitzenkadern. Immerhin sind innerhalb

24 Vgl. Rote Fahne v. 21. Januar 2005.
25 Vgl. Lernen und Kämpfen 35 (2006), H. 3, S. 2; Lernen und Kämpfen 35 (2006), H. 2, S. 14.
26 Vgl. Stefan Engel v. 12. Dezember 2007; Website der MLPD.
27 Vgl. Decker/Neu (FN 4), S. 330.

des Zentralkomitees ihr Vorsitzender Stefan Engel und mit ihm seine zweite Gattin Monika Gärtner-Engel maßgebend.

Dem Zentralkomitee gehören über 24 Mitglieder an. Es tagt im Schnitt alle sechs bis acht Wochen, diskutiert den Sekretariats-, Abteilungs- und Organisationsbericht, kontrolliert den Vollzug der gefaßten Beschlüsse. Das Sekretariat des Zentralkomitees mit seinen sieben bis acht Hauptamtlichen, unterstützt jeweils durch einen Assistenten, tagt in der Regel alle vierzehn Tage. Das Zentralkomitee verfügt über mehrere Abteilungen, darunter die für Organisation und Kader, Betrieb und Gewerkschaft, Kultur, Jugend, Internationalismus, Finanzen, Frauen, Massenorganisationen und Bündnisarbeit, Anleitung und Kontrolle, Bezirksbeauftragte und Grundsatzfragen.

Die MLPD ist in Parteigruppen, Orts- und Kreisverbände sowie Landesverbände gegliedert. Die bei Gründung der MLPD bestehende Landesverbandsstruktur wurde zugunsten von elf Bezirksverbänden mit 80 Ortsgruppen reorganisiert, da diese „für die flexiblere Führung der Kämpfe der Arbeiterklasse“ besser geeignet seien. In ihrem Mutterland Baden-Württemberg wurden die Bezirksverbände Baden, Nord-Württemberg und Süd-Württemberg gebildet. 1985 verfügte die MLPD über zwölf Bezirke mit über 100 Ortsgruppen. Die Reorganisation teilte 1986 bestehende Bezirke und gründete auch neue, so daß 15 Bezirke (1987: 16) entstanden, die das Zentralkomitee – damals noch von Essen aus – direkt anleitete. In Baden-Württemberg mit seinen 29 Orts-, Stadtteil- und Wohngebietsgruppen (1987: 35, 1988: 29) teilte die Partei Baden in Nord- und Südbaden, Nord- und Süd-Württemberg verblieben. Im Oktober 1990 beschloß sie in den alten Bundesländern abermals eine Reform, wonach sie die Bezirksorganisationen von 16 auf 8 reduzierte, um die „Ausrichtung und Neuformierung der Kräfte“ zu ermöglichen. Alle vier Bezirke in Baden-Württemberg faßte sie nun zu einem zusammen. Solche Bezirksorganisationen konnten räumlich recht groß ausfallen wie der Bezirk Nord, zu dem die Region Niedersachsen und Schleswig-Holstein, Bremen und Hamburg gehören.

Eine ernsthafte Krise innerhalb der MLPD trat 1996 auf, als es zu erheblichen internen Auseinandersetzungen kam. Das Monopol des Zentralkomitees in Sachen proletarische Denkweise führte faktisch zu einer Kaderumwälzung, weshalb teilweise die Leitungen auf Orts-, Kreis- und Bezirksebene bis zu 90 Prozent neu besetzt worden sind.[28] Die 1997 daraufhin veranlaßte organisatorische Umbildung von 25 Ortsgruppen zu Kreisverbänden war im Folgejahr nahezu abgeschlossen. Diese steten Umbildungen sind ein besonderes Kennzeichen der MLPD und angesichts der dünnen Kaderdecke der beständige und vergebliche Versuch, einerseits den Einfluß des Zentralkomitees zu sichern, andererseits funktionstaugliche Leitungen zu installieren. Es wundert daher nicht, daß die MLPD 2001 ihre organisatorische Stärke für nicht zureichend hielt, um ihre revolutionären Aufgaben zu erfüllen. Patentrezept ist bei der MLPD traditionell die Ursachenforschung bei der Denkweise, die nicht ausreichend proletarisch sein würde.

28 Vgl. Rote Fahne v. 18. Oktober 1996.

In der Folge tauschte sie 20 bis 30 Prozent der Leitungsmitglieder aus. Die Fluktuation erklärt sich durch fortgesetzte interne Säuberungen von „Abweichlern“, die Sanktionen in der Regel als selbstverschuldet erachten, und durch zunehmend resignierte Mitglieder, die aus dem „Kaderverschleiß“ der autoritär strukturierten Partei Konsequenzen ziehen. Einen punktuellen Motivationsschub bedeutete allerdings im Sommer 2004 der Streik der Opelarbeiter und vor allem die Debatte um Hartz IV, als es der MLPD mit den „Montagsdemonstrationen“ für einige Wochen gelang, die Bewegung zu instrumentalisieren. Allerdings trug ihre eigensinnige, auf Abgrenzung und zugleich politische Dominanz ausgerichtete Bündnispolitik dazu bei, die Montagsdemonstration zu spalten und so relativ schnell wieder in ihre eingeübte Isolation einzutauchen. Einsam zog sodann die MLPD montags ihre Runden.[29] 2006 erfolgte abermals die erwähnte Reorganisation der Strukturen der MLPD, wonach sieben Landesverbände und 50 Kreisverbände angestrebt werden.[30] Immerhin will die MLPD die Parteiarbeit im Laufe des Jahres 2005 – kaum glaubhaft – von 160 auf 360 Städte ausgeweitet haben.[31]

4. Mitgliederentwicklung

Die Anzahl ihrer Mitglieder hält die MLPD geheim; sie ist nicht einmal allen Mitgliedern des Zentralkomitees bekannt.[32] 2007 konnte sie zur Veranstaltung zum 25jährigen Bestehen 2.100 Mitglieder mobilisieren, was zuverlässig das Mobilisierungspotential beschreibt.[33] Nach Eigenangaben will sie sogar in 450 Städten vertreten sein. Sie gibt jedoch lediglich 78 Kontaktadressen an. Zum Zeitpunkt ihrer Gründung 1982 wird in der Literatur von 900 Mitgliedern ausgegangen, eine Anzahl, die bis 1990 auf 1.500 anstieg. Die Herbstrevolution 1989 wirkte sich nicht abträglich auf die Mitgliederentwicklung aus; diese stieg sogar bis 1995/96 kontinuierlich auf 2.700 an und erreichte damit ihren vorläufigen Höhepunkt. Nach der deutschen Einheit sollten mindestens zehn Prozent der Mitglieder in den Neuen Bundesländern aktiv werden. In den folgenden zwölf Jahren schwankte die Anzahl der Mitglieder zwischen 2.000 und 2.300 – sie stagnierte.[34] Insbesondere die Anforderungen an die proletarische Denkweise, die jeweils einer Säuberungswelle gleichkommt, führte zu Verlusten an Mitgliedern und Funktionären, was im Juli 1997 Erwägungen nach einer Reorganisation der Partei befördert hat.

29 Vgl. Rote Fahne v. 24. September 2004.
30 Vgl. Engel/Gärtner-Engel (FN 1), S. 43 f.
31 Vgl. ebd., S. 60.
32 Als Grund gab Peter Borgwardt den Schutz der Mitglieder vor dem Verfassungsschutz an. Vgl. Mitteldeutsche Zeitung v. 15. März 2002.
33 Vgl. Engel/Gärtner-Engel (FN 1), S. 5.
34 Vgl. Bundesministerium des Innern (Hrsg.), Berichte des Bundesamtes für Verfassungsschutz, Bonn/Berlin, 1983-2008.

In ihren Angaben hebt die MLPD stets das prozentuale Wachstum bei den neu gewonnenen Mitgliedern hervor. Sie geht seltener auf ausgeschlossene oder ausgetretene Mitglieder ein. Hieß es noch im Jahre 2003, daß 15 Prozent mehr Mitglieder seit dem VI. Parteitag (1999) zu verzeichnen gewesen seien[35], waren es allein im Jahr 2004 zehn Prozent. Um klare Mitgliederzahlen zu vermeiden, wird zuweilen kryptisch argumentiert: „Wir haben seit dem Parteitag [2004] bis Anfang November [2004] ein Mitgliederwachstum von etwa sieben Prozent zu verzeichnen. Das ist nach zehn Monaten die Hälfte des Zuwachses, den die Partei in den vier Jahren zwischen dem VI. [1999] und VII. Parteitag [2004] hatte.“[36] Gleichfalls 2003 traten Erwägungen auf, wohl um neuen Mitgliedern den Zugang zu erleichtern, stärker zwischen Funktionären und Mitgliedern zu differenzieren: „Wir müssen künftig den Unterschied zwischen den Kadern der Partei und Mitgliedern ohne besondere Funktion bewußter im Blick haben.“[37] Letztlich hieß es, seit ihrem VII. Parteitag (2004) gäbe es sogar „über 20 Prozent mehr Mitglieder.[38] An anderer Stelle wird für 2004/05 von 25 Prozent mehr Mitgliedern gesprochen.[39] Im Dezember 2007 räumte die Partei eine „zeitweilige Stagnation in der Mitgliederentwicklung“ ein.[40]

Die regionale Dislozierung bildet sich bei den sieben Landesgeschäftsstellen der MLPD ab: Die von Baden-Württemberg liegt in Stuttgart, die von Bayern in Nürnberg und die von Nordrhein-Westfalen in Düsseldorf. Angesichts geringerer Mitgliederzahlen ist die für die Region Nord-West in Hamburg und die für Rheinland-Pfalz, Hessen und Saarland in Frankfurt/Main zusammengefaßt. In den neuen Bundesländern sieht es ähnlich aus. Dort gibt es lediglich die beiden Landesgeschäftsstellen in Berlin, die für Berlin, Brandenburg und Mecklenburg-Vorpommern, und die in Leipzig, die für Sachsen, Thüringen und Sachsen-Anhalt (Elbe-Saale genannt) zuständig ist. Trotz einer systematischen Umzugswelle, die 1977/78 von Baden-Württemberg und Bayern zahlreiche Funktionäre und Mitglieder nach Nordrhein-Westfalen führte, konnte die Mitgliederzahl in Baden-Württemberg mit etwa 600 bis 700, zuletzt mit fallender Tendenz, weitgehend stabil gehalten werden. Bis 1990 lebte etwa die Hälfte der Mitglieder in Baden-Württemberg. Die Anzahl der Mitglieder in Nordrhein-Westfalen liegt seit 1990 bei 600 bis 650. In anderen Regionen gibt es deutlich weniger: in Bayern und Berlin jeweils rund 100, in Niedersachsen 25, Hamburg 15 oder in Bremen zehn. In den neuen Bundesländern vermochte die MLPD nur bedingt Fuß zu fassen: Für Thüringen sind 50, in Brandenburg 25, in Mecklenburg/Vorpommern 20 und in Sachsen-Anhalt einzelne Mitglieder verzeichnet – in der Summe über 100.

35 Vgl. Rote Fahne v. 10. September 2003.
36 Vgl. Stefan Engel v. 15. Dezember 2004; Website der MLPD.
37 Vgl. Rote Fahne v. 12. September 2003.
38 Vgl. Jörg Weidemann, Schreiben an die taz v. 1. August 2007.
39 Vgl. Engel/Gärtner-Engel (FN 1), S. 57.
40 Vgl. Stefan Engel v. 20. Juni 2007 und 12. Dezember 2007; Website der MLPD.

Besonders stolz ist die MLPD auf die Klassenlage ihrer Mitglieder: 70 Prozent von ihnen würden der Arbeiterklasse angehören, bei Gründung des KABD wären es 81 Prozent gewesen.[41] Seinerzeit waren jedoch andere Angaben gemacht worden. Demnach wiesen 92 Prozent der Mitglieder 1982 eine „proletarische Klassenlage" auf, 55 Prozent seien Arbeiter, 37 Prozent Angestellte gewesen. Der Herkunft nach seien 69 Prozent der Mitglieder aus Arbeiter- und Angestelltenfamilien gewesen (1975: 61 Prozent).[42] Demnach kam jedes dritte Mitglied, sofern nicht Zwischenschichten in Rechnung gestellt werden müssen, aus dem Bürgertum. Als Intellektuelle werden 17 Prozent der Mitglieder (2004) eingestuft.[43] Von 2004 auf 2007 nahm die Anzahl der arbeitslosen Parteimitglieder von vier auf 18 Prozent zu.[44] Um die proletarische Denkweise zu befördern, werden die Mitglieder regelmäßig geschult, wozu ihr entsprechende Arbeiterbildungszentren zur Verfügung stehen, so seit Mai 1987 als Parteischule das Arbeiterbildungszentrum in Gelsenkirchen-Horst und seit 1999 ein weiteres in Stuttgart für den süddeutschen Raum. Sie will in den letzten Jahren 7.000 Sympathisanten und Mitglieder geschult haben.[45]

Im heutigen öffentlichen Bewußtsein dürften vor allem fünf Mitglieder des KABD bzw. der MLPD präsent sein. Dazu gehören die ehemaligen Mitglieder wie die Schriftsteller Günther Jakob und Robert Kurz[46] sowie der Vorsitzende der IG Metall, Berthold Huber, der mit dem KABD in Verbindung gebracht wird[47] – ferner der Altkommunist Willi Dickhut (1904-1992),[48] dessen Schriften innerhalb der MLPD viel Beachtung finden und dem anläßlich seines 10. Todestages in Gelsenkirchen ein eigenes Museum gewidmet wurde; seit 2003 erscheint eine Gesamtausgabe als CD-Rom mit 27 Büchern und 20 Broschüren. Zu nennen ist schließlich Stefan Engel, der seit 25 Jahren die MLPD anführt, als Leiter der Redaktionskommission des theoretischen Organs „Revolutionärer Weg" und dem Vermögensverein der Partei vorsteht. In seinen Händen bündeln sich somit die theoretische Definitionsmacht, die politische und organisatorische Steuerung und die finanzielle Verfügungsgewalt der MLPD.

---

41 Vgl. Stefan Engel v. 20. Juni 2007; Website der MLPD.

42 Vgl. Zentralkomitee der MLPD (Hrsg.): Geschichte der MLPD. II/2, Düsseldorf 1986, S. 615.

43 Vgl. Rote Fahne v. 18. Juni 2004.

44 Vgl. Engel/Gärtner-Engel (FN 1), S. 62.

45 Vgl. ebd., S. 42.

46 Günther Jacob publiziert zu Musikfragen wie Protestsongs, Hip Hop und Raggamuffin, Robert Kurz zur politischen Ökonomie, u.a.: Marx lesen, Frankfurt a.M. 2006; Schwarzbuch Kapitalismus, Berlin 2005.

47 Berthold Huber war 1977 Betriebsratsvorsitzender, trat 1991 der SPD bei und war bis 1993 Abteilungsleiter des 1. Vorsitzenden der IG Metall, Franz Steinkühler, seit 2003 2. Vorsitzender, ab November 2007 1. Vorsitzender der IG Metall. „Der letzte, der bei uns wegen liquidatorischer Auffassungen ausgeschlossen wurde, war Berthold Huber, der nun zweiter Chef der IG Metall ist", äußerte Stefan Engel, in: Jungle World v. 15. Juni 2006; ferner Rote Fahne v. 14. November 2002; Wildcat (2006/07), H. 35, S. 39-53; Querdenker, Web-Site, Eintrag v. 1. September 2007.

48 Vgl. die Biographien von Willi Dickhut, So war's damals, Essen 1979; ders., Was geschah danach?, Essen 1990; ferner Kurzbiographie in: Uwe Backes/Eckhard Jesse, Politischer Extremismus in der Bundesrepublik Deutschland, Bd. III: Dokumentation, Köln 1989, S. 283 f.

5. Wahlen

Eine Wahlteilnahme erfolgt lediglich sporadisch und jeweils unter großen Anstrengungen der Mitglieder. Nachdem der KABD und die MLPD wiederholt die Teilnahme an Wahlen unter der Forderung „Kämpfen statt Wählen!“ vermieden haben, bildeten sie zur Bundestagswahl 1983 die „Vereinigte Arbeiterliste“ (mit 40 Initiativen), deren Zuspruch begrenzt war, weshalb sie aufgelöst wurde; die MLPD forderte dazu auf, ungültig zu wählen. Gleiches empfahl sie zu den Europawahlen 1984. Bei den Bundestagswahlen im Januar 1987 erhielt sie 13.422 Zweitstimmen (0,1 Prozent), davon in Bayern 1.607, in Baden-Württemberg 3.512 Zweitstimmen. In Gelsenkirchen hatte sie in zwei Wahlkreisen Direktkandidaten aufgestellt, darunter der Parteivorsitzende; dort erzielte sie 596 der Erststimmen. Bei den Europawahlen 1989 erhielt die Partei 10.162 Stimmen (in Bayern 1.306 Stimmen). Zu den ersten gesamtdeutschen Bundestagswahlen 1990 empfahl sie wie gewohnt den „aktiven Wahlboykott“.

Die MLPD trat 1994 zur Bundestagswahl an. 72 Wählerinitiativen beschafften die erforderlichen 30.000 zur Wahlzulassung erforderlichen Unterschriften. Sie kandidierte in allen Bundesländern mit 106 Kandidaten. Sie erhielt bundesweit 10.254 Zweitstimmen. Die Hamburger Direktkandidatin erhielt mit 271 Erststimmen sogar mehr als der Parteivorsitzende, auf den in Gelsenkirchen 206 Erststimmen entfielen. In Baden-Württemberg kandidierte die MLPD in 9 von 37 Wahlkreisen. Sie erzielte ihr bestes Ergebnis in Zollernalb-Sigmaringen mit 0,4 Prozent. Abermals versuchte die MLPD es 1998 bei der Bundestagswahl. Lediglich in Baden-Württemberg, Bayern, Nordrhein-Westfalen und Berlin trat sie mit Landeslisten an, ferner mit Wählerinitiativen für die 41 Direktkandidaten in den verbleibenden Bundesländern.[49] Sie halbierte mit 4.971 Zweitstimmen (0,01 Prozent) ihr Ergebnis von 1994, erhielt aber 7.213 Erststimmen (in Nordrhein-Westfalen 3.727). Ihre Direktkandidaten in Thüringen beispielsweise erhielten 0,14 bzw. 0,16 Prozent der Stimmen. In Baden-Württemberg verlor sie im Vergleich zu den Wahlen 1994; sie erhielt nur 1.547 Erst- und 1.605 Zweitstimmen.

Im Jahre 2002 verzichtete die MLPD abermals auf die Kandidatur zur Bundestagswahl („Stimmt ungültig!“).[50] Sie bemühte sich 2005 erfolglos um ein Wahlbündnis mit PDS und WASG, kandidierte schließlich in allen Bundesländern allein mit Landeslisten und erzielte 45.238 der Zweitstimmen (0,1 Prozent), wobei bessere Ergebnisse in den neuen Bundesländern zu verzeichnen waren. In Sachsen-Anhalt erhielt sie 3.697 Erststimmen (0,3 Prozent) und 5.412 Zweitstimmen (0,4 Prozent), allein in Halle 1.049 Erststimmen. In Berlin kam sie auf 1.290 Zweitstimmen (0,1 Prozent), ihr Direktkandidat im Berliner Wahlkreis 83 (Neukölln) auf 0,2 Prozent der Erststimmen. Daß gerade die Stimmenanzahl in den neuen Bundesländern höher ausfiel als ihre organisatorische Stärke ausweist, zeigt den zufälligen Charakter der Wahlergebnisse.

---

49 Vgl. Rote Fahne v. 27. März 1998.

50 Vgl. Rote Fahne v. 5. September 2002.

Wie schon bei den Bundestags- und Europawahlen tritt die MLPD nur gelegentlich zu den Landtagswahlen an; sie erzielte jedoch kein Mandat. Bei ihrer ersten Beteiligung an einer Landtagswahl in Nordrhein-Westfalen 1985 verbreitete sie drei Millionen Wahlzeitungen, klebte 30.000 Plakate, richtete über 1.000 Informationsstände und 100 Wahlveranstaltungen aus. Sie erzielte 3.368 Stimmen (0,1 Prozent).[51] Bei den Landtagswahlen in Bayern 1986 empfahl sie die Abgabe von ungültigen Stimmen. Bei den Landtagswahlen in Nordrhein-Westfalen 2000 (1995 war sie nicht angetreten) erhielt sie 5.994 Stimmen (0,1 Prozent), worauf sie sehr stolz war. Bei den Landtagswahlen in Baden-Württemberg 2001 trat sie nicht an. Bei den Landtagswahlen in Sachsen-Anhalt 2001 erhielt sie 2.697 Stimmen (0,2 Prozent); fünf Jahre später 4.051 und mit 0,4 die höchste jemals erreichte Prozentzahl. An den Abgeordnetenhauswahlen und den Bezirksverordnetenversammlungen in Berlin 2006 beteiligte sie sich nicht. Bei den Landtagswahlen 2004 in Thüringen erhielt der Vorsitzende der Bezirksleitung Elbe-Saale (Sachsen, Sachsen-Anhalt und Thüringen), Günter Slave, im Wahlkreis Eisenach-Mühlhausen 0,16 Prozent der Stimmen.

1984 stellte sich die MLPD zu den Kommunalwahlen in Stuttgart und Gelsenkirchen auf. Sie erzielte 0,2 bzw. 0,3 Prozent, was selbst innerhalb der MLPD als „kein politisch aufsehenerregendes Wahlergebnis“ betrachtet wurde. Fünf Jahre später, 1989, verzichtete sie auf eine Teilnahme. Seit 1999 tritt die MLPD kommunal zumeist in von ihr dominierten Personenbündnissen zu Wahlen an, oftmals als „Alternativ – Unabhängig – Fortschrittlich“ (AUF), lediglich in Bitterfeld-Wolfen auch auf der Liste als MLPD erkennbar. 1999 kandidierte sie nur in Gelsenkirchen und Albstadt (Liste „Zukunftsorientiert – Unabhängig – Gemeinsam“). In Gelsenkirchen erhielt sie zwei Mandate, bei den Wahlen 2001 und 2006 in Kassel (1 Mandat), 2004 in Eisenach (2), Albstadt (1) und Esslingen am Neckar (1). Bei den Wahlen 2004 in Nordrhein-Westfalen erzielte sie 14 Mandate, darunter in Gelsenkirchen (2), Mühlheim an der Ruhr (2), Solingen (2), Essen (1) und Leverkusen (1). Im Stadtrat von Wolfen war die MLPD von 2004 bis 2007, sodann in Wolfen-Bitterfeld als MLPD vertreten. Mandate hat sie oder ihr nahestehende Gruppen auch in Herten (1), Kassel (1), Neukirchen-Vluyn (2) und Witten (1).

6. Organisationen

„Wer die Jugend hat, hat die Zukunft“, lautet ein gängiges Motto der MLPD. Aus diesem Grund ist sie rege bemüht, Kinder und Jugendliche an die Stalin-Partei zu binden. Zu diesem Zweck unterhält sie seit 1986 die Kinderorganisation „Rotfüchse“, einen Jugendverband hat sie bzw. ihre Vorläufer schon länger: zuerst den „Kommunistischen Jugendverband Deutschlands/Revolutionärer Weg“ (KJVD/RW), die „Revolutionäre

51 Vgl. Dokumente des II. Parteitages der MLPD, Essen 1985, S. 296.

Jugend/Marxisten-Leninisten" (RJ/ML), den „Revolutionären Jugendverband Deutschlands" (RJVD)[52] und ab Dezember 1985 „Arbeiterjugendverband/Marxisten-Leninisten" (AJV/ML). Heute tritt der Jugendverband als „Rebell" mit einem gleichnamigen Magazin auf. Die „Kommunistischen Studentengruppen" (KSG), seit 1983 „Marxistisch-Leninistischer Schüler- und Studentenverband" (MLSV) genannt, gaben den „Roten Pfeil" heraus. Ferner existierte der „Bund Kommunistischer Intellektueller" (BKI), der ab 1984 als „Marxistisch-Leninistischer Bund Intellektueller" (MLBI) firmierte. Bei Gründung der MLPD gehörten all diesen Organisationen rund 600 Mitglieder an, aber schon zwei Jahre später war der Mitgliederstand fast auf die Hälfte reduziert. Den 1984 von der MLPD beobachteten „spontan aufkommenden Strömungen der Loslösung" von der Partei vermochte sie mit einer Reorganisation nichts entgegensetzen. Das nahm der II. Parteitag (1985) zum Anlaß, um „gravierende Versäumnisse" festzustellen, die offenbar nicht behoben werden konnten. Denn ab 1989 erschienen „Roter Pfeil" und „Rebell" lediglich als gemeinsame Beilage zur „Roten Fahne". Im Zuge der „Konzentration der Kräfte" wurden im Februar 1992 MLSV, AJV/ML und Rotfüchse zum Jugendverband „Rebell" zusammengelegt, der MLBI in die MLPD integriert. Ab Februar 1993 erschien auch wieder der „Rebell". Der Jugendverband wird von der MLPD mit seinen etwa 150 Mitgliedern seit 2003 als stärkster linker Jugendverband bezeichnet, will also über mehr Mitglieder verfügen als „solid", der Jugendverband der „Linken", dessen Mitgliederanzahl bei 800 liegt. Das Durchschnittsalter der „Rebell"-Mitglieder, die in 60 Städten aktiv sind, liegt bei 18,1 Jahren (2005).[53]

In Gelsenkirchen verfügt die Partei über das Jugendzentrum „Che", mit dem versucht wird, Jugendliche an die Partei heranzuführen. Eine weitere Attraktivität stellen seit 1986 zunächst jährliche, ab 1989 zweijährliche „Pfingstjugendtreffen" dar. Nach Stuttgart, Duisburg oder Essen finden sie nahezu nur noch in Gelsenkirchen statt. Die Anzahl der Besucher dieser Treffen zeigt zuverlässig insgesamt die Größe der MLPD und ihres Umfeldes an – es kamen in der Regel zwischen 2.500 und 3.000 Teilnehmer. Nach einem anderen Zählprinzip kam die MLPD auf 14 bis 21.000 Teilnehmer. Darüber hinaus gibt es „Sommerlager", die mitunter in der Bretagne stattfanden, seit 1993 in Alt-Schwerin (Mecklenburg-Vorpommern), wo die MLPD ein Ferienlager für 1 Million DM erworben hat, oder seit 2003 in Truckenthal (Thüringen). In letzter Zeit verbrachte sie die 6- bis 12-Jährigen in Alt-Schwerin, die Älteren nach Truckenthal. Vorfälle auf dem Sommerlager 1996 setzten die Verbandsleitung des Jugendverbandes einiger Kritik des Zentralkomitees aus.[54] Üblich sind neben Freizeitaktivitäten und politische Schulungen auch Arbeitsleistungen zum Ausbau und Erhalt von Gebäuden und Anlagen, die von Kritikern als Kinderarbeit bezeichnet werden.

Der Frauenverband „Courage" wurde im Februar 1991 gegründet, hat offiziell seinen Sitz in Wuppertal und gibt das gleichnamige Blatt heraus. Seinem Bundesvorstand

52 Der Verfasser (Jahrgang 1960) gehörte von 1977-1979 dem RJVD Recklinghausen an.
53 Vgl. Rote Fahne v. 25. März 2005.
54 Vgl. Stellungnahme des ZK der MLPD v. 27. Juli 1996.

gehören sieben Mitglieder an, Gudrun Günter tritt als Vorsitzende auf. Der vorgeblich „überparteiliche“ Frauenverband Courage verzeichnete anfangs bis zu 600 Mitglieder, seit 1999 hat er – mit fallender Tendenz – ca. 500. In Bayern können sich 20 Frauen für diesen Verband begeistern. Die faktisch an die Maximen der MLPD ausgerichteten Frauen erregten nach ihrer 3. Bundesdelegiertenversammlung im Juni 1997 in Bad Urbach internes Aufsehen. Der ohnehin in der MLPD laufende Kampf gegen die „kleinbürgerliche Denkweise“ griff auch auf den Frauenverband über, dem ein „kleinbürgerlicher Feminismus in seinen subtilen Formen“ unterstellt wurde. Die Zusammensetzung des auf der 3. Bundesdelegiertenkonferenz gewählten Vorstandes zeige den Einfluß einer kleinbürgerlichen Tendenz und einer „liquidatorischen Strömung“, hieß es aus der MLPD.[55] Der Mobilisierungsgrad dieses Verbandes liegt bei 700 bis 1.000 Personen, was in etwa mit dem Frauenanteil von 42 Prozent in der MLPD (2007) übereinstimmt.[56] Zum 10jährigen Bestehen (2001) konnte er in der Fellbacher Schwabenhalle 700, zu einem Kongreß 1994 1.000 Teilnehmer mobilisieren. Unter ihren Aktivitäten ist der 2. Frauenpolitische Ratschlag vom November 1998 nennenswert.[57] Auch in den letzten Jahren galt der Frauenverband als nicht nachhaltig gestärkt, die Mitgliederzahl lag zuletzt bei 1.000, die in angeblich 45 Ortsgruppen organisiert sein sollen.

Die internationalen Kontakte hat die MLPD zunehmend verstärkt. Sie will von 2000 bis 2007 ihre Beziehungen zu gleichgesinnten Organisationen in 100 Ländern von 160 auf 600 ausgeweitet haben.[58] Eine der ersten Stationen auf diesem Weg war 1988 die I. internationale Konferenz der MLPD mit Vertretern aus Schweden, Dänemark, Luxemburg und Österreich, die in der Folge etwa alle zwei Jahre stattfindet. Fünf Jahre später nahmen an der III. Internationalen Konferenz in Spanien fast 20 Gruppen und Organisationen teil, die auch die Sympathie für Pol-Pot in Kambodscha und den Leuchtenden Pfad in Peru eint. Aus diesen Kontakten erwuchs bei der MLPD das Interesse an einer eigenen Organisation, die im Februar 1996 als „Internationale Solidaritäts- und Hilfsorganisation“ (ISHO) entstand und sich wenig später in „Solidarität International“ (SI) umbenannte. An deren Gründung nahmen 280 Personen aus 60 Orten teil.[59] Mit einer philippinischen Partnerorganisation gründete sie im September 1996 den Verein „Deutsch-Philippinische Freunde“, die den „Befreiungskampf“ auf den Philippinen befördern soll.[60] Im April 1998 fand in Nürnberg die 2. Bundesdelegiertenversammlung der SI mit 150 Teilnehmern statt.[61] Zusammen mit 20 Bruderorganisationen richtete sie die VI. Internationale Konferenz 1998 in Gelsenkirchen aus. Der MLPD-Vorsitzende wurde zum Vorsitzenden der „Joint Coordinating Group“ (JCG) bestimmt, dessen Be-

55 Vgl. Lernen und Kämpfen 26 (1997), H. 4, S. 17.
56 Vgl. Stefan Engel v. 20. Juni 2007; Website der MLPD.
57 Vgl. Rote Fahne v. 16. Oktober 1998.
58 Vgl. Engel/Gärtner-Engel (FN 1), S. 60.
59 Vgl. Rote Fahne v. 2. März 1996.
60 Vgl. Rote Fahne v. 27. September 1996.
61 Vgl. Rote Fahne v. 15. Mai 1998.

mühen um einen internationalen Kampfbund erfolglos blieb, sogar Rückschläge hinnehmen mußte. Die Communist Party of the Philippines (CPP), die auf der EU-Liste der terroristischen Organisationen steht, zog sich wegen der Avantgardeansprüche der MLPD zunächst von den internationalen Konferenzen zurück. Doch war absehbar, daß die für Mai 2001 im Ruhrgebiet vorgesehene Gründung des „Internationalen Kampfbundes für Befreiung“ scheitern würde; sie fand nicht statt. Die SI mit ihren 1.000 bis 1.200 Mitglieder ist mit den internationalen Konferenzen weit davon entfernt, die Rolle einer Art V. Internationale zu spielen.

7. Vermögenslage und Publikationen

Das Vermögen der MLPD wird vom Vermögensverwaltungsverein Koststraße 8 (VVV) in Gelsenkirchen verwaltet, deren Vorsitzender Stefan Engel ist. Das Funktionärsorgan „Lernen und Kämpfen“ weist für 2004 ein Vermögen von 12,1 Millionen Euro aus (1999 8,5 Millionen).[62] Allein im Jahr 2003 nahm die Partei 2,4 Millionen Euro ein, von denen 32 Prozent auf Mitgliedsbeiträge, 20 Prozent auf Spenden und 32 Prozent aus Vermögen zurückgehen. Die Spendenbereitschaft der Mitglieder war von Anbeginn stark ausgeprägt. Allein zur Gründung 1982 trugen die Mitglieder 1,7 Millionen DM zusammen, zum Bundestagswahlkampf 1987 500.000 DM und 1992 1,5 Millionen DM. Die MLPD räumte allerdings ein, das Beitrags- und Spendenaufkommen von 1995 auf 1997 sei um 13 Prozent zurückgegangen.[63] 1998 konnte sie 600.000 DM als Spenden einwerben. Das Spendenziel 2002 in Höhe von 255.000 Euro verfehlte sie um 70.000 Euro, womit erstmalig in ihrer Geschichte ein Spendenziel um 20 Prozent unterschritten wurde.[64] Aufsehen erregte die Spende von Eberhard Schmid 2005 in Höhe von 175.000 Euro[65], aber mehr noch die des Bergmanns Michael May aus Moers – von Parteimitgliedern als zugehörig zur MLPD angesehen –, der insgesamt 2,5 Millionen Euro der MLPD überließ.[66]

Die MLPD habe das Jahr 2003 mit 260.000 Euro Überschuß abgeschlossen (2002 83.000). Das Reinvermögen betrage 5,5 Millionen Euro. Verbindlichkeiten habe sie in Form von kommerziellen Krediten in Höhe von fünf Millionen Euro, an Darlehen privater Personen drei Millionen und Sonstiges in Höhe von 730.000 Euro. Ferner habe sie sieben Großspenden über 10.000 Euro erhalten. Auf der anderen Seite verfügte die MLPD über ein Grundvermögen in Höhe von 11,5 Millionen Euro, darunter das Ferien- und Freizeitzentrum in Truckenthal (Sonneberg), ein Gebäude in der Koststraße 8 in

62 Vgl. Lernen und Kämpfen 33 (2004), H. 1, S. 34 f.
63 Vgl. Lernen und Kämpfen 27 (1997), H. 4, S. 13.
64 Vgl. Lernen und Kämpfen 31 (2002), H. 2, S. 18.
65 Vgl. Drucksache des Deutschen Bundestages 15/5988, S. 2.
66 Vgl. Robert Roßmann, 2,5 Millionen Euro für den „echten Sozialismus“, in: Süddeutsche Zeitung v. 25. Juli 2006; Marco Lauer, Ein Mann sieht rot, in: taz v. 6. Dezember 2006.

Gelsenkirchen, das das Arbeiterbildungszentrum beherbergt (1986 für 700.000 DM erworben). Ein weiteres Gebäude besitzt sie in der Horster Mitte in Gelsenkirchen, das als Sitz des Zentralkomitees der MLPD und der Verbandsleitung des Jugendverbandes „Rebell“ dient. Weitere Gebäude befinden sich in Berlin und Stuttgart, die jeweils die MLPD-Kreisleitungen beherbergen. Ferner gehört dazu die Neuer Weg GmbH in Gelsenkirchen und Berlin, wozu eine Werbeagentur, ein Internetdienst, Druckerei und Verlag gehören.[67]

Der für Publikation bei der MLPD zuständige Verlag Neuer Weg (heute Mediengruppe Neuer Weg) wurde 1986 von Stuttgart nach Düsseldorf verlegt, später nach Essen und Gelsenkirchen. Er vertreibt in Verbindung mit „people to people“ das Zentralorgan der MLPD „Rote Fahne“. Das erschien zunächst 14tägig in einer Auflage von 8.000 Exemplaren, ab Juli 1983 wöchentlich in einer Auflage von rund 10.000, 1990 7.000, 1994/95 7.500, dann 6.000 und schließlich mit 5.000 Exemplaren. Ab 2003 richtete die Partei im Internet die Rote-Fahne-News ein.

Als theoretisches Organ dient der MLPD der „Revolutionäre Weg“, der erstmals 1969 aufgelegt und unterdessen 31 Ausgaben erfahren hat. Leiter der Redaktion war bald 20 Jahre lang Willi Dickhut, unter dessen Ägide 24 Ausgaben veröffentlicht wurden. Sein Nachfolger Stefan Engel brachte es in 15 Jahren auf bislang sieben Ausgaben, von denen jedoch zwei – „Der Kampf um die Befreiung der Frau“ – bereits unter Dickhut 1979/80 weit vorangeschritten waren. Offenkundig reicht in der MLPD niemand an das theoretisierende Potential Dickhuts heran. In den letzten drei Ausgaben des „Revolutionären Weges“ (29–31) – auch als Götterdämmerung über der „neuen Weltordnung“ erschienen – wird die „5. Phase der allgemeinen Krise des Kapitalismus“ mit einer „allseitigen Verschärfung aller grundlegenden Widersprüche“ ausgerufen, die mit einer „internationalen proletarischen Revolution“ beantwortet werden müsse.[68] Dies ist immerhin ein Kerngedanke aller trotzkistischen Gruppen, und Leo Trotzki selbst, der bereits vor 100 Jahren einen Sozialismus in einem Land für unmöglich hielt und vielmehr für eine – mit diesen Worten – „internationale sozialistische Revolution“ eintrat.[69] Zu seinen Lebzeiten trat Willi Dickhut solchen theoretischen Irrungen entschieden entgegen: Als Stefan Engel beispielsweise 1990 die Rolle Deutschlands in seiner Publikation „Europa auf dem Weg zur Supermacht“ überdehnte, zog die MLPD auf Dickhuts Druck hin die Auflage wieder ein und vertrieb sie nicht mehr.[70] Für die Funktionäre der MLPD wird die Reihe „Lernen und Kämpfen“ mit zunächst monatlich 1.500, später 1.000 Exemplaren herausgegeben, die ab 1997 lediglich zweimonatlich erscheint und ab 1998 vierteljährlich.

---

67 Vgl. Drucksache des Deutschen Bundestages 16/1252 v. 19. April 2006.

68 Vgl. Rote Fahne v. 14. Februar 2003.

69 Ob sich der Vorsitzende der MLPD, Stefan Engel, diesbezüglich von Plänen leiten läßt wie seinerzeit die KPD/ML, die sich mit der trotzkistischen GIM zur Vereinigten Sozialistischen Partei vereinte, und die Mitglieder zumindest schon theoretisch auf eine solche Fusion einstimmt, ist gegenwärtig nicht erkennbar.

70 Vgl. Stefan Engel, Europa auf dem Weg zur Supermacht, Essen 1990.

Der Jugendverband „Rebell" gibt zweimonatlich die gleichnamige Zeitschrift heraus, die Hochschulgruppen der MLPD das Heft „Galileo". Hinzu kommt eine hohe Anzahl von Betriebs- und Stadtzeitungen. 1982 gab die MLPD 80 (1987: 70), in der Regel recht einfach hergestellte Betriebszeitungen heraus, in Baden-Württemberg allein 30 bis 35 mit Titeln wie „Der Antrieb", „Hochspannung", „Widerdruck", „Roter Stern" oder „Das rote Band" (1988: 14). Allein im mitgliederschwachen Bayern erschienen in den achtziger Jahren rund zwölf dieser Blätter. Hinzu kommen rund 40 Stadtzeitungen (1987: 70) und vereinzelte Branchenzeitungen, seit 1986 eine „Zeitung für Klein- und Mittelbauern", seit 1987 „Wirtschaftsentwicklung – aktuell". Zum 1. Mai, bei Streikbewegungen oder themenbezogenen Demonstrationen verteilt die Partei Flugblätter. Seit 1991 nimmt der Trend zu, die Publizistik auf die „Rote Fahne" und den „Revolutionären Weg" zu konzentrieren[71], was anhand des Literaturangebotes deutlich wird, das vor allem Arbeiten von Willi Dickhut und Stefan Engel anbietet.

8. Perspektiven

Die MLPD selbst hält sich auf dem „Weg zur internationalen sozialistischen Revolution"[72] befindlich. Tatsächlich stagniert seit Jahren die Entwicklung der Partei, altbewährte Kader ziehen sich zurück, das Durchschnittsalter ihrer Mitglieder nimmt zu. Immerhin gut 40 Prozent der Gründungsmitglieder gehört noch der MLPD an, die in ihrer Isolierung einen soliden gruppendynamischen Kitt entwickelten, der sich selbst genügt. „Auf die nächsten 25 Jahre!" hieß es auf einer Feier 2007. Das durchschnittliche Mitglied dürfte dann bereits die Rente erreicht und die Stalin-Partei bei guter Gesundheit weiterhin Stefan Engel, dann 78jährig, zu ihrem Vorsitzenden haben. Die starre Programmatik der MLPD und ein anmaßender ideologischer Führungsanspruch zeigen sich gegenüber den steten gesellschaftlichen Veränderungen als wenig geschmeidig, was ihre politische Isolation auch zukünftig garantiert. Zwar dürften die Mitglieder weiter auf eine internationale proletarische Revolution warten, aber sie werden weniger, da auch ihre biologische Lebensuhr abläuft und mit ihnen ein natürliches Erlöschen der MLPD abzusehen ist. Sie wird dann gewiß nicht die stärkste, doch die – pro Mitglied betrachtet – reichste Partei gewesen sein. Das öffentliche Schweigen über ihr absehbares Ende ist ein Gebot der Pietät.

71 Vgl. Rote Fahne v. 22. Juni 1991.
72 Vgl. Rote Fahne v. 11. Oktober 2001.

Feinde im Alltag, Brüder im Geiste – Autonome Nationalisten im Vergleich zu den linksextremen Autonomen

Von Marc Brandstetter

1. Einleitung

Zu Beginn des Sommers 2007 richteten sich die Augen der Weltöffentlichkeit auf Mecklenburg-Vorpommern: Im Ostseebad Heiligendamm trafen sich vom 6. bis 8. Juni die Regierungschefs der sieben führenden Industrienationen und Rußlands (G8). Im Vorfeld riefen globalisierungskritische Organisationen zu Protestveranstaltungen auf. Während der Schlußkundgebung der Demonstration vom 2. Juni lieferten sich mehr als 2.000 vermummte Autonome im Rostocker Stadthafen blutige Straßenschlachten mit der Polizei. Die Bilanz der Auseinandersetzungen: fast 1.000 Verletzte, darunter 433 Polizisten und 130 Festnahmen verzeichnet die offizielle Statistik.[1]

Nur knapp vier Wochen später konnte in Frankfurt bei einer anderen Demonstration ein ähnliches Bild beobachtet werden. Angeführt von einem „Schwarzen Block" marschierten die Teilnehmer, kapitalismus- und globalisierungskritische Parolen skandierend, durch die Mainmetropole. Auch die Transparente glichen denen von Rostock. Nur eine weitere Veranstaltung des linksextremen Lagers also? Ein Blick auf das Motto der Demonstration „Arbeit statt Dividende – Volksgemeinschaft statt Globalisierung" sowie auf deren Anmelder Marcel Wöll (damals hessischer NPD-Landesvorsitzender) belegt allerdings: hier marschierten Rechtsextremisten. Freilich, zu gewalttätigen Konfrontationen zwischen dem „Schwarzen Block" und der Polizei kam es in Frankfurt nicht, jedoch zu kleineren Rangeleien mit dem von der NPD gestellten Ordnerdienst.[2] Hatten sich die Vermummten des „Blocks" nur in der Demonstration geirrt, weil „Randale" zu erwarten war? Oder müssen wir unser bisheriges Bild des Rechtsextremisten mit Glatze und Springerstiefeln bzw. im bürgerlichen Outfit mit Anzug und Krawatte revidieren? Gibt es einen Teil der Szene, der sich „links" kleidet, „links" agiert, aber „rechts" denkt und fühlt?

Die ohnehin heterogene rechtsextreme Szene der Bundesrepublik differenziert sich weiter aus. Mit dem Aufkommen der sogenannten „Autonomen Nationalisten" (AN) ist an der Seite der rechtsextremen Parteien und der klassischen „Freien Kameradschaften" eine weitere Strömung entstanden, die von der politikwissenschaftlichen Extremismusforschung nicht mit der nötigen Aufmerksamkeit bedacht wurde. Dieses Schicksal tei-

1 Vgl. Spiegel Online, Krawalle in Rostock. Fast tausend Verletzte, dutzende Festnahmen, unter: http://www.spiegel.de/politik/deutschland/0,1518,486325,00.html (18. Januar 2008).

2 Vgl. Widerstand Info. Das nationale Infoportal, Über Hilfssheriffs, „Schwarze Blöcke" und Halluzinationen, unter: http://www.widerstand.info/meldungen/1415.html (16. Januar 2008).

len die AN mit ihren Brüdern von links – bei der Subkultur der linksextremen Autonomen handelt es sich ebenfalls um ein Desiderat der Forschung.[3]

Der Aufsatz möchte dazu beitragen, diese Forschungslücke zu schließen; er legt seinen Schwerpunkt auf die Autonomen Nationalisten. Woher kommen sie? Wie hoch ist ihr Potential in der Bundesrepublik? Gibt es ideologische Besonderheiten? Wie ist das Verhältnis zu anderen extremistischen Akteuren? Einleitend gilt die Aufmerksamkeit den linksextremen Autonomen. Dann rückt mit den AN das eigentliche Untersuchungsobjekt in den Fokus. Zunächst soll ihre Historie sowie ihre geographische Verbreitung untersucht werden, bevor im weiteren Verlauf auf die Ideologie eingegangen wird. Das folgende Untersuchungskapitel arbeitet hiernach die Stellung der AN innerhalb der extremen Rechten heraus. Anschließend illustriert ein Vergleich mit der linksextremen autonomen Szene die Interaktion zweier deutscher extremistischer Subkulturen. Abgeschlossen wird der Aufsatz mit einem Fazit zur Lage der AN, ihrem Gewaltpotential sowie ihrer zukünftigen Entwicklung.

2. Die Autonomen – Geschichte und Ideologie einer linksextremen Subkultur

Die Wurzeln der deutschen Autonomen liegen in den Folgeerscheinungen der zerfallenden Protestbewegung von 1968. Die „Sponti-Bewegung“, eine der zahlreichen politischen Gruppierungen jener Jahre, gilt als Vorläufer der Autonomen, von denen seit Beginn der achtziger Jahre als einer eigenständigen Subkultur gesprochen werden kann.[4] Den als Selbstbezeichnung gewählten Namen „Autonome“ entliehen sich die Szene-Aktivisten bei der italienischen Bewegung „Autonomia Operaia“, die mit militanten Demonstrationen, Streiks und Sabotageakten kurzfristig politischen Einfluß gewinnen konnte.[5]

Da feste Organisationsstrukturen fehlen, ist das Potential der Autonomen schwierig zu beziffern. Das Bundesamt für Verfassungsschutz schätzt deren Zahl für das Jahr 2007 auf ungefähr 5.800 Personen. Damit stellen die Autonomen mit Abstand den Löwenanteil der gewaltbereiten Linksextremisten (insgesamt: 6.300 Personen).[6] Verbreitet sind die Gruppen in den großen Ballungsräumen Berlin, Hamburg oder dem Rhein-Main-Gebiet. Auch in kleineren Universitätsstädten wie Göttingen oder Freiburg existiert eine vitale Szene.[7] Der überwiegende Teil der Autonomen ist organisatorisch ungebunden, bestehende Gruppen verfügen selten über eine höhere Lebensdauer.[8] Bundesweite Zu-

3 Vgl. Armin Pfahl-Traughber, Die Autonomen: Portrait einer linksextremistischen Subkultur, in: Aus Politik und Zeitgeschichte B 9-10/98, S. 36-46, hier S. 36.

4 Vgl. ebd., S. 37.

5 Vgl. Geronimo (Pseudonym), Feuer und Flamme. Zur Geschichte der Autonomen, 4., völlig überarb. Aufl., Hamburg 1995, S. 36-48. Der Autor ist den Autonomen selbst zuzurechnen.

6 Vgl. Bundesministerium des Inneren (Hrsg.), Verfassungsschutzbericht 2007, Berlin 2008, S. 124.

7 Vgl. Bundesministerium des Inneren (Hrsg.), Verfassungsschutzbericht 2006, Berlin 2007, S. 140 f.

8 Vgl. Senatsverwaltung für Inneres und Sport, Abteilung Verfassungsschutz (Hrsg.), Verfassungsschutzbericht 2006, Berlin 2007, S. 201.

sammenschlüsse bilden die Ausnahme, die Gründung dieser Organisationsnetzwerke war bislang durch die aktionistische Auseinandersetzung mit Einzelthemen – vor allem dem Antifaschismus – geschuldet. Die 1992 ins Leben gerufene „Antifaschistische Aktion/Bundesweite Organisation" (AA/BO) war ein solcher Versuch. Interne Konflikte brachten 2001 das Aus, seitdem sind keine bundesweiten Strukturen mit überregionaler Bedeutung bekannt.[9] Die Kommunikation findet zumeist über Szene-Blätter statt, die bekanntesten sind die in Berlin erscheinende Zeitschrift „INTERIM" und das aus dem Ausland vertriebene konspirative Untergrundblatt „radikal".[10]

Zum soziodemographischen Profil liegen keine Studien vor. Der Verfassungsschutz zeichnet folgendes Bild: Die Szenenangehörigen sind vorwiegend Jugendliche oder junge Erwachsene, das Eintrittsalter beträgt etwa 16 Jahre. Sie sind meist deutsche Staatsbürger und stammen oftmals aus bürgerlichen Elternhäusern. Ein Großteil befindet sich in Ausbildung als Schüler, Studierende oder Berufsauszubildende.[11] Innerhalb der Gruppen herrscht eine hohe Fluktuation, die Verweildauer beträgt nur wenige Jahre.[12] Nicht Ideologie, sondern Aktivitäten und Aktionsformen machen den Anreiz der Autonomen aus. Sobald jugendliches Rebellionsgehabe verschwunden ist, verlassen die Aktivisten das Milieu.[13]

Die Szene verfügt über keine einheitliche Weltanschauung, sie ist ideologisch überaus heterogen. Die Mitglieder vertreten unterschiedliche Ideen, die sich mehr oder weniger an anarchistische und kommunistische Theorien anlehnen.[14] Die Selbstbezeichnung „diffuse Anarchisten" spiegelt dies wider, wobei die Interpretation des Anarchismusbegriffes vom traditionellen Verständnis abweicht.[15] Autonome lehnen den Staat als politisches Gebilde ab, nicht einzelne staatliche Institutionen. Unter ihre Anarchismusinterpretation fallen darüber hinaus die Mißbilligung des kapitalistischen Wirtschaftssystems, jeglicher Form von Hierarchie und Herrschaft sowie politische, ökonomische und kulturelle Fremdbestimmung.[16] In autonomen Denkansätzen dominieren „Anti-Einstellungen" („Anti-Imperialismus", „Anti-Faschismus").[17] Konkrete Aktionen die-

9 Vgl. Sena Ceylanoglu, Linksextremismus in Deutschland heute, in: Bundesministerium des Inneren (Hrsg.), Extremismus in Deutschland. Erscheinungsformen und aktuelle Bestandsaufnahme, Berlin 2004, S. 136-162, hier S. 156.

10 Vgl. Peter Frisch, Militante Autonome, in: Uwe Backes/Eckhard Jesse (Hrsg.), Jahrbuch Extremismus & Demokratie, Bd. 9, Baden-Baden 1997, S. 188-201, hier S. 191.

11 Vgl. Senatsverwaltung für Inneres und Sport, Abteilung Verfassungsschutz (Hrsg.), Verfassungsschutzbericht 2004, Berlin 2005, S. 230.

12 Vgl. Frisch (FN 10), S. 190.

13 Vgl. Pfahl-Traughber (FN 3), S. 42.

14 Vgl. Frisch (FN 10), S. 190.

15 Zitiert nach o.V., Thesen zur Autonomen Bewegung, o.O. 1994, unter: http://autox.nadir.org/archiv/auto/ 94_1.html (28. Januar 2008).

16 Vgl. Pfahl-Traughber (FN 3), S. 40.

17 Vgl. Matthias Mletzko, Merkmale politisch motivierter Gewalttaten bei autonomen Gruppen, in: Uwe Backes/ Eckhard Jesse (Hrsg.), Jahrbuch Extremismus & Demokratie, Bd. 11, Baden-Baden 1999, S. 180-199, hier S. 183.

nen nicht dazu, das System zu reformieren, bewußt wird eine Frontstellung aufrechterhalten: „Wir führen keine Stellvertreterkriege, es läuft über eine eigene Teilnahme, Politik der 1. Person. Wir kämpfen für keine Ideologien, nicht fürs Proletariat oder fürs Volk, sondern für ein selbstbestimmtes Leben in allen Bereichen".[18] Die „Autonomie" ist als „auf die Spitze getriebener Individualismus" zu werten.[19] In einem solchen Kontext werden die Forderungen nach Freiräumen und deren konkrete Umsetzung durch Hausbesetzungen verständlich.[20]

Militanz ist eine der tragenden Säulen der autonomen Ideologie. Sie ist nicht nur Teil des Selbstverständnisses, sie erscheint vielmehr als Ausdruck von „Individualität und Subjektivität".[21] Die Anwendung von Gewalt dient als Akt der individuellen Selbstbefreiung von verinnerlichten Herrschaftsstrukturen;[22] ihren Ausdruck findet sie in zwei typischen Formen: Einerseits in konspirativen Anschlägen, die sich vor allem gegen Gegenstände richten. Eine in den letzten Jahren geführte „Militanzdebatte" zeigt aber auch, daß Gewalt gegen Personen nicht kategorisch ausgeschlossen wird.[23] Innerhalb der Bewegung existiert eine Strömung, die politische Morde theoretisch zu legitimieren sucht: „Ich bin nicht grundsätzlich gegen das Töten von Menschen aus politischen Motiven. [...] Wenn sie dazu dient, eine Gesellschaft herbeizuführen, in der ALLE die Bedingung für ein Menschen würdiges Leben haben, kann die Tötung von Einzelnen, die dieses Ziel zu verhindern suchen, ein legitimes Mittel sein."[24] Ziel der Anschläge sind „Vertreter des Systems" oder im Rahmen der „Antifa-Kampagnen" der politische Gegner von Rechts und dessen Infrastruktur. Die Taten werden anschließend mittels Bekennerschreiben gerechtfertigt. Die zweite Ausdrucksform ist die sogenannte „Massenmilitanz", oftmals als Begleiterscheinung einer Demonstration. Sie findet ihren Ausgang aus dem „Schwarzen Block" und ihr Ziel sind Polizeibeamte oder Rechtsextremisten.[25] Die Akteure verstehen es zudem, friedliche Demonstrationen zu instrumentalisieren. Sie nutzen die Proteste, um aus der Masse heraus Straftaten zu begehen.[26] Das bekannteste Gesicht der Autonomen Bewegung ist der „Schwarze Block". Er ist keine Organisationsform, Aktivisten schließen sich zusammen, geeint durch eine auffallend hohe Gewaltbereitschaft.[27] Nach außen demonstrieren sie ihre Verbundenheit durch eine einheitliche schwarze Kleidung, zu der Sturmhauben und andere Vermummungs-

18 Zitiert nach o.V. 1994 (FN 15) (Fehler im Original).
19 Vgl. Ceylanoglu (FN 9), S. 154.
20 Vgl. Pfahl-Traughber (FN 3), S. 39.
21 Zitiert nach Geronimo (FN 5), S. 210.
22 Vgl. Pfahl-Traughber (FN 3), S. 43.
23 Vgl. Mletzko (FN 17), S. 189.
24 Zitiert nach Frisch (FN 10) (Schreibweise im Original), S. 192 f.
25 Vgl. Ceylanoglu (FN 9), S. 157-161.
26 Vgl. Pfahl-Traughber (FN 3), S. 39.
27 Die Gewaltbereitschaft wird als Recht auf Selbstverteidigung gesehen. Gleichzeitig betonen die Autonomen, daß „direkt Aktionen" Bestandteil ihrer Strategie sind. Vgl. Warum ein revolutionärer/schwarzer Block?, unter: http://www.buendnis-gegen-rechts.ch/Selbstschutz/BlackBlock.htm (4. Februar 2008).

utensilien gehören. Durch Front- oder Seitentransparente grenzt sich der „Block“ von den restlichen Demonstrationsteilnehmern deutlich ab. Es handelt sich also eher um eine Aktionsform als um eine fest gefügte Gruppe.

3. Konzeption, Entstehung, Potential und Sozialstruktur der AN

„Von den Linken zu lernen erschien als höchst sinnvoll“, schrieb Christian Worch, einer der führenden Köpfe des deutschen Neonationalsozialismus, in einem Aufsatz, der sich mit der Konzeption der „Freien Kameradschaften“ beschäftigt.[28] Durch die Veränderung ihrer Organisationsstruktur – weg von den klassischen rechtsextremen Vereinen und Parteien der Nachkriegsgeschichte, hin zu unabhängigen, ohne feste Struktur und Hierarchie aufgebauten Kameradschaften – versuchte die extreme Rechte zu Beginn der neunziger Jahre auf die massive Verbotswelle der staatlichen Behörden zu reagieren.[29] In diesem Kontext finden zum ersten Mal die Begriffe „Autonome Rechte“ oder „Rechte Autonome“ Gebrauch. Sie wurden bei der Proklamation des Konzeptes durch Worchs langjährigen Weggefährten Thomas Wulff in „Freie Nationalisten“ geändert. Worch hatte darauf keinen Einfluß, da er seinerzeit eine Gefängnisstrafe verbüßte.[30]

Von den Linken übernahmen die Vordenker der Kameradschaften zunächst die Organisationsform. Themen, Stilistiken und Aktionsformen folgten wenige Jahre später. 2002 tauchte in der Szene erstmals die Bezeichnung „Autonome Nationalisten“ auf, mit einer veränderten Semantik zur ursprünglichen Bedeutung. Als AN bezeichnete sich der Teil der Neonationalsozialisten, der sich bewußt von Parteien und von den Freien Kameradschaften abzugrenzen suchte.[31] Auf einer NPD-Demonstration am 1. Mai 2004 bildete sich sodann ein „Nationalrevolutionärer Schwarzer Block“, im Aussehen und Agieren mit dem bekannten Phänomen der Linkautonomen verwechselbar. Auf einer in Sprache und Aufmachung der Linksextremisten angelehnten Webseite mobilisierten die AN für ihren „Block“. Die Verwendung von Anglizismen und von graphischen Darstellungen, die im Comicstil Gewalt propagierten, war Rechtsextremisten bis dahin unbekannt.[32] Bereits wenige Monate vor der NPD-Veranstaltung kam es auf Demonstrationen der Kameradschaftsszene in Berlin – zumindest in Ansätzen – zur Formierung „Schwarzer Blöcke“. Die Aufmärsche sind wegen ihrer geringen Teilnehmerzahl von

28 Zitiert nach Christian Worch, Gedanken über freien und autonomen Nationalismus, unter: http://stoerti.atspace.com/260105.html (22. Januar 2008).

29 Vgl. Armin Pfahl-Traughber, Die Neonationalisten-Szene nach den Verbotsmaßnahmen, in: Uwe Backes/Eckhard Jesse (Hrsg.): Jahrbuch Extremismus & Demokratie, Band 9, Baden-Baden 1997, S. 156-173.

30 Vgl. Worch (FN 28).

31 Vgl. Bundesamt für Verfassungsschutz (Hrsg.), „Autonome Nationalisten“. Eine militante Randerscheinung, Köln 2007, S. 2.

32 Vgl. Tomas Sager, Neonazis orientieren sich an den Autonomen und werben für einen „nationalrevolutionären schwarzen Block“, in: Blick nach Rechts 05/2004.

niederer Bedeutung, sie dokumentieren jedoch zum ersten Mal den Wandel im Erscheinungsbild der Szene.[33]

Analog zu den linksextremen Autonomen ist es für die AN schwierig, mit verläßlichen Daten aufzuwarten. Die Behördenangaben weichen signifikant von denen der Szeneangehörigen ab. Noch 2007 sprach das Bundesamt für Verfassungsschutz von Autonomen Nationalisten als „militanter Randerscheinung“ innerhalb des Rechtsextremismus.[34] Nur wenige Monate später sind die Zahlenangaben deutlich nach oben korrigiert, im aktuellen Verfassungsschutzbericht werden bereits ca. 400 Aktive den AN zugerechnet.[35] Christian Worch wiederum schätzt die Zahl derjenigen, die sich innerhalb des „Freien Widerstandes“ zum Flügel der Autonomen zählen, auf ein Viertel. Das Gesamtpotential der „Freien“ beläuft sich auf 4.000 Personen, den AN wären demnach 1.000 Szene-Aktivisten zuzuordnen.[36]

Welche Rechtsextremisten fühlen sich zu autonomen Strukturen hingezogen? Rechtsautonome sind in der Regel jünger als die Anhänger Freier Kameradschaften. Für Berlin kann ein ungefähres Durchschnittsalter Anfang Zwanzig ermittelt werden, während die meisten Neonazis der „Freien“ die Dreißig bereits überschritten haben. Von einem deutlichen Überschuß des männlichen Geschlechts ist auszugehen.[37] Szene-Aktivisten sprechen deshalb nachvollziehbar von einem „Generationswechsel“.[38] Die hohe Anziehungskraft erklärt sich durch den „Event-Charakter“ der Aktionsformen. Während bei den Kameradschaften die politische Arbeit im Vordergrund steht, beteiligen sich Autonome an Demonstrationen, auf denen bewußt „Action“ gesucht wird.

Autonome Gruppen konzentrieren sich fast ausnahmslos auf West-Deutschland. In der ehemaligen DDR dominiert hingegen die Skinhead-Kultur die nichtorganisierte extreme Rechte.[39] Das Zentrum rechtsautonomer Zusammenschlüsse ist Berlin. Zunächst traten in der Bundeshauptstadt im Jahre 2005 mit den „Autonomen Nationalisten Berlin“ (ANB) und den „Freien Kräften Berlin“ (FKB) zwei Aktionsgemeinschaften mit einem Personenpotential von ungefähr 100 Mitgliedern in Erscheinung. Mittelpunkt der Aktionen sind – im Gegensatz zum Gesamtbild – die östlichen Bezirke der Spreemetropole.[40] Zeitgleich erfolgte im rechtsextremen Milieu der Hauptstadt ein Strategiewechsel. In

33 Vgl. Senatsverwaltung für Inneres und Sport, Abteilung Verfassungsschutz (Hrsg.), Verfassungsschutzbericht 2005, Berlin 2006, S. 23.

34 Zitiert nach Bundesamt für Verfassungsschutz (FN 31), S. 2.

35 Vgl. Bundesministerium des Inneren (FN 6), S. 58.

36 Vgl. Christian Worch, NPD vs. „schwarzer Block“ – Eine Wort-Kritik und Analyse zur Partei-Erklärung, unter: http://www.stoertebeker.net/1/?p=516 (eingesehen am 28. Januar 2008). Das Bundesamt für Verfassungsschutz beziffert die Anzahl der Neonazis in der Bundesrepublik für das Jahr 2007 auf insgesamt 4.200 Personen. Vgl. Bundesministerium des Inneren (FN 6), S. 50 f.

37 Vgl. Senatsverwaltung für Inneres und Sport (FN 33), S. 30.

38 Vgl. Christian Menhorn, „Autonome Nationalisten“ – Generations- und Paradigmenwechsel im neonationalsozialistischen Lager?, in: Uwe Backes/Eckhard Jesse (Hrsg.): Jahrbuch Extremismus & Demokratie, Band 19, Baden-Baden 2007, S. 213-225, hier S. 225.

39 Vgl. Bundesamt für Verfassungsschutz (FN 31), S. 8.

40 Vgl. Senatsverwaltung für Inneres und Sport (FN 33), S. 206.

dem Maße, in dem Personenpotential und Szene-Einfluß der AN zunehmen, verringert sich der der Freien Kameradschaften.[41] Über Berlin hinaus lassen sich zwei weitere Kerngebiete bestimmen: In Süddeutschland hat sich mit dem Aktionsbüro „Freier Widerstand – Süddeutschland" ein überregional bedeutender Zusammenschluß etabliert.[42] Ähnliche Konzentrationsprozesse sind im Ruhrgebiet und im Rheinland auszumachen. Hier gründeten Kameraden ein Netzwerk mit den Namen „Aktionsgruppe Rheinland".[43] In den neuen Bundesländern erwiesen sich die „Autonomen Nationalisten Rostock" als kurzlebig.[44] 2008 ins Leben gerufen wurde eine an der linksextremen AA/BO orientierte bundesweite Dachorganisation.[45] Konkrete Aktionen der „Autonomen Nationalisten Bundesweite Organisation" (ANBO) sind bislang keine bekannt.

4. Ideologie, Aktionsformen und Stilistiken

Innerhalb der „Szene" existieren verschiedene Ansichten zum Selbstverständnis. Die „Autonomen Nationalisten Lippstadt" (ANLP) sehen im „Autonomen Nationalismus" eine Aktionsform. Auf ihrer Webseite weisen sie darauf hin, die AN nicht als eine „eigene Weltanschauung" zu interpretieren.[46] Die Initiatoren des ersten rechtsextremen „Schwarzen Blocks" legten ebenfalls großen Wert darauf, daß es sich gegenüber anderen Neonationalsozialisten „nicht um ideologische Differenzen, sondern um eine andere Aktionsform handele".[47] Eine weitere Strömung sieht sich im Gegensatz hierzu als modernisierte Variante des klassischen Nationalismus. Diese Aktivisten rufen dazu auf, mit geistigen Schranken zu brechen und konservative Ansichten über Bord zu werfen: „Veraltete Parolen, angelehnt an vergangene Parteiprogramme oder verstaubte Bücher" entsprächen nicht dem Zeitgeist.[48] Heute ist diese zwischen 2004 und 2005 in diversen Internetforen leidenschaftlich geführte Diskussion verschwunden; die „Modernisierer" konnten sich nicht gegen die „Traditionalisten" durchsetzen.[49]

41 Vgl. Senatsverwaltung für Inneres und Sport (FN 8), S. 34-38.

42 Vgl. Landesamt für Verfassungsschutz Baden-Württemberg, Autonome Nationalisten in Baden-Württemberg, unter: http://www.verfassungsschutz-bw.de/rechts/files/r_sonstige_2007_02.htm (6. Februar 2008).

43 Vgl. o.V., Autonome Nationalisten gründen Aktionsgruppe, unter: http://de.indymedia.org/2007/08/190068.s html (6. Februar 2008).

44 Vgl. Menhorn (FN 38), S. 221.

45 Vgl. Autonome Nationalisten. Bundesweite Aktion (ANBA), Konzept der Autonomen Nationalisten. Bundesweite Aktion (ANBA), o.O., 2008.

46 Zitiert nach Autonomen Nationalisten Lippstadt (ANLP), Autonomie, unter: http://www.anlippstadt.tk/ (13. Februar 2008).

47 Zitiert nach Bundesamt für Verfassungsschutz (FN 31), S. 4.

48 Zitiert nach Aktionsgruppe Ruhr Mitte: Autonome Nationalisten Gladbeck, Wir über uns, unter: http://www.ag-ruhr-mitte.info/Aktionsgruppe%20Ruhr-Mitte/index.html (eingesehen am 14. Februar 2008).

49 Vgl. Bundesamt für Verfassungsschutz (FN 31), S. 4.

In einem Demonstrationsaufruf aus dem Jahre 2004 verdeutlicht eine Gruppe aus Berlin, sie unterscheide sich von anderen Demonstrationsteilnehmern insbesondere durch „revolutionäre Inhalte und Aktionen“.[50] In diesem kurzen Zitat läßt sich *das* verbindende Element aller AN bestimmen: ihr Rückbezug auf nationalrevolutionäre Ideologiefragmente. Zudem spielen in ihrer Weltanschauung klassisch nationalsozialistische Elemente eine gewichtige Rolle. Bezug nehmen die Rechtsautonomen auf den „linken“ Flügel der NSDAP um die Gebrüder Straßer und den frühen Goebbels. Es werden die in der Vergangenheit konkurrierenden Konzepte des Nationalbolschewismus und Nationalsozialismus zu einem Gedankengebäude vermischt, das theoretisch nicht durch Grundsatzpapiere oder ähnliches legitimiert ist.[51] Ein Teil der Szene versucht mit gewaltbereiten Linksextremen eine „Querfront“ einzugehen. Großer Beliebtheit erfreut sich ein T-Shirt mit der Aufschrift „Autonome Nationalisten. Bald gibt es kein ‚rechts' oder ‚links' mehr. Dann gibt es nur noch das system und seine feinde“. In das gleiche Horn bläst das „Freie Netz Chemnitz“, wenn es auf seiner Internetpräsenz verkündet: „Die Einteilung in Rechts und Links in der heutigen Zeit [ist] überflüssig.“[52] Die Annäherungsversuche stoßen jedoch bei den Umworbenen wie innerhalb der extremen Rechten auf massive Vorbehalte.

Zu einem Eckpfeiler der rechtsautonomen Ideologie wird der Antikapitalismus. Die AN argumentieren vor allem zur „Sozialen Frage“.[53] Dabei handelt es sich mitnichten um eine ideologische Besonderheit; die NPD hat ebenfalls sozial- und wirtschaftspolitische Fragestellungen zu ihren Hauptthemen erhoben.[54] Die „Autonomen Nationalisten Haltern“ beschreiben sich als „Frei, national, sozialistisch, antikapitalistisch – autonom“.[55] Im Sinne eines „deutschen Sozialismus“ wollen sie Nationalismus und Sozialismus zu einem dritten Weg synthetisieren: „Die kommende nationale Revolution wird und muß [...] auch eine sozialistische sein.“[56] Die Revolution kann nur mit Gewalt herbeigeführt werden. Auf einen aggressiven Plakat der bereits zitierten „Autonomen Nationalisten Gladbeck“ ist zu lesen: „KAPITALISMUS ANGREIFEN–NATIONALEN SOZIALISMUS VERWIRKLICHEN“.[57] In dem Demonstrationsaufruf zum 1. Mai 2007 teilten die anmeldenden Nationalisten mit, daß nur „der nationale und so-

50 Zitiert nach ebd., S. 4.

51 Vgl. ebd., S. 4.

52 Zitiert nach Freies Netz Chemnitz, Die Kehrseite der Medaille – Globalisierung im 21. Jahrhundert, unter: http://chemnitz.freies-netz.com/?p=23 (4. März 2008).

53 Vgl. Bundesamt für Verfassungsschutz (FN 31), S. 5.

54 Vgl. Marc Brandstetter, Die Programmatik der NPD. Vom Deutschnationalismus zum Neonationalismus?, in: Uwe Backes/Henrik Steglich (Hrsg.), Die NPD. Erfolgsbedingungen einer rechtsextremen Partei, Baden-Baden 2007, S. 317-335, hier S. 325-335.

55 Zitiert nach Aktionsgruppe Ruhr Mitte: Autonome Nationalisten Haltern, unter: http://www.ag-ruhr-mitte.info/Aktionsgruppe%20Ruhr-Mitte/index.html (14. Februar 2008).

56 Zitiert nach Aktionsgruppe Ruhr Mitte: Nationalismus und Sozialismus – eine notwenige Synthese, unter: http://www.ag-ruhr-mitte.info/Aktionsgruppe%20Ruhr-Mitte/politischeleitsaetze/nationalismus+sozialismus.html (1. März 2008).

57 Vgl. Aktionsgruppe Ruhr Mitte: Autonome Nationalisten Gladbeck (FN 48).

zialistische Widerstand für einen konsequenten Angriff auf das Kapital" stehe.[58] Zu ihrem Kampf gegen den Kapitalismus zählen die Aktivisten den Kampf gegen Globalisierung. In Abweichung zur linken Globalisierungskritik beanstanden Rechtsextremisten neben der wirtschaftlichen Dimension eine ethnische: Der idealtypische Staat der rechtsextremen Weltanschauung, ein homogener National- oder Rassenstaat, werde durch äußere Einflüsse bedroht. Die Volksgemeinschaft solle sich von kulturellen, politischen, sozialen und wirtschaftlichen Einflüssen aus dem Ausland abschotten.[59] Den Beginn der Globalisierung datieren Autonome Nationalisten auf das Jahr 1789, also auf die französische Revolution.[60] Rechtsextreme Globalisierungskritik ist demnach mehr als reine Rezension eines wirtschaftlichen Prozesses, sie drückt die Ablehnung des westlichen politischen Systems aus. Die Opposition wird nicht verborgen, sondern frei heraus artikuliert: „Wir glauben nicht daran, daß das kapitalistische System reformiert oder verbessert werden kann – das vorherrschende System ist der Fehler und muß durch eine neue, freie, gerechte und NATIONALE und SOZIALE Gesellschaftsform ersetzt werden."[61] Diese unverhüllte Systemfeindschaft unterscheidet die AN von den Parteien der extremen Rechten der Bundesrepublik. Während sich diese mehr oder weniger glaubhaft zum Grundgesetz bekennen (wie DVU und REP) oder ihre verfassungsfeindliche Gesinnung im Kreise der Parteimitglieder und Sympathisanten verbreiten (wie die NPD), tragen die Rechtsautonomen ihre Abneigung gegen die Bundesrepublik bei jeder sich bietenden Gelegenheit nach außen. Die Parteien agieren taktisch, um einem drohenden Verbot zu entgehen, dieser Gefahr sehen sich die Rechtsautonomen aufgrund ihrer Organisationsstruktur nicht ausgesetzt.

Neben den sozialen Komponenten finden sich im rechtsautonomen Weltbild die typischen Bestandteile der rechtsextremen Ideologie wider: Besonders hervorzuheben ist ein offen artikulierter Rassismus („Gleichheit des Menschen vor dem Gesetz, aber Anerkennung und Achtung der natürlichen Ungleichheit der Menschen in Natur und Kultur."). Dieser wird von xenophoben Vorstellungen, oft im Kleid des Ethnopluralismus, flankiert. So fordern die Autonomen Nationalisten Haltern: „Deutsche Arbeitsplätze zuerst für Deutsche" oder die „sofortige Abschiebung aller kriminellen Ausländer".[62] Zu den weiteren Fundamenten des Rechtsextremismus ist der Nationalismus zu zählen. Für den rechtsautonomen Aktivisten dieser „die Liebe zum eigenen Volk [...], die Erhaltung des Volkes [...] sowie die Erhaltung der Souveränität des Volkes".[63] Als weiterer elementarer Baustein kann der Antisemitismus identifiziert werden. Offen vorgetragene

58 Zitiert nach Bundesamt für Verfassungsschutz (FN 31), S. 5.

59 Vgl. Armin Pfahl-Traughber, Globalisierung als Agitationsthema des organisierten Rechtsextremismus in Deutschland. Eine Analyse zu inhaltlicher Bedeutung und ideologischen Hintergründen, in: Thomas Greven/Thomas Grumke (Hrsg.), Globalisierter Rechtsextremismus? Die extremistische Rechte in der Ära der Globalisierung, Wiesbaden 2006, S. 30-51, hier S. 39-47.

60 Vgl. Aktionsgruppe Ruhr Mitte (FN 56).

61 Zitiert nach Bundesamt für Verfassungsschutz (FN 31), S. 3.

62 Zitiert nach Aktionsgruppe Ruhr Mitte: Autonome Nationalisten Haltern (FN 56).

63 Zitiert nach ebd.

Anfeindungen sucht man vergeblich, meist wird die Judenfeindschaft durch Sympathiebekundungen mit dem palästinensischen Volk oder durch die Hintertür der Globalisierungskritik artikuliert.[64] Verwunderlich hingegen – gerade im Hinblick auf die angesprochene Diskussion eines modernisierten Nationalismus – ist die Betonung revisionistischer Fragestellungen. Dazu zählen beispielsweise die Ablehnung der Kriegsschuld der Deutschen oder die Forderung, keine „Wiedergutmachung zu zahlen".[65] Als programmatische Innovation ist hingegen der Einsatz für Tierrechte und für eine vegane Lebensweise anzusehen.[66]

Wie die obigen Ausführungen zeigen, handelt es sich bei der Interpretation der rechtsextremen Ideologie durch Autonome Nationalisten nicht um eine Erneuerung der bisherigen Denkweise, vielmehr werden Fragmente unterschiedlicher Strömungen zu einem Meinungsbild vermischt, in welchem die klassischen Bestandteile rechtsextremen Denkens dominieren: Rassismus, Nationalismus und Revisionismus. Mit der Betonung sozialer Fragestellungen folgen die AN einem Trend, der heute in allen Teilbereichen der extremen Rechten von den klassischen Kameradschaften bis hin zu den Rechtaußenparteien beobachtet werden kann.

Wenn die Ideologie demnach nicht das primäre Unterscheidungskriterium der AN von den traditionellen Kameradschaften ist, müssen andere Gründe für die Aversion der Subkultur gegen die gewachsenen Strukturen des deutschen Rechtsextremismus bestimmend sein. Die autonomen Aktionsgruppen halten an der ursprünglichen Konzeption der Freien Nationalisten fest. Sie legen Wert darauf, daß es sich bei ihnen um „mitgliedslose Sammelpunkte" handelt, unter denen „weder eine feste Kameradschaft, Gruppe oder Vereinigung" zu verstehen ist.[67] Unter „Autonomie" erfaßt der Autonome Nationalist die Freiheit, sich nicht an bestimmte Gruppen zu binden, er bezeichnet sich als „Do it yourself-Aktivist".[68]

Weitaus bedeutender als die Berufung auf das ursprüngliche Organisationskonzept ist die Öffnung der rechtsextremen Subkultur für szenefremde Musik, Stilelemente, Symbole und Aktionsformen. Ein Aktivist beschreibt diese Strategieänderung folgendermaßen: „Es spielt keine Rolle, welche Musik man hört, wie lang man seine Haare trägt und welche Klamotten man anzieht."[69] Tatsächlich konnte in letzten Jahren vermehrt eine musikalische Begleitung rechtsextremer Demonstrationen durch populäre

64 Vgl. beispielsweise das Frontplakat der Autonomen Nationalisten auf einer rechtsextremen Demonstration in Essen im April 2007: „Keine Waffen für Israel. Fight terror, defend europe", unter: http://ag.antifa.net/autonome_nationalisten.htm (11. März 2008).

65 Zitiert nach Aktionsgruppe Ruhr Mitte: Autonome Nationalisten Haltern (FN 56).

66 Vgl. Nationalen Sozialisten: AG Tierrecht, unter: http://www.tierrecht.org/ (11. März 2008).

67 Zitiert nach Aktionsgruppe Ruhr Mitte: Autonome Nationalisten Gladbeck (FN 48).

68 Vgl. Aktionsgruppe Ruhr Mitte: Autonome Nationalisten Haltern (FN 56).

69 Zitiert nach Lotta. Antifaschistische Zeitung aus NRW. Internetausgabe, unter: http://ag.antifa.net/autonome_nationalisten.htm (15. März 2008).

Chartmusik beobachtet werden.[70] Selbst die aus den USA stammende Jugendkultur des „Hip Hop“ hat durch die AN Eingang in die rechtsextreme Szene gefunden.[71] Daß diese Entwicklung in starkem Kontrast zu den politischen Zielen steht („deutsche Kultur erhalten“[72]), scheint einen Teil der Akteure nicht zu stören. Von den linksextremen Autonomen wurde die Symbolik übernommen, die in leicht veränderter Form zum festen Bestandteil jeder rechtsautonomen Homepage oder jedes Flugblattes gehört. Das bekannte Logo der „Antifaschistischen Aktion“ adaptieren die AN, nur der Schriftzug „Antifaschistische Aktion“ wurde durch „Nationale Sozialisten. Bundesweite Aktion“ ersetzt. Selbst äußerlich unterscheiden sich rechtsextreme und linksextreme Autonome nur marginal. Beide Subkulturen tragen bevorzugt Cargo-Hosen, Sonnenbrillen, Palästinenser-Tücher, Baseballcabs sowie T-Shirts, die mit aggressiv-kapitalismusfeindlichen Slogans bedruckt sind. Diese Ähnlichkeiten macht eine Unterscheidung der beiden sich feindselig gegenüberstehen Gruppen nicht nur für die Polizei, sondern selbst für Szeneangehörige schwierig.[73]

In der Wahl der Aktionsformen biedern sich die AN-Gruppen bei den linksextremen Autonomen an. Klassisch linke Methoden wie Hausbesetzungen sind auch Rechtsautonomen bekannt.[74] Sogar vor der Übernahme der charakteristischen Erscheinungsform der linksextremen Protestkultur schrecken die AN nicht zurück: Der „Schwarze Block“, im neonationalsozialistischen Jagon „ns black block“, ist heute Teil einer Demonstration der extremen Rechten. Freimütig geben die Initiatoren in einem im Internet kursierenden Legitimationspapier zu, daß ihr „Block“ seinen Ursprung in der linksextremen Aktionsform gleichen Namens habe. Da in der Vergangenheit neonationalsozialistische Demonstrationen aufgrund mangelnder Entschlossenheit von Veranstaltern und teilnehmenden Gruppen am Widerstand der Gegendemonstranten oder der Polizei scheiterten, sähen sich die Kameraden gezwungen, auf dieses Instrumentarium zurückzugreifen.[75] Der Zusammenschluß zu einem „Block“ solle spontan erfolgen. Deshalb sei eine einheitlich-schwarze Uniformierung ebenso unerwünscht wie Vermummungsutensilien oder der Einsatz von Gewalt. Gleichzeitig befürworten die Verfasser aber „Offensivmaßnahmen“ – was immer damit gemeint sein mag.[76] Vom Verzicht auf schwarze Kleidung kann in der Realität keine Rede sein. Ihre Rechtfertigung erfährt die Uniformierung durch ihre Anonymität: „Die schwarze Kleidung ermöglicht uns, daß wir von ANTIFAS, Bullen und anderen nicht mehr auseinander gehalten und erkannt werden

70 Vgl. Timo Nowack/Markus Flohr, Tarnkappen-Nazis buhlen um junge Linke, in: Spiegel Online, unter: http://www.spiegel.de/schulspiegel/leben/0,1518,480241,00.html (1. Februar 2008).

71 Vgl. Bundesamt für Verfassungsschutz (FN 31), S. 3.

72 Zitiert nach Aktionsgruppe Ruhr Mitte: Autonome Nationalisten Haltern (FN 56).

73 Vgl. Spiegel Online (FN 70).

74 Vgl. Senatsverwaltung für Inneres und Sport (FN 11), S. 24.

75 Vgl. o. V., Der schwarze Block. Eine notwendige Klarstellung, unter: http://www.sturmbund-aachen.info/pdf/schwarzer_block.pdf (1. Februar 2008).

76 Vgl. ebd.

können."[77] Zu den bedeutendsten Arbeitsfeldern der linksextremen Bewegung zählen die Aufklärung und die Bekämpfung des Rechtsextremismus. Szeneintern firmieren diese Bemühungen unter dem Schlagwort „Antifa". Ihren Auslöser fand die Taktik in den frühen neunziger Jahren als Reaktion auf die gestiegene Anzahl fremdenfeindlicher Gewalttaten. Die Rechtsextremen ihrerseits antworteten durch die Bildung der „Anti-Antifa", die die militanten Verhaltensmuster von links kopiert.[78] Gerade für die erlebnisorientierte rechtsautonome Protestkultur zählt die „Anti-Antifa"-Arbeit (Ausspähen des Gegners, Veröffentlichung der Daten, körperliche Auseinandersetzungen) zu den Grundstatuten.

Einen überregional bekannten Namen haben sich dabei die „Autonomen Nationalisten Berlin" (ANB) gemacht.[79] Eine Erhebung des Berliner Landesamtes für Verfassungsschutz stellt fest, daß sich seit dem Jahre 2005 die Gewalttaten von rechts vermehrt gegen potentielle Linke richten. Die Konfrontation mit „Antifaschisten" bzw. Personen, die von den Tatverdächtigen dem linken Lager zugerechnet werden, haben sogar die fremdenfeindlich motivierten Taten vom Spitzenplatz der Statistik verdrängt.[80] Das zweite Hauptangriffsziel der AN sind Polizisten, verdeutlicht durch deren Aufrufe: „Weg mit dem Bullenstaat! Zerschlagt den Polizeiterror!".[81] Die Berliner Studie unterstützt diese These. Aus dem Umkreis autonomer Aktionsgruppen kommt es bei Demonstrationen zu Widerstandshandlungen gegen die Ordnungsbehörden.[82] Die Gewaltanwendung wird als „Notwehr" gegenüber staatlicher Repression und Angriffen durch die „Antifa" gerechtfertigt: „Wo Willkür gegen Nationalisten zur Praxis wird, sollte die Polizei und der politische Gegner mit Widerstand und Gegenwehr rechnen müssen."[83] Auf der Demonstration zum 1. Mai in Hamburg beließen es die autonomen Aktionsgruppen nicht bei Worten. Überrascht zeigten sich die Einsatzkräfte von der Brutalität „rechter" und „linker" Autonomer. Fast 100 Nationalisten und eine ebenso große Anzahl von Gegendemonstranten lieferten sich eine Massenschlägerei. Nach Aussagen des Einsatzleiters sei die Gewalt dabei von der rechten Seite ausgegangen.[84] Die einschlägig bekannten Neonazi-Internetseiten des Nordens feierten den „1. Mai Kampftag" als eine der „erfolgreichsten und kämpferischsten Einsätze der letzten

77 Zitiert nach Brandenburgische Landeszentrale für politische Bildung, Glossar Rechtsextremismus, Stichwort: Autonomer Nationalismus (Hervorhebung im Original), unter: http://www.politische-bildung-brandenburg.de/extrem/glossar.htm (18. März 2008).

78 Vgl. Uwe Backes, Rechts- und linksextremistische Gewalt in Deutschland – vergleichende Betrachtungen, in: Politische Studien 1/2007, S. 31-43, hier S. 38.

79 Vgl. Senatsverwaltung für Inneres und Sport (FN 11), S. 28.

80 Vgl. Senatsverwaltung für Inneres und Sport, Abteilung Verfassungsschutz (Hrsg.), Rechte Gewalt in Berlin 2003 bis 2006 (Studienreihe „Im Focus"), Berlin 2007, S. 61.

81 Zitiert nach Bundesamt für Verfassungsschutz (FN 31), S. 3.

82 Vgl. Senatsverwaltung für Inneres und Sport (FN 80), S. 58.

83 Zitiert nach o. V. (FN 75).

84 Vgl. Spiegel Online, Polizei konnte nur knapp Tote verhindern, unter: http://www.spiegel.de/politik/deutschland/0,1518,551088,00.html (9. Juli 2008).

Jahre", aus welchen die Nationalisten natürlich als Sieger hervorgegangen wären.[85] Besorgniserregend ist, daß Autonome Nationalisten Gewalt als strategisches Mittel der politischen Konfrontation begreifen. Gezielte verbale Drohungen zeugen davon genauso wie vermehrte Waffenfunde (insbesondere Pfefferspray und Schlagstöcke) oder das Tragen von Lederhandschuhen, um sich bei körperlichen Konfrontationen nicht zu verletzen.[86] Da die Aktivisten der „Antifa" auf diese Provokationen mit einer erhöhten Gewaltbereitschaft antworten, spitzt sich die Situation weiter zu.[87] Die Gewaltspirale, in der sich beide Subkulturen bewegen, illustriert die Interaktionen zwischen dem links- und dem rechtsextrem Milieu der Bundesrepublik.

Zum Repertoire der AN zählen nicht ausschließlich Maßnahmen, die bislang aus dem linksextremen Lager bekannt sind. Zum Einsatz kommen gleichermaßen Taktiken mit rechtem Hintergrund. Neben der Organisation und Teilnahme an Demonstrationen stechen die Rechtsautonomen durch die Anwendung der „Wortergreifungsstrategie" hervor. Gemeint ist, die Instrumentalisierung von Veranstaltungen zivilgesellschaftlicher Akteure durch Rechtsextremisten. Die Autonomen Nationalisten verfolgen dieses Ziel mit ebensolcher Vehemenz wie ihre anderen politischen Bestrebungen, oftmals durch gewaltsames Eindringen in die Informationsveranstaltung. Selbst durch den Veranstalter ausgesprochene Hausverbote schrecken die Aktivisten nicht ab, in vielen Fällen kann nur die zur Hilfe gerufene Polizei die Lage beruhigen.[88]

5. Die Stellung der AN innerhalb der rechtsextremen Szene der Bundesrepublik

Das Verhältnis deutscher Neonationssozialisten zu den Autonomen Nationalisten läßt sich als „ambivalent" charakterisieren. Der sozialrevolutionäre Teil der NS-Aktivisten begrüßt die AN in ihren Reihen, wobei ähnliche ideologische Ansichten eine Verbundenheit schaffen. Das einflußreiche Szene-Magazin „Fahnenträger" sieht in den Rechtsautonomen eine Strömung mit Zukunftspotential.[89] Traditionell ausgerichtete Neonazis opponieren gegen rechtsextreme Autonome, sie kritisieren die Übernahme linker Symbolik. Selbst wenn heute weite Teile der deutschen Neonationalsozialisten mit antikapitalistischen Ideen sympathisieren, bleiben Kommunisten und Sozialisten neben „Systembonzen" oder Ausländern die größten Feindbilder: „antifaschistische Symbole und deren Übernahme oder Veränderung [haben] in unseren Reihen nichts zu suchen. Rote

85 Vgl. Aktionsbüro Norddeutschland, 1. Mai in Hamburg. Der nationale Widerstand kämpfte sich erfolgreich durch Barmbek, unter: http://aktionsbuero.netzwerknord.com/ (10. Juli 2008).

86 Vgl. Senatsverwaltung für Inneres und Sport (FN 33), S. 30-33.

87 Vgl. ebd., S. 83-86.

88 Vgl. Anton Maegerle, Im Rahmen ihrer „Wort- und Platzergreifungsstrategie" tauchen Rechtsextremisten zunehmend bei Veranstaltungen demokratischer Parteien auf, in: Blick nach Rechts 15/2007.

89 Vgl. Der Fahnenträger, unter: http://www.fahnentraeger.net/index.php?option=com_frontpage&Itemid=1 (1. Februar 2008).

Sterne oder veränderte Antifa-Fahnen geben uns Nationalisten der Lächerlichkeit preis."[90] Gleichermaßen kritikwürdig finden sie die Verwendung von Anglizismen. In ihren Augen läuft dies „selbstverständlich nationalen Forderungen diametral zuwider".[91]

Die bedeutendste Kontroverse entzündet sich an der Frage der Militanz. Während die klassischen Kameradschaften – aus strategischen Gesichtspunkten – für einen Gewaltverzicht auf nationalen Demonstrationen plädieren, gehört für die AN eine aggressive Außendarstellung zum Selbstverständnis. Die Traditionalisten sehen die Gefahr, potentielle Sympathisanten fernzuhalten.[92] In einem Diskussionsbeitrag auf der angesehenen rechtsextremen Webseite „Altermedia" fürchtet beispielsweise ein Diskutant, die Bürger könnten „rechte Aktivisten in einen Topf mit gewaltbereiten Linksextremisten werfen."[93] Insbesondere für ostdeutsche Neonazis erweist sich das militant-linke Image der AN als bedrohlich. Seit geraumer Zeit versuchen sie durch bürgerliches Auftreten, die Akzeptanz für die neonationalsozialistische Ideologie zu erhöhen. Rechtsautonome torpedieren mit ihrem aggressiven Habitus diese Strategie.[94] Ideologisch scheinen heute die traditionell orientierten Neonazis mit den progressiver eingestellten Rechtsautonomen ihren Frieden gemacht zu haben. Frühere Streitigkeiten über die Interpretation des nationalsozialistischen Weltbildes gehören der Vergangenheit an.[95]

Die AN gehen sofort zum Gegenangriff über. Bewußt grenzen sie sich von rechtsextremen Skinheads und der Braunhemdfraktion ab: „mit Oi Oi Oi und 33 ist eben nichts mehr zu erreichen", konstatiert ein „AN Stuttgart" in einem Internetforum.[96] Das Ziel ist klar: Autonome Nationalisten versuchen durch die Hinwendung zu sozialen Fragen und durch ein am Mainstream orientiertes Erscheinungsbild ein größeres Rekrutierungspotential zu erschließen und eine höhere gesellschaftliche Akzeptanz zu gewinnen.[97] Häufig präsent ist demnach die Betonung, die AN seien ganz normale Jugendliche. „Wir sind keine dumpfen Schläger mit Glatze, Bomberjacken und Stiefeln bis zum Knie. Wir sind Jugendliche wie du"[98], ist auf der Webseite der Autonomen Nationalisten Haltern zu lesen. Beide Arme der Bewegung machen sich den gleichen Vorwurf. Ihr Äußeres und ihr Agieren halte Sympathisanten fern. Bei allen Differenzen zwischen Traditionalisten und Rechtsautonomen sind die Grenzen zwischen beiden freilich

90 Zitiert nach Aktionsbüro Norddeutschland: Keine Ausgrenzungspolitik gegen nationale Demonstranten, unter: http://www.stoertebeker.net/1/?p=391 (1. Februar 2008).

91 Zitiert nach ebd.

92 Vgl. Bundesamt für Verfassungsschutz (FN 31), S. 6.

93 Vgl. Tomas Sager, Mit den „Rechts"-Autonomen haben NPD und Neonazis häufiger ihre Probleme, in: Blick nach Rechts 15/2007.

94 Vgl. Menhorn (FN 38), S. 222 f.

95 Vgl. Bundesamt für Verfassungsschutz (FN 31), S. 6.

96 Zitiert nach Sager (FN 94).

97 Vgl. Senatsverwaltung für Inneres und Sport, Abteilung Verfassungsschutz (Hrsg.), Verfassungsschutzbericht 2003, Berlin 2004, S. 42.

98 Zitiert nach Aktionsgruppe Ruhr Mitte: Autonome Nationalisten Haltern (FN 56).

fließend. Eine Aktionsgruppe mit dem Namen „Militante Rechte“ unterstreicht die Offenheit des „ns black blockes“ für alle Kameraden: „an dem sich jeder Demonstrationsteilnehmer unabhängig von seiner Zugehörigkeit zu Organisationen, Parteien oder Subkulturen beteiligen kann.“[99]

Die NPD unterhält zu den autonomen Aktionsgemeinschaften ein gespanntes Verhältnis. Am 16. August 2007 veröffentlichte das rechtsextreme Internetportal „Altermedia“ eine Stellungnahme des Parteipräsidiums mit dem Titel „Unsere Fahnen sind schwarz – unsere Blöcke nicht!“[100], in der sich die NPD-Führung öffentlich von den AN distanzierte. Deren Vertreter seien „keine Sympathieträger“ und erweckten „den Eindruck grundsätzlicher Gewaltbereitschaft“. Die Partei wolle schließlich „die Herzen der Menschen gewinnen“, dies sei mit Aktivisten, die „Provokation als Selbstzweck“ sehen, nicht möglich.[101] Nur wenige Tage später legte der NPD-Generalsekretär Peter Marx nach und behauptete, die AN würden durch den Staat subventioniert.[102] Der sächsische NPD-Landtagsabgeordnete Jürgen Gansel wirft den Aktivisten in der Parteizeitung „Deutsche Stimme“ vor, diese würden den „nationalen Antikapitalismus schwächen“, da „dessen normaldeutsche Adressaten durch pubertäres Bürgerschreckgehabe verschreckt würden.“[103] Die Erklärung löste innerhalb der Neonationalsozialisten-Szene stürmische Debatten aus. Ein Teil derer, die sich in der Vergangenheit den Rechtsautonomen gegenüber reserviert gezeigt hatten, schlugen sich nun vollständig auf die Seite der Partei.[104] Umgekehrt sahen einige Neonazis durch die Erklärung das „Volksfront“-Konzept“ in Frage gestellt. Die Partei sei auf ihren einstigen „bürgerlichen“ Kurs zurückgekehrt, weshalb die seit 2004 bestehende Zusammenarbeit zwischen der NPD und den Freien Kameradschaften nicht länger möglich sei. Das AB Norddeutschland rief die mit den Ideen der AN sympathisieren Parteimitglieder auf, die Partei zu verlassen.[105] Christian Worch bemängelt in einer Stellungnahme die „spalterische Tendenz“, die der NPD-Beschluß in sich trage. Als Motivation für den Versuch, die AN auszugrenzen, vermutet er die Angst, den „Freien Kräften“ zahlenmäßig und aktionistisch

99 Zitiert nach Aktionsgruppe Ruhr Mitte: Militante Rechte: Aufruf und Definition „Schwarzer Block“, unter: http://www.ag-ruhr-mitte.info/Aktionsgruppe%20Ruhr-Mitte/politischeleitsaetze/definitionblackblock.html (26. März 2008).

100 Vgl. NPD-Parteipräsidium: „Unsere Fahnen sind schwarz – unsere Blöcke nicht!, unter: http://de.altermedia.info/general/das-wars-dann-wohl-mit-den-grossdemos-npd-unsere-fahnen-sind-schwarz-unsere-bloecke-nicht-160807_10798.html (26. März 2008).

101 Zitiert nach ebd.

102 Vgl. Störtebecker-Netz. Nachrichten und Kommentare, NPD vs. „schwarzer Block“ – Peter Jakob Marx: „Autonome Nationalisten werden durch den Staat gefördert“, unter: http://www.stoertebeker.net/1/?p=370 (1. Februar 2008).

103 Zitiert nach Jürgen Gansel, Die Stunde einer nationalen Solidaritäts- und Gerechtigkeitsbewegung ist da, in: Deutsche Stimme 1/2008.

104 Vgl. beispielhaft Aktionsbüro Rhein-Neckar: Ein Stimmungsbild parteifreier Kräfte aus der Rhein-Neckar-Region, unter: http://www.stoertebeker.net/1/?p=391 (1. Februar 2008).

105 Vgl. Aktionsbüro Norddeutschland (FN 90).

unterlegen zu sein.[106] Parteiintern ist der Kurs der Führung nicht unumstritten. Selbst in den obersten Gremien herrscht Uneinigkeit. Voigts` Stellvertreter, der Vorsitzende der sächsischen NPD-Landtagsfraktion Holger Apfel, befürwortet vehement die Abgrenzungspolitik, während sein Vorsitzender hiervon nicht restlos überzeugt scheint.[107] Unmittelbar nach der Demonstration zum 1. Mai in Hamburg begrüßte der dortige NPD-Landesverband die Anwesenheit und den positiven Einfluß eines „Schwarzen Blocks" auf seiner Webseite.[108] An der Basis brodelt es noch heftiger. Stellvertretend sei die Meinung von „NPD Norddeutschland" genannt, die im Forum von „Altermedia" gepostet wurde: „Uns ist es egal, wer wo organisiert ist. Wir hassen dieses System und da ist es egal, welche Blöcke da demonstrieren."[109] Hinzu kommt, daß offenbar eine Reihe von „Doppelmitgliedschaften" besteht. NPD-Parteigenossen kleiden sich auf Demonstrationen im Style der AN und bevorzugen deren Aktionsformen.[110] Die hohen Wogen des Präsidiumsbeschlusses überraschten die Funktionäre sicherlich in ihrer Intensität. Knapp einen Monat später sah sich die Parteiführung genötigt, eine „Erklärung" zu ihren Ausführungen auf der parteieigenen Webseite zu veröffentlichen.[111] Die NPD bekräftigt darin das Festhalten am „Volksfront-Gedanken", alle politischen Inhalte seien willkommen, nur die „Aktionsform schwarzer Block" sei von NPD-Demonstrationen ausgeschlossen.[112] Der wiedergewählte Bundesvorsitzende Voigt unterstrich auf der Pressekonferenz nach dem Parteitag in Bamberg Ende Mai 2008 erneut die Distanzierungspolitik.[113] Die Leere dieser Worte wurde bereits auf der Auftaktveranstaltung zum niedersächsischen Landtagswahlkampf am 15. September 2007 in Hannover deutlich. Neben dem Spitzenkandidaten Andreas Molau begrüßte Voigt die anwesenden AN-Kameraden und hob die Abgrenzung ausdrücklich auf.[114] „Altermedia" berichtet weiterhin, daß sich der Parteivorsitzende im persönlichen Gespräch mit Aktivisten des „Schwarzen Blockes" wohlwollend äußerte.[115] Unproblematisch verlaufen heuer ge-

106 Vgl. Christian Worch, Eine Wort-Kritik und Analyse zur Parteierklärung, unter: http://www.stoertebeker.net/1/?p=516 (1. Februar 2008).

107 Vgl. Sven Röbel/Andreas Wassermann, „Propaganda der letzten Tage", in: Der Spiegel 04/2008, S. 35.

108 Vgl. Tomas Sager, „Heldenhafte Aktivisten", in: Blick nach Rechts 10/2008.

109 Zitiert nach altermedia.info, unter: http://de.altermedia.info/general/das-wars-dann-wohl-mit-den-grossdemos-npd-unsere-fahnen-sind-schwarz-unsere-bloecke-nicht-160807_10798.html (30. März 2008).

110 Vgl. Beitrag von „Dr. H.G." im Diskussionsforum von altermedia.info, unter: http://de.altermedia.info/general/nach-hamburg-demo-160508_14220.html#more-14220 (9. Juli 2008).

111 Vgl. NPD-Parteipräsidium: Erklärung: Unsere Fahnen sind schwarz – unsere Blöcke nicht, unter: http://www.npd.de/index.php?sek=0&pfad_id=25&cmsint_id=1&detail=946 (27. März 2008).

112 Vgl. ebd.

113 Vgl. Andreas Speit, Parteitag der Abrechnung, in: Blick nach Rechts 12/2008.

114 Vgl. Andrea Röpke, Braunes Schmierentheater, in: Blick nach Rechts 20/2007.

115 Vgl. FKA, Also doch: Voigt gegen „schwarzen Block" – Was ist das Wort eines Parteivorsitzenden wert, Herr Voigt?, unter: http://de.altermedia.info/general/fka-also-doch-voigt-gegen-schwarzen-block-was-ist-das-wort-eines-parteivorsitzenden-wert-herr-voigt-081007_11522.html#more-11522 (29. März 2008).

meinsame Demonstrationsteilnahmen. Einst hatte sich Apfel vehement gegen die Zusammenarbeit ausgesprochen, auf dem Gedenkmarsch anläßlich der Bombardierung Dresdens marschierte die versammelte sächsische NPD-Spitze Seit an Seit mit rechtsautonomen Aktionsgruppen.[116] Die Parteistrategen befürchten darüber hinaus einen Aderlaß der JN, große Teile ihrer Jugendorganisation sympathisieren mit rechtsautonomem Gedankengut, einige Gliederungen scheinen bereits übergelaufen.[117]

Die AN selbst reagierten auf den NPD-Beschluß mit gewohnt deutlichen Worten. Die NPD zähle ohnehin zum bürgerlichen Establishment, schließlich verbinde man mit der Studentenbewegung von 1968, den K-Gruppen oder der RAF mehr als mit der NPD.[118] Im Falle einer gelungenen Revolution würde man „Bonzendemokraten" wie Marx, Voigt oder Apfel „zur selben Rechenschaft ziehen wie alle anderen Systemknechte."[119] Ihre Feindschaft bekunden die Rechtsautonomen nicht nur in den bekannten Internetforen, sondern öffentlich. Losungen der Marke „Wer hat uns verraten – Nationaldemokraten" oder „NPD was ist das schon, jeder Zweite ein Spion" sind heute fester Bestandteil des Parolenrepertoires einer rechtsextremen Demonstration.[120]

6. Vergleich zwischen zwei extremistischen Richtungen

Die Autonomen Nationalisten haben sich seit ihren ersten öffentlichen Auftritten im Jahre 2004 als Bestandteil der deutschen extremistischen Rechten etabliert. Ihre rigorose Abgrenzung zu den starren Strukturen der Rechtsaußenparteien machen sie für Jugendliche genauso interessant wie ihr Fokus auf soziale Themen. Stundenlange Theoriedebatten sucht man vergeblich, auch langweilige Kameradschaftsabende gehören nicht zu ihrem Repertoire. Die Subkultur zeichnet sich vielmehr durch einen „Event-Charakter" aus. In diesem Punkt unterscheiden sich die „rechten" nicht von den „linken" Autonomen. Beide arbeiten kampagnenorientiert, wobei die „actiongeladene" „Antifa-Arbeit" bei den Linksextremen ebenso überwiegt wie die Bestrebungen der rechten Seite, mit der „Anti-Antifa" ein Pendant zu installieren. Gruppendynamisch wirkt sich für die Aktivisten die Teilnahme an Demonstrationen aus. Während die Rechtsautonomen versuchen, ihren Weg gegen den politischen Gegner oder die Polizei freizukämpfen, ist es das Interesse der linksextremen Subkultur, „rechte" Veranstaltun-

116 Vgl. Endstadion Rechts: Alle waren da. Nachruf auf NPD-Demonstration in Dresden, unter: http://www.endstation-rechts.de/index.php?option=com_content&task=view&id=1184&Itemid=172 (6. April 2008).

117 Vgl. Sager (FN 93).

118 Vgl. Autonome Nationalisten Schwabach: Der „Deutsche Herbst" vor 30 Jahren, unter: http://de.altermedia.info/general/autonome-nationalisten-schwabach-der-deutsche-herbst-vor-30-jahren-2010 07_11681.html (27. März 2007).

119 Zitiert nach Sager (FN 93).

120 Zitiert nach altermedia.info, „Wer hat uns verraten – Nationaldemokraten", unter: http://de.altermedia.info/general/samstag-in-oldenburg-070708_15086.html#more-15086 (9. Juli 2008).

gen durch Sabotageakte oder Blockaden zu verhindern. Selbst wenn die Vertreter beider politischen Richtungen es nie zugeben würden, sie brauchen sich gegenseitig. Denn nur durch die Existenz der jeweiligen Gegner ist die eigene Existenz zu rechtfertigen – sie definieren sich vor allem über den Kampf gegen den ideologischen Feind. Soziodemographisch zeigt sich gleichfalls ein ähnliches Bild. In beiden Subkulturen dominieren männliche Jugendliche. Ideologisch unterscheiden sich beide Protestkulturen nicht so diametral, wie man vermuten mag. Beide legen großen Wert auf „Autonomie", die handelnde Person, also der Autonome selbst, steht als „Do it yourself"-Aktivist im Mittelpunkt der Weltanschauung. Sozialrevolutionär eingestellt, artikulieren „Rechte" wie „Linke" ihre Frontstellung gegen das politische System der Bundesrepublik Deutschland. Autonome Nationalisten bedienen sich unverblümt bei den „Linken". Sie greifen auf Hausbesetzungen zurück, marschieren auf Demonstrationen als gewaltbereiter und vermummter „Schwarzer Block". Einig sind sich beide extremistische Gruppierungen darin, militante Aktionen zum normalen Arsenal des politischen Kampfes zu zählen. Während die rechtsextremen Bemühungen noch in den Kinderschuhen stecken und sich auf körperliche Konfrontationen mit politischen Feinden konzentrieren, sind linksextreme Autonome einen Schritt weiter. Innerhalb der Szene haben sich Strukturen verfestigt, die bei ihren Anschlägen die Grenze zu terroristischen Gewalttaten überschritten haben.[121]

7. Fazit

Rechtsautonome Aktionsgruppen sind keine Innovation. Ideologisch sind sie typisch rechtsextremen Denkmustern verhaftet, aktionistisch kopieren sie den Stil der linksextremen Jugendbewegung. Für den Gesamtbereich „extreme Rechte" hingegen ist die strategische Ausrichtung eine Erneuerung, der Bruch mit Traditionen gehört für eine rückwärtsgewandte Ideologie keineswegs zum Alltag. Ihre Attraktivität auf Jugendliche wird ihnen zukünftig weiteren Zulauf bringen, schon heute sind sie fester Bestandteil der Szene. Der Verfassungsschutz unterschätzt offenbar ihren Einfluß.[122] Die AN schaffen es immerhin, die NPD in der Realität zur Aufgabe ihrer Abgrenzungsbeschlüsse zu zwingen, ohne dies offen auszusprechen. Der gesamten rechtsextremen deutschen Szene könnte wieder mal eine Spaltung drohen: auf der einen Seite eine schnell wachsende militant-aktionistisch orientierte autonome Strömung mit ihren Sympathisanten aus den traditionellen Neo-NS-Kameradschaften, auf der anderen Seite die einen legalistisch, am Vorbild des historischen Nationalsozialismus orientierten Kurs verfolgenden (ostdeutschen) Kameradschaften und die NPD. Besorgniserregend ist die Gewaltbereitschaft der rechtsautonomen Aktivisten. Größere Ausschreitungen zwischen rechten

121 Vgl. Bundesministerium des Inneren (FN 7), S. 147-151.
122 Vgl. die Bezeichnung „militante Randerscheinung". Bundesamt für Verfassungsschutz (FN 31).

„Schwarzen Blöcken" und der Polizei dürfen für die Zukunft nicht ausgeschlossen werden. Trotzdem stellen die AN keine ernsthafte Gefahr für unser politisches System dar – sie vermögen es weder bei normalen Jugendkulturen den nötigen Einfluß zu gewinnen noch bilden sich aus ihren Reihen heute rechtsterroristische Strukturen heraus. Bewußt haben sie sich in ein selbst geschaffenes subkulturelles Ghetto zurückgezogen, aus dem sie kaum auf die Mehrheitsgesellschaft einwirken können.[123]

Der Kampf zwischen Links- und Rechtsautonomen wird sich zuspitzen. Wächst eine der beiden Subkulturen, zieht die andere nach. Die gleiche Entwicklung wird sich im Bereich der Gewalt beobachten lassen. Keine Subkultur will der anderen nachstehen. „Linke" und „rechte" Autonome verbindet mehr, als sie trennt. Sie rekrutieren sich aus dem gleichen männlich-jugendlichen Milieu, sie kleiden sich ähnlich, benutzen fast identische Codes und Symbole, verwenden vergleichbare Aktionsformen. In ihrer Ideologie dominieren mit dem sozialrevolutionären Antikapitalismus, dem „Autonomie-Gedanken" sowie der Bereitschaft, Gewalt planvoll und gezielt einzusetzen, die gleichen Prinzipien.

123 Vgl. Menhorn (FN 38), S. 225.

Biographisches Porträt: Christian Worch

Von Martin Thein

1. Lebenslauf

Christian Worch wurde am 14. März 1956 in Hamburg geboren.[1] Er ist das Adoptivkind eines ehemaligen Truppenarztes der Waffen-SS, der die Familie verließ, als Worch sechs Jahre alt war. Zu seiner Mutter, die „nie eine nennenswerte politische Motivation"[2] zeigte, unterhielt er bis zu deren Tod 1990 ein inniges Verhältnis und erbte von ihr ein beträchtliches Immobilienvermögen.[3] Nach eigenen Aussagen beschäftigte sich Worch erstmals im Alter von 14 Jahren mit den Ideen des historischen Nationalsozialismus.[4] Neben seinem Interesse für Militärgeschichte habe vor allem die Tatsache, daß mehrere Klassenkameraden in „sehr aggressiver Weise versucht haben, [...] marxistische Thesen [...] zu propagieren"[5], bei ihm den Entschluß reifen lassen, den Marxismus zu überwinden, „nämlich durch die damalige nationale Bewegung, sprich die verbotene NSDAP".[6]

1976 verließ Worch ohne Abschluß die 13. Klasse des Gymnasiums und begann eine zweijährige Ausbildung zum Notarsgehilfen bei einer renommierten Hamburger Kanzlei, für die auch der spätere Erste Bürgermeister der Freien und Hansestadt Hamburg, Dr. Hennig Voscherau, tätig war. Über einen mit dem damaligen Landesvorsitzenden der *Jungen Nationaldemokraten* (JN) befreundeten Arbeitskollegen kam er Mitte der 70er Jahre erstmals mit dem organisierten Rechtsextremismus in Berührung. Die sich in dieser Zeit entwickelnde Bekanntschaft mit dem ebenfalls in Hamburg lebenden Neonationalsozialisten Michael Kühnen[7] kann retrospektiv als das wichtigste

1 Der Verfasser hat im Rahmen eines Dissertationsvorhabens ein mehrstündiges Interview mit Christian Worch geführt. Zudem wurden andere öffentliche Äußerungen und Stellungnahmen Worchs einbezogen.

2 Interview mit Christian Worch, in: Der Spiegel Nr. 10 v. 1. Oktober 2000, S. 53.

3 Vgl. hierzu auch die folgende Äußerung Worchs: „Ich brauche nicht zu arbeiten, um ein auskömmliches Leben zu führen – das ist der Vorteil, wenn man die Kleinigkeit von rund anderthalb Millionen Deutschmark geerbt hat." Zit. nach Peter Töpfer, Nationale Anarchie. Texte 1997 bis 2000. Mit einem Briefwechsel mit Christian Worch, Berlin 2004, S. 218.

4 Vgl. Christian Worch, Interview mit dem Science-Fiction-Magazin „Andromeda", Nr. 136-37/1994, http://www.burks.de/forum/phpBB2/viewtopic.php?t=2975 (10. Oktober 2008). Siehe auch Matthias Weber, Neonazistische Führungskader und ihr Bezug zu Szene, Ideologie und Gewalt, in: Bundesamt für Verfassungsschutz (Hrsg.), Radikalisierungsprozesse und extremistische Milieus, Köln 2004, S. 36-64.

5 Interview mit Christian Worch am 4. April 2007 in Hamburg, S. 12.

6 Ebd.

7 Der am 21. Juni 1955 in Bonn-Beuel geborene Kühnen absolvierte in seiner Heimatstadt 1974 das Abitur und entschied sich anschließend für die Offizierslaufbahn bei der Bundeswehr in Hamburg. Aufgrund zunehmender rechtsextremistischer Betätigungen wurde er 1977 aus der Bundeswehr ent-

und für den weiteren politischen Werdegang Worchs einschneidendste Ereignis angesehen werden.

Worch zeigte sich – wie der Großteil der damals zum Neonationalsozialismus neigenden Jugendlichen – von der schwerfällig-statischen Organisationsausrichtung der damaligen JN bzw. NPD („Altherrenpartei") enttäuscht und distanzierte sich zunehmend von „reaktiven" und „systemkonformen" Auffassungen. Dies nutzte der charismatische, eloquente und zur Radikalität neigende Kühnen, um Worch für seine politische Ideenwelt zu begeistern. Im Mai 1977 gründeten Kühnen und Worch mit Gesinnungsgenossen den *Freizeitverein Hansa*, der später auch als *SA-Sturm 8. Mai* bekannt wurde. Noch im November gleichen Jahres rief Kühnen die *Aktionsfront Nationaler Sozialisten* (ANS) ins Leben, die 1983 mit der vom hessischen Aktivisten Thomas Brehl geführten Organisation *Nationale Aktivisten* zur *Aktionsfront Nationaler Sozialisten/Nationale Aktivisten* (ANS/NA)[8] fusionierte. Mittels uniformierter und öffentlichkeitswirksam inszenierter Auftritte versuchten Kühnen und Worch mit ihren Gefolgsleuten, gesellschaftliche und historische Tabus[9] zu brechen, wie etwa im Mai 1978, als ANS-Mitglieder in Hamburg öffentlich den Holocaust leugneten, indem sie Eselsmasken und Schilder trugen mit der Aufschrift „Ich Esel glaube noch, daß in deutschen KZs Juden vergast wurden".[10]

Worch vermied es nicht, gegen strafrechtliche Bestimmungen zu verstoßen. So wurde er 1980 wegen Volksverhetzung, des Verwendens von Kennzeichen verfassungsfeindlicher Organisationen und der Verunglimpfung des Andenkens Verstorbener zu einer dreijährigen Haftstrafe verurteilt. Nach dem Verbot der ANS/NA im Dezember 1983 versuchten Kühnen und Worch, sowohl den organisatorischen und personellen Auf- bzw. Ausbau als auch die Agitations- und Propagandamaßnahmen der einstigen „Bewegung" fortzuführen. Es gelang ihnen, die bis dahin unbekannte *Freiheitliche Deutsche Arbeiterpartei* (FAP)[11] für ihre Zwecke zu instrumentalisieren. In den Jahren 1983 und 1984 trat ein Großteil der ehemaligen ANS/NA-Aktivisten in die FAP ein,

---

lassen. Michael Kühnen prägte von Mitte der 70er Jahre bis zu seinem Tod 1991 maßgeblich die ideologische und propagandistische Position der neonationalsozialistischen Szene.

8 Für die sich als „legaler Arm der nationalsozialistischen Bewegung der neuen Generation" („Innere Front" [IF], Organisationsbefehl der ANS/NA, Nr. 3/1983, o. O., S. 7) verstehende ANS/NA war ein hoher Grad an neonationalsozialistischer Indoktrination und ein stark ausgeprägtes Militanzverhalten charakteristisch. Ihre Bedeutung lag darin, daß sie sich bis 1983 mit einer Mitgliederzahl von ca. 270 Aktivisten zur bedeutsamsten Szene-Organisation entwickelte. Vgl. u. a. Bundesministerium des Innern (Hrsg.), Verfassungsschutzbericht 1983, Bonn 1984, S. 122. Die Verfassungsschutzberichte des Bundes werden im Folgenden als „VSB Bund" zitiert.

9 Insbesondere der „Kühnen-Gruß", eine Abwandlung des verbotenen „Hitler-Grußes", bei dem der Daumen, der Zeigefinger und der Mittelfinger der ausgestreckten rechten Hand abgespreizt werden, erregte immer wieder öffentliches Aufsehen und hatte strafrechtliche Folgen.

10 Zitiert nach VSB Bund 1978, S. 34 f.

11 Die 1979 von Martin Pape gegründete FAP war vor dem Eintritt ehemaliger ANS/NA-Aktivisten zwar eine ihrem Wesen nach rechtsextremistische Partei; neonationalsozialistische Aktivitäten gingen von ihr allerdings bis dahin nicht aus.

was zu einer Wende in der ideologischen und organisatorischen Ausrichtung der Partei führte.[12] Bis 1987 übernahmen ehemalige ANS/NA-Anhänger sukzessive wichtige Parteiämter, und die Mitgliederzahl der FAP wuchs von 300 (1985) auf über 500 Personen im Jahr 1987.[13] Mit der „Übernahme" wollte man die Privilegien des bundesdeutschen Parteiengesetzes erlangen, um vor staatlicher Repression besser geschützt zu sein.

Nach einem erneuten Gefängnisaufenthalt Kühnens[14] vollzog sich 1986 innerhalb der FAP eine Spaltung, die als „Bewegungsstreit" einen hohen Bekanntheitsgrad erlangte. Zunächst wurden als Streitpunkte ideologische Differenzen und Unvereinbarkeiten zwischen einem „nationalrevolutionären" (Kühnen/Worch/Brehl) und einem „hitlertreuen" (Mosler/Heidel) Flügel angeführt. Neben diesen Auseinandersetzungen soll auch die Frage der Homosexualität Kühnens zur Polarisierung beigetragen haben.[15] Der Streit eskalierte und führte zu einem offenen Konflikt, in dessen Verlauf die „Kühnen-Fraktion" die Organisation verließ.[16]

Schon Ende der 1980er bzw. Anfang der 1990er Jahre versuchten Kühnen und Worch mit einer geradezu inflationären Gründungswelle von teilweise dubiosen Kleinstorganisationen („Aktionsplattformen"), etwaig anstehende staatliche Verbotsmaßnahmen zu unterlaufen. Ziel war es, für die inzwischen gegründete *Gesinnungsgemeinschaft der Neuen Front* (GdNF)[17] ein Netzwerk legal operierender Vorfeldorganisationen zu schaffen. So gründeten beide in den Jahren 1989 bis 1993 eine Vielzahl kleiner Kadergruppen, u.a. die *Deutsche Alternative* (DA) und die *Nationale Liste* (NL). Bei letztgenannter Organisation war Worch Stellvertreter Thomas Wulffs, eines ebenfalls seit Jahrzehnten im neonationalsozialistischen Spektrum aktiven Kaders, der presserechtlich für das NL-Organ „Index" verantwortlich zeichnete. Nach dem Tod Kühnens 1991 übernahm Worch zusammen mit den bekannten Aktivisten Winfried Arnulf Priem und Gottfried Küssel die Leitung der GdNF. Das Landgericht Frankfurt am Main verurteilte ihn daraufhin 1994 wegen Nachfolgebetätigung der verbotenen ANS/NA zu einer Freiheits-

12 Vgl. VSB Bund 1984, S. 143.

13 Vgl. VSB Bund 1985, S. 152; VSB Bund 1987, S. 101.

14 Kühnen wurde 1985 vom Landgericht Frankfurt am Main wegen Verbreitung von NS-Propagandamitteln und Verwendung von Kennzeichen verfassungsfeindlicher Organisationen zu drei Jahren und vier Monaten Haft verurteilt. Vgl. Landgericht Frankfurt am Main, Urteil gegen Michael Kühnen und Arnd-Karl Marx vom 25.01.1985, Aktenzeichen: 50 Js 33.738/83 23.

15 So trug die von Michael Kühnen publizierte Schrift „Nationalsozialismus und Homosexualität" (1986) maßgeblich zur Verschärfung des Konfliktes bei.

16 Die FAP verlor in der Folgezeit zunehmend an Bedeutung und konnte erst nach der deutschen Einheit zeitweilig wieder Mitgliederzuwächse verzeichnen. Im Februar 1995 wurde sie wegen ihrer gegen die freiheitlich-demokratische Grundordnung gerichteten Ideologie und der aggressiv-kämpferischen Ausrichtung durch den Bundesminister des Innern verboten. Vgl. Bundesministerium des Innern, Verbotsverfügung gegen die „Freiheitliche Deutsche Arbeiterpartei" (FAP) vom 22. Februar 1995, Bonn.

17 Die GdNF war ein weiterer Versuch Kühnens, mittels der Schaffung legaler Vorfeldorganisationen die Neugründung der NSDAP vorzubereiten. Vgl. Michael Kühnen, Politisches Lexikon der Neuen Front, Butzbach 1987, Stichwort „Frontorganisation", S. 81 f.

strafe von zwei Jahren[18], die Worch im Februar 1996 antrat. Er wurde 1997 vorzeitig aus der Haft entlassen.

Zwischen Ende 1992 und 2000 sprachen das Bundesministerium des Innern bzw. die Innenministerien und -senate der Länder insgesamt 15 Verbote gegen neonazistische Organisationen aus. Das harte und konsequente Durchgreifen der Behörden führte Mitte bis Ende der 90er Jahre zu einer temporären Verunsicherung – bis hin zu einer organisatorischen Lähmung der Szene.[19] Dennoch gelang es der neonationalsozialistischen Szene relativ schnell, neue informelle Zirkel und Gruppen zu bilden. Insbesondere Worch konzipierte in diesem Zusammenhang neue Organisations-, Propaganda- und Agitationsplattformen, wie z.B. die sogenannte „Anti-Antifa-Arbeit"[20] und die Planung bzw. Durchführung der alljährlich im August stattfindenden „Rudolf-Heß-Gedenkmärsche". Diese Aktionsformen konnten als erstes sichtbares Zeichen eines strukturellen Wandels im deutschen Neonazismus angesehen werden.[21]

Ab Mitte der 90er Jahre etablierte sich innerhalb des neonationalsozialistischen Spektrums ein neues Organisationsmodell: die sogenannten „Freien Kameradschaften".[22] Im Gegensatz zu den früheren Organisationsformen verfügen die heutigen neonazistischen Bündnisse zumeist über keine Programmatik, keine offiziellen Mitgliedschaften oder andere vereinsähnliche Merkmale (Satzungen, Parteitage etc.).[23] Obwohl szeneintern Worchs jahrelanger enger Weggefährte Thomas Wulff als Vordenker und „geistiger Vater" dieses Modells gilt, beansprucht auch Worch die Urheberschaft für das Konzept der „Freien Nationalisten".[24]

18 Vgl. Landgericht Frankfurt am Main, Az. 5/23 Kls 50 Js 27125/88.

19 So saßen viele ihrer Anführer teilweise jahrelang im Gefängnis, anderen drohten immer wieder Strafverfahren wegen des Tragens von Symbolen verfassungsfeindlicher Organisationen, Volksverhetzung oder Aufstachelung zum Rassenhaß.

20 Mit dieser Aktionsform sollten systematisch und gezielt politisch Andersdenkende mit Angabe der Wohnadresse, Arbeitsstelle etc., publik gemacht und denunziert werden. Sie war eine Antwort auf die Arbeit der Antifa-Gruppen und kopierte deren Methoden und Techniken.

21 Eine detaillierte Darstellung des Wandels im deutschen Neonationalsozialismus findet sich in der Dissertation des Verfassers: Martin Thein, Wettlauf mit dem Zeitgeist – Der Neonazismus im Wandel. Eine Feldstudie, Göttingen 2009 (i.E.).

22 Vgl. Armin Pfahl-Traughber, Die Neonationalsozialisten-Szene nach den Verbotsmaßnahmen, in: Uwe Backes/Eckhard Jesse (Hrsg.), Jahrbuch Extremismus & Demokratie, Bd. 9, Baden-Baden 1997, S. 156-173.

23 Da sie als Gruppierungen im Sinne des Vereinsgesetzes keine Vereinseigenschaften aufweisen, haben die Verbotsbehörden oftmals nicht die Möglichkeit, ein Betätigungsverbot auszusprechen.

24 So antwortete Worch auf die Frage, ob ihm dieser Organisationstyp bekannt sei, wie folgt: „Das Konzept ist mir nicht nur bekannt, sondern ich habe es entwickelt, Anfang 1993. [...] Wir haben dieses Konzept in Hamburg diskutiert und darüber, ob wir es bundesweit vorstellen sollen oder nicht. Wir kamen zu dem Ergebnis, daß wir es noch nicht propagieren und vorstellen, weil die ‚Nationale Liste' noch nicht verboten war. [...] Dann habe ich Anfang 1996 eine zweijährige Haftstrafe angetreten. Irgendwann im Laufe des Jahres 1996 ist Wulff mit diesem Konzept – allerdings unter einem anderen Arbeitsnamen – an die Szeneöffentlichkeit getreten. Seine eigene Leistung bestand in der Umbenennung des Konzeptes in ‚Autonome Rechte/Freie Nationalisten'. Das war seine eigene geistige Leistung: der Name. Das Konzept ist originär von mir und zwar ausschließlich." Interview mit Worch am

Worch ist einer der wenigen Aktivisten, die gegenwärtig keiner Organisation bzw. neonationalsozialistischen Kameradschaft angehören. Trotzdem kann er derzeit als einer der wichtigsten Organisatoren und Anmelder neonazistischer Demonstrationen im gesamten Bundesgebiet gelten. Da er der NPD aufgrund der meist negativen Erfahrungen skeptisch gegenübersteht[25], ist er bei NPD-nahen Neonationalsozialisten äußerst umstritten. Nichtsdestotrotz meldet Worch szeneübergreifende Kundgebungen und Aufmärsche an, plant die Organisation und Durchführung und führt den Rechtskampf bei anstehenden Verbotsverfügungen. Er fungiert somit indirekt als Bindeglied zwischen Kameradschaften und NPD. Aufgrund seiner über 35jährigen Erfahrung unterhält er weitreichende und intensive Kontakte zu Alt- und Jungaktivisten im In- und Ausland.

2. Würdigung

Christian Worch nimmt eine herausragende Stellung innerhalb des neonationalsozialistischen Lagers ein. Er ist seit Anfang der 80er Jahre einer der wichtigsten und einflußreichsten Protagonisten. Worch und einige andere Altaktivisten (Brehl, Wulff etc.) gelten heute als die „letzte Bastion" noch aktiver „alter Kämpfer" aus ANS/NA-Tagen. Obwohl sie seit über 30 Jahren politisch agieren, ist es ihnen trotzdem nicht gelungen, nennenswerte Erfolge zu erringen. Die ihnen eigene Beharrlichkeit und Radikalität waren eher hinderlich als förderlich. Dennoch zeigten sie wenig Anpassungsbereitschaft, nahmen teilweise mehrjährige Haftstrafen in Kauf.

Worch gehört seit Mitte der 1990er Jahre keiner neonationalsozialistischen Organisation mehr an. Dies unterscheidet sein gegenwärtiges Wirken von der Kühnen-Ära, als man immer wieder versuchte, durch die Gründung neuer Organisationen drohende Verbote abzuwenden. Zudem wurde Worch durch die beiden langjährigen Gefängnisaufenthalte vorsichtiger, vermied Nachfolgeaktivitäten im Sinne verbotener Gruppierungen. Er unterhält fast zu allen führenden Aktivisten der neonationalsozialistischen Szene persönliche Kontakte, gilt aber seit einigen Jahren als Einzelaktivist. Dies dürfte Worchs Naturell und seiner politischen Ausrichtung am ehesten entsprechen; so könne er „Ideen [...] verwirklichen, die [innerhalb der Szene] nicht auf Akzeptanz gestoßen sind".[26] Einerseits lebt er sein ausgeprägtes Streben nach politischer Autonomie aus, andererseits vermeidet er jedwede Art parteipolitischer Abhängigkeit. Sein Konfrontationskurs gegenüber der NPD stößt besonders bei den Aktivisten aus den neuen Bun-

4. April 2007, S. 45 f. Thomas Wulff hielt dem entgegen: „Nach dem Verbot von NL und FAP war eigentlich wieder einmal eine Flaute eingetreten. [...] Wir konnten politisch nicht mehr aktiv arbeiten. Christian Worch war im Gefängnis und ich grübelte darüber nach, was man machen könne, um an den Verbotsgesetzen vorbei trotzdem eine Handlungsfähigkeit herzustellen. [...] Ich sprach mit Kameraden darüber, was sie davon halten würden, als freie Nationalisten [...] eine Organisationsform ähnlich wie die Autonomen aufzubauen." Interview mit Wulff am 5. April 2007, S. 46 ff.

25 So im Interview mehrfach geäußert. Interview mit Worch am 4. April 2007, u.a. S. 20 ff.

26 Ebd., S. 10.

desländern auf großen Widerstand. Worch will hingegen frei und unabhängig von Fremdbestimmung sein und erkennt andere Autoritäten selten an. Deshalb geht er mit anderen rechtsextremistischen Akteuren nur dann Bündnisse oder Absprachen ein, wenn sie seinem eigenen Anliegen dienen. Dieses ausgeprägte Verständnis eines „Freien Nationalisten“ ohne formale Organisationsstruktur oder Mitgliedschaft komme einer „tatsächlichen Autonomie“[27] gleich.

Obwohl er seit Jahrzehnten als ein verläßlicher, loyaler und kameradschaftlicher Gesinnungsgenosse geschätzt wird, ist Worch innerhalb des neonationalsozialistischen Spektrums aufgrund seines oft arrogant und selbstgerecht wirkenden Auftretens äußerst umstritten. Er gilt als eitler Selbstdarsteller, der sich seiner (im Vergleich zur allgemeinen Szene-Anhängerschaft) weit überdurchschnittlichen Intelligenz bewußt ist und diese gezielt einsetzt. Dementsprechend achtet er besonders auf die Presseresonanz und das Medienecho über die von ihm durchgeführten politischen Veranstaltungen und Aktionen. Worch zeigt öffentliche Präsenz, ob bei der Konfrontation mit dem politischen Gegner oder bei Interviewanfragen von Wissenschaftlern oder Journalisten. Dabei interessiert ihn die etwaig von der eigenen divergierende politische Einstellung des Gegenübers nur marginal.

Obwohl er sich öffentlich selbstbewußt in Szene setzt, scheut er vor persönlicher Nähe zurück. In vielen Gesprächen mit seit Jahrzehnten der Szene angehörenden Personen wurde regelmäßig darauf verwiesen, es sei nahezu unmöglich, eine freundschaftliche Beziehung mit Worch aufzubauen. „Am liebsten ist es ihm, die Menschen bleiben ihm eine Armlänge vom Leib. Begrüßt Worch Freunde, ist das eine flüchtige Angelegenheit, die aus einem kurzen Händedruck besteht, einem Nicken und unsicherem Augenkontakt. Selbst Worchs Art zu sprechen schafft Distanz“.[28] Worch ist kein „Menschenfänger“, dem es – wie beispielsweise Michael Kühnen – gelänge, mittels charismatischer Eigenschaften und Fähigkeiten Menschen an sich zu binden und diese für die eigene politische Anschauung zu begeistern.

Das oft kritisierte arrogante und barsche Auftreten scheint ein Schutzschild zu sein, hinter dem sich eine introvertierte Persönlichkeit zu verbergen sucht. Worch ist ein chronischer Einzelgänger, verschlossen, skeptisch und auf Distanz zu seiner Lebenswelt bedacht. Er scheint sich dessen bewußt zu sein und versucht, dem Manko mit flammenden Redebeiträgen und martialischem Gebaren zu begegnen. Offen gesteht er ein, Arroganz zu „kultivieren“; er habe einen „Leithammelkomplex und ein paar andere Neurosen“.[29]

Die jahrzehntelang erprobte offene Konfrontation mit Polizei und politischen Kontrahenten gibt ihm Orientierung und Halt. Sie eröffnet dem eigentlich zurückgezogen lebenden Worch die Möglichkeit, aktiv auf die Umwelt einzuwirken. Nur auf diesem Terrain scheint er sich sicher und wohl zu fühlen. Das allgegenwärtige Freund-Feind-Schema wirkt identitätsstiftend und führt zu einer Steigerung des Selbstwertgefühls.

27 Ebd., S. 10.
28 Worch, Spiegel-Interview (FN 2), S. 52.
29 Ebd., S. 53 f.

Die zivilgesellschaftlichen Anfeindungen und Ächtungen geben ihm Orientierung, dienen zugleich zur persönlichen und reflexiven Aggressionsbewältigung.

In Gesprächen und Interviews kokettiert Worch mit seiner hohen Bildung. So zitiert er gern römische Gelehrte und Politiker wie Mark Aurel, Cicero oder Catilina[30] in lateinischer Sprache. Das elitäre Gebaren findet bei der allgemeinen Anhängerschaft wenig Anklang und beschränkt Worchs Agieren innerhalb der Szene. Obwohl seine jahrzehntelangen „Verdienste" für die „Bewegung" geschätzt werden, polarisiert er zu sehr, um eine integrative Rolle spielen zu können. Statt dessen heizt er Konflikte oft an und diskutiert Streitfragen auch dann bis ins letzte Detail, wenn dies die Wogen hochgehen lässt. Er ist leicht reizbar, hochemotional und provoziert regelmäßig Grundsatzdebatten. „Wer ein paar Tage mit ihm verbringt, hält Wut nicht mehr für ein Gefühl, sondern für eine Substanz, die diesen Menschen ausfüllt. Worch sollte eine Warnung auf der Stirn tragen: Vorsicht, explosiv".[31] Er zeigt sich oft nachtragend, verzeiht weder persönliche Versäumnisse noch (vermeintliche) Illoyalitäten. Beispielhaft sei auf den Konflikt zwischen Worch und seinem langjährigen Kampfgenossen Wulff nach dessen Eintritt in die NPD verwiesen. Obwohl beide seit nahezu 30 Jahren enge persönliche und politische Verbindungen pflegen, kam es aufgrund des 2004 vollzogenen Eintritts von Wulff u.a. in die NPD zu einem bis heute andauernden Streit.

Worch ist seit vielen Jahren die zentrale Figur bei der Anmeldung und Durchführung neonationalsozialistischer Demonstrationen. Ihm kommt eine wichtige Funktion bei der Kampagnenorganisation und Szene-Mobilisierung zu. Die öffentlichen Veranstaltungen sind sowohl elementarer Teil der Selbstinszenierung als auch Ausdruck politisch-propagandistischer Orientierung. Hier strahlt er unbestritten ein hohes Maß an Sachkompetenz und Überzeugungstreue aus. Hervorzuheben ist die von ihm seit Anfang der 90er Jahre systematisch geplante Initiierung und Instrumentalisierung des sogenannten „Rudolf-Heß-Gedächtnismarsches"[32] zu einer der wichtigsten Veranstaltungen des gesamten Spektrums.[33] Obwohl Worch seit Jahren auch andere Großveranstaltungen organisiert, wie beispielsweise alljährlich zum 1. Mai stattfindende Demonstrationen, beschränkt sich sein Wirken nicht darauf. Er reist an fast jedem Wochenende durch die Bundesrepublik, meldet überall, wo auch nur ansatzweise historische oder tagespolitische Gegebenheiten einen vermeintlichen öffentlichen Protest zulassen, Demonstrationen an und fungiert als Versammlungsleiter. Ob beim „Gedenkmarsch wegen des Lübecker Bomben-Massakers"[34] am 29. März 2008 oder beim Trauermarsch für einen

30 Interview mit Worch am 4. April 2007, u.a. S. 25.

31 Worch, Spiegel-Interview (FN 2), S. 50 ff.

32 Zur szeneinternen Bedeutung von Rudolf Heß und der Entwicklung der Heß-Gedenkmärsche vgl. Michael Kohlstruck, Fundamentaloppositionelle Geschichtspolitik. Die Mythologisierung von Rudolf Heß im deutschen Rechtsextremismus, in: Claudia Fröhlich/Horst-Alfred Heinrich (Hrsg.), Geschichtspolitik. Wer sind ihre Akteure, wer ihre Rezipienten?, Stuttgart 2004, S. 95-109.

33 Nach Aussage von Christian Worch ging die Idee einer zentralen Gedenkveranstaltung zu Ehren von Rudolf Heß vom Hamburger Rechtsanwalt Jürgen Rieger und ihm selbst aus.

34 Vgl. Altermedia, http://de.altermedia.info/general/gedenkmarsch-wegen-luebecker-bomben-massaker-290308_13495.html (9. Oktober 2008).

vermutlich von einem Heranwachsenden mit Migrationshintergrund getöteten Jugendlichen am 12. April 2008 in Stolberg:[35] Worch ruft an fast jedem Wochenende einen „Aktionstag“ aus. Bei der Planung und juristischen Durchsetzung von Demonstrationen[36] gilt er als Szeneexperte.[37] Er weiß um seine Sonderstellung und Bedeutung innerhalb der Szene. Neben dem ausgeprägten Organisationstalent und den langjährigen Erfahrungen nutzt er die eigenen finanziellen Möglichkeiten. So leistet er unentgeltlich logistische Unterstützung, sei es mit Lautsprecherwagen, Aggregaten, Mikrofonen oder sonstigen technischen Hilfsmitteln.

Worch ist unermüdlich: „Bevor man omnipotent sein kann, muß man omnipräsent sein. Je präsenter ich bin, desto eher wird mir Potenz zugetraut.“[38] Es treibt ihn jedoch nicht in erster Linie auf die Straße, weil er den Durchschnittsbürger von seiner politischen Auffassung überzeugen will. Sein von Obsessionen geprägtes Selbstbild lebt vielmehr von der Rolle als „militanter Straßenkämpfer“. Daran hat sich seit den 70er Jahren wenig geändert. Er will wie andere Aktivisten Werbung für die eigene Weltanschauung betreiben, dafür neue Personengruppen gewinnen. Er sucht anläßlich von Protestveranstaltungen die juristische Auseinandersetzung, die Konfrontation mit der Polizei und etwaigen (linksgerichteten) Gegendemonstranten, um eine möglichst große (mediale) Wirkung zu erzielen. Worch zielt darauf, „die Gegendemonstranten mittelfristig zu zermürben und die rechtsextremistische Präsenz in den Städten als normale Erscheinung zu etablieren“.[39] Der Wahl des „richtigen“ Veranstaltungsortes (wie z. B. einen Marsch durch einen eher linksorientierten Stadtteil) kommt hohe Bedeutung zu, will er doch den „größtmöglichen Widerstand der politischen Gegner“[40] provozieren.

Worch zeigt ein tiefverwurzeltes militantes Grundverständnis.[41] Er scheint ein Feindbild zu benötigen, auf das „er seine Wut und seinen Selbsthaß übertragen kann, sonst explodiert er wie ein Dampfdrucktopf, dessen Sicherheitsventil verstopft ist“.[42] Durch

35 Vgl. Altermedia, http://de.altermedia.info/general/christian-worch-nachlese-stolberg-150408_13753.html (10. Oktober 2008).

36 Siehe zur rechtlichen Problematik rechtsextremistischer Aufmärsche und Demonstrationen: Wolfgang Leist, Versammlungsrecht und Rechtsextremismus, Hamburg 2006.

37 So greift Worch konsequent auf die verfassungsrechtlich garantierte Möglichkeit der Rechtsmitteleinlegung zurück. In deren Folge prozessiert er oft bis zur Selbstaufgabe und stellt regelmäßig Dienstaufsichtsbeschwerden gegen Polizei- oder Verwaltungsbeamte.

38 Interview mit Worch am 4. April 2007, S. 35.

39 So geäußert von Worch in einer Online-Diskussion im „Bremerforum“, zitiert nach Freie und Hansestadt Hamburg, Behörde für Inneres (Hrsg.), Verfassungsschutzbericht 2006, Hamburg 2007, S. 207.

40 Ebd.

41 Diese Einschätzung unterstützt folgende, von Worch im Interview getätigte Aussage: „Wenn vor 20 Jahren zwei bis drei Leute auf mich losgegangen wären und gesagt hätten: jetzt hauen wir dich auf die Schnauze, dann hätte ich einen kleinen Boxkampf mit ihnen veranstaltet. Heute sage ich: ihr kriegt ein Messer zwischen die Rippen, wenn ihr mich anfaßt. Erste und letzte Warnung. Wenn sie dann weitermachen, dann werden Klingen gezogen, weil ich nicht mehr den Atem und die jungen Knochen habe, ich bin ein wenig älter geworden. Aber dafür auch ein bißchen brutaler, wenn es um die Verteidigung meiner Position und physischen Unverletztheit geht.“ Ebd., S. 36.

42 Worch im Spiegel-Interview (FN 2), S. 55.

kämpferisches und provozierendes Gebaren hält er sein negatives Outlaw-Image am Leben. Allerdings haben die staatlichen Verbotsmaßnahmen der 90er Jahre bei Worch offensichtlich einen Lernprozeß ausgelöst. Seither meidet er konsequent strafbare Äußerungen und Handlungen. Gewaltsame Auseinandersetzungen lehnt er aus strategischen Gründen zum gegenwärtigen Zeitpunkt ab und vertritt somit einen legalistischen Kurs.[43]

Worch übt bis heute einen bedeutenden Einfluß auf die strategische und propagandistische Entwicklung des neonationalsozialistischen Spektrums aus. Als langjähriger Aktivist und einer der letzten Getreuen der Kühnen-Ära genießt er szeneintern einen gewissen Kult-Status. Worch sind nahezu alle Führungspersonen der Kameradschaftsszene persönlich bekannt; viele jüngere Aktivisten, wie beispielsweise der Kölner Neonationalsozialist Axel Reitz, wurden von ihm maßgeblich protegiert. Seine Anhängerschaft hat er vor allem bei älteren Szenemitgliedern und Aktivisten aus den alten Bundesländern. Bei jüngeren Aktiven, insbesondere der östlichen Länder, verfügt er über geringeren Rückhalt. Sein Einfluß dürfte daher in den kommenden Jahren zurückgehen.

Dazu dürften auch die mangelnde kommunikative Kompetenz und die oft verkrampft wirkende Rhetorik beitragen.[44] Jüngere Aktivisten werfen ihm zudem „Demonstrationstourismus" vor. Sie distanzieren sich von der Kommerzialisierung und „Eventmachung der Presse"[45], konzentrieren sich auf regionale, spontan angelegte Kundgebungen und Aktionen. Die nachlassende Attraktivität der von Worch initiierten überregionalen Großdemonstrationen kam z.B. in dem offen ausgetragenen Streit zwischen Worch und dem einflußreichen Thüringer Aktivisten Thomas Gerlach im Juli 2007 zum Ausdruck. Laut Worch wurde eine von ihm geplante Veranstaltung von regionalen Aktivisten „boykottiert [wurde] und zwar erstens systematisch und zweitens auch hinterrücks".[46] Die regionalen Führungskader (Gentsch, Gerlach, Paul, Scheffler, Wieschke, Wohlleben etc.) organisierten im Anschluß vor Ort eigene Veranstaltungen.

Worch konzentriert seine Aktivitäten notgedrungen auf die alten Bundesländer. Zu den überwiegend weit jüngeren Gesinnungsgenossen der östlichen Länder unterhält er

43 Vgl. Rainer Erb, Protestorganisation und Eventmanagement: Der Typus des rechtsextremen Bewegungsunternehmers, in: Andreas Klärner/Michael Kohlstruck (Hrsg.), Moderner Rechtsextremismus in Deutschland, Hamburg 2006, S. 150.

44 Ebd., S. 148.

45 Schriftliches Interview mit Scheffler vom 28. September 2007, S. 16. Scheffler, ein einflußreicher Aktivist des neonationalsozialistischen Spektrums aus Sachsen, stand im Rahmen des Dissertationsvorhabens ebenfalls für ein Interview bereit.

46 In seiner Antwort auf Worchs Vorwürfe spricht Gerlach davon, daß man „da wo es keine Einigkeit gibt [...] man diese auch nicht vorspielen" bräuchte. In diesem Zusammenhang zeugen die Forenbeiträge junger ostdeutscher Aktivisten, die sich eindeutig auf die Seite Gerlachs stellen, von erheblichen strategischen und persönlichen Unstimmigkeiten zwischen beiden Lagern. Vgl. Christian Worch, Frontbegradigung, in: Altermedia vom 24. Juli 2007, http://de.altermedia.info/general/fka-nach-demo-eklat-am-samstag-christian-worch-macht-schluss-mit-leipzig-230707_10512.html#more-10512 (25. Juli 2007).

nur wenige Verbindungen. Mit 52 Jahren ist Worch fast doppelt so alt wie das Gros der ostdeutschen Anhängerschaft. Der Generationswechsel verbindet sich mit strukturellen Veränderungen der Szene.[47] Der autoritär praktizierte Führungsstil früherer Gruppierungen ist ab Mitte der 90er Jahre einem teilweise kooperativen und konkordanten Stil gewichen.[48] Die neonationalsozialistische Szene ist größer und heterogener geworden. Ihr Politisierungsgrad hat durch subkulturelle Einflüsse (Skinheads) abgenommen.

Vor diesem Hintergrund wirken Worchs Positionen vielfach doktrinär und verbohrt. Seine Kampfgenossen der 80er und 90er Jahre, die mit dem elitären Anspruch angetreten waren, schnellstmöglich wieder ein nationalsozialistisch geprägtes Reich zu errichten, haben sich entweder aus der Öffentlichkeit zurückgezogen (Brehl, Wostupatsch) oder tragen mit Worch politische Dauerfehden aus (Malcoci, Wulff etc.). Eine wie auch immer geartete neonationalsozialistische „Avantgarde des Aktionismus“[49] ist nicht zu erkennen. Ohnehin sind Worchs ideologisch-programmatische Talente begrenzt. Obwohl er sich immer uneingeschränkt an Ideologemen des historischen Nationalsozialismus orientierte, gilt er nicht als Vordenker. Worch fehlen letztlich die Erfolge und politischen Visionen. Momentan bietet er kaum strategische Optionen, kann auf szeneinterne Prozesse nur reagieren, diese kritisieren und seinem Image als „Desperado der Straße“ frönen.

3. Literatur

Worch veröffentlicht seit Jahren regelmäßig Beiträge und Kommentare auf der eigenen Homepage „1Mai.net“ oder anderen szeneinternen Internetseiten. Beispielhaft seien hier die rechtsextremistischen Internetportale „Altermedia“, „Stoertebeker“ und „freier-widerstand.com“ genannt. Dort äußert er sich zu tagespolitischen Themen, schreibt Berichte über eigenständig durchgeführte Demonstrationen und nimmt in Szene-Kontroversen Stellung. Außer einigen kurzen Texten in der Fachliteratur[50] bzw. gelegentlichen

47 Die Organisationsformen neonazistischer Gruppierungen der 70er und 80er Jahre entsprachen denen hierarchischer Kaderparteien. Vgl. u. a. Bundesministerium des Innern, Verbotsverfügung gegen die „Nationalistische Front“ (NF), Geschäftszeichen: IS1-619312/5 vom 26.11.1992, Bonn, S. 3. Hierbei handelte es sich aus formal-juristischer Sicht überwiegend um „Vereinigungen“ im Sinne des Vereinsgesetzes. Die meist aus nur wenigen Aktivisten bestehenden Organisationen formulierten – wie vom Vereinsgesetz gefordert – Satzungen, stellten Programme auf, führten Mitgliederlisten und wählten einen Vorsitzenden. Diese formale Ausrichtung zeichnete sich durch ein Mindestmaß an institutioneller Bindung aus.

48 Vgl. Thein (FN 21), S. 105-112.

49 So Worch im Februar 1995 über das Selbstverständnis der verbotenen NL. Vgl. Freie und Hansestadt Hamburg, Behörde für Inneres, Landesamt für Verfassungsschutz (Hrsg.), Rechtsextremismus in Stichworten. Ideologien – Organisationen – Aktivitäten, Hamburg 2001, S. 76.

50 Vgl. Thomas Grumke/Bernd Wagner (Hrsg.), Handbuch Rechtsradikalismus - Personen, Organisationen, Netzwerke vom Neonazismus bis in die Mitte der Gesellschaft, Opladen 2002; Weber (FN 4); Erb (FN 43).

Interviews mit Worch in diversen (Polit-)Magazinen liegen keine fundierten Beiträge zu seiner Person vor. Da von ihm seit den 1980er Jahren kaum ideologische oder programmatische Impulse für das neonationalsozialistische Spektrum ausgegangen sind, fehlt es an Thesenpapieren oder anderen theoretischen Ausarbeitungen.

Worch führt stattdessen regelmäßig und akribisch eine Nachlese der von ihm initiierten Kundgebungen durch.[51] In solchen analytischen Nachbetrachtungen beschränkt er sich meist auf den organisatorischen Ablauf und die Durchsetzbarkeit der Veranstaltungen. Zudem kommentiert er in meist streitbarer Art szeneinterne Entwicklungen wie beispielsweise eine etwaige „(Nicht-)Radikalisierung der NPD"[52] oder verweist dort gebetsmühlenartig auf seine Unabhängigkeit gegenüber anderen rechtsextremistischen Akteuren.[53]

51 Vgl. u. a. Christian Worch, Manöverziel erreicht!, http://www.1mai.net/ (16. September 2008).

52 Vgl. u. a. Christian Worch, Darf's radikaler sein?, http://www.1mai.net/ (20. Oktober 2008); Erfolgreiche Mobilisierungs- und Solidaritätsveranstaltung für den Antikriegstag, http://www.1mai.net/ (19. Oktober 2008).

53 Vgl. Christian Worch, Eine Erklärung parteifreier Kräfte, http://www.1mai.net/ (16. Oktober 2008).

Länderporträt: Ungarn

Von Melani Barlai und Florian Hartleb

1. Darstellung

1.1. Einführung

Das ungarische Parteiensystem ist mit zwei sich feindlich gegenüberstehenden Großparteien „extrem" polarisiert, der parteiförmige Extremismus aber inzwischen marginalisiert.[1] Für internationale, wiewohl kurzatmige Aufregung sorgte eine Demonstrationswelle im Herbst 2006. Aus dem subkulturellen Milieu griffen Chaoten zur Gewalt, teilweise mit antisemitischem Hintergrund. Auslöser, nicht Ursache, war eine öffentlich bekanntgewordene „Geheimrede" des sozialistischen ungarischen Ministerpräsidenten Ferenc Gyurcsány, in der er zugab, die Staatsverschuldung vor den Parlamentswahlen bewußt verheimlicht zu haben. Wenig später spaltete sich das Land an der Erinnerungskultur: Anstatt einhellig am 23. Oktober 2006 dem 50. Jahrestag der tragisch verlaufenen Revolution von 1956 zu gedenken, fanden in Budapest mangels einer einheitlichen Linie zwischen den verfeindeten politischen Kräften, der Opposition und Regierung, „Gedenk- und Gegengedenkfeiern" statt. Die Regierungspartei MSZP betonte den reformsozialistischen Charakter der Revolution, die Oppositionspartei Fidesz sah hingegen einen nationalen Aufstand gegen die kommunistische Fremdherrschaft.

Diese Aufgeregtheiten[2] lenkten den Blick weg von der bis dato als erstaunlich konstatierten Stabilität des Parteiensystems. Nach dem Umbruch von 1989 fanden in Ungarn fünf freie Wahlen statt. Anders als in den übrigen ostmitteleuropäischen Ländern mußte keine einzige Regierung vorzeitig abtreten. Mit der „Lügenrede" von Gyurcsány hat sich das tradierte Gefüge verändert. Der Beitrag gibt einen allgemeinen Überblick zu den Potentialen, zur Strategie und Programmatik der extremistischen Parteien und Gruppierungen in Ungarn. In einer derartigen Studie müssen die beiden Großparteien knapp mitberücksichtigt werden, da sie den Parteienwettbewerb und die öffentliche Meinung dominieren und extremistische Potentiale mitunter populistisch „aufsaugen". Die Verfasser wollen die ungarischen Spezifika unter Einschluß der Nationalgeschichte herausarbeiten. Nur damit ist ein Länderporträt über Ungarn realistisch zu erstellen.

---

1 Der Aufsatz gibt den Stand vom September 2008 wieder. Aufgrund der aktuellen Diskussionspunkte – fragile Minderheitsregierung, eventuelles Verbot der rechtsextremistischen Ungarischen Garde – ist ein besonderes Augenmerk auf weitere Entwicklungen zu richten.

2 In den deutschen Medien fand das Thema kurz Eingang in die Schlagzeilen, ohne daß sie näher auf die Hintergründe eingingen. Es verschwand schnell wieder von der Agenda. Eine Ausnahme bildet der Journalist Michael Frank von der Süddeutschen Zeitung.

1.2. Populismus einer Großpartei: Der Fidesz

Die Partei entwickelte sich vor der Transformation aus einem Kreis junger oppositioneller Intellektueller.[3] In dieser Phase gelangte Viktor Orbán zu Berühmtheit, als er am 16. Juni 1989 mit gerade 26 Jahren bei der feierlichen Umbettung des von den Sowjets exekutierten Ministerpräsidenten Imre Nagy – bis heute als Held von 1956 gefeiert – vor 150.000 Menschen eine viel beachtete Grabrede hielt, in der er mutig den Abzug der Sowjettruppen forderte. Ziel war nicht eine Fortsetzung oder Wiederbelebung des Aufstandes, sondern ein friedlicher Übergang, mittels dessen die Ziele von 1956 verwirklicht werden sollten.[4] Aus dieser Bewegung namens Fiatal Demokraták Szövetsége, kurz Fidesz[5], gelang es, eine antikommunistische Generationenpartei (die Mitglieder mußten anfangs unter 35 Jahre sein) zu formieren. Auf dem Wahlplakat von 1990 war der innige Kuß zwischen Breschnew und Honecker zu sehen – mit der ironischen Botschaft „Bitte wählen!"; darunter war als „Kontrastfolie" mit dem Fidesz-Logo ein Kuß eines jungen, attraktiven Paares abgebildet.[6] Die Partei trug liberale, konservative und christliche Züge. Sie war zunächst stark liberal ausgerichtet und Mitglied der Liberalen Internationalen. Ab Mitte der 1990er Jahre wandelte sie sich hin zu einer „national-konservativen" Partei und schloß sich der Europäischen Volkspartei (EVP) an. Der Fidesz war aber zu keiner Zeit eine konservative Partei nach westlichem Verständnis.[7]

Kritische Stimmen rücken Orbán immer wieder in die Nähe eines Populisten, der mit extremistischer Rhetorik jongliert.[8] Nach den verlorenen Wahlen von 2002 und 2006 griff Orbán als Protagonist seiner Partei zu einer außerparlamentarischen Mobilisierungsstrategie. Er hatte Probleme, die demokratischen Wahlniederlagen von 2002 und 2006 zu akzeptieren. Unmittelbar nach der für viele Beobachter überraschenden ersten Niederlage äußerte er sinngemäß im Radio, eine Nation könne sich nicht in Op-

3 Die Bezeichnung von Fidesz-MPP machte mehrere Änderungen durch. Der Zusatz MPP (-Magyar Polgári Párt), Ungarische Bürgerliche Partei, erfolgte im April 1995, um sich als eine Partei mit offener Ideologie zu definieren.

4 Vgl. dazu und zur ganzen Person Nagy fundiert und nun in deutscher Übersetzung János Rainer, Imre Nagy. Vom Parteisoldaten zum Märtyrer des ungarischen Volksaufstands. Eine politische Biographie 1898-1958, Paderborn 2006. Heute will Orbán von seiner damaligen Rolle nichts mehr wissen, wird Nagy doch von den Sozialisten als Reformkommunist verehrt.

5 Fides kommt aus dem lateinischen und bedeutet Treue, Glaube.

6 Vgl. János Simon, Politikai stílus és kampánykommunikáció. A parlamenti pártok politikai stílusának változása [Politischer Stil und Wahlkampfkommunikation. Die Veränderung des politischen Stils der Parlamentsparteien], in: Péter Sándor/László Vass (Hrsg.), Magyarország politikai évkönyve 2001-röl [Politisches Jahrbuch Ungarns über 2001], Bd. 1, Budapest 2002, o.S.

7 Der Begriff „konservativ" hat in Ungarn ganz eigene Konnotationen. Angehörige des Habsburger Hofs im 19. Jahrhundert titulierten sich als „konservativ", ebenso „Nationalgesinnte".

8 Vgl. József Bayer, Die Fidesz im Wechsel zwischen Oppositions- und Regierungspartei, in: Susanne Frölich-Steffen/Lars Rensmann (Hrsg.), Populisten an der Macht: Populistische Regierungsparteien in Ost- und Westeuropa, Wien 2005, S. 173-189. Aus journalistischer Sicht wird Orbán als Rechtspopulist in eine Reihe mit Jörg Haider und Jean-Marie Le Pen gerückt. Vgl. Michael Jungwirth (Hrsg.), Haider, Le Pen & Co. Europa Rechtspopulisten, Graz 2002, S. 190-217.

position befinden. Im gleichen Atemzug verkündete er die Schaffung einer bürgerlich konnotierten „neuen sozialen Bewegung“.[9]

Nach der gleichermaßen knappen wie überraschenden Wahlniederlage rief die Partei zur Gründung von bürgerlichen Vereinen (polgári körök) unter dem Namen „Hajrá Magyarok!“ (Vorwärts, Ungarn!)[10] auf. Als Vorbild firmierte Silvio Berlusconis „Forza Italia“. Mit dieser außerparlamentarischen Strategie sollte die strukturelle Schwäche im Vergleich zur nun regierenden sozialistischen Regierungspartei behoben werden. Ziel war, eine bürgerliche Werteordnung für die ungarische Nation zu schaffen.[11] In diese Bürgerkreise fanden allerdings auch Rechtsaußengruppierungen Eingang, aus westeuropäischer Brille damit eine „Erosion der Abgrenzung“. Der Fidesz distanzierte sich nicht ausreichend von den Gruppierungen – auch wegen der Suche nach gesellschaftlichen Verbündeten mittels einer starken Identitätspolitik. Im Zuge der erhitzten Atmosphäre rund um die Demonstrationen im Herbst 2006 blieben Fidesz-Politiker aus Protest den Parlamentssitzungen der Regierung fern. Orbán versuchte, mit einer Politik des Verbalaktionismus Druck auszuüben und seine Anhänger – nach dem unerwarteten elektoralen Scheitern – zufrieden zu stellen. Wüste, an die Regierung gerichtete Drohungen, Rücktrittsultimaten und die nicht näher konkretisierte Idee einer Expertenregierung als Kontrastfolie zur Regierung[12] machten unmittelbar anschließend die Runde.

Orbán ist allerdings kein Extremist. 2001 ließ er als ungarischer Ministerpräsident den Holocaust-Gedenktag einführen, an dem seither alle parlamentarischen Parteien den Opfern des Holocaust gedenken. Sein Handeln ist dennoch durch pures machtpolitisches Interesse gesteuert. Im Wahlkampfjahr 2002 unterstützte er beispielsweise maßgeblich den Bau des „Haus des Terrors“[13] in Budapest, das sich der extremistischen Vergangenheit des Landes, gleichermaßen des Kommunismus im Land (Schwerpunkt: stalinistische Epoche und die düsteren Jahre des Regimes von Mátyás Rákosi) und des Faschismus annimmt, wobei letzteres eher in den Hintergrund gedrängt wird. Die Verfolgung von Juden und Roma spielt keine Rolle. In der Zeit, wo die Spaltung der politischen Kultur der ungarischen Bevölkerung und insbesondere der politischen Elite zwischen „Rechts“ und „Links“ immer tiefer wurde, erschien die Initiative von Orbán als ein ideales Wahlkampfinstrument. Ihre bedeutende Rolle für die ungarische Vergangenheitsbewältigung der kommunistischen Ära steht dennoch außer Frage.[14] Im Wahl-

9 Vgl. Aufruf Viktor Orbáns zur Gründung ziviler Bürgerkreise, in: 16 Òra (16 Uhr/Hörfunksendung), öffentlich-rechtliches Kossuth Rádió, 26. Mai 2002, 16.00 Uhr.

10 So auch das zentrale Motto auf seiner Homepage www.orbanviktor.hu (8. September 2008).

11 Vgl. Árpád von Klimó, Ungarn seit 1945, Göttingen 2006, S. 61.

12 Wie diese demokratietheoretisch zu legitimieren sei, ließ Orbán offen.

13 Die damals oppositionellen Sozialisten der MSZP konnten sich nach Absegnung der Konzeption mit ihrem Willen nicht durchsetzen, anstatt des „Hauses des Terrors“ ein „Haus der Versöhnung“ nach spanischem Bürgerkriegsdenkmalmuster zu machen. Die Eröffnung selbst war von Tumulten begleitet, da die rechtsextreme MIÉP provokativ eine Demonstration vor dem Sitz des MSZP veranstaltete.

14 Das Museum ließ sich konzeptionell von anderen Aufarbeitungsstätten wie dem Okkupationsmuseum im lettischen Riga inspirieren (Auskunft der Leiterin Mária Schmidt bei einem Gespräch im Februar

kampf von 2006 zielte die Partei auf Stimmen in der Arbeiterschaft. So sorgte Orbán bei den Investoren für Unmut, als er diese als „ausländische Kapitalisten", vor denen das Land zu schützen sei, attackierte. Ungarn werde nur als Durchgangsstation benutzt, die Privatisierung des Budapester Flughafens sei ein falscher Schritt.[15]

1.3. Parteiförmige rechtsextremistische und rechtspopulistische Kräfte

1.3.1. Die Ungarische Partei der Wahrheit und des Lebens (MIÉP)

Die Partei „Ungarische Partei der Wahrheit und des Lebens (MIÉP)" entstand aus einem nationalistischen Flügel der Partei „Ungarisches Demokratisches Forum" und zugleich als Reaktion auf die Existenz des „Bundes der freien Demokraten" (SZDSZ). Die erste politische Schrift von István Csurka „Die unannehmbare Realität" von 1986 gilt als die Geburtsstunde der MIÉP-Ideologie (Magyar Igazság és Élet Pártja). Die Partei betrachtet sich selber als der Vertreter des nationalen Radikalismus sowie als Erbe der geistigen Produkte von Dezsõ Szabó, Ottokár Prohászka sowie Endre Bajcsy-Zsilinszky, allesamt ungarische populistische Schriftsteller der Zwischenkriegszeit. Diese erkannten im Bauerntum die Quelle der ungarischen Volksseele.[16] Gründungsmitglied Csurka sammelte bereits als stellvertretender Vorsitzender des MDF[17] die national denkenden Radikalen um sich. Ende 1992 mußte er auf Geheiß des Parteivorsitzenden und Ministerpräsidenten József Antall vom Amt zurücktreten. Csurka gründete dann zusammen mit einer Gruppe nationalistischer Politiker die Ungarische Wahrheits- und Lebenspartei. Nach dem Ausbau der Parteistruktur gelang es ihnen, bei den Wahlen 1998 mit 5,5 Prozent der Stimmen in das Parlament einzuziehen. Vier Jahre später 2002 verfehlten sie dieses Ziel mit 4,4 Prozent[18] nur knapp.

2008 mit den Autoren in Budapest). Vgl. den offiziellen Katalog zur Ausstellung: Mária Schmidt (Hrsg.), Terror Háza. Haus des Terrors, Budapest 1062, Andrássy Straße 60, Budapest 2003.

15 Vgl. Jürgen Dieringer, Die ungarischen Parlamentswahlen 2006, in: Südosteuropa 54 (2006), H. 2, S. 147-163, hier S. 155.

16 Vgl. Zoltán Szöcs, A MIÉP genézise [Die Genese der MIÉP], unter: http://www.miep.hu/index.php?option=com_content&view=article&id=44:parttoertenet&catid=37:fels-menue&Itemid=54 (7. Mai 2008).

17 Das „Ungarische Demokratische Forum" (Magyar Demokrata Fórum = MDF) ist eine Mitte-Rechts-Partei, die unmittelbar nach dem Systemwechsel als Gegenbewegung zum Sozialismus erfolgreichste Partei war und mit József Antall den ersten Ministerpräsidenten stellte. Nach der Abspaltung des radikalen Teils drängte die Partei auf eine sozial abgefederte Marktwirtschaft. 1996 kam es abermals zu einer Spaltung, so daß der verbliebene MDF-Teil mehr und mehr zur Kooperation mit Fidesz bereit war. Vor den Wahlen von 2002 schloß man ein gemeinsames Wahlbündnis. Im gemeinsamen Wahlkampf verschlechterte sich die Beziehung zwischen beiden Parteien. MDF betonte seine Selbständigkeit als konservative Kraft.

18 Als Schutz gegen Extremisten im Parlament wurde 1994 die Sperrklausel von vier auf fünf Prozent angehoben.

Die MIÉP vertrat und vertritt bis heute das auf intellektueller Basis beruhende politische Erbe. Der in der politischen Kultur tief verwurzelte völkisch-urbane Gegensatz, ausgetragen von Beginn der 90er Jahren an, zeigt sich in der Beziehung zwischen MIÉP und dem liberalen SZDSZ (Szabad Demokraták Szövetsége) dominiert. Im Hintergrund der Feindschaft gegen die SZDSZ steht deren allgemeine, mitunter diskriminierende Titulierung als „Judenpartei", die sich aus ihrer in der jüdischen Budapester Intelligenz verwurzelten Entwicklung speist.

Die MIÉP agitiert gegen die in ihrer Diktion „leere, kapitalistische und individualisierte Gesellschaft" sowie die globalisierte Welt. Die ungarische Kultur sei durch „nationsfremde Cliquen" und den steigenden Sittenverfall gefährdet, bedingt durch Amerikanisierung und wirtschaftliche Globalisierung.[19] So verneinte sie als einzige größere Partei in vehementer Weise den NATO- und EU-Beitritt Ungarns. Bei den Wahlen zum Europäischen Parlament nahm die Partei dennoch teil, mit einem geringen Erfolg von 2,35 Prozent. Bei den Parlamentswahlen von 2002 verfehlte die MIÉP die Fünfprozenthürde. Personale und inhaltliche Gegensätze gelangten an die Oberfläche. Um den extremistischen Kurs etwas abzuschwächen, initiierten die „Reformer" den erfolgslosen Versuch, Parteichef Csurka abzulösen. Statt des Parteichefs haben sich die „Reformer" verabschiedet. Ein Teil von ihnen ging in die „Jobbik", eine damals noch unabhängige Organisation, die zunächst eine Art Vermittlungsfunktion zwischen der Fidesz-Regierungskoalition sowie der rechtsextremistischen MIÉP erfüllte. Jobbik, die sich später drastisch radikalisieren sollte und sogar eine paramilitärische Garde ins Leben rief, wollte damals noch kooperieren.[20] Auf die jungen Aktivisten des subkulturellen Rechtsextremismus übt die MIÉP allerdings kaum Einfluß aus. Gleichwohl ging Csurka nach dem Niedergang seiner Partei auf die Straße, beispielsweise bei den gewalttätigen Protesten vom Oktober 2006. Trotz der mühevollen Einordnungsversuche ungarischer Randparteien in ein Links-Rechts-Schema ist mit Blick auf die MIÉP festzuhalten, daß sie keineswegs eine extremistische Partei im klassischen verfassungsfeindlichen Sinne darstellt, da sie formal den demokratischen Diskurs akzeptiert. Statt der Vision eines diktatorischen, faschistischen Führerstaates schwebt der bedeutungslos gewordenen Partei eine ungarische Demokratie vor, wiewohl antiliberal und ausgrenzend.[21]

---

19 Vgl. Andreas Bock, Ungarn: Die „Wahrheits- und Lebenspartei" zwischen Ethnozentrismus und Rassismus, in: Osteuropa 52 (2002), H. 3, S. 280-292, hier S. 285.

20 Vgl. Roland Kisgyöri, Kis pártok a hatalom vonzásában. MIÉP-JOBBIK-HARMADIK ÚT. Szövetségkeresés és választási eredmények [Kleine Parteien in der Nähe der Macht. MIÉP-JOBBIK-DRITTER WEG. Suche nach Verbündeten und Wahlergebnisse], in: Péter Sándor/László Vass (Hrsg.), Magyarország politikai évkönyve 2006-ról [Politisches Jahrbuch Ungarns über 2006], Bd. 2, Budapest 2007, o.S.

21 Vgl. András Bozóki/Borbála Kriza, Party system and political discourse. The semi-loyal parties, in: Péter Sándor/László Vass (Hrsg.), Magyarország politikai évkönyve 2001-röl [Politisches Jahrbuch Ungarns über 2001], Bd. 1, Budapest 2002, o.S.

1.3.2. Die Unabhängige Partei der Kleinlandwirte (FgKP)

Die „Unabhängige Kleinlandwirte-, Landarbeiter- und Bürgerpartei“ (Független Kisgazda, Földmunkás és Polgári Párt) verkörpert eine agrarische Traditionslinie, die vor dem Kommunismus, dem Agrarpopulismus in der Zwischenkriegszeit ansetzt. 1990 trat die Partei in die Antall-Regierung ein. Ein oppositioneller Flügel formierte sich um den aus der Regierungskoalition ausgeschiedenen József Torgyán. Aus einem treuen Partner des MDF (Ungarisches Demokratisches Forum) Anfang der 90er Jahre wurde sie immer mehr zu einer „hysterischen“ Last, die das Gesicht einer verwirrenden, mit ideologischen Symboliken hantierenden politischen Kraft annahm. Die Partei trug mehr und mehr Grundzüge einer antielitären[22], rechtsorientierten Partei. Aufgrund ihres aggressiven Tons sowie des aus der Sicht des MDF und auch des Staates nicht vertretbaren, anachronistischen Kleinlandwirte-Programms wurde sie zum Ballast in der Koalition.[23] In der Regierungszeit Viktor Orbáns (1998 bis 2002) hatte die Torgyán-Partei drei Ministerien (Landwirtschaft, Verteidigung und Umweltschutz) inne. Ihr Erfolg mobilisierte: Im Jahr 2000 stellte die Partei mit 120.000 deutlich die größte Mitgliederzahl, weit mehr als alle anderen Parteien in Ungarn zusammen.[24] Ihre Wählerbasis bestand in erster Linie aus Menschen mit geringem Sozialstatus. Mit dem Jahr 2000 begann allerdings der Niedergang der Partei. Minister wurden ausgetauscht, die einst unantastbare Führungsfigur Torgyán kam wegen dubioser finanzieller Transaktionen massiv unter Beschuß. Parteiabspaltungen nach Ausschlüssen aus der Partei führten zu einer Zerreißprobe. Bei den Wahlen von 2002 wurde die Partei dafür mit einem Ergebnis unter der Einprozentmarke abgestraft. Sie ist nicht mehr im Parlament vertreten und spielt keine Rolle mehr. Gleichwohl existiert die Stadt-Land-Konfliktlinie auch nach dem Niedergang der agrarisch geprägten Partei fort.[25]

1.4. Subkultureller Rechtsextremismus

Die ungarische Skinhead-Bewegung bildete sich bereits in den frühen 1980er Jahren heraus. Vornehmlich Jugendliche aus der Arbeiterschicht begannen sich zu organisieren und kultivierten, wiewohl eher unpolitisch, neben Nationalstolz Themen wie Roma-Haß und Antikommunismus. Ende der 1980er Jahre fiel diese Bewegung durch rassistisch motivierte Übergriffe auf, was sich zu Beginn der 1990er Jahre fortsetzte. Zu

22 Antielitarismus wird allgemein als konstitutives Merkmal des Populismus angesehen.

23 Vgl. Mihály Bihari, Rendszerváltás és hatalomváltás Magyarországon (1989-1990) [System- und Machtwechsel in Ungarn 1989-1990], in: Péter Sándor/László Vass (Hrsg.), Magyarország politikai évkönyve 1990-röl [Politisches Jahrbuch Ungarns über 1990], Budapest 1991, o.S.

24 Zu diesem Zeitpunkt hatten nach den offiziellen Parteiangaben MSZP 32.000 und Fidesz 16.000 Mitglieder.

25 Regionale Disparitäten prägen die politische Kultur des Landes mit.

diesem Zeitpunkt waren es geschätzte 1.500 bis 2.500 Aktivisten[26], Mitte der 1990er Jahre bereits 4.000. Der erweiterte Kreis der in die Gesellschaft integrierten Sympathisanten war wiederum weitaus größer, nach einer Untersuchung des Nationalen Büros für Sicherheit geschätzte 160.000.[27]

Die Bewegung Jobbik für Ungarn formierte sich im Oktober 2003 zu einer Partei, mit einem starken Anspruch auf System- und Gesellschaftskritik. Die Selbsteinschätzung lautete: konservativ, in der Methodik radikal, national-christlichen Werten verpflichtet.[28] Die Bewegung entstand aus der von Universitäts- und Hochschulstudenten im Jahre 1999 gegründeten „Rechten Jugendgemeinschaft" (Jobboldali Ifjúsági Közösség) als Folge der tiefen Enttäuschung über die politische Elite, die sie als leer und verbraucht bezeichnet. Ihr Zukunftsbild bestimmt die Ideologie „eines moralisch erneuerten Ungarntums". Die Jobbik verfolgt eine konservative Linie, die die traditionalen Gemeinschaften, so die Heimat, die Kirchen sowie die Familien miteinander zu verbinden versucht. Die Zukunft des Landes liege in einer Rollenverstärkung dieser Gemeinschaften. Ihren Radikalismus sieht die „neue soziale Bewegung" in ihrer Methodik legitimiert, nach der sie „richtige Fragen und richtige Lösungen" behandle. In der aktuellen ungarischen Politik dominierten Worte, nicht Taten.[29]

Das wichtigste politische Ziel der Jobbik ist die Vertreibung der „kommunistischen Nachfolgepartei und der mit ihr zusammengeschmolzenen Liberalen"[30] aus dem Parlament. Die Jobbik trachtet danach, ähnlich wie MIÉP, das Rechtsaußenlager zu repräsentieren. Ihre Dynamik, begründet in den jungen Aktivisten, grenzt sie deutlich von der MIÉP ab, die mit ihrem im Jahre 1934 geborenen Vorsitzenden anachronistisch wirkt. Dabei will Jobbik deren frühere Rolle übernehmen. Ihre Kompromißbereitschaft öffnet größere Räume für politische Mobilisierung in der ungarischen Bevölkerung. Bei der Mitglieder- und Aktivistenwerbung wird auf die junge Gesellschaftsschicht das Augenmerk gelegt. Demonstrationen sowie Protestmärsche zielen auf das Ansprechen breiterer Schichten. Vor den Parlamentswahlen 2006 waren die Wähler der MIÉP wie der Jobbik im Lager der FIDESZ-Wählerschaft integriert. Das taktische Bündnis von MIÉP und Jobbik für die Parlamentswahl 2006 hatte dadurch keinen Erfolg. Eine Wechselstimmung brachte die erneute Wahlniederlage der größten Oppositionspartei und veränderte rasch die Kraftverhältnisse auf der rechten Seite. Man kann von einer Radikalisierung sprechen: Die Rechtsaußenkräfte sehen sich, wegen der Distanzierung von Fidesz, nicht mehr an die bürgerliche Partei gebunden, sondern nehmen mehr und mehr den Charakter von „freien Kräften des Widerstands" an.

---

26 Vgl. u.a. Paul Hockenos, Free to Hate. The Rise of the Right in Post-Communist Eastern Europe, New York/London 1993, S. 157.

27 Vgl. László Karsai, The Radical Right in Hungary, in: Sabrina P. Ramet (Hrsg.), The Radical Right in Central and Eastern Europe since 1989, Pennsylvania 1999, S. 133-146, hier S. 146.

28 Vgl. Jobbik Magyarország alapító nyilatkozat (Gründungsurkunde von Jobbik Ungarn vom 24. Oktober 2003), unter: http://jobbik.hu/modules.php?name=Content&pa=showpage&pid=11 (25. März 2008).

29 Vgl. ebd.

30 Vgl. ebd.

Die Protestwelle des Herbstes 2006 beeinflußte den subkulturellen Rechtsextremismus nachhaltig: Die rechtsextremistische Großungarn-Organisation 64 vármegye (64 Komitate)[31], eine Jugendbewegung, instrumentalisierte die Menge. Der Wortführer László Toroczkai suchte unmittelbar nach dem Bekanntwerden der „Lügenrede" mediale Aufmerksamkeit. Nachdem ihm das öffentlich-rechtliche Fernsehen nicht gestattet hatte, die an die Regierung gerichtete Rücktrittsforderung zu verlesen, sammelte er einen Teil der Demonstranten auf dem Szabadság-Platz vor dem Rundfunkgebäude um sich. Einige hundert Personen – neben Mitgliedern von rechtsextremistischen Organisationen Hooligans eines gerade in die zweite Liga zwangsversetzten Fußballklubs[32] – stürmten abends das Fernsehgebäude, was zu einer eineinhalbstündigen Sendeunterbrechung und Sachschäden in Höhe von über 100.000 Euro führte. Erst in den frühen Morgenstunden bekam die unzulänglich vorbereitete Polizei die Lage wieder in den Griff, bevor es in der folgenden Nacht vor dem MSZP-Sitz auf dem Köztársaság-Platz erneut zu Krawallen mit der Polizei kam.[33] Ebenso wie 64 vármegye war die rechtsextremistische Organisation Jobbik[34] involviert.

Der nationale Radikalismus hat mit Gründung der Jobbik nicht nur neuen Schwung erfahren, sondern auch Initiativfähigkeit und Zulauf. Von Jobbik ging im August 2007 die Gründung einer „Ungarischen Garde" (Magyar Gárda) mit einer Rekrutierung gerade in den Provinzen des Landes aus.[35] Die Garde, die bei der Orbán-Gruppe (wenngleich etwas spät) auf Ablehnung stieß, sucht mit einer Schwärmerei vom Ungarn in den Grenzen des alten Königreichs den Bezug zum Faschismus der Zwischenkriegszeit. Ihr Anführer Gábor Vona äußerte in einem Interview mit dem NPD-Organ „Deutsche Stimme"[36], der Zweck der Garde sei, Ungarn „physisch, seelisch und auch geistig/geist-

31 Wie der Name besagt, kämpft die Organisation für das Großungarn vor dem Trianon-Vertrag von 1920.

32 Der einst sehr erfolgreiche Verein Ferencváros, im Volksmund Fradi genannt, mußte aufgrund finanzieller Mißwirtschaft 2006 zwangsabsteigen. In seinen Reihen duldet er Hooligans, die seit Jahren antisemitische Hetzparolen bis hin zur Erwähnung „Juden in die Gaskammern" skandieren. Darüber hinaus spielt die Karte „Großungarns" eine besondere Rolle. Vor dem Systemwechsel galt der Verein als „leicht-oppositionell", da er von staatlicher Seite nicht unterstützt wurde.

33 Vgl. Thomas von Ahn, Demokratie oder Straße? Fragile Stabilität in Ungarn, in: Osteuropa 56 (2006), H. 10, S. 89-103, hier S. 94.

34 Der Name hat zwei Bedeutungen (Steigerungsform von „gut" und „rechts"), ist also ein Wortspiel mit Tiefsinn.

35 Rund 1.000 Sympathisanten und Anhänger fanden sich auf der Budapester Burg, direkt vor dem Amtssitz von Staatspräsident Laszlo Solyom, zur Vereidigung der ersten Mitglieder der Garde ein. Dabei wurde eine rot-weiß-rote Flagge gehißt, wie sie die ungarischen Faschisten während des Zweiten Weltkriegs benutzt hatten, als die Horthy-Diktatur mit Hitler-Deutschland verbündet war. Die Teilnehmer waren zum Teil in schwarze Uniformen gekleidet. Auch der Tag der Vereidigung war nicht zufällig gewählt. Vor 1100 Jahren hatte die ungarische Armee am 25. August in der Schlacht von Bratislava die Truppen des bayerischen Stammes vernichtend geschlagen.

36 Das Gespräch führte er am 28. März mit dem deutschen Diplom-Psychologen und stellvertretenden NPD-Kreisvorsitzenden in Köln Benedikt Frings in Budapest. Dieser nahm an einer Konferenz „zur Erforschung des Holocaust" vom Dezember 2006 in Teheran teil, beklagt regelmäßig eine „Schuld-

lich" zu schützen. Das zentrale Problem des ungarischen Volkes ergebe sich „mit den hiesigen Zigeunern – in Bezug auf deren unverhältnismäßig große Kriminalitätsrate und der bei ihnen ausgeprägte Arbeitsunwilligkeit." Die Ungarische Garde sei „eine Bewegung auf der Grundlage von christlichen Grundwerten." „Ungar-Sein" und „Christ-Sein" gingen „Hand in Hand." Besonderen Argwohn hegt der antisemitisch gesinnte Vona gegen das „Judentum", wie im Interview deutlich wird: „Die Ungarische Garde war noch gar nicht gegründet, da hat der Jüdische Weltkongreß bereits einen Brief an den ungarischen Ministerpräsidenten verfaßt, damit dieser dann verhindern sollte, daß die Garde überhaupt gegründet wird. So viel ich weiß, ist dieser Vorgang in der Geschichte einmalig. Noch nicht einmal während des Zweiten Weltkrieges gab es einen derartigen direkten und öffentlichen Versuch des organisierten Judentums, sich in die inneren Angelegenheiten eines Landes einzumischen."[37] Damit spricht er den Juden das Recht ab, sich gegen den von Deutschland ausgehenden Holocaust gewehrt zu haben.

Ihre Gründung legitimiert die Garde aktuell-politisch damit, die Gyurcsány-Regierung „verjagen" zu wollen. Zu Kundgebungen und Demonstrationen marschiert die „Ungarische Garde" durch Roma-Viertel wie Olaszliszke, Kerepes, Tatárszentgyörgy und verbreitet Schrecken. So findet die „Parteiarmee" Zuspruch in der Mitte der Gesellschaft. Ihre Symbolik ist ausgesprochen stark. Die gewöhnliche politische Bühne verlassend, strebt sie eine „kulturelle, soziale, karitative sowie traditionspflegende Mission"[38] an. Am 15. März 2008, dem 160-jährigen Gedenken an die 1848er Revolution und den Freiheitskampf gegen die Habsburger, marschierte der militante Rechtsextremismus auf. Allerdings ist die Garde kein homogener Block. Im Herbst 2008 traten interne Rivalitäten zum Vorschein, das Wort von der Spaltung der Garde machte die Runde.

1.5. Kommunismus und Transformation des Kommunismus

1.5.1. Die MSZP

Die MSZP (Magyar Szocialista Párt) kann als Nachfolgepartei der Kommunistischen Partei Ungarns angesehen werden. Besonders Anfang der 1990er Jahre gewann sie ihre Wählerbasis aus der einstigen kommunistischen Nomenklatura und der neuen soziali-

---

neurose des deutschen Volkes" und sieht die Anschläge des 11. September 2001 als „inside job" der USA an. Vgl. zur Propaganda der Deutschen Stimme und speziell zu Frings Florian Hartleb, Die „Deutsche Stimme" – Das intellektuelle Sprachrohr der NPD?, in: Uwe Backes/Henrik Steglich (Hrsg.), Die NPD – Erfolgsbedingungen einer rechtsextremistischen Partei, Baden-Baden 2007, S. 355-382, hier S. 373.

37 „Ungarn schützen, das ist unser Ziel", Interview mit Gábor Vona, dem Chef der ungarischen Garde, in: Deutsche Stimme 5/2008, S. 9. Frings ließ sich dabei mit der Fahne der Garde und einigen Aktivisten ablichten.

38 Vgl. dazu Jobbik Magyarország alapító nyilatkozat (Gründungsurkunde von Jobbik Ungarn), 24. Oktober 2003, unter: http://jobbik.hu/modules.php?name=Content&pa=showpage&pid=11 (8. Mai 2008).

stischen Mittelschicht. Ihre Mitarbeiter und Abgeordneten rekrutierte die MSZP in den 1990er Jahren aus vornehmlich hauptamtlichen Parteifunktionären. Eine glaubwürdige Verankerung als sozialdemokratische Mitte wurde ihr durch die Abspaltung einer orthodoxen Strömung, der Ungarischen Arbeiterpartei (MP), erleichtert. Die MSZP konnte sich zu einer sozialistischen Großpartei, zu einer Partei der weitgehend unideologischen Pragmatiker und Technokraten, entwickeln – mit dem Ziel der Westanbindung. Eine Aufarbeitung der Vergangenheit fand nur begrenzt statt. Die MSZP will von der eigenen Geschichte kaum etwas wissen, da sie sich als eine neue, vorwärtsgerichtete Partei ohne ideologische Fesseln aus der Vergangenheit betrachtet.

Die MSZP profitiert von einer weit verbreiteten Nostalgie für den sogenannten Gulasch-Kommunismus. Als Gulasch-Kommunismus bezeichnet man das ab 1968 von dem ungarischen KP-Führer János Kádár[39] eingeführte wirtschaftliche Reformprogramm, welches das Leben in einer repressiven Diktatur unter sowjetischem Signum erträglich machen sollte. Der Kádársche Plan beinhaltete die Reorganisation der Landwirtschaft, die Förderung von Privatinitiativen und die Selbständigkeit der Unternehmer. Durch die „Politik der kleinen Freiheiten", welche die fehlende politische Legitimation nach 1956 kompensieren sollte, verbesserte sich der Lebensstandard der ungarischen Bevölkerung und übertraf den in Polen oder der Tschechoslowakei. Sie ist vielen noch präsent – gerade angesichts der heute oftmals schlechteren Lebenssituation im Vergleich zu der vor dem Systemwechsel. Die Bevölkerung hat die „kostenlosen" Leistungen der kommunistischen Ära nach dem Prinzip „eine Hand wäscht die andere" verinnerlicht.[40] Weniger präsent hingegen ist das bis heute nachwirkende wirtschaftliche Desaster, das der Kádárismus wegen einer Finanzkrise Anfang der 1980er Jahre hinterließ. 1982 stiegen die Auslandsschulden derart, daß das Land an den Rand der Zahlungsunfähigkeit geriet.

Die MSZP professionalisierte sich durch Emanzipation von der kommunistischen Vergangenheit, ohne die Vergangenheitsbewältigung zu forcieren. Als Indikator dafür gilt die strukturelle Neuausrichtung.[41] Viel schneller als beispielsweise die deutsche PDS versöhnte sich die MSZP mit dem westlichen System, einschließlich dem Gedanken einer etwaigen Regierungspartizipation. Auch wirtschaftspolitisch entfernte sich die Partei von antikapitalistischem Denken. Hier setzte sie auf die Privatisierungser-

---

39 Vgl. zur Person Tibor Huszár, Kádár János, Budapest 2001.

40 Bis heute existiert eine hohe Schattenwirtschaft im Land, welche Mitschuld am wirtschaftlichen Niedergang der Gegenwart trägt.

41 Vgl. im ostmitteleuropäischen Vergleich Anna Grzymala-Busse, The programmatic turnaround of communist successor parties in East Central Europe 1989-1998, in: Communist and Postcommunist Studies 35 (2002), H. 4, S. 51-66. Auch Gespräche der Autoren mit der MSZP-Fraktion in Budapest (Oktober 2008) zeigten deutlich diese Positionierung der Partei. Mit dem alten sozialistischen System will sie, sei es Überzeugung oder Opportunismus, nichts mehr inhaltlich-programmatisch zu tun haben.

löse, die den ehemaligen Staatskadern in besonderem Maße zugute kamen.[42] Um sich schnell als demokratische Partei zu legitimieren, bildete sie nach den Parlamentswahlen von 1994 eine Regierungskoalition mit dem liberalen SZDSZ, obwohl die Partei die absolute Mehrheit erreicht hatte. Im Unterschied zur Positionierung von Fidesz soll der Kapitalismus als Wert an sich erzieherische Wirkung entfalten. Als Antwort auf den redegewandten Ministerpräsidenten Viktor Orbán nominierte die MSZP für die Nationalwahl von 2002 mit dem parteilosen Péter Medgyessy einen unideologischen Verwaltungsfachmann. Mit Erfolg: Medgyessy löste als eine Art „Anti-Orbán" den Fidesz-Mann ab. Er begann, Begriffe wie Nation in das Parteivokabular einzuführen, was ihm intern keine Freunde machte. Die Neuausrichtung zeigte sich an Gesetzesänderungen, die den Angehörigen der ungarischen Minderheiten aus den Nachbarländern die Einreise beziehungsweise Übersiedlung nach Ungarn erleichterten.

Eine Regierungs- und Koalitionskrise konnte aus einem anderen Grund nicht verhindert werden. Als Regierungschef hatte Medgyessy seine Wahlversprechen von 2002 wahrgemacht, bedenkenlos Gehälter und Renten um 50 Prozent erhöht und durch unbedachte Personalpolitik im August 2004 (auch Ferenc Gyurcsány sollte als Minister entlassen werden) seinen Sturz ausgelöst. Der Multimillionär, ebenfalls wie ein Technokrat wirkende Ferenc Gyurcsány übernahm das Amt und die Führungsrolle („vezér") in der Partei. Generell orientierte sich die oberflächlich gehaltene Programmatik der MSZP nun stark an Marketingmethoden. Einst kommunistischer Jungfunktionär, machte der 1961 geborene Gyurcsány sein Vermögen Anfang der 1990er Jahre im Zuge der Privatisierungsturbulenzen.[43] Er stieg zu einem der vermögendsten Ungarn auf. Als Leitbild schwebt ihm, weit entfernt von sozialistischem Planwirtschaftsdenken, ein wirtschaftspolitischer „dritter Weg" vor, wie ihn der frühere britische Premierminister Tony Blair zu Beginn des neuen Jahrtausends als sozialdemokratische Positionsbestimmung predigte. In seiner Regierungszeit stehen marktliberale Reformen im Mittelpunkt. Den Hintergrund dafür bildet die Verflechtung der Altfunktionärskader mit den privatisierten Staatsunternehmen. Im Wahlkampf von 2006 war das Programm bewußt oberflächlich gehalten, um den Spagat zwischen sozialistischer Stammwählerschaft und marktliberaler Öffnung mit schmerzhaften sozialen Einschnitten zu bewerkstelligen.[44] Die Worte Gyurcsánys sollten den Charakter einer „Geheimrede" tragen, was es zunächst auch war.

Der Ministerpräsident wollte auf vulgäre Weise in einer internen Sitzung im Rahmen des Parteitags in Balatonöszöd am 26. Mai 2006 für seinen neuen Kurs der Ehrlichkeit und des Sparens werben. Die Wahlen kurz zuvor seien mit Lügen gewonnen worden.

42 Vgl. Daniel F. Ziblatt, The Adaption of Ex-Communist Parties to Post-Communist East Europe: a Comparative Study of the East German and Hungarian Ex-Communist Parties, in: Communist and Postcommunist Studies 31 (1998), H. 2, S. 119-137.

43 Eine Ferienanlage am Plattensee, einst im Eigentum der ungarischen Regierung, erwarb er als „Schnäppchen".

44 Vgl. Dieringer (FN 15), hier S. 152 f., S. 156.

Sinngemäß äußerte er: „Wir haben beschissen und gelogen, morgens, tagsüber und abends! Wir haben es versaut!“ Die „Lügenrede“ wurde erst im Herbst desselben Jahres bekannt, da sie jemand aus den eigenen Reihen lanciert und das Tonbandprotokoll mit der Stimme von Gyurcsány den Medien zuspielt hatte.[45] Sie kann nur vor diesem Hintergrund, eine „Quadratur des Zirkels“ bewerkstelligen zu wollen, verstanden werden. Sie selbst führte zu einem dramatischen Ansehensverlust der Politiker im „Volk“ selbst, der sich vor allem auf die aktuelle Regierung bezieht. Nur zwei Wochen nach dieser Rede verabschiedete die Regierung ein rigoroses Sparpaket, unter anderem eine 30-prozentige Erhöhung der Energiepreise, eine 5-prozentige Erhöhung der Mehrwertsteuer auf Lebensmittel und den öffentlichen Verkehr, die Erhöhung der Krankenkassenbeiträge sowie die Einführung von Studien- und Rezeptgebühren.[46] Die Folgen zeigten sich im April 2008, als der Koalitionspartner SZDSZ die Regierung verließ. Der Streit entzündete sich nach einem von Fidesz initiierten Referendum gegen Kernbestandteile der jüngsten Reformen (Praxis- und Studiengebühr sowie Tagesgebühr für Krankenhausaufenthalte). Gyurcsány entließ daraufhin die SZDSZ-Gesundheitsministerin Ágnes Horváth und provozierte damit den Koalitionsstreit. Gyurcsány regiert (vorerst?) mit einem Minderheitskabinett weiter, das die Liberalen von außen unterstützen wollen. Eine Kabinettsumbildung sorgte dafür, daß mit István Gyenesei ein früherer MSZMP-Funktionär das Ministerium für die Selbstverwaltungen bekleidet. Die öffentliche Meinung bewertete das „Experiment“[47] skeptisch – ebenso die eigene Partei.

1.5.2. Die Ungarische Arbeiterpartei (MP)

Die Ungarische Arbeiterpartei (Magyar Szocialista Munkáspárt; MP) spaltete sich von der offiziellen Rechtsnachfolgerin der alten kommunistischen Organisation, der MSZP, ab. Der orthodoxe Flügel gründete im November 1989 eine eigene Partei. 43 Altkommunisten unter Führung des ehemaligen Generalsekretärs Károly Grósz beschlossen eine strikte Kontinuität zur ehemaligen Staatspartei MSZP (Ungarische Sozialistische Partei). Kurze Zeit zeichnete sich zwischen den beiden postkommunistischen Formationen ein Rennen mit offenem Ausgang ab. Als Parteivorsitzender kam mit dem Diplomaten Gyula Thürmer eine junge Kraft an die Spitze der Partei. Dennoch verfehlte sie bei der ersten Wahl im Mai 1990 knapp den Einzug ins Parlament, was ihr für die Zukunft jeglichen Wind aus den Segeln nahm. Der Parteivorsitzende war und ist äußerst unpopulär. Zu keiner Zeit konnte seine Partei ein Parlamentsmandat erringen. Kurze Zeit Hoffnungen machte sich die Partei im Zuge der Parlamentswahl von 1998, nachdem im ersten Wahlgang die Beteiligung in zwei östlichen Komitaten unter fünfzig

45 Der wörtliche Redemitschnitt kann einschließlich spöttischer Kommentierungen im Internet leicht abgerufen werden, beispielsweise unter www.youtube.com.

46 Die Reaktion geschah um „Fünf-nach-12 Uhr“. Ungarn wies das größte Budgetdefizit innerhalb der gesamten EU auf.

47 Minderheitsregierungen sind zwar als Ausnahmefall im parlamentarischen System vorgesehen, weisen aber nur in Skandinavien eine Traditionslinie auf. In Ungarn ist diese ein Novum.

Prozent geblieben war. Die Arbeiterpartei forderte vom Vorstand der MSZP, ihre Anhänger bei der Nachwahl für die Arbeiterpartei zu mobilisieren, damit diese den Sprung über die Fünfprozenthürde schaffen und als Koalitionspartner zur Verfügung stehen könnte. Die MSZP lehnte dieses Ansinnen aber ab.

Thürmer versucht bis in die Gegenwart erfolglos, marxistisches Gedankengut wieder salonfähig zu machen. Für die jüngere Generation strahlt die Arbeiterpartei keinerlei Attraktivität aus. Ihre Kampagnen gegen die NATO fanden kein Gehör. Das gilt ebenso für die verstärkte Hinwendung zu nationalen Traditionen und Werten.[48] Die Bevölkerung zeigt sich gegenüber jeglicher Art kommunistischer Ideen immun, obwohl paradoxerweise János Kádár selbst nach wie vor äußerst populär ist und sich nach Meinung vieler die Zeit im „Gulaschkommunismus" positiv von der Gegenwart abhebt. Ihr Gesicht zeigt die Arbeiterpartei mit kleineren Kundgebungen vornehmlich in Budapest, die allerdings auf wenige Aktivisten beschränkt bleiben.[49] Im Parteienwettbewerb kommt der Partei keinerlei Bedeutung zu.

2. Würdigung

Parteien können sich nach der ungarischen Verfassung frei gründen und betätigen (Art. 3). Institutionell ist das Prinzip einer wehrhaften Demokratie nicht verankert. In der Verfassung und den konstitutionellen Regeln findet sich keine Vorschrift über ein Parteiverbot. Lediglich Art. 63 Abs. 2 der Verfassung verbietet die Gründung von politischen Zwecken dienenden bewaffneten Organisationen. Ein ordentliches Gericht kann nach Klageerhebung durch einen Staatsanwalt als strengste Maßnahme eine gesellschaftliche Organisation auflösen, falls deren Tätigkeit eine Straftat mit Rechtsverletzung für einen anderen darstellt. Die Rechtsverletzung selbst muß außerordentlich schwerwiegend sein.[50]

Betrachtet man die Rolle der Parteien im Allgemeinen, so fällt auf, daß diesen weniger Vertrauen entgegengebracht wird als allen anderen politischen Institutionen. Die Parteien stoßen meist auf Ablehnung. Im postkommunistischen Staat herrscht Parteienverdrossenheit, aber keine ausgeprägte Demokratieunzufriedenheit. Für Ungarn ist der parteipolitische Extremismus im ostmitteleuropäischen Vergleich trotz dieser „Gelegenheitsstrukturen" schwach ausgeprägt. Die Abstinenz des parteipolitischen Extremismus

48 Vgl. zur Partei ausführlicher János Hauszmann, Die Ungarische Sozialistische Arbeiterpartei (Magyar Szocialista Munkáspárt/MSZMP) in Ungarn 1956-1997, in: Gerhard Hirscher (Hrsg.), Kommunistische und postkommunistische Parteien in Osteuropa, München 2000, S. 103-131; Tom Thieme, Hammer, Sichel, Hakenkreuz. Parteipolitischer Extremismus in Ostmitteleuropa: Entstehungsbedingungen und Erscheinungsformen, Baden-Baden 2007, hier S. 172-179.

49 Eigene Beobachtung der Autoren. Wenige Aktivisten, in der Regel nicht mehr als 20, vornehmlich ältere Personen, zeigen sich mit kommunistischen Symbolen.

50 Vgl. dazu Katerina Kontopodi, Die Rechtssprechung des Europäischen Gerichtshofs für Menschenrechte zum Verbot politischer Parteien, Baden-Baden 2007, hier S. 135 f.

muß angesichts der Transformationsprobleme nicht von Dauer bleiben. Seit Jahren ist die ungarische Gesellschaft gespalten wie kaum eine zweite in Europa. Erste Entwicklungen zeichnen sich durch die Formierung einer ungarischen Garde ab.[51]

Die Polarisierung als Folge des Dualismus führt zwangsläufig zu starkem Populismus. Die Wahlkämpfe von 2002[52] und 2006[53] waren, insbesondere von Fidesz und Viktor Orbán ausgehend, von Aggressivität, Freund-Feind-Denken und Verschwörungstheorien bis hin zu Spitzelvorwürfen[54] geprägt. Das sind Elemente, welche die westlich geprägte normative Extremismustheorie als typische Elemente von Extremismus und extremistischem Denken ansieht.[55] Fidesz hat wählerperspektivisch eine harsche Wendung bis hin nach „rechtsaußen" vollzogen. Dieser Schritt war auch deshalb möglich, weil die Partei nie ein echtes bürgerliches Manifest ausgearbeitet hatte. Strategisch sollten mit antikapitalistischen Anklängen, dem Appell an die Nation und einfachen Parolen speziell die „Modernisierungsverlierer" eingebunden werden.

Oberflächlich kommt die Analyse der ungarischen Parteienlandschaft zu einem positiven Befund. Rein formal hat sich das Parteiensystem konsolidiert.[56] Die Parteiendemokratie steckt aber deshalb in einer schweren Krise, weil Ungarn durch die schlechte wirtschaftliche Entwicklung und das Haushaltsdefizit innerhalb eines Jahrzehnts vom Musterknaben und EU-Aspiranten zum neuen Sorgenkind innerhalb des Clubs der Europäischen Union wurde.[57] Die notwendigen Einsparungen nach der Ausgabenpolitik zuvor treffen den Bürger empfindlich. Zu wenig wahrgenommene Krisensymptome für die ungarische Parteienlandschaft zeigten sich schon in den 1990er Jahren, als sich Re-

51 Diese könnte durch die Staatsanwaltschaft offiziell verboten werden. Ein entsprechendes Verfahren ist anhängig.

52 Vgl. Julia Michaelis/Gerd Strohmeier, Wahlkampf 2002 in Ungarn: Grenzen der Amerikanisierung und Westeuropäisierung, in: Zeitschrift für Parlamentsfragen 34 (2003), H. 2, S. 284-296.

53 Vgl. Ervin Csizmadia, Ungarn sucht den Superstar. Die ungarischen Parlamentswahlen 2006, in: Osteuropa 56 (2006), H. 5, S. 75-86.

54 Für Empörung bei den Wählern sorgte vor allem eine als „Watergate an der Donau" bekannt gewordene Affäre. Fidesz-Mitglieder hackten sich illegal in den Server von MSZP ein. Es wurden knapp 3.000 geheime Dokumente heruntergeladen – darunter angeblich auch die detaillierten Wahlkampfpläne der Parteispitze. Die Parteiführung versuchte den Vorfall erfolglos herunterzuspielen. Fidesz-Wahlkampfleiter Antal Rogan sagte, „übereifrige" Helfer hätten eine „Dummheit" begangen. Vgl. Tobias Lill, Ungarn. Watergate an der Donau, in: Spiegel-Online v. 7. April 2006, unter: http://www.spiegel.de/politik/ausland/0,1518,410180,00. html (9. Juni 2006). Schon im Wahlkampf 2002 brachte Fidesz Gerüchte über eine Wahlfälschung von Sozialisten im Umlauf.

55 Vgl. Uwe Backes, Politischer Extremismus im demokratischen Verfassungsstaat. Elemente einer normativen Rahmentheorie, Opladen 1989. Zur Bedeutung des Feindbildes in der extremistischen Doktrin Eckhard Jesse, Funktionen und Strukturen von Feindbildern im politischen Extremismus, in: Bundesministerium des Innern (Hrsg.), Feindbilder und Radikalisierungsprozesse. Elemente und Instrumente im politischen Extremismus, Berlin 2005, S. 5-22.

56 Vgl. Zsolt Enyedi, The Survival of the Fittest: Party System Concentration in Hungary, in: Susanne Jungerstam-Mulders (Hrsg.), Post-Communist EU Member States: Parties and Party Systems, Aldershot 2006, S. 177-202.

57 So Melani Barlai/Florian Hartleb, Ungarn – vom Musterknaben zum Sorgenkind der Europäischen Union, in: Politische Studien 58 (2007), H. 411, S. 95-104.

präsentationsdefizite deutlich machten.[58] Daran ändert die Tatsache nichts, daß sich alle Parteien mit Ausnahme der MIÉP sehr EU-freundlich gezeigt haben.[59] Europäisierungstendenzen wirken sich bislang auf das nationale Parteiensystem aus, vielleicht auch deswegen, weil das Thema „Europäische Integration“ an sich in der Vergangenheit kaum parteipolitisch aufgearbeitet wurde.

Den jüngsten „Bewegungsrechtsextremismus“, der mehr als den parteipolitischen, einst von der MIÉP repräsentierten Rechtsextremismus umfaßt, bilden vornehmlich junge Männer, die zu historischen oder aktuellen Anlässen aufmarschieren. Er trägt Züge einer „neuen sozialen Bewegung“ mit einem symbolischen Rahmen, beispielsweise die rot-weiß-rote Fahne. Diese stilisiert sich zum Retter in der Not und benennt Schuldige. Derartige Ansätze gibt es auch in Westeuropa, wenngleich nicht in dieser Massivität. Charakteristisch für eine neue soziale Bewegung sind nach der deutschen Rechtsextremismusforschung eine straffe Organisation, Medienwirksamkeit und ein fester Demonstrationszyklus.[60] Neue soziale Bewegungen protestieren in Form einer „plebejischen Bewegung“ gegen die Moderne.[61] Dieser Umstand erklärt auch die weitreichenden historischen Rückgriffe im ungarischen Rechtsextremismus. Das Thema des Extremismus bekommt durch die jüngsten Entwicklungen neue Relevanz. Milieustudien könnten Klarheit über die Hintergründe bringen und die Frage klären, ob eine „normale Pathologie“[62] der ungarischen Gesellschaft oder ein Aufstand gegen den Individualismus vorherrscht. Analytisch ist das Unterfangen, den Rechtsextremismus zu erklären, keineswegs einfach, insbesondere aufgrund der starken Polarisierung, die tief in der Gesellschaft wurzelt.

Die Potentiale für Extremismus speisen sich aus dem Umstand, daß es in Ungarn an einer historisch gewachsenen demokratischen Kultur mangelt. Vom Ende des Ersten Weltkriegs bis zum Zusammenbruch des Sozialismus 1989 an stand das Land, mit Ausnahme von 1945 bis 1948, unter autoritärer Herrschaft. Ein aktuell-politischer Anlaß bringt die historische Dimension als Ursache für Rechtsextremismus zum Vorschein. In der benachbarten Slowakei ist mit der Slowakischen Nationalpartei eine Kraft an der

---

58 Vgl. Gabrielle Ilonszki, Representation Deficit in a New Democracy: Theoretical Considerations and the Hungarian Case, in: Communist and Post-Communist Studies 31 (1998), H. 2, S. 157-170.

59 Vgl. Mike Károly, An Unhappy Consensus: EU Membership and Party Collision in Hungary, in: World Political Science Review 3 (2007), H. 4, S. 1-32.

60 Vgl. für die Diskussion in Deutschland Hans-Gerd Jaschke, Rechtsradikalismus als soziale Bewegung. Was heißt das?, in: Vorgänge 32 (1993) 122, S. 105-11.

61 Vgl. aus den frühen 1990er Jahren Claus Leggewie, Rechtsextremismus – eine neue soziale Bewegung?, in: Wolfgang Kowalsky/Wolfgang Schroeder (Hrsg.), Rechtsextremismus. Einführung und Forschungsbilanz, Opladen 1994, S. 325-338. Die normativen Ansätze in der Extremismusforschung erweisen sich hierfür als zu staatszentriert.

62 Die Begrifflichkeit wurde in den späten 1960er Jahren gewählt, um den zeitgenössischen Rechtsextremismus in den westlichen (Industrie-)Gesellschaften zu erklären. Vgl. Erwin K. Scheuch/Hans D. Klingemann, Theorie des Rechtsradikalismus in westlichen Industriegesellschaften, in: Heinz-Dietrich Ortlieb/Bruno Molitor (Hrsg.), Hamburger Jahrbuch für Wirtschafts- und Gesellschaftspolitik, Bd. 12, Tübingen 1967, S. 11-19, hier S. 12.

Regierung, die bewußt anti-ungarische Ressentiments schürt. Das hängt mit der besonderen Situation der Auslandsungarn zusammen. Mehr als zwei Millionen ethnische Ungarn leben außerhalb des Nationalstaats, im rumänischen Siebenbürgen, in Serbien, der Ukraine und auch der Slowakei. Der am 4. Juni 1920 unterzeichnete Vertrag von Trianon als Folge des Ersten Weltkriegs legte fest, Ungarn habe zwei Drittel seines Territoriums abzutreten. Lösungsmodelle wie eine doppelte Staatsbürgerschaft werden von den Eliten in der Mitte der Gesellschaft immer wieder diskutiert[63], haben aber durch die Brisanz der Thematik aufgrund des unbefriedigenden Status quo auch extremistische Potentiale.[64] Dementsprechend findet der stärker werdende subkulturelle Rechtsextremismus seine agitatorischen Anknüpfungspunkte in der Vision eines Großungarns, im gesellschaftlich weit verbreiteten Antisemitismus und in der allgemeinen Roma-Phobie.

Antisemitismus ist in Ungarn ein sensibles Thema. Das liegt hauptsächlich daran, daß nach der Besetzung Ungarns durch die Nationalsozialisten im Sommer 1944 unter dem Regime von Miklós Horthy rund 450.000 ungarische Juden nach Auschwitz deportiert wurden. Nach dem Holocaust war im realsozialistischen Ungarn der Antisemitismus offiziell verpönt, so daß weder über den Antisemitismus noch über die Schuldfrage gesprochen wurde.[65] Eingedenk der dunklen Geschichte führte die Fidesz-Regierung unter Viktor Orbán im Jahr 2001 einen offiziellen Holocaust-Gedenktag ein. Offen ausgelebter Antisemitismus ist in Ungarn weniger als in Polen zu finden. Dennoch gibt es keine Entwarnung: Der Antisemitismus besteht in Ungarn aus verbalen Übergriffen, die in erster Linie auf Vorurteilen aus dem 19. Jahrhundert basieren. So fallen antisemitische Äußerungen selbst im öffentlich-rechtlichen Rundfunk.[66] Auch in der rechtsextremistischen Szene findet der Antisemitismus einen festen Platz, sei es bei der inzwischen marginalisierten MIÉP-Partei, sei es bei den Fußballhooligans, sei es bei der ungarischen Garde.

Die Roma bilden bei den Rechtsextremisten wie den Aktivisten der ungarischen Garde[67] das Feindbild schlechthin. Demokratieschutz bedeutet eigentlich immer Min-

63 Die Fidesz-Partei trug nach ursprünglicher Ablehnung ein Referendum vom 5. Dezember 2004 mit, ob die jenseits der ungarischen Grenze lebenden Magyaren eine „doppelte Staatsbürgerschaft" bekommen sollten. Sie betonte die patriotische Notwendigkeit dieses Schrittes, während die Sozialsten die hohen finanziellen Belastungen für den Staatshaushalt geltend machen. Nach ungarischem Brauch spitzte sich die Diskussion auf die Frage zu, wer zur Nation gehöre und wer Verräter am eigenen Land sei. Das Referendum scheiterte aber.

64 Vgl. dazu statt vieler Thomas von Ahn, Staat, Nation, Europa. Ungarn und die Auslandsungarn, in: Osteuropa 57 (2007), H. 11, S. 177-194.

65 Vgl. András Kovács (Hrsg.), A modern anti-semitism, Budapest 1999.

66 Speziell das Kossuth Rádio. Die Tageszeitung Magyer Hírlap (im Internet zu finden unter www.magyarhirlap.hu) diffamiert regelmäßig jüdische Bürger. Verantwortlich dafür ist der Industrielle Gábor Szeles, der das einst liberale Blatt vor einigen Jahren übernommen hatte.

67 Belege dafür finden sich auch im Internet. Ein kursierendes Lied lautet „Majmok", das „Affen" bedeutet. Es diffamiert die Roma im Land als Sozialschmarotzer. Jeder kann das Lied im Internet-Portal „You Tube" (www.youtube.com) abrufen. „Ich verdiene die Stütze, von der ihr lebt", heißt es sinngemäß im Text. Im Refrain werden die „Affen" symbolisch für die ungarischen Roma-Familien verwendet.

derheitenschutz, was im Falle der Roma nicht unbedingt gegeben ist: Sie sind vielmehr die Parias der ungarischen Gesellschaft und haben von der Transformation nicht profitiert – im Gegenteil. Mit dem Zusammenbruch der „sozialistischen Großindustrie" erfolgte eine rasche Reduzierung der Zahl der in der Industrie Beschäftigten, die besonders stark die untere Gesellschaftsschicht mit geringer Schulbildung traf. Heute bilden die Roma die größte Minderheit Ungarns mit einer Bevölkerungszahl von schätzungsweise 600.000 (sechs Prozent der Gesamtbevölkerung). Die Arbeitslosenquote dieser Bevölkerungsgruppe liegt, abhängig von der regionalen Konzentrierung, zwischen 50 und 90 Prozent, in einzelnen ausschließlich von Roma bewohnten Dörfern im Grenzgebiet Ungarn-Slowakei sogar bei 100 Prozent.[68] Die Ursachen dafür finden sich einerseits in ihrer niedrigen Schulbildung, andererseits in der Tatsache, daß sich die Exklusion, also die soziale, kulturelle, ökonomische sowie politische Ausgrenzung, durch die Geschichte der Roma wie ein roter Faden zieht. Die Mehrheit der Roma ist in den Arbeitsprozeß nicht integriert, und es fehlt der Kontakt zur Mehrheitsbevölkerung. Daraus speist sich eine fundamentale Ablehnung der Roma seitens der Mehrheitsbevölkerung. Im politischen Prozeß kommt ihnen neben ihrer „Feindbildrolle" keine Bedeutung zu, außer in einem makabren Punkt: Bei Wahlen „kaufen" die Parteien, auch Fidesz und MSZP, manchmal für geringes Entgelt Romastimmen.[69]

Resümierend ergibt sich das Potential für parteiförmigen und subkulturellen Populismus und Rechtsextremismus aus folgenden drei Kernfaktoren:

- politisch-wirtschaftlich (aktuelle Anlässe: „Lügenrede" des Ministerpräsidenten; Enttäuschung über die schlechte Wirtschaftslage nach der mit dem EU-Beitritt verbundenen hohen Erwartungshaltung in der Bevölkerung wie der politischen Elite; Unmut über die ungarnfeindliche Regierungspartei in der benachbarten Slowakei);
- historisch (besondere, dauerhaft problematische Situation der Auslandsungarn; Kränkung der ungarischen Seele aufgrund der enormen Gebietsverluste bis heute; Verankerung des Antisemitismus in der ungarischen Gesellschaft);
- soziokulturell (Minderheitenproblematik; Roma als Feindbild der ungarischen Gesellschaft).

Für Ungarn läßt sich ein Postkommunismus ohne Sozialismus konstatieren. Die Erfolgsgeschichte der gewandelten postkommunistischen Kraft hängt mit der Art des Übergangs zusammen, der als Transformationsprozeß von oben begonnen wurde und den flexiblen Reformkommunisten die Möglichkeit zur Mitgestaltung ließ. Schon vorher, innerhalb der 1980er Jahre, konnten Hardliner innerhalb der Staatspartei kaum auf Mehrheitsfähigkeit hoffen. Ab 1987 wurden staatseigene Unternehmen von sogenannten Unternehmensräten geleitet, die als Folge gelockerter Planungsvorgaben am freien

68 Vgl. dazu Flórián Farkas, Óriási mértékben emelkedhet az analfabétizmus, Budapest, 12. September 2006, unter: http://www.romnet.hu/hirek/vhir0608121 (30. September 2007).

69 Vgl. Gábor Juhász, Pöröshadsereg. Megismételt választás Kecskeméten?, in: Heti Világgazdaság v. 6. Mai 2006, S. 122.

Markt, mit Öffnung zum Westen partizipieren konnten. Der Übergang selbst lief friedlich ab: Die bewaffneten Kampfgruppen wurden in die Volksarmee überführt. Schon Mitte 1989 waren die Strukturen des Einparteienstaates in der Auflösung begriffen. Nachdem der Zeitpunkt für die ersten freien Wahlen auf das Frühjahr 1990 festgesetzt wurde, unterstützte die MSZP finanziell die sich damals formierenden neuen Parteien. Viele, wiewohl bei weitem nicht alle Parteibüros und Immobilien wurden an den Staat übertragen.[70] Orthodox-kommunistischer Linksextremismus war in Ungarn schon lange, mit der blutigen Niederschlagung der Revolution von 1956 verpönt und konnte auch nach dem Systemwechsel nicht revitalisiert werden.

3. Literatur

Ungarn ist Teil komparatistischer Studien mit dem Referenzpunkt „Ostmitteleuropa". Das gilt für die Parteienforschung[71] ebenso wie für die politische Kulturforschung.[72] Die meist oberflächliche, in ein fixes Schema festgelegte Außensicht von ländervergleichenden Studien stößt an ihre Grenzen, wohl auch bedingt durch die „sprachliche Isolation des Ungarischen" mit keiner linguistischen Verwandtschaft zu anderen osteuropäischen Staaten. Der Forschungsstand weist daher im Vergleich zu Tschechien, der Slowakei und Polen deutliche Defizite auf. Das politische System Ungarns funktioniert trotz des ähnlichen Systemwechsels zudem nach eigenen Gesetzen. Schon die kommunistische Epoche weist im Kádárismus Unterschiede zu den anderen ostmitteleuropäischen Staaten auf – gerade auch politisch-kulturell. Politikwissenschaftlich wird diesem Umstand kaum Rechnung getragen. Methodisch stünden der vergleichenden Politikwissenschaft an sich Instrumentarien bereit, abweichende Fälle bei Studien mittlerer oder größerer Fallzahl zu erfassen.

Die eigene Nationalgeschichte reicht von der Habsburgermonarchie und der gescheiterten Revolution von 1848 über das kurze Intermezzo der Räterepublik 1919 (vom Verlauf her ähnlich wie in Bayern[73]), den Faschismus „im Gleichschritt mit Adolf Hitler" und den eigenen Kommunismus ungarischer Prägung („Gulaschkommunismus") nach dem Trauma „1956".[74] Letztgenanntes dient als politisches Legitimationsinstru-

70 Vgl. dazu Zoltán Kiszelly, Wie konnten Postkommunisten in Ungarn erfolgreich bleiben: Eine unendliche Geschichte?, in: Hans-Joachim Veen/Ulrich Mählert/Franz-Josef Schlichting (Hrsg.), Parteien in jungen Demokratien. Zwischen Fragilität und Stabilisierung in Ostmitteleuropa, Köln/Weimar/Wien 2008, S. 127-148.

71 Vgl. Radoslaw Markowski, Political Parties and Ideological Spaces in East Central Europe, in: Communist and Post-Communist Studies 30 (1997), H. 3, S. 221-254 und neuerdings Thieme (FN 48) sowie Cas Mudde, Populist Radical Right Parties in Europe, Cambridge 2007.

72 Vgl. aus zusammenfassender Perspektive, ohne Berücksichtigung landesspezifischer Spezifika Ungarns Ludger Helms, Die politischen Kulturen Osteuropas: Vielfalt und Differenz, in: Osteuropa 57 (2007), H. 7, S. 13-26.

73 Ein historischer Vergleich zwischen den beiden Räterepubliken stellt ein Forschungsdesiderat dar.

74 Vgl. dazu Paul Lendvai, Die Ungarn. Ein Jahrtausend-Sieger in Niederlagen, München 1999.

ment[75] mit der entscheidenden Frage, wer autoritativ über das Erbe von 1956 verfügen darf.[76] Alle diese Zäsuren spielen im politischen und gesellschaftlichen Diskurs der Gegenwart eine mehr oder minder große Rolle, sind als konstitutiv für die politische (Erinnerungs-)Kultur im Land anzusehen. Selbst der militante Rechtsextremismus greift auf 1848 zurück.

In einem weithin gelungenen Sammelband über Extremismus in Ostmitteleuropa konzedierte der Herausgeber Cas Mudde, der Beitrag über Ungarn falle stark von den anderen Länderstudien ab. Generell sei die Forschung über den ungarischen Extremismus rar gesät, die Informationsbeschaffung erweise sich als schwierig.[77] So mangelt es an einer kontinuierlichen Zusammenstellung, welche gerade den schwer zu messenden „Bewegungsrechtsextremismus" mit der Vielzahl an Gruppierungen berücksichtigt. Dieses Thema mit der Notwendigkeit von Milieustudien hat durch die jüngsten Entwicklungen neue Relevanz bekommen. Es mangelt nahezu völlig an detaillierten Einzelfallstudien von Landeskundigen.[78] Analytisch ist dieses Unterfangen keineswegs einfach, auch wegen der oftmals fehlenden Abgrenzung zwischen demokratischen und extremistischen Parteien und der starken Polarisierung, die tief in die Gesellschaft dringt. In Ungarn müßte diese Problemstellung durch die Polarisierung der Großparteien und der wechselhafte Integrations- und Abgrenzungsstrategie von Fidesz seit der verlorenen Wahl von 2002 im Zentrum des Beobachters stehen. Diese Frage bleibt für Ungarn meist unberücksichtigt. Aufschlußreich ist der schnelle Wandel der MSZP hin zu einer sozialdemokratischen Partei, der – wie ein gelungener Paarvergleich von 1998 ergibt – deutlich schneller als bei der damals noch genuin ostdeutschen PDS verlief.[79] Das gilt ebenso mit Blick auf die postkommunistischen Parteien in Polen und Rußland.[80]

---

75 So Vera Sophie Ahamer, Ungarn 1956 – Ein politisches Ereignis als politisches Legitimationsinstrument, in: Zeitgeschichte 33 (2006), H. 3, S. 115-134.

76 Nur ein Beispiel: Im Fidesz-Wahlkampf von 2006 firmierte die im Zuge der Revolution zum Tode verurteilte Mária Wittner als Zugpferd – wohl auch wegen des 50. Jahrestages. Wittner saß nach dem Urteil über ein Jahrzehnt im Gefängnis, bevor sie als „gebrochener Mensch" begnadigt wurde. Nach der Wahl wurde sie Parlamentsabgeordnete.

77 Vgl. Gábor Bernáth/Gábor Miklósi/Cas Mudde, Hungary, in: Cas Mudde (Hrsg.), Racist Extremism in Central and Eastern Europe, London/New York 2005, S. 80-101, FN 1.

78 Viele davon entstanden in der ersten Hälfte der 1990er Jahre, beispielsweise vom international bekannten ungarischen Politikwissenschaftler Attila Ágh. Vgl. Attila Ágh, The Hungarian Party System and Party Theory in the Transition of Central Europe, in: Journal of Theoretical Politics 6/1994, S. 217-238. Als Ausnahme zu diesem Urteil siehe Gabrielle Ilonszki, Representation Deficit in a New Democracy: Theoretical Considerations and the Hungarian Case, in: Communist and Post-Communist Studies 31 (1998), H. 2, S. 157-170. Vgl. nun aber Melani Barlai/Florian Hartleb, Ungarischer Populismus und Rechtsextremismus. Ein Plädoyer für die Einzelfallforschung, in: Südosteuropa Mitteilungen 48 (2008), H. 4, S. 34-51.

79 Vgl. Ziblatt (FN 42).

80 Vgl. John T. Ishiyama/Sahar Shafqat, Party identity change in post-communist politics: the cases of the successor parties in Hungary, Poland and Russia, in: Communist and Post-Communist Studies 33 (2000), S. 439-455.

Ökonomisch erweist sich, mit Blick auf die beiden Großparteien Fidesz und MSZP, das politisch-ideologische Rechts-Links-Schema als unbrauchbar, wie Herbert Kitschelt allgemein für Ostmitteleuropa schon früh festgestellt hat.[81] Ungarn weicht deutlich vom westlichen Regelfall ab.[82] Die Situation dürfte sich durch den im Herbst 2008 knapp abgewendeten Staatsbankrott noch zuspitzen. Insgesamt fehlen der Forschung bislang Erklärungsansätze dafür, wie es nach einer allgemein als erfolgreich und abgeschlossen beurteilten Transformation von der Diktatur zur Demokratie zu erneuten extremistischen und populistischen Aufwallungen kommen kann. Hängt es wirklich mit einem ungarischen „Post-EU-Beitrittssyndrom"[83] zusammen, wo sich Europäisierungstendenzen im nationalen Parteiensystem bislang kaum bemerkbar machen? Die weitere Forschung steht vor der Aufgabe, eine fundierte Antwort auf die Frage nach der Kurz- oder Langfristigkeit dieser Phänomene zu geben.

81 Vgl. Herbert Kitschelt, The Formation of Party Systems in East Central Europe, in: Politics & Society 20 (1992), H. 1, S. 7-50, hier S. 17.

82 Vgl. die qualitative Analyse von András Körösényi/Csaba Tóth/Gábor Török, A magyar politikai rendszer [Das politische System Ungarns], Budapest 2003.

83 So die Kernthese des Landesexperten Attila Ágh (Beitrag zu Ungarn) auf der Internationalen Konferenz der Deutschen Gesellschaft für Osteuropakunde in Zusammenarbeit mit dem Auswärtigen Amt zum Thema: Der EU-Erweiterungsprozeß und das „Post-Beitritt-Syndrom". Extremismus, Populismus und politische Kultur bei den neuen EU-Mitgliedsstaaten am 7./8. November 2007 in Berlin. Vgl. ders., Hungarian Politics in The Early 21st Century: Reforms and Post-EU Accession Crisis, in: Südosteuropa Mitteilungen 48 (2008), H. 2, S. 68-81.

Zeitschriftenporträt: junge Welt

Von Norman Bock

1. Darstellung

Die facettenreiche Geschichte der *jungen Welt* (jW) begann im Oktober 1946, als sich Erich Honecker mit dem Vorschlag, eine „mobilisierende und gleichzeitig erzieherisch im fortschrittlichen demokratischen Sinn" wirkende Jugendzeitung ins Leben zu rufen, an die Propagandaabteilung der Sowjetischen Militäradministration (SMAD) wandte.[1] Der Mitbegründer und Vorsitzende der Freien Deutschen Jugend (FDJ) betonte in seinem Schreiben die Dringlichkeit des Vorhabens, denn die einzige Jugendorganisation der Sowjetischen Besatzungszone verfügte bis dahin lediglich über die Monatszeitschrift *Neues Leben*, die vom gleichnamigen Verlag herausgegeben wurde. Die SMAD forcierte indes einen anderen Plan. Vor dem Hintergrund des Papiermangels, der für die Zeitungen bis in die 1950er Jahre hinein ein großes Problem darstellte, sollte die Berliner Wochenzeitung *Start - Illustriertes Blatt der jungen Generation* zum offiziellen FDJ-Blatt umfunktioniert werden. Allein die politische Anspannung in Berlin führte zur Entstehung der *jungen Welt*. Die SED hatte bei der Stadtverordnetenversammlung gerade eine herbe Wahlschlappe einstecken müssen, eine Situation, in der die etablierte Jugendzeitung *Start* für die Genossen in der Hauptstadt unentbehrlich erschien.[2]

Am 12. Februar 1947 war die erste Ausgabe der jW an den Zeitungsständen der Sowjetischen Besatzungszone erhältlich. Sie enthielt ein Grußwort Erich Honeckers, der das Blatt als „Waffe" im „Kampf für die Durchsetzung und Verwirklichung der Grundrechte der jungen Generation, der Verteidigung der Einheit der Jugend und der Herstellung der Einheit Deutschlands" charakterisierte.[3] Die „Zeitung der Jugend", so ihr Untertitel, stand voll und ganz in der Tradition der *Jungen Garde*, des einstigen Zentralorgans des Kommunistischen Jugendverbandes Deutschlands (KJVD). Ihm hatte in den 1930er Jahren auch der erste jW-Chefredakteur Adolf Buchholz[4] angehört. Unter seiner

1 Vgl. Ulrich Mählert, Die Freie Deutsche Jugend 1945-1949. Von den „antifaschistischen Jugendausschüssen" zur SED-Massenorganisation. Die Erfassung der Jugend in der Sowjetischen Besatzungszone, Paderborn 1995, S. 151.

2 Vgl. ebd., S. 152.

3 Endlich! Die „junge Welt" ist da, in: jW v. 12. Februar 1947.

4 Adolf Buchholz (1913-1978) engagierte sich bereits in den 1930er Jahren innerhalb von KPD und KJVD. Nach seiner Emigration im Jahre 1937 leitete er in Prag und später in London die Exilorganisation „Freie Deutsche Jugend". Er kehrte nach Kriegsende zurück nach Deutschland und wurde Mitglied von SED und FDJ. Zwischen 1946 und 1947 war er Chefredakteur der „jungen Welt". Später leitete er als Direktor den VEB Maxhütte Unterwellenborn. Vgl. hierzu: Andreas Herbst, Adolf Buchholz, in: Helmut Müller-Enbergs/Dieter Hoffmann/Jan Wielgohs (Hrsg.), Wer war wer in der DDR? Ein biographisches Lexikon, Bonn 2000, S. 120.

Federführung erschien das Blatt zunächst einmal wöchentlich in einer Auflage von 125.000 Exemplaren. Fortan durchlief die jW eine rasante Entwicklung. Bereits Anfang der 1950er Jahre erschien sie zweimal wöchentlich zum Preis von 20 Pfennig. Mit dem neuen Untertitel „Organ des Zentralrats der FDJ" und einer veränderten Aufmachung gelang es der Redaktion, die Auflage zu verdoppeln. Unter Aufsicht des neugegründeten FDJ-eigenen Verlages „Junge Welt" vollzog sich im März 1952 der Wandel zur Tageszeitung.

Nach dem Verständnis der Funktionäre bestand die primäre Aufgabe der Medien darin, politische Überzeugungsarbeit zu leisten. Die Redaktionen fügten sich den Anweisungen der Abteilung Agitation des SED-Zentralkomitees (ZK) und des Presseamtes, indem sie das Wort der Partei kritiklos in die Massen trugen.[5] Auch die jW entwikkelte sich schrittweise zu einem bedeutenden politischen Führungsinstrument, das über ein nicht zu unterschätzendes Mobilisierungspotential verfügte. Hiervon zeugen die Protestaktionen zugunsten verfolgter Sozialisten, die, seit Ende der 1950er Jahre von der Redaktion ausgehend, immer stärker in den Fokus der Öffentlichkeit rückten. Die Solidaritätsbekundungen für den chilenischen Kommunisten Louis Corvalán, die algerische Nationalistin Djamila Bouhired oder die amerikanische Bürgerrechtlerin Angela Davis sind dafür beispielhaft. Die steigende Resonanz des Blattes ließ sich jedoch nicht auf die politischen Inhalte zurückführen. Vielmehr sorgte die zunehmende Themenvielfalt für Leserzuwachs. Mit der Wahl zum „DDR-Sportler des Jahres", der Aufklärungsrubrik „Unter vier Augen" sowie regelmäßigen Beiträgen zu Musik und Literatur orientierten sich die Journalisten wesentlich stärker an den Interessen Jugendlicher. Der ideologischen Ausrichtung tat dies keinen Abbruch. Der Perspektivplan des Presseamtes von 1970 charakterisierte die jW als „sozialistische Massenzeitung der Jugend der DDR, deren Profil besonders den Problemen Jugendlicher zwischen 13 und 22 Jahren zu entsprechen hat".[6]

Die Zahl der gedruckten Exemplare stieg in den 1960er und 1970er Jahren kontinuierlich an und erreichte 1977 die Millionengrenze. Damit überflügelte die FDJ-Gazette das *Neue Deutschland*; sie blieb bis zur deutschen Wiedervereinigung das auflagenstärkste Blatt der Republik. Gegenüber den meisten anderen Tageszeitungen präsentierte sich die jW stets experimentierfreudiger und frecher, ein Umstand, den Funktionäre und Staatssicherheit durchaus zu schätzen wußten. In einer internen Studie des Ministeriums für Staatssicherheit (MfS) findet sich hierzu folgende Einschätzung: „Als besonders wirksames Organ zur journalistischen Umsetzung von Anliegen der Öffentlichkeitsarbeit des MfS hat sich die ‚junge Welt' erwiesen, die aufgrund ihrer spezifischen Stellung innerhalb unseres Pressesystems oft auf unkonventionelle Weise ‚heiße Eisen'

5 Vgl. Gunter Holzweißig, Massenmedien, Bonn 1999, S. 573.

6 Perspektivplan-Entwurf zur Entwicklung der Presseorgane der Partei bis zum Jahre 1975 (vom Februar 1970), S. 15, zitiert nach: Arne Kapitza, Transformation der ostdeutschen Presse. Berliner Zeitung, junge Welt und Sonntag/Freitag im Prozeß der deutschen Wiedervereinigung, Opladen 1997, S. 74.

aufgriff, also Themen, denen heute noch das Etikett eines scheinbaren Tabus anhaftet."[7]

Bis zur Wiedervereinigung folgte die Redaktion dem Kurs der sozialistischen Einheitspartei. Die stalinistischen Säuberungen in den Reihen der Journalisten hatten ihre Wirkung dauerhaft nicht verfehlt.[8] Ohnehin durchlief der überwiegende Teil von ihnen die Ausbildung im „Roten Kloster", der Sektion Journalistik der Karl-Marx-Universität Leipzig, die fast ausschließlich parteipolitisch engagierte Studenten aufnahm.[9] Die „Schere im Kopf" bestimmte den Arbeitsalltag der Journalisten, was die Existenz einer Zensurbehörde überflüssig werden ließ. Auch die Redaktion in der Berliner Karl-Liebknecht-Straße beschäftigte zahlreiche Absolventen des „Roten Klosters". Die jW war für einige Redakteure der Ausgangspunkt einer steilen politischen Karriere. Joachim Herrmann etwa bekleidete nach seiner Tätigkeit als jW-Chefredakteur (1954-1960) leitende Funktionen in der Abteilung Agitation des ZK und wurde schließlich Mitglied des Politbüros.[10]

Wie der überwiegende Teil der Zeitungen im „Arbeiter- und Bauernstaat" blieb die jW selbst unter Einfluß des Epochewandels ein williges Propagandainstrument. Noch im September 1989, als bereits Tausende DDR-Bürger über Ungarn ins westliche Ausland geflüchtet waren, veröffentlichten die Redakteure Artikel im gewohnt aggressiven Jargon. Von „staatsfeindlichen Aktionen", „Ausreißern", „Egoisten" und politischen Rowdys" war die Rede.[11] Den Zusammenbruch der DDR konnten sie freilich nicht verhindern. Am 18. Oktober 1989 trat Erich Honecker als Parteichef und Staatsratsvorsitzender zurück. Nur wenige Wochen später fiel die Berliner Mauer und mit ihr die SED-Diktatur. Im gleichen Zeitraum konnte die jW ihre Auflage auf ca. 1,5 Millionen steigern, ein Ergebnis, das den Höhepunkt ihrer Geschichte bildete und im wiedervereinten Deutschland nie wieder erreicht wurde.[12] Das „Massenblatt der sozialistischen Staatsjugend" ging schweren Zeiten entgegen.

Die Abteilung Agitation des ZK hatte ihre Arbeit bereits Ende 1989 eingestellt. Das Medienmonopol der SED löste sich samt seiner organisatorischen Strukturen auf. Sukzessive entstanden rechtliche Rahmenbedingungen zur Gewährleistung der Pressefreiheit. In den Redaktionen der großen Tageszeitungen rumorte es gewaltig, da personelle und organisatorische Konsequenzen unumgänglich schienen. jW-Chefredakteur Hans-

7 Wolfgang Büschel u.a., Gegenstand und Ziel sowie Inhalte, Mittel und Methoden der Öffentlichkeitsarbeit des MfS, MfS-JHS Potsdam 1989 („Vertraul. Verschlußsache"), S. 145, zitiert nach: Kapitza (FN 6), S. 75.

8 Vgl. Holzweißig (FN 5), S. 576.

9 Vgl. Manuela Glaab, Medien, in: Karl-Rudolf Korte/Werner Weidenfeld (Hrsg.), Handbuch zur deutschen Einheit. 1949-1989-1999, Bonn 1999, S. 559-572, hier S. 561.

10 Vgl. Ilko-Sascha Kowalczuk, Joachim Herrmann, in: Müller-Enbergs/Hoffmann/Wielgohs (FN 4), S. 346.

11 Stellungnahme zur politischen Situation, in: jW v. 6. September 1989.

12 Vgl. Kapitza (FN 6), S. 74.

Dieter Schütt, dessen kämpferische Beiträge ihm den Namen „Schnitzler der FDJ"[13] einbrachten, ging im November 1989 freiwillig von Bord. Wenige Wochen später, in der Ausgabe vom 10. Januar 1990, verkündete sein Nachfolger Jens König die Abkopplung von der FDJ und damit ein „neues politisches und journalistisches Selbstverständnis".[14] Die Bezeichnung „Organ des Zentralrats der FDJ" wurde durch „linke sozialistische Jugendzeitung" ersetzt. Dennoch ging die Nachfrage nach dem vormals auflagenstärksten Blatt der DDR in der Folgezeit stark zurück. Im November 1990 konnten gerade einmal 220.000 Exemplare abgesetzt werden.[15] Der Gesamtverlag „Junge Welt", unterdessen zur GmbH umgewandelt, beschäftigte zu diesem Zeitpunkt noch ca. 400 Mitarbeiter. Die finanzielle Situation war äußerst prekär. Ein halbes Jahr später, nachdem die Übernahme durch den Heinrich Bauer Verlag (u.a. *Neue Post, Neue Revue, Bravo*) wegen des Streits um zugehörige Immobilien gescheitert war, folgte die Auflösung des Buch- und Zeitschriftenbereichs.[16]

Die jW erschien fortan in der ausgegliederten „Tageszeitung junge Welt Verlag GmbH", die von der Berliner Mediengruppe Schmidt & Partner (MSP) ins Leben gerufen wurde. Die Redaktion, die inzwischen ins alte Verlagshaus der Gewerkschaftszeitung *Tribüne* umgezogen war, mußte in erster Linie auf die dramatische Entwicklung der vorangegangenen Monate reagieren und versuchte, den veränderten Bedürfnissen der Leser im Rahmen einer Umfangserweiterung entgegenzuwirken.[17] Entsprechende Umgestaltungen blieben letztlich ebenso erfolglos wie der Anfang 1993 eingeführte Untertitel „Die ostdeutsche Tageszeitung" oder weitere Preiserhöhungen. Da es nicht gelang, den Leserschwund einzudämmen, ging der Verlag ein Jahr später in Insolvenz. Das Schicksal der Zeitung schien besiegelt, und die rund 17.400 verbliebenen Abonnenten erhielten nach einwöchiger Funkstille nur eine improvisierte Notausgabe. Hinter den Kulissen suchten die verbliebenen 50 Mitarbeiter händeringend nach einer Lösung. Zur Rettung des Blatts gründeten sie in Anlehnung an den bevorstehenden „Tag der Befreiung" die Mitarbeitergesellschaft „Verlag 8. Mai". Darüber hinaus gelang es den Genossen, ihr Projekt mit der Gründung der „Linke Presse-, Verlagsförderungs- und Beteiligungsgenossenschaft" mittelfristig finanziell abzusichern.[18] Seit Oktober 1995 kann jeder Förderer durch den Erwerb eines Genossenschaftsanteils in Höhe von 500 € zum Erhalt der jW beitragen.

---

13 Die Bezeichnung entstand in Anlehnung an Karl Eduard von Schnitzler (1918-2001), der von 1960 bis 1990 das Magazin „Der Schwarze Kanal" moderierte. Die Sendung präsentierte Ausschnitte aus dem bundesdeutschen Fernsehen, die im Anschluß von Schnitzler in scharfem Ton im Sinne der SED-Propaganda kommentiert wurden.

14 Schaut auf unseren Kopf, in: jW v. 10. Januar 1990.

15 Vgl. Der „jungen Welt" droht Aus zum Jahresende, in: Neues Deutschland v. 28. November 1990.

16 Vgl. Kapitza (FN 6), S. 162.

17 Im Zusammenhang mit der Übernahme durch die MSP vollzog die Zeitung eine Umfangserweiterung auf dreimal 16 Seiten und dreimal 32 Seiten pro Woche. Damit gingen verschiedene Neuerungen wie die Aufnahme einer Ratgeberseite oder regionaler Informationen für Berlin/Brandenburg einher.

18 Vgl. Unbankrottbar-open end, in: Sechzig Jahre junge Welt. Beilage der jW v. 13. Januar 2007.

Als die finanzielle Misere überwunden schien, bahnte sich Anfang 1997 eine weitere Krise an. Bis zu diesem Zeitpunkt hatte die jW unterschiedlichen linken Gruppierungen ein Forum geboten, was gelegentlich zu Meinungsverschiedenheiten innerhalb der Redaktion führte. Besonders das Thema Antisemitismus war ein potentieller Dauerbrenner. Berichte und Dokumentationen über den Nahostkonflikt enthielten regelmäßig israelfeindliche Stellungnahmen, ein für die antideutsch[19] orientierten Redakteure untragbarer Zustand. Die Beurlaubung von Chefredakteur Klaus Behnken brachte das Faß schließlich zum Überlaufen. Am 21. Mai hielten achtzehn Mitarbeiter der jW die Redaktionsräume in Berlin-Treptow besetzt und verweigerten der Geschäftsführung den Zugang.[20] Die Protestler um die Redakteure Klaus Behnken, Jürgen Elsässer und Ivo Bozic produzierten unterdessen eine Streikzeitung, aus der nur wenige Wochen später die Wochenzeitung *Jungle World*[21] entstand. Mit dem Versuch, die jW auf einen neulinken, antideutschen Kurs zu bringen, scheiterten sie. Die längst überfällige Profiländerung blieb aus.

Bei der jW, die im Gegensatz zu anderen ehemaligen SED-Tageszeitungen nicht von einem westdeutschen Verlag übernommen wurde und in Eigenregie agiert, geben bis heute politische Hardliner den Ton an. Die Bezeichnung als „Sammelbecken für ewig gestrige Linke, Verschwörungstheoretiker, offizielle und informelle Mitarbeiter der Staatssicherheit sowie Ex-Spione aus allen Teilen Deutschlands“[22] ist in Anbetracht der Zusammensetzung von Redaktion und Autorenschaft zutreffend.

Seit Februar 2000 ist Arnold Schölzel (Jg. 1947) Chefredakteur der jW. Der gebürtige Bremer verließ die Bundesrepublik in den 1960er Jahren und studierte Philosophie an der Berliner Humboldt-Universität, wo er bis 1989 als Inoffizieller Mitarbeiter (IM) „André Holzner“ Berichte für die Staatssicherheit verfaßte.[23] Nachdem seine Spitzeltätigkeit ans Tageslicht gekommen war, wurde er 1994 von der Universität entlassen. Beim ehemaligen Zentralorgan der FDJ mit offenen Armen empfangen, übernahm er die Gestaltung des Feuilletons, ehe er Holger Becker in der Funktion des Chefredakteurs beerbte.

---

19 Antideutsche: „Eine Sonderrolle im Spektrum auch des gewaltbereiten Linksextremismus nehmen Positionen ein, deren Ausgangspunkt die kompromißlose Ablehnung der Existenzberechtigung einer deutschen Nation und daraus resultierend der Kampf um die Abschaffung des deutschen Staates ist. Die Anhänger dieser Ideologie – die sogenannten Antideutschen – konnten sich in den letzten Jahren stärker positionieren und trugen zu einer deutlichen Polarisierung im linksextremistischen Gefüge bei. Der grundlegende Richtungsstreit trat im Zusammenhang mit dem israelisch-palästinensischen Konflikt und der Intervention der USA und ihrer Verbündeten im Irak wieder in den Vordergrund.“ Bundesministerium des Innern (Hrsg.), Verfassungsschutzbericht 2005, Berlin 2006, S. 144.

20 Vgl. Adrienne Braun, Wie aus einer Revolte in der „jungen Welt“ die neue Wochenzeitung „Jungle World“ wurde, in: Die Zeit 38/1997.

21 Die linke Wochenzeitung „Jungle World“ ist unmittelbar aus der Spaltung der jW-Redaktion hervorgegangen. Laut Verfassungsschutz ist sie dem linksextremistischen, antideutschen Spektrum zuzuordnen. Die Artikel sind im Vergleich zur „jungen Welt“ eher unorthodox und führen mitunter zu Diskussionen, da sie einige traditionell linke Positionen in Frage stellen.

22 Jana Hensel, Die schöne junge Welt der Stasiveteranen, in: Die Welt v. 31. März 2007.

23 Vgl. ebd.

Die innenpolitische Berichterstattung steht seit 2005 unter der Leitung von Peter Wolter (Jg. 1947), der als Offizier der Bundeswehr mehr als 15 Jahre für den Auslandsgeheimdienst der DDR tätig war. Er wuchs in Münster auf und absolvierte eine Ausbildung bei der Bundesmarine, bevor er in verschiedenen Presseagenturen als Nachrichtenredakteur arbeitete. An die Hauptverwaltung Aufklärung (HVA), die seinerzeit unter der Leitung von Markus Wolf stand, leitete er Dokumente des Bundesamtes für Verfassungsschutz sowie des Bundesministeriums für Verteidigung weiter.[24] Aufgrund seiner Geheimdiensttätigkeit verurteilte ihn das Düsseldorfer Oberlandesgericht 1994 zu einer Bewährungsstrafe. Neben seiner redaktionellen Arbeit für die jW verfaßt er heute Beiträge für die *Marxistischen Blätter*.[25]

Mit Rainer Rupp (Jg. 1945), Kommentator im Bereich Außenpolitik, gesellt sich ein weiterer Auslandsspion zu den Führungskräften der jW. Bereits während seines Volkswirtschaftsstudiums Ende der 1960er Jahre warb ihn die HVA für den Geheimdienst an. Rund zehn Jahre später arbeitete er in der politischen Abteilung des NATO-Wirtschaftsdirektorats in Brüssel. Von hieraus lieferte er unter dem Decknamen „Topas" Informationen über die Militärstrategien der NATO an den DDR-Auslandsgeheimdienst.[26] Als seine Agententätigkeit im Zuge der Wiedervereinigung ans Tageslicht gelangte, wurde er zu einer mehrjährigen Haftstrafe verurteilt. Es war Martin Walser, der den Bundespräsidenten 1998 anläßlich der Verleihung des Friedenspreises des Deutschen Buchhandels aufforderte, Rupp „um des Friedens Willen" zu begnadigen.[27] Nach seiner Freilassung im Juli 2000 engagierte sich der Ex-Spion als außen- und sicherheitspolitischer Berater für die Partei des Demokratischen Sozialismus (PDS), bevor er zum Stammautor der jW avancierte. Dort gibt er sich nach wie vor kämpferisch. Er begründet nicht nur seinen Austritt aus der PDS, da diese eine „von Grund auf bürgerliche Partei geworden ist", er berichtet auch über sein publizistisches Engagement, mit dem er den „Schleier lüften" will, der über „bestimmte Ereignisse und Ziele der Politik" geworfen werde.[28]

Zu den Jüngeren im Kader gehört Wera Richter (Jg. 1969). Die gelernte Gärtnerin stammt aus dem Ruhrgebiet und engagierte sich innerhalb der Sozialistischen Deutschen Arbeiterjugend (SDAJ) und der Deutschen Kommunistischen Partei (DKP), für deren Zeitung *Unsere Zeit* (UZ) sie als Redakteurin arbeitete.[29] Nachdem sie 1999/2000 bereits ein Praktikum bei der jW absolviert hatte, gehört sie seit November 2004 fest zur Redaktion und ist für das Ressort „Interviews" verantwortlich.

---

24 Vgl. Peter Wolter, Agentenromantik?, in: Klaus Eichner/Gotthold Schramm (Hrsg.), Kundschafter im Westen. Spitzenquellen der DDR-Aufklärung erinnern sich, 2. Aufl., Berlin 2003.

25 Vgl. u.a. Peter Wolter, Kriegspropaganda. Mutter aller Lügen, in: Marxistische Blätter 1/2004.

26 Vgl. Rainer Rupp, Damals war ich Aufklärer, heute kläre ich auf, in: Wochenendbeilage der jW v. 13. November 2004.

27 Börsenverein des Deutschen Buchhandels (Hrsg.), Friedenspreis des Deutschen Buchhandels 1998, Martin Walser. Ansprachen aus Anlaß der Verleihung, Frankfurt a.M. 1998.

28 Rupp (FN 26).

29 Rolf Priemer, Abschied von Wera, in: Unsere Zeit v. 5. November 2004.

Eine wichtige Rolle spielt auch Jürgen Elsässer (Jg. 1957), Buchautor und Publizist. An seiner Person wird deutlich, wie sich die *junge Welt* innerhalb des linken Spektrums konsequent an der Leninschen Imperialismustheorie orientiert, Israel als westliche Demokratie mit kapitalistischer Wirtschaftsordnung ablehnt und Sympathien für die radikalislamischen Gruppierungen Palästinas hegt. Nach seinem vorübergehenden Ausstieg 1997 verabschiedete er sich von „antideutschen" Positionen, die er nach seinem Comeback in der jW als „Kriegslügen von links" brandmarkte.[30] Inzwischen ist er auf dem national-sozialen Flügel der LINKEN neben Oskar Lafontaine angekommen und attakkiert die amerikanische Politik im Nahen Osten umso schärfer.[31] Seine jüngsten Publikationen, die innerhalb der linken Strömungen äußerst umstritten sind, treffen mitunter auch bei Rechtsextremisten auf Zustimmung, etwa bei Jürgen Gansel. Der sächsische NPD-Landtagsabgeordnete erkennt in Elsässers neuestem Buch[32] ideologische Parallelen und kommentiert diese als willkommene „Absage an Randgruppenkult, US-Hörigkeit und Israel-Tümelei".[33]

Die Zusammensetzung der Autorenschaft spricht für die fortdauernde Dominanz des antiimperialistischen Flügels um Geschäftsführer Dietmar Koschmieder. Kontinuität kennzeichnet allerdings nicht nur den Inhalt der Zeitung, sondern auch ihre prekäre wirtschaftliche Situation, die sich bis zur Gegenwart kaum verbessert hat. In regelmäßigen Abständen beklagen die Herausgeber den mangelnden finanziellen Spielraum. Mit entsprechenden Kampagnen, die bislang nur mäßigen Erfolg erzielten, sollen neue Abonnenten hinzugewonnen werden, um das Blatt vor dem endgültigen Bankrott zu bewahren.[34] Angesichts der schlechten Auflagenentwicklung droht längerfristig das Versinken in der Bedeutungslosigkeit. Laut Eigenangaben verfügt die *junge Welt* derzeit über 14.400 bezahlte Abonnements.[35] Sie kämpft damit weiter ums Überleben und geht einer ungewissen Zukunft entgegen.

2. Würdigung

Die jW gilt trotz anhaltender finanzieller Probleme als „bedeutendes Printmedium im linksextremistischen Bereich".[36] Ihre Autoren werden nicht müde, den Zusammenbruch des deutschen Sozialsystems zu beschwören, das Vorgehen der Staatsmacht gegen die linke Opposition zu geißeln oder die Unfähigkeit der bürgerlichen Parteien zu doku-

30 Jürgen Elsässer, Wie sie lernten, die Bombe zu lieben, in: jW v. 7. Dezember 2002.

31 Vgl. u.a. Jürgen Elsässer, Augen zu und Vollgas, in: jW v. 11. Oktober 2006; ders., Wer keine antiamerikanischen Reflexe hat, ist hirntot, in: Jungle World v. 17. Januar 2007.

32 Jürgen Elsässer, Angriff der Heuschrecken. Zerstörung der Nationen und globaler Krieg, Bonn 2007.

33 Jürgen Gansel, Querfront-Populismus droht die Linkspartei zu zerreißen, unter: http://www.npd.de/index.php?sek=0&pfad_id=7&cmsint_id=1&detail=772 (20. Februar 2008).

34 Vgl. u.a. Die Aktion. Warum gerade 3600?, in: jW v. 6. Januar 2007.

35 Mehr junge Welt, in: jW v. 26. Mai 2007.

36 Bundesministerium des Innern (Hrsg.), Verfassungsschutzbericht 2006, Berlin 2007, S. 149.

mentieren. Gegenüber der vermeintlichen Verschwörung zwischen Politik und Kapital gilt einzig die LINKE, wenn auch mit Abstrichen, als Alternative. Das enge, aber keinesfalls unproblematische Verhältnis zwischen der jW und der SED-Nachfolgepartei verkörpert besonders Ulla Jelpke. Die innenpolitische Sprecherin der „LINKEN", die zwischen 2002 und 2005 bereits in der Redaktion der Zeitung arbeitete, liefert bis heute regelmäßig Beiträge zum aktuellen politischen Geschehen.[37] In der Debatte um den Zusammenschluß zwischen Linke.PDS und WASG verfaßte sie gemeinsam mit anderen orthodoxen Vertretern wie Sahra Wagenknecht ein Positionspapier für die konsequente antikapitalistische Ausrichtung der neuen Partei.[38]

Die außenpolitische Berichterstattung der *jungen Welt* beherrschen Beiträge über die amerikanischen „Aggressoren" und den „Freiheitskampf" der Palästinenser.[39] Des Weiteren fällt die intensive Beschäftigung mit sozialistischen Staaten wie Kuba, Venezuela oder Nordkorea ins Auge.[40] Ihre politischen Systeme werden als Alternativen zu den europäischen Demokratien angepriesen, während Menschenrechtsverletzungen und wirtschaftliche Miseren völlig in den Hintergrund geraten.

Daneben bestimmt die Auseinandersetzung mit der deutschen Nachkriegsgeschichte nach wie vor das Selbstverständnis der Zeitung. Der Antifaschismus, als Gründungsmythos und Rechtfertigungsinstrument der SED-Führung über Jahrzehnte politisch instrumentalisiert, feiert in der jW seine Wiederauferstehung. Aller Widersprüche entledigt, hat er für die Postkommunisten nur wenig von seiner Anziehungskraft verloren. In ihren Händen ist er ein geeignetes Mittel, um das politische System der DDR gegenüber der „imperialistischen" Bundesrepublik zu legitimieren. In unzähligen Beiträgen über rechtsextremistische Straftaten, Kundgebungen oder Konzerte manifestieren die Autoren den Antifaschismus als unverzichtbaren gesellschaftlichen Grundkonsens. Ihre augenscheinlich zugespitzte Berichterstattung richtet sich besonders gegen Justiz und Verfassungsschutz, denen sie „milden Umgang mit Neonazis" bzw. „amtliche Verharmlosung" vorwerfen.[41] Im selben Atemzug verweisen sie auf „Repressalien" gegen bekennende Antifaschisten. Die Solidarisierung mit Michael Csaszkóczy, einem suspendierten Lehrer, der sich in der Öffentlichkeit für Militanz als „legitimes Mittel im

---

37 Vgl. u.a. Ulla Jelpke, Datenautobahn zur CIA, in: jW v. 12. März 2008; dies., Bleiberecht auf Probe, in: jW v. 7. März 2008; dies., Schäuble bleibt Offline, in: jW v. 28. Februar 2008.

38 Sahra Wagenknecht/Nele Hirsch/Ulla Jelpke/Sabine Lösing/Thies Gleiss/Tobias Pflüger, Nicht mitkungeln, sondern kämpfen, in: jW v. 28. April 2007.

39 Vgl. u.a. Elsa Rassbach, Globale Mobilmachung, in: jW v. 17. März 2008; Peter Wolter, Kuba hat keine Illusionen über künftige US-Politik, in: jW v. 14. März 2008; Rainer Rupp, Israel mobilisiert gegen Araber in Ostjerusalem, in: jW v. 10. März 2008; Alexander Reich, Himmel und Hölle, in: jW v. 16. Februar 2008.

40 Vgl. u.a. Harald Neuber, Amok gegen Caracas, in: jW v. 17. März 2008; Ignacio Ramonet, Kuba ist nicht allein, in: jW v. 12. März 2008; Maxim Graubner/Harald Neuber, Revolutionäre Reformisten, in: jW v. 12. März 2008; Rainer Werning, Sonnenschein und Raketen, in: jW v. 7. September 2006.

41 Ulla Jelpke, Amtliche Verharmlosung, in: Beilage der jW v. 5. Juli 2006.

Kampf um die Befreiung" aussprach, verdeutlicht diesen Umstand.[42] Im Interview mit der jW bewertet er seine Entlassung als „Ermunterung für die rechte Szene" und „einen Schlag ins Gesicht" für diejenigen, „für die Antifaschismus mehr als eine wohlfeile Floskel ist".[43]

Obwohl der Rechtsextremismus für die antifaschistische Identität der jW eine herausragende Bedeutung besitzt, fällt den Autoren die Abgrenzung gegenüber seinen Protagonisten nicht immer leicht. Besonders die neuen Strategien der NPD bereiten ihnen Probleme. Seitdem die Partei verstärkt traditionell linke Themen, wie den Abbau von Sozialleistungen oder die amerikanische Außenpolitik aufgreift, bestehen zahlreiche Berührungspunkte zwischen den politischen Gegenspielern. Steffen Dittes, ehemaliger Thüringer Landtagsabgeordneter, der selbst für die PDS nicht mehr tragbar war, als er im Oktober 2001 eine Demonstration unter dem Titel „Es gibt tausend Gründe, Deutschland zu hassen" anmeldete, berichtet in der jW über entsprechende Gegenstrategien. Er fordert die klare „Isolierung" der Rechtsextremen und moniert die Situation der Antifaschisten, denen „immer unterstellt wird, sie beabsichtigen die Störung einer Versammlung, während Neofaschisten bei sozialen Protesten eine Inhaltsidentität in den Forderungen zugeschrieben wird".[44] Dementsprechend erweise es sich als schwierig, die ungebetenen Gäste von „Versammlungen mit einem nicht eindeutig antifaschistischen Inhalt" fernzuhalten.[45]

Neben ausführlichen Berichten zum Rechtsextremismus prägen vorwiegend historische Beiträge das antifaschistische Leitbild der jW. Die Geschichte des Nationalsozialismus und das mit ihm verbundene, fest im kollektiven Gedächtnis verankerte Unrecht bieten reichlich Gelegenheit, althergebrachte Mythen politisch zu instrumentalisieren. Mit inständigem Pathos berichten die Autoren vom Kampf der internationalen Brigaden im Spanischen Bürgerkrieg.[46] Sie hätten sich zwischen 1936 und 1939 aufopferungsvoll für ein demokratisches Europa eingesetzt. Das „fortwirkende Vermächtnis der Spanienkämpfer und dessen Bedeutung für die heutigen Kämpfe für Freiheit, Demokratie und Menschenrechte" wird in den Beiträgen immer wieder hervorgehoben.[47] Ehemalige Teilnehmer geben ausführliche Interviews, in denen sie den „Verrat" der westlichen Demokratien anprangern und die Rolle der antifaschistischen „Einheitsfront" hervorheben.[48] Sie berücksichtigen weder die Machtinteressen der kommunistischen Führung

42 Interview mit Michael Csaszkóczy, Ohne Solidarität hätte ich das nicht durchgestanden, in: Beilage der jW v. 5. Juli 2006.

43 Ebd.

44 Gespräch mit Martina Renner und Steffen Dittes, Nichtbeachten ist keine Antwort, in: Beilage der jW v. 5. Juli 2006.

45 Ebd.

46 Vgl. u.a. Karla Popp, Endlich die Fäuste aus der Tasche, in: jW v. 27. Januar 2001; Peter Rau, An der Spitze der legendären Elften, in: jW v. 28. Juli 2001; ders., Das Wunder von Madrid, in: jW v. 4. November 2006.

47 Peter Rau, No pasarán – pasaremos!, in: jW v. 4. Oktober 2006.

48 Julia Weber, Ein einmaliges Beispiel der Internationalen Solidarität, in: jW v. 30. September 2006.

noch die Säuberungen in den eigenen Reihen oder die frühzeitige Desillusionierung der Freiwilligen. Die Legende vom „antifaschistischen Freiheitskampf" dominiert.

Auch den kommunistischen Widerstandskämpfern wird in der jW reichlich Aufmerksamkeit geschenkt. Die geglätteten Biographien der KPD-Säulenheiligen werden aus den Schulbüchern der DDR kritiklos übernommen. Ernst Thälmann, der die Vertreter eines antistalinistischen Kurses aus der Partei drängte, steht im Zentrum eines ungebrochenen antifaschistischen Heldenkultes.[49] Die Genossen ehren „sein Bemühen um die Schaffung der Aktionseinheit gegen den Faschismus", nicht ohne fortwährend auf deren Bedeutung für die Gegenwart hinzuweisen.[50] „Angesichts des immer stärker werdenden Demokratie- und Sozialabbaus" in Deutschland soll Thälmanns Erbe „Mahnung und Verpflichtung" zum „politischen Kampf" sein.[51] Die Beiträge verdeutlichen allesamt den Versuch, die fehlende demokratische Legitimität des Kommunismus aus der Geschichte des antifaschistischen Widerstandes abzuleiten. Dabei geht es weder um historische Vollständigkeit noch um die kritische Auseinandersetzung mit der Vergangenheit.

Im Umgang mit dem Thema „Staatssicherheit" beweisen die Autoren ebensowenig Fingerspitzengefühl. Der unrühmlichen Geschichte des Überwachungs- und Unterdrükkungsapparates wollen sie den bislang versagten nostalgischen Glanz verleihen. Besonders ehemalige MfS-Offiziere forcieren das Unterfangen und greifen zur Feder. Innerhalb eines gut organisierten Netzwerkes aus Vereinen und Verlagen bietet ihnen die jW das geeignete Podium, um gegen die kritische Aufarbeitung der jüngsten deutschen Vergangenheit zu polemisieren. „Angeklagte erheben ihre Stimme" heißt es in der Ausgabe vom 13. November 2006. Die Rezension huldigt einem Buch, das sich in apologetischem Duktus mit der Staatssicherheit auseinandersetzt. Das 80 Seiten umfassende Pamphlet *Die Wahrheit über das MfS* beinhaltet neben kürzeren Beiträgen einstiger Offiziere ein ausführliches Interview mit Gerhard Neiber, dem ehemaligen stellvertretenden Minister für Staatssicherheit, sowie Willi Opitz, dem ehemaligen Rektor der Juristischen Hochschule Potsdam.[52] Im Gespräch mit Redakteuren der *Roten Fahne*, Zeitung der Marxistisch-Leninistischen Partei Deutschlands (MLPD), kritisieren sie die Arbeitsweise der Birthler-Behörde, die „auftragsmäßig nicht müde" werde, „das MfS und dessen IM zu kriminalisieren".[53] Ähnlich beurteilt Werner Großmann die Situation. Der letzte Chef der Hauptverwaltung Aufklärung des Auslandsgeheimdienstes der DDR (HVA) klagt über „Halb- und Unwahrheiten", die bis heute „zu gesellschaftlicher und sozialer Diskriminierung von Bürgern" führen würden.[54] Gotthold Schramm, ehemali-

49 Vgl. u.a. Arnold Schölzel, Nicht wieder zu lange warten, in: jW v. 11. Februar 2008; Harald Mühle, Vom Widerstand Thälmanns lernen, in: jW v. 10. April 2006; Florian Hauptmann, Gedenken an Ernst Thälmann, in: jW v. 6. Februar 2006.

50 Auszüge aus einer Rede von Kurt Andrä, Es ging und geht um Aktionseinheit, in: jW v. 19. April 2007.

51 Ebd.

52 Rote Fahne (Hrsg.), Die Wahrheit über das MfS. Interview und weitere Beiträge, Berlin 2006.

53 Bruni Steiniger, Angeklagte erheben ihre Stimme, in: jW v. 13. November 2006.

54 Werner Großmann, Politische Willkür, in: jW v. 12. Juli 2005.

ger HVA-Abteilungsleiter, spricht von dem Versuch, „Schülerinnen und Schüler schon im frühsten Alter mit Horrorgeschichten, Verdrehungen und Aufbauschungen zu indoktrinieren.“[55]

Selbst Peter Michael Diestel, der nach seinem kurzen Auftritt auf der politischen Bühne für mehrere hauptamtliche Mitarbeiter der Staatssicherheit als Anwalt in Erscheinung trat, meldet sich in der jW zu Wort. Ginge es nach ihm, würde „die ganze unsinnige Rechtspraxis der sogenannten Aufarbeitung“ eingestellt, da man „die Geschichte der DDR nicht am Thema Stasi festmachen“ könne.[56] Schließlich bekäme man heute „nur noch diejenigen, die die Staatssicherheit nicht geschützt hat“, im Klartext, die nicht an den entscheidenden Machthebeln saßen.[57] Daß seine Empörung über die gescheiterte Strafverfolgung keineswegs ernstzunehmen ist, verdeutlicht sein Engagement für ein Buch ehemaliger Generäle und Offiziere der Staatssicherheit, dem er ein wohlwollendes Vorwort beisteuerte. Nahezu die gesamte Führungsriege des MfS hat sich für das zweibändige Opus mit dem Titel *Die Sicherheit - Zur Abwehrarbeit des MfS* zusammengefunden.[58] Laut jW-Redakteur Peter Rau würden die darin geschilderten „Vorgänge und Fakten“ im Gegensatz zu den heute üblichen Bestsellern mit (den) dem MfS angedichteten Verbrechen“ immerhin „auf Tatsachen beruhen“.[59]

Neben der Birthler-Behörde ist den Autoren der jW besonders die Gedenkstätte in Berlin-Hohenschönhausen ein Dorn im Auge. Der Gebäudekomplex der ehemaligen MfS-Untersuchungshaftanstalt gilt aufgrund seiner geographischen Lage in der Bundeshauptstadt als zentraler Erinnerungsort für die Opfer der SED-Diktatur. Peter Wolter rezensiert für das Blatt eine Broschüre, die mit dem Gedenkstellenleiter Hubertus Knabe abgerechnet. Unter dem Titel *Das Gruselkabinett des Dr. Hubertus Knabe* beweise der Verfasser in überzeugender Art und Weise, „wie Knabe und Co. die Besucher und die Öffentlichkeit mit ihren Geschichtsmanipulationen belügen“ würden.[60] Überhaupt seien die meisten Anschuldigungen gegen das MfS völlig aus der Luft gegriffen, „um der Bevölkerung ein für allemal jeden Gedanken an sozialistische Alternativen auszutreiben“.[61] Ihren Höhepunkt erreichte die Auseinandersetzung um die Gedenkstätte im März 2006, als ehemalige MfS-Offiziere eine Informationsveranstaltung störten und politische Häftlinge verhöhnten. Der Eklat sorgte bundesweit für Aufsehen, denn die Situation war insofern neu, als nie zuvor die Unterdrückung durch die Staatsicherheit derart massiv in Frage gestellt wurde. In der jW kommentierte Gotthold Schramm: „Die Behauptungen der Gedenkstätte, diese Haftanstalt habe sich durch Folter, Erpres-

55 Gotthold Schramm, Gehirn waschen, bitte, in: jW v. 5. Oktober 2005.

56 Interview mit Peter-Michael Diestel, Die unsinnige Aufarbeitung muß eingestellt werden, in: jW v. 2. November 2006.

57 Ebd.

58 Vgl. Reinhard Grimmer/Werner Irmler/Willi Opitz/Wolfgang Schwanitz (Hrsg.), Die Sicherheit. Zur Abwehrarbeit des MfS, 2 Bde., Berlin 2002.

59 Peter Rau, Tatsachenberichte aus der Normannenstraße, in: jW v. 22. Oktober 2002.

60 Peter Wolter, Kopflanger, Schwindler oder Flachpfeife?, in: jW v. 29. August 2005.

61 Ebd.

sung und Demütigung ausgezeichnet, sind durch nichts zu beweisen."[62] Auch das Auftreten der Genossen hat er entgegen sämtlichen Presseberichten anders in Erinnerung. Es wäre vielen Diskussionsteilnehmern nur „um die historische Wahrheit und nicht um die Rechtfertigung ihres früheren Tuns gegangen".[63] Demgegenüber verweist er auf das „aggressive und primitive Auftreten einiger Teilnehmer", die „offensichtlich zum Kreis von Herrn Knabe" gehörten.[64]

Wenige Tage später erschien eine Stellungnahme der „Gesellschaft zur rechtlichen und humanitären Unterstützung" (GRH), die sich in ihrer Rolle als „Sozialverein" durch die Gedenkstättendebatte angegriffen fühlte. Ihr Vorsitzender Hans Bauer spielt den Vorfall herunter und betont zugleich die Bereitschaft zur „fairen, kritischen, ehrlichen und sachlichen Diskussion über die Geschichte und Verantwortung beider deutscher Staaten während des Kalten Krieges und über Wege zur wirklichen Einheit".[65] Als im Juli 2006 auf dem Gelände der Gedenkstätte Informationstafeln aufgestellt wurden, meldete er sich erneut zu Wort. Um einen Eklat zu verhindern, hatte die Gedenkstättenleitung darauf verzichtet, den Termin an die große Glocke zu hängen. Bauer behauptete, der „Widerspruch aus der Bevölkerung" hätte Anlaß dazu gegeben, „halblegale Methoden zu nutzen und die Tafeln unter Ausschluß der Öffentlichkeit auszustellen".[66] Der „Rummel um die Gedenkstätte" könne ohnehin „nur als Hetze und antikommunistische Propaganda begriffen" werden, und man müßte den Eindruck gewinnen, für „diese Leute" sei „der kalte Krieg noch nicht zu Ende".[67] Die Aussagen sind exemplarisch für den Versuch, die Geschichte der Staatssicherheit unter dem Vorwurf der „Siegerjustiz" in ein besseres Licht zu rücken.

Das dogmatische Selbstverständnis der jW äußert sich ebenso in der Bewertung der Wiedervereinigung. Der unerwartete Zusammenbruch der Parteidiktatur hatte durchaus vielfältige Gründe. Unzählige Forschungsarbeiten belegen die komplexen innen- und außenpolitischen Konstellationen, die 1989/90 eine Rückkehr zur „europäischen Normalität" ermöglichten. Von den Autoren der jW werden die Zusammenhänge auf eine Verschwörungstheorie reduziert. Mit der 19-teiligen Serie „Epochenumbruch", beginnend im Oktober 2004, unternahm die Zeitung einen Rückblick auf die Ereignisse des Jahres 1989. Über mehrere Monate beschäftigen sich verschiedene Autoren mit den Ursachen und Folgen der deutschen Wiedervereinigung. Laut Redaktion ging es dabei weniger um „die Rekonstruktion der dramatischen Ereignisse jener Endzeit der DDR".[68] Vielmehr hätten die Autoren den Versuch unternommen, „die Vorgänge von damals zu analysieren und zu bewerten", um so „einen Beitrag zur historischen Analyse der Ursa-

62 Interview mit Gotthold Schramm, Die Grünen waren wohl auf einer anderen Veranstaltung, in: jW v. 23. März 2006.
63 Ebd.
64 Ebd.
65 Hans Bauer, Zur Debatte um die Gedenkstätte Hohenschönhausen, in: jW v. 29. März 2006.
66 Wera Richter, Lügen werden nicht durch Wiederholen zur Wahrheit, in: jW v. 22. Juli 2006.
67 Ebd.
68 Uwe-Jens Heuer, Friedliche Revolution?, in: jW v. 18. Oktober 2004.

chen und Bedingungen, der Triebkräfte und Akteure der Niederlage des ersten Sozialismusversuchs auf deutschem Boden zu leisten".[69] Was auf den ersten Blick wie ein kritischer Beitrag zur Geschichtsaufarbeitung anmutet, entpuppt sich als Verschleierung historischer Tatsachen.

Der Artikel „Preisgegeben zum Abschuß", in dem Eberhard Czichon und Heinz Marohn der Frage nachgehen, „warum die Konterrevolution siegen konnte", ist beispielhaft für die fragwürdige Aufarbeitungspraxis der Genossen.[70] Schließlich gebe es „keine Veranlassung zu der Annahme, daß sich in der DDR unlösbare Widersprüche herausgebildet hatten, die zu ihrem Zusammenbruch geführt haben".[71] Stattdessen wird der Leser darüber informiert, wie sich unter Gorbatschow Ende der 1980er Jahre „die alte Anti-DDR-Fronde formierte", die im Anschluß schrittweise die „Konterrevolution" einleitete und den sowjetischen Kommandanten in der DDR schließlich den Befehl erteilte, nicht einzugreifen.[72] Gegen den Reformflügel innerhalb der SED erheben sie schwere Vorwürfe: Die „Gorbatschowisten um Gregor Gysi, André Brie und Dieter Klein" hätten einen „Parteiputsch" organisiert, „um die SED auszuschalten".[73]

Selbst der Imperialismusbegriff erlebt in der jW eine ungeahnte Renaissance. Viele Autoren verwenden ihn, um die deutsche Einheit und ihre Folgen im Sinne des Marxismus-Leninismus zu deuten und das wiedervereinigte Deutschland in die Tradition einer expansiven nationalistischen Großmacht zu stellen. Nicht ohne Grund ist ebenso häufig von „Chauvinismus" oder „Expansionsdrang" die Rede – Begriffe, mit denen Historiker üblicherweise die Zeit zwischen 1875 und 1918 charakterisieren. Nach Auffassung von Chefredakteur Arnold Schölzel wären „die Vorgänge in der DDR Ende 1989/1990" freilich „kein neues 1933" gewesen, hätten aber gleichzeitig „den Weg zu einer neuen, alten Position des deutschen Imperialismus" geebnet.[74] Zugleich kritisiert er die Haltung der antideutschen Linken, die den aggressiven, nationalistischen Charakter der Bundesrepublik weniger an ökonomischen als an mentalen Ursachen festmachen. Deshalb lautet sein Fazit: „Die antideutsche Richtung entwertet den Antifaschismus zu einer leeren Phrase, indem sie ihn konsequent von jedem Antiimperialismus trennt. Ohne Imperialismuskritik gibt es keinen Antifaschismus."[75]

Die Autoren beschränken ihre Argumentation auf ökonomische Aspekte, ohne demokratische oder rechtsstaatliche Gesichtspunkte in Betracht zu ziehen. Sie interpretieren den Zusammenbruch der DDR als vorläufigen Sieg eines aggressiven Kapitalismus, den es mit allen zur Verfügung stehenden Mitteln zu bekämpfen gilt. Uwe Jens Heuer, ehemaliger SED-Staatsrechtler und Bundestagsabgeordneter der PDS, setzt sich in der

---

69 Ebd.

70 Eberhard Czichon/Heinz Marohn, Preisgegeben zum Abschuß, in: jW v. 9. November 2004.

71 Ebd.

72 Ebd.

73 Ebd.

74 Arnold Schölzel, Präventiver Antikommunismus, in: jW v. 19. März 2005.

75 Ebd.

jW ausführlich mit den Konsequenzen der Ereignisse auseinander. Er reduziert die komplexen politischen und wirtschaftlichen Veränderungen im Wesentlichen auf die Übernahme der freien Marktwirtschaft, die er als „kapitalistische Restauration“ und „vorläufigen Triumph des US-amerikanischen Imperialismus“ interpretiert.[76] Stammautor Werner Röhr beschreibt in seinem Artikel die Entwicklung der „erweiterten Bundesrepublik“, die zur „1945 ausgebremsten »Normalität« einer europäischen Großmacht“ zurückkehrte und deren „Verteidigungsdoktrin“ es vorsehe, „das Expansionsstreben des Großkapitals an jedem Punkt der Erde militärisch abzusichern“.[77] Sein Versuch, Parallelen zwischen der Bundesrepublik und dem Dritten Reich zu konstruieren, gipfelt in dem Vergleich zwischen Treuhandanstalt und Haupttreuhandstelle Ost, die den Nationalsozialisten dazu diente, ihre Beutezüge im besetzten Polen zu koordinieren.[78]

Nahezu alle außenpolitischen Vorgänge werden in der jW gemäß diesem Deutungsmuster interpretiert. Als deutsche Truppen nach den gescheiterten Friedensgesprächen von Rambouillet gemeinsam mit anderen NATO-Streitkräften im Kosovo intervenierten, um die ethnischen Säuberungen durch serbische Milizen zu beenden, berichtete die jW von einem „Plan zur Unterwerfung der südslawischen Völker durch die Forcierung eines großalbanischen Projekts“.[79] Die Behauptung, es wäre die Aufgabe der Bundeswehr gewesen, die „von Mussolini und der deutschen Wehrmacht“ entworfene Zielsetzung zu realisieren, diente augenscheinlich dem Versuch, Parallelen zwischen Nationalsozialismus und Bundesrepublik zu konstruieren.[80] Aus heutiger Sicht bewertet Werner Pirker den Konflikt. Mit den vielfältigen historischen und religiösen Befindlichkeiten auf dem Balkan setzt auch er sich nicht auseinander. Für ihn war der „NATO-Überfall auf Jugoslawien“ ein einziges Verbrechen.[81] Was 1999 „in Verfolgung deutscher Großmachtinteressen“ begonnen hätte, würde in der Gegenwart „unter EU-Flagge sein unrühmliches Finale“ finden: „Serbien wird in die Knie gezwungen“.[82] Es geht dem Autor allein darum, die deutsche Beteiligung am Kampf gegen das postkommunistische Serbien als Ausdruck eines neuen deutschen Imperialismus zu deuten. Die Bundesrepublik avanciert dabei zu einem reaktionären Nationalstaat mit modernen Zügen.

Fazit: Fast zwei Jahrzehnte nach dem Untergang des „real existierenden Sozialismus“ ist die jW ein augenfälliger Beweis für die fortwährende Existenz orthodoxer kommunistischer Positionen. Die bekennende sozialistische Tageszeitung bleibt der Ideologie des Marxismus-Leninismus nach wie vor verpflichtet. Ihr Dreh- und Angelpunkt ist die deutsche Nachkriegsgeschichte, deren Aufarbeitung mit einer Vielzahl hi-

76 Heuer (FN 68).
77 Werner Röhr, Die Zurichtung der DDR zur Anschlußzone, in: jW v. 4. Oktober 2005.
78 Ebd.
79 Werner Pirker, Kosovo. Auf alten Kriegspfaden, in: jW v. 27. Februar 1999.
80 Ebd.
81 Werner Pirker, Das Finale, in: jW v. 30. März 2007.
82 Ebd.

storischer Legenden, Fehlinterpretationen und Verschwörungstheorien einhergeht. Dabei häufen sich Beiträge ehemaliger MfS-Funktionäre, ein Umstand, der die jW von anderen linksorientierten Tageszeitungen unterscheidet. Die homogene Zusammensetzung des Autorenkreises macht sich sowohl inhaltlich als auch sprachlich bemerkbar. Das dogmatische Geschichtsbild der Zeitung, das im Wesentlichen auf die Rehabilitierung der zweiten deutschen Diktatur zielt, wird nicht selten im althergebrachten Duktus der SED-Propagandisten an den Leser gebracht. Damit ist die traditionsreiche Tageszeitung ein Paradebeispiel für linksextremistische Tendenzgeschichtsschreibung.

3. Literatur

Trotz des anhaltenden Interesses für die Geschichte der DDR und den Prozeß der deutschen Wiedervereinigung existiert bislang keine Studie zur jW. Das Blatt, das – wie erwähnt – gegen Ende der 1980er Jahre die höchste Auflage aller DDR-Zeitungen hatte und selbst im ungeliebten kapitalistischen System erstaunliches Durchhaltevermögen bewies, rief das Interesse der Historiker und Politikwissenschaftler bislang nicht hervor.

Lediglich eine kommunikationswissenschaftliche Studie aus dem Jahre 1997 greift das Thema auf. Arne Kapitza beschäftigt sich mit dem politischen Umbruch und seinen Folgen für die ostdeutschen Presseerzeugnisse.[83] Artikel der *Berliner Zeitung*, des *Freitag* sowie der jW werden unter diesen Gesichtspunkten systematisch erfaßt, lassen allerdings nur wenige Aussagen über das Selbstverständnis der Autorenschaft zu. Während die personelle und wirtschaftliche Entwicklung der Zeitungen für die Jahre 1990 bis 1995 ausführlich beleuchtet wird, findet sich im letzten Kapitel nur ein kurzer Abschnitt zur Vergangenheitsbewältigung.

Demgegenüber widmen sich zahlreiche Publikationen der SED-Nachfolgepartei und ihrem politischen Umfeld.[84] Der Fokus richtet sich dabei vorrangig auf Organisationsstrukturen, Finanzierungsquellen und Programmatiken. Schneidende Kritik an der Vergangenheitsbewältigung der Genossen übt besonders der von Rainer Eckert und Bernd Faulenbach herausgegebene Sammelband *Halbherziger Revisionismus*, in dem renommierte Autoren das postkommunistische Geschichtsbild in seinen Facetten analysieren.[85] Die von ihnen beschriebenen Argumentationsstrategien und Themenfelder rund

83 Vgl. Kapitza (FN 6).

84 Vgl. u.a. Patrick Moreau/Jürgen P. Lang, Linksextremismus. Eine unterschätzte Gefahr, Bonn 1996; Gero Neugebauer/Richard Stöss, Die PDS. Geschichte, Organisation, Wähler, Konkurrenten, Opladen 1996; Christian von Ditfurth, Ostalgie oder linke Alternative. Meine Reise durch die PDS, Köln 1998; Viola Neu, Das Janusgesicht der PDS. Wähler und Partei zwischen Demokratie und Extremismus, Baden-Baden 2004; Eckhard Jesse/Jürgen P. Lang, Die LINKE. Der smarte Extremismus einer deutschen Partei, München 2008.

85 Rainer Eckert/Bernd Faulenbach (Hrsg.), Halbherziger Revisionismus. Zum postkommunistischen Geschichtsbild, München 1996.

um die SED-Nachfolgepartei spielen auch für die jW eine signifikante Rolle. Jedoch wird die Zeitung in den Beiträgen nicht eigens erwähnt.

Angesichts der zunehmenden publizistischen Aktivitäten ehemaliger MfS-Funktionäre beschäftigt sich auch Hubertus Knabe, Leiter der Gedenkstätte Berlin-Hohenschönhausen, mit linksextremistischer Tendenzgeschichtsschreibung. In seinem Buch *Die Täter sind unter uns* warnt der Historiker vor der schleichenden Verklärung der SED-Diktatur. Er analysiert die Aktivitäten eines organisierten Netzwerkes „befreundeter Organisationen, Vereine und Medien“, die einen „heuchlerischen Geschichtsrevisionismus“[86] predigen. Nicht wenige jener Protagonisten, die Knabe vorstellt, sind als Autoren der jW in Erscheinung getreten. Damit verdeutlicht der Autor die Notwendigkeit, sich weiterhin mit den Beiträgen der Zeitung auseinanderzusetzen.

86 Hubertus Knabe, Die Täter sind unter uns. Über das Schönfärben der SED-Diktatur, Berlin 2007, S. 286.

Literatur

Literaturbericht:

Dreißig Jahre nach dem sogenannten „deutschen Herbst“

Von Eckhard Jesse

Butz Peters, Tödlicher Irrtum. Die Geschichte der RAF, Neuausgabe, Frankfurt a.M. 2007 (*Fischer Taschenbuch Verlag*), 863 S.

Willi Winkler, Die Geschichte der RAF, Berlin 2007 (*Rowohlt-Berlin Verlag*), 528 S.

Sven Felix Kellerhoff, Was stimmt? RAF. Die wichtigsten Antworten, Freiberg im Brsg. 2007 (*Herder*), 128 S.

Martin Knobbe/Stefan Schmitz, Terrorjahr 1977. Wie die RAF Deutschland veränderte, München 2007 (*Knaur*), 208 S.

Jan Bulig, Von der Provokation zur „Propaganda der Tat“. Die „Antiautoritäre Bewegung“ und die Rote Armee Fraktion (RAF), Bonn 2007 (*Bouvier*), 229 S.

Sonja Glaab (Hrsg.), Medien und Terrorismus. Auf den Spuren einer symbiotischen Beziehung, Berlin 2007 (*Berliner Wissenschafts-Verlag*), 206 S.

Tanja Kristin Deiß, Herausforderung Terrorismus. Wie Deutschland auf den RAF- und Al Qaida-Terrorismus reagierte, Marburg 2007 (*Tectum Verlag*), 163 S.

Mario Petri, Terrorismus und Staat. Versuch einer Definition des Terrorismusphänomens und Analyse zur Existenz einer strategischen Konzeption staatlicher Gegenmaßnahmen am Beispiel der Roten Armee Fraktion in der Bundesrepublik Deutschland, München 2007 (*Martin Meidenbauer Verlagsbuchhandlung*), 388 S.

Ulf G. Stuberger, Die Tage von Stammheim. Als Augenzeuge beim RAF-Prozeß München 2007 (*Herbig*), 317 S.

Klaus Stern/Jörg Herrmann, Andreas Baader. Das Leben eines Staatsfeindes, München 2007 (*Deutscher Taschenbuch Verlag*), 360 S.

Jutta Ditfurth, Ulrike Meinhof. Die Biographie, Berlin 2007 (*Ullstein*), 479 S.

Karl-Heinz Dellwo, Das Projektil sind wir. Der Aufbruch einer Generation, die RAF und die Kritik der Waffen. Gespräche mit Tina Petersen und Christoph Twickel, Hamburg 2007 (*Edition Nautilus*), 223 S.

Angelika Holderberg (Hrsg.), Nach dem bewaffneten Kampf. Ehemalige Mitglieder der RAF und Bewegung 2. Juni sprechen mit Therapeuten über ihre Vergangenheit. Mit einem Vorwort von David Becker, Gießen 2007 (*Psychosozial-Verlag*), 216 S.

Anne Siemens, Für die RAF war er das System, für mich der Vater. Die andere Geschichte des deutschen Terrorismus, München 2007 (*Piper Verlag*), 287 S.

1. Einführende Bemerkungen

Der Terrorismus stellt eine spezifische Form des politischen Extremismus dar. Alle Extremismen lehnen den freiheitlichen Verfassungsstaat ab. Durch die systematische Anwendung von politisch motivierter Gewalt, z.B. auf ausgewählte Repräsentanten des „Systems“ oder auf völlig Unbeteiligte, soll die „herrschende Schicht“ verunsichert und die „unterdrückte Klasse“ bzw. die „unterdrückte Ethnie“ mobilisiert werden – z.B. dadurch, daß der Staat demoralisiert wird oder mit seinen Abwehrmechanismen überreagiert und Schwäche zeigt. Der Terrorismus, der seine Gewalttaten nicht als Selbstzweck, sondern als Mittel zum politischen Zweck betrachtet, ist ein Ausdruck der Isolation von Minderheiten, die nicht an der Macht sind. Im Gegensatz zur Guerilla wohnt der Gewalt wesentlich eine kommunikative Funktion inne, keine militärische. Manche Forscher betonen stärker den kommunikativen Aspekt, manche mehr die Durchsetzung der politischen Ziele.[1] „Den“ Terrorismus gibt es nicht. Vier Erscheinungsformen lassen sich nach der jeweiligen Zielrichtung voneinander unterscheiden: den rechtsextremen, den ethnischen, den religiös-fundamentalistisch orientierten und den sozialrevolutionären Terrorismus.

Der rechtsextremistische Terrorismus spielte, anders als nach dem Ersten Weltkrieg, nach 1945 keine große Rolle. Zuweilen machten Kleingruppen oder Einzeltäter, z.B. durch Bomben in Zügen, von sich reden (etwa in Italien). In der Bundesrepublik war dies nicht anders. Ende der siebziger, Anfang der achtziger Jahre gab es einige terroristische Anschläge von rechtsextremistischen Gruppierungen, die schnell aufgelöst wurden. Die bekannteste Zelle war die „befreiungsnationalistische“ Kleingruppe um Odfried Hepp und Walter Kexel. Sie kennzeichnete ein hohes Maß an konspirativem Vorgehen. Den fremdenfeindlichen Ausschreitungen fehlt es an Planungsintensität und Systematik, als daß sie als Terrorismus im engeren Sinne bezeichnet werden können.

Der ethnische Terrorismus wird propagiert von Minderheiten innerhalb eines Landes, die ein eigenes staatliches Gebilde anstreben, also Sezessionismus propagieren. Die bedeutendsten Strömungen in Europa sind die katholische „Irish Republican Army“ (IRA), die die Zugehörigkeit Nordirlands zu Großbritannien bekämpft, statt dessen den Anschluß an Irland propagiert, und die baskische „Euskadi Ta Azkatasuna“ (ETA), die die Abtrennung des Baskenlandes von Spanien anstrebt. Beide Strömungen scheinen die Dynamik früherer Jahre eingebüßt zu haben. Die IRA hat ihren Kampf sogar eingestellt.

Der religiös-fundamentalistische Terrorismus wird von Heilsversprechungen und Missionseifer getragen. Vor allem der Islamismus bringt Selbstmordattentäter hervor, die als „Gotteskrieger“ im „heiligen Krieg“ gegen Andersgläubige zu Felde ziehen. Das bekannteste und weltweit operierende Terrornetzwerk „Al Qaida“ mit Osama Bin Laden an der Spitze ist für eine Vielzahl terroristischer Aktionen verantwortlich, darunter auf das World Trade Center am 11. September 2001. Die vor allem gegen Israel gerichteten Organisationen wie Hamas (vornehmliches Operationsgebiet: Palästina) und Hisbollah (vornehmliches Operationsgebiet: Libanon) zeichnen sich ebenfalls durch islamistischen Fundamentalismus aus. Mit Guido Steinberg bedarf es beim islamistischen Terrorismus der Differenzierung: Der regionale Terrorismus bekämpft den „nahen Feind“, der transnationale auch den „fernen Feind“.[2] Diese nicht auf ein Gebiet beschränkte Variante ist wegen ihrer Schrankenlosigkeit die gefährlichste – auch deshalb, weil sie von bestimmten Staaten wie Syrien und Iran mehr oder weniger (ideelle, logi-

1 Vgl. Bruce Hoffmann, Terrorismus – der unerklärte Krieg, Frankfurt a.M. 2001; Peter Waldmann, Terrorismus. Provokation der Macht, München 1998.

2 Vgl. Guido Steinberg, Der nahe und der ferne Feind. Die Netzwerke des islamistischen Terrorismus, München 2005.

stische und materielle) Unterstützung erfährt. Der „Westen" ist das Feindbild schlechthin. In Deutschland gibt es bisher keinen religiös-fundamentalistisch inspirierten Terrorismus, wohl aber zahlreiche gewaltorientierte Islamisten. Ihnen dient das Land als Rückzugsraum und Planungsraum für Anschläge.

Der sozialrevolutionäre Terrorismus will dem „Klassenstaat" den Kampf ansagen. Von neo-marxistischen Denkmustern inspiriert, such(t)en Gruppierungen Zuflucht im bewaffneten Kampf. Die Hoffnung, die Masse der als unterdrückt geltenden „Proletarier" werde dadurch aufgerüttelt, ging nicht auf. Diese Form des Terrorismus spielte vor allem in den siebziger und achtziger Jahren des letzten Jahrhunderts eine Rolle – etwa in Frankreich („Action directe") und in Italien („Brigate Rosse"). Nach dem nahezu weltweiten Zusammenbruch des Kommunismus besteht Terrorismus dieser Art vereinzelt noch in Lateinamerika. In Deutschland begann 1970, als ein Spaltprodukt der Studentenbewegung, der Aufbau einer „Roten Armee Fraktion" (RAF), deren führende Köpfe (u.a. Andreas Baader, Gudrun Ensslin, Horst Mahler und Ulrike Meinhof) bald gefaßt wurden. Es gab ferner eine „Bewegung 2. Juni" und zahlreiche „revolutionäre Zellen". Der Höhepunkt des Terrorismus, der sich anfangs auf ein gewisses Sympathisantenumfeld stützen konnte, lag im Jahre 1977 mit den Morden an Generalbundesanwalt Siegfried Buback, an dem Vorstandssprecher der Deutschen Bank Jürgen Ponto sowie dem Arbeitgeberpräsidenten Hanns Martin Schleyer und seinen Begleitern, durchgeführt von einer „zweiten Terroristengeneration".[3] Die Morde in den 80er Jahren an politischen und wirtschaftlichen Repräsentanten des „Systems" gingen auf eine „dritte Terroristengeneration" zurück[4], die ein höheres Maß an Professionalisierung aufwies. 1998 gab die RAF in einer Erklärung ihr Ende bekannt. Von dem sozialrevolutionären deutschen Terrorismus ist in dem Literaturbericht die Rede.

Als Monika Prützel-Thomas in einer Sammelrezension dieses Jahrbuchs 20 Jahre nach dem „deutschen Herbst" von einer „forcierten Rückschau"[5] sprach, da glaubte wohl keiner, daß diese Rückschau zehn Jahre später weit in den Schatten gestellt werden könnte. Und doch war dies der Fall: zum einen durch aktuelle Ereignisse wie den Streit um die Begnadigung von Christian Klar oder die Frage nach der Täterschaft beim Attentat auf den Generalbundesanwalt Buback, zum anderen durch eine kaum noch zu überblickende Anzahl von Analysen, Anklagen und Apologien. Besonders Stefan Aust tat sich dabei hervor, u.a. durch eine zweiteilige Fernsehfolge (mit Helmar Büchel), durch eine siebenteilige „Spiegel"-Serie über „Die Nacht von Stammheim" (mit der Kernthese, die Inhaftierten seien von staatlicher Seite belauscht worden), um nur zwei von mehreren Beispielen zu nennen. „Wie von [Austs] langer Hand geplant, sind im Laufe der letzten Monate häppchenweise immer wieder als sensationell angekündigte

3 Vgl. Tobias Wunschik, Baader-Meinhofs Kinder. Die zweite Generation der RAF, Opladen 1997.

4 Vgl. Alexander Straßner, Die dritte Generation der „Roten Armee Fraktion". Entstehung, Struktur, Funktionslogik und Zerfall einer terroristischen Organisation, Wiesbaden 2003.

5 Monika Prützel-Thomas, „Deutscher Herbst" – Linksterrorismus 20 Jahre danach, in: Uwe Backes/ Eckhard Jesse (Hrsg.), Jahrbuch Extremismus & Demokratie, Bd. 10, Baden-Baden 2008, S. 276.

Nachrichten verbreitet worden, die als Vorabwerbung für die TV-Doku ebenso wie die Print-Serie begriffen werden konnten.“[6]

Bereits zu Anfang des Jahres 2008 sind weitere Bücher zur RAF auf den Markt gekommen (etwa Analysen zur Berichterstattung über den „deutschen Herbst“)[7], ist der auf dem Buch Stefan Austs basierende Film von Bernd Eichinger über den „Baader-Meinhof-Komplex“ ein preisgekrönter Kassenschlager geworden.[8] Das Thema Terrorismus floriert, scheint eine negative Faszination auszuüben. Aus der Vielzahl der Titel[9] werden an dieser Stelle nur jene zur „Roten Armee Fraktion“ herausgegriffen.

Eingangs geht es um einige Gesamtdarstellungen, die vor allem die Hochphase des deutschen Terrorismus einzufangen suchen. Danach kommen einige Studien zur Sprache, die speziellere Aspekte erörtern (wie die Rolle der Medien für den Terrorismus). Schließlich werden zwei Biographien ausführlich besprochen, nach denen die Terrorgruppe benannt ist: Andreas Baader und Ulrike Meinhof. Danach folgen Selbstzeugnisse der RAF und Selbstzeugnisse der Angehörigen von Opfern – ein oft vernachlässigter Aspekt.[10]

2. Gesamtdarstellungen

Das mehrfach neuaufgelegte Buch von Butz Peters „Tödlicher Irrtum“ liegt in einer letzten Fassung aus dem Jahre 2007 vor. Die erste Darstellung erschien 1991 unter dem Titel „RAF. Terrorismus in Deutschland“.[11] Peters rekonstruiert minutiös die Geschichte der RAF aus den Akten der Polizei und der Gerichte. Die Studie ist weithin chrono-

6 Wolfgang Kraushaar, Die große Offensive. Deutungshoheit in Sachen RAF: Stefan Aust und der Spiegel schreiben Geschichte, in: Frankfurter Rundschau v. 12. September 2007. Die Kritik Kraushaars ist schon deshalb berechtigt, weil Aust sehr oft den unseriösen Peter-Michael Boock, ein führendes früheres RAF-Mitglied, ausführlich zu Wort kommen läßt.

7 Vgl. etwa: Robert Allertz, Die RAF und das MfS. Fakten und Fiktionen, Berlin 2008; Hanno Balz, Von Terroristen, Sympathisanten und dem starken Staat. Die öffentliche Debatte über die RAF in den 1970er Jahren, Frankfurt a.M./New York 2008; Nicole Colin/Beatrice de Graaf/Jacco Pekelder/Joachim Umlauf (Hrsg.), Der „Deutsche Herbst“ und die RAF in Politik, Medien und Kunst. Nationale und internationale Perspektiven, Bielefeld 2008; Alfred Klaus/Gabriele Droste, Sie nannten mich Familienbulle. Meine Jahre als Sonderermittler gegen die RAF, Hamburg 2008; Inge Stephan/Alexandra Tacke (Hrsg.), NachBilder der RAF, Köln u.a. 2008.

8 Vgl. Katja Eichinger, Der Baader-Meinhof-Komplex. Das Buch zum Film, Hamburg 2008.

9 Zwei beim Verfasser angefertigte Dissertationen aus dem Jahr 2007 ließen sich aus gutem Grund nicht besprechen: Susanne Kailitz, Von den Worten zu den Waffen? Frankfurter Schule, Studentenbewegung, RAF und die Gewaltfrage, Wiesbaden 2007; Kristin Wesemann, Ulrike Meinhof. Kommunistin, Journalistin, Terroristin – ein politische Biographie, Baden-Baden 2007. Siehe dazu die Rezension von Wolfgang Kraushaar in diesem Band.

10 Selbst das wissenschaftliche zweibändige Grundlagenwerk unter der Ägide von Wolfgang Kraushaar, das insgesamt 64 Aufsätze umfaßt, enthält keinen Beitrag zu den Opfern. Vgl. ders. (Hrsg.), Die RAF und der linke Terrorismus, 2 Bde., Hamburg 2006.

11 Vgl. Butz Peters, RAF. Terrorismus in Deutschland, Stuttgart 1991.

logisch aufgebaut. Der „Vorgeschichte" folgen die Abschnitte zu den drei RAF-Generationen. Es gibt weitere zwei Kapitel zur „RAF und Staatssicherheit" (dies vertrüge eine gewisse Kürzung) und zur „Nachgeschichte". In dem letzten Kapitel will der Verfasser, sofern dies überhaupt möglich ist, „dreizehn Rätsel" klären, etwa die Frage nach den Mördern Schleyers oder Fragen zur dritten RAF-Generation. Peters gibt offen zu, vieles sei nicht zu klären. Trotzdem unterläßt er verstiegene Verschwörungstheorien.

Der Autor ist mit der Materie bestens vertraut. Im Vordergrund steht nicht die Interpretation, sondern, sofern möglich, die Klärung des Sachverhalts. „Sie haben nicht den 528. Versuch in der Hand, den deutschen ‚Terrorismus' abschließend zu erläutern. Und auch nicht das 324. Unterfangen, das Unerklärbare zu erklären" (S. 18). Peters, ein Jurist, der mitunter etwas zu flott, ja flapsig formuliert, etwa in den (Unter-)Überschriften („Die drei in der Eisdiele"; „Umtopfungen"; „Wie fidel war Stammheim?"), zeichnet in seiner Studie die Entwicklung des Terrorismus faktengetreu nach. Dieser war von Anfang an zum Scheitern verurteilt. Daran läßt Peters keinen Zweifel. Der Autor ist nicht bereit, irgendwelche Entschuldigungen für den Terrorismus gelten zu lassen.[12]

Das Buch hat gegenüber dem zunächst 1985 erschienenen, 1997 aktualisierten und jüngst (2008) in einer erweiterten Fassung vorgelegten Bestseller von Stefan Aust[13] den Vorteil, daß es sich nicht nur auf die erste RAF-Generation bezieht, sondern alle drei Generationen umfassend berücksichtigt. Sein Nachteil liegt darin, daß in ihm mitunter die Gedankenwelt der RAF zu kurz kommt. Die Gemeinsamkeit zu Aust: Der Band ist sehr personenzentriert, leicht zu lesen und vermittelt die wichtigsten Fakten in anschaulicher Form. Die Ausleuchtung gesellschaftlicher Hintergründe war nicht das vordringlichste Ziel von Peters.

Dieses Ziel hat eher der Journalist Willi Winkler angepeilt. Im Jahre 2007 war der Ausstoß an einschlägigen Büchern mächtig, doch eine Gesamtdarstellung fehlte, bis zum Schluß „Die Geschichte der RAF" herausgekommen ist – aus der Feder des ständigen Mitarbeiters der „Süddeutschen Zeitung". Das Urteil fällt ambivalent aus. Das aus einem Guß anschaulich geschriebene, gründlich recherchierte Buch ist höchst informativ; der Autor spielt die Gewalt der Terroristen nicht herunter, läßt keinen Zweifel am Selbstmord der Terroristen aufkommen. Richtig ist der Hinweis auf die geistige, auch finanzielle Unterstützung eines Teils der Mittelschicht, ebenso die Erklärung zu den Wurzeln des Terrorismus. Dieser ist ohne die radikale Studentenbewegung nicht zu denken.[14] Die Charakterisierung Rudi Dutschkes überzeugt. Gut fängt der Autor die Selbstgeißelung Ulrike Meinhofs ein („eine scheinheilige Sau aus der herrschenden Klasse", S. 260). Gedemütigt von Baader und Ensslin, beging sie Selbstmord.

12 Gleiches gilt auch für den faktenorientierten Band des Generalstaatsanwalts Klaus Pflieger, der kürzlich in einer erweiterten Auflage erschienen ist. Vgl. ders., Die Rote Armee Fraktion – RAF –. 14. 5. 1970 bis 20. 4. 1998, 2. Aufl., Baden-Baden 2007.

13 Vgl. Stefan Aust, Der Baader Meinhof Komplex, Neuausgabe, Hamburg 2008.

14 Vgl. u.a. Eckhard Jesse, Die Ursachen des RAF-Terrorismus und sein Scheitern, in: Aus Politik und Zeitgeschichte B 40-41/2007, S. 23.

Allerdings hat die Studie beträchtliche Schwächen. Winkler holt (zu) weit aus, blickt bis in das als antikommunistisch empfundene Klima der fünfziger Jahre zurück. Seine Kernthese lautet, gewalttätige Reaktionen der einen und der anderen Seite hätten sich hochgeschaukelt. Er nennt u.a. den Tod von Benno Ohnesorg am 2. Juni 1967[15], den Mordanschlag auf Rudi Dutschke am 11. April 1968 und die anfänglichen Haftbedingungen der Terroristen. Vor allem suggeriert Winkler, der für den Verfassungsschutz arbeitende Peter Urbach habe massiv den Terrorismus befördert. Unter Anspielung auf den Berliner Verfassungsschutzagenten Peter Urbach behauptet der Autor: „Vielleicht wäre es nie bis zur RAF gekommen, wenn der erste Staatsanwalt am 6. April 1967 bei der Vernehmung der ‚Berliner Extremisten' seinen Gewährsmann hätte benennen dürfen" (S. 69). Damit unterschätzt Winkler die revolutionäre Dynamik terroristischer Kreise. Sie bedurfte nicht der Eskalation durch Versäumnisse oder Überreaktionen des Staates. Der Fluchtpunkt des Autors ist der Verweis auf das typisch Deutsche am Aufkommen des Terrorismus: die als unzureichend empfundene Bewältigung der NS-Vergangenheit („nie wieder Auschwitz"). Mit Hermann L. Gremliza, dem Chef von „konkret", heißt es: „Ulrike Meinhofs Weg in den Untergrund begann, als Sozialdemokraten einen Goebbels-Referenten zum Bundeskanzler wählten" (S. 52). Wie kann man dann aber den Anschlag auf das Jüdische Gemeindehaus vom 9. November 1969 erklären oder die Verteidigung des „Schwarzen September" bei dem Entführungsversuch der israelischen Olympiamannschaft durch Ulrike Meinhof?

Winkler sagt zur „dritten Generation" der RAF, über die notorisch wenig bekannt ist, kaum etwas. Allerdings gefällt er sich in sibyllinischen Andeutungen. „Die Frage bleibt also, wie es der personell, finanziell und technisch erledigten RAF, trotz erhöhter Aufmerksamkeit der Fahndung, auch nach dem Verlust des nährenden Substrats von Hilfswilligen und erst recht ohne den Wärmestrom der Sympathisanten, gelingen konnte, diese Anschläge auszuführen. Eine Frage, mehr nicht. Eine Frage, die bisher nicht geklärt ist" (S. 429). Eine Frage: Wieso stellt Winkler diese Frage? Eine Antwort: Weil er Mißtrauen zu säen sucht, als könne der Staat eventuell doch – direkt oder indirekt – daran beteiligt gewesen sein. Ausgesprochen wird dies allerdings nicht. [16] Kurzum: Im Vergleich zu den populär gehaltenen Arbeiten von Stefan Aust und Butz Peters fällt die Studie von Winkler ab. Dessen Spürsinn zieht den Leser zwar zuweilen in den Bann, aber durch eine gewisse Voreingenommenheit verspielt er dessen Neugier. Die präsentierten Fakten sind weitgehend bekannt, die Interpretationen nicht durchweg einleuchtend. „Die" Geschichte der RAF hat Winkler nicht geschrieben.

15 Vgl. hierzu jetzt Uwe Soukup, Wie starb Benno Ohnesorg? Der 2. Juni 1967, Berlin 2007.

16 Damit argumentiert Winkler weitaus vorsichtiger als Gerhard Wisniewski, Wolfgang Landgräber und Ekkehard Sieker, die ihr Buch von 1992 stark ausgebaut und um weitere Elemente verschwörungstheoretischer Art bereichert haben. Vgl. dies., Das RAF-Phantom. Neue Ermittlungen in Sachen Terror, München 2008.

Die beiden kleinen Schriften von Sven Felix Kellerhoff, Redakteur bei der „Welt“, und von Martin Knobbe/Stefan Schmitz, Redakteur beim „Stern“, erheben nicht den Anspruch darauf, Neuartiges zu bieten. Kellerhoff hat Entmythologisierung vor, Knobbe und Schmitz bezwecken eine Einordnung des Terrorismus. Kellerhoff löst seinen Anspruch besser ein, als es Knobbe/Schmitz tun. Beide Texte sind für einen breiten Leserkreis gedacht, bezwecken nur Überblicke, wollen keine tiefschürfenden neuen Einsichten vermitteln.

Der „Welt“-Redakteur bietet eine Gesamtschau, stellt jedem einzelnen Kapitel eine Behauptung voran, die dann widerlegt oder zumindest stark relativiert wird. So kommen 28 informative Abschnitte zusammen (z.B. „Ulrike Meinhof ist ermordet worden“; „Wolfgang Grams wurde hingerichtet“), in denen der Verfasser prägnant seine Position darlegt. Kellerhoff besitzt Urteilskraft. Was an dem rundum gelungenen Buch ein wenig stört, ist allerdings der Umstand, daß Kellerhoff mit seinen Widerlegungen häufig „offene Türen“ einrennt.

Knobbe und Schmitz geben in sechs Kapiteln einen informativen Überblick vor allem zu den Ereignissen des Jahres 1977. Jedem dieser Kapitel ist ein aufschlußreiches Dokument beigesellt (etwa Aufzeichnungen von Silke Maier-Witt: „Im Innern der RAF“). Das macht die Schrift anschaulich und ruft eine aufregende Zeit wieder in Erinnerung. „Das Phänomen des Terrors haben wir in die Geschichte der Bundesrepublik eingeordnet und seine Auswirkung auf die heutige Zeit analysiert: Welche Voraussetzungen machten den Terror erst möglich? Wie war die RAF von den 68ern und Rudi Dutschke beeinflußt? Wie gelang es, das Protestpotential von der brutalen Gewalt in friedliche Formen zu lenken?“ (S. 7 f.). Antworten auf diese Fragen kommen leider kaum zur Sprache.

Einen höheren Anspruch als Kellerhoff und Knobbe/Schmitz erhebt die Studie von Jan Bulig, eine aktualisierte Magisterarbeit. Dem Autor geht es vor allem darum, die Gründe für die Radikalisierung und das Entstehen der RAF zu klären. Einem Abschnitt über die Rahmenbedingungen der sechziger Jahre (soziales und politisches Klima – intellektueller Aufbruch – Entstehung der Protestbewegung) folgen Kapitel zur „antiautoritären Bewegung“ und zur Entstehung der RAF – ein historisch-systematischer Ansatz findet ebenso Berücksichtigung wie ein biographischer und ein „ideologischer (gemeint ist ein „ideologiekritischer“), – ehe der „bewaffnete Kampf“ der RAF, der auf eine ungeheuere verzerrte Wahrnehmung der Realität zurückgeht, kurz nachgezeichnet wird.

Was der Autor zusammenträgt, ist nicht falsch, freilich auch nicht sonderlich neu. Die RAF hat in der Tat ihre Wurzeln in der studentischen Protestbewegung. Diese wiederum führte nur zu einem Teil in den Terrorismus, ging auch in andere, demokratische Richtungen. Daß eine Vielzahl an Faktoren für den „bewaffneten Kampf“ in Frage kommt, liegt auf der Hand, ist eher eine Binsenweisheit. Die RAF sei „das Ergebnis eines dynamischen Prozesses, der von der Provokation zur praktischen Umsetzung der ‚Propaganda der Tat‘ in diesem blutigen Ausmaß geführt hat“ (S. 193). Gegen diese Interpretation dürfte kaum jemand etwas einwenden. So ist die Arbeit recht brav geraten.

3. Spezielle Aspekte

Eine Thema, das immer wieder eine Rolle spielt, ist das Verhältnis der Medien zum Terrorismus und umgekehrt. Man könnte eine Art symbiotische Beziehung unterstellen.[17] Friedrich Hacker sprach pointiert davon, Medien seien „Herolde und Helfershelfer des Terrorismus".[18] Eben diesen Aspekt untersucht der Sammelband von Sonja Glaab. Einerseits geht es um die Kommunikationsstrategien von Terroristen mit den Medien, andererseits um die Berichterstattung von Medien über den Terrorismus. Dem Band sind zwei Fallstudien vorangestellt (von Cornelia Glück über das Verhältnis der ETA zu den Medien und von Sonja Glaab über den Umgang der RAF mit den Medien). Für beide Autoren spielten die Medien eine große Rolle. Nach Glück hätte eine weniger einseitige Berichterstattung die ETA unter Umständen nicht mehr zur Wiederaufnahme des terroristischen Kampfes veranlaßt. Laut Glaab hat die RAF ihre Strategie gegenüber den Medien geändert. Erst im Laufe ihrer Haftzeit benutzte die RAF die Medien, „um Druck auf die Regierung auszuüben" (S. 49), etwa im Zusammenhang mit den Hungerstreiks. Die zweite RAF-Generation versuchte gar über die Medien mit den staatlichen Behörden zu kommunizieren. Durch die Veröffentlichung der Bilder oder der Videobotschaften von Schleyer verlor die RAF immer stärker an Sympathien selbst bei jenen Teilen der Bevölkerung, die den staatlichen Maßnahmen kritisch gegenüberstanden. In einer Reihe von Beiträgen werden einschlägige Aspekte untersucht, auch mit Blick auf den islamistischen Terrorismus und den israelisch-palästinensischen Konflikt. Der Sammelband leidet unter der Vielfalt der angeschnittenen Aspekte. Er fügt sich zu keinem homogenen Ganzen.

Die beiden folgenden Studien behandeln staatliche Reaktionen auf den Terrorismus. Die Autoren heben jeweils die Verstärkung des Bedrohungsszenarios durch die Medien hervor. Tanja Deiß untersucht den Zielkonflikt zwischen Bewahrung der Freiheit und Aufrechterhaltung der Sicherheit am Beispiel des RAF- und des Al Qaida-Terrorismus. Die Autorin analysiert jeweils die staatlichen Maßnahmen und vergleicht sie miteinander. Mario Petri hingegen lenkt in seiner Dissertation (der höchst umständliche Untertitel macht dies deutlich) das Augenmerk nur auf die RAF und versucht das strategische Maßnahmenbündel zur Unterbindung der terroristischen Gefahren herauszuarbeiten. Dabei holt er leider zu weit aus. Auf über 100 Seiten werden die Entstehungsdeterminanten des RAF-Terrorismus dargelegt sowie die Geschichte der RAF, ihr Selbstverständnis und ihre Rolle als Stadtguerilla. Für die Fragestellung tragen solche weithin bekannten Informationen wenig bei.

Tanja Deiß macht für die Überschätzung der RAF-Gefahren stark die Medien verantwortlich. Insgesamt habe der Staat trotz der anfänglich nur unzureichenden perso-

17 Vgl. etwa die Beiträge von Andreas Elter, Wolfgang Kraus, Luise Tremel, Klaus Kreimaier und Andreas Musolff in dem Band von Wolfgang Kraushaar (FN 7), S. S. 1060-1184. Siehe jetzt auch Andreas Elter, Propaganda der Tat. Die RAF und die Medien, Frankfurt a.M. 2008.

18 Friedrich Hacker, Terror. Mythos – Realität – Analyse, Wien u.a. 1973.

nellen Ausstattung und Schulung im Bereich der Polizei die Herausforderung angemessen gemeistert. Die Unterschiede zwischen der RAF, einem festen Personenkreis von Gewalttätern, und dem nicht klar bestimmbaren Netzwerk Al Qaida, das transnational in Erscheinung tritt, seien in puncto Organisation, Finanzierung und der Auswahl der Opfer fundamentaler Natur. Um den Al Qaida-Terrorismus bekämpfen zu können, benötige der Staat bessere Schutzmaßnahmen. Bisher handle es sich um wenig effektive „Sicherheitspakete".[19] Die nicht sonderlich tiefschürfende und oft aus zweiter Hand gearbeitete Studie kann allenfalls ein erster Einstieg in die Thematik sein.

Besser fällt das Urteil über das Buch von Mario Petri aus, auch wenn seine Versuche, den Terrorismus angemessen zu definieren, ergänzungsbedürftig erscheinen, etwa mit Blick auf den kommunikativen Aspekt und auf die Zielsetzung.[20] Nach einer Auseinandersetzung mit anderen Positionen gelangt er zu der folgenden Begriffsbestimmung: „Terrorismus soll somit als ein rechtswidriges, systematisches, geplantes und konspiratives Vorgehen von Kräften verstanden werden, welches darauf ausgerichtet ist, unter Anwendung der jeweils zur Verfügung stehenden Ressourcen mittel- oder unmittelbare physische Gewalt auszuüben und somit eine psychologische Bedrohungssituation für Bevölkerungen, Regierungen oder internationale Organisationen zu erzeugen, mittels derer eine Änderung bzw. Umkehrung bestehender (gesellschaftlich-)politischer Verhältnisse oder Beziehungen im In- oder Ausland bewirkt werden soll" (S. 48 f.). Der Autor konstruiert eine idealtypische Anti-Terrorismus-Strategie (mit Blick auf die Kurz-, Mittel- und Langfristigkeit der Ziele, jeweils unterschieden nach Legislative und Judikative) und listet die verabschiedeten Programme, Maßnahmen und Gesetze im Zuge des RAF-Terrorismus auf, wobei er auch auch auf die Offerten des Staates eingeht: die Kronzeugenregelung, die „Kinkelinitiative" und das Aussteigerprogramm („Hans Benz"). „Hans Benz" war eine Kontaktperson für Aussteiger, denen auf diese Weise geholfen werden sollte, sich den Behörden zu stellen. Der Verfasser kommt mit Blick auf die Effizienz der Maßnahmen zu einem eher negativen Ergebnis. Die Anti-Terrorismus-Strategie wurde nicht konsequent umgesetzt, die Präventions- und Öffentlichkeitsarbeit vernachlässigt. Ein Teil der staatlichen Maßnahmen bewegte sich nach Petri am Rande der Legalität. Insgesamt reagierte der Staat mehr, als daß er agierte. Es sei angesichts der Zerfallserscheinungen im Linksextremismus nahezu auszuschließen, daß der „Linksterrorismus in der Bundesrepublik eine Renaissance erfahren wird" (S. 299). Dieser Optimismus gelte nicht mit Blick auf die Gefahren, die durch den Islamismus drohen.

19 Vgl. allerdings Johannes Urban, Die Bekämpfung des Internationalen Terrorismus, Wiesbaden 2006.

20 Vgl. zahlreiche Beiträge in dem folgenden Band: Kurt Graulich/Dieter Simon (Hrsg.), Terrorismus und Rechtsstaatlichkeit. Analysen, Handlungsoptionen, Perspektiven, Berlin 2007; siehe auch Uwe Backes, Auf der Suche nach einer internationalen konsensfähigen Terrorismusdefinition, in: Martin H.W. Möllers/Robert Chr. Van Ooyen (Hrsg.), Politischer Extremismus 2. Terrorismus und wehrhafte Demokratie, Frankfurt a.M. 2007, S. 15-28.

Das Buch von Ulf G. Stuberger vermittelt viele neue Erkenntnisse, auch wenn der Titel auf eine falsche Fährte führt. Es geht nicht um den Selbstmord der in Stammheim inhaftierten Terroristen („Tage"), sondern um den gespenstisch anmutenden Mammutprozeß gegen Andreas Baader, Gudrun Ensslin, Ulrike Meinhof und Jan-Carl Raspe („Jahre"). Ulf G. Stuberger, Mitbegründer der Justizpressekonferenz Karlsruhe, hat als einziger Journalist den Prozeß, der in einem eigens errichteten Sondergebäude in der Nähe der Justizvollzugsanstalt Stammheim am 21. Mai 1975 begann und am 28. April 1977 endete, an jedem der 220 Tage im Gerichtsaal verfolgt und 150 Schreibblöcke vollgeschrieben.

Der Autor läßt so überzeugend wie anschaulich eine von starker Polarisierung geprägte Zeit Revue passieren. Einst sympathisierend mit den Positionen Otto Schilys, der als Verteidiger der RAF die als übertrieben geltenden Schutzvorkehrungen des Gerichtes attackierte, ohne sich mit den abstrusen Klassenkampfideologien der Terroristen gemein zu machen, übt er heute heftige Kritik am langjährigen Bundesinnenminister, weil dieser zu den damaligen Vorgängen schweigt, auch nicht zu seinem vor Gericht erhobenen Vorwurf nach dem Freitod Meinhofs („anonymer Mord"). Stuberger macht ebenso wie andere Chronisten den ungeschickt-unbeholfen operierenden Vorsitzenden Theodor Prinzing, der Monate vor der Urteilsverkündung sein Amt wegen Befangenheit niederlegen mußte, hatte er doch einen aufgebrachten Pflichtverteidiger außerhalb des Verfahrens angerufen, für viele Schikanen und Ungereimtheiten verantwortlich, bringt angesichts der erhitzten Atmosphäre freilich gewisses Verständnis für ihn auf. Durch die Selbstmorde Baaders, Ensslins und Raspes im Oktober 1977 entfiel der Antrag auf Revision, der nach Stuberger wegen zahlreicher Verfahrensmängel wohl erfolgreich gewesen wäre.

1978 geriet der Autor, den die ostdeutsche Staatssicherheit vor dem Prozeß zu gewinnen suchte, selber auf die „Abschußliste" der RAF. Die Folge: Personenschutz. Linksliberale Freunde rückten von einem Journalisten mit Polizeibegleitung allmählich ab. Seine Zeitungsredaktionen gewährten ihm keine Unterstützung für die nötigen Schutzmaßnahmen. Nur Wolfgang Clement von der „Westfälischen Rundschau", der spätere Wirtschaftsminister, zeigte sich erkenntlich. Stuberger, inzwischen Inhaber einer Waffe und gleichwohl schutzlos, gab seinen Beruf resigniert auf, ging nach Frankreich (arbeitete dort an einem „Erhaltungszuchtprogramm" für die größten Esel der Welt), später nach Namibia als Reiseführer. Seit 2003 ist er erneut als Justizkorrespondent tätig. So schließt sich der Kreis.

Das ansprechend geschriebene und nicht auf Sensationshascherei angelegte Buch ist gerade aufgrund der subjektiven Sicht ein authentischer Beitrag zum „deutschen Herbst" vor dreißig Jahren – wegen der überaus gut eingefangenen aufwühlenden Atmosphäre und wegen vieler Neuigkeiten, etwa zum „Kronzeugen" Gerhard Müller, den die Gerichtsbarkeit für einen Mord offenbar nicht belangt hatte und dessen heutigen Aufenthaltsort die Öffentlichkeit nicht kennt. Das Interview mit Müller im Anhang ist für die Strategie der RAF erhellend wie kaum eines mit einem Ex-Terroristen.

4. Biographien

Bekanntlich ging der Staat nach der Schleyer-Entführung nicht auf die Forderung ein, die „politischen Gefangenen“, darunter Andreas Baader, freizulassen, auch nicht nach der Kaperung eines Lufthansa-Flugzeugs. Ein bewaffnetes Kommando befreite die Geiseln. Im Stammheimer Hochsicherheitsgefängnis verübten daraufhin drei Terroristen (unter ihnen Baader), die davon gehört hatten, Selbstmord; am nächsten Tag töteten die Entführer Hanns Martin Schleyer. Wer war Andreas Baader? Sein Leben lag bisher zum Teil im Dunkeln. Die erste Baader-Biografie versucht dank unbekannten Dokumenten diese Vita zu erhellen. Das ist gelungen. Der erste Teil (bis zur Verhaftung 1972) stammt von Klaus Stern, der zweite (bis zum Selbstmord 1977) von Jörg Herrmann. Die beiden Autoren trugen neues Material zusammen, befragten viele Zeitzeugen und analysierten Baaders Motive. Sie schreiben nicht mit Schaum vor dem Mund, wahren stets Distanz, bemühen sich um Empathie, wiewohl dies bei dem Porträtierten – einem Tunichtgut – eher schwerfällt. Nicht alles konnte das Autorengespann klären, etwa die Frage, ob Baader die „Aussteigerin“ Ingeborg Barz 1972 durch einen Genickschuß getötet hat, wie Gerhard Müller, ein Zeuge der Anklage, sagte. Indessen scheint die Geschichte nicht zu stimmen, wonach der Terrorist in der Stammheimer Zelle mit einer Anwältin ein Kind gezeugt haben soll.[21]

Der Sohn eines 1945 ums Leben gekommenen Historikers wächst bei der Großmutter auf, später bei der Mutter, besucht mehrere Gymnasien ohne Erfolg und geht nie einer geregelten Arbeit nach. Seine zeitweilige Tätigkeit als Schlafwagenschaffner, die ihm peinlich war, vertuscht der Geltungsbedürftige. Was er war, wollte er nicht sein; was er nicht war, wollte er sein. Er ließ sich viel fotografieren, renommierte mit ausgedachten Geschichten und provozierte Freund wie Feind. Der Womanizer und Autonarr hatte Mühe mit dem Schreiben; sein „Manuskribt“ (!), von dem Baader der alten und der neuen Freundin großspurig erzählte, ist niemals aufgetaucht. Der Egomane verstand es, sich zu inszenieren. Ob er in der Haft wirklich „systematisch“ philosophische Literatur durcharbeitete, wie es im Buch heißt? Gab es bei ihm jemals feste politische Überzeugungen?

Baader zieht 1963 von München nach Berlin, wo er die Malerin Ello Michel kennenlernt. Gemeinsam mit deren Mann leben sie in einer Wohnung. Sie bekommt von Baader 1965 ein Kind, das der Vater vernachlässigt. Das Buch macht erstmals seine zum Teil in vulgärem Ton gehaltenen Briefe an Ello Michel öffentlich, und wir werden mit der Tochter bekannt. Diese hat an ihn keine gute Erinnerung. Durch die Liaison mit Gudrun Ensslin, die sich ebensowenig um das eigene Kind kümmert, treten eine Politisierung und eine Kriminalisierung zugleich ein. Dem Kaufhausbrand 1968 folgten 1970 die Gründung der Rote-Armee-Fraktion, 1972 die Festnahme und 1977 der gemeinsame Selbstmord.

21 Sie wird in dem Band von Kurt Oesterle als feststehende Tatsache erzählt. Vgl. ders., Stammheim. Die Geschichte des Vollzugsbeamten Horst Bubeck, Tübingen 2003.

Die Propaganda mit der „Isolationsfolter" erwies sich als großer Erfolg: Eine zweite Generation der RAF wurde dadurch rekrutiert. Wie Jörg Herrmann anschaulich belegt, konnte von strengen Haftbedingungen nicht die Rede sein. Folgende Zeitschriften gelangten legal ins Gefängnis: das „Deutsche Waffenjournal", die „Waffen Revue", die „Allgemeine Schweizerische Militärzeitschrift", „Der Sprengmeister – Neuzeitliche Sprengtechnik". Als treibende Kraft baute Baader aus dem Gefängnis heraus ein beachtliches „Info"-System auf. Ihm widersprach keiner, er jedem. Baader, der seine Anweisungen mit „a." unterzeichnete, hatte zeitweilig 20 Anwälte, mit denen er teilweise rüde umsprang. Erst recht gilt dies für den Umgang mit den Vollzugsbeamten: Sie „behandelte er wie Menschen zweiter Klasse; beschimpfte sie bei jeder sich bietenden Gelegenheit als ‚Nazischweine' oder versuchte, sie mit indirekten Drohungen zu verunsichern" (S. 234).

Die Stärke der Biographie besteht darin, auf der Grundlage neuer Quellen und Zeugen die Person näher zu erfassen. 1967 prophezeite der Herostrat der Freundin, sein Konterfei erscheine als „Spiegel"Titelbild, was mehrfach eintrat. Das Buch ist weniger eine politische Biographie; vielleicht deshalb, weil Baaders politisches Engagement aufgesetzt wirkte. Wer ihn wie Horst Herold, in den siebziger Jahren Chef des Bundeskriminalamtes, auf eine Stufe mit Mirabeau stellt, der rechten Hand Robespierres, bewertet den Mann mit der kriminellen Energie zu hoch. Dieser Gefahr erliegen auch die Autoren zuweilen. Beiläufig wird die Sympathisantenszene erhellt, wenn etwa der Verleger Klaus Wagenbach Andreas Baader pro forma einen Buchvertrag ausstellt, damit er bei einer Recherche außerhalb des Gefängnisses befreit werden kann – oder wenn Wagenbach später in einer konspirativen Wohnung auf Meinhof und Baader trifft, um ihnen Fluchtwege nach Algerien schmackhaft zu machen. „Uns wäre viel erspart geblieben" (S. 174), meint Wagenbach – vor allem bei einer Information der Polizei, ließe sich ergänzen.

Das Buch macht uns die Person eines Staats-, ja Menschenfeindes anschaulicher, nicht unbedingt sympathischer. Der Leser kann nun verstehen, warum diese charismatische Gestalt die treibende Kraft der RAF war. Die Kennzeichnung als „Baader-Meinhof-Gruppe" ist jedenfalls mit Blick auf Baader berechtigt. Aber es wird noch immer nicht plausibel, was eine Intellektuelle wie Ulrike Meinhof veranlaßt haben könnte, von einem derartigen machohaften Desperado fasziniert zu sein: „Er ist die führung der raf, weil er von anfang an das war, was die guerilla am meisten braucht: wille, entschlossenheit, kollektivität". Oder: „ich kroch vor a rum, weil er n typ ist, dem gegenüber ich keine konkurrenzkisten andrehen konnte, weil ihm gegenüber mein grips, auf den ich mir so viel einbildete, [...] ne schablone mit nichts drauf ist" (S. 297).

Den Deutungen sind Tür und Tor geöffnet, auch nach der Lektüre der schon lange angekündigten Biographie von Jutta Ditfurth über Ulrike Meinhof. Die Autorin, früher Bundesvorsitzende der Grünen und Anhängerin des fundamentalistischen Flügels, hat nicht nur ein Buch mit Empathie verfaßt, sondern auch mit Sympathie. In der Biographie versucht die Autorin immer wieder die gesellschaftlichen Verhältnisse, unter denen Meinhof aufwuchs, einzufangen, mit mehr oder weniger Erfolg. Sie zeichnet die Familiengeschichte der Meinhofs nach, geht ausführlich und sehr kritisch auf Renate Riemeck ein, die Ziehmutter Ulrike Meinhofs und die bekannte DFU-Aktivistin, die entgegen von ihr gepflegten Mythen keineswegs zu den Widerständlern im Dritten Reich gehört hatte, sondern NSDAP-Mitglied geworden war.

Das weithin chronologisch angelegte Buch, das auf einen großen Leserkreis zielt, basiert auf intensiven, jahrelangen Recherchen, ist gut, beinahe „schmissig" geschrieben. Die meisten Überschriften bestehen aus einem einzigen griffigen Wort (wie „Kommunistin"; „Redakteurin; Antifaschistin"; „Publizistin"). Es vermittelt viele, auch unbekannte, Einzelheiten und macht gut die breite Sympathisantenszene wenn nicht unbedingt für die RAF, so doch für Ulrike Meinhof deutlich. Ebenso stellt sie Meinhof überzeugend nicht als Getriebene, sondern als Handelnde dar. So wehrt sie sich zu Recht dagegen, Meinhofs Abgleiten in den Terrorismus (bei der Befreiung von Andreas Baader im Mai 1970) als Mißverständnis abzutun. Und so belegt sie als erste Meinhofs Mitwirkung an einem Anschlag (November 1969, also noch vor Meinhofs Abtauchen in den Untergrund) auf ein portugiesisches Schiff. Allerdings war Meinhofs Leben stärker von Brüchen und Widersprüchen gekennzeichnet, als Ditfurth meint.

Über weite Strecken ist eine Apologie entstanden. Sie nimmt die Seite der Porträtierten ein, referiert ihre Sichtweise oder hat Ausreden parat, wenn das Verhalten Meinhofs partout nicht zu begreifen ist, etwa ihre Rechtfertigung der blutigen Aktion des „Schwarzen September" gegen die israelische Olympiamannschaft. „Fünf Monate im toten Trakt waren vergangen, als Meinhof im November den Text [...] schrieb" (S. 363). Was besonders stört, ist der Umstand, daß der Leser des öfteren nicht weiß, woher die Autorin ihre Informationen bezieht. Sie scheint sich offenkundig häufig auf solche von Ulrikes Meinhofs Schwester Wienke Zitzlaff zu stützen, macht dies jedoch nur unzureichend deutlich. Oftmals heißt es, Ulrike Meinhof habe dies oder jenes gefühlt. Dies ist dann mehr Ausschmückung Ditfurths.

Deren politische Einäugigkeit spüren selbst jene, die mit den Interna nicht vertraut sind. Viel ist vom „bewaffneten Kampf" und von einer „Stadtguerilla" die Rede, Ulrike Meinhof firmiert aber niemals als Terroristin. In den fünfziger Jahren habe der Staat, in dem ehemalige Nationalsozialisten keineswegs isoliert waren, Mitglieder der KPD der „Verfassungsfeindschaft" (S. 95) bezichtigt. Als „Verfassungsfreunde" ließen sie sich aber bei allem Wohlwollen wahrlich nicht angemessen charakterisieren. Und wer die damaligen „Blätter für deutsche und internationale Politik" milde als Medium „von linken, pazifistischen sowie atomwaffenfeindlichen Regierungsgegnern" bezeichnet, muß sich Blauäugigkeit oder bewußte Vernebelungstaktik nachsagen lassen. Immerhin räumt sie die Abhängigkeit der DFU von der SED ein, ebenso die beständigen Kontakte Meinhofs in die DDR. Einen Brief an ihre Schwester habe Meinhof aus der DDR nicht abgeschickt: „Sie befürchtete Ärger mit der BRD-Zensur" (S. 145). Greuelmärchen verbreitet sie über den „Radikalenerlaß", den es als „Erlaß gegen Radikale" so gar nicht gab. „Es genügte, in einer Wohngemeinschaft zu leben, bei einer Demonstration aufgefallen zu sein, sich an einer vollkommen legalen politischen Aktion zu beteiligen oder im Verdacht zu stehen, der (legalen) DKP anzugehören, um unter den Radikalenerlaß zu fallen und keine Aussicht auf eine Anstellung im öffentlichen Dienst mehr zu haben, egal ob als Lokführer, Lehrer, Sachbearbeiter oder Briefträger" (S. 333). Ditfurths Absicht ist es, die demokratische Bundesrepublik Deutschland, und das gilt nicht nur für dieses Beispiel, möglichst in einem dunklen Licht erscheinen zu lassen, sie sogar zu perhorreszieren. Gleiches trifft auf Meinhofs Ehemann Klaus Rainer Röhl, der entweder dämonisiert oder ignoriert wird. Ditfurth ist bei den Ursachen von Meinhofs Liebe ratlos: „Offen bleibt, was letztlich ihr Grund war, sich auf einen Mann einzulassen, den sie eigentlich durchschaute und vor dem sie sich selbst am eindringlichsten gewarnt hatte" (S. 152). Perfide sind dabei ihre Insinuationen. „Meinhof entschied sich spät, ihren Anwälten offen zu sagen, warum sie auf keinen Fall wollte, daß Röhl sich um die Kinder kümmerte. Es kostete sie einige Überwindung. Sie schrieb einen Brief an [Rechtsanwalt] Senfft und erzählte vieles [Rechtsanwalt] Hannover, der ihre Aussagen schriftlich festhielt. Sie habe sich nicht trotz der Kinder scheiden lassen wollen, sondern um sie zu schützen" (S. 271). „Ulrike Meinhof habe niemals vorgehabt, ihre Kinder in ein palästinensisches Waisenlager zu geben. Selbst die „junge welt" schreibt: „Leider bagatellisiert Ditfurth das Verstecken der Kinder in Sizilien zu harmlosen Lieblingseisessen, was den Aussagen der Kinder, ihrer Traumatisierung, nicht gerecht wird".[22]

Gegen Ende fällt das Buch deutlich ab, sei es, daß die Autorin unter Zeitnot war, sei es, daß sie die Zeit in Stammheim ganz bewußt nicht „auswalzen" wollte. Ditfurth kann sich nicht dazu durchringen, den Tod Meinhofs als das zu bezeichnen, was er war: als Selbstmord. Sie hält sich bedeckt und liefert Argumente, die gegen einen Freitod sprechen. Die Konflikte mit Gudrun Ensslin seien längst ausgeräumt gewesen. Das ist falsch: Am 4. Mai distanzierte sich Gudrun Ensslin eigens vom Anschlag auf das Gebäude des Axel-Springer-Hauses, für den Meinhof verantwortlich gewesen war. Diese war darob schier verzweifelt.[23] Und Ditfurth erwähnt Ulrike Meinhofs Äußerung gegenüber ihrer Schwester im März 1976: „Wenn du hörst, ich hätte mich umgebracht, dann kannst du sicher sein, es war Mord! (S. 425). Die Feministin zitiert abschließend Erich Fried, für den Meinhof „nicht nur die beste Journalistin in der BRD" war, sondern „auch die bedeutendste deutsche Frau seit Rosa Luxemburg" (S. 448).

Was in der weithin distanzlosen Biographie nur angedeutet wird („Dutschke war ihr liebster politischer Freund", S. 218), kommt in einer kleinen Nachfolgestudie[24] ausführlich zur Sprache: die enge geistige und persönliche Bindung zwischen Meinhof und Dutschke. Tatsächlich hatten die beiden nur wenig Kontakt miteinander. Die Empathie, die sie gegenüber Meinhof an den Tag legt (manchmal hat der Leser den Eindruck, daß

22 Anja Röhl, Keine Privatsache, in: junge welt v. 3. Dezember 2007. Anja Röhl ist die Tochter Röhls aus erster Ehe.

23 Vgl. Lorenz Jäger, Stimmen aus Stammheim. Der Bruch in der RAF datiert auf den 4. Mai 1976: Andreas Baader, Gudrun Ensslin und Ulrike Meinhof in unbekannten Tondokumenten, in: Frankfurter Allgemeine Zeitung v. 1. August 2007.

24 Vgl. Jutta Ditfurth, Rudi und Ulrike. Geschichte einer Freundschaft, München 2008. Wer den Titel liest, fühlt sich sofort an „Rosa und Karl" erinnert.

Ditfurth schreibt, was Meinhof denkt), zeigt sie nicht gegenüber deren Opfern. Ditfurth idealisiert, ja heroisiert. Sie kann nicht angemessen erklären, was Meinhof an Baader faszinierte und wieso Meinhof zu einer Zeit in den Untergrund zog, als die SPD mit Gustav W. Heinemann den Bundespräsidenten und mit Willy Brandt, der in seiner Regierungserklärung „mehr Demokratie wagen“ wollte, den Bundeskanzler stellte, wo doch die unbewältigte NS-Vergangenheit ein wesentlicher Grund für viele Proteste gewesen sein soll. „Die“ Biographie ist damit nicht entstanden, zumal nicht kritisch die Wirkungsgeschichte der Porträtierten reflektiert wird.[25] Wenn eine Rebellin über eine Rebellin schreibt ...

5. Selbstzeugnisse

Eine Reihe von Mitgliedern der RAF hatte sich bereits zu Wort gemeldet, oft in Form von Gesprächen.[26] So ist es auch im Fall von Karl-Heinz Dellwo. Der Stockholm-Attentäter (er wurde wegen Mordes zu 20 Jahren Haft verurteilt und saß sie auch ab) antwortet auf (eher zurückhaltende) Fragen der Journalisten Tina Petersen und Christoph Twickel. Sie haken ohnehin kaum nach, liefern eher Stichworte. So ist ein Band entstanden, in dem Dellwo, Jahrgang 1952, seine Sicht der Dinge präsentiert, ohne daß er sich mit Gegenargumenten auseinandersetzen muß. Die fünf Kapitel – „Kindheit und Jugend in der Provinz“, „Von Hamburg aus in die RAF“, „Von Stockholm nach Mogadischu“, „Die 80er Jahre und der Kampf um die Haftbedingungen“, „Die DDR-Aussteiger und die Spaltung“ – sind von einem Prolog und einem Epilog eingerahmt. Im Prolog, der Gründe für Dellwos Hinwendung zur RAF liefert, heißt es abschließend: „Die Aktionen der RAF, deretwegen auch Holger Meins angeklagt war, nämlich die auf Seiten des vietnamesischen Volkes gegen den westlichen imperialistischen Kriegsterror, finde ich auch heute noch legitim“ (S. 13). Im Epilog, der etwas von einem „neuen Menschen“ faselt, den die RAF angestrebt habe, ist zwar von einem Scheitern der RAF die Rede, aber zugleich davon, daß dies nicht in ein Bekenntnis zum „System“ münde. Sibyllinisch und trotzig zugleich lautet der Schlußsatz: „Mit dem Leben wird die Revolte bleiben“ (S. 195).

Dellwo, der 1993 als Gegner der Hardliner maßgeblich zur Spaltung der RAF beigetragen hat, schildert seine ärmliche Kindheit und Jugend mit vielen Umzügen. Die Lehre als Industriekaufmann hielt er nicht durch. In Hamburg geriet er erst in Kontakt zur anarchistischen „Schwarzen Hilfe“, später zur „Roten Hilfe“, schließlich zur Hausbe-

25 Wer ein angemessenes Bild bekommen will, sollte zugleich das Buch der Tochter von Ulrike Meinhof heranziehen. Vgl. Bettina Röhl, So macht Kommunismus Spaß! Ulrike Meinhof, Klaus Rainer Röhl und die Akte konkret, Hamburg 2006.

26 Vgl. beispielsweise: Peter Michael Boock, Die Entführung und Ermordung des Hanns Martin Schleyer, Frankfurt a.M. 2002; Klaus Jünschke, Spätlese. Text zu RAF & Knast, Frankfurt a.M. 1988; Oliver Tolmein, RAF – das war uns Befreiung. Ein Gespräch mit Irmgard Möller über bewaffneten Kampf, Knast und die Liebe, Hamburg 2002; Margit Schiller, Es war ein harter Kampf um meine Erinnerung, Hamburg 1999.

setzerszene (wie andere spätere RAF-Mitglieder: Susanne Albrecht, Wolfgang Beer, Stefan Wisniewski, Christa Eckes, Bernd Rösener) und dann, nach einer Haftzeit von einem Jahr, in ein "Komitee gegen Folter an politischen Gefangenen in der BRD". Nach dem Tod von Holger Meins ging Dellwo in den Untergrund. Heute distanziert er sich zwar von dem Stockholm-Attentat, bringt es aber nicht fertig, Reue zu zeigen und an das Leid derer zu denken, die ihre Angehörigen verloren haben. Umso heftiger beklagt er die Haftbedingungen (in den 20 Jahren seiner Haftzeit hungerte er 18 Monate), die er als "Vernichtungshaft" beschreibt. Als renitenter Strafgefangener hat er „über 200 gewaltsame Zusammenstöße mit den Wärtern" (S. 168).

Der Band „Das Projektil sind wir" (eine Baader-Sentenz) ist eine Rechtfertigungsschrift, gewiß. Aber immerhin versteckt sich Dellwo nicht hinter steriler Phraseologie, sondern schildert sein Leben, allerdings nicht mehr das nach der Haft. Freilich ist seine Kritik an der RAF nur sehr vorsichtig, auch wenn er die Entführung der „Landshut" eine „terroristische Aktion" (S. 133) nennt. Mit den „Aussteigern", die in die DDR gegangen waren und danach als Kronzeugen auftraten, rechnet Dellwo ab. Für die Ereignisse in Stammheim lautet die Interpretation so, um dem Staat eine Mitschuld zu geben: „Es war ein Selbstmord unter staatlicher Aufsicht" (S. 150).

Das Nachwort der beiden Fragensteller ist von großer Sympathie mit Dellwo geprägt. Sie akzeptieren dessen These von der „Folter" in den Gefängnissen bis in die achtziger Jahre. Dellwo habe, weil die Mitglieder der RAF in der Freiheit keine Einigkeit erzielen konnten, den Entschluß gefaßt, selber zu reden. „Unter anderem sprach er 1997 zum ersten Mal öffentlich vom Selbstmord in Stammheim und brach so mit einem Tabu. Er war das erste ehemalige RAF-Mitglied, das die Mord-These verwarf, die zwanzig Jahre lang das Bild der Roten Armee Fraktion in der radikalen Linken bestimmt hatte" (S. 202). Tatsächlich hatten schon die in die DDR gegangenen RAF-Aussteiger 1990 von Selbstmorden gesprochen[27], aber diese rechnen die Journalisten wohl nicht mehr zur RAF, weil sie von der Kronzeugenregelung Gebrauch gemacht haben.

Der Band „Nach dem bewaffneten Kampf", an dem Karl-Heinz Dellwo auch beteiligt ist, enthält Beiträge von Therapeuten, Mitgliedern der RAF und der „Bewegung 2. Juni" sowie von drei Personen aus den Unterstützerkomitees. So etwas gab es bisher nicht: Alle hatten sich (mit beträchtlichen Fluktuationen) sieben Jahre lang mehrfach an Wochenenden getroffen, um Traumatisierungen aufzuarbeiten. Danach hatte jeder die Möglichkeit, einen Beitrag über diese Zeit zu schreiben. Zustande gekommen war die Gruppe nach einem Seminar von David Becker („Seelische und soziale Folgen von Traumatisierungen"), der ein Buch über Traum und Verfolgung in der chilenischen Diktatur verfaßt hatte[28], was bei freigelassenen Mitgliedern der RAF bekannt war. Becker

27 Manch einem Linksextremisten fällt es noch heute schwer, sich von der Mord-These zu verabschieden. Vgl. etwa Kai Ehlers, Die Nacht von Stammheim: Mord oder Selbstmord?, in: Neues Deutschland v. 13./14. Oktober 2007.

28 Vgl. David Becker, Ohne Haß keine Versöhnung. Das Trauma der Verfolgten, Freiburg 1992.

weist in seinem Vorwort darauf hin, es sei nicht angängig, die Verhältnisse in einer Diktatur mit denen in einer Demokratie gleichzusetzen, auch wenn er die „traumatisierenden Haftbedingungen“ (S. 15) der ehemaligen RAF-Mitglieder nicht leugnet. Einige von ihnen wollten nur über Haftbedingungen reden. Sie kamen dann nicht mehr.

Es müssen teilweise selbstquälerische Sitzungen gewesen sein. Immer wieder brachen Feindseligkeiten auf. Manches Mal hing die Fortführung des Experiments an einem seidenen Faden. Die Mehrheit der Therapeuten blieb nicht bis zum Schluß dabei. David Becker lobt das Unterfangen: „Dieses Buch behandelt im wortwörtlichen Sinn einen psychosozialen Prozeß. Es geht nicht entweder um eine politische Diskussion oder um eine Analyse der psychischen Befindlichkeit von Ex-Häftlingen. Es geht gleichzeitig um beides, und zwar von der ersten bis zur letzten Seite des Buches. Dies ist auch sein eigentliches Verdienst, weil die bisherigen Auseinandersetzungen um die RAF davon geprägt sind, daß sie eine Verknüpfung dieser Dimensionen tunlichst vermeiden“ (S. 10). Wer die Texte liest, dürfte geneigt sein, manche Abstriche an Beckers Sätzen anzubringen.

In diesem Band sind Beiträge von drei Therapeuten versammelt, von fünf Terroristen (Karl-Heinz Dellwo, Monika Berberich, Knut Folkerts, Ella Rollnik, Roland Meyer) und von drei Frauen aus den Unterstützergruppen, von denen drei anonym zu bleiben wünschten. Die Texte der drei Therapeuten (Angelika Holderberg, Volker Friedrich und Lothar Verstappen) lassen gut erkennen, welcher Kraft es angesichts des Mißtrauens, das ihnen entgegenschlug, bedurfte, um nicht aufzustecken. Immer gelang das keineswegs. Verstappen verließ die Gruppe nach dreieinhalb Jahren: „Bis zuletzt wartete ich auf Zeichen der Übernahme von persönlicher Schuld, Reue und Demut“ (S. 94). Becker erwähnt ebenso, man bleibe mit dem Gefühl zurück, „daß jetzt eigentlich die Voraussetzungen dafür geschaffen sind, endlich auch über Schuld zu sprechen“ (S. 19). Daran mangelt es. Bei Dellwo heißt es unter Berufung auf Walter Benjamin: „Unser Aufbruch war richtig. Es war ein Versuch, ‚das Kontinuum des Bestehenden‘ aufzusprengen“ (S. 129). Roland Mayer schreibt: „Das Projekt RAF ist gescheitert, vieles daran war falsch, manches unentschuldbar. Dennoch war der Versuch in dieser Welt richtig. Und einiges wäre es wert für andere, neue Projekte aufbereitet und so bewahrt zu werden“ (S. 156). Monika Berberich und Ella Rollnik leiden besonders daran, daß die Gruppe, die im Gefängnis zusammengehalten hatte, dies danach nicht tat. Rollnik: „In der Freiheit hatte sich unser Zusammenhang in Nullkommanichts ausdifferenziert“ (S. 148). Die Berichte der drei Frauen aus der Unterstützerszene, „jahrelang Grenzgängerinnen“ (David Becker) zwischen drinnen und draußen, legen mannigfach Zeugnis von ihrer Überlastung und Überforderung ab.

In dem Band finden sich, wie gezeigt, durchaus nicht nur Positionen, denen es um die umfassende Aufarbeitung der Vergangenheit geht, wahrlich nicht. Die Erinnerung an die Opfer spielt keine Rolle. Die RAF-Mitglieder sind in hohem Maße auf sich fixiert, auf ihr Leiden. Nach dem historischen Abriß (wieso hat die Herausgeberin zugelassen, daß die – wahrlich – „unvollständige Chronologie der Ereignisse“ Karl-Heinz Dellwo verfassen durfte?), der übrigens auch in dem „Projektil“-Band abgedruckt ist, wurde Wolfgang Grams, RAF-Mitglied der dritten Generation, durch einen aufgesetzten Kopfschuß in Bad Kleinen getötet ... Solche Lebenslügen spiegeln sich selbst nach siebenjähriger Diskussion mit Therapeuten wider.

Verlautbarungen der Angehörigen von Opfern gehören ebenso zu den Selbstzeugnissen Beteiligter. Sie kamen vielfach nicht zu Wort. Daß die RAF daran kein Interesse haben konnte, versteht sich von selbst. Sie benutzte die Namen der aus ihren Reihen Getöteten bei neuen Aktionen (das „Kommando Holger Meins" etwa besetzte 1975 die Stockholmer Botschaft). Die Politik, die Publizistik und die (Politik-)Wissenschaft interessierte sich nicht oder kaum für die Opfer, wenn es nicht Prominente waren, und ihre Angehörigen. Erst im Oktober 2007 fand die erste zentrale Feier für die 36 Opfer der RAF statt (mit Reden von Bundesjustizministerin Brigitte Zypries und Bundesinnenminister Wolfgang Schäuble). Heutzutage scheint ein Wandel eingetreten zu sein.[29] Das Buch der jungen Politikwissenschaftlerin Anne Siemens hat daran seinen Anteil. In ihm kommen zu Wort: die Angehörigen des 1975 in der Stockholmer Botschaft getöteten Verteidigungsattachés Andreas Baron von Mirbach, die Angehörigen des dort ebenfalls ermordeten Botschaftsrats Heinz Hillegart, Corinna Ponto, die Tochter des 1977 beim Versuch einer Entführung erschossenen Jürgen Ponto, des Chefs der Dresdner Bank, Hanns-Eberhard Schleyer, der Sohn des 1977 entführten und dann erschossenen Hanns Martin Schleyer, Patrick von Braunmühl, der Sohn des 1986 erschossenen Gerold von Braunmühl, eines Spitzendiplomaten im Auswärtigen Amt, außerdem, vielleicht nicht ganz passend in diesem Zusammenhang, Gabriele von Lutzau und Jürgen Vietor, die als Stewardess und Co-Pilot zur Besatzung der „Landshut"-Maschine gehört hatten. Ferner findet sich ein Interview mit Helmut Schmidt, der zwar Schuld einräumt, zugleich aber betont, wieder so zu entscheiden.

Anne Siemens war auf die Idee gekommen, Kontakt mit Angehörigen der Opfer aufzunehmen, als sie ein Interview mit Johannes Weinrich, einem Mitglied der „Revolutionären Zellen", einst die rechte Hand des gefürchteten „Carlos"[30], beendet hatte. Ihr Eindruck war, sie wisse weitaus mehr über die Täter als über die Opfer. Das wollte sie ändern. In dem Buch sind eindrucksvolle Schilderungen der Angehörigen verzeichnet. Aus ihnen ist kein Hass zu spüren, aber völliges Unverständnis gegenüber dem Verhalten der Terroristen, ebenso gegenüber dem Verhalten von Journalisten. So heißt es bei Claudia Hillegart, der Tochter Heinz Hillegarts, mit Blick auf Karl-Heinz Dellwo: „Das Recht auf Meinungsfreiheit muß auch für die Täter gewahrt bleiben. Sonst fängt man an, Grundsätze unseres freiheitlichen Systems zu verändern und an den wichtigsten Pfeilern unserer Ordnung zu rütteln. Aber man kann als Interviewer im Gespräch mit einem Terroristen deutlich machen, daß man seine Motive nicht gutheißt. Das wäre mir wichtig – und ich habe diesen kritischen Journalismus manches Mal vermißt" (S. 103).

29 Vgl. Wolfgang Kraushaar, Perspektivenwechsel. Die Erinnerung war lange auf die Täter fixiert. Nun ist eine Trendwende zu beobachten, in: Das Parlament v. 29. Oktober/5. November 2007.

30 Vgl. jetzt die zum Teil verschleiernde Darstellung von Carlos' Ehefrau Magdalena Kopp, Die Terrorjahre. Mein Leben an der Seite von Carlos, München 2007.

Ähnlich formuliert es Clais von Mirbach, der Sohn des in Stockholm ermordeten Diplomaten: „Ich wünschte mir [aber], daß die Öffentlichkeit solchen Selbstverklärungen und Verharmlosungen entschiedener entgegenträte. Rechtsradikalen Tätern ließe man derlei aus gutem Grund nicht durchgehen, Linksradikale umweht eine nicht gerechtfertigte Aura der Nachsicht und des Verständnisses“ (S. 65).

Das Spektrum der Positionen ist naturgemäß unterschiedlich: Während Patrick von Braunmühl die Antwort des Staates auf die Radikalisierung der Studentenbewegung als rigide kritisiert (dieser habe die Verbreitung terroristischen Gedankenguts nicht bestrafen dürfen), empfand Corinna Ponto im Umgang mit dem Phänomen RAF in der Berichterstattung lange eine „leichte Robin-Hood-Sympathie“ (S. 117), die nun abgeklungen sei. Aber: „Wer einmal Opfer wurde, kann nie Ex-Opfer sein. Bei den Tätern wird heute doch vielfach von ‚ehemaligen' Terroristen gesprochen. Dieses ‚Ex' ist ein Privileg. Ich kenne keinen Ex-Mörder, auch keinen Ex-Kindesentführer. Ex-Terroristen nennen sie sich aber alle, die in der RAF waren und heute wieder in unserer Gesellschaft leben. Das Ex verwandelt sozusagen ein Minusvorzeichen in ein mir unbekanntes, diffuses Plus“ (S. 119).

Das Buch ist häufig gepriesen worden.[31] Der Rezensent kann in den überschwenglichen Tenor einstimmen. Das Anliegen erscheint höchst sinnvoll, die Ausführung hingegen weniger: Was Anne Siemens eigens über die RAF schreibt, ist nicht verkehrt, aber längst bekannt. Sie versäumt es, die eindrucksvollen Berichte der Angehörigen der Opfer einzuordnen.[32] Diese stehen unverbunden und unkommentiert nebeneinander. Manche Äußerung Hanns-Eberhard Schleyers über seinen Vater oder, vor allem, Gabriele von Lutzaus und Jürgen Vietors Erzählungen über die Entführung der „Landshut“, die mit dem „Opfer“-Thema nun kaum etwas zu tun haben, war zudem bereits bekannt. Die beiden Texte umfassen etwa die Hälfte des Buches. Die Opfer kommen in den Schilderungen der Angehörigen überaus positiv weg, werden bisweilen nahezu heroisiert. Und immer wieder heißt es eigens, wie sie die mangelnde Aufarbeitung der NS-Vergangenheit kritisiert haben. Das größte Manko besteht darin, daß nur die Angehörigen der getöteten Prominenten das Wort ergreifen, wobei Siemens eingangs anmerkt, nicht alle Angefragten hätten in die Öffentlichkeit gehen wollen. Die Erinnerung an die zehn Polizisten, die durch die RAF ums Leben gekommen sind, fehlt leider gänzlich, etwa an Polizeimeister Norbert Schmidt (ermordet am 22. Oktober 1971), an Polizeimeister Fritz Sippel (ermordet am 7.Mai 1976) oder an Polizeimeister Hans-Wilhelm Hansen (ermordet am 24. September 1978).

31 Vgl. etwa: Nils Minkmar, Das Recht der Opfer, in: Frankfurter Allgemeine Zeitung v. 20. Februar 2007; Cora Stephan, Bewegendes Denkmal für die RAF-Opfer, in: Die Welt v. 23. Februar 2007; Elke Nicolini, Frei von Rache, in. Süddeutsche Zeitung v. 2. April 2007.

32 Das geschieht auch nicht in dem folgenden Beitrag: Anne Siemens, Die Opfer der RAF, in: Aus Politik und Zeitgeschichte B 40-41/2007, S. 9-15.

6. Abschließende Bemerkungen

30 Jahre nach dem sogenannten „deutschen Herbst“ wurde zweierlei deutlich: Einerseits liegt die Zeit weltenweit zurück (heute stellt kaum jemand noch das Gewaltmonopol des Staates in Frage), andererseits ist die Zeit bedrückend nah (wie manche aufgewühlten Reaktionen auf die Diskussion um die Begnadigung von Terroristen gezeigt haben). Nicht alle Schriften über den deutschen Terrorismus aus der letzten Zeit verdienen Aufmerksamkeit, wie gezeigt. Gleiches gilt für manch kurzatmigen Disput in den Medien. So war die Diskussion über die vorzeitige Freilassung der letzten RAF-Terroristen mitunter eine Gespensterdebatte. Bei dem „Kampf um Mythen, Bilder und Symbole“ (Lutz Hachmeister) hatte die RAF manchen Sieg errungen.[33] Allerdings ist heute ein apologetisches Verständnis weithin nicht mehr anzutreffen[34], verlieren die politischen Motive der RAF an Gewicht.[35]

Die einstigen Terroristen mögen untereinander Konflikte haben, doch halten sie in einem Punkt wie Pech und Schwefel zusammen: Wer wen und warum erschossen hat, soll keiner erfahren. Das ist ihre „Ganovenehre“. Daß Angehörige dies wissen wollen, ist verständlich. Wenn sie es nicht erfahren, liegt es an den Terroristen, die hartnäckiges Stillschweigen darüber bewahren. Insofern ist es nicht gerechtfertigt, daß Michael Buback, der Sohn des 1977 ermordeten Generalbundesanwalts staatliche Stellen belangt. Seinen nicht offen ausgesprochenen Insinuationen über Vertuschungen wohnt ein Verschwörungsszenario inne.[36] Es mag mannigfache Ungereimtheiten geben, aber warum sollte der Staat systematisch Mörder zu schützen suchen?

Die RAF war von Wahn besessen. Und noch heute ist dies bei vielen ihrer Mitglieder nicht anders.[37] Kurz vor dem Ende der Mindestverbüßungszeit von 26 Jahren gab Christian Klar der Wochenzeitung „Freitag“ ein Interview, in dem er mitteilte, was er dem Bundespräsidenten, der ihn im Zuge des Begnadigungsverfahrens besucht und an das Schweigen der Vätergeneration zur NS-Zeit erinnert hatte, gesagt hat: „Ich habe diesem Vergleich widersprochen und ihm erklärt, daß ich nicht einverstanden bin, die

33 Vgl. Petra Terhoeven, Opferbilder – Täterbilder. Die Photographie als Medium linksterroristischer Selbstermächtigung in Deutschland und Italien während der 70er Jahre, in: Geschichte in Wissenschaft und Unterricht 58 (2007), S. 380-399.

34 Vgl. treffend Joachim Günther, Das Ende der Staatsfeindschaft. Dreißig Jahre nach dem „Deutschen Herbst“ gibt es keine sogenannten Sympathisanten mehr, in: Neue Zürcher Zeitung v. 5. September 2007.

35 Vgl. Wolfgang Kraushaar/Karin Wieland/Jan Philipp Reemtsma, Rudi Dutschke, Andreas Baader und die RAF, Hamburg 2005.

36 Vgl. Michael Buback, Der zweite Tod meines Vaters, München 2008.

37 Und wer redet (wie Peter-Jürgen Boock), muß nicht immer die Wahrheit sagen. Vgl. das Interview: „Es ist auch Scham dabei“. Ex-Terrorist Peter-Jürgen Boock, 55, über das Attentat auf Generalbundesanwalt Siegfried Buback, die Strategie der RAF und seine persönliche Schuld, in: Der Spiegel v. 23. April 2007. Siehe dazu Bernd Ulrich, Die RAF als Porno. Ob mit oder ohne Knarre – Terroristen suchen das Rampenlicht. Und alle spielen mit, in: Die Zeit v. 26. April 2007.

RAF-Geschichte als Kriminalfall zu besprechen."[38] Stefan Aust, wohl der beste Kenner der ersten Generation, beantwortete die Frage nach seinen Erkenntnissen aus dem jahrzehntelangen Studium der Materie: „Ich habe sehr viel über menschliche Verhaltensweisen gelernt. Ich habe eine Menge über Politik gelernt. Ich habe eine Menge über Gewalt gelernt. Ich habe eine Menge über die Gesetze von Gruppen gelernt. Ich hab eine Menge darüber gelernt, wie der Mensch in den Wahn gelangt."[39]

38 Ich bin nicht bereit, die RAF als Kriminalfall zu besprechen. Das ehemalige RAF-Mitglied Christian Klar im Gespräch mit Stefan Amzoll, in: Freitag v. 20. Dezember 2007.

39 Wer die RAF verstehen will, muß „Moby Dick" lesen. Vor dem Deutschen Herbst: Ein Gespräch von Christian Geyer und Frank Schirrmacher mit Stefan Aust, dem Autor des Klassikers „Der Baader Meinhof Komplex", in: Frankfurter Allgemeine Zeitung v. 22. August 2007.

Sammelrezension:

Intellektuelle im Zeitalter der Extreme

Von Alexander Gallus

Wolfgang Hardtwig (Hrsg.), Intellektuelle (Geschichte und Gesellschaft 33. Jg., 2007, H. 2), Göttingen 2007 (*Vandenhoeck & Ruprecht*), 146 S.
Ingrid Gilcher-Holtey, Eingreifendes Denken. Die Wirkungschancen von Intellektuellen, Weilerswist 2007 (*Velbrück Wissenschaft*), 393 S.
Michel Winock, Das Jahrhundert der Intellektuellen, 2., unveränd. Aufl., Konstanz 2007 (*UVK*), 885 S.
Manfred Gangl/Gérard Raulet (Hrsg.), Intellektuellendiskurse in der Weimarer Republik. Zur politischen Kultur einer Gemengelage, 2., neubearb. u. erw. Aufl., Frankfurt a.M./Berlin 2007 (*Peter Lang*), 432 S.
Jan-Werner Müller, Ein gefährlicher Geist. Carl Schmitts Wirkung in Europa, Darmstadt 2007 (*Wissenschaftliche Buchgesellschaft*), 300 S.
Thomas Kroll, Kommunistische Intellektuelle in Westeuropa. Frankreich, Österreich, Italien und Großbritannien im Vergleich (1945-1956), Köln/Weimar 2007 (*Böhlau*), 775 S.

1. Einleitende Bemerkungen

Als dem berühmten britischen Historiker Alan J.P. Taylor einmal der Vorwurf gemacht wurde, er laufe mit seiner Studie über die Ursprünge des Zweiten Weltkriegs aus dem Jahr 1961 Gefahr, Beifall von der „falschen Seite" zu erhalten, gar den Feinden der Demokratie in die Hände zu arbeiten, blieb er gelassen. Der Historiker, hielt Taylor seinen Kritikern entgegen, dürfe im Streben nach Wahrheit nicht zögern, auch wenn er mit seinen Ergebnissen den Feinden der Queen oder sogar den Feinden der Menschheit nützte. Noch stärker als seinem Selbstverständnis als Geschichtsschreiber entsprach diese Grundhaltung seinem Selbstverständnis als Intellektueller. Die ihm so sympathischen „rootless intellectuals" seien ihrer Natur nach exzentrische Persönlichkeiten, Nonkonformisten und *troublemakers*. In seiner so überschriebenen, vielleicht persönlichsten Schrift formulierte Taylor bissig: „Conformity may give you a quiet life; it may even bring you to a University Chair. But all change in history, all advance, comes from the nonconformists. If there had been no troublemakers, no Dissenters, we should still be living in caves."[1]

Intellektuelle sind dem Wesen nach immer „other people", was dazu führt, daß sie – so mag es zumindest scheinen – häufiger als andere Gruppen an Extreme stoßen. Vom gesicherten Boden demokratischer Verfassungsstaaten aus und verbunden mit einer

1 Alan J.P. Taylor, The Trouble Makers. Dissent over Foreign Policy 1792-1939, London 1993 (zuerst 1957), S. 14. Sehr kritisch zu Taylors Intellektuellenrolle vgl. Stefan Collini, Absent Minds. Intellectuals in Britain, Oxford 2006, S. 375-392. Für Collini litt Taylor wie so manche Intellektuelle an einem „naughty-boy syndrome" (S. 384).

Neigung zu utopischem Denken, das Sehnsüchte nach ganzheitlichen Lösungen wachruft, resultierten daraus nicht selten Schwärmereien für scheinbar glückselig machende rechts- oder linksextremistische Ideologien und Bewegungen. In einer berühmten Studie nannte Raymond Aron den Marxismus das „Opium der Intellektuellen", ohne die Verführungskraft des Faschismus zu ignorieren. Hinzu konnten Wandlungen und Wechsel zwischen beiden radikalen Ideologien kommen, in mehr oder weniger theoretisch fundierter Weise repräsentiert durch Personen von Georges Sorel bis Horst Mahler.

Insbesondere das 20. Jahrhundert war eine Zeit der Prüfung und hielt vielfältige „Versuchungen der Unfreiheit" parat.[2] Für Ralf Dahrendorf faszinierte viele Intellektuelle am Faschismus (und auch am Nationalsozialismus) das reizvolle Angebot aus Bindung und Führung, am Kommunismus das aus Bindung und Hoffnung. Selbst der früh aufgrund seiner jüdischen Herkunft ins Londoner Exil gezwungene Frankfurter Soziologieprofessor Karl Mannheim antwortete, nach seiner Meinung über Hitler gefragt, im Juli 1934 noch mit den Worten: „We like him." Zur Begründung hieß es: „Wir mögen ihn, nicht seiner Politik wegen, natürlich nicht, die uns als sehr falsch vorkommt. Aber aufgrund der Tatsache, daß er ein ernsthafter, aufrechter Mann ist, der nichts für sich selber sucht, sondern sich mit ganzem Herzen darum bemüht, eine neue Regierung aufzubauen. Er ist tief aufrichtig, aus einem Stück, und wir bewundern seine Rechtschaffenheit und seine Hingabe."[3]

Eine solche Auffassung stellte zu jener Zeit keineswegs einen Einzelfall dar. Doch machte sich bei einer wachsenden Zahl von Intellektuellen, die nicht nur in der „Lingua tertii imperii" gern als „Intellektbestien" geschmäht wurden, sondern bald zunehmend Repressionen ausgesetzt waren, mit jedem Jahr, das das „Dritte Reich" andauerte, Ernüchterung breit. Zwischenzeitlich erfaßte allerdings eben auch Intellektuelle, diese zu kritischem und rationalem Denken besonders befähigte Gruppe, eine Art quasi-religiöse Bewunderung für den charismatischen „Führer".[4] Noch stärker als im Fall des Faschismus verehrten nicht wenige Intellektuelle den „Kommunismus als Religion"[5], zumal diese Ideologie ein Streben nach dem moralisch Guten postulierte und den religiös anmutenden Zauber stärker als der Nationalsozialismus mit dem Bedürfnis nach rationaler Welterklärung zu verbinden verstand. Ohne dauerhaft in die Sowjetunion überzusiedeln, betrachtete eine ganze Reihe westeuropäischer Linksintellektueller sie doch als gleichsam heilige „Wahlheimat". Der damit verbundene leidenschaftliche Glaube ver-

2 Vgl. Ralf Dahrendorf, Versuchungen der Unfreiheit. Die Intellektuellen in Zeiten der Prüfung, München 2006.

3 Zit. nach ebd., S. 17.

4 Hinzu kamen die von Ulrich Herbert so genannten „SD-Intellektuellen", die um eine Rationalisierung der NS-Politik bemüht waren und als Technokraten der Vernichtungspolitik gelten müssen. Vgl. Ulrich Herbert, Intellektuelle im „Dritten Reich", in: Gangolf Hübinger/Thomas Hertfelder (Hrsg.), Kritik und Mandat. Intellektuelle in der deutschen Politik, Stuttgart 2000, S. 160-177.

5 Siehe neuerdings Michael Ryklin, Kommunismus als Religion. Die Intellektuellen und die Oktoberrevolution, Frankfurt a.M./Leipzig 2008; vgl. auch Ulrike Ackermann, Sündenfall der Intellektuellen. Ein deutsch-französischer Streit von 1945 bis heute, Stuttgart 2000.

lor spätestens mit der Rechtfertigung des stalinistischen Terrors seine Unschuld. So schrieb George Bernard Shaw nach seiner Sowjetunion-Reise 1931 in Anlehnung an Hamlets bekannte Worte: „Unsere Frage ist nicht töten oder nicht töten, sondern wie die richtigen Leute zum Töten auswählen.“[6]

Es sind derartige verbale Fehlgriffe, die mit zu der Auffassung beitragen, in einer makrohistorischen Betrachtung „den“ Intellektuellen während der ersten Hälfte des 20. Jahrhunderts vielfachen Verrat an universellen Werten und Ideen der Menschlichkeit vorzuwerfen. Für eine gewisse Rehabilitation sorgten erst die Dichter und Denker Ostmitteleuropas (mit Ausnahme derjenigen in der DDR[7]), die in der zweiten Hälfte der achtziger Jahre kräftig am politischen Systemwechsel in Richtung Demokratie mitwirkten. Wolf Lepenies erkennt darin sogar ein „heroisches Comeback“ des Intellektuellen auf der politischen Bühne.[8] Gerade im Fall der deutschen Diktaturgeschichte ist angesichts solcher Euphorie die Rolle der aus Deutschland zwischen 1933 und 1945 vertriebenen intellektuellen Eliten nicht zu vergessen (und sie zu würdigen vergißt auch Lepenies keineswegs), die als Remigranten in der Bundesrepublik Prozesse der „Verwestlichung“ und „Demokratisierung“ nachhaltig zu befördern halfen.[9]

Die Berücksichtigung dieser wechselvollen Rollen im Spannungsfeld von Extremismus und Demokratie gehört wesentlich zu einer Geschichte der Intellektuellen im 20. Jahrhundert. Deren Darstellung erlebt seit einigen Jahren eine Blüte ebenso wie das weitere Gebiet einer „intellectual history“, die sich lange Zeit gegenüber stärker materialistischen Zugängen einer Sozialgeschichtsschreibung in die Defensive gedrängt sah.[10] Doch davon kann keine Rede mehr sein. Die Zeit alter Grabenkämpfe ist vorbei, zumal sich kaum noch ein Ideenhistoriker für eine reine „Denkgeschichte von einem geschriebenen Buch zum anderen“[11] stark macht und mit Hans-Ulrich Wehler der Begründer der „Bielefelder Schule“ schon vor einiger Zeit selbstkritisch einräumte: „Der theoretische und methodische Schwachpunkt der neueren Sozialgeschichte bestand von Anfang an darin, daß kulturelle Traditionen, ‚Weltbilder‘ und Sinnkonstruktionen, Religion, Weltdeutung und Perzeption der ‚Realität‘ durch die Akteure, Kollektivmentali-

6 Zit. nach Ryklin (FN 5), S. 75.

7 Diesem Thema widmet in dem „Intellektuellen“-Heft von „Geschichte und Gesellschaft“ Wolfgang Bialas einen Aufsatz: Ostdeutsche Intellektuelle und der gesellschaftliche Umbruch der DDR, S. 289-308. Ganz überwiegend hielten die Intellektuellen in der DDR am Gedanken eines geläuterten, erneuerten Marxismus-Sozialismus fest und propagierten einen irgendwo zwischen Kommunismus und Kapitalismus angesiedelten „dritten Weg“.

8 Wolf Lepenies, Kultur und Politik. Deutsche Geschichten, München 2006, S. 334.

9 Aus der überaus reichhaltigen Literatur hierzu siehe ebenso exemplarisch wie grundlegend Alfons Söllner, Fluchtpunkte. Studien zur politischen Ideengeschichte des 20. Jahrhunderts, Baden-Baden 2006; Claus-Dieter Krohn/Martin Schumacher (Hrsg.), Exil und Neuordnung. Beiträge zur verfassungspolitischen Entwicklung in Deutschland nach 1945, Düsseldorf 2000.

10 Vgl. Alexander Gallus, „Intellectual History“ mit Intellektuellen und ohne sie. Facetten neuerer geistesgeschichtlicher Forschung, in: Historische Zeitschrift, 288 (2009), Heft 1; Daniel Morat, Intellektuelle in Deutschland. Neue Literatur zur *intellectual history* des 20. Jahrhunderts, in: Archiv für Sozialgeschichte 41 (2001), S. 593-607.

11 Karl Mannheim, Wissenssoziologie, 2. Aufl., Neuwied 1970, S. 409.

tät und Habitus in ihrer wirklichkeitsprägenden Kraft unterschätzt, im Forschungsprozeß an den Rand gedrängt oder sogar völlig übergangen wurden."[12] Angesichts solcher Annäherungen mag es nicht mehr sonderlich verwundern, daß mit *Geschichte und Gesellschaft* die *Zeitschrift für Historische Sozialforschung* im Jahr 2007 ein Themenheft zu „Intellektuellen" herausbrachte.

2. Zum Begriff des Intellektuellen

Der chronologische Schwerpunkt dieses Heftes wie auch von Ingrid Gilcher-Holteys Aufsatzsammlung *Eingreifendes Denken* liegt auf dem 20. Jahrhundert. Allerdings finden sich in beiden Publikationen Beiträge zu Voltaire und der Affäre Calas, die intellektuellem Engagement im Verlauf des 18. Jahrhunderts nachspüren. Kirill Abrosimov zeichnet vorrangig anhand von Friedrich Melchior Grimms Zeitschrift *Correspondance littéraire* nach, wie sich der französische Philosoph Voltaire in den 1760er Jahren für das Toulouser Justizopfer, den calvinistischen Tuchhändler Jean Calas, öffentlich einsetzte, letztlich dessen Rehabilitierung bewirkte und damit langfristig einen „Erinnerungsort" der französischen Intellektuellengeschichte markierte. Anders als im Falle der noch viel berühmteren Dreyfus-Affäre (1898), die gemeinhin als Geburtsstunde des (modernen) Intellektuellen gilt, war der von der *parti philosophique* im Rahmen der aufklärerischen *République des lettres* erreichte Kommunikationskreis exklusiver, erfaßte die europäischen Höfe und damit die politischen Entscheidungsprozesse direkt, ohne den „Umweg" einer breiten Medienöffentlichkeit nehmen zu müssen. „Unter den Voraussetzungen der Pressefreiheit und der modernen Entscheidungsmechanismen", streicht Abrosimov diesen Unterschied zum modernen Intellektuellen heraus, „besteht der Königsweg des Intellektuellen seit Zola in der Eroberung der nationalen Öffentlichkeit durch den gezielten Gebrauch der allgemein zugänglichen Medien" (S. 196). Gilcher-Holtey setzt hier den Akzent ein wenig anders: So habe Voltaire mit der von ihm angezettelten Aufklärungskampagne durchaus ein anonymes Publikum mobilisiert, eine im wesentlichen von Adeligen und Bürgerlichen gebildete Öffentlichkeit, die einen indirekten Druck der öffentlichen Meinung auf Entscheidungsträger aufgebaut habe.

Beide Autorinnen sind sich aber darin einig, daß wir noch viel zu wenig über die Geschichte des Intellektuellen und ihre epochenspezifischen Ausprägungen wissen. Erstmals nachweisen könne man den Terminus „intellectuels" in Henri Saint-Simons Schrift *Du système industriel* von 1821, doch dürfte das dahinterstehende Phänomen weiter zurückreichen. Die vormoderne Geschichte von „Intellektuellen", die diesen Namen noch nicht trugen, stellt ein Desiderat der Forschung dar.[13] Gleich ob nun das Wort verwendet wurde oder nicht, muß eine Begriffsklärung erfolgen. An der Frage nach der

12 Hans-Ulrich Wehler, Die Herausforderung der Kulturgeschichte, München 1998, S. 145.

13 Vgl. auch Rita Copeland, Pre-modern Intellectual Biography, in: Helen Small (Hrsg.), The Public Intellectual, Oxford 2002, S. 40-61.

Definition des Intellektuellen aber scheiden sich seit jeher die Geister. Gilcher-Holtey arbeitet in idealtypischer Weise verschiedene Begriffe des Intellektuellen heraus und stützt sich selbst vorrangig auf Pierre Bourdieus Ansatz, der ihn für ein „bi-dimensionales“, „paradoxes Wesen“ hält. Der Intellektuelle bezieht demzufolge ein autonomes Feld – eben als Schriftsteller, Wissenschaftler, Philosoph etc. – und erlangt unabhängig von religiösen, politischen oder ökonomischen Mächten eine „spezifische Autorität“, die er dann in politischen Auseinandersetzungen zur Geltung bringen kann (S. 12). Intellektueller im eigentlichen Sinne wird er nur, wenn er von diesem Fundament aus zeitweise (öffentlich vernehmbar) zu politisch-gesellschaftlichen Fragen Stellung bezieht. Kulturelle Autonomie und politisches Engagement seien zwei Seiten einer Medaille.[14] Um eine Gegenmacht zu politischen, ökonomischen, massenmedialen oder anderen Mächten bilden zu können, müßten die Intellektuellen ihre Wirkungsmöglichkeiten über die Herausbildung von Organisationen und Netzwerken erhöhen. Das könne beispielsweise in Form von Gesprächskreisen, Zeitschriften, Manifesten, Petitionen oder Demonstrationen erfolgen. Dieser „kollektive Intellektuelle“ sei einerseits von dem zum Individualismus tendierenden „allgemeinen Intellektuellen“ (auch „klassischer“ oder „universeller“ Intellektueller genannt) als Träger universeller Werte abzugrenzen; andererseits aber auch von dem zum Dogmatismus neigenden revolutionär-marxistischen Intellektuellen sowie schließlich von Michel Foucaults „spezifischem Intellektuellen“, der vor allem in der Tradition des Wissenschaftlers und Experten stehe.

Die Herausbildung und Wirkungschancen von Intellektuellen Bourdieuscher Prägung sind nach Gilcher-Holtey an fünf Strukturbedingungen geknüpft. „1.) an die Existenz von ‚Kulturproduzenten‘ – Künstlern, Schriftstellern, Wissenschaftlern –, die vom Zwang, ihre Feder dem Meistbietenden zu verkaufen und sich damit in den Dienst der Macht zu stellen, sei es der Kirche, des Staates oder eines Mäzens, relativ freigesetzt sind; 2.) an die Entstehung eines literarischen Marktes, d.h. an das Aufkommen eines Verlags- und Zeitschriftenwesens; 3.) an die Alphabetisierung weiter Kreise der Bevölkerung; 4.) an die Säkularisierung sowie 5.) an die Entstehung einer von staatlichen Interventionen relativ freigesetzten Öffentlichkeit“ (S. 14).

Auf dieser begrifflichen Grundlage setzen die Aufsätze, die größtenteils schon früher veröffentlicht worden sind, im 18. Jahrhundert ein und widmen sich insbesondere intellektuellen Interventionen während der Französischen Revolution, bevor eine Studie zu Émile Zola und der Affäre Dreyfus das Tor zum 20. Jahrhundert aufstößt. Die Einzelstudien beziehen sich auf Deutschland und Frankreich, das gerne für sich beansprucht, *das* Land der Intellektuellen zu sein. Dies mag auch der Titel von Michel Winocks voluminösen, nun neu aufgelegten Darstellung der französischen Entwicklung unterstreichen: *Das Jahrhundert der Intellektuellen*. Anders als Gilcher-Holtey verzichtet er weitgehend auf theoretisch-begriffliche Einordnungsversuche. Stattdessen erzählt er, in manchen Passagen weitschweifig, die französische Geschichte, die er in drei Phasen

14 Dazu sehr systematisch Henning Hillmann, Zwischen Engagement und Autonomie: Elemente für eine Soziologie der Intellektuellen, in: Berliner Journal für Soziologie 7 (1997), S. 71-86.

unterteilt: die Ära Barrès, die Ära Gide und schließlich die Ära Sartre. Der Faktenreichtum dieses Werks, das statt eines großen Arguments viele kleine monographisch-biographische Studien enthält, ist kaum zu überbieten. In dieser Hinsicht ist es eine wahre Fundgrube – ebenso übrigens für manch gelungene pointierte Charakterisierung von Personen. So stellt Winock abschließend dem „Herold der Revolte" Jean-Paul Sartre den „Meister der empirischen Intelligenz" Raymond Aron gegenüber (S. 781).

An der Dreyfus-Affäre, mit deren ausführlicher Schilderung Winocks Studie beginnt, zeigt Gilcher-Holtey, wie die Intellektuellen um den Schriftsteller Zola aus einem individuellen Justizfall einen prinzipiellen Bewährungsfall der öffentlichen Moral machten. Überzeugend arbeitet sie die entstehende Dynamik eines aufflammenden und sich radikalisierenden Streits um Wertprinzipien und Geisteshaltungen zwischen Dreyfusards und Antidreyfusards heraus. Anfangs noch ein Schimpfwort, wandelte sich der Begriff „Intellektueller" bald zu einer Selbstbezeichnung, die beide Parteien für sich beanspruchten. Gerade die Schärfe der Auseinandersetzung, die in den Augen des Soziologen Émile Durkheim einem „regelrechten Kreuzzug" glich, führte zur Herausbildung entgegengesetzter intellektueller Lager. Das Antagonistische, Oppositionelle ist geradezu konstitutiv für die intellektuelle Existenz, die erst durch den argumentativen Kampf in fundamentalen, existentiellen, moralisch aufgeladenen gesellschaftlich-politischen Angelegenheiten scharfe Konturen auszubilden vermag.

3. Weimarer Diskurse und Wirkungen

Solcher Streit um das Selbstverständnis der gesamten Gesellschaft, geführt von einer intellektuellen Avantgarde, galt nicht zu allen Zeiten als legitim, sondern vielmehr als ein Angriff auf den Zusammenhalt einer Nation und der „Volks"-Gemeinschaft. Gerade weil den Intellektuellen eine solchermaßen zersetzende Wirkung – beispielsweise im Deutschland der Weimarer Republik – zugeschrieben wurde, galt der Begriff selbst noch lange Zeit als Schimpfwort.[15] Wer einen Eindruck von den Weimarer Intellektuellendiskursen gewinnen will, dem sei der neu aufgelegte Band von Manfred Gangl und Gérard Raulet zur „politischen Kultur einer Gemengelage" empfohlen. Die darin versammelten Einzelstudien vermitteln eine Idee von der Vielfalt, Widersprüchlichkeit und Aggressivität der damaligen Diskurse. Das Kompendium belegt aber auch, daß es zu einfach wäre, das intellektuelle Feld in der Weimarer Republik zwischen den Polen der Linken und Rechten aufzuteilen. Stattdessen betont es Ambivalenzen und Austauschdiskurse. In der neuen Einleitung kritisieren die Herausgeber die „gängigen Darstellungskriterien der politischen Kultur der Weimarer Republik in Links- und Rechtsintellektuelle, Republikaner und Antirepublikaner, Verfechter und Kritiker der Moderne", würden solche politische Zuordnungen doch nicht der „Komplexität des diskursiven Laboratoriums der zwanziger Jahre" (S. 27) entsprechen. Diese gewiß gerechtfertigte

15 Dazu umfassend Dietz Bering, Die Intellektuellen. Geschichte eines Schimpfwortes, Stuttgart 1978.

Kritik bleibt leider ohne alternative Klassifizierung, so daß der Leser zwar am Ende viel Lehrreiches zu Einzelfällen und über Gemengelagen erfährt, aber in begrifflich-kategorialer Hinsicht einigermaßen ratlos zurückbleibt.[16]

Bedauerlich ist zudem – das ist freilich nicht den Herausgebern vorzuwerfen – das Verharren bei den Jahren 1918 bis 1933, statt nach der Kontinuität intellektueller Positionen über die politischen Zäsuren hinweg zu fragen. Dies leisten am besten biographische Studien, die Lebens- und Zeitenwenden zueinander in Beziehung setzen müssen. In jüngster Zeit ist eine ganze Reihe von intellektuellen Lebensbeschreibungen erschienen.[17] Zu ihnen zählt auch die bereits 2003 auf Englisch publizierte Studie Jan-Werner Müllers über den „gefährlichen Geist" Carl Schmitt. Müllers Verdienst liegt darin, nicht nur Konstanten im Schmittschen Denken wie die Verachtung für Pluralismus und Liberalismus über die verschiedenen Systemwechsel hinweg herauszuarbeiten, sondern auch und vor allem darin, die weit über das rechte Lager und Deutschland hinausweisende Wirkungsgeschichte dieses Staatsrechtslehrers und politischen Denkers nach dem Zweiten Weltkrieg darzustellen. Schließlich strahlte sie außer auf Nachfahren der „Konservativen Revolution" selbst auf neu-linke und kommunistische Intellektuelle aus. Für den italienischen Fall ist sogar die Rede von den „Marxisti Schmittiani". „Die Extreme", das belegt Müller an einer großen Zahl von Beispielen, „fühlten sich von Schmitt angezogen – und Schmitt sich wiederum von ihnen" (S. 182).

Sean A. Forners überaus kenntnisreicher Beitrag über Rückbezüge und spezifisch deutsche Traditionen im Prozeß der demokratischen Erneuerung Deutschlands nach 1945, erschienen in dem von Wolfgang Hardtwig verantworteten „Intellektuellen"-Themenheft, nimmt ebenfalls eine wirkungsgeschichtliche Perspektive ein und erörtert u.a. Weimars intellektuelles Erbe.[18] Vergleichsweise lockere Netzwerke, gebildet rund um Gesprächskreise und kulturpolitische Zeitschriften, suchten geistig vielfach an Weimarer Zeiten anzuknüpfen. Nicht zuletzt die alte *Weltbühne* entfaltete nach 1945 eine beträchtliche intellektuelle Ausstrahlungskraft. Sie wurde, das belegt Forner mit einer großen Zahl von Zeugnissen, „von einer Reihe ehemaliger Mitarbeiter, sympathisierender Weggenossen und jüngerer Verehrer für ihre ideologisch plurale, aber kompromißlos kritische Publizistik bewundert" (S. 247). Umso erstaunlicher ist die Tatsache, daß bis heute nicht nur eine detaillierte, demokratietheoretisch grundierte und begrifflich genaue Studie zu diesem zentralen Forum des Weimarer linksintellektuellen Diskurses, sondern auch zum politisch-publizistischen Engagement ihrer Protagonisten nach 1945 fehlt.

---

16 Um mehr begriffliche Klarheit bemüht sind: Andreas Wirsching/Jürgen Eder (Hrsg.), Vernunftrepublikanismus in der Weimarer Republik. Politik, Literatur, Wissenschaft, Stuttgart 2008; Christoph Gusy (Hrsg.), Demokratisches Denken in der Weimarer Republik, Baden-Baden 2000.

17 Siehe zuletzt etwa Daniel Morat, Von der Tat zur Gelassenheit. Konservatives Denken bei Martin Heidegger, Ernst Jünger und Friedrich Georg Jünger 1920-1960, Göttingen 2007; Stephan Schlak, Wilhelm Hennis. Szenen einer Ideengeschichte der Bundesrepublik, München 2008.

18 Dagegen analysiert Tim B. Müller in demselben Heft stärker die Auswirkungen des Kalten Krieges auf intellektuelle Biographien: Die gelehrten Krieger und die Rockefeller-Revolution. Intellektuelle zwischen Geheimdienst, Neuer Linken und dem Entwurf einer neuen Ideengeschichte, S. 198-227.

4. Etablierung des Intellektuellen nach 1945

Gleich ob sich die Intellektuellen – gerade in den Jahren des Übergangs zwischen 1945 und 1949 – eine Anknüpfung an Weimarer Demokratievorstellungen oder einen gänzlichen Neuanfang wünschten, ist doch ein anderer Wandel hervorzuheben. Nach 1945 setzte ein Prozeß ein, der den Intellektuellen in Deutschland ungeachtet so mancher Kritik, die in Ludwig Erhards „Pinscher"-Rhetorik kulminierte, nachhaltig von seinem negativen Image befreite. Diesen Sachverhalt belegt Gilcher-Holtey am Beispiel der Gruppe 47 und ihrem Beitrag zu einer erneuerten, demokratischen Nachkriegskultur in der Bundesrepublik. In ihren lesenswerten Ausführungen über diese wohl bekannteste Vereinigung von Autoren im Westen Deutschlands (zwischen 1947 und 1967) erörtert sie nicht so sehr deren schriftstellerisches, als vielmehr deren politisches und damit nach Bourdieu genuin intellektuelles Engagement. Diese lockere Gruppe der „jungen Generation" blieb ohne Organisationsstatut oder Programm und begegnete Ideologien angesichts der Erfahrungen mit Nationalsozialismus und Stalinismus feindlich. Der führende Kopf der Gruppe, Hans Werner Richter, war ebenso wie Alfred Andersch Dissident der Kommunistischen Partei. Die Gruppe 47 wollte durch ihr Wirken in den Bereichen der Literatur und Publizistik die demokratische Elitenbildung befördern und mittels der antihierarchischen Diskussionen bei ihren Treffen wahrhaftige Demokratie im Kleinen vorleben. Von der politischen Wirkung der Literatur waren sie überzeugt. Andersch äußerte einmal: „Literatur als von Politik gelöste Elfenbeinturmgeschichte war für uns gar nicht denkbar" (Zitat, S. 143). Dabei verstanden es die Mitglieder der Gruppe 47, die für Intellektuelle so wichtige Öffentlichkeit zu erreichen – forciert über enge Kontakte zu Verlegern, Zeitungen und Rundfunkanstalten. Mit dem Erfolg von Günter Grass' *Blechtrommel* zog die Gruppe 47 sogar die Aufmerksamkeit einer weit über die deutschen Grenzen hinausweisenden Öffentlichkeit auf sich.

Die Gruppe 47 bemühte sich um die Formierung einer literarischen Gegenmacht und -öffentlichkeit. Darüber hinaus bezog sie als kollektiver intellektueller Akteur auch direkt Stellung zu politisch brisanten Angelegenheiten: so nach dem Mauerbau in einem „Offenen Brief an den Präsidenten der UNO" zur deutschen Frage und ein Jahr später in einem „Manifest" zur „*Spiegel*-Affäre". Außerdem entstanden mit der Gruppe (wenigstens personell) eng verknüpfte Zirkel und Aktionen: so zwischen 1956 und 1958 der „Grünwalder Kreis" gegen „Refaschisierungstendenzen" in der Bundesrepublik, zwischen 1958 und 1960 das „Münchener Komitee gegen Atomrüstung" und schließlich ab den sechziger Jahren das offensive Eintreten für einen Regierungswechsel, das in der „Sozialdemokratischen Wählerinitiative" mündete.[19] „Indem die Schriftsteller der Gruppe in die politische Arena intervenierten", lautet Gilcher-Holteys Resümee, „trugen sie entscheidend zur Institutionalisierung der Rolle des Intellektuellen in der

19 Vgl. insbesondere die beiden Sammelbände: Martin Walser (Hrsg.), Die Alternative oder brauchen wir eine neue Regierung?, Reinbek bei Hamburg 1961; Hans Werner Richter (Hrsg.), Plädoyer für eine neue Regierung oder keine Alternative, Reinbek bei Hamburg 1965.

Bundesrepublik bei und damit zur Verankerung eines zentralen Elementes der westeuropäischen politischen Kultur in der bundesrepublikanischen Kultur" (S. 159). Die Intellektuellen (nicht zuletzt der Gruppe 47) haben an einer Ausweitung des Politikbegriffs über Fragen der Staatstätigkeit hinaus mitgewirkt und im Westen Deutschlands eine demokratische Streitkultur zu etablieren geholfen. Das neue politische System und die Intellektuellen schienen miteinander ausgesöhnt. Im Unterschied zu vielen ihrer Weimarer Vorgänger[20] wollten die Nachkriegsintellektuellen zumeist nicht das gesamte politische System verwerfen, sondern vielmehr auf den Schutz und die Verbesserung der demokratischen Ordnung hinwirken.[21]

Im Jahr 1968 schrieb Günter Grass entsprechend: „Denn der Ort des Schriftstellers ist inmitten der Gesellschaft und nicht über oder abseits der Gesellschaft. Darum fort mit allem geistigen Hochmut und dünkelhaften Elitegeist! Ihr Utopisten und Sektierer in Eurem schönen, windstillen Gehäuse: Tretet vor die Tür! Stoßt Euch Knie und Stirn wund an unserer Realität! [...] Kein Anlaß besteht, den antiquierten Gegensatz zwischen Geist und Macht neu zu konstruieren. Denn nicht auf irgendeinem Parnaß, zwischen Musen und Weihrauch, nicht in feinsinnig erdachten Gelehrtenrepubliken sind wir steuerpflichtig und wahlberechtigt, sondern hier in der Bundesrepublik gilt es zu zahlen und den Mund aufzumachen."[22] Das Jahr 1968 markierte auch das Ende der Gruppe 47, die nun selbst gleichsam zum Establishment zählte. Wie sehr mittlerweile eine politische Kultur des Widerspruchs sich etabliert hatte, das wollten nun die antiautoritären 68er den in die Jahre gekommenen „Jungen" der Gruppe 47 beweisen.

So skandierten Studierende der Erlanger Universität vor der Tagungsstätte der Gruppe 47 im Oktober 1967 „Die Gruppe ist ein Papiertiger" und forderten Hans Werner Richter lautstark über Megaphone auf, zu seinen klassenkämpferischen Anfängen zurückzukehren. Offenbar machte nun eine neue Generation dem „kollektiven Intellektuellen" der Gruppe 47 dessen über zwanzig Jahre gehegten und gepflegten Avantgarde-Anspruch streitig. Die Außerparlamentarische Opposition trieb einen Keil in die Gruppe, wodurch in ihr zusammengeschlossene, aber stark voneinander abweichende Positionen einer „neuen" und „alten" Linken deutlich hervortraten. Sowohl APO und SDS als auch NPD beunruhigten den „alt"-linken Schriftsteller Günter Grass und bestärkten ihn in einer Art antiextremistischen Grundhaltung zur Verteidigung des in seinen Augen so aussichtsreichen westdeutschen Demokratieversuchs. „Das politische System der Bundesrepublik", schrieb der „neu"-linke Hans Magnus Enzensberger dagegen 1967, sei „jenseits aller Reparatur. Man kann ihm zustimmen, oder man muß es

20 Vgl. Kurt Sontheimer, Antidemokratisches Denken in der Weimarer Republik. Die politischen Ideen des deutschen Nationalismus zwischen 1918 und 1933, 3. Aufl., München 1992; Riccardo Bavaj, Von links gegen Weimar. Linkes antiparlamentarisches Denken in der Weimarer Republik, Bonn 2005.

21 Vgl. Helmut L. Müller, Die literarische Republik. Westdeutsche Schriftsteller und die Politik, Weinheim/Basel 1982 sowie die Textauswahl: Vaterland, Muttersprache. Deutsche Schriftsteller und ihr Staat seit 1945. Zusammengestellt von Klaus Wagenbach u.a., Berlin 2004.

22 Zit. nach Daniela Münkel, Intellektuelle für die SPD: Die Sozialdemokratische Wählerinitiative, in: Hübinger/Hertfelder (FN 4), S. 229.

durch ein neues ersetzen. Tertium non dabitur“ (S. 188). Ab 1965 gab er das – nach vielfältigen Wandlungen 2008 eingestellte – *Kursbuch* als intellektuelles Leitorgan einer revolutionär gesinnten außerparlamentarischen Linken heraus, die zu Grassens „Espe-de“ auf deutliche Distanz ging. Grass schlug daraufhin seinem Verleger Eduard Reifferscheid, allerdings ohne Erfolg, eine publizistische Gegengründung vor. Beide Autoren, Nachbarn im gutbürgerlichen Berliner Stadtteil Friedenau, waren auf eine ihres Erachtens noch nicht abgeschlossene (nationalsozialistische) Vergangenheit fixiert.[23] Nur zogen sie daraus entgegengesetzte Schlüsse. Betrachtete Enzensberger die APO als „revolutionären Kern“ einer neuen Opposition, so erkannte Grass in ihr gefährliche „Heilsapostel“.

Es waren externe Voraussetzungen, die interne Spannungen innerhalb der Gruppe 47 aufbrechen ließen und letztlich zu ihrem Ende führten. Für die neue politische Avantgarde der APO und den antiautoritären Flügel des SDS sowie die mit ihnen verbundenen Intellektuellen sollte Literatur zum Medium des Klassenkampfes werden. Der Intellektuelle, seiner Rolle als aufklärender Beobachter und Mahner entkleidet, hatte sich neu zu definieren als revolutionäres Subjekt, „militant“ und Mitkämpfer für einen Wandel des politisch-sozialen Status quo. Enzensberger etwa ließ sich dafür auf eine „Unterbrechung der Künstlerlaufbahn“ (Walter Benjamin) ein, schrieb für eine Weile keine Gedichte mehr, gab das Stipendium einer amerikanischen Universität zurück und ging nach Kuba. Grass kommentierte diesen Schritt mit Spott: „Für Postkarten aus aller Welt voller anspornender witziger Beschimpfungen sind wir dankbar“ (Zitat, S. 204).

5. Kommunistische Herausforderungen

Ein anderer „militant“ unter den Intellektuellen, den sein Weg nach Kuba führte und den Gilcher-Holtey porträtiert, ist der französische Philosophielehrer Régis Debray. Im Unterschied zu Enzensberger, der nur relativ kurz 1968/69 auf der Insel verweilte, avancierte Debray für mehrere Jahre zu einem der liebsten Gesprächspartner, ja zu einem Vertrauten Fidel Castros. „El Jefe“, der stets uniformierte Kommandant Kubas, der auf westliche Intellektuelle eine beträchtliche Faszinationskraft ausübte, beauftragte den jungen französischen Philosophen sogar mit der theoretischen Darlegung seiner revolutionären Botschaft. Die daraus hervorgegangene Schrift *Revolution in der Revolution* (1967) ist das Plädoyer für eine avantgardistische Guerilla, aus deren Kampf und Bewegung schließlich eine neue politische Organisation entstehen solle. Für Régis‘ Onkel Jean-Robert Debray, Mitglied der *Académie des sciences morales et politiques*, gehörte sein Neffe „zur Kategorie jener, die ihren Karren an einem Stern festmachten und als Heiliger oder Kampfphilosoph enden“ (Zitat, S. 270). Debray fungierte zwi-

23 Zu diesem Problemfeld siehe nun grundsätzlich: A. Dirk Moses, German Intellectuals and the Nazi Past, Cambridge/New York 2007.

schenzeitlich als „revolutionärer Intellektueller", der mit der Zeit[24] und im Rückblick die Widersprüchlichkeit dieser Rolle erkannte. Am Ende gehe der Intellektuelle aus dieser Konstellation als Verlierer hervor, denn letztlich unterliege er den Regeln des politischen Kampfes, die andere seien als die ihm eigenen des politischen Diskurses. Die Handlungslogik des praktischen politischen Kampfes entziehe sich der Kontrolle des Intellektuellen, der – dem „revolutionären Subjekt" untergeordnet – ohne Mitspracherecht und Mitwirkung am Entscheidungsprozeß bleibe. Debray freundete sich mit den Jahren daher immer stärker mit der „klassischen" Vorstellung des „allgemeinen Intellektuellen" an, der keiner Partei oder Ideologie, sondern lediglich überzeitlichen Gerechtigkeitswerten verpflichtet sei. Castro erschien ihm im Nachhinein als Tyrann an der Spitze eines kastenartigen Feudalsystems, das Debray einen „karolingischen Kommunismus" nannte. In der Retrospektive wünschte er sich, niemals ein „revolutionärer Intellektueller" gewesen zu sein, der einem solchen System seine geistige Unterstützung geliehen habe.

In ähnlich eindringlicher Weise zeichnet Gilcher-Holtey auch die wechselvolle Beziehung zwischen den Gesellschaftsanalysen der Kritischen Theorie während der dreißiger und vierziger Jahre auf der einen Seite und der auf politische Praxis zielenden Neuen Linken der sechziger Jahre nach. Sie wendet sich gegen die These, es habe sich bei der antiautoritären Bewegung von 1968 um eine angewandte Kritische Theorie gehandelt und betont stattdessen stärker die Eigendynamik der Ideen, die vor dem Hintergrund je spezifischer historischer Ausgangsbedingungen unterschiedliche Wirkungen entfalteten. Den Titel des für eine Aufsatzsammlung außerordentlich geschlossen wirkenden Bandes hat die Autorin indes einer anderen Einzelstudie entnommen, nämlich über Bertolt Brechts Konzept des „eingreifenden Denkens".

Brechts Vorstellungen, die Ähnlichkeit mit Bourdieus Intellektuellenbegriff besitzen, beruhten „auf der philosophischen Prämisse, daß Kultur nicht bloß Spiegel und Überbau der ökonomischen Entwicklung ist, sondern ein ‚selbst entwickelnder Faktor' und ‚Prozeß', der zur Revolutionierung der Gesellschaft beitragen kann. Brecht ging mithin", heißt es weiter, „von der subversiven, das Bestehende potentiell transzendierenden Kraft von Kunst und Kultur aus und schrieb Schriftstellern und Künstlern, insbesondere den Theatermachern, die Möglichkeit zu, Strukturen der Gesellschaft grundle-

24 Dies war eine höchst turbulente Zeit mit Festnahme des „Verbindungsagenten" zwischen Castro und Che Guevara in Bolivien 1967 und Verurteilung zu dreißig Jahren Gefängnishaft (bezeichnenderweise wegen „Guerillakampfes" und nicht aufgrund seiner intellektuellen Tätigkeit). Auf Intervention der französischen Regierung Ende 1970 freigelassen, fungierte er bis zu dessen Sturz als Berater des chilenischen Präsidenten Salvador Allende, bevor er – nach Paris zurückgekehrt – den französischen Staatspräsidenten François Mitterrand beriet. Umstritten ist er – insbesondere aus deutscher Sicht – auch dafür, daß er zwischenzeitlich (nach dem Frankfurter Kaufhausbrandprozeß) Gudrun Ensslin und Andreas Baader in seiner Pariser Wohnung Unterschlupf gewährte. Außerdem berief sich die RAF auf Debrays Ausführungen zum Guerillakampf. Vgl. Bernhard Gierds, Che Guevara, Régis Debray und die Focustheorie, in: Wolfgang Kraushaar (Hrsg.), Die RAF und der linke Terrorismus, Hamburg 2006, Bd. 1, S. 182-204.

gend zu verändern“ (S. 114 f.). Die schriftstellerisch-künstlerische Autonomie sollte demnach eine intellektuell-politische Gegenmachtbildung gewährleisten. Für Gilcher-Holtey zählte Brecht – obgleich Marxist – deshalb nicht zu den Parteiintellektuellen oder zur linientreuen „Intelligentsia“.

Thomas Kroll, der eine beeindruckende kollektivbiographisch-vergleichende Studie zu kommunistischen Intellektuellen in Frankreich, Österreich, Italien und Großbritannien während des ersten Nachkriegsjahrzehnts vorgelegt hat, dürfte Brecht zu den kommunistischen Intellektuellen mit utopischer Tendenz rechnen, die sich durch eigenständige Aktionsformen und ein autonomes Selbstverständnis auszeichneten. Davon abzugrenzen seien diejenigen kommunistischen Intellektuellen mit einem heteronomen Rollenverständnis, deren sakramentaler Glaube vollständig auf das „Heilszentrum“ der Partei orientiert blieb. Um Intellektuelle im „Zeitalter der Extreme“ und Ideologiekämpfe möglichst vollständig und unvoreingenommen untersuchen zu können, plädiert Kroll dafür, sich von den weiterhin dominierenden normativ-ontologischen Überformungen des Intellektuellenbegriffs zu verabschieden. Ganz wertfrei sind für ihn Intellektuelle im Kern Produzenten und/oder Vermittler von Ideen und Weltbildern.[25]

Gerade für seinen Untersuchungszeitraum beobachtet er ein Fortleben politischer und moralischer Maßstäbe aus dem Zeitalter des Kalten Krieges. Sie würden allerdings wenig zur Beantwortung der Frage beitragen, weshalb der Kommunismus (vor allem sowjetischer Provenienz) auf Intellektuelle in den während der vierziger und fünfziger Jahre prosperierenden Demokratien Westeuropas einen beträchtlichen Einfluß ausüben konnte. Kritik sei an der Vorannahme „vom monolithischen Charakter des Kommunismus und der Uniformität der Ziele und Formen des Engagements der Intellektuellen in Westeuropa“ vorzubringen, zumal bislang entsprechende empirische Untersuchungen dazu fehlten. Ein „inkriminatorischer Interpretationsansatz“ beherrsche aber seit der Epochenwende von 1989/91 und noch verstärkt seit der Veröffentlichung des *Schwarzbuchs des Kommunismus* die historiographische Debatte, die „zeitgenössischen Motive, Handlungsintentionen und Erfahrungen der betreffenden Intellektuellen“ ganz überwiegend ausblende (S. 4-6). Es gelte um so mehr, nach nationalen Variationen und Strukturbedingungen des Kommunismus, nach dem politischen Selbstverständnis und Aktionsformen seiner intellektuellen Verfechter zu fragen: „Waren sie manipulierbare Statisten einer totalitären Bewegung [...] oder waren sie autonome Akteure, deren Aktionen selbstbestimmten Kriterien folgten?“ (S. 7).

Das Ergebnis der systematischen Untersuchung von Gründen, Zielen und Formen des intellektuellen Engagements in den vier genannten Ländern spricht gegen Generalisierungen und zeigt eine beträchtliche Variationsbreite der einzelnen „Kommunismen“. Gleichwohl verfolgt Kroll einen glaubensgeschichtlichen Ansatz und nennt den Kommunismus in Paul Tillichs Sinne den „Gott“ der Intellektuellen. Er differenziert

25 Vgl. dazu auch Harald Bluhm/Walter Reese-Schäfer (Hrsg.), Die Intellektuellen und der Weltlauf. Schöpfer und Missionare politischer Ideen in den USA, Asien und Europa nach 1945, Baden-Baden 2006.

aber zwischen dem schon erwähnten „utopischen" und dem „sakramentalen" Typus: „Auf der einen Seite steht ein Typus des Intellektuellen, der für sich Autonomie beansprucht, auf der anderen Seite steht ein heteronomer Typus, der sich bereitwillig einer politischen Bewegung oder Autorität unterordnet" (S. 15). Damit sind die Pole eines idealtypischen Kontinuums benannt. Die vergleichende Studie beruht weiterhin auf der Bestimmung eines Generationenprofils der jeweils in den vier Ländern zwischen 1945 und 1956 ausgewählten Intellektuellen, deren jeweiliges politisches Selbstverständnis Kroll im Detail erörtert. Neben der Leitfrage nach dem utopisch-autonomen oder sakramental-heteronomen Selbstverständnis problematisiert er u.a. die Gründe, ja die bis in die Zeit vor 1945 zurückreichenden generationellen Erfahrungen, die für die Konversion zum Kommunismus verantwortlich waren, die Haltung der unterschiedlichen Intellektuellengruppen zur Sowjetunion, zur parlamentarischen Demokratie, zur kommunistischen Partei, zur Gewaltfrage sowie Ursachen der zwischen 1953 und 1956 verstärkt einsetzenden Glaubenskrisen. Methodisch vielfältig und unter Berücksichtigung eines gewaltigen Quellenkorpus gelingt es ihm, quantitative und qualitative Zugänge miteinander zu verbinden: neben prosopographischen Auszählungen anhand von insgesamt 608 westeuropäischen Intellektuellen finden sich exemplarische biographische Skizzen und hermeneutische Textanalysen.

Der westeuropäische Nachkriegs-Kommunismus bot sich insgesamt janusköpfig dar: Das kommunistische Engagement konnte – nicht weiter verblüffend – totalitär-diktatorische Züge annehmen, es konnte aber auch gesellschaftliche Demokratisierungsprozesse westlichen Musters befördern und die parlamentarische Demokratie stabilisieren helfen. Die nationalen Unterschiede sind zum Teil beträchtlich. Abgesehen von Einzelfällen entsprachen die französischen Kommunisten – dominiert von der sogenannten „bolschewistischen Generation", die zwischen 1925 und 1933 in den PCF strömte – am geschlossensten dem Bild eines ebenso totalitären wie sakramentalen Glaubens, der dem Kommunismus der stalinistischen Sowjetunion („la patrie du socialisme et de la vérité") bedingungslos huldigte. „Au service du parti" lautete das oberste Gebot. Viele französische Intellektuelle verfielen dem Kult um Stalin, der ihnen als der „geniale Demiurg der Weltgeschichte" (S. 155) galt.

Die italienischen Intellektuellen stellten das Moskauer Heilszentrum am stärksten in Frage, verstanden sich als autonome Akteure mit eigenständigen Utopie-Vorstellungen, beteiligten sich an der Ausarbeitung der neuen republikanischen Verfassung ihres Landes und vertraten das Konzept eines parlamentarisch verfaßten Sozialismus. Kroll erkennt im italienischen Beispiel – und in abgeschwächter Form gilt das auch für den österreichischen Fall – eine demokratische Stoßrichtung, obgleich keine der erörterten, durchweg autoritär-elitären Intellektuellenzirkel genuine Verfechter westlich-pluralistischer Demokratiemodelle gewesen seien. Wie ihre italienischen und österreichischen Mitstreiter neigten die britischen Intellektuellen in ihrer Rolle als Erzieher und Propheten zwar zu autonomen, von der CPGB vergleichsweise unabhängigen Aktionsformen, die auf eine marxistische Missionierung der Akademikerelite ihres Landes zielten. Zugleich propagierten sie aber bis zum Wendejahr 1956 einen ebenso revolutionären wie gewaltsamen Systemwechsel zur Überwindung der „bürgerlichen Demokratie“. „Während also das kommunistische Engagement der Intellektuellen in autoritären Gesellschaften wie dem Italien Mussolinis oder dem austrofaschistischen Österreich demokratische Entwicklungsprozesse fördern konnte“, resümiert Kroll, „gewann es in bereits entwickelten Demokratien wie Frankreich oder Großbritannien eine totalitäre oder zumindest diktatorisch-gewaltbereite Stoßrichtung“ (S. 639 f.).

Den „Sonderfall“ des geteilten Deutschland hat Kroll in seiner Habilitationsschrift ausgespart, dem Thema aber einen Aufsatz in der „Intellektuellen“-Ausgabe von *Geschichte und Gesellschaft* gewidmet. Während der ersten beiden Nachkriegsjahre wollten kommunistische Intellektuelle in den von Kroll betrachteten Westzonen[26] als vergleichsweise eigenständige Erzieher der Nation zum Antifaschismus fungieren. Als sich der Kalte Krieg ab 1947 aber verschärfte und Schdanows Zwei-Lager-Theorie die Kommunisten vor die Wahl stellte, entweder auf Seiten der UdSSR oder des Imperialismus zu stehen, war für autonome Bestrebungen der Spielraum minimiert. Die nun einsetzende Sakramentalisierung reichte noch weiter als im französischen Fall. Diese Radikalität hatte viel mit der besonders scharfen ideologischen wie machtpolitischen Ausprägung des Ost-West-Konflikts entlang der deutsch-deutschen Grenze zu tun. Dies zeigte sich besonders deutlich in einem kommunistischen Nationalismus, der auf einen Sturz der Adenauer-Regierung und eine Ausweitung der DDR nach Westen zielte. Die Intellektuellen ließen sich mehrheitlich bereitwillig auf die Rolle von „Vollstreckern des Parteiwillens“ (S. 284) reduzieren. Sie huldigten nicht nur Stalin, sondern auch ihrem wenig charismatischen Parteivorsitzenden Max Reimann.

6. Schlußbemerkung

Angesichts solch geistiger Unterwürfigkeit, die im deutschen Fall *cum grano salis* bis zum Zusammenbruch des Kommunismus in der zweiten Hälfte der achtziger Jahre anhielt, möchte man an Julien Bendas klassische Studie *La trahision des clercs* von 1927 erinnern. Während des 20. Jahrhunderts, diesem Zeitalter der Extreme, haben die Intellektuellen jedenfalls durch die Hingabe an politische Leidenschaften und dezidierte Parteinahme vielfachen Verrat an ihrer geistigen Unabhängigkeit geübt und damit ihre eigene Rolle in Frage gestellt. Andererseits waren sie aber auch – gerade im Falle der 1949 neu gegründeten Bundesrepublik Deutschland – daran beteiligt, eine „politische Kultur des Widerspruchs“ (Jürgen Habermas) zu etablieren und so die „innere“ Demokratisierung des politischen Systems nachhaltig zu befördern.

---

26 Vgl. auch die anschaulichen Memoiren von Hermann und Gerda Weber, Leben nach dem „Prinzip links“. Erinnerungen aus fünf Jahrzehnten, Berlin 2006; für die SBZ/DDR siehe Werner Müller, Kommunistische Intellektuelle in der SBZ und in der frühen DDR, in: Hübinger/Hertfelder (FN 4), S. 239-265.

»Kontrovers besprochen«:

Der Gotteswahn

Von Heinrich Lüchtenborg (1)

Richard Dawkins, Der Gotteswahn, Berlin 2007 (*Ullstein*), 575 S.

Die Originalausgabe erschien unter dem Titel: „The God Delusion“. Die Definition des Begriffes „Delusion“ entnimmt der Oxford-Professor Dawkins einem Lexikon: „Dauerhafte falsche Vorstellung, die trotz starker entgegengesetzter Belege aufrechterhalten wird, insbesondere als Symptom einer psychiatrischen Erkrankung“. Der erste Teil dieser Definition sei „eine perfekte Beschreibung des religiösen Glaubens“. Mit Blick auf den zweiten Teil dieser Definition wird Robert M. Pirsig zitiert: „Leidet ein Mensch an einer Wahnvorstellung, so nennt man es Geisteskrankheit. Leiden viele Menschen an einer Wahnvorstellung, dann nennt man es Religion“. Die deutsche Übersetzung erschien unter dem Titel „Der Gotteswahn“. Dazu gesellt sich ein Zitat des Verfassers: „Ich bin ein Gegner der Religion. Sie lehrt uns, damit zufrieden zu sein, daß wir die Welt nicht verstehen“. Damit ist angekündigt, was auf den folgenden 534 Textseiten oft gebetsmühlenartig dargelegt wird.

Zunächst erweist Dawkins „verdienten Respekt“ jenen Wissenschaftlern, die mit ihm darin einig sind, daß es nichts außerhalb der natürlichen, physikalischen Welt gibt. Weniger respektvoll geht der Verfasser dagegen mit jenen um, die an einen Schöpfergott glauben. Nach Ausfällen gegen den Gott des Alten Testaments, der Bibel der Juden, die einem erneuten Antisemitismus in die Hände spielen können, setzt Dawkins sich mit der sogenannten „Gotteshypothese“ auseinander. Dabei schlägt er sich auf die Seite eines Kollegen, des Genetikers Jerry Coyne aus Chicago: Der „wahre Krieg“ tobt „zwischen Rationalismus und Aberglauben. Naturwissenschaft ist eine Form des Rationalismus, und Religion ist die am weitesten verbreitete Form des Aberglaubens“. Fast sieben Seiten widmet Dawkins zur Festigung seiner Sicht dem „großen Gebetsexperiment“. Die Frage ist: „Tragen Gebete dazu bei, daß ein Patient schneller gesund wird?“ Ein Experiment, das Auskunft über diese Frage geben sollte, wurde als Doppelblindversuch angelegt. Das Ergebnis bei den Patienten, die über das Gebetsexperiment nicht informiert waren: „Zwischen den Patienten, für die gebetet, und denen, für die nicht gebetet wurde, war kein Unterschied festzustellen“. Ganz anders das Ergebnis bei den Patienten, von denen ein Teil über das Beten informiert, ein anderer Teil dagegen nicht informiert war: Die Informierten litten signifikant häufiger an Komplikationen als die anderen. Geradezu genüßlich deutet Dawkins das Ergebnis in dem Sinne, daß diejenigen, die wußten, daß für sie gebetet werde, wahrscheinlich „dadurch unter zusätzlichen Streß gerieten“. Zumindest den „Gebildeten unter den Verächtern der christlichen Religion“

dürfte das Unsinnige eines solchen Experimentes auffallen. Daß Dawkins sich in der Auseinandersetzung mit der Religion solcher irrsinnigen Beispiele, die an Sandkastenspiele erinnern, bedient, läßt auf keinen redlichen Umgang mit der Materie schließen.

Nachdem Dawkins vielfach mit altbekannten Thesen die „auffallend schwachen" Argumente für die Existenz Gottes von Thomas von Aquin, Blaise Pascal u.a.m. zu entkräften versuchte, wendet er sich der Behauptung zu, daß „es mit ziemlicher Sicherheit keinen Gott gibt". Diese Grundthese Dawkins sei etwas ausführlicher besprochen: Die Illusion, das Lebendige sei gezielt gestaltet, weist keineswegs auf einen Gestalter hin, sondern sie läßt sich „viel prägnanter und ungeheuer elegant mit der darwinistischen natürlichen Selektion erklären". In diesem Zusammenhang setzt Dawkins sich vor allem mit der „falschen Vereinnahmung des Unwahrscheinlichkeitsarguments durch die Kreationisten" und ihrer Behauptung der „nicht reduzierbaren Komplexität" auseinander. Die „Logik" der Kreationisten sei immer die gleiche: „Irgendein Naturphänomen ist statistisch so unwahrscheinlich, so komplex, so schön, so ehrfurchtgebietend, daß es nicht durch Zufall entstanden sein kann. Gegen die These von einem Gestalter setzt Dawkins „die Antwort der Wissenschaft": Kein Gestalter, kein Zufall, sondern ein additiver Prozeß der natürlichen Selektion, „der das Problem der Unwahrscheinlichkeit in viele kleine Teile zerlegt. Jedes dieser Teile ist zwar immer noch ein wenig unwahrscheinlich, aber nicht so sehr, daß sich ein echtes Hindernis ergeben würde". Die „Beobachtung" einer „nicht reduzierbaren Komplexität" weist nach Auffassung der Kreationisten ebenso wie das Unwahrscheinlichkeitsargument notwendigerweise auf die Existenz eines Gestalters hin: „Entweder kann das Auge sehen, oder es kann nicht sehen". „Aber", so der streitbare Dawkins, „das ist schlicht und einfach falsch". Es sei „kein zusammengesetztes Organ nachzuweisen, dessen Vollendung nicht möglicherweise durch zahlreiche kleine aufeinanderfolgende Modifikationen hätte erfolgen können".

In einem Abschnitt über „Die Anbetung der Lücken" setzt Dawkins sich ausdrücklich mit den Ideen des „Intelligent Design" auseinander. „Vollständige Belege für jeden Schritt einer Entwicklung zu fordern ist in der Evolution wie in jeder anderen Wissenschaft vollkommen unlogisch", so Dawkins, der voller Ironie einen imaginären Vertreter des „Intelligent Design" sagen läßt: „Wir brauchen diese prachtvollen Lücken – als letzte Zuflucht für Gott". Dawkins ist zuzustimmen, wenn er schreibt: „Unser Unwissen ‚Gott' zu nennen führt nirgendwohin". Religion beschreibt Dawkins als ein „Nebenprodukt von etwas anderem". Für ein Kindergehirn sei es ein „Selektionsvorteil, wenn es die Faustregel erlernt: Glaube alles, was die Erwachsenen dir sagen, ohne weiter nachzufragen". In der Regel ist das sinnvoll, denn so kann das Kind mancher Gefahr entgehen. „Aber hier kann auch etwas schiefgehen" argumentiert Dawkins. Er verweist dabei auf eine beängstigende Predigt, die er sich als Kind in einem Schulgottesdienst anhören mußte: Der Prediger erzählte von Soldaten, die an der Eisenbahnlinie eine Übung abhielten. Da ein Befehl zum Stehenbleiben ausblieb, marschierten die Soldaten, darauf gedrillt, Befehle ohne Nachfragen zu befolgen, direkt dem kommenden Zug entgegen. Die Schüler sollten sich, so Dawkins, die Soldaten zum Vorbild nehmen.

Auch wenn Dawkins hier eher eine militärische als eine religiöse Intention vermutet, in der Tendenz geht es ihm darum, die Religion an den Pranger zu stellen. Die natürliche Selektion stattet das Gehirn des Kindes mit der Neigung aus, den Eltern alles zu glauben, was sie erzählen. Religionsführer machen sich dieses Wissen zu eigen und sorgen dafür, daß die „Indoktrination frühzeitig stattfindet". So entsteht die bösartige Geschwulst namens Religion als „Nebenprodukt von etwas anderem". Und umgekehrt: „Atheismus ist fast immer ein Zeichen für eine gesunde geistige Unabhängigkeit und sogar für einen gesunden Geist". Kein Wunder, daß Dawkins einen missionarischen Eifer an den Tag legt, um aus gläubigen Menschen bekennende Atheisten zu machen. Dabei unterscheidet er allerdings die eingefleischten Gläubigen, die aufgrund von Indoktrination für kein Argument zugänglich sind von den aufgeschlossenen bzw. intelligenten Gläubigen, die nur ein wenig Ermutigung nötig haben, um sich vom „Laster der Religion" zu befreien.

Es verwundert nicht, daß Dawkins selbst die Fragen nach der Moral, unser „Gespür für Richtig und Falsch, Gut und Böse aus unserer darwinistischen Vergangenheit ableitet". Die biblische Botschaft spielt dabei für Dawkins keine Rolle. Sie werde ohnehin nur selektiv genutzt, soweit sie dem jeweiligen Zeitgeist entspreche. Gegenüber dem „ethischen Katastrophengebiet des Alten Testaments" seien die ethischen Lehren Jesu in mancher Hinsicht zwar bewundernswert, aber unter dem Strich sei auch das Neue Testament für ihn nicht wirklich besser als das Alte Testament, und er könne in dem Kreuzesgeschehen nur „sadomasochistische Züge" entdecken. Dawkins sieht in den Religionen das Grundübel aller Welt und preist den Atheismus als die gute Alternative. Wenn erklärte Atheisten wie z.B. Stalin das Böse in Person darstellen, so kann dies laut Dawkins nicht gegen den Atheismus sprechen, denn es gehe um die Frage, „ob der Atheismus die Menschen systematisch dazu *veranlaßt,* schlimme Dinge zu tun." Natürlich verneint Dawkins diese Frage und bejaht sie im Blick auf die Religionen.

Dawkins hat mit „Der Gotteswahn" ein umfangreiches Buch verfaßt, kein sehr kluges. Die Behauptung, der theologische Sachverstand des Verfassers gleiche bestenfalls dem eines zehnjährigen Konfirmanden, mag überspitzt formuliert sein, aber es fehlt bei Dawkins eine kompetente Auseinandersetzung mit der wissenschaftlichen Theologie und dem christlichen Glauben. Dawkins bastelt über weite Strecken seines Buches an einem Gegner, der auf möglichst niedrigem Niveau angesiedelt wird. Er bedient sich dabei z.B. der Wachtturm-Literatur, allerdings ohne die „Zeugen Jehovas" zu benennen. Und so ist es dann ein Leichtes für den Verfasser, seinen Gegner, die Religion, in nicht selten spottender Ironie vorzuführen. Dawkins setzt sich mit Gottesbildern auseinander, die er entweder bei den Fundamentalisten gefunden oder aber sich selber zurechtgelegt hat. Aus einem sachgerechten methodischen Atheismus in den Naturwissenschaften wird bei Dawkins ein weltanschaulicher, ein ideologischer Atheismus, der von einer verengenden Sicht auf die komplexe Wirklichkeit geprägt ist. Dawkins sollte sich von Dietrich Bonhoeffer, der zu den wenigen von ihm positiv gewürdigten Christen zählt, sagen lassen: „Ein bewiesener Gott wäre ein Stück Welt!" Ein „Stück Welt" ist aber nicht der Gott, an den die Christen glauben.

»Kontrovers besprochen«

Von Tilman Mayer (2)

Das Buch hat trotz seines an sich beleidigenden Titels ein bescheidenes Ziel. Es solle das Bewußtsein geschärft werden, daß Atheist zu sein ein realistisches Ziel sei: „Man kann als Atheist glücklich, ausgeglichen, moralisch und geistig ausgefüllt sein" (S. 11). Diese Feststellung in mehr und mehr säkularen Gesellschaften zu äußern, dürfte eigentlich nur eine Wahrheit zum Ausdruck bringen. Der Verfasser will ein *Coming-out* der Atheisten erzeugen – was immerhin zeigt, daß Atheismus zu deklarieren schwierig zu sein scheint. Die Geschichte des Okzidents offenbart, daß ein Bekenntnis zum Atheismus gefährlich sein kann. Die postsokratische Philosophie weiß sich zu schützen vor zuviel Aufklärung; dies trifft zumal zu, wenn man an die großen politischen Philosophen denkt. Die errichteten Scheiterhaufen zur Vernichtung von deviantem Denken bleiben unvergessen. Die Freiheit des Wortes ist eine Errungenschaft – bis in unsere Tage, die es einer ehemaligen Muslimin, Ayaan Hirsi Ali, essentiell schwer machte zu sagen, was wahr ist. Mit anderen Worten, Freiheit ist ein hehres Gut.

Macht man allerdings von der Freiheit den richtigen Gebrauch, wenn man für seine Aufklärungsarbeit Invektiven benötigt? Dawkins zitiert: „Leidet *ein* Mensch an einer Wahnvorstellung, so nennt man es Geisteskrankheit. Leiden *viele* Menschen an einer Wahnvorstellung, dann nennt man es Religion" (S. 18). Ist eine derartige Kriegserklärung hilfreich? Daß man den Gott des Alten Testaments entsprechend kritisch sehen muß (vgl. S. 45): geschenkt. Daß Dawkins den biblischen Gott auffordert, er könne „selbst die Diskussion lautstark und eindeutig zu seinen Gunsten entscheiden" (S. 72), mag die Herangehensweise zeigen: als ob Glaube/Offenbarung und wissenschaftliche Methoden/Aufklärung miteinander etwas zu tun hätten, ohne weiteres (vgl. S. 85). Entsprechend sind die fünf Gottesbeweise des Thomas von Aquin für Dawkins allenfalls „Beweise" (S. 108). Hinweise auf Widersprüche in der biblischen Überlieferung, etwa zur unterschiedlich belegten Abstammung Josefs (vgl. S. 138 f.), finden sich viele. An sich nicht überraschend und der Theologie nicht fremd und die Bibel- und Religionskritik, Spinoza etwa, ist kein Feld der Beschäftigung nur unserer Tage.

Und wer will Dawkins und vielen anderen verwehren, seine Abscheu zu zeigen vor Textstellen des alten Testaments, die an moralischen Standards gemessen absolut inhuman sind (vgl. S. 328 ff.)? Doch auch im Neuen Testament lassen sich Empfehlungen und Einstellungen finden, die zumindest diskussionsbedürftig wären, fiele es jemand ein, ihnen folgen zu wollen (vgl. S. 346 ff.). Worauf Dawkins klar und sinnvollerweise hinweist, ist, dass man keinesfalls das Prinzip anerkennen dürfe, daß religiöser Glaube respektiert werden müsse, einfach weil es religiöser Glaube sei (vgl. S. 427). Das Credo Dawkins lautet, Glaube an einen Sinn liefernden Gott habe etwas Kindisches. Leben sei so sinnvoll und ausgefüllt und großartig, wie wir selbst es gestalten.

Im Anhang finden sich einige Hinweise zur Rezeption, mit welchen Einwänden man der Veröffentlichung begegnete: man könne Religion nicht kritisieren ohne Kenntnis theologischer Fachliteratur; oder Dawkins würde die guten Seiten nicht zur Kenntnis nehmen; oder man distanzierte sich, obgleich Atheist, von seinem Darstellungsstil;

Dawkins richte sich eigentlich nur an seine Anhänger; oder man selbst sei Atheist, aber wir müßten mit Religion leben, die Leute bräuchten sie. Auf all diese Einwände pariert Richard Dawkins recht gekonnt. Gläubige wird der Band nicht überzeugen. Atheisten, offen oder verdeckt agierende, wird der Band nicht voranbringen, wenn auch doch bestätigen.

Die Leistung liegt vielleicht darin, daß erstens ein Horizont des Argumentierens jenseits der Religionen eröffnet oder bewußt gemacht wird, es also nicht nur um Glaube contra Glaube gehen kann; zweitens wird in moralischer Hinsicht die Überlegenheitsattitüde mancher religiös Überzeugter in Mitleidenschaft gezogen; drittens wird das legitime wissenschaftliche Beschäftigungsfeld Bibel-, Koran-, Thora-, Religionskritik erneuert; viertens stellt sich einmal mehr heraus, daß Letztbegründungen immer in sich genügend Erklärungskraft aufbringen müssen und fünftens schließlich führt der enorm intensive Beschäftigungsaufwand, den Islam betreffend, ausgehend vom islamistischen Extremismus seit *nine eleven*, offensichtlich nun dazu, grundlegend alle Religionen kritisch nach Begründungen für politische Herrschaft zu befragen: ob sie weiterführen, welchen Anspruch sie erheben – und wie in Demokratien damit umzugehen ist.

Diese weltweite Entwicklung führt zu einer zurückhaltenden Kritik nichtislamischer Religionsvertreter an aktuellen Erscheinungsformen des Islam. Das eigentliche Thema wäre ja, die vormoderne Attitüde zurückzuweisen, die viele Muslime noch jetzt im 21. Jahrhundert an den Tag legen: sich gegen Kritik immunisieren zu wollen, auf künstlerische Albernheiten mit krimineller Inbrunst zu antworten. Mohammed-Karikaturen haben traurige Berühmtheit erlangt.

Derartiges Gebaren, zivilisationsfern und sicherlich eher von extremistischer Seite begangen, verdiente Ausgrenzung: auch von Seiten der Vertreter aller Religionen. Zurückhaltung von kirchlicher Seite mag vornehm sein, läßt aber vielleicht den Verdacht eines indirekten Schulterschlusses aufkommen. Insofern ist das Renouveau der Religionskritik, Dawkins hin oder her, das Ergebnis. Über Religion wird nun breit zu diskutieren sein. Und deshalb wird die Frage des Ortes der Religion, wenn es um Politik geht, seit *nine-eleven* wieder sehr zentral. Demokratien blieben sich selbst etwas schuldig, wenn sie sich hier feige für neutral erklärten, dafür nicht interessierten. Im Dunstkreis dieser ernsthaft zu führenden Debatte hat Dawkins seinen bescheidenen Ort. Mehr nicht.

Trotz der Leistungen bleibt ein starkes Unbehagen, weil einfach einmal der Ton und die Diktion völlig unangemessen sind und zum anderen, weil trotz Religionskritik und aktuellen, aus religiösen Quellen abgeleiteten Extremismen religiöses Leben in pluralen und/oder säkularen Gesellschaften kein Problem darstellt. Müßte überall, wo Religionen gelebt werden, von Wahn die Rede sein, lebten wir alle in der Paranoia. Gott sei Dank ist das nicht so.

»Kontrovers besprochen«

Von Armin Pfahl-Traughber (3)

Als Reaktion auf die von vielen Beobachtern konstatierte „Macht der Religionen" (Wilfried Röhrich) oder „Renaissance der Religionen" (Martin Riesebrodt) bildete sich eine Gruppe von Intellektuellen, welche in den Medien mit dem schiefen Begriff der „neuen Atheisten" bezeichnet wird. Hierzu gehört der Evolutionsbiologe Richard Dawkins, der Philosoph Sam Harris, der Kulturkritiker Christopher Hitchens und der Philosoph Michel Onfray. Sie veröffentlichten polemische und vehemente Streitschriften nicht nur gegen die Begleiterscheinungen von bestimmten Religionen, sondern auch gegen die Religionen an sich. In ihren Heimatländern fanden diese Bücher große Verbreitung und mittlerweile liegen deutsche Übersetzungen vor. Trotz der Gemeinsamkeit ihrer atheistischen Grundposition ist die Bezeichnung „neue Atheisten" unangemessen: Zum einen liefern die genannten Autoren keine originär neuen Argumente gegen die Religion, und zum anderen argumentieren sie nicht von einer gemeinsamen inhaltlichen Grundposition aus.

Insofern gilt Dawkins zwar in der öffentlichen Wahrnehmung als „Meisterdenker" („Der Spiegel") der „neuen Atheisten", gleichwohl können seine besonderen Auffassungen weder pauschal der genannten Gruppe von Intellektuellen noch den vielfältigen Formen des Atheismus in Gänze zugerechnet werden. Der in Oxford lehrende Evolutionsbiologe argumentiert nämlich primär aus seiner spezifischen Deutung des Darwinismus heraus. Sie legte er in populärwissenschaftlich gehaltenen Bestsellern wie „The Selfish Gene" und „The Blind Watchmaker" vor. Dabei handelt es sich um eingängig geschriebene Darstellungen mit provozierenden Zuspitzungen. Ihr Autor vertritt darin einen „fundamentalistischen" und „orthodoxen Darwinismus" (Richard Morris), was Kritik und Widerspruch bei zahlreichen anderen Evolutionstheoretikern auslöste. Daher steht Dawkins mit seinen Positionen entgegen eines weit verbreiteten Eindrucks weder für *den* Atheismus noch für *die* Evolutionstheorie.

Diese Einsicht muß auch eine kritische Auseinandersetzung mit seinem Buch „Der Gotteswahn" berücksichtigen. Es enthält in gebündelter Form die Religionskritik des Autors, die zuvor nur in Form von Aufsätzen oder Vorträgen zur Kenntnis genommen werden konnte. Schon im Vorwort bekundet Dawkins offen, er wolle „bewußtseinsbildend wirken – unser Bewußtsein schärfen, daß Atheist zu sein ein realistisches Ziel ist, noch dazu ein tapferes, großartiges Ziel" (S. 11). Und einige Zeilen später heißt es: „Wenn dieses Buch die von mir beabsichtigte Wirkung hat, werden Leser, die es als religiöse Menschen zur Hand genommen haben, es als Atheisten wieder zuschlagen" (S. 18). Ein gewisses Sendungsbewußtsein ist unverkennbar. Gleichwohl gilt so etwas wohl für jedes Buch, das für eine bestimmte ethische, politische oder soziale Überzeugung werben will. Inwieweit Dawkins dabei den richtigen Ton getroffen hat, ist allerdings eine andere Frage. Mit der pauschalen Herabwürdigung der Gläubigen stellt er seinem aufklärerischen Anliegen selbst ein Bein.

„Der Gotteswahn" gliedert sich in zehn Kapitel: Zunächst kritisiert Dawkins die gesellschaftliche Bevorzugung des Glaubens auch in der westlichen Welt, bestehe doch selbst dort ein unangemessener Respekt vor religiöser Identität und eine mangelnde Bereitschaft zum kritischen Umgang mit ihr. „Für mich ist es faszinierend und rätselhaft", so bemerkt der Autor, „daß die Religion in unserer ansonsten säkularen Gesellschaft derart unverhältnismäßige Vorrechte genießt" (S. 44). Dieser Einschätzung kann für Deutschland in mehrfacher Hinsicht zugestimmt werden: Trotz der im Grundgesetz verankerten religiösen Neutralität des Staates gibt es nur eine „hinkende Trennung" von Kirche und Staat und eine einseitige Bevorzugung der beiden christlichen Kirchen gegenüber anderen religiösen und weltanschaulichen Gruppen und Organisationen. Und auf die Publikation religionskritischer Auffassungen reagieren selbst demokratische Christen mit erschreckender Aggressivität und Intoleranz. Dem folgen drei ausführliche Kapitel zu den Gottesbeweisen von Thomas von Aquin bis in die Gegenwart, die Dawkins im Sinne einer wissenschaftlichen Hypothese einer kritischen Prüfung aussetzt. Hierbei referiert er die jeweiligen Auffassungen, konfrontiert sie mit einer formal-logischen Kritik und veranschaulicht die Unwahrscheinlichkeit der Existenz eines transzendenten Wesens: „Gott existiert mit ziemlicher Sicherheit nicht" (S. 223). In der Tat gibt es weder tragfähige empirische noch rationale Belege für das Vorhandensein eines Gottes. Ebensowenig läßt sich indessen seine Nicht-Existenz aufzeigen – wobei es aber grundsätzlich schwierig bis unmöglich ist, die Nicht-Existenz von etwas exakt zu belegen. Dawkins macht zutreffend darauf aufmerksam, daß die Beweislast bei den Gläubigen liegt. Gleichwohl bewegt sich seine Kritik der Gottesbeweise nicht auf sonderlich hohem intellektuellen Niveau. Derartige Einwände findet man selbst in populärwissenschaftlichen Einführungen in die Philosophie klarer vorgetragen.

Dawkins geht es aber nicht nur um eine Widerlegung der Gottesbeweise, sondern auch um eine Erklärung für deren Akzeptanz durch so viele Menschen – noch dazu in aufgeklärten und säkularen Gesellschaften. Hierbei bezieht er sich auf die unmittelbaren Vorteile der Religion im Evolutionsprozeß des Menschen und verweist auf deren Funktion für die Vermittlung von Geborgenheit, Gemeinschaftsgefühl und Trost. Wie die Forschung zur Frühgeschichte des homo sapiens mittlerweile gut belegen kann, bildeten sich Altruismus und Kooperation im Kontext des Gruppenlebens heraus. Zu deren inhaltlicher Begründung wurden mal religiöse, mal säkulare Gründe benannt. Die von Evolutionstheorie und Soziobiologie konstatierte „Biologie der Tugend" (Matt Ridley) bildete demnach die Grundlage für Normen des Sozialverhaltens, welche je nach gesellschaftlichen Gegebenheiten im Gewand des Glaubens in einem Sozialverband auftraten. Obwohl Dawkins hier ein „Heimspiel" in seinem Fachgebiet hat, arbeitet er diese Wirkungszusammenhänge nicht anschaulich genug heraus.

Darüber hinaus ignoriert er andere Bedingungsfaktoren für Aufkommen und Resonanz der Religionen, welche sich aus einer sozialwissenschaftlichen Perspektive ergeben. So nimmt Dawkins deren Funktion als Erkenntnis-, Herrschafts-, Identitäts-, Integrations- und Orientierungsfaktor nicht ausreichend zur Kenntnis. Die von ihm zu Recht geforderte Erklärung für das Entstehen von Religionen im Sinne einer kritischen Theorie für die Genesis des Glaubens bleibt demgemäß blaß und unterkomplex. Durchaus überzeugend verweist Dawkins angesichts der Einflüsse religiöser Prägungen auf moralisches Verhalten darauf, „daß solche nützlichen Effekte durchaus nicht den Wahrheitsgehalt der jeweiligen Religionen belegen“ (S. 231). In der Tat, nur weil eine Person aufgrund der Angst vor einer Strafe Gottes auf eine problematische Verhaltensweise verzichtet, spricht dies nicht für die Existenz eines solchen transzendenten Wesens. Und das Bestehen zahlreicher Modelle einer säkularen Ethik macht deutlich, daß es auch eine „Humanität ohne Gott“ (Joachim Kahl) geben kann.

Die letzten Kapitel beschäftigen sich mit den Gefahren der Religionen, welche in ihren fundamentalistischen Prinzipien verankert seien, der Indoktrinierung von Kindern mit einem Glauben, was Dawkins als seelische Mißhandlung gilt, und dem mangelnden Nutzen für Inspiration und Trost von Religion, welche sie mit ihren geringen Wirkungen nicht wahrer mache. Mit der letztgenannten Auffassung vermischt der Autor eine angemessene mit einer unangemessenen Einschätzung: Religionen liefern sehr wohl einen Beitrag zu Inspiration und Trost, wovon die Einflüsse auf die Kunst und die Wirkungen auf Trauernde zeugen. Für diesen Effekt müssen die Annahmen des Glaubens nicht zutreffend sein; es kommt eben nur auf die Resonanz beim jeweiligen Individuum an. Genau darin besteht eine Funktion von Religion, die ihre breite Akzeptanz in Geschichte und Gesellschaft erklärt. Dawkins‘ „Gotteswahn“ endet mit einem Bekenntnis zur Lebensbejahung einer atheistischen Weltanschauung ohne Selbstmitleid, Selbsttäuschung und Wunschdenken.

Auch dieses Buch des Evolutionsbiologen, das teilweise auf ein Projekt für das britische Fernsehen zurückgeht, ist wie die meisten seiner bisherigen Veröffentlichungen gut verständlich geschrieben und inhaltlich klar positioniert. Gerade dies dürfte mit seine hohe Verbreitung als „Überraschungsbestseller“ erklären. Dawkins trägt seine Auffassungen je nach Sicht in lockerem Plauderton oder mit ausgeprägter Schwatzhaftigkeit vor. Da fließen persönliche Erlebnisse aus der eigenen Kindheit oder dem späteren akademischen Leben in so hoher Zahl ein, daß man sich mitunter eine starke Reduzierung des Textes gewünscht hätte. Gerade dadurch gehen nämlich wichtige Aussagen des Autors in der Menge der Seiten unter. Dies gilt etwa für die oben schon angesprochene Deutung, wonach der Nutzen der Religionen für Moral oder Trost real sein mag, aber kein Beleg für Richtigkeit und Wahrhaftigkeit der postulierten Gottesbeweise ist, liegen doch subjektive Empfindungen und objektive Sachverhalte auf unterschiedlichen Ebenen.

Neben diesen formalen Aspekten bedarf es über die bereits vorgebrachten Einwände hinaus einiger kritischer Anmerkungen zu inhaltlichen Gesichtspunkten. Bereits im Vorwort bemerkt Dawkins: „Stellen wir uns doch mit John Lennon mal eine Welt vor, in der es keine Religion gibt – keine Selbstmordattentäter, keinen 11. September, [...] keine Kreuzzüge, keine Hexenverfolgung, [...] keinen Krieg zwischen Israelis und Palästinensern, [...] keine ‚Probleme' in Nordirland“ (S. 12). Aus historischer und politikwissenschaftlicher Sicht muß diese Annahme als naiv und wirklichkeitsfremd gelten: Zwar weisen Religionen mitunter eine konfliktverschärfende Dimension auf und legitimieren inhumane Praktiken, deren Verschwinden dürfte aber nicht automatisch zu einer besseren und sozialeren Entwicklung führen. Die Abwesenheit von Religion würde so allenfalls zur Benennung anderer, säkularer Legitimationsformen führen. Konflikten könnte dabei eine besonders fanatische Dimension genommen werden, die politischen oder sozialen Ursachen blieben jedoch bestehen.

Und schließlich verdient aus demokratietheoretischer Sicht kritische Beachtung, daß trotz Dawkins‘ Lobgesang auf den Atheismus als „Zeichen für eine gesunde geistige Unabhängigkeit“ (S. 15) die Ablehnung von Religion durch eine politische Ordnung keineswegs mit Grundrechten und Pluralismus einhergehen muß. Gerade die Staatensysteme des „real existierenden Sozialismus“ belegen das genaue Gegenteil. Wenig überzeugend ist Dawkins‘ Auffassung: „Einzelne Atheisten können scheußliche Dinge tun, aber nicht im Namen des Atheismus“ (S. 387). Dies trifft auf die Mehrzahl der Fälle von Untaten und Verbrechen von Atheisten zu. Die Diskriminierung und Verfolgung von Gläubigen in der Frühphase der Sowjetunion wurde indessen ebenso ausdrücklich im Namen des Atheismus geführt wie die Auflösung und Zerschlagung von Kirchen im sozialistischen Albanien. Dawkins‘ Atheismus hat demnach eine politische Leerstelle, die der demokratietheoretischen Füllung bedarf.

„Der Gotteswahn“ muß daher ambivalent eingeschätzt werden. Einerseits kann Dawkins überzeugend die postulierten Gottesbeweise nach der kritischen Prüfung mittels vernünftigen Argumentierens widerlegen, die Herausbildung religiöser Vorstellungen im Rahmen des menschlichen Evolutionsprozesses nachzeichnen und den Monopolanspruch der Religionen auf die Begründung von Moral delegitimieren. Andererseits bleibt der Autor einseitig auf die Perspektive der Evolutionsbiologie beschränkt, beachtet nicht genügend die gesellschaftliche und individuelle Dimension von Religion und bewegt sich im Bereich der philosophischen und theologischen Diskussion nicht auf der Höhe des aktuellen Wissensstandes. Rein formal verstört die Geschwätzigkeit des Textes, die Holzschnittartigkeit der Argumentation und die Überheblichkeit des Duktus. Dawkins macht es daher seinen Kritikern mitunter sehr einfach, vergreift er sich doch nicht selten im Ton. Der inhaltliche Kern seiner Religionskritik verdient gleichwohl Beachtung und Diskussion.

Von Jens Reich (4)

Richard Dawkins, Jahrgang 1941, ist ein an der Universität Oxford promovierter Biologe. Er hat nach der Promotion keine akademische Karriere eingeschlagen, sondern ist Schriftsteller geworden. Beginnend mit dem Bestseller „Das egoistische Gen“ (1976) hat er zahlreiche populärwissenschaftliche Zeitschriftenartikel und Monographien verfaßt. Sein Hauptthema ist die Evolutionslehre, wie sie von Charles Darwin im 19. Jahrhundert begründet wurde und durch die Fortschritte der Genomforschung der letzten Jahrzehnte eine weitere Bestätigung und inhaltliche Vertiefung erfahren hat. Die Gültigkeit der Evolutionstheorie war lange umstritten, heute jedoch zweifelt kein seriöser Naturwissenschaftler mehr an ihrer prinzipiellen Richtigkeit. Die heutigen Formen des Lebens sind in einem über Milliarden Jahre dauernden Prozeß entstanden, wobei die ständige Hervorbringung erblicher Veränderungen und ihre Auslese unter den vorliegenden Umweltbedingungen das grundlegende Prinzip sind. Moderne Biologie wird auf dem theoretischen Fundament der Evolutionslehre betrieben, wobei selbstverständlich zahlreiche Fakten noch ungeklärt und zahlreiche Details der Evolutionsmechanismen umstritten sind. An den aktuellen Kontroversen beteiligt sich auch Dawkins, der beispielsweise dem Wettbewerb und der Selektion der einzelnen Genvarianten die Hauptrolle zuspricht, eine geringere Rolle der Konkurrenz zwischen Individuen einer Population oder zwischen den Populationen oder gar zwischen verschiedenen Arten zumißt. Das „egoistische" Gen ist eine Metapher, mit der er ausdrücken möchte, daß es der Satz von Genen (=Genom) ist, der sich einen Körper als Überlebens- und Weiterverbreitungs„maschine" in der Konkurrenz mit anderen Genomen „schafft". Diese These ist für die Erklärung mancher Prozesse sehr nützlich und überzeugend (z.B. für die Entstehung und Ausbreitung des AIDS-Virus); sie ist gleichwohl heftig umstritten, da andere Forscher das Ausleseprinzip in die höheren Integrationsebenen verlagern.

Man muß diese Tatsachen wissen, um Zielrichtung und Argumentationsweise des Buches zu verstehen. Richard Dawkins ist ein begabter Schriftsteller; seine Bücher sind voll von witzigen Metaphern, einprägsamen Bildern und Anekdoten, flott und durchaus streitlustig geschrieben und heben sich deutlich von dem oft sehr langweiligen Stil anderer populärer biologischer Literatur ab. Im „Gotteswahn" tritt Dawkins als streitbarer Atheist auf, der sich kämpferisch mit der Religion und besonders den monotheistischen Religionen auseinandersetzt, die einen persönlichen Gott als Schöpfer und Erhalter der Welt offenbaren, dem der Gläubige in seiner Lebensführung zu gehorchen hat, unter Androhung von Strafen bei Verweigerung des Gehorsams. Die Erziehung des Kindes zum Glauben behindere seine Reifung zu einer freien, von Dogmen unabhängigen Person und ist die Ursache vieler Gewissens- und Entscheidungskonflikte. Auf der gesellschaftlichen Ebene tendiere der Gottesglaube zum religiösen Fundamentalismus und bringe totalitäre Bewegungen wie den islamischen Terrorismus hervor. Auch die Totalitarismen des 20. Jahrhunderts subsumiert Dawkins unter diese These, indem er ihren theoretischen Atheismus als nicht ausschlaggebend für die Ideologie beschreibt und überdies bezweifelt, ob Hitler wirklich ein Atheist war. Hitler hat sich mehrfach zum Gottesglauben und als religiöser Mensch bekannt, und Stalin hatte zumindest eine ihn prägende priesterliche Ausbildung erfahren. Vor allem jedoch waren die totalitären Bewegungen, denen sie vorstanden, eine Art von gottleugnendem radikal-religiösen Fundamentalismus mit einer ausgewählten „Priester"-Kaste und apokalyptischen Endzeitphantasien wie eine religiöse Sekte. Nationalsozialismus und Kommunismus als säkulare Religionen – darüber ist schon oft verhandelt worden. Der Überfall auf das World Trade Center und die anderen neuerdings unter dem Banner des islamistischen Fundamentalismus vorgenommenen Anschläge zeigen die Gefahr auf, die vom religiösen Extremismus ausgeht, und dies sollte uns wach machen für die Gefahr fanatischer religiöser Überzeugungen.

Dawkins versteht sich als Fortsetzer der Aufklärung – und zwar ihres radikal religionskritischen Zweiges. Besondere polemische Schärfe mobilisiert er gegen die Bewegung der Evangelikalen, die die wörtliche Gültigkeit der biblischen Offenbarung behaupten. Er zählt alle Widersprüche auf, die die biblische Schöpfungsgeschichte aus der Sicht der Biologie enthält und die die biblischen Berichte bestenfalls als poetische Metaphern gelten lassen. Er nimmt bei dieser Gelegenheit den Faden der Bibelkritik des 19. Jahrhunderts auf und zählt zahlreiche Widersprüche in den Darstellungen des Lebens von Jesus von Nazareth auf, die die Evangelien als exakte Biographie ungeeignet erscheinen lassen, gar nicht zu reden von der Unmöglichkeit der behaupteten Wunder: Jungfrauengeburt, Wiederbelebung von Toten und Auferstehung nach Kreuzigung. Dawkins nimmt sich auch die zahlreichen Varianten von philosophischen (kausalen, teleologischen, logischen usw.) Gottesbeweisen vor, über die seit der Antike gestritten wird, und führt sie sämtlich mit der bekannten Methode des unendlichen Regresses ad absurdum. Gottes Existenz läßt sich nicht beweisen, die Hypothese der Existenz Gottes läßt sich zwar ebenfalls nicht widerlegen, Dawkins hält ihre Gültigkeit jedoch für äußerst unwahrscheinlich. Diese Untersuchung führt ihn zu einem Ausflug in die moderne physikalische Kosmologie mit ihrem sogenannten anthropischen Prinzip, und auch hier stellt sich die Sachlage für ihn so dar, daß für die Gotteshypothese kein Platz ist.

Dawkins gibt sich nicht mit der Position vieler Naturwissenschaftler zufrieden, die entweder agnostisch sind oder jenseits des naturwissenschaftlichen Weltbildes einen Platz für einen Gott sehen, der uns die Fragen nach dem Warum unserer Existenz beantworten und unser Handeln zum Guten anleiten kann. Er subsumiert solche Ansichten unter die Auffassung, daß Rationalität und Realismus einerseits und Religion und Idealismus andererseits „non-overlapping magisteria" (abgekürzt NOMA) darstellen, also Wissensgebiete, die gegeneinander abgeschlossen sind und über einander nichts zu sagen haben. Er kritisiert eine solch friedfertige und Toleranz erzeugende Haltung als Analogie zur Beschwichtigungspolitik Neville Chamberlains gegenüber dem NS-System.

Dawkins ist der Auffassung, daß die Neigung, sich an eine Religion gläubig anzuschließen, eine unter Menschen weit verbreitete anthropologische Konstante sei, die man als Nebenprodukt einer evolutionär positiv ausgelesenen, erblichen psychischen Konstitution erhält. Das Menschenkind wird unfertig geboren und ist zum Überleben dringend auf kulturelle Aufklärung und Belehrung durch seine Umgebung angewiesen. Das kleine Kind muß volles Vertrauen aufbringen in alles, was die Eltern ihm sagen, wovor sie es warnen, was sie als unbedingt notwendig erachten. Es muß glauben. Urvertrauen ohne ständigen Zweifel ist also eine günstige Eigenschaft. Die Neigung zu Gläubigkeit im späteren Alter ist dabei der Nebeneffekt einer Eigenschaft, die jedoch, so geht das Argument, nicht mehr nützlich, sondern schädlich ist. Diese biologische Ableitung ist wie viele soziobiologische Argumente plausibel, aber sehr spekulativ.

Mein Gesamturteil zu diesem Buch ist zwiespältig. Es gibt viele geistreiche Argumente, es gibt viele Banalitäten. Die Argumente zur Existenz oder Nicht-Existenz Gottes kommen mir vor wie Don Quixotes Kampf gegen Windmühlenflügel. Nach meiner Meinung ist die Religiosität vieler Menschen kein Gotteswahn, sondern eine achtungsgebietende, das sittliche, kulturelle und mitmenschliche Leben bereichernde und ordnende Überzeugung – wo sie zum fanatischen Wahn ausartet und zu entsprechenden Handlungen führt, da ist Toleranz fehl am Platze, da muß man sich entgegenstellen. Argumente können zur Eindämmung des Fundamentalismus hilfreich sein, wirklich beseitigen werden sie solche Tendenzen nicht.

Von Tom Thieme (5)

Um das Ergebnis vorwegzunehmen: Der Evolutionsbiologe Richard Dawkins wird das Ziel seiner provokanten Streitschrift wider den Religionen verfehlen. Seine Hoffnung: „Wenn dieses Buch die von mir beabsichtige Wirkung hat, werden Leser, die es als religiöse Menschen zur Hand genommen haben, es als Atheisten wieder zuschlagen“ (S. 18). An dies als eigentliches Anliegen des „Gotteswahn“ zu glauben, müßte dem Leser so schwer fallen wie Dawkins, sich zur Religion zu bekennen. Für den Oxford-Professor ist die Existenz Gottes so wahrscheinlich, wie die Tatsache, daß unter seinem Garten kleine Feen leben, und so realistisch wie letzteres scheinen die „Missionierungschancen“ dieses Buches. Nein, Gläubige werden bei der Lektüre im besten Fall nachdenklich, im schlimmsten Fall verletzt und provoziert reagieren, denn wie der Titel bereits unmißverständlich andeutet, wurde dieses Buch keineswegs für Christen, Muslime und Juden geschrieben. Es richtet sich an Dawkins‘ Anhänger – Atheisten, Glaubens- und Religionskritiker. Zumindest beim Wahrheitsanspruch gleicht die Schrift einer Art Bibel des Atheismus. Es ist ein feuriges und provozierendes Plädoyer, Religionen und ihre Institutionen nicht als gegeben hinzunehmen, den Atheismus mit Stolz zu tragen und ihn als gesunde Geisteshaltung zu verteidigen.

Gegner der Religionen werden sich durch den „Gotteswahn“ nicht nur bestätigt sehen, sondern eine durchaus unterhaltsame Lektüre, mit teilweise bitter-süßem Zynismus entdecken. Die Vorliebe von Papst Johannes Paul II. für Heiligsprechungen kommentiert Dawkins vergleichsweise humoristisch – so viele Wunder habe es in den Jahrhunderten seiner Vorgänger nicht zusammen gegeben. Die Liste der Verfehlungen und Widersprüche in den monotheistischen Religionen ist allerdings auch für Leser jenseits der Dawkins-Fangemeinde aufschlußreich. Ob systematische Benachteiligungen von Un- und Andersgläubigen, die Spendenpraxis der amerikanischen Freikirchen, religiös motivierter Terrorismus oder die Siedlungspolitik orthodoxer Juden – mit präziser Eleganz demonstriert Dawkins immer wieder beispielhaft die Entartung von (gemäßigten) Glaubensrichtungen. Dawkins wegen seiner Judaismuskritik deswegen einen „neuen“ Antisemitismus vorzuwerfen, muß trotz peinlicher Einlassungen („Die jüdische Lobby in Washington gehört bekanntermaßen zu den einflußreichsten Kräften“, S. 63) klar widersprochen werden. Im Gegenteil: Die sozialen Netzwerke jüdischer Gemeinden beurteilt er positiv, da es sich dabei häufig mehr um einen Glauben an den Glauben statt um einen Glauben der religiösen Inhalte handele. Im Vergleich der drei monotheistischen Religionen kommt bei Dawkins das liberale Judentum insgesamt deutlich besser weg als der Islam und das Christentum. Gleichwohl hat die scharfe Polemik seiner Argumentationen zwei entschiedene Nachteile. Zum einen verprellt er den (vor allem in Europa) breiten potentiellen Leserkreis von modern-gemäßigten Gläubigen. Zum anderen unterminiert Dawkins mit viel Spott und Populismus seine – zum Teil hochwissenschaftlichen – Erklärungsversuche. Eine erfolgversprechende Therapie verabreicht Dawkins den „irrenden Gläubigen“ somit nicht, im Gegenteil: Dawkins wäre nicht der erste Autor, der die Symbolkraft einer vermeintlichen Gotteslästerung unterschätzt. Auch das Mißtrauen vieler einfacher religiöser Menschen gegenüber dem Atheismus wird nicht abnehmen.

Dawkins‘ Kritiker werfen ihm ein fehlendes theologisch-intellektuelles Verständnis vor – seine Therapie sei wie die Heilkunst eines blinden Augenarztes. Aufschlußreich ist jedoch gerade sein Zugang als religionskritischer Seiteneinsteiger. Dawkins‘ Rundumschlag gegen alles Übersinnliche überzeugt nicht trotz, sondern wegen der systematischen Mehrdimensionalität seiner Überlegungen. Der Oxford-Professor argumentiert eben nicht nur naturwissenschaftlich (er bezieht sich zumeist auf sein Fachgebiet – die Evolutionsbiologie sowie die Physik), sondern macht auch die Rolle der Religionen zu historischen, philosophischen, soziologischen und nicht zuletzt politikwissenschaftlichen Fragen. Daher scheint es vor allem interessant, Dawkins‘ Thesen zu den Folgen der (radikalen) Religiosität für demokratische und autokratische Gesellschaften zu beleuchten. Im Gegensatz zur Restunsicherheit bei der Gottesfrage spricht die Faktenlage eindeutig für Dawkins – und den Religionen ein vernichtendes Zeugnis aus. Neben der zu erwartenden (und teilweise berechtigten) Kritik an christlichen Positionen in den klassisch-westlichen Kontroversen um Abtreibung, Homosexualität und Sterbehilfe fokussiert sich seine Betrachtung auf zwei Aspekte: die schleichende Re-Säkularisierung der westlichen Gesellschaften (speziell in den USA) und den islamistischen Fundamentalismus. Für Dawkins sind dies zwei Seiten derselben Medaille. Die „afghanischen und amerikanischen Taliban“ seien gute (oder besser gesagt: schlechte) Beispiele dafür, welche Folgen die genauen Auslegungen der heiligen Schriften haben können. Amerikanische Politiker und Religionsführer erinnern Dawkins an „die herzlose Grausamkeit und schiere Bösartigkeit der afghanischen Taliban“ (S. 400 f.), und er belegt seine Aussagen mit treffenden Beispielen von Gewaltausfällen der religiösen Rechten in den Vereinigten Staaten. Doch damit nicht genug. Dawkins geht noch einen Schritt weiter und formuliert die wohl provozierendste und gewichtigste These seines Buches: „Die Lehren der gemäßigten Religion sind zwar selbst nicht extremistisch, sie öffnen aber dem Extremismus Tür und Tor“ (S. 427). Den Gegenargumenten – nicht jeder Extremismus sei religiös motiviert – ist Dawkins wiederum voraus: „Der religiöse Glaube bringt rationale Berechnung besonders wirksam zum Schweigen und übertrifft darin meist alle anderen Motive. […] Das liegt vor allem an der einfachen verführerischen Versprechung, daß der Tod nicht das Ende sei und daß auf Märtyrer ein besonders prächtiges Jenseits warte“ (S. 427). Die Großverbrechen des nationalsozialistischen und kommunistischen Totalitarismus seien zumindest nicht im Namen der Ungläubigkeit begangen worden. Doch hier ignoriert Dawkins konsequent die Unterschiede zwischen radikalem Fundamentalismus und liberalen Glaubensrichtungen. Seine Sehnsucht, eine Welt ohne

Religionen und frei von Eiferern und Heilsversprechern, ist naiv und unrealistisch. Die Instrumentalisierung ideologischer Wahrheiten ist bekanntermaßen kein Monopol der Religionen, wenngleich der islamistische Fundamentalismus als momentan größte Herausforderung der internationalen Sicherheit gilt. Die besondere Gefahr theokratischer Ordnungsvorstellungen sieht Dawkins vor allem in der Nichtnotwendigkeit einer kritischen Glaubensauseinandersetzung: „Das Christentum lehrt ebenso nachdrücklich wie der Islam, daß unhinterfragter Glaube eine Tugend ist. Man braucht für das, was man glaubt, keine Begründung." Weiter heißt es: „Sie [die Fundamentalisten] lassen sich von einer vermeintlichen Rechtschaffenheit leiten und befolgen genau das, was ihre Religion ihnen vorschreibt" (S. 424 f.).

Richard Dawkins dürfte sich – trotz des ungebrochenen kommerziellen Erfolges – mit „The God Delusion" mehr Feinde als Freunde gemacht haben. Selbst manch (zweifelnde) Atheisten und Rationalisten reagieren irritiert auf die Wucht seiner Vorwürfe und bezichtigen ihn eines atheistischen Fundamentalismus. Ein geradezu absurder Vorwurf, denn bei aller Leidenschaft und Provokation unterscheidet sich Dawkins nicht nur in seinen ethisch-moralischen Vorstellungen grundsätzlich von denen religiöser Brandstifter. Für ihn gibt es keine absoluten Wahrheiten außerhalb (natur)wissenschaftlicher Gesetze. Darin liegt paradoxerweise gleichsam die Stärke und Schwäche von Dawkins' Argumentation: Aus wissenschaftstheoretischer Perspektive spricht mehr gegen die Existenz Gottes und somit gegen die Daseinberechtigung der Religionen als dafür. Doch sein strenges Wissenschaftsbild macht Dawkins resistent gegenüber kulturrelativistischen Perspektiven. Die Moral sieht er daher auf seiner Seite. Mit den Argumenten der Eigenverantwortlichkeit und der Selbstreflexion klagt Dawkins diese für den Atheismus ein. Er wehrt sich gegen die Vereinnahmung universeller Werte durch die Religionen. Zweifellos: Es bedarf weder eines Gottes noch der Religionen, um in einem normativen Verständnis moralisch gut und richtig zu handeln. Dazu gehört nach westlich-pluralistischem Verständnis nicht nur, die Meinungen Andersdenkender zu respektieren, sondern ebenso ihren sozialen Hintergrund, ihre Wünsche, Ängste und Hoffnungen zu akzeptieren. Keine Zeile widmet Dawkins den kulturellen Traditionen und sozialen Funktionen von Religionen sowie den Gefühlen von Gläubigen. Hätte der Autor solche Gedanken berücksichtigt und sein Buch mit (dem von ihm so vehement geforderten) kühlem Verstand, statt glühendem Eifer verfaßt, wäre der verlegerische Erfolg weniger sensationell gewesen. Allerdings wären so vielleicht einige Leser außerhalb linksliberaler Großstadtmilieus erreicht worden, was der Auseinandersetzung mit den diskussionswürdigen Thesen des „Gotteswahn" gutgetan hätte.

Rezensionsessay:

Demokratie und ethnische Säuberungen?

Von Christopher Daase

Michael Mann, Die dunkle Seite der Demokratie. Eine Theorie der ethnischen Säuberung, Hamburg 2007 (*Hamburger Edition*), 861 S.

Demokratie gilt landläufig als Garant für den Frieden – den äußeren wie den inneren. Im Außenverhältnis heißt es, Demokratien seien friedfertiger als Autokratien und führten zumindest untereinander keine Kriege. Im Innenverhältnis wird angenommen, daß demokratische Staaten eher als nicht-demokratische für einen gerechten Ausgleich konkurrierender Interessen sorgen und damit den gesellschaftlichen Frieden gewährleisten können. Diese Doppeltheorie des demokratischen Friedens hat in den letzten Jahren einige Kratzer bekommen. So wurde nachgewiesen: Demokratien sind außenpolitisch durchaus nicht generell friedliebend, sondern können – unter bestimmten Bedingungen – gegenüber nicht-demokratischen Staaten ausgesprochen kriegerisch auftreten. „Demokratische Kriege“ in Form von Friedenserzwingung, humanitären Interventionen oder präventiver Verteidigung gegenüber sogenannten Schurkenstaaten sind deshalb als die „dunkle Seite des demokratischen Friedens“ bezeichnet worden.[1] Und nun ist – in einer umfangreichen Studie des britisch-amerikanischen Soziologen Michael Mann – zudem die innenpolitische Friedensfunktion von Demokratie in Zweifel gezogen worden. Denn auch im Innenverhältnis, so seine zentrale These, habe Demokratie eine dunkle Seite, die sich in der Möglichkeit „ethnischer Säuberungen“ äußere.

Man muß allerdings das über 800 Seiten dicke Buch genau lesen, um die Stichhaltigkeit seines provokanten Arguments einschätzen zu können. Die These von der dunklen Seite der Demokratie ist – aus welchen Gründen auch immer – so überspitzt, daß sie empirisch kaum eingelöst werden kann. Im Gegensatz zu den Kritikern des – außenpolitischen – demokratischen Friedens, die gezeigt haben, daß demokratische Kriegführung ein gleichsam natürlicher Begleiter von Demokratie ist, gelingt Michael Mann nicht der Beleg dafür, daß ethnische Säuberungen wesensmäßig zur Demokratie gehören. Das liegt an Problemen der Begriffsbildung ebenso wie an methodischen und theoretischen Schwächen. Allerdings schmälern diese den Gewinn, den man aus den reichhaltigen historischen Beschreibungen ziehen kann, nur unwesentlich. Der Detailreichtum der Fallstudien und die Präzision der historischen Analyse kann nur bewundernd hervorgehoben werden. Aber so lehrreich und lesenswert das Buch deshalb ist, so dürftig ist sein theoretischer Ertrag. Dieser Kritik gilt der Essay.

1 Vgl. Anna Geis/Lothar Brock/Harald Müller (Hrsg.), Democratic Wars. Looking at the Dark Side of Democratic Peace, Houndmills 2006.

Michael Mann tritt mit einem hohen Anspruch an. Er will eine allgemeine Theorie ethnischer Säuberungen entwickeln, um nicht nur die historischen Ereignisse von systematischen Massenmorden an ethnischen Volksgruppen zu erklären, sondern auch um zu ihrer Verhinderung beizutragen. Seine These ist dabei, daß Völkermord und schwächere Formen ethnischer Säuberung nicht etwas Primitives und Fremdes sind, sondern zu unserer Geschichte und Gegenwart gehören: „Die mörderische ethnische Säuberung ist ein modernes Phänomen, sie ist die dunkle Seite der Demokratie" (S. 11). Das heißt allerdings nicht, daß jede Demokratie auf Völkermord basiert. Es besteht aber immer die Möglichkeit, daß eine Mehrheit eine Minderheit tyrannisiert und – in seltenen Fällen – auszurotten versucht. Die große Frage, die Mann sich stellt, ist: Warum und unter welchen Bedingungen neigen Demokratien zu mörderischen ethischen Säuberungen?

Im ersten Kapitel entwirft Mann ein Erklärungsmodell, das den Eskalationsprozeß ethnischer Konflikte beschreiben und Gewaltexzesse erklären soll. Im zweiten und dritten Kapitel werden ethnische Säuberungen in der Geschichte thematisiert und gezeigt, daß sie erst mit dem modernen Staatenbildungsprozeß endemisch wurden, und zwar in dem Maße, in dem die Idee des „Volkes" nicht liberal-inklusiv, sondern organisch-exklusiv gefaßt wurde. Die weiteren Kapitel sind Fallstudien gewidmet, die mehr oder weniger dem Erklärungsmodell des ersten Kapitels folgen. Dabei scheut Mann heikle Themen nicht. Er spricht den Genozid der Australier und Amerikaner an den Ureinwohnern ebenso an wie den Völkermord der Türken an den Armeniern. Dem Nationalsozialismus widmet er alleine drei Kapitel und ein weiteres den Verbündeten und Hilfstruppen NS-Deutschlands. Das nächste Kapitel untersucht „kommunistische Säuberungen" in Rußland unter Stalin, in China unter Mao und in Kambodscha unter Pol Pot. Weitere Fallstudien gelten Jugoslawien und Ruanda. Ein gesondertes Kapitel ist den „kontrafaktischen Fällen" Indien und Indonesien vorbehalten, in denen es trotz ethnischer Spannungen bislang nicht zu Gewaltexzessen genozidalen Ausmaßes kam. Im Schlußkapitel zieht Mann Konsequenzen für die Politik.

Das theoretische Modell im ersten Kapitel beschreibt mit acht Thesen die Bedingungen, die ethnische Säuberungen möglich machen. Dabei geht es nicht um deterministische Aussagen, sondern um die Herausarbeitung von ursächlichen Faktoren, die die Wahrscheinlichkeit interethnischer Gewalt erhöhen. Die erste These ist die abstrakteste und besagt, daß ethnische Säuberungen ein Produkt der Moderne und des demokratischen Zeitalters sind. Die Herrschaft des Volkes könne nämlich auf zweierlei Weise hergestellt werden: durch die Bestimmung eines politischen Demos einerseits und die Abgrenzung eines kulturell (oder gar biologisch) begründeten Ethnos andererseits. In dem Maße, in dem das „Volk" ethnisch definiert werde und sich organische Vorstellungen von Nation und Staat durchsetzten, würde die „Säuberung" dieses Staates von Minderheiten begünstigt. In der zweiten These betont Mann, daß eine wichtige Bedingung, um den Ethnos über den Demos dominieren zu lassen, die folgende ist: Die Klassenidentifikation tritt hinter die Identifikation der Ethnie zurück. Gerade die Redefinition von Klassenunterschieden als ethnische Unterschiede sei hochexplosiv. Die dritte These besagt, daß fast alle Fälle ethnischer Säuberungen bi-ethnisch angelegt seien, also insbesondere dann aufträten, wenn zwei ethnische Gruppen um die Herrschaft über das gleiche Territorium konkurrieren. Mörderische ethnische Konflikte beträfen deshalb in erster Linie politische Machtbeziehungen, obgleich auch ideologische, ökonomische und militärische Aspekte eine Rolle spielten. Die vierte These beschreibt zwei typische Szenarien und besagt, ethnische Säuberungen träten insbesondere dann auf, wenn (a) die schwächere Partei auf Hilfe aus dem Ausland rechnen kann oder (b) die stärkere Partei mit überwältigender Macht den Konflikt für sich zu entscheiden können glaubt. Daß die Eskalation ethnischer Konflikte durch Krisen, insbesondere geopolitische Instabilität oder Krieg begünstigt werde, besagt die fünfte These. Mit der sechsten These beginnt Mann, die Analyseebene zu wechseln. Mörderische ethnische Säuberung liege in den seltensten Fällen von Anfang an in der Absicht der Täter. „Nicht einmal Hitler ging so vor“ (S. 18). Vielmehr sei Völkermord der Endpunkt einer Eskalationsleiter, die aus frustrierten Stufen weniger rigider „Säuberung“ besteht. In den letzten beiden Thesen befaßt sich Mann mit den individuellen Tätern. In These sieben unterscheidet er zunächst drei Ebenen der Täterschaft – (a) radikale Eliten, (b) militante Gruppen, (c) die treue Anhängerschaft –, die zusammenkommen müssen, um mörderische Säuberungen zu ermöglichen. These acht besagt schließlich, daß auch „ganz normale Menschen“ dazu gebracht werden können, sich an ethnischen Säuberungen zu beteiligen: „Auch Sie oder ich könnten an einer mörderischen ethnischen Säuberung teilnehmen, falls wir in vergleichbare Situationen und in ein ähnliches soziales Umfeld gerieten. Keine ethnische Gruppe oder Nation ist dagegen immun“ (S. 21).

Wenn Michael Mann argumentiert, daß ethnische Säuberung die dunkle Seite von Demokratie ist, warum untersucht er dann das Dritte Reich, die Terrorregime von Stalin, Mao und Pol Pot, warum Miloševićs Jugoslawien und warum Ruanda? Nach keinem gängigen Standard würde man NS-Deutschland als Demokratie bezeichnen, ebenso wenig die anderen genannten Regime. Und ob die Jungtürken, in deren Zeit der Völkermord an den Armeniern fällt, Demokraten waren, ist zumindest zweifelhaft. Offenbar hat Mann Probleme mit der Konzeptualisierung seines Forschungsgegenstands.

Dabei verwendet er nicht wenig Mühe darauf, wichtige Begriffe zu klären. Zum Beispiel werden unterschiedliche Formen ethnischer Säuberung von der freiwilligen Assimilation über die kulturelle Unterdrückung bis hin zu gewaltsamer Vertreibung, Ethnozid (die unbeabsichtigte Auslöschung einer Volksgruppe) und Völkermord unterschieden und in einer Tabelle geordnet. Allerdings dient diese Typologie vor allem dazu, sich auf den „geplanten Massenmord“ zu konzentrieren, den Mann in partiellen und uneingeschränkten unterteilt und den partiellen in (1) erzwungene Konversion, (2) Politizid (Tötung einer politischen Führungsschicht) und (3) Klassizid (vorsätzliche Tötung ganzer Gesellschaftsklassen) gliedert.

Weit weniger Sorgfalt verwendet Mann auf die Bestimmung des Demokratiebegriffs. Zunächst scheint das unproblematisch zu sein, denn die Sache ist klar: „Demokratie bedeutet Herrschaft des Volkes“ (S. 12). Stutzig wird der Leser allerdings, wenn zwei Seiten später zu lesen ist: „Regime, die tatsächlich zu mörderischen Säuberungen greifen, sind niemals demokratisch, denn so etwas wäre ein Widerspruch in sich selbst“ (S. 14). Wie kann der Autor dann behaupten, ethnische Säuberungen seien die dunkle Seite der Demokratie? Offenbar verwendet Mann zwei unterschiedliche Begriffe von Demokratie, einen analytischen und einen normativen. Der analytische Begriff erlaubt es ihm, anhand eines einzigen Kriteriums (nämlich Volksherrschaft) sein empirisches Netz so weit auszuwerfen, daß auch solche Regime als „demokratische" einbezogen werden, die normalerweise als autokratisch oder diktatorisch gelten. Der normative Begriff erlaubt es ihm dagegen, die Menge der „guten" Demokratien so klein zu halten, daß dem liberalen Selbstverständnis (und dem seiner Leser) kein Schaden zugefügt wird; denn offenbar ist „wahre Demokratie" (S. 518) mit Massenmord per definitionem unvereinbar, es wäre, wie gesagt, „ein Widerspruch in sich selbst" (S. 14).

Beide Begriffsverwendungen, die analytische wie die normative, sind im Prinzip legitim, nur nicht in ein und derselben Untersuchung. Das Changieren zwischen analytisch-weitem und normativ-engem Demokratiebegriff beeinträchtigt nämlich deren empirische Validität, denn sie schließt durch normative definitorische Setzung aus, daß liberale, d.h. „wirkliche Demokratien", Völkermorde begehen, und identifiziert einen Faktor (nämlich Demokratie) als Ursache ethnischer Säuberungen, der demokratischen Regimen genauso zukommt wie nicht-demokratischen, also im engeren Sinne nichts erklärt.

Könnte es sein, daß Mann Demokratie und Nationalismus verwechselt? Denn eigentlich interessiert ihn die Identität der kollektiven Subjekte, die sich im Prozeß der europäischen Staatenbildung herauskristallisieren, und nicht die Regierungsform, wie der Begriff Demokratie nahe legt – und damit die Frage: Wer ist das Volk? In der reichhaltigen Nationalismusliteratur wird diese Frage seit Jahrzehnten behandelt.[2] Dabei ist die Unterscheidung von Demos und Ethnos ein Allgemeinplatz[3] und die Erkenntnis, daß Ethnonationalismus gewaltsame Übergriffe gegen Minderheiten begünstigt[4], eine Binsenweisheit. Bei genauem Hinsehen ist die substantielle These von Mann, daß bestimmte Formen kollektiver Identität (nämlich ethnische) zu Konflikten bis hin zu Völkermord führen können, so originell nicht. Allerdings wäre ein Buch über ethnische Säuberungen als die dunkle Seite des Nationalismus weitaus weniger provokativ gewesen und hätte weniger Aufmerksamkeit errungen.

Eine zweite Schwäche betrifft das methodische Vorgehen. Zwar betont Mann an mehreren Stellen, daß es ihm nicht um das Testen von Hypothesen und das Aufstellen von „wissenschaftlichen Gesetzen" (S. 21) gehe. Dann aber hätte er im induktiven Sinne einer Grounded Theory mit den Fallstudien beginnen und seine Thesen als Generalisierungen aus der dichten Beschreibung seiner historischen Fallstudien präsentieren sollen. Stattdessen spricht er aber schon am Anfang von einem „Kausalmodell" (S. 52) und einer „Erklärung" (S. 57) ethnischer Säuberungen, von der er hoffe, sie „im Laufe des Buches belegen" (S. 11) zu können. Indem er seine Theorie im ersten Kapitel präsentiert, suggeriert er, daß die Fallstudien dem Testen seiner Theorie und nicht der Theoriebildung dienen. Von einem Theorietest erwartet man allerdings – in der Regel deduktiv gewonnene – klare, operationalisierbare und letztlich falsifizierbare Aussagen und ein

2 Vgl. Ernest Gellner, Nations and Nationalism, Ithaca 1983.
3 Vgl. Emmerich Francis, Ethnos und Demos. Soziologische Beiträge zur Volkstheorie, Berlin 1965.
4 Vgl. Donald L. Horowitz, Ethnic Groups in Conflict, Berkeley 1985.

entsprechendes Forschungsdesign.[5] Was Mann aber bietet, sind Thesen auf unterschiedlichen Analyseebenen, die unverbunden nebeneinander stehen, in ihrer Bedeutung nicht gewichtet werden und kein kohärentes Modell ethnischer Säuberung abgeben.

Das soll nicht heißen, sein historisch-interpretatives Verfahren sei verfehlt. Ganz im Gegenteil: Es bietet zahlreiche neue Einsichten und Erkenntnisse z.B. über die individuelle Bereitschaft von Menschen, sich an Gewaltexzessen gegenüber Minderheiten zu beteiligen oder die besondere Anfälligkeit von Grenz- und Siedlergemeinschaften, Pogrome zu inszenieren. Aber diese Erkenntnisse lassen sich nur schwer zu einer generellen Theorie der ethnischen Säuberung zusammenfügen. Erst am Ende wird deutlich, worauf Michael Mann tatsächlich hinauswill, nämlich nicht auf den Beleg jeder einzelnen These aus der theoretischen Einleitung, sondern auf den Nachweis der komplizierten Mechanismen, die zu einer Eskalation ethnischer Konflikte führen können. Zu diesem Zweck unterscheidet er die „kommunale Konfliktphase", die „Eskalationsphase" und die „Phase der mörderischen Säuberung" (Schaubild auf S. 704). Ethnische Spannungen und Konflikte führen nämlich nicht automatisch zu mörderischen Säuberungen. Erst wenn politische Herrschaftsansprüche auf ein gemeinsames Territorium erhoben werden und geopolitische Instabilität die Krise anheizt, kann die Schwelle zum systematischen Massenmord überschritten werden.

Zu diesem Ergebnis kommt Mann erst, indem er am Ende seiner Studie mit Indien und Indonesien zwei „kontrafaktische" Fälle untersucht. Tatsächlich handelt es sich um faktische Fälle, die allerdings der Erwartung, daß ethnische Konflikte immer zum Äußersten tendieren, nicht entsprechen. Zwar bestünden in beiden Ländern alte ethnische Rivalitäten, doch hätten die vielfältigen sozialen Konfliktlinien und die Abwesenheit einer geostrategischen Krise bislang mörderische Säuberungen im großen Stil verhindert. Diese im Sinne einer vergleichenden Fallstudie gemachte Beobachtung zeigt, daß ein sorgsameres komparatives Fallstudiendesign[6] den theoretischen Ertrag der Studie hätte erhöhen können.

Es gibt zwei populäre Meinungen, wie ethnische Konflikte entstehen. Die eine besagt, daß die heutigen ethnischen Konflikte auf uralten Streitigkeiten zwischen sozialen Gruppen beruhen, die sich schon immer bekriegt haben. Die andere behauptet, daß ethnische Konflikte das Resultat der Politik und Propaganda einer zynischen Elite sind, die aus eigenem Machtwillen die Bevölkerung manipuliert. Gegen beide Meinungen wendet sich Mann entschieden. Er weist die Ansicht der ersten, daß ethnische Konflikte gleichsam natürliche Phänomene sind, ebenso zurück wie die Naivität der zweiten, die Bevölkerung sei im Grunde immer gutmütig und nur das Opfer politischer Verführung. Aber Mann kritisiert auch andere gängige Theorien ethnischer Konflikte, etwa rationalistische Erklärungen, die ethnische Konflikte als das suboptimale Ergebnis individuell rationalen Han-

5 Vgl. Gary King/Robert O. Keohane/Sidney Verba, Designing Social Inquiry. Scientific Inference in Qualitative Research, Princeton 1994.

6 Vgl. Alexander L. George/Andrew Bennett, Case Studies and Theory Development in the Social Sciences, Cambridge 2005.

delns ethnischer Gruppen erklärt.[7] Daß Mann am ehesten einem konstruktivistischen Verständnis ethnischer Konflikte nahesteht, kann man daran sehen, daß er nicht von existierenden Gruppen mit fixen Interessen und Präferenzen ausgeht, sondern ihre Genese untersucht. Es sind die Normen, Werte und Identitäten, die eine Gruppe dazu bringen, sich exklusiv auf der Grundlage ethnischer Eigenschaften zu konstituieren. Und es ist diese Art der ethnischen Identitätsbildung, die ethnische Säuberungen begünstigt.

Bis zur Anwendung systematisch vernichtender Gewalt ist es allerdings ein weiter Weg. Mann betont die vielen unterschiedlichen Faktoren, die beim Eskalationsprozeß ethnischer Gewalt eine Rolle spielen. Insofern vertritt er einen entschieden multikausalen Erklärungsansatz. Es ist folglich müßig, die Stichhaltigkeit jeder seiner Thesen im Detail prüfen, kritisieren oder qualifizieren zu wollen. Nur als Gesamtbild ergeben sie einen Sinn und nicht in jedem Fall sind alle Faktoren am Werke. Die These von der „Bi-Ethnizität" ethnischer Säuberungen mag zum Beispiel in Ruanda zutreffen, ist im Falle der Armenier zweifelhaft und in Jugoslawien nicht stichhaltig. Ähnlich ist die These von der begünstigenden Funktion geopolitischer Krisen zwar nachvollziehbar, aber es bleibt unklar, ob es sich um eine notwendige oder eine hinreichende Ursache handelt. Und schließlich ist die Analyse der Beteiligung „normaler Menschen" an Greueltaten – und die Behauptung, daß wir alle zu Bösem fähig sind – verstörend überzeugend, doch bleibt die Frage offen, unter welchen Bedingungen es zu massenhaften Gewaltexzessen kommt. So berechtigt Manns Plädoyer für ein multikausales Verständnis ethnischer Konflikte ist, so wenig bietet er einen kausalen Mechanismus, der die von ihm angeführten Faktoren in einen nicht-trivialen Zusammenhang bringt, und der ein gewisses Maß an Allgemeingültigkeit für sich beanspruchen kann.

Als Vertreter der historischen Soziologie befindet sich Mann in einer Zwickmühle. Historiker werden die Fallstudien nicht detailliert genug finden, hier und dort Ungenauigkeiten aufspüren und sich gegen die Verallgemeinerungen wehren. Politikwissenschaftler werden hingegen begriffliche Schärfe, den strengen analytischen Zugriff und theoretische Falsifizierbarkeit vermissen. Vielleicht liegt die Stärke des Buches gerade in der Vermittlung historischen und sozialwissenschaftlichen Nachdenkens über ethnische Konflikte.

Michael Manns Meisterschaft zeigt sich in der dichten und verdichtenden Beschreibung historischer Zusammenhänge. Die schlanke Theoriebildung ist dagegen seine Sache nicht. Daß er dies mit der überspitzten These, ethnische Säuberungen seien die dunkle Seite der Demokratie, zu überspielen versucht, bekommt seiner Studie nicht. Sie führt den Leser nämlich auf eine falsche Fährte und läßt ihn das langsame narrative Hervortreten einer historischen Konstellation, die ethnische Säuberungen bis hin zum Völkermord begünstigt, womöglich verpassen. Trotzdem wird Manns Buch ein Referenzwerk zu ethnischen Konflikten bleiben, weil es historische Anschauung und theoretische Streitbarkeit verbindet.

---

7 Vgl. David A. Lake/Donald Rothchild, Spreading Fear: The Genesis of Transnational Ethnic Conflict, in: Dies. (Hrsg.), The International Spread of Ethnic Conflict. Fear, Diffusion, and Escalation, Princeton 1998, S. 3-32.

»Wieder gelesen«:

Was ist Populismus?

Von Frank Decker

Ghiţa Ionescu/Ernest Gellner (Hrsg.), Populism. Its Meanings and National Characteristics, London 1969 (*Weidenfeld und Nicolson*), 263 S.

Als in den achtziger Jahren in mehreren europäischen Ländern neu entstandene Rechtsparteien auf den Plan traten und zum Teil beachtliche Wahlerfolge erzielten, stieß dies in der Wissenschaft zunächst auf wenig Aufmerksamkeit. Unausgesprochen ging man davon aus, daß die Newcomer sich als Eintagsfliegen entpuppen und aus den Parteiensystemen über kurz oder lang wieder verschwinden würden – so wie viele vergleichbare Neugründungen vor ihnen. Erst als die weitere Entwicklung diese Erwartung widerlegte, sollte das Interesse erwachen und – befördert durch weitere spektakuläre Ereignisse wie die Regierungsbeteiligung der österreichischen FPÖ (2000) oder den Sensationserfolg Jean-Marie Le Pens bei der französischen Präsidentschaftswahl 2002 – eine regelrechte Literaturflut auslösen. Nachdem inzwischen neben unzähligen Fallstudien auch mehrere gelungene komparatistische Gesamtdarstellungen vorliegen (überwiegend in Sammelbandform), dürfen die neuen Rechtsparteien als gut erforscht gelten.[1]

Eine anhaltende Kontroverse herrscht bis heute darüber, wie die Neuankömmlinge als Partei bzw. Parteienfamilie auf den Begriff zu bringen sind. Während ein Teil der Autoren sie als Vertreter der radikalen oder extremen Rechten apostrophiert, haben andere zu ihrer Charakterisierung das Attribut „populistisch“ verwendet, das sich anschließend auch in der Publizistik durchsetzte. Für die Verwendung des Populismusbegriffs sprach und spricht, daß sich die neuen Parteien von der hergebrachten radikalen oder extremen Rechten in mancherlei Hinsicht deutlich unterscheiden; der Begriff soll also gerade das Neuartige ausdrücken und damit zugleich andeuten, warum die heutigen Rechtspopulisten in der Wählerschaft auf größeren Zuspruch gestoßen sind als ihre Vorläufer. Kritiker bemängeln neben der Wertgeladenheit vor allem die inhaltliche Unbestimmtheit des Populismusbegriffs und halten ihn aus diesem Grunde für wissenschaftlich unbrauchbar. Tatsächlich steht jeder Versuch einer Definition vor dem Problem, von den zahlreichen Einzelerscheinungen abstrahieren zu müssen, denen das Etikett „populistisch“ bis heute aufgeklebt worden ist. Vorliegende Arbeiten zur vergleichenden Analyse des Rechtspopulismus zeigen aber, daß sich die Mühe lohnt und

1 Zum Forschungsstand vgl. Frank Decker, Die populistische Herausforderung. Theoretische und ländervergleichende Perspektiven, in: Ders. (Hrsg.), Populismus in Europa, Bonn 2006, S. 9-32.

eine sorgfältige Begriffsbestimmung eindeutig zum besseren Verständnis der neuen Parteien beiträgt.[2]

Dies gilt umso mehr, als man sich auf die wenigen wissenschaftlichen Referenzwerke zum Populismus leicht verständigen kann. Neben der 1981 erschienen Monographie von Margaret Canovan[3] ist es insbesondere der 1969 erschienene, von Ghiţa Ionescu und Ernest Gellner herausgegebene Sammelband, auf den die begriffsgeschichtlichen Ausführungen für gewöhnlich Bezug nehmen. Daß ein Sammelband den Status eines Standardwerkes gewinnt, kommt in der Wissenschaft eher selten vor. Im Falle von Ionescu/Gellner hängt das einerseits mit dem Pioniercharakter des Buches zusammen, das – im Anschluß an eine internationale und interdisziplinäre Tagung[4] – zum ersten Mal den Versuch unternommen hat, eine wissenschaftlich-systematische Bestandsaufnahme des Populismusphänomens zu liefern. Andererseits verdankt es sich der klugen Zusammenstellung des Bandes, dessen aufeinander abgestimmte Einzelbeiträge ausnahmslos ein hohes Reflexionsniveau aufweisen und durch ihre Fähigkeit zur Nuancierung auch heute noch bestechen. Manche mißverständliche Deutung des in den achtziger Jahren aufgekommenen neuen Populismus wäre uns vielleicht erspart geblieben, wenn deren Urheber sich die Mühe gemacht hätten, diese Beiträge etwas gründlicher zu studieren.

Eines der Mißverständnisse, das gerade die Debatte in Deutschland häufig begleitet, reduziert den Populismus gerne auf die Oberfläche eines politischen Stilmittels, das von Parteien und Politiker eingesetzt werde, um in der Bevölkerung möglichst viel Zustimmung zu erheischen. Die politischen Inhalte des Populismus sind jedoch nicht beliebig und je nach Bedarf opportunistisch auswechselbar; stattdessen wurzeln sie in einer radikalen Gegnerschaft zum gesellschaftlichen und politischen Establishment, deren Kehrseite wiederum eine tiefempfundene und – zumindest der Idee nach aufrichtige – Achtung vor dem „einfachen" Volk darstellt (was einen bloß manipulativen oder zynischen Populismus nicht ausschließt). Die Anführer der Populisten mögen selbst Intellektuelle oder Angehörige einer privilegierten sozialen Gruppe sein. Um sich mit dem von ihnen umworbenen einfachen Volk identifizieren zu können, geben sie sich jedoch betont anti-intellektuell und anti-elitistisch. Zum Wesen des Populismus gehört mithin eine oppositionelle Grundhaltung. Populistische Regierungen oder Regime, die selbst Herrschaft ausüben, sind ein Widerspruch in sich (Beitrag von Peter Worsley).

Der ideologische Charakter des Populismus ist nicht einfach zu umreißen. Auf der einen Seite geht er häufig Verbindungen mit „härteren" Ideologien ein, was in dem Band insbesondere mit Blick auf Sozialismus und Nationalismus thematisiert wird. Auf der anderen Seite stellt er selbst eine Symbiose aus unterschiedlichen ideologischen Positionen dar, deren Widersprüchlichkeit auch ein Reflex der gesellschaftlichen Wirk-

---

2 Vgl. z.B. Yves Mény/Yves Surel (Hrsg.), Democracies and the Populist Challenge, Houndmills/New York 2002.

3 Margaret Canovan, Populism, London 1981.

4 Die Ergebnisse der Tagung sind zusammengefaßt bei Ghiţa Ionescu, To Define Populism, in: Government and Opposition 3 (1968), S. 137-179.

lichkeit ist. Dies gilt vor allem für das Verhältnis von individueller Persönlichkeit und gemeinschaftlicher Einbindung, die in der Weltsicht der Populisten als Prinzipien gleichermaßen hochgehalten werden. Kennzeichnend für den Populismus ist, daß er die daraus entstehenden ideologischen Gratwanderungen nicht nur duldet, sondern geradezu zum Programm erhebt. Auch die ambivalente Haltung der Populisten zum Staat und zum gesellschaftlichen Fortschritt findet hier ihre Ursache (Beiträge von Peter Wiles und Donald McRae).

Neben der ideologischen Qualität nimmt die Frage nach den sozialen Entstehungshintergründen des Populismus in dem Band breiten Raum ein. Sie wird sowohl in den allgemeinen Beiträgen als auch in den Länder- bzw. Regionalstudien behandelt, die sich mit den USA (Richard Hofstadter), Lateinamerika (Alistair Hennessy), Rußland (Andrzej Walicki), Osteuropa (Ghiţa Ionescu) und Afrika (John S. Saul) befassen – allein Asien und Kanada bleiben als mögliche weitere Fälle ausgeklammert. Das Doppelgesicht des Populismus wird hier ebenfalls deutlich. Populistische Bewegungen sind eine Reaktion auf gesellschaftliche Modernisierungskrisen. Sie wenden sich nicht gegen die Modernisierung als solche, wohl aber gegen deren Stoßrichtung und problematische Begleiterscheinungen. Die Modernisierung ist in den Augen der Populisten kein Naturereignis, sondern ein politisch gestaltbarer Prozeß und damit durchaus anschlußfähig für vorhandene traditionelle Werte. In dieser Haltung ausschließlich Rückwärtsgewandtheit zu sehen, wäre ganz falsch. Indem er durch seinen Protest eine neue gesellschaftliche Balance herbeiführt, kann der Populismus im Gegenteil eine positive gesellschaftliche Funktion entfalten (Beitrag von Angus Stewart).

Letzteres gilt ungeachtet der Tatsache, daß populistische Bewegungen ideologisch wie organisatorisch nicht wenige Eigenschaften aufweisen, die aus demokratischer Sicht verwerflich sind. Das Denken in Verschwörungstheorien und Feindbildern gehört dazu ebenso wie die Betonung des Prinzips charismatischer Führerschaft oder die Vorstellung eines homogenen Volkswillens. In der neueren Forschung werden diese Elemente als Beleg für die anti-liberale und anti-pluralistische Grundhaltung der rechtspopulistischen Parteien stark akzentuiert, um vor den systemfeindlichen Bestrebungen des Populismus zu warnen.[5] Für die Autoren des Sammelbandes von Ionescu/Gellner bestand zu dieser Form der Kritik kein Anlaß, da die politischen Systeme der fortgeschrittenen Industriegesellschaften in der „Goldenen Ära" der fünfziger und sechziger Jahre von nennenswerten populistischen Herausforderungen verschont geblieben waren. Die Länder- und Regionalstudien tragen dem Rechnung: Aktuelle populistische Bestrebungen werden nur in den nicht-westlichen Regionen (Lateinamerika, Afrika) ausgemacht, die den Sprung in die Moderne noch vor sich haben bzw. sich im Übergang von der agrarischen zur Industriegesellschaft befinden, während sich die Beiträge zu den USA, Rußland und Osteuropa auf die historischen Vorläufer und Traditionen des Populismus beschränken.

5 Vgl. Frank Decker, Der neue Rechtspopulismus, 2. Aufl., Opladen 2004, S. 271 ff.

In der räumlichen und zeitlichen Ungleichzeitigkeit der Modernisierung liegt der Grund dafür, daß es sich bei den populistischen Bewegungen, die in dem Band von Ionescu/Gellner behandelt werden, um äußerst disparate Erscheinungen handelt. Für die heutigen Modernisierungskrisen ist demgegenüber gerade charakteristisch, daß der ihnen zugrunde liegende ökonomische und kulturelle Globalisierungsprozeß die Gesellschaften mehr oder weniger zeitgleich erfaßt und sie mit denselben Problemen konfrontiert. Die Parallelität des Parteiensystemwandels in den einzelnen Ländern und die Beständigkeit der populistischen Neugründungen sind vor diesem Hintergrund zu sehen. Ob auch diese Erscheinungen irgendwann wieder zum Verschwinden gebracht und die auseinanderstrebenden Kräfte in die Gesellschaft reintegriert werden können, ist eine offene Frage, auf die man – je nach Fortschrittsglauben – unterschiedliche Antworten geben wird. Die historisierende Sichtweise der Beiträge in Ionescu/Gellner zeigt, daß es wichtig ist, diese grundsätzliche Perspektive im Auge zu behalten und die vergangenen mit den gegenwärtigen Modernisierungsprozessen zu vergleichen. Insofern bleibt sie ein wichtiger Fundus für Fragestellungen und Probleme, die auch in der aktuellen Populismusforschung erst ansatzweise behandelt worden sind.

Literatur aus der „Szene“

Hummer für alle?

Von Susanne Kailitz

Sahra Wagenknecht (Hrsg.), Armut und Reichtum heute. Eine Gegenwartsanalyse, Berlin 2007 (*Das Neue Berlin*), 287 S.

Sie sei für eine Welt, in der alle Menschen Hummer essen könnten, ließ Sahra Wagenknecht Ende 2007 verlauten. Da war die bekennende Kommunistin und Europaparlamentarierin gerade in die Schlagzeilen geraten, weil sie beim Hummeressen photographiert worden war und später die Bilder gelöscht hatte – ganz so, als habe sie Angst vor dem Vorwurf, Wasser zu predigen und Wein zu trinken. Einen Weg in eine Welt zu finden, in der es Hummer für alle gibt, ist Wagenknechts erklärtes Lebensziel. Die 1969 in Jena geborene studierte Philosophin kämpft deshalb beharrlich gegen „neoliberale Verbrechen“, den Einfluß „der Konzernchefs und der Geldaristokratie“ und „Lohndrückerei und Sozialdumping“. So ist es im Klappentext und Vorwort ihres jüngsten Buches „Armut und Reichtum heute“ nachzulesen. Darin enthalten sind Aufsätze von Wagenknecht, Christoph Butterwegge, Hans-Jürgen Krysmanski und anderen, die, so das selbsterklärte Ziel, den Zusammenhang von Armut und Reichtum in den Blick nehmen wollen. Das Fazit steht bereits am Anfang fest: „Wer über Reichtum und Geldmacht nicht reden will, kann auch die Ursachen von Armut und verschärfter Ausbeutung nicht benennen.“ Im Vorwort bilanziert Wagenknecht, die Bundesrepublik sei mit einem Geldvermögen der privaten Haushalte von 4,5 Billionen Euro zwar reich, es habe aber etwa jeder zweite Bundesbürger „so gut wie keinen Anteil am Geldvermögen“. Die Zahl der Millionäre und Multimillionäre nehme zu, aber auch die derer, die nicht genug Geld hätten, um am gesellschaftlichen Leben teilnehmen zu können. Es ist für Wagenknecht „kein Zufall“, daß die Konzerngewinne in der heutigen Europäischen Union ebenso explodierten wie Armut, soziale Ausgrenzung und prekäre Beschäftigung.

Der Kölner Professor Christoph Butterwegge konzentriert sich in seinem Beitrag „Die zerrissenen Netze des Sozialstaats“, den er gemeinsam mit seinem Mitarbeiter Michael Klundt verfaßt hat, auf eine Schilderung der Armut in Deutschland. Er sieht in der sich vertiefenden Kluft zwischen Arm und Reich ein „gesellschaftliches Kardinalproblem“. In seinem Beitrag führt Butterwegge mehrere Berichte an, um das Ausmaß der Armut in Deutschland konkret beziffern zu können. So liegt nach der Lesart des Armutsberichts der Europäischen Kommission von 2004 der Anteil der von Armut bedrohten Personen in Deutschland vor Sozialtransfers bei 21 und nach Sozialtransfers bei 11 Prozent. Höher noch ist nach Butterwegges Interpretation die Kinderarmutsquote: 23,7 Prozent in Ostdeutschland, in Westdeutschland 12,4 Prozent. Was Butterwegge dabei verschweigt, sind die nötigen Referenzdaten: Nach dem Armuts- und Reichtumsbericht, den die Bundesregierung zuletzt im Juni 2008 vorgelegt hat, gilt als arm, wer 60 Prozent des mittleren Nettoäquivalenzeinkommens verdient – und das sind in Deutschland 781 Euro.[1] Den Einwand, daß sich die meisten der von ihm angeführten Studien nicht auf absolute, sondern auf relative Armut im jeweils untersuchten Land beziehen, erkennt Butterwegge zwar an. Die Schlußfolgerung des von ihm zitierten Dortmunder Wirtschaftsstatistikers Walter Krämer, es sei „hochgradig pervers, in einer Zeit, in der weltweit 18 Millionen Menschen verhungern, einen deutschen Halbstarken nur deshalb ‚arm' zu nennen, weil er anders als seine Klassenkameraden keine Diesel-Lederjacke oder Nike-Turnschuhe besitzt“, bezeichnet er allerdings als „populistisch“. Tatsächlich sei es „wahrscheinlich weniger bedrückend, diskreditierend und folgenreich“, in einer Gesellschaft notleidend oder unterversorgt zu sein, in der keiner etwas habe, als arm zu sein in einer Gesellschaft, in der es als normal gelte, daß Kinder ein Mobiltelefon und Markenkleidung besäßen. „Wer als Kind auf Nike und Nokia verzichten“ müsse, werde im Kreis seiner Spielkameraden „nicht ernst genommen, vielleicht sogar völlig isoliert“. Buttewegges Fazit: „Diese moderne Form der Ausgrenzung ist die wohl schlimmste Konsequenz von Armut und Unterversorgung im Kindesalter.“ Das bedeutet letztlich, daß es für Butterwegge besser ist, wenn niemand etwas hat, als wenn nur einer mehr hat – lieber sollen alle hungern, als daß alle genug zu essen haben, sich einer aber Hummer leisten kann. Butterwege und Klundt kritisieren, daß die Armuts- und Reichtumsberichte der Bundesregierung zu wenige Informationen über den Wohlstand enthielten und die „strukturellen Zusammenhänge zwischen einer wachsenden Armutspopulation und vermehrtem Reichtum“ ausblendeten. Dabei werde ignoriert, daß zunehmender Reichtum in einem Wirtschaftssystem, das auf dem Privateigentum an Produktionsmitteln, der Konkurrenz sowie der „Mehrwertproduktion mittels Ausbeutung menschlicher Arbeitskraft“ basiere, Armut erzeuge. Doch wenn die Autoren die im gesamten Band gebetsmühlenartig wiederholte Aussage heranziehen, daß die zehn Prozent reichsten Haushalte in Deutschland mehr als 40 Prozent des Vermögens besitzen, während sich die ärmsten 50 Prozent weniger als fünf Prozent davon teilen müßten, wird eine andere Wahrheit unterschlagen: Die zehn Prozent der Steuerpflichtigen mit den höchsten Einkommen tragen mehr als die Hälfte der Einkommensteuerlast, während die untere Hälfte der Einkommensteuerbezieher sich nur etwa sechs Prozent des Einkommensteueraufkommens teilt. Daß die Besserverdienenden zum Staatshaushalt nichts beitragen, ist angesichts dessen eine haltlose Unterstellung.

So erscheint die nahezu rituelle Beschimpfung der Besserverdiener in einem anderen Licht. Und wenn Wagenknecht in ihrem Text „Steuerdumping in der EU“ beschreibt, wie eine andere, bessere EU-Fiskalpolitik aussehen müßte, wird nur zu deutlich, daß hier eine schlichte Neiddebatte angezettelt werden soll. So soll nach Ansicht Wagenknechts nicht nur die Bemessungsgrundlage der Unternehmenssteuern EU-weit verein-

1 Vgl. Bundesministerium für Arbeit und Soziales (Hrsg.), Lebenslagen in Deutschland. Der 3. Armuts- und Reichtumsbericht der Bundesregierung, unter: http://www.bmas.de/coremedia/generator/26742/property =pdf/dritter_armuts_und_reichtumsbericht.pdf (8. August 2008).

heitlicht, sondern auch ein verbindlicher Mindeststeuersatz von „wenigstens 45 Prozent“ festgelegt werden. Dies würde sicherstellen, daß „ein gewisser Anteil der Konzerngewinne wieder für öffentliche Ausgaben nutzbar ist“ und „im Geld schwimmende Konzerne“ mehr zur Finanzierung des Gemeinwesen beitrügen. Wagenknecht plädiert zudem dafür, alle Einkommen progressiv zu besteuern und dabei die Spitzensätze „wieder deutlich“ anzuheben. Erhöht werden solle auch die Vermögenssteuer. 2,8 Millionen Europäer, so Wagenknecht, verfügten allein über ein Finanzvermögen von 9,4 Billionen Euro – dies stärker zu besteuern „würde die öffentlichen Kassen füllen, ohne die volkswirtschaftliche Nachfrage zu beeinträchtigen“. Schließlich könne man durch eine Erbschaftssteuer von 100 Prozent auf „das Vermögen der Reichsten, soweit es die Eine-Million-Grenze übersteigt“, dafür sorgen, daß die öffentliche Hand innerhalb kurzer Zeit „praktisch schuldenfrei“ sei.

Was sie von Privatisierungen hält, macht Wagenknecht in einem weiteren Beitrag klar, der sich mit der umstrittenen Privatisierung der Berliner Sparkasse befaßt und deshalb thematisch aus dem Rahmen des Bandes fällt. Immerhin lasse sich das lateinische Verb „privare“ mit „vorenthalten, entziehen, berauben“ übersetzen – damit sei über das Wesen von Privatisierungen „alles gesagt“. Der Vorgang habe dem Land Berlin großen Schaden zugefügt, und verantwortlich für das verabschiedete Sparkassengesetz sei nicht nur die SPD, sondern auch die Linkspartei. Wagenknecht, erst im Mai 2008 mit über 70 Prozent der Stimmen erneut in den Vorstand der Linken gewählt, kritisiert ihre Genossen massiv: Ihre Partei müsse ihre bisherige Politik im Berliner Senat ändern, wolle sie nicht „ihre Glaubwürdigkeit als Opposition zum Neoliberalismus“ aufs Spiel setzen. Es sind wohl Kommentare wie dieser, die viele ihrer Genossen angesichts Wagenknechts Überlegungen, 2009 für den Bundestag zu kandidieren, erschauern lassen. Ob sich damit wirklich Wähler gewinnen lassen, sei dahin gestellt, denn Wagenknechts Handlungsempfehlungen sind grobschlächtig. Die Reichen enteignen und ihren Besitz den Armen geben – so läßt sich das Patentrezept der sieben Autoren grob zusammenfassen.

Auch Lydia Krüger rät zu drastischen Schritten, mit denen die „Macht der Konzerne eingeschränkt oder sogar gebrochen“ werden könnte. Die Mitarbeiterin in Wagenknechts Berliner Büro hält die Verstaatlichung „hochkonzentrierter Branchen“ wie der Energiewirtschaft für „nicht nur unter fiskalischen Gesichtspunkten attraktiv“ – daß sie das 2004 veröffentlichte Buch ihrer Chefin „Alo Presidente“[2] über den von ihr bewunderten Hugo Chavez gelesen und die Begeisterung für den Mann teilt, der Stahlkonzerne und ausländische Unternehmen enteignet hat, kann als sicher gelten. Krüger malt in ihrem Artikel ein Schreckensbild der europäischen und weltweiten Konzerne, die ihre „Marktmacht“ für die „aggressive Eroberung neuer Märkte im In- und Ausland“ nutzten und durch ihre „Kapitalmassen“ Einfluß in Medien, Wissenschaft und Politik nähmen, das noch von den Schilderungen des emeritierten Soziologieprofessor Hans-Jürgen Krysmanski aus Münster übertroffen wird: Er schreibt, die politische Elite habe innerhalb des „Geldmachtapparats“ nur einen „Domestikenstatus“. Die Reichen und Superreichen

2 Sahra Wagenknecht, Alo Presidente. Hugo Chavez und Venezuelas Zukunft, Berlin 2004.

hätten sich seit den 50er-Jahren neue „Institutionen und Instrumente zur Befriedigung ihrer Habgier“ geschaffen und „Domestiken des globalen Geldmachtapparats wie Horst Köhler in höchste politische Ämter“ gehievt und dafür gesorgt, daß die politische Sphäre immer bedeutungsloser werde. Die Bürger hätten dazu ohnehin keinen Zugang mehr. Um die „schwindelerregenden Dimensionen“ des privaten Reichtums zu unterstreichen, zieht Krysmanski Statistiken von Magazinen wie „Cicero“ und „Sunday Times“ bis hin zu „Forbes Magazine“ und „Spiegel“ heran. Er müht sich dabei unverdrossen, den Eindruck zu erwecken, jeder, der reich ist, müsse ein moralisch verwerflicher Mensch sein und strebe nach dem größtmöglichen politischen Einfluß. Stiftungen wie die Melinda & Bill Gates Foundation seien „eine Forstsetzung der Geldmachtpolitik mit anderen Mitteln“ und letztlich der Versuch, „durch Philanthropie direkte Eingriffe in Politik, Kultur und sogar Religion“ vorzunehmen. Krysmanskis simples Weltbild: Wer arm ist, ist gut, wer Geld hat, schlecht. Auch hier ignoriert der Band alle Befunde, die den Interpretationen der Autoren widersprechen: Daß etwa der Gini-Koeffizient, das statistische Maß zur Darstellung von Ungleichverteilungen in Deutschland in den vergangenen Jahren zwischen 0,28 und 0,34 lag[3] und Deutschland damit im weltweiten Vergleich zu den egalitären Staaten gehört, wird von ihm nicht ansatzweise erwähnt – wohl aber die Tatsache, daß das Vermögen der Autorin Joanne K. Rowling auf eine Milliarde Dollar geschätzt wird. Wie wenig Eigenverantwortung die Autoren denen zusprechen, deren Rechte sie angeblich verteidigen wollen, wird besonders deutlich in dem Beitrag des Politikberaters Heribert Kohl. Er beklagt die zunehmende Einflußlosigkeit der europäischen Gewerkschaften „sowohl in der politischen Einflußnahme wie insbesondere auch in der tarifpolitischen Effizienz“. Zwar fallen die Begriffe „rückläufige Verbandsstärke“ und „nachlassende Streikbereitschaft“ – doch daß es auch an den Beschäftigten selbst liegt, wenn sie ihre Arbeitnehmervertretungen nicht mehr unterstützen und somit langfristig ohnmächtig machen, findet nirgends Erwähnung.

Wer so holzschnittartig argumentiert wie Wagenknecht, der polarisiert. Man kann, muß darin aber nicht die Gefahr erkennen, daß gesellschaftliche Gruppen gegeneinander aufgehetzt werden – und es ist fraglich, ob das nicht ohnehin das Ziel der Politikerin ist, die eigentlich zu intelligent scheint, um wirklich an den Mythos Umverteilung zu glauben. Daß sich deutsche Universitätsprofessoren, denen man qua Amt eine größere Kompetenz zur Differenzierung unterstellt, damit gemein machen, ist jedoch ärgerlich. Allzu große Hoffnungen sollten sich die Anhänger Wagenknechts jedenfalls nicht machen: Hummer für alle bleibt mit deren Weg in weiter Ferne – und das wiederum würde bedeuten, daß auch Sahra Wagenknecht, hielte sie sich an ihr Buch, künftig darauf verzichten müßte.

3 Vgl. Silvia Deckl, Indikatoren der Einkommensverteilung in Deutschland 2003. Ergebnisse der Einkommens- und Verbrauchsstichprobe, in: Statistisches Bundesamt (Hrsg.), Wirtschaft und Statistik 11/2006, S. 1178-1186.

Hauptbesprechungen:

Die „Islamische Widerstandsbewegung" (HAMAS)

Von Tânia Puschnerat und Gilbert Siebertz

Joseph Croitoru, Hamas. Der islamische Kampf um Palästina, München 2007 (*C.H. Beck*), 254 S.

Um es gleich am Anfang zu sagen: Der Historiker und Journalist Joseph Croitoru hat mit seiner Monographie über die HAMAS ein lesenswertes und zugleich lesbares Buch vorgelegt, das die historische Entwicklung und aktuelle Bedeutung dieser islamistischen Bewegung und ihre Rolle im Nahost-Konflikt verständlich macht. Das entscheidende Verdienst der Arbeit ist, daß sie europäischen Lesern die Doppelgesichtigkeit der HAMAS als militanter/terroristischer Organisation und zugleich gesellschaftlicher Massenbewegung vor Augen führt. Und: Es ist ein um historische Objektivität und gerechte Wertung bemühtes Buch. Bei der Anfang 1988 im Gazastreifen gegründeten HAMAS handelt es sich um eine janusköpfige Organisation: Sie rangiert auf der sogenannten EU-Terrorliste, da sie über ihren „militärischen" Arm – die 1991 gebildeten „Izz ad-Din al-Qassam-Brigaden" – zahlreiche Anschläge in Israel und in den israelisch besetzten Gebieten verübt hat. Bekannt sind die von der Organisation systematisch propagierten und vorbereiteten „Märtyrertod-Operationen", eine terroristische Taktik, mit der die HAMAS seit 1993 den Friedensprozeß im Nahen Osten nachhaltig behindert. Zugleich hat die HAMAS durch ihre langjährige und erfolgreiche Sozial- und Bildungsarbeit quasistaatliche Strukturen vor allem im Gazastreifen geschaffen, durch die sie tief in der geschundenen palästinensischen Gesellschaft verankert ist. Und schließlich ging die HAMAS im Januar 2006 siegreich aus den Wahlen zum palästinensischen Autonomierat hervor und wurde mit der Regierungsbildung beauftragt. Nach bewaffneten Auseinandersetzungen mit Sicherheitskräften der Fatah konnte sie im Juni 2007 im Gazastreifen ihre Alleinherrschaft durchsetzen. Terrororganisation, Guerilla, sozialstaatliche Struktur, demokratiefähige Bewegung? Wo und vor allem wie ist HAMAS einzuordnen?

In fünf chronologischen Kapiteln zeichnet Croitoru die Entwicklung der HAMAS nach. Zum Verständnis der Organisation tragen die ersten beiden Teile des Buches bei, welche die ideologische und strategische Verwurzelung der HAMAS in der 1928 von Hassan al-Banna in Ägypten gegründeten „Muslimbruderschaft" (MB) herausarbeiten. Dieser ausführliche Rekurs ist berechtigt, da sich die HAMAS in ihrer Charta vom August 1988 ausdrücklich als „Flügel der Muslimbrüder in Palästina" bezeichnete. Abgesehen von dieser direkten organisationsgeschichtlichen Beziehung geht es Croitoru vor allem um die in der MB vorgebildete Doppelgesichtigkeit der HAMAS als sozialer Massenbewegung *und* militanter/terroristischer Organisation geschichtswissenschaftlich zu begründen. Die MB, eine straff organisierte islamistische Organisation, betrieb durch beharrliche Bildungs- und Sozialarbeit die gesellschaftliche Re-Islamisierung Ägyptens als Bedingung eines nach ihrem Verständnis wahrhaften islamischen Staatswesens. Croitoru spricht zu Recht vom „Totalitätsanspruch des Islam" (S. 18) im Verständnis ihres ersten Führers Hassan al-Banna, der die Religion als übergreifendes, alle Lebensbereiche umfassendes System begriff. Folgerichtig bildete die MB eine systematische sozial-karitative und religiös-kulturelle Infrastruktur aus, die ihren Einfluß in der ägyptischen Gesellschaft begründete und sie zur größten Massenbewegung ihrer Zeit werden ließ. Über die Formierung streng islamischer „Kader" (S. 17) konnte die Organisation ein effizientes institutionelles Netz spannen, das vom Koranunterricht über Sport- und Freizeitangebote, Alphabetisierungsinitiativen sowie organisationseigene Werkstätten und Kleinbetriebe bis zur Unterhaltung eigener Krankenhäuser reichte.

Zur ideologischen und taktischen Flexibilität der MB gehört auch ihr Verhältnis zum Nationalismus arabischer Prägung: Croitoru macht deutlich, daß sich al-Banna bereits Anfang der 1940er Jahre zum ägyptischen Nationalismus bekannte, der jedoch islamisch konnotiert und so in das islamistische Gesamtkonzept integriert wurde. Der bislang in der Forschung vernachlässigte Hinweis auf die nationalistische Komponente in der islamistischen Ideologie der frühen MB ist um so interessanter, als die islamistische HAMAS im Zuge des Konkurrenzkampfes gegen die säkulare PLO während der ersten Intifada seit 1987 nationalistische Termini in ihre Propaganda aufnahm. Taktisches Manöver oder Überzeugung? Die Maßnahmen zeugen von einem hohen Maß an programmatischer Anpassungsfähigkeit der HAMAS und vor allem von Mobilisierungskraft der Appelle an kollektive Gefühle, die für moderne politische Massenbewegungen kennzeichnend sind.

Die Radikalisierung der MB, die einen militärischen Arm aufbaute und seit Mitte der 1940er Jahre für Anschläge auf britische Soldaten, ägyptische Polizeiposten und Regierungsvertreter verantwortlich war, wird knapp skizziert. Anhand des persönlichen Werdegangs von Scheich Ahmad Jassin, dem späteren Gründer und geistigen Führer der HAMAS, zeichnet Croitoru die Entwicklung der MB in Palästina zu einer zunehmend von der Mutterorganisation unabhängigen Bewegung nach. Jassin, der sich 1955 in einem palästinensischen Flüchtlingslager einer lokalen Gruppe der MB anschloß, baute nach 1967 systematisch die Strukturen der „Muslimbrüder in Jordanien und Palästina" im israelisch besetzten Gazastreifen aus. Wie sein Vorbild al-Banna von Beruf Lehrer, orientierte er sich dabei am Organisationsmodell und an der Islamisierungsstrategie der MB: Die Errichtung von Siedlungen und Flüchtlingslagern und den Auf- und Ausbau eines verzweigten islamischen Erziehungs- und Bildungssystems. Der erfolgreiche „Marsch durch die Institutionen" (S. 54) der islamistischen palästinensischen Bewegung unter Jassin – noch vor der Gründung der HAMAS im Zuge der ersten, 1987 beginnenden Intifada – wird detailliert dargestellt und belegt. Die zum Teil gewaltsame Durchsetzung islamischer Verhaltensvorschriften gehörte ebenso in dieses Programm wie die gezielte Plazierung von Anhängern in institutionellen Schlüsselpositionen, etwa in Berufsverbänden, Moscheen und islamischen Stiftungen. Am Beispiel der Islamischen Universität in Gaza, die bis Anfang der 1980er Jahre von der PLO dominiert wurde und als „geistige Brutstätte der Hamas" (S. 57) gilt, zeichnet Croitoru die systematische islamistische Eroberung seit 1993 nach.

Den Beginn der Radikalisierungsphase in den 1980er Jahren führt Croitoru auf die Konkurrenzsituation mit der in den Palästinensergebieten verstärkt aktiven Fatah, auf den Einfluß der iranischen Revolution sowie auf die Bildung terroristischer ägyptischer Organisationen wie Al-Jihad und Al-Takfi zurück, die sich in den 1970er Jahren von der „reformistischen" ägyptischen MB abgespalten und dem bewaffneten Jihad verschrieben hatten. Auch Jassins Bewegung blieb von der „Radikalisierung der islamistischen Szene in den Palästinensergebieten" (S. 64) nicht unberührt. Die Anschaffung eines Waffenlagers und die Gründung militanter Zellen legten den „Grundstein für die künftigen Waffeneinsätze und militärischen Aktionen der palästinensischen Muslimbrüder" (S. 63).

Daher ist die „Geburt der Hamas aus dem Geist der Intifada" (so die Überschrift des Kapitels 3) Ende 1987 als qualitativ neuer, militanter Abschnitt der Geschichte der MB in Palästina historisch herzuleiten. Die 1988 vorgelegte, bis heute gültige Charta der HAMAS reklamiert den islamischen Anspruch auf das gesamte palästinensische Territorium und proklamiert den „Heiligen Krieg" zur Auslöschung des Staates Israel. Diese Entwicklungen führten in Israel zu der Einschätzung, daß „die Umwandlung der palästinensischen Muslimbrüder in eine Kampforganisation in vollem Gange war" (S. 103). Bis Mitte der 1980er Jahre hatten Israelis die Aktivitäten der islamistischen Bewegung weitestgehend geduldet. Die 1991 gebildeten „Izz ad-Din al-Qassam Brigaden" charakterisiert Croitoru als „Guerillaorganisation" (S. 109) und verzichtet auf die eindeutige Bezeichnung als „Terrororganisation" – eine Zurückhaltung, die angesichts der beschriebenen Anschlagsaktivitäten der Organisation nicht gänzlich nachvollziehbar, generell jedoch kennzeichnend für die um Neutralität bemühte Begrifflichkeit des Autors ist. Immerhin wird die seit 1993 von der HAMAS bzw. ihrem „militärischen Arm" geübte Praxis der Selbstmordanschläge (übrigens ebenso wie die der PLO und anderer Organisationen) eindeutig als „terroristisch" qualifiziert. Zugleich blieb die HAMAS auch ihrer traditionellen Vorgehensweise treu und arbeitete weiter auf sozialem und karitativem Gebiet. Zu den besten Abschnitten des Buches gehören die Ausführungen zu den Aktivitäten der HAMAS im Sozial- und Erziehungsbereich seit den 1990er Jahren, über die bislang nur wenige Untersuchungen vorliegen. Diese hochgradig organisierte und weit verästelte „Wohltätigkeit als Mittel zum Zweck" (S. 164) wurde seit Ende der 1990er Jahre durch die Nutzung des Internets als Propagandamedium für die Ideologie der HAMAS flankiert. Die Organisation etablierte sich endgültig als islamistischer „Staat im Staat" (S. 165).

Nach dem Tod Jassir Arafats Ende 2004 ging die HAMAS erfolgreich aus den palästinensischen Kommunalwahlen 2005 hervor. Croitoru macht deutlich, daß dieser Wahlerfolg (wie der bei den Wahlen zum palästinensischen Autonomierat im Januar 2006) nicht zuletzt auf der sozialen Verankerung der HAMAS in der palästinensischen Gesellschaft beruhte. Zugleich basierte der Wahlkampf auf einer geschickten Doppelstrategie zwischen moderaten und radikalen Positionen. Bei den HAMAS-Kandidaten für die Kommunalwahlen handelte es sich vielfach um die Inhaber wichtiger Positionen in den sozialen Einrichtungen der Organisation. Im Unterschied zur PLO gelang es der HAMAS besser zu einer schichtenübergreifenden Sammelbewegung zu wachsen, sich als Machtfaktor zu etablieren und so einen Paradigmenwechsel in der palästinensischen Politik herbeizuführen.

Zuzustimmen ist der warnenden Anmerkung Croitorus, daß der Prozeß der Re-Islamisierung der palästinensischen Gesellschaft „im Westen in seinem ganzen Ausmaß bislang nicht wahrgenommen wird" (S. 201). Die Anhaltspunkte für eine Annäherung der HAMAS an die libanesisch-schiitische Hizb Allah und die finanzielle Abhängigkeit der HAMAS-Regierung von der Unterstützung durch extremistische Kräfte aus der arabisch-islamischen Welt, lassen eine weitere und dauerhafte Eskalation im Nahen Osten befürchten. Im Wahlkampf für die Autonomieratswahlen 2006 propagierte die Organisation die Einführung einer Staats- und Gesellschaftsordnung nach islamischen Prinzipien. Mehr noch: Nach wie vor hält man sich die Gewaltoption gegen Israel offen. Zwar verzichtete die HAMAS seit 2003 auf Selbstmordanschläge gegen israelische Ziele. Allerdings erklärte ein Sprecher auf der Internetseite der „Izzadin al-Quassam-Brigaden" im Oktober 2007, daß diese Waffenruhe „nur einen vorübergehenden Charakter" habe, da Palästina noch immer besetzt sei und „der Feind weiterhin Siedlungen errichtet". Die Situation könne jederzeit eskalieren. Zu Optimismus gibt die Argumentation des Autors keinen Anlaß. Der Leser ist geneigt, der pessimistischen Aussicht zuzustimmen.

Verfassungsschutz als Frühwarnsystem

Von Peter Frisch

Bernadette Droste, Handbuch des Verfassungsschutzrechts, Stuttgart 2007 (*Boorberg*), 827 S.

Die systematische wissenschaftliche Auseinandersetzung mit dem Thema Polizei füllt Bibliotheken. Ein vergleichbares wissenschaftliches Interesse finden Nachrichtendienste nur in den angelsächsischen Ländern. In Deutschland konzentriert sich das vor allem rechtswissenschaftliche Interesse auf Einzelaspekte – häufig ausgelöst durch etwas, das im Sprachgebrauch der Medien oft als „Verfassungsschutzskandal" bezeichnet wird. Das „Handbuch des Verfassungsschutzrechts" von Bernadette Droste ist kein literarischer Gegenentwurf zu solcher Art Auseinandersetzung mit dem deutschen Inlandsnachrichtendienst. Es erklärt die Institution von ihren Aufgaben her und ordnet den Verfassungsschutz in das System der deutschen Sicherheitsverwaltung ein. Die Autorin ist eine langjährige Mitarbeiterin des Bundesamtes für Verfassungsschutz und inzwischen im hessischen Landesdienst tätig. Der Gefahr einer Apologie des Verfassungsschutzes ist sie jedoch nicht erlegen. Mit dem Handbuch hat sie vielmehr eine ebenso sachkundige wie praxisnahe Beschreibung vorgelegt, wie Verfassungsschutz eigentlich funktioniert.

Die Staatsaufgabe Verfassungsschutz wird konkretisiert als Reaktion auf den Nationalsozialismus. Als Nachrichtendienst ohne polizeiliche Befugnisse hat er weitaus ältere Vorläufer in den Anfängen der Weimarer Republik, wenn nicht gar in der Bismarck-Ära. Der Tradition deutscher Staatsorganisation entspricht schließlich seine föderale Gliederung. Diese historische Entwicklung nachzeichnend nimmt die Autorin den rechtswissenschaftlichen Faden mit der Beschreibung der Gesetzeslage zwischen 1950 und 1990 auf. Die Kargheit des Bundesverfassungsschutzgesetzes von 1950 sieht sie als Beispiel einer offenbar verlorengegangenen Gesetzgebungskultur, die prinzipiell rechtsmäßiges Verhalten der Sicherheitsverwaltung vermutete, sich auf das Notwendige beschränkte und damit als flexibel auch gegenüber neuen Entwicklungen erwies. Seit 1990 bildet ein neues Bundesverfassungsschutzgesetz die Grundlage für die Arbeit des Verfassungsschutzes. Vom Umfang her mehr als das Fünffache des Textes von 1950, treten inhaltlich vor allem die Kompetenzbeschränkungen des Bundes und des Bundesamtes hervor. Nach altem Recht hatte der Bund nicht nur ein politisches, sondern auch ein administratives Weisungsrecht gegenüber den Ländern in Angelegenheiten des Verfassungsschutzes. Demgegenüber sieht das Gesetz von 1990 nur für den „Staatsnotstand" ein politisches Weisungsrecht der Bundesregierung vor. Das Handbuch will es trotzdem nicht als vergessen ansehen, daß der Bund als „Träger der gesamtstaatlichen Verfassungsordnung" für die Aufgabe des Verfassungsschutzes „herausragende existentielle Bedeutung" besitzt.

Der Verfassungsschutz ist von Beginn an als Frühwarnsystem konzipiert, das sich auf die Beobachtung des nicht oder noch nicht strafbewehrten Vorfeldes konzentriert. Tatsächlich haben sich jedoch seit den 1970er Jahren Veränderungsprozesse in Richtung einer zunehmenden Militanz bis zum Terrorismus sowohl beim Links- als auch beim Rechtsextremismus, beim Ausländerextremismus und vor allem im Bereich des Islamismus gezeigt. Überlegungen im politischen Raum tendieren deshalb dahin, den Verfassungsschutz auf militante und terroristische Phänomene zu konzentrieren. Die Auseinandersetzung mit dem „nur" politischen Extremismus soll hingegen dem freien Spiel der Kräfte überlassen werden.

Die Autorin des Handbuches läßt hierzu Fakten sprechen. Es ordnet die Beobachtungsgebiete zunächst in ihren Kontext ein, bevor es die jeweiligen Entwicklungen detailliert nachzeichnet. Militanz und Terrorismus hält sie nicht für Aggregatzustände politischer Phänomene, die aus sich heraus entstehen. Sie seien vielmehr Zwischen- oder Endstadien einer im politischen Extremismus wurzelnden Provenienz. Das galt für die dem Linksextremismus nahestehende Rote-Armee-Fraktion und gilt für die Militanzansätze Autonomer. Ebenso ist der islamistische Terrorismus – derzeit wichtigstes Arbeitsgebiet des Verfassungsschutzes – ohne den Inkubationsherd eines fundamentalistisch ausgerichteten Islam nicht denkbar. Es wäre blauäugig zu behaupten, Extremismus sei seit Gründung der Bundesrepublik noch nie eine ernsthafte Gefahr gewesen. Eine Reduktion des Aufgabengebietes auf militante und terroristische Phänomene widerspräche deshalb nicht nur der gesetzlichen Aufgabenzuweisung des Verfassungsschutzes, sondern würde vor allem zu gefährlichen Erkenntnislücken führen. Mit überzeugenden Argumenten votiert Droste dafür, Bereiche der Organisierten Kriminalität (OK), die im Ergebnis politische Auswirkungen auf ein geregeltes öffentliches Zusammenleben haben, durch den Verfassungsschutz zu beobachten. Unter anderem ginge es hier auch um eine Europakompatibilität des Bundesamtes für Verfassungsschutz (BN), da die Mehrzahl seiner europäischen Partnerbehörden sich schon seit langem mit dem grenzüberschreitenden Phänomen OK befaßt.

In der überaus detaillierten Kommentierung des 1990er Gesetzes wird die Realität des „Verfassungsschutzes" in Deutschland beschrieben. Im Kreis von siebzehn autonomen Verfassungsschutzbehörden des Bundes und der Länder hat danach das BN als Zentralstelle die Rolle eines primus inter pares – mehr nicht. Das Gesetz von 1990 verpflichtet Bund und Länder zur „Zusammenarbeit in Angelegenheiten des Verfassungsschutzes". In der Praxis bleibt es den Beteiligten überlassen, wie diese Kooperationen aussehen mögen. Ausführlich begründet die Autorin das Selbsteintrittsrecht des Bundes in die Aufgabe Verfassungsschutz, sollten Länder – aus welchen Gründen auch immer – ausfallen. Daß dies eine politische Frage ist, verschweigt die Autorin nicht. Das Handbuch nennt Beispiele für Divergenzen: In Niedersachsen beschränkte die rot-grüne Regierung die Kompetenz des Verfassungsschutzes auf gewaltsame Bestrebungen. Die „Republikaner" konnten deshalb nicht mehr beobachtet werden – dieses Eigentor mußte durch ein Gesetz rückgängig gemacht werden. Eine Paradoxie bot der offenbar nicht allein an fachlichen Notwendigkeiten orientierte Umgang der Verfassungsschutzbehörden mit der SED-Nachfolgepartei PDS. Dieser reichte von einer umfassenden Observierung über eine Beobachtung einzelner PDS-Strukturen bis zum Verzicht auf einen Einsatz des Verfassungsschutzes, weil die PDS an der Landesregierung beteiligt war.

Die dem Handbuch als Anhang beigegebene Übersicht über den Personalbestand des Verfassungsschutzes zeigt ein bedenkliches Ressourcengefälle zwischen Bundesamt und Landesbehörden und führt zu der Frage, wie die in der Mehrzahl kleinen Behörden angesichts fortschreitender Spezialisierungsnotwendigkeiten (z.B. im Blick auf den Islamismus) ihrem Auftrag gerecht werden können. Die Autorin zieht aus alledem die vorsichtige Schlußfolgerung, über z.B. länderübergreifende und somit leistungsfähigere Strukturen nachzudenken. Zu Recht weist sie auf die Schwierigkeiten einer eventuellen Kontrolle durch die Landesparlamente über solche „Mehrländer-Behörden" hin. Eine vertiefte Auseinandersetzung mit diesem Thema scheint geboten. Der Verfassungsschutz besitzt unter gesetzlich genau definierten Umständen die Befugnis zum Einsatz „nachrichtendienstlicher Mittel". Mit Blick auf die Intensität der dahinterstehenden Grundrechtseingriffe hat die Überwachung des Post- und Fernmeldeverkehrs sowie weiterer Telekommunikationsformen eigene gesetzliche Grundlagen erfahren. Bernadette Droste widmet dem Thema einen umfassenden Überblick über die Praxis, über die Rechts- und Urteilslage, über die wissenschaftliche, politische und publizistische Auseinandersetzung und spricht sich fundiert dafür aus, daß oft nur mit nachrichtendienstlichen Mitteln ein annähernd zutreffendes Bild über die tatsächliche Intensität einer zu beobachtenden Bestrebung zu gewinnen ist.

Einen wichtigen Teil widmet das Handbuch der Kommentierung der Vorschriften im Gesetz, die Reichweiten und Grenzen des BN-Informationsverkehrs regeln. Daneben hat das Terrorismusbekämpfungsergänzungsgesetz gerade mit Blick auf diese Auskunftspflichten umfangreiche Verfahrenserleichterungen eingeführt, die das Handbuch aktuell berücksichtigt. Ebenso wird das im Dezember 2003 errichtete Gemeinsame Terrorismusabwehrzentrum (GTAZ) vorgestellt, das im Kern den Informationsverkehr der Sicherheitsbehörden regeln und verdichten soll. Ein möglichst enger Informationsaustausch mit der Polizei unter Beachtung der jeweiligen Befugnisse ist somit auch kein Verstoß gegen das Trennungsgebot, sondern Konsequenz der organisatorischen und befugnisrechtlichen Eigenständigkeit von Polizei und Verfassungsschutz. Mit dem GTAZ und der ebenfalls vorgestellten Antiterrordatei durchbricht das Handbuch wieder die klassische, „nur" auf das Gesetz bezogene Linie eines Kommentars und dient dem Verständnis von Zusammenhängen. Die Zusammenarbeit der EU-Nachrichtendienste ist gesetzlich (noch) nicht geregelt, angesichts der weltweiten terroristischen Bedrohungen aber unverzichtbar.

Das Buch ist den Mitarbeiterinnen und Mitarbeitern des Verfassungsschutzes gewidmet. Unverkennbar ist es auch zu deren Gebrauch mitbestimmt. Der selbst für eine Veröffentlichung von mehr als 800 Seiten gewaltige Apparat von rund 2000 umfangreichen und weiterführenden Fußnoten enthält zahllose Hinweise auf Literatur und Rechtsprechung. Diese bieten Ansätze zur weiteren Forschung. Die Anhänge enthalten wichtige und für das Gesamtverständnis sinnvolle Daten, zum Beispiel lückenlose Aufzählung der vom BfV mit bewirkten Vereinsverbote oder der bedeutenden Spionagefälle der Geschichte des BfV bis zum Jahr 2000. Dem Handbuch ist eine sehr detaillierte Gliederung vorangestellt, die besser als ein Sachregister Lesen und Arbeiten mit diesem Werk ermöglicht. Im literarischen Betrieb ist es üblich, diese oder jene Neuerscheinung als „längst überfällig“ oder „lang erwartet“ zu qualifizieren. Das gilt mit Sicherheit für das „Handbuch des Verfassungsschutzrechts“. Es ist eine nicht zu übertreffende Schatzkammer für Praxis, Rechtsprechung und Wissenschaft. Diese Aussage muß auch dann nicht falsch sein, wenn sie von einem ehemaligen Präsidenten des Verfassungsschutzes stammt.

Wider die Extreme

Von Birgit Enzmann

Markus Freitag/Uwe Wagschal (Hrsg.), Direkte Demokratie. Bestandsaufnahmen und Wirkungen im internationalen Vergleich, Berlin 2007 (*Lit Verlag*), 484 S.

Ineffizient, tyrannisch und unberechenbar oder doch leistungsfähig, ausgleichend und stabil – bei der Einschätzung der Wirkungen politischer Sachabstimmungen der Bürger gehen in der Politikwissenschaft die Positionen weit auseinander. Schuld daran waren bisher nicht zuletzt die geringen bzw. aus nur wenigen Staaten stammenden Fallzahlen, die verallgemeinerbare Schlüsse kaum zuließen. Die weitere Verbreitung direktdemokratischer Verfahren erlaubt aber mittlerweile vergleichende Untersuchungen zu Auswirkungen sowohl in einzelnen Politikfeldern als auch auf den politischen Prozeß als Ganzes. Der von Markus Freitag und Uwe Wagschal herausgegebene Sammelband „Direkte Demokratie" bietet in 15 Einzelstudien eine Bestandsaufnahme neuerer Erkenntnisse zur Nutzung und Wirkung direktdemokratischer Verfahren in den USA, der Schweiz, Deutschland und weiteren EU-Staaten. Zwei zentrale Ergebnisse lassen sich destillieren: Generelle Urteile zur direkten Demokratie bleiben aufgrund der Pluralität der Verfahren und Abstimmungsgegenstände schwierig; aber die verfügbaren Daten relativieren die Annahmen von Befürwortern und Kritikern: Die Auswirkungen direkter Demokratie auf bestehende Strukturen und Policies sind – im Positiven wie Negativen – eher mäßig.

Die Beiträge des Bandes stehen in loser Folge, lassen sich aber zu vier Gruppen zusammenfassen: Die erste bilden Länderstudien zur Entwicklung, Verfahren, Praxis und Wirkungen direkter Demokratie (Beiträge 2, 4, 5 und 6). Sie stellen die Vielfalt direktdemokratischer Verfahren in den US-amerikanischen Staaten, der Schweiz und Deutschland in den Vordergrund, verweisen auf das unterschiedliche Maß der Veralltäglichung, ebenso auf verschiedenartige Auswirkungen. Hat in der Schweiz bekanntermaßen die Einführung des fakultativen Referendums den Wandel in eine Konkordanzdemokratie bewirkt, sind in den deutschen Ländern strukturbildende Effekte bisher nicht festzustellen. Statt der vielfach befürchteten Aushöhlung des Repräsentativsystems zeigen die Länderstudien ein erhebliches Anpassungsvermögen der Akteure. Adrian Vatter bescheinigt für die Schweiz „erlernte Kooperationsstrategien der politischen Elite zur Minimierung der Risiken der direkten Demokratie". Silvano Moeckli beobachtet in amerikanischen Staaten ein aufblühendes „politisches Unternehmertum" (S. 29), das die direkte Demokratie als zusätzliches Mittel zur Festigung oder Verbesserung der eigenen Positionen im Repräsentativsystem nutzt. Betont wird zudem die Bedeutung der „oppositionellen", d.h. von unten und von Minderheiten initiierbaren direktdemokratischen Verfahren für eine Aktivierung der Öffentlichkeit und als *Power-Sharing-Instrument* für bisher schlecht integrierte Gruppen.

Die zweite Gruppe bilden Studien zur Bedeutung direkter Demokratie in verschiedenen Sachfragen und Politikfeldern, wie der nationalen Schweizer Sozialpolitik, der

Haushaltskonsolidierung Schweizer Kantone oder der Frage des Schwangerschaftsabbruchs in fünf europäischen Ländern. Die Beiträge bestätigen die schon mehrfach nachgewiesene starke Status-quo-Wirkung insbesondere fakultativer Referenden. Reformen lassen sich nicht oder nur zeitverzögert durchsetzen. Die Volksinitiative dagegen erweist sich im Bereich der Sozialpolitik als ein von verschiedensten Akteuren genutztes Reforminstrument, das durch sein Drohpotential auch indirekte Wirkungen entwickelt: Anliegen werden von Regierung oder Parlament übernommen oder in abgewandelter Form umgesetzt. Kein Einfluß direktdemokratischer Verfahren ließ sich für die Haushaltskonsolidierung in Schweizer Kantonen nachweisen. Mit den Wirkungen direktdemokratischer Verfahren auf das demokratische Gesamtgefüge befaßt sich eine dritte Gruppe von Beiträgen, nämlich mit den Auswirkungen auf die Wahlbeteiligung, das Ausmaß diffuser und spezifischer politischer Unterstützung und das übrige zivilgesellschaftliche Engagement. Untersuchungsbasis sind jeweils Vergleiche zwischen dem Abstimmungsverhalten in verschiedenen Schweizer Kantonen, Gemeinden oder Sprachregionen. Dabei zeigen Bühlmann und Freitag/Schniewind auf, daß schon allein die Existenz starker direktdemokratischer Elemente zu mehr spezieller Unterstützung und zu mehr zivilgesellschaftlichem Engagement führt. Freitag und Stadelmann-Steffen führen die unterschiedliche Wahlbeteiligung in den Schweizer Kantonen dagegen auf die Kombination von Existenz und tatsächlicher Nutzung zurück: Je mehr direktdemokratische Möglichkeiten und je stärker die Beteiligung daran in einem Kanton, desto geringer die Wahlbeteiligung, wobei die Einbußen insgesamt moderat bleiben.

Die vierte Gruppe von Beiträgen schließlich untersucht mögliche Einflußfaktoren auf die Ergebnisse direktdemokratischer Verfahren. Hier zeigt sich die enorme Kontextabhängigkeit direktdemokratischer Verfahren. Nur ein Text ist nicht exklusiv auf die Schweiz bezogen und prüft verallgemeinerbare Einflußgrößen: Ausgehend von der Feststellung der verzögernden oder sogar blockierenden Wirkung direkter Demokratie auf die europäische Integration untersucht Uwe Wagschal gängige Thesen zu den Ursachen des Abstimmungsverhaltens. Am Beispiel der Volksabstimmungen zum gescheiterten EU-Verfassungsvertrag sieht er vier davon bestätigt: Zur Zustimmung führen Nutzenerwägungen, eine bestehende diffuse Unterstützung, geringe Konfliktivität und der Verzicht der Instrumentalisierung für anderweitige Probleme. Die übrigen vier Studien befassen sich mit spezifisch Schweizerischen Rahmenbedingungen: Hermann und Schniewind vergleichen das Abstimmungsverhalten von Schweizer Bürgern und politischen Entscheidungsträgern zu gleichen Vorlagen, um den Einfluß thematischer und räumlicher Konfliktlinien zu eruieren: Für die Volksabstimmungen sind thematisch-weltanschauliche Konfliktlinien, für die Parlamentsabstimmungen dagegen die räumlichen Konfliktlinien Stadt-Land, Zentrum-Peripherie und deutsche versus romanische Schweiz wichtiger. Daraus ergeben sich erhebliche Disparitäten im Abstimmungsverhalten von Bürgern und Parlament. Die Autoren führen dies letztlich auf Verzerrungen der räumlichen Repräsentativität durch das Wahlgesetz, aber auch auf das Schweizer Konkordanzsystem zurück, das Parlamentsabgeordnete zu Kompromissen und Stimmabgaben gegen den Willen ihrer Klientel zwingt. Christian Bolliger bestätigt die Kluft zwischen Abstimmungsverhalten von Parlament und Bürgern und betont den relativ geringen Einfluß der Sprachzugehörigkeit auf Referenden: Nur in zehn Prozent der nationalen Schweizer Referenden hätten die Mitglieder sprachlicher Minderheiten mehrheitlich für ein Gesetz gestimmt, daß die deutschsprachigen Schweizer ablehnten. Die Beiträge von Wagschal und Eichenberger und Schelker befassen sich mit Orientierungshilfen, die in der Schweiz auf nationaler bzw. Gemeindeebene den Bürgern zur Verfügung gestellt werden. Wie Uwe Wagschal zeigt, wird das Abstimmungsverhalten durch zulässige Stimmempfehlungen von Parteien und Verbänden erheblich beeinflußt, so daß von einem freien Diskurs nicht mehr die Rede sein könne. Positiv ist dagegen das Resümee von Eichenberger und Schelker: Sie loben die Rechnungsprüfungskommissionen, die in Gemeinden von 23 Schweizer Kantonen die Regierungstätigkeit überwachen und so die dortigen als Gemeindeversammlung verfaßten Legislativen mit entscheidungsleitenden Informationen versorgen. Sie sehen in diesen Institutionen den eigentlichen Grund dafür, daß direkte Demokratie ihre vielfach belegte steuer- und abgabensenkende Wirkung entfalten kann.

Die breite Themenauswahl, namhafte Autoren und die überwiegend hohe Qualität der Beiträge schaffen die Voraussetzungen für das zentrale Anliegen der Herausgeber. Sie wollen mit dem Sammelband die politikwissenschaftliche Forschung zur direkten Demokratie besser vernetzen und den *State of the Art* abbilden. Erwartet hätte man deshalb auch eine Systematisierung und Gesamtbilanz der Beiträge; sie fehlen leider, ebenso wie ein gemeinsames Register oder Literaturverzeichnis. So hat der Leser noch einige Mühe aufzuwenden, um sich seinen vernetzten Überblick zu erstellen. Sehr hilfreich sind dafür die Zusammenfassungen, die jeden Beitrag abschließen, und der weitgehend parallele Aufbau der Länderstudien, der Vergleiche erleichtert. Die klassische Länderauswahl überzeugt nicht. Zwar bleibt die Schweiz durch ihre hohe Zahl an Volksabstimmungen das wichtigste Untersuchungsfeld. Da aber zum Teil auch die bloße Existenz direktdemokratischer Verfahren Wirkungen zeitigt, wie die Beiträge von Bühlmann und Freitag/Schniewind belegen, müßten in einem aktuellen Überblick z.B. die ersten Erfahrungen der jungen ostmitteleuropäischen Demokratien mit ihren direktdemokratischen Elementen nicht fehlen. Die Vorzüge der Sammlung überwiegen deutlich: Zum einen sind die Daten sehr aktuell, reichen oft bis Ende 2006. Zum anderen ist der Erkenntnisgewinn hoch: Durch die vergleichende Perspektive zwischen Ländern und/oder Verfahrensarten in mehreren Beiträgen wird die Disparität der Wirkungen direkter Demokratie erklärbar. Zusätzliche Einflußfaktoren, wie präventive oder repressive gerichtliche Prüfung, Informiertheit der Bürger, allgemeine politische Einstellungen werden deutlich und verdichten sich zu einem Bild vielfältiger Wechselwirkungen. Schließlich überzeugt angesichts der oft hitzig geführten Debatte um direkte Demokratie die Art der Darstellung: Obwohl offensichtlich durchweg Befürworter direkter Demokratie, bleiben die Autoren in ihren Schlußfolgerungen zurückhaltend und betonen zudem die begrenzte Übertragbarkeit von Ergebnissen. Der Band ist somit ein willkommener Beitrag zur weiteren Versachlichung der Kontroverse um direkte Demokratie. Leider wird der Komplex Extremismus nicht näher erörtert.

Ein enttäuschendes Buch über den Ost-West-Konflikt

Von Hans Fenske

Jörg Friedrich, Yalu. An den Ufern des dritten Weltkriegs, Berlin 2007 (*Propyläen*), 624 S.

Die nordkoreanischen Zeitungen meldeten am 8. Juni 1950, daß Mitte August in Seoul, der Hauptstadt des Südens, eine Nationalversammlung zusammentreten und die Wiedervereinigung des 1945 geteilten Landes verkünden werde. In Südkorea nahm man das nicht ernst. So war der Schock groß, als am frühen Morgen des 25. Juni nordkoreanische Divisionen an sechs Stellen die Demarkationslinie am 38. Breitengrad überschritten und zügig weiter vorstießen. Bereits nach drei Tagen fiel Seoul. Die leichtbewaffnete südkoreanische Armee war dem mit sowjetischem Material bestens ausgestatteten Aggressor nicht gewachsen, und amerikanische Truppen standen nicht mehr im Land. In Washington fielen noch am 25. Juni unter Vorsitz Präsident Trumans drei Entscheidungen, nämlich der Republik Korea militärisch zu helfen, die Vereinten Nationen anzurufen und für eine strikte Lokalisierung des Konflikts zu sorgen. Der UN-Sicherheitsrat verlangte von Nordkorea unverzüglich den Rückzug und forderte am 27. Juni alle Mitgliedstaaten der Vereinten Nationen dazu auf, Südkorea diejenige Hilfe zu leisten, die zur Zurückweisung des bewaffneten Angriffs und zur Wiederherstellung des Friedens in der Region nötig war. Zehn Tage später unterstellte er die gegen die kommunistische Invasion kämpfenden Truppen amerikanischem Oberbefehl. Unterstützung kam von 16 Staaten, aber die Hauptlast trugen die Amerikaner. Es dauerte einige Zeit, bis die auswärtigen Truppen eintrafen, und so schien sich die nordkoreanische Hoffnung auf einen kurzen Feldzug zu erfüllen. Bis Anfang September wurden Südkoreaner und Amerikaner auf einen Brückenkopf um Pusan zurückgedrängt, der knapp ein Zehntel der Fläche Südkoreas umfaßte. Nach der Landung bei Incheon nahe Seoul Mitte September konnten die Vereinigten Streitkräfte binnen weniger Wochen den verlorenen Boden zurückgewinnen und, dazu ermächtigt durch eine UN-Resolution, einen großen Teil Nordkoreas besetzen. Am 26. Oktober erreichten südkoreanische Einheiten den Grenzfluß zu China, den Yalu, vier Wochen später auch amerikanische. Kurz danach begann, von Moskau gebilligt, eine massive chinesische Intervention – erste chinesische „Freiwillige“ hatten schon Ende Oktober in den Kampf eingegriffen. Die Alliierten mußten sich zurückziehen und konnten erst gut 100 km südlich des 38. Breitengrades den Vormarsch der Kommunisten zum Stehen bringen. Die ersten Monate des Jahres 1951 waren von wechselvollen Kämpfen erfüllt, im Juni verzichteten die UN-Streitkräfte auf die Ausnutzung ihrer damals gegebenen Überlegenheit, weil aus Moskau zu hören war, daß ein Waffenstillstand zum frühestmöglichen Zeitpunkt erwünscht sei. So erstarrte die Front zu einem Stellungssystem quer über die Halbinsel etwas nördlich der innerkoreanischen Grenze. Die Waffenstillstandsverhandlungen begannen am 10. Juli, zogen sich aber zwei Jahre hin. Während dieser Zeit wurde zu Lande und in der Luft weiter heftig gekämpft. Als schließlich am 27. Juli 1953 in Panmunjom der noch heute geltende Waffenstillstand unterzeichnet wurde, hatte der Krieg rund 4,5 Millionen Menschenleben gefordert.

Diesem Geschehen hat Jörg Friedrich sein jüngstes Buch gewidmet und dabei den Ost-West-Gegensatz breit mit berücksichtigt. Im Klappentext heißt es, daß er „einen neuen verstörenden Blick auf das dramatische Jahrzehnt 1945 bis 1955“ wage. Auch sonst fehlt es nicht an Vorschußlorbeeren. Hans-Ulrich Wehler steuert zur Werbung auf dem Umschlag die Bemerkung bei, daß Friedrich „die Anerkennung des Vorreiters“ gebühre, und Gerd Schmückle, von 1978 bis 1980 Stellvertretender Oberbefehlshaber der NATO-Streitkräfte in Europa, bekundet, daß die „Zeitenwende an den asiatischen Kriegsschauplätzen auch einmal den deutschen Geschichtshorizont erreichen“ sollte. Dabei hat der Koreakrieg sehr schnell eine breite Literatur hervorgerufen. Manches ist auch in deutscher Übersetzung erschienen, so die frühe Gesamtdarstellung aus der Feder des amerikanischen Generals S.L.A. Marshall[1]. Vor nicht allzu langer Zeit legte der Innsbrucker Zeithistoriker Rolf Steininger[2] eine auf eigene ältere Arbeiten, auf von ihm neu erschlossene Quellen und auf die Sekundärliteratur gestützte Studie vor, die den Krieg, seine Vorgeschichte und seine Folgen in allen Dimensionen auf knappem Raum sehr präzise vor Augen geführt hat. Daß jenes Geschehen nicht im deutschen Geschichtshorizont sei, kann man wahrlich nicht sagen.

Friedrichs Buch beginnt mit einem Kapitel über die Testzündung der ersten einsatzfähigen Atombombe am 16. Juli 1945 in der Wüste New Mexicos und der Anwendung der neuen Waffe drei Wochen später, am 6. und 9. August über Hiroshima und Nagasaki. Es endet mit der Gipfelkonferenz der vier Siegermächte in Genf im Juli 1955, die keine konkreten Ergebnisse hatte, aber in einem freundlichen Klima stattfand. Das veranlaßte den Autor zu der Schlußbemerkung: „Die Maske der Feindschaft blätterte hinweg. Es war Frieden.“ Insgesamt gibt es 52 Kapitel in drei Hauptteilen. Die Überschriften sind stets von lapidarer Kürze und oft nichtssagend. Der erste Teil, „Die Feindschaft“, behandelt das nukleare Wettrüsten von 1945 bis zum sowjetischen Atombombentest im September 1949, die internationale Hochspannung infolge der Berlin-Blockade 1948/49, den kurzen russischen Feldzug in der Mandschurei 1945 und den chinesischen Bürgerkrieg bis zum Sieg der Kommunisten Anfang Oktober 1949. Der zweite Teil, „Im Feld“, befaßt sich mit dem Koreakrieg bis zum Frühjahr 1953. Im dritten Teil überschrieben mit „Überleben“ geht es um die Schlußphase des Krieges nach Stalins Tod, um die Erwägungen über den Einsatz der Atombombe, um den endlichen Waffenstillstand, um die Fortsetzung des Wettrüstens bis zur Zündung von Wasserstoffbomben durch die USA am 1. November 1952 auf Eniwetok und durch die UdSSR in Semipalatinsk am 12. August 1953 und schließlich um Genf. Nach Schmück-

1 Samuel L.A. Marshall, Der Koreakrieg, Frauenfeld 1965 (Original 1963).
2 Rolf Steininger, Der vergessene Krieg. Korea 1950-1953, München 2006.

les Ansicht taucht „Friedrichs Erzählkunst [...] die Vergangenheit in ein neues klares Licht." Wirklich? Die Lektüre des Werks ist, das muß man leider feststellen, kein Vergnügen. Von Erzählkunst kann keine Rede sein, eher möchte man von einem Verwirrspiel sprechen. Die Darbietung des Stoffes in zahlreichen relativ kurzen Kapiteln macht es schwer, eine klare Linie zu finden, zumal der Autor eine ausgeprägte Abneigung gegen ein festes chronologisches Gerüst hat. Er springt zeitlich vor und zurück und geizt mit Daten sehr. Einzelne Ereignisse malt er gern breit aus, an Generalisierungen liegt ihm nicht so sehr. Häufig zitiert er wörtlich oder referiert Aussagen seiner Gewährsleute, wobei in vielen Fällen unklar bleibt, wo das Referat endet und die eigene Kommentierung beginnt. Mit kräftigen Noten geht er verschwenderisch um. Berija begegnet als Chefhenker, Ulbricht als Kriecher (vor Stalin), und das China Chiang Kai-sheks wird als „Rattenloch" vorgestellt. Gern zieht der Autor auch Parallelen zur Situation vor 1939, sie sind nicht selten schief und lassen auf keine sonderliche Vertrautheit mit jener Zeit schließen. Immer wieder finden sich merkwürdige Feststellungen, die wohl grundsätzliche Bedeutung haben sollen. Dafür einige Beispiele: „Die Geschichte ist der schlechteste Ratgeber. Im Gewirr der Gegenwart verleiht sie Richtung wie die Gleichnisse Jesu" (S. 64). Oder: „Man war noch nicht so weit. Man ist nie soweit. Die andern auch nicht" (S. 90). Oder: „In der Regel macht Erfolg dumm und Schaden klug" (S. 174). Oder: „Einer Masse, die sich wahrlich als solche fühlt, tut das Sterben weniger weh" (S. 218). Und, besonders geschmacklos: „Soldaten sind junge Leute, die sich beim Sterben zumindest amüsieren wollen" (S. 413).

Friedrich benutzt mehr Worte als nötig. Seine Mitteilungen hätte er in einem Buch vom halben Umfang des vorliegenden unterbringen können. Seine Informationen sind nicht immer so vollständig, wie sie sein müßten, an manchen Stellen werden wichtige Tatbestände gar nicht angesprochen. Auch bei der Richtigkeit hat man wiederholt Zweifel. Die Ansicht ist durchaus anfechtbar, daß die USA „halbfreiwillig" – was immer das sein mag – in die beiden Weltkriege eintraten. Japan war gewiß nicht „das einzige Befreiungsland" – gemeint ist wahrscheinlich „das einzige befreite Land" –, von dem die Sowjets ausgeschlossen blieben. Am Schluß des Kapitels über die Genfer Konferenz steht, wie schon erwähnt: „Es war Frieden." Wirklich? Der Kalte Krieg ging doch heftig weiter. Auch kleinere Irrtümer begegnen vielfach. Rhee Syngman war 1970 kein Greis von 85 Jahren, sondern ein Mann von 70. Und Korea ist keine Insel, wie Friedrich sehr oft schreibt – zuweilen sagt er auch „Eiland". Manchmal finden sich so bedeutungsschwere Sätze, daß man sie kaum versteht. Es gibt etliche Stilblüten und leider auch Grammatikfehler. Und gut wäre es gewesen, wenn der Verlag mehr und informativere Karten beigesteuert hätte.

Über die Probleme mit der Erzählkunst sähe man wohl leichter hinweg, wenn die Darstellung viel Neues böte. Das ist aber nicht der Fall. Daß in den USA heftig über den Einsatz der Atombombe gesprochen wurde, daß nicht wenige ein solches Vorgehen wünschten, daß auch Truman gegen diese Versuchung nicht ganz gefeit war, ihr aber nicht stattgab, und daß von alliierter Seite strikt darauf geachtet wurde, chinesisches Hoheitsgebiet nicht zu verletzen, weil das unabsehbare Konsequenzen hätte haben können, wußten wir längst. Ebenso ist Stalins Interesse an dem Konflikt keine Neuigkeit. Ohne seine Erlaubnis wäre es nicht zum Krieg gekommen, und seine Nachfolger waren aus innenpolitischen Gründen bestrebt, die Auseinandersetzung zu beenden. Auch wurde schon vor Jahrzehnten der Koreakrieg als eine entscheidende Zäsur im Kalten Krieg erkannt. Erst durch ihn wurde die NATO zu einem effizienten Militärbündnis, und er beschleunigte die volle Aufnahme der Bundesrepublik in den Kreis der freien Völker. Will man das Urteil über Friedrichs neues Buch in wenige Worte bringen, so muß man leider sagen: Es enttäuscht sehr.

Der „Arbeiterstaat" war kein Arbeiterstaat

Von Ilko-Sascha Kowalczuk

Christoph Kleßmann, Arbeiter im „Arbeiterstaat" DDR. Deutsche Traditionen, sowjetisches Modell, westdeutsches Magnetfeld (1945 bis 1971), Bonn 2007 (*Verlag J.H.W. Dietz Nachf.*), 892 S.

Seit über 20 Jahren erscheint im Bonner Dietz-Verlag die von Gerhard A. Ritter herausgegebene Reihe „Geschichte der Arbeiter und der Arbeiterbewegung in Deutschland seit dem Ende des 18. Jahrhunderts". Die in den 1980er Jahren von Heinrich August Winkler vorgelegten drei voluminösen Bände zur Weimarer Republik sind nicht nur geschichtswissenschaftliche Standardwerke, sondern selbst schon Marksteine der neueren Historiographiegeschichte.[1] Das gilt auch für den Band zum deutschen Kaiserreich von Gerhard A. Ritter und Klaus Tenfelde.[2] Ursprünglich war die Reihe nur für die Geschichte bis 1945 konzipiert worden. Nach der Wiedervereinigung ist das Konzept überarbeitet und um je zwei Bände zur DDR und zur Bundesrepublik erweitert worden. Von den insgesamt 17 geplanten Bänden sind bislang acht erschienen, als letzter die überaus eindrucksvolle Monographie von Christoph Kleßmann. Der Autor war bis zu seiner Emeritierung Professor an der Universität Potsdam und Direktor des Zeithistorischen Zentrums Potsdam. Mehrere seiner Bücher gelten als Referenzwerke. Auch sein neuestes Werk wird sich schnell als unverzichtbar für die zeithistorische Forschung erweisen. Im Zentrum des Buches steht jene Gruppe, die im Kommunismus – angeblich – die Macht ausübt: die Arbeiter. „Der" Arbeiter erfuhr in den kommunistischen Systemen eine gesellschaftspolitische Aufwertung und Überhöhung, die dem theoretischen Anspruch des Systems genügt haben mag, mit den gesellschaftlichen Realitäten aber nicht übereinstimmte.

Christoph Kleßmann konzentriert seinen Band auf die Ulbricht-Ära (1945 bis 1971), die Honecker-Ära wird sein Kollege Peter Hübner bearbeiten. Der Autor geht auf den offenkundigen Widerspruch ein, daß die „Arbeiter" im „Arbeiterstaat" zwar nominell die Herrschaft ausübten, praktisch doch ebenso von der Politbürokratie beherrscht wurden wie der Rest der Gesellschaft. Entgegen den offiziellen SED-Verlautbarungen spricht Kleßmann nicht von „Arbeiterklasse". Demgegenüber versucht er, Traditionen der Arbeiterbewegung und -kultur in der DDR aufzuspüren. Gerade das Spannungsver-

1 Vgl. Heinrich August Winkler, Von der Revolution zur Stabilisierung. Arbeiter und Arbeiterbewegung in der Weimarer Republik 1918 bis 1924, 2. Aufl., Berlin/Bonn 1985; ders., Der Schein der Normalität. Arbeiter und Arbeiterbewegung in der Weimarer Republik 1924 bis 1930, 2. Aufl., Berlin/Bonn 1988; ders., Der Weg in die Katastrophe. Arbeiter und Arbeiterbewegung in der Weimarer Republik 1930 bis 1933, Berlin/Bonn 1987.

2 Vgl. Gerhard A. Ritter/Klaus Tenfelde, Arbeiter im Deutschen Kaiserreich 1871 bis 1914, Bonn 1992.

hältnis zwischen fortwirkenden kulturellen Prägungen, sowjetischen Anleihen und dem bundesdeutschen „Magnetfeld“ geben dem Buch seinen besonderen Reiz. Der Autor hütet sich vor monokausalen Erklärungen. Vielmehr ist er bemüht, vor dem Hintergrund des erwähnten Spannungsverhältnisses die ideologiegesteuerte SED-Wirtschafts- und Sozialpolitik ebenso zu erklären wie die Eigeninteressen und das Widerstandspotential der Arbeiter. Auch wenn sich die historischen Rahmenbedingungen zwischen den vierziger und späten sechziger Jahren einschneidend änderten, auch wenn mit der Schleifung freier Gewerkschaften und der Betriebsräte die Organisationsformen ganz auf die Bedürfnisse der SED zugeschnitten wurden, auch wenn mit dem Volksaufstand vom 17. Juni 1953 und dem Mauerbau 1961 die gesamte Gesellschaft nachhaltig erschütternde Ereignisse zu verzeichnen waren, auch wenn sich die materiellen Lebensverhältnisse für breite Kreise der Bevölkerung, nicht zuletzt der Arbeiter, verbesserten und auch wenn Mitte der sechziger Jahre Wirtschaftsreformen eine leichte Stabilisierung der Herrschaftsverhältnissen bewirkten – ein Problem blieb stets akut: Die meisten Arbeiter blieben auf Distanz zu den selbsternannten „Arbeiterführern“ und die Politik dieser „Arbeiterführer“ zielte zwar vorrangig auf die Arbeiter, ging aber an deren Bedürfnissen und Eigeninteressen regelmäßig vorbei. So blieb trotz sozialer Verbesserungen das prinzipielle Legitimationsdefizit des SED-Arbeiterstaates bestehen, nicht zuletzt deshalb, weil die Diskrepanz zwischen Arbeitern und „Arbeiterführern“ eklatant und im Prinzip unüberbrückbar blieb.

Dieses Werk läßt nur wenige Wünsche offen. Insbesondere das sechste Kapitel „Arbeiterleben im ‚Arbeiter-und-Bauern-Staat'“ dürfte Anlaß für kritische wissenschaftliche Debatten liefern. Kleßmann lehnt sich hier eng an Interpretationen an, wie sie in den letzten Jahren etwa Wolfgang Engler, Dietrich Mühlberg, Monika Gibas, Evemarie Badstübner oder Ina Merkel – allesamt frühere marxistisch-leninistische DDR-Gesellschaftswissenschafter – vortrugen. Das Bild von der „Nischengesellschaft“ (etwa S. 652, 686) ruft der Autor neuerlich auf. Die Ausführungen scheinen es zu belegen. Kleßmann schreibt etwa: „Die Freizeitkultur der DDR insgesamt wich somit von der Westdeutschlands, wie die Zeitbudgetuntersuchungen ausweisen, weniger einschneidend ab, als manche Beobachter vermuteten und als Parteistrategen es wünschen mochten. Das galt überraschenderweise in der Spätphase sogar für Urlaub und Reisen, obwohl hier die Grenzen zunächst besonders eng waren“ (S. 703). „Überraschenderweise“ ist von diesen „Grenzen“ aber wenig zu lesen. Die Folgen der Mauer bleiben gerade in diesem Kapitel diffus und systematisch wenig reflektiert. Während in der Bundesrepublik der Individualurlaub etwa nach Italien ab den späten fünfziger Jahren einen Boom erlebte, stellte in der DDR ein Urlaub noch in der ersten Hälfte der sechziger Jahre im sozialistischen Ausland eine Ausnahme dar. Und daß auf dem berühmten Urlauberschiff „Völkerfreundschaft“ ein hoher Anteil von Produktionsarbeitern mitfuhr, mag sich statistisch belegen lassen, geht dennoch an der Realität vorbei, weil die wenigen Plätze erstens eine Art Auszeichnung blieben und zweitens die statistischen Erhebungen in der DDR unter der Rubrik „Produktionsarbeiter“ bzw. „Arbeiter“ eben auch Funktionäre unterschiedlicher Couleur (haupt- wie nebenamtliche) erfaßte. Insgesamt zeigt Kleßmanns Arbeit: Die historische Forschung ist zwar auf die statistischen Erhebungen aus der DDR angewiesen, diese weist aber zugleich arge Begrenzungen auf und unterliegt ideologisch inspirierten Eingrenzungen, so daß ihr Erkenntniswert sehr beschränkt bleiben muß. Das „Urlaubskapitel" und auch andere Abschnitte zum Freizeit- und Kulturbereich verdeutlichen dies, lassen daher zahlreiche Fragen offen. Denn so sehr sich statistische Angaben zwischen Ost und West gleichen mögen, so sagen sie doch wenig oder gar nichts über die Inhalte oder gar die „Bedürfnisbefriedigung" aus. Und hier gab es nun wahrlich signifikante Unterschiede zwischen Ost und West. Selbst wenn sich die Individualisierung im Urlaubs- oder anderen Bereichen der Freizeit verstärkt haben, so blieben die vielschichtigen „Grenzen" so sichtbar und erlebbar, daß gerade in diesem Sektor ein stärkerer Vergleich zum und mit dem „westdeutschen Magnetfeld" wünschenswert gewesen wäre. Bei Christoph Kleßmann erscheinen „Tourismus" und „Freizeit" etwas schemenhaft. Das gilt noch stärker für den Sektor Religion, Religiosität und Kirche, der angesichts des Gesamtumfanges der Untersuchung praktisch fehlt, ein Umstand, den man mit dem fehlenden speziellen Forschungsvorlauf erklären könnte. Von diesem Autor, der dazu selbst gearbeitet und publiziert hat[3], wäre zu erwarten gewesen, daß er dieses weithin „unbeachtete" Feld stärker problematisiert und so Forschungsimpulse gegeben hätte.

Auch die Ausführungen zu „Streiks", einem in diesem Kontext ja besonders aufschlußreichen Feld, loten das Thema nicht ausreichend aus. Die Zahlen, die Kleßmann etwa zu den Protesten gegen den Einmarsch der Warschauer Pakt-Truppen in die ČSSR 1968 benutzt, liegen – bezogen auf die Verhaftungen, Anklagen und Verurteilungen – weit unter den tatsächlichen. Und daß von den Verurteilten, die in der DDR im Zusammenhang mit der Niederschlagung des „Prager Frühlings" protestiert hatten, über 80 Prozent Arbeiter, zumeist junge, waren, hätte in einer solchen Arbeit erwähnt werden können.[4] Auch die wiederum aus internen Statistiken und in mehreren Publikationen verarbeiteten Angaben über den signifikanten Rückgang von Streiks bzw. kurzzeitigen Arbeitsniederlegungen von den 1960er Jahren an (hier von Kleßmann bis 1988 wieder-

---

3 Vgl. etwa: Christoph Kleßmann, Die Beharrungskraft traditioneller Milieus in der DDR, in: Manfred Hettling u.a. (Hrsg.), Was ist Gesellschaftsgeschichte? Positionen, Themen, Analysen, München 1991, S. 146-154; ders., Zur Sozialgeschichte des protestantischen Milieus in der DDR, in: Geschichte und Gesellschaft 19 (1993), S. 29-53; ders. (Hrsg.), Kinder der Opposition. Berichte aus Pfarrhäusern in der DDR, Gütersloh 1993; ders., Relikte des Bildungsbürgertums in der DDR, in: Hartmut Kaelble u.a. (Hrsg.), Sozialgeschichte der DDR, Stuttgart 1994, S. 254-270.

4 Zu den Protesten in der DDR 1968 und den entsprechenden Zahlen siehe: Ilko-Sascha Kowalczuk: „Wer sich nicht in Gefahr begibt [...]". Protestaktionen gegen die Intervention in Prag und die Folgen von 1968 für die DDR-Opposition, in: Geschichte in Wissenschaft und Unterricht 50 (1999), S. 424-437; siehe aber auch folgende Arbeiten: Bernd Gehrke, 1968 – das unscheinbare Schlüsseljahr der DDR, in: Ders./Gerd-Rainer Horn (Hrsg.), 1968 und die Arbeiter. Studien zum „proletarischen Mai" in Europa, Hamburg 2007, S. 103-128; ders., Weichenstellungen zum Disparaten. Vom schwierigen Verhältnis der DDR-Opposition zur Arbeiterschaft, in: Peter Hübner/Christoph Kleßmann/Klaus Tenfelde (Hrsg.), Arbeiter im Staatssozialismus. Ideologischer Anspruch und soziale Wirklichkeit, Köln u.a. 2005, S. 405-424.

gegeben), sind bei einer Überprüfung mit den in den Akten von SED und MfS tatsächlich überlieferten Streikhandlungen in diesem geringen Ausmaß so – selbst wenn die generelle Tendenz zur Streikabnahme zutrifft – nicht haltbar. Anders als Martin Sabrow, Kleßmanns Nachfolger als Direktor am ZZF Potsdam, spricht der Autor nicht von einer „Konsensdiktatur", erkennt aber eine „‚dialogische' Struktur" in der „asymmetrischen Kommunikation zwischen Führung und Geführten" (S. 758; siehe ebenso S. 713), was im Kern auf das Gleiche hinausläuft.

Auch wenn Christoph Kleßmann in seinem Buch immer wieder den Diktaturcharakter der DDR betont und er die Funktionsweise der SED-Diktatur genau zu analysieren und beschreiben weiß – in dem Kapitel „Arbeiterleben im ‚Arbeiter-und-Bauern-Staat'" werden die Grenzen einer auf offiziellen Statistiken basierenden kulturalistischen Deutung doch offenkundig. Die Gewalt, die vom Staate ausging, verkörpert durch SED, Massenorganisationen und nicht zuletzt das MfS, bleibt deshalb schemenhaft, weil über die Strukturen hinaus nicht die mentalen Rückwirkungen, die diese real erfahrene Gewalt als Realität oder Androhung auf die Gesellschaft, die Arbeiterschaft und das Individuum auswirkten, erörtert und hinreichend thematisiert werden. Stefan Plaggenborg hat in einem theoretisch und methodisch anregenden Buch gezeigt, daß sich „Gewalt" als omnipräsentes „Kommunikationsmittel" im Kommunismus deuten läßt.[5]

Diese kritischen Einlassungen schmälern nicht den Wert des Buches. Sie zeigen exemplarisch, daß dieses Werk auch deshalb von hohem Wert ist, weil es Anlaß zu wissenschaftlichen Diskussionen bietet und zugleich mannigfache Forschungsimpulse gibt. Insgesamt hat Kleßmann eine außerordentlich eindrucksvolle Monographie vorgelegt, an der sich viele Forschergenerationen abarbeiten werden – ein Werk, das Anregungen über den eigentlichen Untersuchungsgegenstand hinaus liefert und so allen mit europäischer Zeitgeschichte befaßten Wissenschaftlern nachdrücklich empfohlen sei.

5 Vgl. Stefan Plaggenborg, Experiment Moderne. Der sowjetische Weg, Frankfurt a. M./New York 2006.

Gewaltenteilung und Demokratie

Von Marianne Kneuer

Sabine Kropp/Hans-Joachim Lauth (Hrsg.), Gewaltenteilung und Demokratie. Konzepte und Probleme der „horizontal accountability" im internationalen Vergleich, Baden-Baden 2007 (*Nomos*), 331 S.

Gewaltenteilung ist als ein fundamentales und wesentliches Organisationsprinzip rechtsstaatlicher Demokratien anerkannt. Ihre grundlegende Bedeutung für das Verständnis sowohl des institutionellen Aufbaus als auch der Form der Machtkontrolle im Staat gibt dem Thema Gewaltenteilung einen Anstrich als Klassiker für Lehrbücher, aber selten – zumal in den letzten Jahren – als Gegenstand der wissenschaftlichen Debatte. Zu Unrecht. Nimmt man bloß zwei der prägenden Phänomene der letzten Jahrzehnte – Globalisierung und Europäisierung – oder auch die in der Politikwissenschaft präsente Erforschung von Governance, so wirft das „alte" Thema Gewaltenteilung neue Fragen auf im Lichte veränderter Entscheidungsfindungsprozesse, neuer Akteure und dem Bedeutungswandel von Institutionen. Es ist bemerkenswert, daß die Literaturlage dies nicht widerspiegelt. Dies gilt insbesondere für die horizontale Gewaltenteilung, denn Studien zu Dezentralisierung und Föderalismus sind durchaus häufiger.

Die Herausgeber des verdienstvollen Bandes „Gewalteilung und Demokratie" konzentrieren sich bewußt auf die „horizontal accountability" und sparen jenen Bereich föderaler Gewaltenteilung aus. Ausgangspunkt ist die Feststellung, die herkömmlichen Konzepte von Gewaltenteilung geben, den Wandel und die Ausprägungen nicht mehr adäquat wieder. In der substantiellen Einleitung zeichnen die Herausgeber diese Veränderungen nach: den Bedeutungswandel alter Institutionen (wie etwa der Bedeutungsverlust des Parlamentes), das Entstehen neuer Institutionen (Ombudsämter, Kommissionen ebenso wie korporatistische Akteure), die Bedeutungszunahme von informellen Institutionen und Akteuren. Dazu kommt, daß Mehrebenenpolitik auf nationaler, wie auf EU- und internationaler Ebene die Form des Regierens modifiziert hat. Schließlich hat die Zunahme an Demokratien vermehrte Partizipationsbedürfnisse der Bürger aufkommen lassen. Die genannten Aspekte lassen sich kondensieren in einen „Formwandel von Gewaltenteilung", bei dem eine Verschiebung der Funktionen auszumachen ist.

Der Band nimmt sich dieses Formwandels zunächst in Beiträgen theoretisch-konzeptioneller Art an. Dabei beklagt Everhard Holtmann – ebenso wie bereits die Herausgeber – die Vernachlässigung des Themas Gewaltenteilung, die zu einem Theoriedefizit in diesem klassischen Gebiet geführt hat. Bereits in den 1960ern habe Thomas Ellwein festgestellt, daß die gebräuchlichen theoretischen Modelle kein empirisches Fundament mehr hätten. Er hatte insbesondere im Hinblick auf die Unterscheidung von Regierung und Verwaltung gefordert, das Verhältnis der Gewalten zueinander zu suchen. Diese Forderung ist dann zwar aufgegriffen worden, aber seither herrsche wieder „Funkstille"

(S. 115). Diese wird in dem Band vernehmbar unterbrochen. Hans-Joachim Lauth widmet sich einem zentralen Bezugspunkt des Bandes, nämlich dem *accountability*-Konzept, zeichnet die noch junge Forschungsdebatte nach und macht einen Vorschlag zur typologischen Differenzierung des Konzeptes in rechtliche und politische Kontrolle. Diese rechtliche Kontrolle, so Lauth, bildet den unverzichtbaren Kern der Gewaltenteilung, muß aber eingebettet sein in politische Kontrolle als Ausdruck der demokratischen Form von Gewaltenteilung. Dies stimmt überein mit dem Ergebnis der ideengeschichtlichen Rekonstruktion von André Brodocz, der herausarbeitet, daß einerseits die Judikative deutlich im Zuge einer stärkeren Kontrolle von Macht aufgewertet worden ist, andererseits aber diese der staatlichen und gesellschaftlichen Kontrolle bedürfe. Insofern hängt das Funktionieren der *horizontal accountability* von den effektiven Mechanismen der *vertical accountability* ab. Lauth konstatiert, daß mit dem *accountability*-Konzept nicht nur eine normative Erweiterung der Gewaltenteilungsdebatte stattgefunden, sondern sich gegenüber der institutionell geprägten klassischen Version auch eine funktionalistische Wende vollzogen hat.

Die Tatsache, daß sich durch neue Formen politischer Steuerung – Governance – die Gewaltenteilung mit neuen Problemen konfrontiert sieht, greift Everhard Holtmann auf. Insbesondere das Hinzutreten nicht-staatlicher Akteure in den politischen Entscheidungsprozeß und neue Steuerungsformen wie etwa Verhandlungssysteme führen zu einem Gestaltwandel, den Holtmann mit einem analytischen Konzept erfaßt. Dazu unterscheidet er verschiedene Dimensionen von Gewaltenteilung: nicht-prekäre Asymmetrien, die durch Dehnungen zwischen den Grenzen der Gewalten entstehen (etwa Regierung und Regierungsmehrheit im Parlament), und prekäre Konstellationen. Diese können verursacht werden, wenn Kernkompetenzen einer Gewalt bedroht sind oder öffentliche Entscheidungen aus der staatlichen Sphäre auswandern (etwa Beratungskommissionen). Gerade die sektorale Problembearbeitung in Verhandlungssystemen, die in der Governance-Forschung als Bereicherung angesehen wird, beurteilt Holtmann eher skeptisch. Hier würden Lücken im Geltungsbereich der Gewaltenteilung aufgerissen und über deren Schließung durch alternative Kontrollinstrumente (etwa durch Stärkung der Kompetenzen des Parlaments) müsse daher nachgedacht werden. Einen interessanten Ansatz, um sich Gewaltenteilung von einer nicht-klassischen Seite zu nähern, stellt Michael Stoiber vor. Er verbindet das normative Konzept Gewaltenteilung mit einem Konzept der empirischen Politikwissenschaft, nämlich dem Vetospieler-Ansatz, das auf George Tsebelis zurückgeht. Diese recht junge Theorie fragt im Kern nach Machtkonzentration oder Machtfragmentierung, was daran gemessen wird, wer in einem politischen System die Möglichkeit hat, Veränderung zuzustimmen. Hier liegt der Anknüpfungspunkt zum klassischen Fokus der Machtteilung. Indem Stoiber Tsebelis' Konzept modifiziert und auch Vetospieler im politischem Entscheidungsprozeß berücksichtigt, läßt sich die Machtteilung innerhalb des Systems jenseits der Typologie von Präsidentialismus, Parlamentarismus und Semi-Präsentialismus festmachen.

Aus den konzeptionellen Beiträgen des Bandes kristallisiert sich heraus, daß neben die klassische und vor allem auf die institutionelle Ebene fokussierte Sichtweise der

Gewaltenteilung, die Analyse des „politischen Spiels" – in der Terminologie des Vetospieleransatzes – oder der *politics*-Dimension (mithin der Abläufe des politischen Entscheidungsprozesses) in den Vordergrund getreten ist und auch weiterhin stärker beachtet werden muß. Dies weist insbesondere auf die Rolle der Parteien und des Parteienwettbewerbs hin. Diese Erkenntnis wird gestützt durch empirische Untersuchungen und Fallstudien. Dabei ist die Einbeziehung der jungen Demokratien Osteuropas und Lateinamerikas so erfreulich wie folgerichtig.

Bezugspunkt der Beiträge – insbesondere zu den jungen Demokratien – ist die Frage nach dem „besseren" institutionellen Design, die Juan J. Linz Anfang der 1990er angestoßen hat, indem er mit dem Hinweis auf die Instabilität der lateinamerikanischen Fälle die Einrichtung parlamentarischer Systeme für Transitionsländer empfahl. Auf der Basis seiner „Large-N"-Studie kommt Steffen Kailitz zu dem Ergebnis, daß der Präsidentialimus an sich jedoch kein Problem darstellt, sondern eher die Tatsache, daß dessen „reine" Version sich nicht mit der Logik der Parteiendemokratie verträgt, weil er nicht auf eine Moderation des Parteienwettbewerbs angelegt ist. Daraus können sich Funktionsdefizite ergeben. Eine Lösung wäre die Parlamentarisierung des Präsidentialimus. Weitere Aufschlüsse zu der Dichotomisierung von Präsidentialismus und Parlamentarismus vermittelt die Darstellung der lateinamerikanischen Präsididaldemokratien von Detlef Nolte. Demnach läßt sich ein positiver Zusammenhang zwischen Koalitionsbildung und politischer Stabilität nachweisen. Solch ein „Koalitionspräsidentialismus" muß aber durch formale und informelle Strukturen abgestützt werden, und es sind diese Strukturen, von denen Erfolg oder Mißerfolg der Regierungsform abhängt. Ein parlamentarisierter Präsidentialismus jedenfalls – hier treffen sich Nolte und Kailitz – macht die Variante des Hyperpräsidentialismus, bei dem die Exekutive tendenziell gegen das Parlament regieren kann, schwierig.

Hyperpräsidentielle Systeme kommen derweil nicht nur in Lateinamerika, sondern auch in Osteuropa vor. Friedbert Rüb macht deutlich, daß die Ansammlung exekutiver und legislativer Kompetenzen beim Staatspräsidenten die politischen Kontrollbefugnisse der Legislative und anderer Institutionen erheblich einschränken kann. In den Fällen, in denen die kommunistischen Eliten die Transition und damit den Verfassungsgebungsprozeß kontrollierten, entwarfen sie jedoch ebensolche Verfassungen, in denen der Staatspräsident mit exzessiven Befugnissen ausgestattet ist. Das ist in Weißrußland, Rußland und der Ukraine bis 2005 der Fall. Mit Blick auf das Beispiel der Ukraine zeigt Agnes Gilka-Bötzow, daß sich jedoch auch nach der Verfassungsänderung 2006 und die dadurch vollzogene Einschränkung der präsidialen Kompetenzen sowie der gleichzeitigen Aufwertung des Parlamentes die Interaktion zwischen Exekutive und Legislative weiterhin schwierig, da konfliktreich darstellt. Auch dieser Befund deutet einerseits auf extrakonstitutionelle Faktoren hin, die das Zusammenspiel zwischen den exekutiven und legislativen Gewalten beeinflussen, andererseits auf die Bedeutung von Rechtsstaatlichkeit für eine funktionierende Demokratie.

Erhärtet wird diese Erkenntnis in dem interregionalen Vergleich von 73 jungen Demokratien, den Peter Thiery auf der Grundlage der Daten des Bertelsmann Transformation Index 2008 darlegt und interpretiert. So bestätigen die Daten einerseits, daß kein starker Zusammenhang zwischen dem Typ des Regierungssystems und der Qualität der Gewaltenteilung besteht; auch das sozioökonomische Entwicklungsniveau bietet lediglich einen schwachen Erklärungsansatz. Andererseits korreliert – und dies sehr stark – die Qualität der Gewaltenteilung mit der Funktionsfähigkeit des Parteiensystems. Etwas abgeschwächter trifft dies auf die Medienfreiheit zu. Damit wird – wie schon in den konzeptionellen Beiträgen des Bandes – dem gesellschaftlichen und politischen Umfeld, in das die demokratischen Institutionen eingebettet sein müssen, eine zentrale Bedeutung für die Qualität der *horizontal accountability* attestiert. Bei der Suche nach extrakonstitutionellen Faktoren muß daher den intermediären Institutionen, vor allem dem Parteienwettbewerb und der Funktionsfähigkeit des Parteiensystems offenbar ein größerer Stellenwert zugeordnet werden, als dies bislang in der Gewaltenteilungsdebatte der Fall war. Der Beitrag Thierys schließt den Band äußerst gelungen ab, weil er Ergebnisse der vorherigen Fallstudien erhellt und die konzeptionellen Überlegungen unterlegt. Die eher ernüchternde Bilanz, daß von den 73 jungen Demokratien lediglich dreizehn eine „leidlich funktionierende" Gewaltenteilung aufweisen, umreißt das Problem: Die Demokratisierung so vieler Länder seit 1989 bedeutet nicht automatisch, daß das grundlegende Prinzip der Gewaltenteilung erfüllt ist.

Der Band unterstreicht vielfältige Forschungsdesiderate – auf theoretisch-konzeptioneller wie auf empirischer Ebene. Die breite Perspektive, die er bietet, ist daher richtig gewählt. Die Vielfalt der Aspekte ist in diesem Sinne anregend. Es steht zu erwarten, daß das Buch von Sabine Kropp und Hans-Joachim Lauth die Debatte neu beleben wird. Ob dies zur Weiterentwicklung der Gewaltenteilungstheorie, zu neuen Konzepten oder zu Verknüpfungen mit anderen Ansätzen führen wird, bleibt abzuwarten. Das Verdienst des Buches liegt deswegen nicht nur darin, Impulsgeber für die Debatte, sondern auch für Anknüpfungspunkte künftiger Forschung zu sein.

Politik für ein Himmelreich auf Erden?

Von Evelyn Völkel

Hans Maier, Politische Religionen. Gesammelte Schriften, Bd. 2, München 2007 (*C.H. Beck*), 331 S.

„Darum ist das Reich Gottes nicht das Telos der historischen Dynamik. Historisch gesehen ist es nicht Ziel, sondern Ende." Mit diesem Zitat aus einem Fragment von Walter Benjamin, das „Politische Religionen" einleitet, scheint das Ziel von Hans Maiers lebenslangem Wirken prägnant zusammengefaßt zu sein: gegen alle Versuche anzukämpfen – gleich ob von politischer oder religiöser Seite –, das Paradies auf Erden im Namen einer universellen und absoluten Wahrheit schaffen zu wollen und die Erlösung dieser Welt als innerweltlichen Auftrag ausführen zu können. Dieses Kontra bildet den kostbaren Nukleus seines Lebenswerkes und ist zugleich der Kompaß, an dem Maier sein Denken immer wieder ausrichtet. In der thematischen Konzentration seiner gesammelten Schriften spürt der Leser diesen Impetus von der ersten bis zur letzten Seite.

In diesem zweiten Band sind die Reflexionen Maiers zu Fragen zum Verhältnis von Religion und Politik im 20. Jahrhundert zusammengefaßt. Die Beiträge des ersten Teils diskutieren das Konzept der politischen Theologie innerhalb der katholischen Kirche. Insbesondere die erste Schrift von 1970 kann mittlerweile als bemerkenswerte Quelle einer Zeit gewertet werden, die vor allem die katholische Kirche nach dem Zweiten Vatikanischen Konzil (1962-1965) vor große innerkirchliche Herausforderungen gestellt hat. Die Befreiungstheologie bewegte viele Kirchenleute. Vor allem in Lateinamerika vermochte diese politisch-revolutionäre theologische Strömung, die sich mit Elementen des Marxismus verband, großen Einfluß zu gewinnen. Die ideologischen Erschütterungen des 20. Jahrhunderts reichten weit in die Kirchen hinein. Die politische Theologie und die Befreiungstheologie standen in einem engen Zusammenhang und forderten das bisherige Kirchenverständnis zum Verhältnis von Kirche und Gesellschaft grundsätzlich heraus. Sie führten zu einer Politisierung des Evangeliums und des kirchlichen Heilsauftrages, die Maiers Auffassung von Kirche und Staat diametral entgegengesetzt ist. Er sieht die Verantwortung der Kirche nicht in ihrer Politisierung, die womöglich durch eine Revolution eine bessere Gesellschaft, wenn nicht gar das Reich Gottes erwirken soll. Die Kirche sei vielmehr eine Institution, die das jenseitige Heil des Einzelnen in der Gemeinschaft Christi vor Augen habe. Eine Politisierung der Kirche führe zwangsläufig zu ihrer Versenkung in der tagespolitischen Beliebigkeit. Doch ihr Auftrag sei eben nicht zeitgebunden, sondern überzeitlich. Der katholisch-theologische Schwerpunkt und die vielen (inner-)kirchlichen Fragen erfordern viel Interesse an diesem Thema. Vor allem für katholische Theologen mag er hingegen auch heute noch eine Fundgrube bedeuten.

Der zweite Teil der Gesammelten Schriften trägt die Überschrift des Buchtitels und stellt ebenfalls eine Synopse der Texte Maiers seit 1995 zu diesem Thema dar. Der Titel wirkt nicht ganz passend, sind es doch vor allem die Bereiche Religion und Politik, die Maiers Denken herausgefordert haben. Seine Reflexionen über politische Religionen (im 20. Jahrhundert sind das die totalitären Ideologien) nehmen zwar einen großen Raum ein. Bei ihnen bleibt er aber nicht stehen. Maier lenkt vielmehr die Aufmerksamkeit auf die grundsätzlichen Fragen, die sich aus dem Spannungsverhältnis von Religion und Politik im 20. Jahrhundert ergaben. Er behandelt diese aus theologischer, aus politikwissenschaftlicher und aus historischer Perspektive. Diese Flexibilität seines umfassend gebildeten Geistes begründet die Qualität seiner Ausführungen. Mangelt es der Politikwissenschaft meist an den theologischen und religionsphilosophischen Grundlagen, so hat die Theologie politikwissenschaftliche und ideologische Fragestellungen weniger im Auge. Wie wichtig die Reflexion und das Zusammendenken dieser beiden Sphären für eine Wissenschaft ist, die den ganzen Menschen im Mittelpunkt weiß, belegt die Fülle der grundsätzlichen Fragen, die Maier aufwirft. Insbesondere seine Schrift über politische Märtyrer von 2004 deckt einen grundsätzlichen Denkfehler auf, dem weite Teile der „aufgeklärten" Sozialwissenschaften zum Opfer gefallen sind: Religiöse Überzeugungen spielen eben doch eine wesentliche Rolle für eine politische Gemeinschaft, in der Individuen zusammenkommen und ihre unterschiedlichen Ziele zu verwirklichen suchen. Es ist der Mensch, der die Hälften Glaube und Politik verbindet, da er im Zentrum beider Bereiche steht. Die Trennlinie ist unscharf und verläuft durch den Menschen selber.

In den 1990er Jahren behandeln die Beiträge eine vergleichende Auseinandersetzung mit den totalitären Ideologien Nationalsozialismus und Kommunismus. Herausgefordert durch den aktuellen internationalen Terrorismus seit der Zäsur 11. September 2001, erweitert Maier sein Untersuchungsfeld und richtet seinen Blick in die Zukunft. Dieser zeitliche Perspektivwechsel belegt die Universalität seiner gesamten Reflexionen: Zum einen setzt er sich mit der totalitären Katastrophe des 20. Jahrhunderts auseinander. Er sucht nach ihren Gründen sowie nach der Lehre, die die Menschheitsgeschichte aus diesem Absturz ziehen muß. Dabei verknüpft Maier diese historischen Fragen, die einem bestimmten Zeitkontext zugeordnet sind, mit überzeitlichen Fragen nach der anthropologischen Beschaffenheit des Menschen, die uns auch in der Gegenwart beschäftigen. Zum anderen läßt er nicht die aktuellen politischen Entwicklungen aus den Augen. Er versucht, auf seinem Erfahrungsschatz aufbauend, sie einzuordnen und so mögliche Herausforderungen zu erkennen, mit denen wir jetzt konfrontiert sind und vor allem in Zukunft sein werden.

Immer wieder greifen Maiers Beiträge in ähnlicher Art und Weise Fragen auf. Und dies beschreibt die Schwachstelle seiner gesammelten Schriften: Maier stellt sich immer wieder die gleichen grundsätzlichen Fragen, deren Relevanz über allen Zweifel erhaben ist. Alleine die Redundanzen schmälern das Lesevergnügen. Zudem setzt sich Maier vor allem mit den Klassikern der Totalitarismusforschung auseinander, stellt sie vor und führt sie wieder zur Diskussion ein, was ein Verdienst ist: Ab Mitte der 60er Jahre war es weder en vogue, sich der Totalitarismusforschung, die vergleichend den rechten und den linken Totalitarismus in den Mittelpunkt stellt, zuzuwenden noch Fragen nach Religion, Politik und ihrer Bedeutung für die Gemeinschaft in den Vordergrund zu rücken. Daß Maier den Fokus der Wissenschaft wieder auf diese wichtigen Grundfragen lenkte, ist nicht nur für die Aufarbeitung des totalitären Erbes wichtig: Auch noch im 21. Jahrhundert muß sich die Gesellschaft diesen Herausforderungen stellen. Als Quelle belegt „Politische Religionen“ den schweren Stand dieses Forschungsbereichs. Mit apologetischer Wucht weiß Maier die Totalitarismusforschung und das ihr angegliederte Konzept der Politischen Religionen zu verteidigen. Alleine die Verwendung des Begriffs „totalitär“ als Kennzeichnung eines diktatorischen Systems war äußerst umstritten. Daß die Totalitarismusforschung heute als etablierter Forschungszweig gilt, ist auch die Leistung von Maiers wissenschaftlichem Engagement.

Doch Maier regt in seinen Schriften eher an, wirft Fragen auf und ruft viel Vergessenes ins Gedächtnis zurück, entwickelt die Forschung aber weniger weiter. Im Geiste Eric Voegelins geht er immer noch davon aus, daß den Nationalsozialismus dieselbe Innerweltlichkeit und derselbe mangelnde Gottesbezug kennzeichneten wie den Marxismus-Leninismus. Neuere Studien belegen hingegen, daß Hitler zum Beispiel durchaus einem bestimmten Gottesbild anhing, das zwar mit dem christlichen Verständnis eines dreifaltigen, personalen Gottes nichts mehr gemein hatte, aber dennoch ein gläubiges Handeln, das sich eben an diesem Gottesverständnis ausrichtete, zur Folge hatte. Der Führerkult des Dritten Reiches war daher kein antiker Kaiser-Kult, wie es Maier annimmt: Hitler war nicht Gott-Kaiser. Hitler und vor allem die Mehrheit der deutschen nationalsozialistischen Bevölkerung waren keine Atheisten wie die Marxisten. Sie lehnten nicht zuletzt wegen deren Gottesfeindlichkeit diese säkulare Religion ab. Weiterhin wirft der Aspekt des Heils, das laut Maier der Nationalsozialismus nach Hitler ebenso wie der Marxismus verspreche, Fragen auf: Sollte das Dritte Reich tatsächlich die innerweltliche Erlösung von aller Ungerechtigkeit bringen, wie es das Christentum für das Jenseits und der Kommunismus für das Diesseits verkünden? Sollte es nicht vielmehr ein reines Reich der Stärke und Weltherrschaft der arischen Rasse werden, das weiterhin Kriege und Konflikte, keinen ewigen Frieden kennt? Sicher, der Nationalsozialismus verkündet eine bessere Gesellschaft, doch verkündet er die Erlösung von allen Ungerechtigkeiten und dem Bösen dieser Welt? Die Esoteriker unter den Nationalsozialisten und der Germanenkult sollten nicht überbewertet werden. Bei Maier entsteht manchmal dieser Eindruck. Hitler teilte diese Glaubensvorstellungen nicht, und nur ein Prozent der Deutschen beging die NS-Lebensfeiern, die die christlichen Feste ersetzen sollten.

Ein wichtiges Faktum lehren uns Hans Maiers Gedanken: Es ist nicht wichtig, ob der Mensch glaubt, sondern was er glaubt oder nicht glaubt und wie er das glaubt. Verkündet sein Glaubens- bzw. Weltverständnis die Möglichkeit einer vollkommenen Gesellschaft auf Erden, die den Menschen das erlösende Heil bringt, oder verlegt ein möglicher Glaube dieses Paradies ins Jenseits, da es durch menschliches Wirken im Hier und Jetzt nicht endgültig zu erreichen ist? Die politischen Auswirkungen sind evident. Bei letzterem ist dem staatlichen Handeln eine Politik der letzten Dinge genommen. Ersteres hingegen fordert die politische Gemeinschaft und mit ihr den Einzelnen geradezu zu politischen, d.h. gemeinschaftlichen Taten auf – der heilige Zweck der Erlösung heilige jedes Mittel, auch den Tod unzähliger Menschen, die als Opfer in Kauf genommen werden.

Die Suche nach einer Balance zwischen den Religionen als spirituelle Zufluchtsorte für Gläubige und dem Staat als Wirkstätte der Person ist noch nicht abgeschlossen und wird es wohl niemals sein. Jede Gesellschaft und jede Zeit muß ihr Gleichgewicht suchen. Die Frage nach dem Woher, Wohin und Warum werden den Menschen solange begleiten, wie er in dieser Welt zuhause ist. Ein Patentrezept, wie es der Nationalsozialismus und der historizistische Kommunismus als säkulare Religion bieten, um der komplexen und einzigartigen Wirklichkeit zu entgehen, kann es zum Glück nicht geben. Schließlich würde es den Menschen seiner individuellen Würde und seines freien Willens berauben. Es sind seine Freiheit und sein Glaube, die ihn zu einer permanenten Auseinandersetzung mit sich und seinen Unzulänglichkeiten sowie seinen Fähigkeiten zwingen. Das Verständnis von Religion und Politik spielt dabei eine wesentliche Rolle, wie Maier uns eindringlich lehrt. „Politische Religionen" ist eine lesenswerte Zusammenschau seiner beeindruckenden Gedanken.

Populistisch-radikale Rechte in West- und Osteuropa

Von Florian Hartleb

Cas Mudde, Populist Radical Right Parties in Europe, Cambridge 2007 (*Cambridge University Press*), 385 S.

Die Rechtsextremismusforschung kann für Westeuropa auf einen ansehnlichen Bestand an Arbeiten blicken, theoretisch wie methodisch. Das gilt nicht mit Blick auf die neuen EU-Mitgliedstaaten Osteuropas, mit Einschränkungen für Rußland: Dort mangelt es an detaillierten Einzelfallstudien von Landesexperten, welche erst seriöse komparatistische Studien über stichprobenartige Umfrage- und Einstellungsforschungen hinaus ermöglichen. Andersartige Typen wie Bauernverbände und extremistische Mischformen wie völkisch-antikapitalistische oder nationalkommunistische Formationen existieren. An diskursiver Abgrenzung zwischen demokratischen und extremistischen Parteien mangelt es häufig. Die durch eine starke Vergangenheitsfixierung geprägte politische Kultur und Symbolik, Konfliktfelder wie die Minderheitenproblematik sorgen für ganz eigene nationalspezifische Muster. So haben in Ungarn die 1848er-Revolution und vor allem der durch den Vertrag von Trianon (1920) bedingte große Gebietsverlust bis heute eine zentrale Bedeutung für den politischen Diskurs.

Der niederländische Politikwissenschaftler Cas Mudde versucht nun in einer Monographie, die verschiedenen Stränge des Rechtsextremismus in West und Ost zusammenzuführen. Der Autor arbeitet seit Jahren auf diesem Feld und partizipierte an zahlreichen internationalen Konferenzen zum Thema, auf denen er Teile des Buches bereits zur Diskussion stellen konnte. Mudde teilt sein Buch übersichtlich in drei zentrale Abschnitte: Zunächst geht es um die Konzeptionalisierung des parteiförmigen Rechtsextremismus, danach um die zentralen Strukturen, das Demokratieverständnis und wichtige Themen wie Euroskeptizismus und Globalisierung. Abschließend werden Erklärungsmuster über die Erfolgsbedingungen mit Blick auf Angebot und Nachfrage unter die Lupe genommen.

Einmal mehr weist Cas Mudde gleich zu Beginn auf das terminologische Chaos rund um die „richtige“ Definition hin und jongliert auf der Suche nach der passenden empirischen Fallauswahl von einzelnen Parteien mit Begriffen wie Populismus, Radikalismus, Konservatismus und Ethnoregionalismus. Der Autor spricht von einer populistischen radikalen Parteienfamilie, die er von rechtsextremistischen, speziell neofaschistischen Merkmalen differenziert. Dazu zählt er die „klassischen“ Untersuchungsobjekte wie die FPÖ, den Front National oder die längst marginalisierten deutschen Republikaner, zudem aus Osteuropa Parteien wie die polnische LPR, die SNS in der Slowakei, die PRM in Rumänien und in Rußland die LDPR. Osteuropäische Parteienformationen im Rechtsaußenspektrum weisen, zumindest partiell gerade antisemitische und rassistische Tendenzen auf, was die Abgrenzung „nach außen“ schwierig macht.

Eigene interessante Mischfälle wie die polnische antieuropäisch und antideutsch ausgerichtete Samoobrona fallen aus dem Raster des Autors. Grenzfälle zwischen bürgerlichem Konservatismus und Populismus wie der Fidesz in Ungarn oder die ODS in Tschechien werden ebenso – ungeachtet ihrer enormen Bedeutung im Parteienwettbewerb – ausgeschlossen. Solche Großparteien, die den Nationalismus, der sich aus der langen Fremdherrschaft über Jahrhunderte speist, kultivieren, würden eine nähere Betrachtung verdienen. Die Demokratien in Osteuropa befinden sich noch immer im Transformationsprozess, so daß sich durch die westeuropäische Brille viele „Extremismen" beobachten lassen. Gleichwohl läßt sich umgekehrt argumentieren: Wer den Blick auf die zahlreichen Stabilitätsindikatoren wie Rechtsstaatlichkeit oder Konzentrationseffekte im Parteiensystem richtet, kann von einer erfolgreichen Transformation sprechen.

Wie am Anfang des zentralen zweiten Kapitels verdeutlicht, setzt die populistisch-radikale Rechte auf das Freund-Feind-Stereotyp getreu der populistischen Dichotomie „Wir versus die-da-draußen". Vier verschiedene Arten von Feindbildern existieren, wie eine nützliche Einteilung veranschaulicht: innerhalb des Staates und der Nation (gegen die eigenen Medien oder die nationale Elite), innerhalb des Staates und außerhalb der Nation (gegen Immigranten und ethnische Minderheiten), außerhalb des Staates und innerhalb der Nation (wie eine Debatte über die ungarische Minderheit in Rumänien und der Slowakei) sowie außerhalb von Staat und Nation (internationale Organisationen, EU). Ressentiments und Emotionalisierungen entstehen durch Antiislamismus als Folge des 11. September 2001 sowie den in Osteuropa verbreiteten Antisemitismus und Feindseligkeiten gegenüber den gesellschaftlich ohnehin ausgegrenzten Roma.

Weitere strukturell-inhaltliche Muster lassen sich festhalten: Was die geschlechtsspezifische Repräsentation angeht, zeigt sich in den Parteien eine ausgeprägte Männerdominanz. Die Wirtschaftspolitik steht nicht im Zentrum der Parteien, auch nicht für die Wählerschaft. Im Osten zeigt sich die radikal-populistische Rechte weitaus protektionistischer und antikapitalistischer ausgerichtet als im Westen. Demokratietheoretisch befindet sie sich im Spannungsfeld zur liberalen Demokratie: Sie warnt vor einer „korrupten Elite", instrumentalisiert mit dem populären Motto „Demokratie zurück zum Volk" den Gedanken der plebiszitären Demokratie und wendet sich zugleich gegen Repräsentativkörperschaften. Immer stärker in das Blickfeld des Parteienforschers gerät die Position zur Europäischen Integration und zur EU, wobei der supranationale Integrationsprozeß auf das nationale Parteiensystem nur unwesentlich wirkt. Meist zeigt sich gemäß der Einteilung des Autors die populistisch-radikale Parteienfamilie nicht euroenthusiastisch (Unterstützung für die Integration wie die EU selbst) oder europragmatisch (kein Glaube an die Europäische Integration, aus Kosten-Nutzen-Kalkül dennoch Unterstützung der EU), aber selbst nicht dogmatisch euroablehnend. Vielmehr läßt sich, auch nach dem EU-Beitritt der Staaten Ostmitteleuropa, ein Euroskeptizismus nachweisen, der oftmals Widersprüchlichkeiten an den Tag legt. Eng damit verbunden hat für die Parteien das Schlagwort „Globalisierung" den Charakter eines „multifaced enemy" (S. 184). Mit Blick auf den Rechtsextremismus erscheint es sinnvoll, von der

Fülle an Globalisierungsprozessen nur drei in den Blick zu nehmen: erstens die wirtschaftliche, zweitens die politische und drittens die kulturelle Dimension. In allen drei Bereichen spielt der Antiamerikanismus eine Rolle.

In seinem letzten Großkapitel untersucht der Autor die Angebots- und Nachfrageseite und etwaige Gelegenheitsstrukturen: Gesellschaftliche Strukturmuster, nationale Bevölkerungsentwicklungen, der unscharfe Krisenbegriff, die Modernisierungsverliertherse, wohlfahrtschauvinistische Motive des Wählers kommen hier ebenso zur Sprache. Zahlreiche Modelle erklären ex post den Erfolg von rechten Flügelparteien, nach den Mißerfolgen wird das Forschungsfeld schnell zu den Akten gelegt, wie Mudde treffend anmerkt. Dabei wäre es gerade dann fragenswert, welche Integrationseffekte greifen und ob die Aufregung um ad-hoc-Erfolge und Demokratiegefährdung vielleicht gar nicht notwendig gewesen wäre. Organisatorisch werden die Rechtsaußenparteien straff geführt: Das Charisma des Parteivorsitzenden sorgt für interne Gefolgschaft und elektorale Attraktivität. In Osteuropa, beispielsweise in Polen und der Slowakei, lassen sich die policy-Auswirkungen einer Regierungsbeteiligung – meist als Juniorpartner – studieren. Die Verbalrhetorik mildert sich oftmals durch Koalitionsvereinbarungen und Verpflichtungen seitens der EU. Die Parteien müssen sich zwangsläufig mit dem Eintritt in den EU-Club abfinden. Im Ergebnis sieht der Autor die radikale Rechte nicht als eine einst konstatierte „normale Pathologie“ der Demokratien (Erwin K. Scheuch/Hans-Dieter Klingemann), sondern eher als eine „pathologische Normalität“ (S. 297), eine radikalisierte Version von existierenden Mainstream-Ideen.

Cas Mudde – ein Kenner der Materie, der die Forschungsdiskussion nicht nur nachvollziehbar und prägnant wiedergibt, sondern auch verfeinert – arbeitet durchweg mit gut nachvollziehbaren Typologien und Erklärungsmustern. Das gilt für die Feindbildbeschreibung ebenso wie für das Verhältnis der Parteien zur Europäischen Integration und zur EU selbst sowie für die Globalisierungskritik. Insgesamt gelingt dem Autor der überzeugende Nachweis, daß sich Rechtsextremisten in Ost- und Westeuropa strukturell und inhaltlich in mancherlei Hinsicht ähneln. Radikal-extremistische Parteien können auch in Osteuropa nur begrenzt mobilisieren und die Demokratien nicht zum Einsturz bringen. Allerdings weicht die politische Kultur in Mittel- und Osteuropa deutlich von der in Westeuropa ab. Die von Mudde nicht untersuchten Großparteien pflegen mitunter einen in Westeuropa nicht vorstellbaren, stark polarisierenden politischen Diskurs. Die strikte Differenzierung zwischen einer in Osteuropa fiktiven Mitte entlang der Großparteien und den genuin radikal-extremen Parteien ist damit weit weniger ausgeprägt und nicht immer sinnvoll.

Hindenburg zwischen Hohenzollern und Hitler

Von Peter März

Wolfram Pyta, Hindenburg. Herrscher zwischen Hohenzollern und Hitler, München 2007 (*Siedler*), 1120 S.

Der Rezensent entsinnt sich, noch in den 60er Jahren des letzten Jahrhunderts bei älteren Damen in deren Wohnzimmern das gerahmte Porträt des Generalfeldmarschalls und zweiten Reichspräsidenten Paul von Hindenburg an der Wand gesehen zu haben. Und solche Entdeckungen ließen sich damals sogar noch in einem katholischen Milieu machen. Mit den Befunden in Wolfram Pytas monumentaler Studie, weniger Biographie im eigentlichen Sinn, korrelieren derartige Beobachtungen durchaus. Denn sie weisen auf die zentrale, vom Autor erhärtete Rolle Hindenburgs neben der des Militärs und der des Staatsoberhauptes, auf die Rolle der symbolischen Integrationsfigur hin, ausgestattet mit Charisma.

Hindenburgs Leben bis in das Stadium eines älteren Herrn, von Pyta recht knapp geschildert, verlief die längste Zeit sehr unspektakulär: Als Berufsoffizier machte er Karriere bis zum Kommando eines Armeekorps. Das war weit überdurchschnittlich, aber bis zu den Spitzenverwendungen Generalstabschef in der Kontinuität des älteren Moltke und Schlieffen oder preußischer Kriegsminister reichte es nicht. Und auch dann bedurfte es noch der Zufälle: Drei Jahre nach Hindenburgs Verabschiedung in den Ruhestand brach der Erste Weltkrieg aus, geriet die in Ostpreußen operierende achte Deutsche Armee in Bedrängnis, erhielt sie mit Erich Ludendorff einen neuen Stabschef, für den man einen pflegeleichten Armeeoberkommandierenden suchte, errang dieses Gespann bei der Schlacht von Tannenberg Ende August 1914 einen spektakulären Sieg nach dem Muster von Cannae und Sedan über eine russische Armee, während die eigentliche deutsche Offensive im Westen nach dem Muster des Schlieffen-Planes fehlschlug. Kurzum: Hindenburg verdankte seinen Nimbus einer einzigen, von ihm selbst noch am wenigsten operativ gewonnenen Schlacht, die ihn mangels Wettbewerbern in den Rang des nationalen Übervaters wie Medienstars unter den deutschen Militärs katapultierte. Hindenburg hat stets einen zweiten Mann, der ihm das Drohen, Frondieren, Agieren und Arrangieren abnimmt: Bis Ende Oktober 1918 ist es Ludendorff, sodann General Groener, der die Vereinbarungen mit der neuen, naturgemäß ungeliebten republikanischen Führung unter Friedrich Ebert schließt. Darüber hinaus zeichnet Pyta ein eigentlich sehr negatives Charakterbild von Hindenburg: Der Klassikersatz „Der Mohr hat seine Schuldigkeit getan, der Mohr kann gehen" trifft idealtypisch auf ihn zu: Ludendorff, der mit General Hofmann die eigentliche militärische Arbeit macht, versagt er echte Genugtuung; Groener, nunmehr Reichswehr- und Reichsinnenminister, läßt er eiskalt im Frühjahr 1932 fallen, als die Angriffe wegen des zeitweiligen SA-Verbotes von rechts gegen ihn überhand nehmen; Brüning, den er als Reserveoffizier des Ersten Weltkrieges als Mensch und als Politiker schätzt, beruft er im März 1930 zum Reichskanzler und läßt ihn doch über die Klinge springen, nachdem ihm dieser patriotische Zentrumsmann aus dem

Münsterland noch das Bündnis für die zweite Wahl zum Reichspräsidenten im April 1932 gezimmert hat. Schließlich ist der General, frondierende Politiker und letzte Kanzler vor Hitler, Kurt von Schleicher, Opfer von Hindenburgs Bemühen, um keinen Preis kontaminiert zu werden. Am menschlich übelsten springt Hindenburg mit der SPD um: Ohne ihre disziplinierte Wählerschaft wäre seine zweite Wahl zum Reichspräsidenten im April 1932 gar nicht möglich. Aber erzürnt darüber, daß ihn diesmal anders als 1925 die Falschen wählen, neben den Nationalsozialisten auch nicht mehr Deutschnationale, Stahlhelm und Anhänger der Hohenzollern, ignoriert er sein Elektorat.

Pyta formuliert und erhärtet im Wesentlichen zwei Thesen: Hindenburg geht es um die symbolhafte Überhöhung der Volksgemeinschaft, nicht so sehr um die Staatsform – darum dürfen die Hohenzollern auch nicht auf ihn zählen und darum schickt er Wilhelm II. unsentimental ins niederländische Exil, um dem Land am Ende des Ersten Weltkrieges eine Bürgerkriegssituation zu ersparen – eine kluge, freilich im Nachhinein stets verschleierte Vorgehensweise. Die zweite These, Hindenburg habe mit seiner Integrationsleistung die Lücke zwischen Bismarck und Hitler geschlossen, ohne daß die Behauptung dieser Kontinuität freilich mit moralischen Wertungen einherginge. Und ohne daß dies weiter ausgeführt werden würde, steht im Hintergrund naturgemäß die aus der Sozialgeschichte hinreichend bekannte Deduktion von den unpolitischen Deutschen, die über lange Strecken eines sie tatsächlich entmündigenden Übervaters bedürften. Dem Rezensenten erscheint es ebenso fruchtbar wie zugleich gefährlich, solche Linien zu entwickeln, wenn das Moment des Gegenläufigen nicht angemessen zur Geltung gebracht wird: Schon Bismarck fungierte gewiß nicht nur als Adressat von nationaler Hagiographie, sondern stand im Fokus spannender politischer Prozesse, an der Schnittstelle von Monarchie, Bürokratie, bereits vorhandener medialer Öffentlichkeit wie Parlament und Parteien. Auch die Zeitgenossen haben dies, in welchen Lagern und aus welchen Perspektiven auch immer, durchaus so wahrgenommen.

Eine Frage ist die nach den konkreten Funktionen, die Hindenburg jeweils an sich zieht und ausfüllt, um seiner Rolle auf der historischen Metaebene jeweils bestmöglich entsprechen zu können: Dabei wird auch klar, und hier liegt ein weiteres Verdienst von Pytas Arbeit, daß er eben nicht senile Marionette war, vielmehr sein Tun wie sein Image sehr bewußt gestaltete. Der Sturz von Brüning wie der des letzten Kanzlers vor Hitler, Kurt von Schleicher, war danach nicht Resultat der Einflüsterungen ostpreußischer Gutsnachbarn, sondern von Hindenburg nach seinen eigenen situativen und strategischen Einschätzungen wohlerwogen.

Er dachte schon zu Beginn der 20er Jahre daran, republikanisches Staatsoberhaupt zu werden, die Kandidatur zum zweiten Wahlgang bei der ersten Volkswahl für das Amt im Jahr 1925 mußte ihm keineswegs mit sanfter Gewalt angetragen werden. Hindenburg hatte sich, Pyta zeigt dies mit allen anekdotisch skurrilen Zügen, die Reichsverfassung genau angesehen: Die Stellung jenseits des verachteten Parlaments, hier ganz in der Tradition des kaiserzeitlichen Offiziers, die Ausübung des militärischen Oberbefehls, die Möglichkeit, in die Regierung hinein zu regieren – hier war Friedrich Ebert selbst Vorbild gewesen –, ohne sich doch in der Tagespolitik verschleißen zu müssen, und die in

Art. 48 der Verfassung gegebenen autoritären Staatsführungspotentiale machten das Amt politisch und symbolhaft attraktiv. Hindenburg konnte sich versprechen, „Ersatzkaiser" zu werden und nationale Deutungshoheit zu gewinnen. Und militärisch rückte er in jene Führungsposition jenseits des operativen Handelns, die er als formaler Generalstabschef des Feldheeres und tatsächlicher erster Militär von August 1916 bis Juni 1919 – über den politischen Systemwechsel hinweg – bereits einmal innegehabt hatte. Skurril ist, daß er die Reichsverfassung las wie die Exposition zu einem Manöver aus der Vorkriegszeit: mit blauer Farbe unterstrichen die Rechte der eigenen „Partei", des Reichspräsidenten, mit roter die der „gegnerischen Parteien", des Reichstages und der Reichsregierung. Plausibel ist auch, daß Hindenburg, der aus der parlamentarischen Regierung herauszufinden gesucht und am Präsidialkanzler Brüning Gefallen gefunden hatte, in der dann permanenten Staatskrise des Jahres 1932 wieder in ruhigere Fahrwasser zurückkehren wollte, auch und vor allem um seinen Nimbus nicht zu gefährden. An dieser Stelle kommen bei Pyta verstärkt Hitler und seine „Bewegung" ins Spiel. Folgt man dem Autor, dann erschien der Gefreite der bayerischen Armee aus dem Ersten Weltkrieg dem preußischen Generalfeldmarschall als zeitgemäße Figur, um sein Volksgemeinschaftsprojekt zu vitalisieren, um die NS-Bewegung den weiteren Kräften der politischen Rechten zu aggregieren, um die Arbeiterschaft in den nationalen Staat einzubeziehen, ohne doch auf ihre politischen Vertretungen weiter Rücksicht nehmen zu müssen. Konkret hieß das, daß der Reichspräsident sich nicht mehr von Notverordnung zu Notverordnung durchhangeln mußte, da mit den Wahlerfolgen der NSDAP ab Sommer 1932 eine parlamentarische Mehrheit weit rechts am Horizont erkennbar wurde, und daß als langfristige konstitutive Grundlage ein parlamentarisch verabschiedetes Ermächtigungsgesetz aufschien. Auf dieser Grundlage war in Weimar schon einmal regiert worden, in der Großen Koalition unter Gustav Stresemann vom Herbst 1923. Somit war der sogenannte „Tag von Potsdam" keineswegs weitgehende bzw. allein nationalsozialistische Inszenierung, sondern ein von Hindenburg und den hinter ihm stehenden Kräften mitgetragener Akt. Er habe in der Folge Hitler voll vertraut, ihn auch innerlich wirklich angenommen, die blutige Niederschlagung des sogenannten Röhm-Putsches einschließlich der Ermordung der Generale Schleicher und Bredow gutgeheißen und für die Zeit nach ihm Hitler als seinen gegebenen, das Volksgemeinschafts-Projekt am ehesten zur Vollendung bringenden Nachfolger gesehen.

Ganz ohne Einwände wird man dieser Argumentation nicht folgen können: Die zweite Große Koalition der Weimarer Republik unter dem SPD-Reichskanzler Hermann Müller von Juni 1928 bis März 1930 wird fast vollständig ausgeblendet. Dies gilt insbesondere für den zentralen wehrpolitischen und damit den Oberbefehlshaber der Reichswehr, den Reichspräsidenten, naturgemäß besonders tangierenden Konflikt um die symbolträchtige Mittelbewilligung für den Bau des Panzerkreuzers A. Bekanntlich stimmten die SPD-Minister im Kabinett dafür, im Plenum des Parlaments dagegen. Die Reichswehr hatte zunächst die teilweise Regierungsübernahme durch die SPD nicht nur negativ gesehen, weil auch in ihren Kreisen, nach dem Sturz des aristokratisch-elitären Chefs der Heeresleitung General von Seeckt 1926, während der späteren zwanziger

Jahre eine gesellschaftspolitisch breit abgesicherte Wehrpolitik verlangt wurde; ohne die Arbeiterbewegung ging so etwas aber nicht. Und manche jüngere SPD-Abgeordnete und Kriegsteilnehmer wie Julius Leber und Carlo Mierendorff kamen dem entgegen. Dann folgte die Auseinandersetzung um den Panzerkreuzer, die die Beziehungen abkühlen ließ. Wie stellte sich eigentlich der Oberbefehlshaber zu diesen Entwicklungen? Der Haupteinwand betrifft die scheinbare Reibungslosigkeit, wie das Projekt Hindenburg/Hitler vom November 1932 bis zu Hindenburgs Tod am 2. August 1934 installiert wurde, Fahrt aufnahm und gestaltet wurde.

Eigentlich an keiner Stelle wird erörtert, ob und in welchem Maße Hindenburg die militant antisemitischen, antibürgerlichen und totalitären Haltungen und Reflexe der Nationalsozialisten wahrnahm, hinnahm, verdrängte oder wie immer er mit dieser genuinen Grundsubstanz der „Bewegung" umging. Gerade wenn er, wie Pyta konstatiert, stets wußte, was er tat, stellt sich um so dringlicher die Frage, warum er dies alles, was doch in weiten Teilen auch gegen seine Sozialisation stand, in Kauf nahm bzw. ob er die politische Bürde des Amtes gerne als Linsengericht hingab, was auch immer folgen mochte. Denn Pyta führt zutreffend aus, daß das Ermächtigungsgesetz vom 23. März 1933 ein Verfassungsorgan an erster Stelle entmachtete: den Reichspräsidenten selbst. Der von ihm gezeichneten Notverordnungen bedurfte es fortan nicht mehr, er war auf die Funktionen des Traditionsmilitärs und des Oberbefehlshabers der Reichwehr reduziert. Nicht behandelt wird auch, wie und warum Hindenburg die Ausbootung der konservativen und deutschnationalen Trabanten der neuen Regierung Hitler im weiteren Verlauf des Jahres 1933 hinnahm. Nach wenigen Monaten verschwand Hugenberg, als deutschnationaler Scharfmacher und Querulant von Hindenburg persönlich zwar nie geschätzt, aber doch als funktionaler Eckstein für diese ursprüngliche „Regierung der nationalen Revolution" gedacht. Hingegen kam ein anderer zu Ministerehren, der nie „gedient" hatte, alles andere als preußisch erschien und zugleich nie Skrupel gezeigt hatte, den Feldmarschall und Reichspräsidenten unflätig zu beschimpfen: Joseph Goebbels. In der berühmten Reichstagssitzung vom 23. Februar 1932 hatte dieser im Blick auf Hindenburg und die SPD – die Reichspräsidentenwahl stand bevor – unter Tumulten ausgerufen: „Er hat sich eindeutig [...] auf die Seite der Sozialdemokratie gestellt [...]. Sage mir, wer dich lobt, und ich sage dir, wer du bist! Gelobt von der Berliner Asphaltpresse, gelobt von der Partei der Deserteure". Goebbels war auch Zentralfigur beim Streik der Berliner Verkehrsbetriebe vom Herbst 1932, den Nationalsozialisten und Kommunisten gemeinsam inszenierten. Was aber konnte Hindenburg mehr gegen den Strich gehen als eine derartige Kombination? Und eben diesen Goebbels vereidigte der Reichspräsident von Hindenburg am 14. März 1933 zum „Reichsminister für Volksaufklärung und Propaganda", angeblich mit dem Kommentar: „Na ja, der Trompeter will halt auch etwas werden". Auch wenn Hindenburg nie sehr preußisch-ehrpusselig war, machte ihm das wirklich so wenig aus? War er vielleicht doch schon physisch-psychisch reduzierter als Pyta annimmt?

Hindenburg, der Berufsmilitär, interpretierte den mit dem Amt verbundenen Oberbefehl über die Reichswehr nicht als protokollarisches Dekor. Er erschien in Uniform, war gefürchteter Kritiker bei Herbstmanövern und behielt sich alle militärischen Personalangelegenheiten von Bedeutung persönlich vor. Nach Pyta verstand er sich mit dem Amtsantritt der Regierung Hitler primär (nur noch) als erster Militär des Reiches, wobei es vor allem um die Traditionswahrung der alten kaiserlichen Armee und um die militärische Personalpolitik ging. Daß er die geheimen Rüstungsprojekte der Reichswehr, an den Bestimmungen des Versailler Vertrages vorbei, schon vor 1933 toleriert bzw. mitgetragen hatte, wird man annehmen können. Aber ab Frühjahr dieses Jahres ging es nicht mehr nur um Ausbildung an verbotenen Waffen, kleindimensionierte Rüstungsvorhaben, Grenzschutzmaßnahmen und Schubladenprojekte des Truppenamtes, des getarnten Generalstabes im Reichswehrministerium. Und es ging auch nicht nur darum, daß die Reichswehr, gegen Röhms SA, alleiniger „Waffenträger der Nation" blieb. Schon Anfang April 1933 wurde durch Kabinettsbeschluß ein Reichsverteidigungsrat aus sechs Ressortministern unter Vorsitz des Reichskanzlers, also Hitlers, eingerichtet. Das mußte die Position des Reichspräsidenten auch im Kernbereich seiner militärischen Zuständigkeiten unterhöhlen. Mitte Oktober 1933 verließ das Deutsche Reich den Völkerbund und die Genfer Abrüstungskonferenz, im Dezember des Jahres fiel die interne Entscheidung für den Aufbau eines 300.000 Mann Friedensheeres. Die 300.000 Mann waren das Dreifache der vom Versailler Vertrag zugelassenen Größenordnung und die Vorstufe zur Wiedereinführung der allgemeinen Wehrpflicht. Hindenburgs Position zu all diesen Entscheidungen und Prozessen wird nicht erkennbar, ebenso wenig werden Desinteresse, Abstinenz oder eigenständiges Agieren durch den zuständigen Minister General von Blomberg angenommen und belegt. Die kultische Traditionswahrerei um das 1927 eingeweihte Tannenberg-Denkmal in Ostpreußen kann es aber doch auf Hindenburgs Seite schwerlich allein gewesen sein.

Der Schlachtenerfolg von Tannenberg war außerordentlich glücklich errungen, ohne ihn wäre Hindenburg bald wieder militärischer Pensionist gewesen. Nicht eine überwältigende Volksbewegung spülte ihn 1925 ins Reichspräsidenten-Palais, sondern der für ihn glückliche Umstand, daß sich die katholische Bayerische Volkspartei für diesen evangelischen Kandidaten ausgesprochen hatte, die Kommunisten hingegen an ihrem Kandidaten Ernst Thälmann festhielten. Und selbst ein Reichspräsidentenkandidat Brüning hätte im April 1932 Hitler, gestützt auf ein breites Bündnis von der SPD bis zu den Volkskonservativen, geschlagen. Hindenburgs Karriere mitsamt dem fatalen, welthistorisch verhängnisvollen Schlußakt war auf Zufälle gebaut und entwickelte sich gewiß nicht derart zwingend wie ein Verhängnis in der griechischen Tragödie. Hindenburg war zuerst eine problematische, dann eine verhängnisvolle Möglichkeit unter den einmal gegebenen Bedingungen.

Große Studien ohne Einwände sind nicht denkbar. Im umgekehrten Fall wären sie reflexiv nicht von Interesse, und dies kann man von Pytas Untersuchung über Hindenburg wahrlich nicht behaupten. Sie stellt die Person in einen überaus spannenden Bezug zur deutschen Geschichte in der ersten Hälfte des letzten Jahrhunderts, sie kontrastiert das Individuelle und das Allgemeine, das Singuläre und das Paradigmatische. Nach der Lektüre ist man klüger als zuvor und sieht sich zu weiteren Fragen provoziert.

Ein neuer Faschismus? Natürlich!

Von Eckhard Jesse

Wolfgang Richter (Hrsg.), Ein neuer Faschismus?, Schkeuditz 2007 (*GNN Verlag*), 215 S.

Die „Gesellschaft zum Schutz von Bürgerrecht und Menschenwürde e.V." (GBH) hat einen ehrbaren Namen. Doch die Fakten sind weniger ehrbar. 1991 gegründet, erweckt sie in ihrer Satzung den Eindruck, daß sie sich u.a. um „Rentengerechtigkeit" und um die „soziale Betreuung von Senioren" kümmere. Sie umfaßt eigenen Angaben zufolge ca. 3.500 Mitglieder in zahlreichen Ortsverbänden; es besteht – wie bei anderen Vereinigungen – kein Zweifel an ihrer SED-Orientierung[1], wie die Mitgliederzeitschrift „akzente" und das Theorieorgan „ICAZUS" erkennen lassen. Gleichwohl hat das Abgeordnetenhaus im Juni 2008 mit den Stimmen der SPD und der Linken (gegen das Votum der CDU wie der FDP bei Enthaltung der Grünen) die Gemeinnützigkeit der Gesellschaft bestätigt. Das hindert diese aber nicht daran, den Vorwurf zu erheben, sie werde diskriminiert.[2] Die Relativierung des DDR-Unrechts ist bei der GBH notorisch.[3]

Der Band „Ein neuer Faschismus?" geht auf eine Konferenz dieser Gesellschaft zurück. Der Tenor ist entsprechend deutlich. Er besteht aus einem Leitaufsatz von Wolfgang Richter, dem Bundesvorsitzenden dieser Gesellschaft. Der Beitrag umfaßt allein ein Drittel des Inhalts. Unter der Überschrift „Ein neuer Faschismus" (das Fragezeichen des Titels fehlt) vertritt der Autor die These, der historische Faschismus komme von allen historischen Phänomenen der Politik der USA und ihrer Bündnispartner am nächsten. Gefahren, Beweggründe, Ziele und „selbst die Sprache der US-Administration haben sich der Sprache und den Motiven des Dritten Reiches immer mehr anverwandelt. Die Verquickung von Ökonomie und Militarismus, Bigotterie und Demagogie mögen hier als Beispiel stehen" (S. 9). Die Vergleiche sind starker Tobak: „Ob man den Weg zu den kaspischen Ölquellen nun über Stalingrad sucht oder über Belgrad, Kabul, Bagdad oder Kiew, das kann ja wohl den Unterschied nicht ausmachen. Der Königs-

1 Vgl. Senatsverwaltung für Inneres und Sport, Abteilung Verfassungsschutz, Berichte im Ausschuß für Verfassungsschutz (VSA) des Abgeordnetenhauses von Berlin, behandelt in öffentlicher und nichtöffentlicher Sitzung am 14. März 2007 und am 18. April 2007 über 1. „Gesellschaft zum Schutz von Bürgerrecht und Menschenwürde e.V." (GBM), 2. „Gesellschaft zur rechtlichen und humanitären Unterstützung" (GRH), 3. „Insiderkomitee zur Förderung der kritischen Aneignung der Geschichte des MfS" (Insiderkomitee), 4. „Initiativgemeinschaft zum Schutz der sozialen Rechte ehemaliger Angehöriger bewaffneter Organe und Zollverwaltung der DDR" (ISOR e.V.), Berlin 2007, S. 2-9.

2 Vgl. J.H., With a little help our friends. GBM e.V.: DDR-Brauchtumspflege mit amtlicher Unbedenklichkeitsbescheinigung, in: Analyse & Kritik, Nr. 531 v. 19. September 2008, unter: http://www.links-net.de/de/artikel/23616 (11. Oktober 2008).

3 Vgl. den informativen Artikel von Timo Hoffmann, DDR-Verklärung im Internet, in: die tageszeitung v. 4. Dezember 2008.

weg, der Hitler zur Verschleierung seiner tatsächlichen Kriegsgründe und der Aufwiegelung seiner ‚Fünften Kolonnen' vorschwebte, ist schon in der Losung ‚Menschenrecht bricht Staatsrecht', die er in ‚Mein Kampf' ausgegeben hatte, vorgezeichnet. Das ist auch der Background der Lüge von der ‚humanitären Intervention', die die Motive der USA- und NATO-Kriege verschleiern soll und der Stachel der ‚bunten Revolutionen' (S. 10). Der Autor steigert sich mit der Kühnheit seiner Parallelen immer weiter: „Daß das ‚Weltjudentum' heute durch das Feindbild des ‚Islamofaschisten' ersetzt wurde, ist aus der gleichen Denkfabrik wie Herrenvolk und Herrenmenschentum" (S. 10). Man muß wahrlich kein Anhänger der rational schwer nachvollziehbaren Politik von George W. Bush sein, um diese Perhorreszierung abzulehnen.

Zwar ändere der Faschismus „mit jeder neuen Etappe der Entwicklung des Imperialismus seine Form, doch bleibt er immer die Politik seiner reaktionärsten Kreise, die durch die skrupellose Entfaltung und Anwendung ihres Gewaltpotentials, ihrer Machtansprüche und ihrer Herrschaft die gesamte Gesellschaft terrorisieren, infiltrieren und degenerieren und sich nicht scheuen, ihre missionarischen Ziele mit militärischer Gewalt oder ihrer glaubhaften Androhung durchzusetzen" (S. 13 f.). Der Leser fühlt sich bei dieser simplizistischen Argumentation an die Dimitroff-Formel erinnert. Richter nimmt kein Blatt vor den Mund: „Es ist wohl schwer nachvollziehbar, wenn angesichts noch steigerbaren Grauens der Kriege, angesichts moderner Massenvernichtungswaffen und einer international straff organisierten Aggressions-, Kolonialisierungs-, Unterwerfungs- und Ausbeutungsmaschinerie des entwickelten Imperialismus sowie auch angesichts der neoliberalen Form der gesellschaftlichen Ausgrenzung und Diskriminierung – gewissermaßen vom Arbeitslager zum Lager der Arbeitslosen – bei der Suche nach den historischen Wurzeln und einer adäquaten Begrifflichkeit nicht die bislang barbarischste Gesellschaftsform der Neuzeit, der Faschismus, herangezogen werden sollte" (S. 18). Wer solche Auffassungen verficht, macht sich eine groteske Verharmlosung des Nationalsozialismus zu eigen.

Was Richter bietet, ist starker Tobak. „Der Faschismus ist mit der durch den Imperialismus generell entstandenen neuen Geopolitik und Klassenkonstellationen als eine Möglichkeit und latente bzw. zeitweilige Notwendigkeit der Herrschaftsausübung der Bourgeoisie entstanden, nicht frei von Zufälligkeiten seiner konkreten Ausprägungen, doch insgesamt dem Wesen des Imperialismus nicht inadäquat und in gewisser Hinsicht für die Stabilisierung und Ausdehnung seiner inneren und äußeren Herrschaft notwendig. Er greift zu ihm, egal ob es um die brutale Verhinderung innerer Destabilisierung geht wie um den – auch militärischen – Kampf um Kolonien. Ressourcen und Märkte, oder um die Zurückdrängung des Sozialismus im Weltmaßstab, was ihn auch heute noch zur Hysterie treibt" (S. 67). Wenn das alles richtig wäre, dann müßte der Autor erklären, wieso solche Publikationen, die doch dem Selbstverständnis nach eine Form „innerer Destabilisierung" darstellen, regulär erscheinen können. Eine große Schwäche des Beitrages besteht darin, daß Richter fast ausschließlich auf die Kraft und den Einfluß des „Faschismus" abstellt, nicht jedoch auf Möglichkeiten, ihn zu bekämpfen. Ein Satz wie der folgende fällt ausgesprochen vage aus: „Sozialistische und antifaschistisch-antiimperialistische Bewegungen stehen in einer großen Verantwortung“ (S. 67). Der Verfasser analysiert an zahlreichen Beispielen „faschistische Wurzeln“ in der Politik der USA, greift u.a. das Vietnam- und Balkan-Engagement auf, attackiert das „militante Drohsystem“ und interpretiert die Innenpolitik als „Repression“. Eine Systematik ist in dem Beitrag nicht recht erkennbar. Einerseits wendet sich Richter gegen die „Inflationierung des Faschismusbegriffs“ (S. 59), wenn es darum geht, ideologisch unterschiedlich ausgerichtete Personen wie Saddam Hussein, Osama Bin Laden und Slobodan Milošević zu charakterisieren, andererseits benutzt er selber – mit Blick auf die USA – einen ausufernden Faschismusbegriff.

Nach diesem Großaufsatz folgen drei Teile, die in vieler Hinsicht auf eine Wiederholung hinauslaufen. Im Kapitel „USA – Hegemonialpolitik und Krieg“ ziehen einschlägig bekannte Autoren wie Rainer Rupp und Klaus Eichner gegen die USA zu Felde, im Kapitel „Innenpolitik“ greifen Friedrich Wolff, Heinrich Fink, Erich Buchholz, Klaus Steininger und Lorenz Knorr die „Faschisierung“ der Bundesrepublik an. Allerdings sei heute die Konstellation anders als zu Anfang der dreißiger Jahre. Die Gewerkschaften seien unter sozialdemokratischer Kontrolle, die Repräsentanten der neuen Linken (offenbar sind die Vertreter der Linkspartei und der WASG gemeint) lehnten den Klassenkampf ab. „Unter diesen Bedingungen braucht das Kapital weder Sturmabteilung noch Schutzstaffeln. Auch ein Hitler ist nicht vonnöten. Für alle Fälle behält man sich die NPD und deren Straßennazis“ (S. 170, Klaus Steininger). Im Kapitel „Faschismus – Theorie und Geschichte“ warten Wissenschaftler wie Manfred Weißbecker, Politiker wie Hans Modrow und Journalisten wie Arnold Schölzel mit vehementem Antifaschismus auf, wobei die Kritik nicht nur auf den (Neo-)Nationalsozialismus zielt – eine Begrifflichkeit, die Harry Nick scharf verwirft. Immerhin räumt der Autor ein, der reale Sozialismus habe die Individualrechte eingeschränkt. Und Manfred Weißbecker ringt sich zur Behauptung durch, das Kapital habe seit 1945 seine „im Ganzen demokratisch zu nennende Herrschaftsausübung“ (S. 188) stabil gehalten. Solche Sätze muß der Leser mit der Lupe suchen.

Die Autoren nehmen die – wie es heißt – „Totalitarismusdoktrin“ aufs Korn. Sie diene der „Entfeindung des Faschismus“ (S. 14, Wolfgang Richter). Der Neofaschismus behaupte, es gäbe eine Ähnlichkeit, Nähe, Gleichsetzung und Analogie von Kommunismus und Faschismus. Wäre dies richtig, würde der Neofaschismus Kommunismus und Faschismus auf eine Stufe stellen. Dies meint A. V. Yurkovskyi, Stellvertretender des Vorsitzenden des Allukrainischen Bundes der sowjetischen Offiziere und Konteradmirale. In dem Buch wird hingegen die Ähnlichkeit, Nähe, Gleichsetzung und Analogie von Kapitalismus und Faschismus behauptet.

Verheißung und Verrat der roten Revolution

Von Manfred Funke

Mike Schmeitzner (Hrsg.), Totalitarismuskritik von links. Deutsche Diskurse im 20. Jahrhundert, Göttingen 2007 (*Vandenhoeck & Ruprecht*), 405 S.

Im Totalitarismus hypostasierte sich „das Mysterium des Bösen und die Sehnsucht nach Hingabe an ein Absolutes zu ungeheurer selbstgerechter Hybris und unmenschlicher Gefühllosigkeit."[1] Schuldzuweisungen im Kalten Krieg konfigurierten Totalitarismus zum korrelierenden, zugleich angefeindeten Interpretationsmodell für bolschewistische, italo-faschistische und nationalsozialistische Herrschaft. Die Entwicklung seit 1989/90 wässert Diskursgift aus. Die große Erweiterung üblicher Engführungen bestätigte indessen auch in revidierten Denkmustern, „daß sie alle die Großdiktaturen des 20. Jahrhunderts systematisch zu erfassen suchen" (S. 355, Eckhard Jesse). Viel stärker als bisher muß dazu in die diagnostische Kompetenz das Segment „Totalitarismuskritik von links" einbezogen und die Geschichte ihrer Unterschätzung abgebaut werden. Eine verdienstvolle Vorleistung dazu bietet die Edition Mike Schmeitzners mit ihrer Dokumentation der Wege und Erträge eines von 2003 an gemeinsam betriebenen Forschungsprojekts des Hannah-Arendt-Instituts für Totalitarismusforschung, der Friedrich-Ebert-Stiftung und der Kurt-Schumacher-Gesellschaft. Distinktion und Komplexität der Elaborate zwingen den Herausgeber gleichwohl zur Einschränkung: „Es konnte vielmehr nur darum gehen, Leitlinien und markante Konzepte herausragender Protagonisten vorzustellen, die in den deutschen Debatten des 20. Jahrhunderts eine wirkungsmächtige oder zumindest relevante Rolle gespielt haben. Das betrifft demokratische und religiöse Sozialisten ebenso wie Rätekommunisten, kommunistische Renegaten und Vertreter der Frankfurter Schule."

Die erste Abteilung „Frühe Analysen und Klärungsversuche (1918-1933)" eröffnet Werner Müller mit einem Deutungsversuch der Weltsicht Rosa Luxemburgs. Ihr „Janusgesicht" entschlüsselt Müller mit der Sonde des an alle Linken vererbten Schmuckwortes der Revolutionärin: „Freiheit ist immer Freiheit des Andersdenkenden". Abgesehen von der problematischen Textsicherung des Satzes, manifestiert sich für Luxemburg Freiheit in revolutionärer Energie. Freiheit darf „kein Privilegium" sein. Mord und Terror werden andererseits abgelehnt, aber man müsse auch das Rüstzeug bereiten für den „gewaltigsten Bürgerkrieg der Weltgeschichte." Während Luxemburg Realität mit Revolutionsextase überblendet, ist Karl Kautskys Blick für die Chancen sozialer Utopien kälter. In dessen Bolschewismuskritik zentriert Jürgen Zarusky die Widersprüche zwischen Verheißung und Verrat der Revolution durch Moskaus Terror-Politik. Für

1 Jacob L. Talmon, Politischer Messianismus. Die romantische Phase, Köln 1963, S. 467.

Kautsky glich das brutale Industrialisierungstempo dem kapitalistischer Ausbeutung. Deshalb stehe der Bolschewismus „um kein Haar höher als der Fascismus". Dieser war für Kautsky nur das Gegenstück des Bolschewismus, „Mussolini nur der Affe Lenins".

Viele vergleichende Indikatoren dafür extrahiert Uli Schöler aus dem Lebensbild Alexander Schifrins. Das „intellektuelle Wunderkind" (S. 70) lieferte nach Ausweisung aus Rußland 1922 als Starpublizist der unorthodoxen Linken „ausgezeichnete Ansätze für die notwendige (und zugleich differenzierte) totalitarismustheoretische Betrachtung der prägenden Diktaturen des 20. Jahrhunderts" (S. 70). Gleich Schifrin bekämpfte Hermann Heller Dogmatismus. Stephan Albrecht zeigt in seinem Porträt Hellers dessen Dreifrontenkrieg gegen Kommunismus, Faschismus und Liberalismus, wenn dieser die bürgerliche Herrschaft über den Staat anstrebt, statt für die Freiheit *vom* Staat einzutreten. Die Auflösungserscheinungen der Weimarer Republik suchte Heller aufzuhalten durch den autoritären Staat. Der Rechtsstaat war für ihn unantastbar, der Kampf gegen den totalen Staat sozialistische Pflicht.

Solche ineinander drängenden und doch sperrigen Dichotomien manifestierten ab 1930 „Die neuen Blätter für den Sozialismus". Doch wie ihre Analyse durch Michael Rudloff zeigt, erschöpfte sich der Kampf gegen die ökonomischen Wucherungen des Markt-Liberalismus und gegen den Nationalsozialismus mit seinen atavistischen Modernitätsattrappen in schöngeistigen Notrufen und der Beauftragung der SPD, die in Bewegung geratenen Mittelschichten in eine sozialistische Abwehrfront einzubeziehen. Schon 1924 warnte Otto Wels, wie Bernd Faulenbach in seiner Beziehungsanalyse von Totalitarismus- und Sozialfaschismustheorien im Verhältnis von Sozialdemokraten und Kommunisten festhält, vor der Strangulierung der Demokratie durch extreme Polarisierung. Die Kommunisten trieben, so Wels, das kleine und mittlere Bürgertum und die politisch ungeschulten Arbeiter in die Hände der Reaktionäre. Umgekehrt würde von ihnen dadurch der Kommunismus radikalisiert: „Das sind die ineinandergreifenden Glieder einer Kette, an denen sich Deutschland wund reibt, und die es schließlich erdrosseln müssen."

Die zweite Abteilung „Konzeptualisierungen im Exil (1933-1945)" eröffnet Rainer Behring. Im Ideengefüge Rudolf Hilferdings und Curt Geyers verfolgt Behring die Knüppelwege zum antitotalitären Konsens. 1936 ging es zum Beispiel für Hilferding nicht mehr um den Gegensatz Sozialismus oder Kapitalismus, sondern um Freiheit oder Staatssklaverei. Ohne Belang seien rote oder braune Kennzeichen am „Arbeiterzuchthaus". Der Westen müsse den Konflikt zwischen Diktatur und Demokratie als Weltthema begreifen. Geschunden und gerettet stellte Eduard Heimann in den Jahren der Emigration, wie Gerhard Besier beschreibt, sein Wirken unter das Gebot „equality of freedom". Der Sozialismus sollte das entscheidende Ferment für Freiheit und Ordnung, für den Schutz der Schwachen und der Mäßigung der Starken werden. In den „Pseudoreligionen" Nationalsozialismus und Kommunismus sah Heimann den Todfeind des auf Gemeinschaft gerichteten individuellen Lebens. Die Nachkriegspläne der deutschen Opposition waren für Heimann zu mild. 1944 forderte er von Amerika aus die Auflösung der politischen Einheit Deutschlands. Später wurde Heimann Professor in Hamburg. Und wirkte mit beim lange von ihm bezweifelten Unternehmen „to reeducate the Germans". Die Studie von Clemens Vollnhals über Franz Borkenau führt uns heran an die späteren Argumentationsmuster des Kalten Krieges. Die Erfahrungen im Spanischen Bürgerkrieg mit Stalins roten Brigaden trieben Borkenau aus der Glaubenssicherheit linker Vision. Das Sowjetsystem geißelte Borkenau 1938 als „a state of a totalitarian bureaucracy". 1940 forderte er in „The Totalitarian Enemy" die Bündelung der liberalen Kräfte gegen Deutschland und Rußland, die größten totalitären Mächte der Welt. Nicht unvermerkt soll bleiben, daß vor Eric Voegelin Lucie Varga, Borkenaus Frau, 1937 die NS-Weltanschauung als „eine totalitäre politische Religion" identifizierte. Mario Kessler stellt Arthur Rosenberg vor, der, zunächst ultralinks, später eine „revolutionäre Realpolitik" verfocht. Der Marxismus sollte kein Hort wunderbarer Prophezeiungen sein, sondern Anleitung dafür, „wie man die stets sich wandelnden Tatsachen kritisch zu erfassen und daraus die notwendigen Schlüsse zu ziehen hat." Leitbild blieb für Rosenberg, Verteidiger der Weimarer Republik, eine Symbiose von Demokratie und Sozialismus mit dem Additiv eines „zionistischen Sozialismus". Mit Otto Rühle stellt Mike Schmeitzner einen „vergessenen" Totalitarismuskritiker vor. Noch Ende 1918 die bewaffnete linke Revolution fordernd, machte Rühle 1920 die große Kehre nach einer Reise in die Sowjetunion. 1934 notierte Rühle im Prager Exil: „Ist das, was sich in Deutschland durchsetzt, einrichtet, herausbildet und formt, nicht in der Tat ein Stück, eine Art Bolschewismus?" Für Rühle war Mussolini der erste Schüler Lenins und Stalins, Hitler der zweite. Rühle verfaßte im Erfahrungshorizont bis 1941 einen Merkmalskatalog übergreifender totalitärer Typologien, die Carl Joachim Friedrich 15 Jahre später ausformte. Alfons Söllner ermittelt in seinem Beitrag über „Totalitarismustheorie und frühe Frankfurter Schule", daß für letztere der Vergleich von Faschismus und Bolschewismus – erstes Kriterium der entfalteten Totalitarismustheorie – zu keiner Zeit im Zentrum ihrer Forschungen stand. Kernthemen blieben die Analysen des Faschismus als Krisenform bürgerlicher Herrschaft und die autoritäre Persönlichkeit.

Mike Schmeitzner beginnt die dritte Abteilung „Theorie und Praxis im Kalten Krieg (1945-1989/90)" mit einer Annäherung an den Totalitarismusbegriff des „schwierigen Deutschen" Kurt Schumacher. Seine Ablehnung Hitlers und Stalins resultierte nicht zuletzt aus persönlicher Leiderfahrung, die sich über 1945 hinaus politisch fortsetzte. Schumacher mobilisierte die demokratisch-sozialistische Sendung der SPD als Bollwerk gegen den „östlichen Totalitarismus". Diesen Kampf sah Schumacher geschwächt durch den „gelähmten Lungenflügel" der SPD nach ihrer Zwangsfusion mit der KPD in der Ostzone und zugleich durch die „reaktionär" geführte CDU im Westen. Den Weg zum antitotalitären Konsens in der SPD behandelt Mike Schmeitzner in einem weiteren Essay über Arno Hennig und Carlo Schmid als Wortführer bei den Programmdiskussionen der SPD (Bad Gandersheim, Erlangen, Ziegenhain 1946/47). Hennig, prominenter SPD-Politiker in der SBZ und 1946 in den Westen geflohen, forderte die Absage an jede geschlossene Doktrin. Zudem propagierte er die Öffnung der SPD zum Christentum, da der Geist der Bergpredigt dem Geist des Sozialismus „tief verwandt" sei. Das „intellektuelle Schwergewicht" Carlo Schmid wandte sich ebenfalls gegen reine ökonomische Begründungszusammenhänge linker Gesellschaftskritik. Schmid favorisierte einen ethischen Sozialismus mit Bewußtseinsbildung durch Aufklärung. Sie habe beim Individuum anzusetzen. Weil es das Zugriffsobjekt totalitärer Herrschaft sei, die den Menschen zum „Automaten“, „Roboter“, zum „Maschinenaffen“ mache.

Nicht wenige Sozialdemokraten, die unter Hitler gelitten hatten, fanden sich in dessen ehemaligen Lagern und Zuchthäusern wieder, die nun unter rotem Kommando standen. „Eine Rückreise in die russische Zone“, so zitiert Siegfried Heimann in einer Profilskizze den Remigranten Ernst Reuter, „kommt schon deswegen nicht in Frage, weil ich nicht die Absicht habe, Selbstmord zu begehen. Mein Bedarf an Konzentrationslagerhaft ist in Deutschland seinerzeit gedeckt worden.“ Als Verfechter des Berlin-Patriotismus sollte der ehemalige Kommunist Reuter ein entschiedener Gegner der roten Diktaturen werden. Sein Mitstreiter Richard Löwenthal konnte zunächst von London aus den Westmächten die Folgen der Zwangsehe von KPD und SPD schwer begreiflich machen. Alle geistige und materielle Kraft wollte Löwenthal gegen den neuen Totalitarismus mobilisiert sehen, „weil, wenn die Leute verhungern, kein Hahn mehr nach Demokratie kräht.“

Löwenthals Wirken bei der Abwehr der gedoppelten Bedrohung durch Rechts- und Linksdespotie erläutert die Studie von Uwe Backes, die zugleich den Weg Ernst Fraenkels vom militanten Sozialismus zum Antitotalitarismus einbezieht. Otto Suhr holte Fraenkel 1951 aus der Emigration nach Berlin zurück, wo er bis 1938 Sozialisten gegen die NS-Drangsalierung anwaltlich betreute. Von 1930 an hatte er vor der Diktatur des Bolschewismus gewarnt. Scharf kritisierte er den Aberglauben an die „Perfektibilität“ des Menschen nach Ausrottung des Kapitalismus. Fraenkel trat für einen Neopluralismus ein, der rechtsstaatlichen Prinzipien unterstand. Löwenthal, der zunächst im Faschismus und Nationalsozialismus den Totalitätsanspruch voll verwirklicht sah, mußte nach den Erfahrungen bis 1939 (besonders Hitler-Stalin-Pakt) auch die UdSSR als „System der totalitären Unterdrückung“ identifizieren. Doch sah Löwenthal diese nicht in der Natur des Bolschewismus begründet, sondern in den Fehlentwicklungen unter Stalin und dessen Verrat am hehren Ideengut, das auch weiterhin die Faschismus-Kritik auf sozial-ökonomischer Grundlage verlangte. Studentenrevolte und das Aufkommen der neuen Linken erschienen den frühen Radikal-Marxisten Fraenkel und Löwenthal als romantischer Rückfall, in dem sich neototalitärer Aktivismus neu auflud. Aus ihm erwuchs Herbert Marcuse zur späten Ikone. Sein Pathos der großen Verweigerung entschleiert Eckhard Jesse. „Herbert Marcuse blieb Zeit seines Lebens immer ein entschiedener Gegner rechtstotalitärer Bestrebungen, ebenso ein Gegner des Marxismus-Leninismus und damit der kommunistischen Sowjetunion, sowie ein Gegner des demokratischen Verfassungsstaates.“ Marcuse reizt heute zur Bemerkung, ein Paradiesvogel gewesen zu sein, der sich im Alter vom Nektar studentischer Ovationen nährte. Sein Solipsismus offenbart totalitäre Denkstrukturen. Den Band beschließt Bernd Faulenbachs Diagnose der „Demokratischen Linken und der Umwälzung 1989/90“. Untertitel: „Zur Bedeutung von Totalitarismustheorien in der deutschen Sozialdemokratie.“ Für viele ihrer Anhänger wurde in der Phase der Entspannung Totalitarismus zum obsoleten Begriff. Die Liturgie deutsch-deutscher Friedensverantwortung übertönte Protest gegen DDR-Rechtswillkür. Konsultativer Autoritarismus nannte man etwa im Westen wohlwollend solche Regime. Einspruch wurde als undifferenzierter Antikommunismus abgetan. Prominente SPD-Politiker forderten die Auflösung von „Salzgitter", der Registrierstelle von Menschenrechtsverletzungen der DDR. Nicht wenige Exponenten der SPD reagierten verstört auf die geschenkte Chance zur Einheit. Desorientierung löste sich rasch im Schlagworttausch von „antitotalitär" zu „antifaschistisch".[2] Er dunkelte das SED-Regime ab und errichtete im Westen gleißende Pranger für Rechtsextremismus.

Spätestens 1928-1933 war vor allem für sozialistische Intellektuelle jüdischer Herkunft in Deutschland das Denken gefährlich geworden.[3] Zugleich zerschmolz der Hoffnungsvorrat aus der revolutionären Utopie einer neuen universellen Humanität unter dem Erfahrungsdruck des bolschewistischen Terrors. Im Exil durchsuchte man die Konvulsionen Europas nach demokratischen Strategien für die Nachkriegszeit. Der Westen gab die Chance dazu. Auch jene fanden in ihm Herberge, die an ihrer Faschismuskritik festhielten und sich nur in mühsamem und wechselhaft intellektuellem Ringen vom Kommunismus absetzten. Diese Renegaten waren in der Hochphase des Kalten Krieges in der Bundesrepublik bei anfänglich linkischen Versöhnungsgesten sehr willkommen. Unwillkommen war Kritik an der Adenauer-Ära. Wer die USA als faschistoid bezeichnete, wurde kein Star-Publizist. Mehrere Wissenschaftler, die der Band vorstellt, gerieten ins Off der Erinnerung. Der Zeitgeist wollte sich nicht überanstrengen bei der Überprüfung der Vorgabe Schumpeters, „daß das wirtschaftliche Modell der Nährboden der Logik ist."[4] Um genau dieses Prüffeld erweitern und vertiefen die fünfzehn Beiträge des Bandes das aktuelle Diskussionsmilieu.

2 Vgl. Eckhard Jesse, Diktaturen in Deutschland, Diagnosen und Analysen, Baden-Baden 2008, S. 447 f.

3 Vgl. René König, Soziologie in Deutschland. Begründer Verächter, Verfechter, München 1987, S. 387.

4 Vgl. Christian Graf von Krockow, Politik und menschliche Natur. Dämme gegen die Selbstzerstörung, München 1989, S. 23.

Von einer „staatssozialistischen zu einer sozialdemokratischen“ Partei?

Von Viola Neu

Tim Spier/Felix Butzlaff/Matthias Micus/Franz Walter (Hrsg.), Die Linkspartei, Wiesbaden 2007 (*VS Verlag für Sozialwissenschaften*), 345 S.

Die PDS/Linkspartei/Die Linke hat das von Forschern regelmäßig vorhergesagte Ende nicht nur überlebt, sie hat sogar eine erstaunliche Erfolgsbilanz vorzuweisen. Sie ist in den neuen Ländern seit 1990 in allen Landtagen vertreten, hatte in jedem Bundestag Abgeordnete (Einzelabgeordnete, Gruppenstatus und Fraktionsstärke) und ist seit 1999 im Europäischen Parlament repräsentiert. Sie war in Mecklenburg-Vorpommern an einer Koalition mit der SPD beteiligt, regierte in Sachsen-Anhalt vom „Katzentisch“ sowohl bei der „tolerierten“ rot-grünen als auch bei einer SPD-Regierung mit und bildet zum zweiten Mal in Berlin gemeinsam mit der SPD den Senat. In Hessen scheiterte die Tolerierung einer rot-grünen Minderheitsregierung im Jahr 2008. Seit 2007 ist die West-Diaspora der Partei beendet. Nach Bremen stellt sie in Niedersachsen, Hessen und Hamburg Parlamentsfraktionen. Platz zwei nimmt sie in den vier neuen Bundesländern ein. Der PDS ist es seit 1990 fast kontinuierlich gelungen, ihr Wählerpotential weiter auszubauen. Verluste hatte sie nur selten zu verkraften: 2002 verlor sie bei der Bundestagswahl und der Landtagswahl in Mecklenburg-Vorpommern und 2006 bei der Abgeordnetenhauswahl in Berlin viele Wählerstimmen. Die Linke ist eine Partei, der allein schon aufgrund ihrer wechselhaften Geschichte eine erhöhte Aufmerksamkeit zuteil wird. Aus der zerfallenen Staatspartei SED entstanden, hatte sie mit dem Image der reinen „Ostpartei“ zu kämpfen. Erst mit dem Übertritt des ehemaligen SPD-Vorsitzenden Oskar Lafontaine zur WASG und später zur Linkspartei ist es ihr gelungen, eine Profilveränderung im Westen kommunikativ zu verankern, die für die Wahlerfolge maßgeblich werden sollte.

Nachdem Gerhard Schröder im Mai 2005 vorgezogene Neuwahlen angekündigt hatte, überschlugen sich für die PDS die Ereignisse. Sie befand sich zwar bereits im Gespräch mit der WASG über künftige Kooperationen, die auch eine Fusion beinhaltete, konnte jedoch aufgrund des Bundestagswahltermins diese Planungen nicht einhalten. Es kam daher lediglich zu einer Umbenennung der PDS am 17. Juli 2005 in die Linkspartei, mit dem Ziel, im Westen das negative PDS-Klischee abzulegen. Bei der Bundestagswahl trat nur die in Linkspartei umbenannte PDS mit offenen Listen an, auf denen auch Lafontaine (als WASG-Mitglied) kandidierte. Am 16. Juni 2007 erfolgte dann die Fusion der beiden Parteien PDS und WASG unter dem Namen Die Linke.

Die wissenschaftliche Auseinandersetzung mit der PDS/Linkspartei/Die Linke hat die Forschungslandschaft grob in zwei Richtungen gespalten – zum einen in diejenigen, die die Extremismustheorie heranziehen, und zum anderen in diejenigen, die sich diesem Ansatz weitgehend verschließen. Neugebauer/Stöss distanzieren sich z.B. von der Extremismus-Forschung. Sie argumentieren, daß man als „Sozialwissenschaftler den Begriff der Partei nicht mit einem normativen Demokratiegebot überfrachten" solle, da „das in der Parteienforschung ganz und gar unüblich" sei.[1]

Der Band von Tim Spier/Felix Butzlaff/Matthias Micus und Franz Walter widmet sich dem Bündnisprojekt der beiden Parteien, das sie mit dem Begriff „Linkspartei" zusammenfassen. Die Autoren gehören zum wissenschaftlichen Kreis des Göttinger Parteienforschers Franz Walter. Die (überwiegend) Göttinger Autoren folgen dem von Neugebauer/Stöss im Zusammenhang mit der PDS aufgestellten Forschungsparadigma. Die Linkspartei wird als „normale" Partei analysiert. Die systematische Einordnung der Partei nach ihrer Herkunft, Entwicklung, Programmatik und Ideologie sowie ihren Zielen und Strategien prüfen die Autoren nicht daraufhin, inwieweit die Partei die Beseitigung der freiheitlich-demokratischen Grundordnung anstrebt. Damit wird ein wesentlicher Teil der Parteienforschung und der konkreten Forschung zur PDS gleichermaßen vernachlässigt. Analytisch stützt sich das Buch auf die theoretischen Überlegungen der „politischen Gelegenheitsstrukturen" (S. 17). Bedauerlicherweise wird die Cleavage-Theorie von Lipset und Rokkan[2], die für langfristige Verankerungen von Parteien in Parteiensystemen sehr ertragreich ist, nur im Rahmen der Gelegenheitsstrukturen erörtert. Während die These der „Nachfrage nach wohlfahrtsstaatlicher Politik" (S. 53) gut begründet ist, weisen die Recherchen der Autoren mit Blick auf die Kandidatur von PDS und WASG im Wahljahr 2005 Unschärfen auf. Die Fusion beider Parteien war längst von den Eliten beschlossen und wurde durch die vorgezogene Neuwahl verzögert. Zuzustimmen ist ihnen bei der Beobachtung, in der Öffentlichkeit sei der Eindruck einer „bereits vereinten" (S. 58) Partei entstanden. Ebenso richtig ist die Beobachtung, daß die Akteure von WASG und PDS es verstanden, die günstige Gelegenheit zu nutzen, indem sie ein breites gegen die Sozialstaatsreformen gerichtetes Protestlager mobilisierten.

In dem Artikel mit dem Thema „Ausnahmeerscheinung oder Normalität? Linksparteien in Westeuropa" von Tim Spier und Clemens Wirries wird ein Vergleich der Erfolgsbedingungen zu anderen europäischen Linksparteien angestellt. Die Autoren weisen darauf hin, daß das Spannungsfeld zwischen pragmatischem und regierungsorientiertem Handeln für Enttäuschungen in der Wählerschaft sorgen kann, wodurch die

---

1 Vgl. Gero Neugebauer/Richard Stöss, Die PDS. Geschichte. Organisation. Wähler. Konkurrenten, Opladen 1996, S. 13. Vgl. dagegen Eckhard Jesse/Jürgen P. Lang, Die LINKE. Der smarte Extremismus einer deutschen Partei, München 2008. An dieser Stelle kann nicht die Debatte um „wertneutral" und „wertrelativistisch" geführt werden. Neugebauer/Stöss beziehen sich hierbei auf den denkbar ungeeigneten Sigmund Neumann. In seiner Analyse vom Wesen und Funktion der Parteien der Weimarer Republik kontrastiert er die Entwicklung der demokratischen Integrationsparteien mit jener der absolutistischen und damit diktatorischen Integrationsparteien.

2 Vgl. Martin Seymour Lipset/Stein Rokkan, Party Systems und Voter Alignments. Cross-National Perspectives, New York/London 1967.

Wähler auf andere Protestparteien oder in die Wahlenthaltung ausweichen könnten. Unabhängig vom Vergleich der Erfolgsbedingungen: Die ausgewählten Parteien, mit denen die Linkspartei verglichen wird, gehören nicht der Parteifamilie an (außer den französischen Kommunisten), der sich die Linkspartei zugehörig fühlt. Sie engagiert sich in der „Europäischen Linken" (EL), die 2004 als europäische Partei gegründet wurde und nicht nur ein loses Bündnis ist, wie die Fraktion der GUE/NGL im Europaparlament. In der EL sind die eher „orthodox" kommunistischen Parteien vertreten. Somit grenzt sich die Linke von den sonstigen „Linksparteien" aktiv und ideologisch ab (Lothar Bisky ist als Nachfolger Fausto Bertinottis zum Vorsitzenden der EL gewählt worden). Daher wäre es wichtig gewesen, den Vergleich auch um solche Parteien zu erweitern, die dem Selbstverständnis der PDS näher stehen.

Der Artikel von Michael Koß „Durch die Krise zum Erfolg? Die PDS und ihre langer Weg nach Westen" enthält zwar wenige Informationen über die Weststrategie der PDS, dafür eine Analyse über Ost-Landesverbände und die innerparteilichen Konfliktlinien der Partei. Er verweist auf die „anarchische Verfaßtheit" (S. 119) des westlichen Teils der PDS, welche auch ein Grund dafür war, daß die PDS ihre Erfolgschancen im Westen kritisch einschätzte. Das Bewußtsein, daß mit dem bisherigen Potential der Partei im Westen Wahlchancen dauerhaft gering seien, hat die breite Bereitschaft der PDS gefördert, sich auf das Fusionsprojekt mit der WASG einzulassen. Die Analyse der WASG[3] von Oliver Nachtwey verneint, daß es eine „strategische Planung" (S. 164) für eine Fusion mit der PDS zum Ziel gab. Doch ist die „deus ex machina-These" bei der Entwicklung der ASG und der Wahlalternative zumindest kritisch zu prüfen. Der PDS war durchaus bewußt, daß ihre einzige Chance im Westen darin lag, ein neues „unbelastetes" Bündnis zu schmieden. Und im Mittelpunkt der bündnispolitischen Überlegungen standen von Anfang an neben den sozialen Bewegungen die Gewerkschaften, ebenso die SPD. Über ein gemeinsames Projekt mit Oskar Lafontaine wurde bereits 2000 in der Öffentlichkeit und in der PDS spekuliert. Erforderlich war jedoch etwas anderes: Mit der Debatte um die Agenda 2010 kam ein Momentum hinzu, das in den unterschiedlichen linken Netzwerken dazu führte, daß Hoffnungen auf ein – wie auch immer geartetes – breites linkes Bündnis sich in Organisationsbemühungen niederschlugen. Von Anfang an gab es nicht nur strategische Planungen, sondern auch enge Kontaktnetzwerke der Beteiligten, in die die PDS integriert war. Spätestens mit der Bundestagswahl 2002 konkretisierten sich die Überlegungen mit Blick auf eine Kooperation von ASG/Wahlalternative, und sie wurden bereits 2004 in den Medien erörtert. Schon deswegen müßte die Rolle der PDS bei der inhaltlichen wie organisatorischen Formierung der Partei wenigstens beleuchtet werden.

3 Die WASG ist aus dem Zusammenschluß der ASG (Arbeit und Soziale Gerechtigkeit) und der Wahlalternative (Für eine wahlpolitische Alternative 2006) 2005 entstanden. Die ASG gründete sich in Schweinfurt auf Initiative von IG-Metall Gewerkschaftern, die mit der Agenda 2010 unzufrieden waren. Den Gründungsimpuls für die Wahlalternative lieferte die Kritik an der Politik der PDS im rotroten Berliner Senat.

Matthias Micus analysiert, in ihrem Programm von 2003 „verstehe [die PDS] unter sozialistischer Politik das gesetzeskonforme Streben nach Reformen“ (S. 199). Als Beweis führt er an, sie berufe sich auf die gleichen Werte wie die SPD: Freiheit, Gerechtigkeit und Solidarität. Unabhängig davon, daß das Bekenntnis zu den drei demokratischen Grundwerten sich bei vielen Parteien (so den Unionsparteien) einer großen Beliebtheit erfreut, geht er auf das im Parteiprogramm formulierte Ziel der Überwindung des „kapitalistischen“ Systems nicht ein – ein Ziel, das weder „gesetzeskonform“ durchzuführen ist noch mit politischen Zielen der Sozialdemokratie im Einklang steht. Von der optimistischen Zukunftsperspektive des Wandels von einer „staatssozialistischen zu einer sozialdemokratischen“ (S. 237) Partei ist die PDS/Linkspartei/Die Linke weit entfernt.

Als insgesamt problematisch ist die Literatur zu bewerten, auf denen die Analysen fußen. Zu einem großen Teil sind es Publikationen, die mehr oder weniger direkt dem wissenschaftlichen oder politischen Umfeld linker Parteien und Bewegungen zuzurechnen sind. Formulierungen wie im „gegenwärtigen Kapitalismus“ (S. 36) sind im besten Fall unreflektiert, im schlimmsten Falle Zeugnis einer Affinität zu sozialistischer Gesellschaftsanalyse. Zudem macht der eher empathische Analyseblick die Einordnung der Ergebnisse nicht einfach. Es findet sich für PDS-Feinschmecker das ein oder andere Schmankerl der parteiinternen Debatte und Entwicklung, doch bleibt ein ambivalenter Eindruck bestehen. Für die optimistische Annahme, die bei allen Autoren zu finden ist, die Linke habe eine langfristige Perspektive, werden gute Gründe angefügt. Um mit der Cleavage-Theorie zu sprechen: Es spricht vieles dafür, daß aufgrund der wohlfahrtsstaatlichen Interessen der Arbeitslosen und Arbeiter, die einen wesentlichen Anteil am Wahlerfolg der Linkspartei 2005 hatten, Chancen auf dauerhafte Wahlerfolge der Linken nicht auszuschließen sind. Zudem sind die innerparteilichen Konfliktlinien geringer, als in den Medien dargestellt. Insgesamt fehlt es dem Buch an hinreichender Distanz zum Analysegegenstand.

Leider eine Plauderstunde

Von Brigitte Seebacher

Fritz Stern, Fünf Deutschland und ein Leben. Erinnerungen, München 2007 (*C.H. Beck*), 675 S.

Aus dem öffentlichen Leben der späten Bundesrepublik ist Fritz Stern nicht wegzudenken. In den achtziger Jahren, als die deutsche Identitätssuche hoch im Kurs stand, entsprach kaum einer dem Zeitgeist so sehr wie der deutsche Jude, der amerikanischer Staatsbürger geworden war und doch seiner Heimat verbunden blieb. Die war zum Gegenstand seiner historischen Forschung und seines zeitgenössischen Engagements geworden. Das Ansehen Fritz Sterns gründete in der Mischung von Nähe und Distanz, die er meisterlich zu zelebrieren wußte. 1987 hielt er die traditionelle Rede zum 17. Juni. Vor dem Bundestag erklärte er kurz und knapp und ohne Begründung, daß es sich um einen Aufstand „gegen Gewalt und Unmenschlichkeit" gehandelt habe. „Es war kein Aufstand für die Wiedervereinigung" (S. 563). Ansonsten unterhielt er die Abgeordneten mit Betrachtungen zu Leben und Werk Ferdinand Freiligraths. Wer hätte etwas dagegen haben sollen! Als zwei Jahre später die Einheit Wirklichkeit wurde, ließ sich Fritz Stern mit einem kräftigen „Ja, aber" vernehmen. Das „Aber" klang schon deshalb lauter als das „Ja", weil er Helmut Kohl nicht mochte und dessen zügige Vorgehensweise 1989/90 erst recht nicht. Die Abneigung ist umso bemerkenswerter, als Fritz Stern es sich am liebsten mit niemandem verdirbt und ein klares Urteil in aller Regel meidet. Er legt sich nicht gern fest und schweift lieber ab, Dinge und Zeiten in der Schwebe haltend. Fritz Stern zählte zu jener kleinen Historikerschar, die Margaret Thatcher Ende März 1990 in Chequers zusammengetrommelt hatte. In der Hoffnung, den Gang der Geschichte doch noch aufhalten zu können, war sie auf der Suche nach deutsch-feindlichem Futter. Stern holte es aus den Trögen der Vergangenheit, wollte es aber dabei nicht bewenden lassen: Denn „die Deutschen hatten sich geändert" (S. 593). Was es damit auf sich hatte und welchen politischen Niederschlag der Wandel finden sollte, darüber redete und schrieb Fritz Stern in immer neuen Variationen, doch ohne je eine klare unmißverständliche Meinung zu bekunden. Auseinanderhalten mochte er das Gestern und das Heute eben nicht.

Unter den Deutschen weckte Fritz Stern jenes schlechte Gewissen, dessen man sich gerade in den achtziger und neunziger Jahren gern rühmte. Nicht trotz, sondern wegen seiner Lebensgeschichte wußte er in Deutschland zu gefallen. Er stand halb drinnen und halb draußen, beherrschte jenes Wechselspiel zwischen Zutrauen und Mißtrauen, das zum Gesellschaftsspiel geworden war. Das mochte man in den beiden Jahrzehnten vor und nach der Zeitenwende. Dabei kam Fritz Stern der Umgang zugute, den er kultivierte. Drei Namen sind – in dieser Reihenfolge – repräsentativ: Marion Gräfin Dönhoff, Helmut Schmidt, Richard von Weizsäcker. Kein Wunder, daß Fritz Stern 1999 den Friedenspreis des Deutschen Buchhandels erhielt. Im Jahr nach Walsers Paulskirchen-Eklat hatte die Wahl auf ihn fallen müssen. Er sagte zur allgemeinen Beruhigung:

Auschwitz werde ein Symbol deutscher Unmenschlichkeit bleiben – „unvermeidlich und für alle Zeiten“ (S. 650). War damit die Antithese zu Walser gesprochen? Doch allenfalls an der Oberfläche. Unablässig, bei jeder passenden und unpassenden Gelegenheit wurde Auschwitz beschworen; gegen diese Instrumentalisierung und Banalisierung hatte Walser seinen Widerwillen kundgetan, es darüber nur versäumt zu sagen, wie der Verbrechen gedacht werden sollte und welchen Zusammenhang es gebe zwischen Gedenken und Gestalten, zwischen Vergangenheit und Gegenwart. Darauf blieb auch Fritz Stern die Antwort schuldig. Er flüchtete sich – allen wohl und niemandem weh – in Allgemeinheiten. Und das in dieser Zeit!

Die deutsche Teilnahme am Kosovo-Krieg lag nur wenige Monate zurück. Außenminister Joschka Fischer hatte sie mit dem Hinweis auf Auschwitz begründet. Und was sagt der Preisträger dazu? Nichts. Er fordert „eine aktive, maßvolle Außenpolitik für das neue Deutschland.“ Voraussetzung sei, daß „die dringliche moralische Aufgabe der inneren Versöhnung“ erfüllt wird. Es dürfe „in diesem Deutschland keine Bürger zweiter Klasse geben oder Menschen, die sich als solche empfinden; es hat genug Bürger zweiter Klasse in der Geschichte gegeben. Ich habe es selber erlebt.“ Der Autor zitiert und kommentiert sich oft und gern. So auch hier. Den Vergleich zwischen den Neubürgern aus der untergegangenen DDR und den Juden im Dritten Reich nennt er im Rückblick der Erinnerungen „eine politische Provokation und ein persönliches Bekenntnis“ (S. 650). Noch jetzt freut er sich über den Beifall. Wollte man Stern beim Wort und ernstnehmen, der Vergleich müßte skandalös genannt werden. Seltsamerweise erregt man sich aber nicht und sieht dem Festredner die Lust am erhobenen Zeigefinder nach. Das war *Fishing for compliments*. Das Friedenspreis-Publikum hat immer freudig geklatscht, wenn mit den Deutschen und ihrer Einheit hart ins Gericht gegangen wurde.

Fritz Stern fühlt sich der SPD nahe, seit die sich gegen Hitler gestellt hat. Immer mal wieder nennt er Ernst Reuter deren herausragenden Vertreter. Doch warum, das erfährt man nicht; die Freundschaft mit Sohn Edzard kann kaum ein hinreichender Grund sein. Dabei hätte es sich gelohnt, am Fall des Berliner Bürgermeisters das stolze Wesen deutscher Anti-Nationalsozialisten darzustellen. Leider typisch für den Stern'schen Stil ist das Prinzip Zufall; der Faden von Reuters Leben wird aufgenommen, wieder fallen gelassen, wieder aufgenommen, ohne daß auf die frühere Erwähnung Bezug genommen wird; so geht es weiter. Was wesentlich ist, gerät da schon mal in Vergessenheit. Wie kann Reuter so hoch gerühmt werden, ohne daß ein Wort fällt über die Kühnheit, drei Jahre nach Kriegsende die Völker der Welt zu beschwören, die Welt möge auf diese Stadt schauen und sie vor dem sowjetischen Zugriff retten? Kommentarlos wird Albert Einstein bemüht, der nie hat nach Deutschland zurückkehren wollen. Für ihn galt: „Hitler war Deutschland“ (S. 384). Für Reuter wie für alle politischen Anti-Nationalsozialisten, die zurückkehren wollten, galt das Gegenteil: Hitler war nicht Deutschland.[1] Um

1 Vgl. Willy Brandt, Hitler ist nicht Deutschland, in: Telemark Arbeiderblad vom 28. September 1938. Wieder abgedruckt in: Willy Brandt, Hitler ist nicht Deutschland, Bd. 1 der Berliner Ausgabe, Bonn 2002, Dok. Nr. 54, S. 383-386.

das Nachkriegs-Deutschland zu verstehen, muß man diese Haltung verstehen. Muß sie ein deutscher Jude verstehen, der ermordet worden wäre, hätte er nicht die Flucht gewagt? Er muß, wenn er die deutsche Vergangenheit im Licht der Gegenwart betrachten und daraus sein Lebensthema machen will. Er muß, wenn er als Historiker bestehen will. Dann sollten allerdings auch die vielen Fehler vermieden werden, die Fritz Stern sich in diesem dicken Erinnerungsband leistet. Jeder einzelne Fehler mag unerheblich sein, in der Summe sind sie ein Ärgernis. Der Autor behauptet zum Beispiel, de Gaulle im Sommer 1961 „auf einer triumphalen Reise durch Westdeutschland" beobachtet zu haben. In jenem Sommer aber spitzte sich gerade die Berlin-Krise zu, und de Gaulle hat „die Größe der deutschen Nation" erst 1962 gepriesen. Stern zitiert auch falsch; der Präsident hat „das große deutsche Volk" (S. 422) hochleben lassen!

Auf vielen hundert Seiten fabuliert Fritz Stern über alles hinweg, begeht Ungenauigkeiten und läßt selbst wesentliche Gegensätze verschwinden – in einer Endlosschleife von Konferenzen, Vorträgen, Beratungen und eitlen Mitteilungen, wer wann wo in der ersten Reihe gesessen, angerufen und zu Tisch gebeten hat. Stern, der Autor vieler Essays und des Buches über Bleichröder[2], kokettiert mit Vorhaltungen, daß er große Werke hätte verfassen können, wäre er nicht in den intellektuellen Tages- und Reisebetrieb eingetaucht. Umgekehrt wird ein Schuh draus. Oder ist seine Umtriebigkeit Ausdruck jener Suche nach Anerkennung, die ihn nie erfüllt hätte, wäre er nicht vertrieben worden, sondern in Breslau geblieben und wie alle seine Ahnen ein guter Arzt geworden?

Fritz Stern, Jahrgang 1926, entstammt dem deutsch-jüdischen, konvertierten Bürgertum in Breslau. Seine Urgroßeltern und Großeltern hätten nach jener nationalen „Kulturreligion" gelebt, in die Luthertum, Kapitalismus und Wissenschaft einflossen und „die sie auf eine selbstverständliche Weise mit Nichtjuden verband" (S. 32). Der Vater hat im Ersten Weltkrieg vier Jahre lang gedient; wegen besonderer Tapferkeit ist er mit dem Eisernen Kreuz erst der Zweiten, dann auch der Ersten Klasse ausgezeichnet worden. 1936 wird der Junge auf das Maria-Magdalena-Gymnasium, eine der ältesten Schulen der Stadt, geschickt. Eine frühe Flucht 1933/34 nach Paris eröffnet keine Perspektive einer dauerhaften Bleibe; die Familie kehrt nach Breslau zurück. Die ärztliche Praxis geht immer schlechter, die Gefahr wächst, das Leben wird unerträglich. 1938 packen die Sterns ihre Sachen. In New York beginnt ein neues Leben. Fritz, der eine ältere Schwester hat, hilft, die Familie über Wasser zu halten, bis der Vater praktizieren darf. 1944 begleitet er seine Mutter nach Princeton. Besuch bei Einstein. Der beantwortet die Frage nach dem Studium gleich selbst: „Das ist einfach: Medizin ist eine Wissenschaft und Geschichte nicht. Also Medizin" (S. 209).

Fritz Stern studiert Geschichte und schreibt sich an jener Universität ein, die ihm ein Leben lang Halt und Rückhalt liefert – Columbia. Von hier aus zieht er in die Welt. Und nach Deutschland. Schon jetzt, die Nachkriegszeit hat gerade erst begonnen, ahnt er, daß die Leidenschaftlichkeit seines politischen Engagements „den inneren Ursprung"

2 Vgl. Fritz Stern, Gold und Eisen. Bismarck und sein Bankier Bleichröder, Frankfurt a.M./Berlin 1978.

in seiner deutschen Erfahrung habe. Diesem Bekenntnis fügt er übergangslos ein anderes hinzu: „Ich empfand mich als Amerikaner“ (S. 209). – Der Spannungsbogen wird nicht geschlagen. Darin liegt die Enttäuschung nach der mühsamen Lektüre. Deutschland läßt er fünffach Revue passieren. Das Leben in der Weimarer Republik und im Dritten Reich wird sehr breit geschildert, das Bild von der deutsch-jüdischen Symbiose und deren Zerstörung aber bleibt haften. Was folgt, wird eigenem Anspruch und fremder Erwartung nicht gerecht. Sein Leben in und mit der Bundesrepublik, in und mit der DDR, in und mit dem vereinten Land hat Fritz Stern in eine Plauderstunde gepackt. Schade.

Rechts, links und dazwischen: Extreme in Osteuropa

Von Tina Olteanu

Tom Thieme, Hammer, Sichel, Hakenkreuz. Parteipolitischer Extremismus in Osteuropa: Entstehungsbedingungen und Erscheinungsformen, Baden-Baden 2007 (*Nomos*), 299 S.

Extremistische und populistische Parteien sind in den osteuropäischen Parlamenten keine Seltenheit. Die Forschung hat diesem Themenfeld abseits von einzelnen Länderanalysen und ersten systematischen Überlegungen noch nicht viel Aufmerksamkeit geschenkt. Nun liegt eine Arbeit zur Theoriebildung der Extremismusforschung in Osteuropa vor. Tom Thieme untersucht in seiner Dissertation „spezifische Erscheinungsformen und damit einen besonderen Typus von parteipolitischem Extremismus in Osteuropa“ (S. 19) in Polen, Tschechien, Slowakei, Ungarn und Rußland. Zentral ist dabei die von ihm entwickelte Typologie zur vergleichenden Extremismusforschung in Osteuropa. Die Loslösung der klassischen Gegenüberstellung von Rechts- und Linksextremismus ist besonders erkenntnisreich und zeigt auf, wie mehr oder minder problemlos sowohl rechts- als auch linksextremistische Elemente nebeneinander existieren können. In diesem sehr gelungenen Buch finden Extremismusforscher und Osteuropaexperten aufschlußreiche Einsichten über den Extremismus in Osteuropa. Zudem ergeben sich interessante Anknüpfungspunkte für weitere Fragestellungen und Länderanalysen.

Thieme beginnt seine Analyse mit einer Darstellung des normativen Extremismuskonzepts von Uwe Backes und Eckhard Jesse, wobei die zentralen Begriffe Rechts- und Linksextremismus, der verwandte wie irreführende Begriff des Populismus sowie damit verbundene Abgrenzungsprobleme näher erläutert werden. Thieme betont in diesem Zusammenhang die Notwendigkeit der „kriterienorientierten Extremismusforschung“ (S. 46), um so das demokratiegefährdende Potential beider Spielarten des Extremismus genauer bestimmen zu können – ohne ideologische Grabenkämpfe. Hier wird deutlich, wie wichtig vergleichende Extremismusforschung ist und worin die Stärke des Buches liegt.

Im anschließenden Kapitel wendet sich der Autor differenziert den Entstehungskontexten von Extremismus in Osteuropa zu. Er unterscheidet zunächst zwischen „historisch-ideologischen“ und „aktuell-transformationsbedingten“ (S. 48) Ursachen. In der ersten Kategorie überprüft er für die fünf gewählten Länder einerseits die Bedeutung des einstigen Nationalismus und den weiterhin virulenten Mythen, anderseits die Rückwirkungen der „realsozialistischen Vergangenheit“. Bei den aktuellen Ursachen unterscheidet Thieme kulturelle, politische, wirtschaftliche und soziale Faktoren. Dies kann aufgrund der fünf Länderbeispiele nur sehr komprimiert erfolgen. Es wird jedoch deutlich, daß die Extremismusforschung den spezifischen Kontextbedingungen in Osteuropa durch die Erfahrung von Nationalismus, Staatssozialismus und Transformation Rechnung tragen muß.

Kapitel vier ist für die Studie von zentraler Bedeutung, denn Thieme liefert einen wichtigen Beitrag zur Theoriebildung der Extremismusforschung, indem er eine Typologie für parteipolitischen Extremismus in Osteuropa entwirft. Hier verbindet der Autor die vorherig erarbeiteten Bezugspunkte „historisch-ideologisch“ bzw. „aktuelle Konflikte“ mit den klassischen Rechts-Linksextremismus-Kriterien (rassistisch-ethnozentristisch und sozialistisch-antikapitalistisch). Osteuropäische extremistische Parteien haben damit einen weit größeren Pool an Bezugspunkten, aus denen sie sich bedienen können. Für den Autor ergeben sich daraus neun mögliche Typen von extremistischen Parteien in Osteuropa, da Mischformen denkbar sind, die unzweifelhaft als extremistisch gelten, aber sowohl rechts- als auch linksextremistische Elemente beinhalten oder an den äußeren Polen sich in Reinform als rechts- bzw. linksextrem darstellen.

Wie eingangs von Thieme gefordert, ist bei dieser Typologisierung eine klare Kriterienbildung unerläßlich, insbesondere wenn man einen Rechts-Links-Vergleich anstrebt. Er benennt auf der *historischen Dimension* als drei Unterscheidungsmerkmale die (1) ideologische Grundlage, auf die Bezug genommen wird, (2) die Bewertung der antidemokratischen Vergangenheit und (3) die verwendete Symbolik, die jeweils rechts- und/oder linksextremistische historische Bezüge aufweisen. Die *aktuelle Dimension* unterteilt er in (1) Rhetorik, (2) angestrebtes Gesellschaftsmodell und (3) außenpolitische Ambitionen. Je nach Ausprägung der einzelnen Merkmale ergibt sich die Zuordnung zu den unterschiedlichen Typen des Extremismus. Die Typologie ermöglicht es, rechts- und linksextreme Positionen in einer Bewegung zusammenzudenken und stellt damit den besonderen Reiz der Arbeit dar. Wie allerdings einschränkend angemerkt werden kann, wäre auch im Hinblick auf die spätere Analyse der ausgewählten Länder und Gruppierungen eine stärkere Operationalisierung der einzelnen Merkmale wünschenswert gewesen, auch auf die Gefahr hin, ein zu starres Analysegerüst anzulegen. Das anschließende Kapitel erörtert die Frage der Bedeutung der Qualität bzw. dem Konsolidierungsgrad der Demokratie für die Extremismusforschung anhand des Konzepts der *embedded democracy* bzw. der *defekten Demokratie* von Wolfgang Merkel. Dahinter steht die Überlegung, daß das normative Extremismusmodell keine Anwendung in autoritären Regimen finden kann. Dieser Exkurs dient dazu, zu überprüfen, ob Rußland als *defekte Demokratie* im Vergleich zu den rechtsstaatlich-liberalen Demokratien Polen, Tschechien, Slowakei und Ungarn eine besondere Spielart des Extremismus ausgeprägt hat.

In den Kapiteln sechs bis zehn werden die jeweiligen extremistischen Parteien in den fünf Ländern untersucht. Eingangs findet jeweils ein kurzer Abriß der verfassungsmäßigen Schutzmöglichkeiten vor extremistischen Parteien und ihrer tatsächlichen Anwendung statt sowie eine Darstellung der extremistischen Parteien und ihrer Relevanz. Diese werden dann anhand der in Kapitel vier erarbeiteten sechs Merkmale auf ihre rechts- bzw. linksextremistischen Bezüge untersucht. Für Polen sind dies *Samoobrona, Liga der polnischen Familien*, für Tschechien die *Kommunistische Partei Böhmens und Mährens* sowie die aktuell unbedeutenden *Republikaner*, für die Slowakei sind es die *Slowakische Nationalpartei* und die *Kommunistische Partei der Slowakei*, für Ungarn sind es die *Ungarische Partei der Wahrheit und des Lebens* sowie die *Ungarische Arbeiterpartei.* Rußland ist mit sechs Parteien vertreten u.a. die *Kommunistische Partei der Russischen Föderation*, die *Liberaldemokratische Partei Rußlands* und *Rodina.*

Abschließend erfolgt in Kapitel elf der Vergleich sowie die Darstellung der Ergebnisse und die daraus resultierenden Schlußfolgerungen. Ein sehr interessantes Resultat ist dabei, daß klar linksextremistische Parteien in Osteuropa kaum existieren. In Tschechien, der Slowakei und Ungarn gibt es allerdings Parteien, die sich historisch auf den Kommunismus beziehen, aber zudem aktuelle rassistisch-ethnozentristische Elemente besitzen. Polen weist mit einer ehemaligen Regierungspartei (*Samoobrona*) eine klar gemischte Variante des Extremismus auf. Zudem fallen ebenso vier der russischen Parteien in diese Kategorie. In Polen, Tschechien und der Slowakei gibt es vor allem Organisationen, die überwiegend dem rechtsextremen Lager zuzuordnen sind. Klar rechtsextremistische Parteien gibt es nur in Rußland und Ungarn. Diese Ergebnisse sind mit Blick auf Rußland als Kernland des Kommunismus recht überraschend. Wie vom Autor angeführt, kann diese Typologie keine Aussagen über das demokratiegefährdende Potential der untersuchten Parteien machen, da ihre gesellschaftliche und politische Relevanz sehr unterschiedlich ist. Allerdings, und das gilt sowohl für weitere Forschungen als auch für die Analyse der Regime, stellt Thieme fest, daß „das beunruhigende Ausmaß von Extremismus, das zu Regierungsbeteiligungen von drei Parteien führte, die Relevanz der stiefmütterlich behandelten Thematik" (S. 265) vergrößert. – Lediglich die Ausführungen zur Unterscheidung von „funktionierenden" und „defekten" Demokratien scheint nicht in allen Punkten überzeugend, wegen der zu engen Anbindung an den empirischen Fall Rußlands: Viele Erklärungsansätze werden historisch begründet und weniger aus der defekten Funktionslogik rechtsstaatlich-liberaler Demokratien.

Ein neuer wirtschaftshistorischer Blick auf das „Dritte Reich"?

Von Bernd-Jürgen Wendt

Adam Tooze, Ökonomie der Zerstörung. Die Geschichte der Wirtschaft im Nationalsozialismus, München 2007 (*Siedler*), 926 S.

Der Autor, Dozent für Neuere europäische Wirtschaftsgeschichte in Cambridge, ausgewiesen durch seine Veröffentlichungen zur deutschen Industriegeschichte und Träger des Philip Leverhulme Prize für Geschichte 2002, wagt sich mit seinem einleitend formulierten Anspruch weit vor. Er weckt dadurch beim gespannten Leser hohe Erwartungen. Ausgehend von der Feststellung, daß im Vergleich zu Forschungen zur Rassenpolitik, zur Ideologie und zur Gesellschaft des „Dritten Reiches" „das historische Wissen um die Wirtschaftsgeschichte des NS-Regimes relativ wenige Fortschritte verbuchen" konnte, soll mit dem Buch „der so lange überfällige Prozeß einer intellektuellen Angleichung der beiden Tempi in Gang gesetzt werden" (S. 11). Tooze möchte „den Wirtschaftskomplex vom Rande in den Mittelpunkt der Auseinandersetzung mit dem Hitlerregime" (S. 12) rücken.

Auch Tooze bewegen die zentralen Fragen der NS-Forschung nach dem Zusammenhang zwischen der ökonomischen Lage und dem aggressiven Imperialismus des Hitler-Regimes, nach dem Stellenwert nationaler und internationaler wirtschaftlicher Spannungen und Schwierigkeiten sowohl für die Auslösung des Krieges 1939 als auch für seine schrittweise Ausweitung 1941, nach dem Entstehungsgrund der „Blitzkriegs"-Strategie 1940/41 sowie nach der Rolle Albert Speers und dem Realitätsgehalt seines viel gefeierten „Rüstungswunders" 1942/44. Warum ging Hitler 1939 das Vabanque eines Krieges ein, von dem er wissen mußte, daß er mit dem Angriff auf Polen einen langwierigen europäischen Abnutzungskrieg riskierte, auf den Deutschland ebensowenig vorbereitet war wie auf die Niederringung Großbritanniens? Wie konnte das „Dritte Reich" seiner immer dramatischeren materiellen und personellen Unterlegenheit zum Trotz nach der Niederlage vor Moskau im Herbst 1941, die sich auch bei Tooze immer mehr als die eigentliche Wende des Krieges herausschält, gegen die erdrückende Übermacht seiner Feinde im Westen wie im Osten mehr als drei Jahre einen totalen Krieg durchstehen, der allen Beteiligten gerade noch in seinen letzten Monaten ein Höchstmaß an Verlusten von Menschen und Material abverlangte?

Um seiner unnötig polemischen Kritik, die dem ganzen Buch ihren Stempel aufdrückt, geeignete Objekte zu vermitteln und seine eigenen Forschungsergebnisse um so strahlender in ein grundlegend neues Licht zu rücken, bilanziert Tooze in seinem Vorwort bisherigen historiographischen Befund in einer Weise vor, die zum Widerspruch reizt. Wo herrscht „unter Historikern der Konsens, daß das Reich eine wirtschaftliche Supermacht in Wartestellung gewesen sei, eine Wirtschaftsmacht, die sich nur mit den Vereinigten Staaten vergleichen lasse" (S. 13)? Wirft die Wirtschaftsgeschichte des

„Dritten Reiches“ von Tooze wirklich „nicht nur ein neues Licht auf die Motive für Hitlers Aggression, sondern auch auf die Gründe für ihre letztendliche Erfolglosigkeit und auf die Frage, warum sie unweigerlich zum Scheitern verurteilt war“ (S. 15)? Ist sein Buch, wie der Verfasser behauptet, im Laufe von sechzig Jahren der erste Versuch, „die Funktionsweisen der deutschen Kriegswirtschaft unter Speer und seinen Vorgängern wirklich kritisch“ zu betrachten und „ein gänzlich neues Licht auf den Einsatz“ zu werfen, „mit dem Speer bis zum blutigen Ende versucht hat, das Regime seines Führers doch noch zu retten“ (S. 12)?

In seinem Bemühen, „eine grundlegende Revision aller Fakten, die das ‚Dritte Reich' wirtschaftlich untermauerten“ (S. 12), herbeizuführen und so etwas wie eine „neue Geschichte“ zu erzählen, setzt sich der Autor naturgemäß kritisch, wenngleich nicht immer überzeugend, mit den Forschungsergebnissen des „Militärgeschichtlichen Forschungsamtes“ im Rahmen seiner monumentalen und in diesem Jahr ihrem Ende entgegengehenden Reihe „Das Deutsche Reich und der Zweite Weltkrieg“ mit den beiden Querschnittbänden 5/1-2[1] sowie 9/1-2[2] auseinander. Besonders an dem Beitrag von Rolf-Dieter Müller „Albert Speer und die Rüstungspolitik im totalen Krieg“[3] entzündet sich die Kritik des Autors.

Um den Gesamteindruck, den dieses umfang- und äußerst detailreiche Werk vermittelt, gleich vorwegzunehmen: An dem bisherigen Gesamtbild des „Dritten Reiches“, seiner inneren ökonomischen, finanziellen, gesellschaftlichen und politischen Verfassung und Funktionsabläufe vor und während des Krieges sowie dann im Kriege seiner brutalen Unterwerfungs- und Ausbeutungspolitik in Europa ändert sich nichts. Freilich ist Tooze mit seiner wirtschaftlichen und finanzpolitischen Kompetenz zuzugestehen, daß er diesem Bild mit seinem reichen statistischen Material etwa über den Produktionsausstoß der Rüstungsindustrie und über Investitionsvolumina, über Zahlungsbilanzen und Staatsfinanzen und mit seinem ständigen vergleichenden Blick auf die nahezu unbegrenzten Rüstungsressourcen der USA, Großbritanniens und der Sowjetunion und deren jeweiligen Mobilisierungsgrad wichtige Facetten hinzufügt. Tooze stellt Zusammenhänge etwa zwischen militärstrategischen Abläufen, politischen Konzeptionen und jeweiliger wirtschaftlicher Lage her und entwickelt überzeugend, wie Hitler seine Entscheidungen nicht nur ideologisch und rassenpolitisch, sondern auch ganz wesentlich am wirtschaftspolitischen Kalkül ausrichtete. Solche Aspekte machen das voluminöse Buch doch anregend und lesenswert, selbst wenn sein Umfang, seine Informationsfülle, seine Detailverliebtheit und seine Wiederholungen dem Leser viel Geduld abverlangen.

1 Vgl. Bernhard R. Kroener/Rolf-Dieter Müller/Hans Umbreit, Organisation und Mobilisierung des deutschen Machtbereichs, Bd. 1: Kriegsverwaltung, Wirtschaft und personelle Ressourcen 1939-1941, Stuttgart 1988; Bd. 2: Kriegsverwaltung, Wirtschaft und personelle Ressourcen 1942-1944/45, Stuttgart 1999.

2 Jörg Echternkamp (Hrsg.), Die deutsche Kriegsgesellschaft, Bd. 1: Politisierung, Vernichtung, Überleben, München 2004; Bd. 2: Ausbeutung, Deutungen, Ausgrenzung, München 2005.

3 Vgl. Kroener/Müller/Umbreit (FN 1), S. 275-773.

In der ersten Hälfte seines Buches arbeitet der Verfasser heraus, daß die Aufrüstung „die alles überragende und bestimmende Antriebskraft der nationalsozialistischen Wirtschaftspolitik in ihren frühesten Stadien gewesen war. Ihr wurde alles andere geopfert" (S. 754 f.). Wiederaufrüstung, Nichtanerkennung der deutschen Auslandsschulden und „Erhaltung des Bauerntums" erhielten nach Tooze bereits 1933 „oberste Priorität", nicht zivile Arbeitsbeschaffungsmaßnahmen, wie vielfach angenommen. Die bereits 1933/34 getroffenen Entscheidungen leiteten eine zielgerichtete rüstungspolitische Mobilisierung der deutschen Volkswirtschaft mit Hilfe eines im Einzelnen belegten Ressourcentransfers ein, der für eine Friedenszeit beispiellos gewesen sein dürfte. Gleichzeitig eskalierten die dramatische Umstrukturierung der deutschen Volkswirtschaft, ernste Devisenprobleme, Rohstoffmangel, zivile Versorgungsengpässe und Außenhandelsschwierigkeiten schon 1934 zu einer echten Krise des Regimes, die sich zugleich in einem sichtbaren Stimmungsabfall in der Bevölkerung im Sommer widerspiegelte. Während im kollektiven Gedächtnis die „Röhm-Affäre" bis heute fest verankert sei, denke kaum noch jemand daran, daß „sich das Regime zur gleichen Zeit am Rande einer wirtschaftlichen Katastrophe entlang hangelte" (S. 95). Ein Weiteres drückte dem von Berlin eingeleiteten internationalen Wettrüsten bis 1945 seinen entscheidenden Stempel auf. Selbst wenn ihre rasche Militarisierung in den dreißiger Jahren kurzfristig enorme Erfolge aufwies und durchaus mit gebündelter Effizienz und Organisationskraft durchgeführt wurde, wie Tooze u.a. mit Hinweis auf Hjalmar Schacht allen negativen Einschätzungen in der Forschung zum Trotz immer wieder hervorhebt, war die deutsche Volkswirtschaft „einfach nicht stark genug, um die militärische Macht aufzubauen, die notwendig gewesen wäre, um sämtliche europäische Nachbarstaaten, inklusive Großbritannien und der Sowjetunion – ganz zu schweigen von den Vereinigten Staaten – überwältigen zu können" (S. 16). Den bis heute umlaufenden Mythos vom nationalsozialistischen „Wirtschaftswunder" entzaubert der Verfasser im ersten Teil („Erholung") mit seinem Nachweis des klaffenden Widerspruches zwischen der propagierten Vision einer wohlhabenden „Volksgemeinschaft" und einer blühenden Konsumgesellschaft auf der einen und einer nur begrenzten Kaufkraft in der Bevölkerung auf der anderen Seite.

Damit stellt sich erneut die seit langem erörterte zentrale Frage, warum Hitler 1939, also mehrere Jahre früher als noch 1936/37 geplant, im Wissen um die grundsätzlichen Schwächen der deutschen Volkswirtschaft einen Krieg ausgelöst hat, der von Anfang an eine europäische Dimension hatte und mit den USA im Hintergrund, die für Hitler stets einen Dreh- und Angelpunkt seines Denkens und Handelns darstellten, bereits in Umrissen auf einen Weltkrieg verwies. Diesem Problem ist der zweite Teil „Krieg in Europa" gewidmet. Auch hier bestätigt der Autor das bisherige Bild, reichert es jedoch mit vielen zusätzlichen ökonomischen und finanzpolitischen Befunden an und verleiht ihm dadurch Tiefenschärfe. Hitler „entfesselte" den Krieg unter dem Druck der rüstungspolitischen Eigendynamik einer selbstverschuldeten ökonomischen und internationalen Zwangslage. Die völlig überbeanspruchte deutsche Volkswirtschaft drohte 1938/39 unter ihren gigantischen rüstungspolitischen Vorgaben auf allen Sektoren heißzulaufen und – jedenfalls unter Friedensbedingungen – an unübersteigbare Grenzen zu stoßen:

Devisenmangel, Finanzkrise mit Inflationsgefahr, Rohstoffengpässe besonders bei Eisen, Stahl und Nichteisenmetallen, ein von Facharbeitern leergefegter Arbeitsmarkt. Eine u.a. von Schacht geforderte Drosselung des Rüstungstempos kam für Hitler, der nach Tooze 1936 nicht nur politisch, diplomatisch und militärisch, sondern auch wirtschaftlich die Führung übernahm, nicht in Frage. Angesichts des internationalen Wettrüstens drohte der „Zeithorizont“ zum Losschlagen immer enger zu werden, das „strategische Fenster“ zwischen optimalem deutschen Rüstungsstand und drohender westlicher Überlegenheit sich zu schließen. Der Autor argumentiert hier seltsam zwiespältig: Einerseits betont er mit vollem Recht, daß 1938 das „Fundament dieses ökonomischen Erfolgs (d.h. des Aufrüstungsprogrammes) zu bröckeln“ (S. 335) drohte, die Rüstungsplanung Anfang 1939 „entgleisen sollte“ (S. 357) und sich im Sommer 1939 „ein schwerer Rückschlag für die deutsche Rüstungswirtschaft“ (S. 370) abzeichnete, um dann andererseits festzustellen, es habe 1939 angesichts der Zwangs- und Kontrollmittel des Regimes „keine Krise im ‚Dritten Reich‘ gegeben, weder eine politische noch eine ökonomische“ (S. 372). Dabei verdichtet sich auch bei Tooze der Eindruck, daß die deutsche Rüstungswirtschaft schon vor 1939 und dann im Kriege bis zur Inflationsgefahr im letzten Kriegsjahr von einer Krise in die andere taumelte.

Daß Hitler den Krieg gegen die Sowjetunion nicht nur ökonomisch um „Lebensraum“, sondern auch mit aller Brutalität ideologisch als „Volkstumskampf“ gegen eine „jüdisch-bolschewistische Verschwörung“ geführt hat, ist bei Tooze unbestritten. Darüber hinaus weist er darauf hin, daß Hitler jenseits der „Zwänge des Rüstungswettlaufs“ schon 1939 wie 1941 den Kampf gegen das westliche Bündnis ebenfalls durch seine antisemitische Brille als Kampf gegen eine „Verschwörung des Weltjudentums“ (S. 378) mit Roosevelt als Hauptdrahtzieher gedeutet hat. Damit wachsen die „zwei Kriege“, die Hitler 1941 gegen die USA und die Sowjetunion mit seiner manischen rassenbiologischen Besessenheit auslöste und mit denen er seinem Regime von Anfang an das Grab schaufelte, auch ideologisch zusammen. Dies ist Thema des dritten Teiles („Weltkrieg“).

Einen breiten Raum nimmt der „Wendepunkt“ im Dezember 1941 ein. Die „perverse Logik des Unternehmens Barbarossa“ (S. 521) und die ganze Brüchigkeit seines Fundamentes sieht Tooze einmal in der – angesichts zahlreicher Warnungen – unvorstellbar leichtsinnigen Unterschätzung der sowjetischen Widerstandskraft, die das Unternehmen ungeachtet seiner grandiosen Anfangserfolge doch von Anbeginn an zu einem unkalkulierbaren Risiko werden ließ, und zum anderen in der Tatsache, daß die sowjetischen Ressourcen, vor allem das Erdöl im Kaukasus, auch dann noch fest in Rechnung für den Luftkrieg im Westen gestellt wurden, als sich bereits bei Hitler und Fritz Todt erste ernsthafte Zweifel an der Gewinnbarkeit des Krieges einstellten. Zugleich kam das Wehrwirtschafts- und Rüstungsamt zu dem pessimistischen Schluß, „daß man eben nicht mehr mit allen 3 WT [Wehrmachtsteilen] gleichzeitig Krieg führen kann.“

Hitlers „Wundermann“ Albert Speer, das „Heldenepos“ seines Ministeriums und sein „Rüstungswunder“ 1942/44, als dessen Erfinder und Motor sich Speer selbst nach dem Krieg stilisiert hat, werden bei Tooze, soweit dies nicht schon geschehen ist, weiter entmystifiziert. Das ist nichts Neues. Interessanter ist das vom Autor eingehend herausgearbeitete zentrale Herrschaftskartell, das sich 1942 herausbildete. Seine Mitglieder wirkten ungeachtet aller internen Spannungen in der Mobilisierung aller Kräfte und Produktionsreserven für den totalen Krieg, in der Rekrutierung eines Millionenheeres von Zwangsarbeitern und Zwangsarbeiterinnen und beim Völkermord zusammen. Jeder von ihnen verkörperte für sich arbeitsteilig einen wichtigen Aufgabenbereich im Diktaturstaat und in seiner Kriegswirtschaft: Speer als Minister für Bewaffnung und Munition, Heinrich Himmler als Exekutor des Genozid mit seinem Apparat, Herbert Backe als Nachfolger Walter Darrés und als amtierender Ernährungs- und Landwirtschaftsminister verantwortlich für den millionenfachen mörderischen „Hungerplan" im Osten, Fritz Sauckel als Generalbevollmächtigter für den Arbeitseinsatz und Motor der europäischen Sklavenarbeit sowie Hermann Göring als – in seiner Bedeutung freilich verblassender – Wirtschaftsdiktator. Diese sich im Frühjahr 1942 herausbildende „neue kriegswirtschaftliche Führungsriege" (S. 633) nimmt der Autor erneute zum Anlaß, gegen einen „Irrweg" in der historischen Analyse des NS-Staates massiv, wenn auch nicht überzeugend zu polemisieren: „gegen die Gleichstellung von Ideologie mit praktischer Ineffizienz", gegen die „viele(n) Stereotypen über dessen Inkompetenz, ideologische Besessenheit und innerbürokratischen Kämpfe" (S. 632). Sollte dies zutreffen – so Tooze –, wäre nicht zu verstehen, wie das „Dritte Reich" überhaupt so lange gegen eine gewaltige Übermacht hätte Widerstand leisten können.

Tooze spricht auch die oft erörterte Frage an, inwieweit der millionenfache Mord nicht im Widerspruch zum Arbeitskräftemangel gestanden habe und als ökonomisch „kontraproduktiv" nur den Primat der Rassenideologie beweise. Unter Verweis auf Ulrich Herberts These[4] eines Kompromisses zwischen stärkeren und weniger starken ideologischen Elementen des NS-Regimes stellt der Autor fest, „daß das Zwangsarbeiterprogramm und der Völkermord in Wahrheit keine einander widersprechende, sondern vielmehr sogar einander ergänzende Projekte waren" (S. 603) und daß „Mittel und Wege gefunden [wurden], um die mörderischen, ideologisch motivierten Impulse des Regimes mit dem rationalen Ausbeutungssystem in Einklang zu bringen" (S. 615). „Die schrecklichste Vision dieses aufkommenden Kompromisses zwischen Ideologie und Pragmatismus" sei die Praxis der „Vernichtung durch Arbeit" gewesen (S. 611).

Bei einer neuen Auflage sollten kleine Korrekturen vorgenommen werden: Die These, die Weimarer Republik habe „über ein funktionierendes parlamentarisches System" (S. 33) verfügt, stimmt zumindest für ihre Schlußphase nicht. Am 31. März 1939 haben die Briten ausdrücklich nicht die „Unverletzlichkeit der polnischen Grenzen" (integrity) (S. 358) garantiert, sondern die „Unabhängigkeit" (independence) Polens. Die „Reichswehr 1914" (S. 395) sollte einem Historiker oder Übersetzer nicht unterlaufen. Die – angeblichen – Schwierigkeiten 1941 mit einem sowjetischen „Schmalspurschienensystem" (S. 523) verraten technische Unkenntnis.

4 Vgl. Ulrich Herbert, Fremdarbeiter. Politik und Praxis des „Ausländer-Einsatzes" in der Kriegswirtschaft des Dritten Reiches, Berlin 1985.

Verfassungsschutzbericht 2006

Von Lukáš Novotný

Bundesministerium des Innern (Hrsg.), Verfassungsschutzbericht 2006, Berlin 2007 (*Bezugsadresse: http:// www.verfassungsschutz.de*), 432 S.

Rechtsextreme Gewalt nimmt stark zu, die Zahl der linksextremen Gewalttaten bleibt dagegen im Vergleich zum Vorjahr konstant. Das sind die Haupterkenntnisse des Verfassungsschutzberichtes 2006. Die jährlich erscheinenden Berichte bieten einen umfassenden Überblick über die neueste Entwicklung des politischen Extremismus in Deutschland. Sie fassen die Arbeitsergebnisse des zum Bundesinnenministerium gehörenden Bundesamtes für Verfassungsschutz zusammen, informieren über die wesentlichen Erkenntnisse und Analysen zum politischen Extremismus (Rechts- und Linksextremismus sowie Islamismus bzw. islamistischer Terrorismus), zur Spionageabwehr, zur Scientology-Organisation und unterrichten über den Geheim- und Sabotageschutz. Der Veröffentlichung von Verfassungsschutzberichten liegt das Konzept „Verfassungsschutz durch Aufklärung" zugrunde, das maßgeblich von Hans Joachim Schwagerl mitentwickelt worden ist. Ihrem Verständnis nach sollen die Verfassungsschutzberichte einen Beitrag zur „geistig-politischen Auseinandersetzung mit den verschiedenen Formen des Extremismus" leisten.

2006 gab es im Vergleich zum Vorjahr deutlich mehr rechtsextreme Übergriffe. Laut Verfassungsschutzbericht stieg die Zahl der rechtsextremistisch motivierten Straftaten um 14,6 Prozentpunkte auf insgesamt 17.597. Bei 86,5 Prozent der Taten handelte es sich um Propagandadelikte oder Fälle von Volksverhetzung. Bei den Gewaltverbrechen wurde ein Zuwachs von 9,3 Prozentpunkten registriert. Diese Entwicklung bezeichnete Bundesinnenminister Wolfgang Schäuble bei der Vorstellung des Verfassungsschutzberichtes 2006 als besorgniserregend. Sein Ministerium hat deshalb gemeinsam mit anderen Ländern einen Rahmenbeschluß zur Bekämpfung von Rassismus und Fremdenfeindlichkeit erarbeitet, der einen europaweiten Gleichklang der Strafvorschriften und damit die Sanktionierung der öffentlichen Aufstachelung zu Gewalt und Haß ermöglichen soll. Die Vereinbarung trat am 19. April 2007 in Kraft, nachdem sie von den EU-Mitgliedsstaaten verabschiedet wurde. Sie enthält eine Mindestharmonisierung von Strafvorschriften zur Bekämpfung von Rassismus und Fremdenfeindlichkeit. Im Mittelpunkt steht „das Verbot der öffentlichen Aufstachelung zu Gewalt und Haß gegen Menschen anderer Rasse, Hautfarbe, Religion oder nationaler wie auch ethnischer Abstammung. Dieses Verbot ist gemeinsame Voraussetzung aller Straftatbestände." Ebenso wird „die öffentliche Billigung, Leugnung oder grobe Verharmlosung von Völkermord, Verbrechen gegen die Menschlichkeit und Kriegsverbrechen unter Strafe gestellt, wenn sich das Verbrechen gegen eine Gruppe von Personen wegen ihrer Rasse, Hautfarbe, Religion, Abstammung oder nationalen oder ethnischen Herkunft richtet". Diese

Vergehen sollen einheitlich mit Gefängnisstrafen zwischen einem und drei Jahren geahndet werden. Gleiches gilt für die Verbreitung entsprechender Schriften.

Der Verfassungsschutzbericht 2006 bestätigt zudem die Tendenz eines starken Rechtsextremismus in den neuen Bundesländern. Bezogen auf 100.000 Einwohner ereigneten sich die meisten registrierten Delikte in Sachsen-Anhalt, Brandenburg, Berlin und Thüringen. Es beweist sich zwar die These Erwin Scheuchs, wonach der (Rechts-) Extremismus in Industriegesellschaften eine „normale Pathologie" sei, dennoch ist der Zuwachs der Straf- und Gewalttaten in Ostdeutschland sehr beunruhigend. Die Tatsache, daß rassistisch motivierte Gewalt in den neuen Bundesländern deutlich häufiger auftritt, obwohl dort der Ausländeranteil verschwindend gering ist, macht den Zusammenhang zur sozialen Krise deutlich.

Bei der Vorlage des Verfassungsschutzberichtes bezeichnete Wolfgang Schäuble „das Vordringen des Rechtsextremismus in die Mitte der Gesellschaft als alarmierende Entwicklung". Er verfolge mit großer Sorge den erheblichen Mitgliederzuwachs bei der NPD um rund 1.000 auf derzeit etwa 7.000 Mitglieder und den wachsenden Einfluß von Neonationalsozialisten in der Partei. Diese säßen mittlerweile in elf von 16 Landesvorständen. Den größten Erfolg feierte die NPD 2006 bei der Landtagswahl in Mecklenburg-Vorpommern. Die Partei holte 7,3 Prozent der Stimmen und gewann sechs Mandate im Landtag. Ihre besten Ergebnisse erzielten die Rechtsextremisten bei jungen Wählern. Von den unter 30jährigen stimmten über zwölf Prozent für die NPD.

Der Verfassungsschutzbericht 2006 widmet sich (mehr als die Ausgaben der Vorjahre) verstärkt dem Auftreten der Neonationalsozialisten in der Öffentlichkeit. Diese würden versuchen sich gegenüber dem Bürger als seriöse politische Alternative darzustellen. Sie betonen weniger als früher die Durchsetzung ihrer nationalsozialistischen Ideologie. Stattdessen greifen sie verstärkt (links-)populistische Themen auf – eine Parallele, die sich auch in den jungen ostmitteleuropäischen Demokratien zeigt. Rechtsextremisten in Tschechien heben häufig ihre zugleich antidemokratische und antikapitalistische Ausrichtung hervor. Die NPD instrumentalisiert die sozioökonomischen Probleme in Ostdeutschland, um die Demokratie generell in Frage zu stellen. In Zahlen ausgedrückt: Im Jahr 2006 sank auf der einen Seite die Zahl der neonationalsozialistischen Demonstrationen von 145 (2005) auf 126. Auf der anderen Seite wuchs das neonationalsozialistische Personenpotential, von 4.100 (2005) auf 4.200. Erstmalig führten die Neonationalsozialisten eine Internetdemonstration durch. Dieser virtuelle „Aufmarsch" fand im November statt. Mit der Online-Demonstration wollten die Rechtsextremisten einen Server zum Absturz bringen, auf dem die Homepage des Aktionsbündnisses gegen Gewalt, Rechtsextremismus und Fremdenfeindlichkeit gespeichert ist. Neonationalsozialisten wurden dazu aufgefordert, mit „Bits und Bytes gegen die Diktatur der Heuchler" einzutreten. Mit einem Programm zum Herunterladen sollte die Homepage des Bündnisses permanent angewählt werden. Den Betreibern gelang es jedoch, entsprechende Schutzvorkehrungen zu treffen, so daß die Homepage weitgehend verfügbar blieb.

Politisch links motivierte Kriminalität hat im Jahr 2006 in Deutschland ebenfalls zugenommen, allerdings nur leicht. Bei den Straftaten wurde ein Plus von 2,8, bei den Gewalttaten um 3,8 Prozentpunkte registriert. In absoluten Zahlen liegen linksextremistische Gewalttaten damit höher als rechtsextremistisch motivierte. Fast die Hälfte dieser Straftaten wurde gegen (mutmaßliche) Rechtsextremisten verübt. Zurückgegangen sind Gewalttaten der Globalisierungsgegner sowie die „Kampagnen gegen Kernenergie“. Im Mittelpunkt linksextremistischer Aktivitäten standen Vorbereitungen und Mobilisierungsbemühungen gegen den G8-Gipfel 2007 in Heiligendamm. Im Ranking der Bundesländer liegen die westlichen Bundesländer vorn. Die meisten der links motivierten Gewalt- und Straftaten ereigneten sich in Berlin, Hessen und Baden-Württemberg.

Zum Linksextremismus wurden in Deutschland 2006 30.700 Personen gezählt. Die Anhänger der „Kommunistischen Plattform“ innerhalb der Partei „Die Linke“ stellen mit etwa 1.000 Mitgliedern deren größte Gruppe dar. Die „Kommunistische Plattform“ plädiert nach wie vor „für den politischen Mut, sich die Überwindung des Kapitalismus auf die Fahnen zu schreiben.“ Die Entwicklung in der „Linken“ wurde maßgeblich durch die Fusion von PDS und WASG geprägt. Die PDS verdeutlichte bereits bei der außerordentlichen Tagung des neunten Parteitages im Juli 2005 mit der Umbenennung in „Die Linkspartei“ ihre Bereitschaft zu einer Fusion. Beide Parteien suchten 2006 Berührungspunkte in ihren Programmen und arbeiteten Gründungsdokumente aus. Ihre Parteivorstände schafften es im Dezember, die Entwürfe der Gründungsdokumente für eine neue Partei vorzulegen. Im Jahr 2006 umfaßte die bedeutendste Partei im Umfeld des Linksextremismus, „Die Linke.PDS“, 60.300 Mitglieder. 5.956 davon lebten in den westlichen Ländern. Das war knapp ein Drittel mehr als im Jahr 2004, als die Partei in den alten Bundesländern insgesamt nur 4.320 Mitglieder hatte. Bundesweit sank die Zahl der „Linken“-Mitglieder weiter ab. Sie halbierte sich in den vergangenen zehn Jahren. Allerdings zählt der Verfassungsschutz, wie erwähnt, nur einen kleinen Teil der Partei zum Linksextremismus.

Um nochmals Wolfgang Schäuble zu zitieren: Als „gravierendste Bedrohung der Stabilität und Sicherheit in Deutschland erweist sich der islamistische Terrorismus.“ Vor diesem Hintergrund mahnte der Minister erneut die Möglichkeit von Online-Durchsuchungen an. Im Vergleich mit vorherigen Verfassungsschutzberichten wird diesem Thema vermehrte Aufmerksamkeit geschenkt. Ähnlich wie beim Linksextremismus wuchs die Zahl der Anhänger leicht an, von 32.100 auf 32.150. Das größte Personenpotential ist bei den türkischen (27.250) und arabischen (3.350) Gruppierungen zu verzeichnen.

Im Jahr 2006 sorgte vor allem der versuchte Anschlag vom 31. Juli auf zwei Regionalzüge der Deutschen Bahn von Aachen nach Hamm und von Mönchengladbach nach Koblenz für erhöhte Aktivität auf diesem Feld. Aufgrund eines handwerklichen Fehlers beim Bau der Bomben kam es nicht zu Explosionen. Bereits im März 2006 wurde im Internet ein Drohvideo entdeckt, das an die Bundesregierung adressiert war. „Die Kofferbomben-Attentate und die Videobotschaft zeigen deutlich“, warnt Bundesinnenminister Schäuble, „daß Deutschland im Zielspektrum terroristischer Gruppierungen liegt und nicht mehr nur Rückzugsraum, sondern eben auch Operationsgebiet ist". Denn Deutschland zählt, so der Verfassungsschutzbericht, für die Mujahedin (Kämpfer des Jihad) zum Lager der „Kreuzzügler", zu den Helfern der USA und Israels. Der Report warnt besonders eindringlich vor der Strategie der islamischen Terroristen, die als Ziele ihrer Attacken vermehrt „weiche Ziele" angreifen würden. Das Bundesamt für Verfassungsschutz verstärkte 2006 deshalb die Beobachtung des Internets als neue Kommunikationsplattform.

Insgesamt ist der Verfassungsschutzbericht wichtig, um die Gefahr für die öffentliche Ordnung einschätzen zu können.[1] Ungeachtet aller extremistischen Herausforderungen: Die Bundesrepublik Deutschland ist nach beinahe sechzig Jahren ihrer Gründung eine stabile Demokratie geblieben, anders als die erste deutsche Demokratie, die Weimarer Republik. Der Verfassungsschutzbericht des Bundes bildet in gewisser Weise den Vorreiter für andere Länder wie Österreich, die Schweiz und Tschechien. Allerdings gehen diese Berichte nur auf den gewalttätigen Extremismus ein, nicht auf den diskursorientierten.

1 Vgl. die Analysen von Eckhard Jesse, Verfassungsschutzberichte des Bundes und der Länder im Vergleich, in: Uwe Backes/Eckhard Jesse (Hrsg.), Vergleichende Extremismusforschung, Baden-Baden 2006, S. 379-396; Die Verfassungsschutzberichte der Bundesländer. Deskription, Analyse, Vergleich, in: Uwe Backes/Eckhard Jesse (Hrsg.), Jahrbuch Extremismus & Demokratie, Bd. 19, Baden-Baden 2007, S. 13-34.

Faschismus und Totalitarismus

Von Alfons Söllner

Frank Vollmer, Die politische Kultur des Faschismus. Stätten totalitärer Diktatur in Italien, Köln u.a. 2007 (*Böhlau*), 816 S.

Die sogenannte politische Kulturforschung entstand in den 50er Jahren des vergangenen Jahrhunderts unter der Leitfrage, wie die politische Demokratie am besten zu stabilisieren sei. Seitdem hat das Konzept eine rasante Ausweitung erfahren, es wird heute auf alle politischen Regime angewandt, also auch auf die diktatorische „Unkultur“, mit der das 20. Jahrhundert so reichlich gesegnet war. Die Münsteraner Dissertation von Frank Vollmer setzt einen neuen und voluminösen Doppelpunkt in der historischen Anwendung dieser Forschungsrichtung, und zwar auf zweifache Weise: Zum einen ist sich der Verfasser der vielfältigen Voraussetzungen seines Unternehmens bewußt und schaltet daher der Präsentation seiner Forschungsergebnisse eine ausführliche Theorie- und Methodenreflexion vor. Zum andern trägt er mit seiner Darstellung der Lokalkulturen des italienischen Faschismus einen weiteren Baustein zu der seit längerem stark gemachten Auffassung bei, daß das Mussolini-Regime dem deutschen „Radikal-Faschismus“ viel näher stehe als bisher angenommen. Seine Prämissen gipfeln in der These, daß Italien in der Etablierungsphase des Mussolini-Regimes ein „totalitärer Faschismus“ war, d.h. weit mehr und vor allem weit moderner als ein „autoritäres“ Regime (Juan Linz).

Die faire Besprechung eines 800-seitigen Buches darf nicht mit der Diskussion dieser schwergewichtigen These beginnen, die historisch so weitreichend wie analytisch grundstürzend ist, weil sie mit der liebgewordenen Gewohnheit aufzuräumen beginnt, mit dem „Zeitalter der Extreme“ (Eric Hobsbawn) wenigstens klassifikatorisch Frieden zu schließen – daß dies gedächtnispolitisch keinesfalls möglich sein wird, macht der Verfasser immer wieder mit hellsichtigen Bemerkungen über die beunruhigende Präsenz des faschistischen Erbes im Italien Berlusconis deutlich. Zuallererst müssen vielmehr die Sensibilität und die außerordentliche Akribie gewürdigt werden, mit denen der Verfasser in drei langen Kapiteln das Konzept der politischen Kultur theoretisch entwickelt, um von hier aus die Struktur wie die Funktion dieses Konzepts im Allgemeinen wie seine Anwendbarkeit auf die besonderen Verhältnisse im Italien der 20er und 30er Jahre darzulegen. Ganz plastisch wird auf diese Weise, daß unter politischer Kultur eine ganz besondere soziale Realität, nämlich die politische Wirkung von Mythen, Symbolen und Ritualen zu verstehen ist, deren vertrackte Existenzweise nicht zuletzt damit zu tun hat, daß sie die Wirklichkeitswahrnehmung als solche politisch zu formieren versuchen oder wenigstens eigene und neue Identitätskonstruktionen suggerieren.

Daß diese Suggestion im totalitären Faschismus in hohem Maße erfolgreich war – dies ist die theoretische Prämisse, die der Verfasser im Hauptteil seiner Arbeit belegen will. In Kapitel vier nimmt er folgerichtig eine geschickte Zuspitzung seiner Erkenntnisinteressen vor: Er konzentriert sich erstens auf die lokalen Ausprägungen der faschistischen Kultur in der Hochzeit zwischen 1929 und 1943; er greift zweitens zwei mittelitalienische Kleinstädte, das eher bürgerliche Arezzo und das eher industrielle Terni heraus, die sich gut miteinander sowohl vergleichen als auch kontrastieren lassen; und er stellt drittens ein für die beiden Orte jeweils typische Festveranstaltung ins Zentrum seiner Betrachtung, um zu studieren, wie traditionell imprägnierte Identitätsmuster von der faschistischen Bewegung politisiert und in Richtung auf den totalitären Faschismus transformiert worden sind. Das ist für Arezzo das Ritterspiel der „Giostra del Saracino", und für Terni der „Cantamaggio", eine Art Frühlingsinitiationsritus. Wichtig ist die Stellung der beiden periodisch wiederkehrenden Festereignisse zwischen volkstümlicher Tradition und einer forcierten Modernisierung, durch die sich die lokalen Eliten ihrer sozialen Stellung im neuen Regime versichern und zugleich als Protagonisten der „nationalen Revolution" erweisen konnten. Sie agierten also gleichzeitig als keineswegs konfliktfreie Mittler zwischen den zentristischen Ansprüchen des Regimes und der Notwendigkeit, diese Ansprüche in die örtliche Peripherie zu übersetzen, was am besten mit kulturalistischen Mitteln, durch die politische Neuinszenierung älterer Rituale möglich wurde.

Wie weit dies gelungen ist und warum es bisweilen auch scheiterte – diese Frage tritt im Kapitel fünf in den Vordergrund. Die Untersuchung nimmt hier die bekannten Gründungsmythen des Mussolini-Regimes auf – den legendären „Marsch auf Rom" und die Proklamation der „nationalen Revolution" – und verfolgt die weitere Entfaltung seiner Leitideen – den Gewalt- und Führerkult, die innere und äußere Machtergreifung sowie das Versprechen einer „neuen Ordnung" –, um anhand dieser Schlüsselmotive zu überprüfen, was sich mit ihnen im Zuge der Institutionalisierung der faschistischen Bewegung ereignete. Was Max Weber in die Denkfigur der Veralltäglichung charismatischer Führerherrschaft gepackt hat, erhält im vorliegenden Fall eine besondere Eindringlichkeit: Indem der Verfasser aus seinen anschaulichen Quellen das Lokalkolorit herauszuholen versteht, entsteht ein fein ziseliertes Bild des „alltäglichen Faschismus", der zwischen Konvention und Gewaltfaszination changierte und sich mit solchen kalkulierten Zweideutigkeiten auf den Weg in ein neues, spezifisch „modernes" Gesellschaftprojekt machte. Während in der mittleren Phase noch eine Art „dritten Weges" anvisiert wurde, der auf einen ständestaatlichen Korporativismus hinauslief, erreichte die „Dynamik der Gewalt" in den frühen 40er Jahren die Speerspitze der „kumulativen Radikalisierung" (Hans Mommsen), den entfesselten Aggressionskrieg. Hier zeigt sich die „Anschlußstelle" an das Hitler-Regime, aber eben nicht nur als Ausdruck einer Systemlogik, die Rassismus und Antisemitismus einschloß, sondern als kulturell produzierte Transformation lokaler Einstellungen und Werthaltungen.

Die detailliertere Beweisführung der Arbeit führt in Kapitel sechs durch die Geschichte der Totenfeiern im faschistischen Italien, die einen bemerkenswerten Kontrast zum futuristischen Vitalismus darstellten und gerade deswegen ein besonders effektiver Bestandteil der Selbstinszenierung des Regimes wurden. Hier sei nur das gleichsam theoriestrategische Ergebnis erwähnt, das den Verfasser nach einer ausführlichen Diskussion der für Italien sensibelsten Frage, der nach dem Verhältnis von katholischer Kirche und Staat, dazu bringt, das Konzept der politischen Religion abzulehnen und die Entwicklung unter Mussolini eher in die Perspektive einer bestimmten, einer „symbiotischen" Säkularisierung zu bringen. In gewisser Weise das passende Gegenstück dazu liefert das abschließende Kapitel sieben, das sich mit der Reinszenierung des Romkultes beschäftigt und das auch deswegen so lang ausfallen kann, weil hier die zweitausendjährige Tradition der „Romanità" zur Disposition gestellt ist. Gezeigt wird, wie in der ganzen Arbeit, daß in den verschiedenen Varianten der Dramatisierung einer machtvollen Vergangenheit gleichzeitig verschiedene und keineswegs durchweg erfolgreiche Versuche am Werke waren, die „Einheit" zu beschwören, Bilder des symbolischen Konsenses über eine soziale und politische Wirklichkeit zu legen, deren Brüchigkeit offensichtlicher und am Ende selbstdestruktiv wurde.

Wie immer man diese opulente Neuinterpretation der Mussolini-Epoche beurteilen möchte – sicher ist, daß dieses Buch entschieden dazu beitragen wird, eine lange Zeit erbittert, nicht zuletzt unter politischen Vorzeichen geführte Historikerkontroverse endlich ad acta zu legen. Ob der Faschismus- oder der Totalitarismusbegriff das bessere Leitkonzept für die Analyse der Diktaturen des 20. Jahrhunderts darstellt – diese Alternative löst sich unter der genauen Gedankenführung seines Autors in dem Maße auf, wie die kulturalistische Wendung der Faschismusforschung Gestalt annimmt. Ob damit freilich die eigentlich entscheidende Frage, nämlich die nach dem qualitativen Grad der tatsächlichen Durchsetzung des Herrschaftsanspruches, der mit dem Begriff des Totalitären immer gemeint war, bündig beantwortet ist – dies muß auch der politische Kulturforscher offen lassen. Er ist aber im instruktiven Schlußteil klug genug, diese Kardinalfrage weiterzuleiten an die flexible Handhabung einer vergleichenden Diktaturforschung, die heute bekanntlich den rigiden Systemvergleich hinter sich gelassen hat. Zur Flexibilisierung der Komparatistik trägt die Lokalforschung vor allem dann bei, wenn sie sich methodologisch nicht in einen Gegensatz zur Systemperspektive bringen läßt. Die Art und Weise, wie in dieser Arbeit die faschistische Kultur in ihrer lokalen Konkretheit aufscheint, überzeugt übrigens auch deswegen, weil sie das menschenverachtende Potential faschistischer Politik kenntlicher macht als die Ideologiestudien älteren Stils. Mit dieser Art der politischen Kulturforschung erweist sich ein Konzept, das lange Zeit von methodologischen Mißtrauensbekundungen begleitet war, als äußerst produktiv auch für die aktuelle Situation der politischen Lehre und Bildung.

Selbstkritische Aufbereitung deutscher Traditionen

Von Iring Fetscher

Heinrich August Winkler, Auf ewig in Hitlers Schatten? Anmerkungen zur deutschen Geschichte, München 2007 (*C.H. Beck*), 222 S.

Heinrich August Winkler faßt in diesem schmalen Band mit 20 meist in Tageszeitungen veröffentlichen Artikeln auf eindrucksvolle Weise die These seines Buches der „lange Weg nach Westen“ zusammen. Die zwischen 1983 und 2007 verfaßten Texte, die für den Band nicht bearbeitet wurden, stimmen in ihrer Orientierung weithin überein. Nur zehn Jahre nach dem „Historikerstreit“ von 1986 korrigiert Winkler seine nachdrückliche Kritik an Ernst Noltes Zurückführung des brutalen NS-Krieges gegen die „jüdisch-bolschewistische“ Sowjetunion und die damit versuchte „Historisierung“ der Shoah, ohne freilich die Legitimität der Gegenposition in Zweifel zu ziehen. Noltes Hypothese, Hitler und seine Mitkämpfer hätten ihre planmäßige Judenvernichtung als Reaktion auf jüdisch-bolschewistische Gewalttaten vorgenommen, ließ sich übrigens sehr viel klarer durch einen Hinweis auf Hitler selbst widerlegen. Im zweiten Band von „Mein Kampf“, der 1927 erstmals erschien, begründet Hitler die chancenreiche Eroberung von Raum für das deutsche Volk im Osten durch die Schwäche Rußlands, dem durch die Revolution von 1917 die alte nordische Führungsschicht verloren gegangen sei. An deren Stelle seien Juden getreten: „Unmöglich ist es, dem Juden das mächtige Reich auf die Dauer zu erhalten. Er selbst ist kein Element der Organisation, sondern ein Ferment der Dekomposition. Das Riesenreich im Osten ist reif zum Zusammenbruch.“ Einleitend zu diesen Ausführungen meinte Hitler sogar: „Das Schicksal selbst scheint uns hier einen Fingerzeig geben zu wollen. Indem es Rußland dem Bolschewismus überantwortete, raubte es dem russischem Volk jene Intelligenz, die bisher dessen staatlichen Bestand herbeiführte“[1]. In seinem zweiten Beitrag zum Historikerstreit versuchte Winkler auch die Gefahr der Vereinseitigung durch die Gegenseite zu kritisieren. Die „Gegenoffensive war notwendig und erfolgreich. Die selbstkritische Aufarbeitung deutscher politischer Traditionen ging weiter“, aber ebenso problematisch war die von den Linken entwickelte „Lebenslüge“, die unter anderem darin bestand, der deutschen Bevölkerung auf Grund der NS-Verbrechen pauschal die Existenz als vereinter Staat zu versagen. Diese extreme „Geschichtspolitik“, der u.a. auch Günter Grass nachgab, wird von Winkler zu Recht als „pathologischer Lernprozeß“ (S. 147) bezeichnet. Die strikte Ablehnung der deutschen Teilhabe an der von der UNO (oder wenigstens von der NATO) legitimierten militärischen Maßnahmen gegen verbrecherische Regierungen teilzunehmen, geht auf diese Geschichtspolitik einiger Linker zurück. „Durch die zu Recht als

1 Adolf Hitler, Mein Kampf, Bd. 2, München 1927, S. 734 f.

unvergleichlich erkannte Judenvernichtung wurden andere Staatsverbrechen bis hin zum versuchten Genozid systematisch bagatellisiert“ (S. 148).

Die historischen Ereignisse, die von Winkler höchst differenziert und knapp geschildert werden, beginnen mit einem Rückblick auf Preußen, setzen sich mit der „sperrigen Revolution“ von 1848 fort und enden erst mit einem Ausblick auf den Zustand der erweiterten Europäischen Union. Sehr überzeugend wird das Versagen der deutschen Revolution des Jahres 1918 einmal durch die verhängnisvolle Gleichzeitigkeit mit der letztlich reaktionär wirkenden Oktoberrevolution und die ängstliche Haltung der deutschen Sozialdemokratie nach Kriegsende erklärt. Sehr schön ist der Hinweis auf Eduard Bernstein, der auf dem Weimarer Parteitag der SPD 1919 nachdrücklich darauf drängte, die Mitschuld des kaiserlichen Deutschlands am Krieg hervorzuheben, aber von der großen Mehrheit seiner Parteigenossen abgelehnt wurde. Der Verzicht auf eine rechtzeitige Veröffentlichung von Dokumenten, die eine deutsche Mitschuld am Kriege nachweisen, erleichterte den reaktionären Kräften die Propaganda und machte den Weg frei für die Leugnung der Schuldzuweisung im Versailler Vertrag wie den (angeblichen) „Dolchstoß“ als Ursache für die Niederlage des im Felde „unbesiegten deutschen Heeres“. Die Haltung der Mehrheit der Sozialdemokraten läßt sich aus der Befürchtung erklären, den Vorwurf als „unpatriotische Deutsche“ auf sich zu ziehen. Wie oft lassen sich Verhaltensweisen, die letztlich den Tätern schaden, auf solche Überlegungen zurückführen. Vor dem Hintergrund einer objektiv vernünftigen Verhaltensweise, die der Historiker rekonstruiert, läßt sich das Verhängnisvolle vieler politischer Entscheidungen deutlich erkennen. Die vierte Form der historischen Interpretation, die Johann Gustav Droysen in den 1850er Jahren skizziert hat, deutet das historische Geschehen „nach den sittlichen Mächten und Ideen“. Eine solche Geschichtsdeutung ist für Winkler der „Weg nach Westen“, womit die allmähliche Übernahme rechtsstaatlicher, demokratischer, parlamentarischer Institutionen und Ideen gemeint war. Vor dem Hintergrund dieser Idee wird das „deutsche Verhängnis Hindenburg“ in seinem ganzen Umfang erst deutlich. Angefangen von Hindenburgs unberechtigter Glorifizierung als „Held von Tannenberg“ bis hin zu seiner zweiten Wahl 1932, bei der er – zu seinem Unwillen – auch von Sozialdemokraten gewählt wurde, die nur so die Wahl Hitlers zum Reichspräsidenten noch einmal verhindern konnten, reiht sich ein Mißgeschick ans andere. Dennoch war selbst die Ernennung Hitlers als Kanzler einer Koalition unabwendbar. Tatsächlich hat hier einmal eindeutig ein „Mann“ (freilich kein ganz freier Mann) Geschichte gemacht. Die Katastrophe war abwendbar, aber kaum ohne Verzicht auf Demokratie, die allerdings schon nach der Entlassung Brünings 1930 außer Kraft gesetzt war. Die Alternative einer Diktatur Kurt von Schleichers – gestützt auf die Reichswehr und einen linken Flügel der NSDAP (Straßer) – hätte Hindenburg, aber auch wenn sich Schleicher geschickter im „Osthilfeskandal“ verhalten hätte, auf alle Fälle abgelehnt.

Die Rebellion der Verschwörer am 20. Juli 1944 gehört zu den wenigen Ereignissen der jüngeren deutschen Geschichte, die Winkler ausgeklammert hat. Er hätte sie im Zusammenhang mit einer kritischen Beurteilung Preußens plausibel im Kontext seiner

Differenzierung des Preußen-Erbes heranziehen können. Jedenfalls würde er eher meiner Formulierung zustimmen, der preußische Adel habe mit dieser Tat sein Mitverschulden an der Entstehung der NS-Herrschaft gesühnt. Marion Gräfin Dönhoff hat mir, als ich ihr das einmal sagte, heftig widersprochen. Die Niederlage des Jahres 1945 war deshalb der entscheidende Wendepunkt in der deutschen Geschichte, weil diesmal die Schuld ganz eindeutig bei der eigenen totalitären Regierung lag. Allmählich wurde mehr und mehr Deutschen klar, daß der 8. Mai 1945 nicht nur ein Tag der militärischen Niederlage der Wehrmacht, sondern auch ein Tag der Befreiung war. Das große Verdienst von Konrad Adenauer war der von ihm (mit rheinischem Akzent) vollzogene „Anschluß an den Westen". Es dauerte einige Zeit, bis auch linke deutsche Politiker diesen Anschluß akzeptierten und als Fortschritt verstanden.

Der Vortrag über „polnische Befreiung und deutsche Vereinigung" (2002) zieht einen wichtigen Schlußstrich unter die Ostpolitik der preußischen und nationalsozialistischen Tradition. In diesem Zusammenhang hätte Winkler auf eine ausführliche Kritik von Karl Marx an der preußisch-russischen Polenpolitik hinweisen können. Vom 17. Jahrhundert an hatten preußische und russische Regierungen immer wieder zur Unterdrückung und Teilung Polens zusammengearbeitet. Dabei ging es den preußischen Königen nie um Deutschland, sondern allein um ihre Hausmacht. Rußland war vollends seit 1815 die Schutzmacht der europäischen Reaktion. Aus diesem Grunde trat Marx schon 1848 für einen Krieg des demokratischen Deutschlands gegen Rußland ein. Verhängnisvollerweise wurde diese Orientierung im August 1914 zu einem (vermutlich mitwirkenden) Argument für die Zustimmung der SPD zu den Kriegskrediten und zum Weltkrieg. Die Beendigung des alten deutsch-polnischen Gegensatzes konnte nur durch einen definitiven Gebietsverzicht deutscherseits vollzogen werden. Mit diesem unvermeidlichen Verzicht wird ein Schlußstrich unter eine verhängnisvolle preußisch-deutsche Tradition gezogen und die Vereinigung nicht nur der beiden deutschen Staaten, sondern auch Europas einschließlich des zur westlichen sozialen und politischen Tradition gehörenden Polens ermöglicht.

Der abschließende Text dieses Sammelbandes beantwortet die Frage, was westliche Wertegemeinschaft heißt. Zu dieser kulturellen, sozialen und politischen Wertegemeinschaft gehören nicht nur westeuropäische Länder und die USA sowie die britischen Siedlungskolonien Kanada, Australien und Neuseeland, sondern auch weiter östlich gelegene Staaten Europas wie Polen und die Tschechische Republik. Einige dieser Länder waren zwischen 1945 und 1990 an der Aufrechterhaltung ihrer „westlichen Institutionen" gehindert und konnten erst nach dem Untergang der Sowjetunion zu ihrer selbstgewählten kulturell-politischen Orientierung zurückkehren. Im Anschluß an Otto Hintzes „westgeschichtliche Bedingungen der Repräsentativverfassung" hebt Winkler die Bedeutung der frühen Trennung von Kirche und weltlichem Staat im europäischen Mittelalter hervor. Theoretisch geht sie bis auf die biblische Formulierung „Gebt dem Kaiser, was des Kaisers ist und Gott was Gottes ist" zurück. Die Trennung von *sacerdotium* und *imperium* wird erst durch den Ausgang des Investiturstreits und vollends durch die Reformation vollzogen. Winkler versteht die sukzessive Trennung von Gewalten – von ständischer und fürstlicher Gewalt, gesetzgebender und vollziehender bis schließlich noch davon unterschiedener rechtssprechender Gewalt – als Stufen auf dem Weg zu freiheitlichen Institutionen. Als ideales Vorbild für die übrigen modernen Gemeinwesen gilt Winkler die britische Verfassung, wie sie von William Blackstone beschrieben wurde. Für sie sind die Freiheit des Staatsbürgers und die Korrigierfähigkeit des politischen Handelns sichergestellt. Die Siedlungen in Nordamerika gelangen aufgrund der bitteren Erfahrungen von Angehörigen protestantischer Freikirchen zur Festigung der Trennung von Kirche und Staat.

Richard Löwenthal hat die unterschiedlichen Entwicklungen zwischen Rußland und den übrigen europäischen Staaten vor allem auf das andersartige Verhältnis der orthodoxen Kirche zur weltlichen Macht zurückgeführt. Die russisch orthodoxe Kirche hatte nichts gegen ihre Indienststellung für die Festigung der zaristischen Herrschaft. Sie ordnete sich freiwillig dem weltlichen Staat unter, der sich im Gegenzug als religiös geweiht präsentierte. Winkler verweist nebenbei auf das orthodoxe Griechenland, das wohl aus diesem Grund spezifische Probleme bei der Einführung einer pluralistischen Ordnung und der parlamentarischen Demokratie hat. Am Streit um die Intervention gegen das gleichfalls orthodox geprägte Serbien wurde die Bedeutung der religiösen Tradition einmal mehr deutlich.

Sinnvoll geht Winkler im letzten Teil seiner Abschiedsvorlesung auf den Begriff „Streitkultur“ ein, der im Zusammenhang mit dem umstrittenen Papier erstmals deutlich auftauchte, das die Grundwertekommission beim Parteivorstand der SPD mit einer Abordnung des Zentralkomitees der SED 1987 verabschiedet hatte. In einer freiheitlichen und pluralistischen Gesellschaft muß es eine allgemein akzeptierte sittliche Basis für die friedliche Auseinandersetzung zwischen Gruppen (oder Parteien) geben, die voneinander abweichende Konzepte und Ziele haben. „Der Westen ist eine Wertegemeinschaft, die sich über die politischen Folgerungen streitet, ja streiten muß, die sich aus gemeinsamen Werten ergeben“ (S. 199). Ohne eine hinreichende Gemeinsamkeit an Grundwerten ist eine pluralistische Gesellschaft als Demokratie nicht überlebensfähig. Jean-Jacques Rousseau orientierte sich traditionell und konservativ an einer Auffassung von Republik, die nur in homogenen, überschaubaren kleinen Gemeinschaften möglich ist. Die von Robespierre und anderen aus seiner Theorie des Gemeinwillens gezogene Folgerung, daß eine im Besitz dieses richtig verstandenen Willens befindliche Führung die Mehrheit entsprechend leiten dürfte, hat Rousseau ausdrücklich abgelehnt. Er kannte daher für größere Gesellschaften mit sozialen und ideellen Unterschieden keine legitime republikanische Institution. Eine friedliche Welt ist nicht auf die Homogenisierung der Menschheitskultur angewiesen, wohl aber auf die Akzeptanz friedlich konkurrierender und zivilisiert streitender Orientierungen.

Mit leisem Optimismus endet Winklers Buch. Er hofft, daß die „westlichen Errungenschaften bis hin zum Rechtsstaat, der Gewaltenteilung und der Demokratie“ sich allmählich weiter in der Welt ausbreiten. Die selbstkritische Erinnerung an deutsche Verfehlungen und Irrtümer kann dabei zur Belehrung der nichtwestlichen Teile der Welt beitragen. Es gibt nur wenige Bücher, die gut geeignet sind, Heranwachsenden eine realistische Einführung in die jüngere deutsche Geschichte und die Vorzüge einer pluralistischen Sozialordnung sowie parlamentarischer Demokratie samt „Streitkultur“ zu präsentieren.

Kurzbesprechungen:

Tamir Bar-On, Where Have All the Fascists Gone?, Aldershot/Burlington 2007 (*Ashgate*), 232 S.

Wer den Buchtitel liest, wird annehmen, es gehe um die Frage, wo die einstigen Faschisten geblieben seien; im Zentrum der Studie des aus Israel stammenden, am George Brown College in Toronto lehrenden Politikwissenschaftlers steht aber die Frage nach geistigen Kontinuitäten bzw. Diskontinuitäten der „Europäischen Neuen Rechten“ (ENR) zum Ideenarsenal des historischen Faschismus. Bei der Faschismusdefinition orientiert sich Tamir Bar-On am „Minimum“ (im Kern: „palingenetischer Ultranationalismus“) Roger Griffins, der zum Buch ein Vorwort beigesteuert hat. Ergänzend zieht er eine damit weithin kompatible Definition Stanley Paynes heran, die unter anderem auf spezifische „Negationen“ abhebt: Antiliberalismus, Antikommunismus und Antikonservativismus.

Die Antwort auf die zentrale Frage hängt natürlich entscheidend davon ab, was man unter ENR faßt. Ihren intellektuellen Mittelpunkt bilden im Verständnis Bar-Ons keineswegs die angelsächsischen „Neoliberalen“ oder „Neokonservativen“, sondern die französische Nouvelle droite mit dem „maître penseur“ Alain de Benoist an der Spitze. Dessen Schriften dienen als Ausgangs- und Referenzpunkt, um das Netzwerk verwandter Theoriezirkel in Europa zu erfassen, die intellektuellen Verbindungen zur „faschistischen Epoche“ zu rekonstruieren und die übereinstimmenden Grundideen zu beschreiben. Breite Beachtung findet die Inspiration durch die Neue Linke und das Phänomen der Durchmischung ursprünglich „rechter“ wie „linker“ Motive und Deutungsmuster. Bemerkenswert erscheint die Unvoreingenommenheit, mit der Bar-On die politische und wissenschaftliche Auseinandersetzung mit ihren verschiedenen Interpretationsrichtungen darstellt. Ausführlich geht er auf die Kontroverse zwischen Roger Griffin und Pierre-André Taguieff, dem besten Kenner der französischen Nouvelle droite, zur Beurteilung des Ausscheidens de Benoists aus dem GRECE-Verbund und der Gründung der neuen Zeitschrift „Krisis“ (1988) ein. Während Taguieff die Auffassung vertrat, de Benoist habe damit der extremen Rechten den Rücken gekehrt, betonte Griffin den strategischen Charakter der Kurskorrektur. Bar-On nimmt in dieser Kontroverse keinen entschiedenen eigenen Standpunkt ein, mahnt in einer „note of academic caution“ jedoch vor Alarmismus und der Einebnung der beträchtlichen Unterschiede, die sich innerhalb der geistigen Familie der ENR offenbarten. Was „Krisis“ angeht, so konzediert er die Öffnung der Zeitschrift für linke, grüne, globalisierungskritische, „antiutilitaristische“ und „postmoderne“ Autoren, verweist aber auf die anhaltende Vorliebe für Repräsentanten einer revolutionären Rechten wie Juan Donoso Cortés, Ernst Jünger, Arthur Moeller van den Bruck, Carl Schmitt, Georges Sorel oder Pierre Drieu la Rochelle.

Obwohl der Autor die „Europäische Neue Rechte“ anspricht, steht die französische Nouvelle droite ganz im Vordergrund. Daneben finden noch die italienischen (mit Mar-

co Tarchi) und amerikanischen Ausläufer (die Entwicklung der Zeitschrift „Telos“) nähere Beachtung. Mit der deutschen Szene scheint Bar-On wenig vertraut zu sein. So war Armin Mohler nicht Privatsekretär bei Martin Heidegger (S. 49), sondern bei Ernst Jünger. Bar-On hält den gänzlich epigonalen Pierre Krebs für einen der „principal theoreticians“ (S. 80) und mißt dessen Potjemkinschen „Thule-Seminar“ allzu große Bedeutung bei. Die Entwicklung der letzten zehn Jahre bleibt weitgehend unbeachtet. Solche Versäumnisse, Fehleinschätzungen und Irrtümer wären in der wünschenswerten zweiten Auflage leicht zu korrigieren.
Uwe Backes

Bommi Baumann/Till Meyer, Radikales Amerika. Wie die amerikanische Protestbewegung Deutschland änderte, Berlin 2007 (*Rotbuch*), 240 S.
Gerhard Padderatz, Amerika. Mit Gewalt in den Gottesstaat, Halle 2007 *(Mitteldeutscher Verlag)*, 336 S.

Michael „Bommi“ Baumann und Till Meyer, ehemals Terroristen in der Guerillaorganisation „Bewegung 2. Juni“ und zeitweise Mitarbeiter der DDR-Staatssicherheit, haben Dokumente aus dem Umkreis der amerikanischen Studenten- und Black-Power-Bewegung herausgegeben und in ihren einleitenden Texten die deutschen „68er“ vor dem Vorwurf des „Antiamerikanismus“ in Schutz genommen. Es ist nichts Neues, daß entscheidende Initialzündungen aus Amerika kamen, was sich anhand der von Meyer nachgezeichneten Entwicklung verschiedener amerikanischer Organisationen wie der „Students for a Democratic Society“ (SDS), der Guerillaorganisation „Weathermen“ oder der „Black Panther Party“ veranschaulichen läßt. Baumann zeigt, wie die Beeinflussung über den Soldatensender AFN, den Jazz, Rock‘n‘Roll, Jeans, T-Shirts, Comics und Kaugummis vor sich ging. Viele der informellen Protest- und Widerstandsformen wie Go-Ins, Teach-Ins oder Sit-Ins wurden ebenso aus den USA importiert. Deutsche Jugendliche bekannten sich zudem in einem spezifisch antinationalsozialistischen Sinne zu Amerika: Der Leser spürt, daß sich Baumann hier besonders angegriffen fühlt, wenn ihm und seinesgleichen „Antiamerikanismus“ vorgeworfen wird. Fundierte Gedanken zu der Frage, was denn „Amerikanismus“ genau bedeuten mag, werden aber (erwartungsgemäß) nicht entwickelt. Gleichwohl ist das Bändchen eine informative Dokumentationsquelle.

Im Mittelpunkt des Buches von Gerhard Padderatz steht indessen die Gegenwart Amerikas. Der Autor, ein in den USA lebender Theologe und protestantisch-liberaler Unternehmensberater, meint einen herannahenden Siegeszug des doktrinären Rekonstruktionismus in Amerika vorherzusehen. Insbesondere Meinungsmacher wie Pat Robertson, Jerry Falwell, Tim LaHaye oder Paul Weyrich werden als sehr einflußreich und die Bush-Regierung als eine Art Marionette theokratischer Hintermänner gezeichnet. Trotz berechtigter Kritik an der Qualität amerikanischer Wahlzählungsverfahren und einer Fülle aufsehenerregender Zitate, die der tief besorgte Padderatz in seiner Materialsammlung aufreiht, kann die Einschätzung, daß theokratische Positionierungen inzwi-

schen den gesamten amerikanischen Rechtskonservativismus ausmachten und Amerika unterwandert hätten, nicht wirklich überzeugen. Namen gemäßigter Evangelikaler der jüngeren Generation, die durchaus großen Einfluß auf die 60 bis 80 Millionen amerikanischen Glaubensgenossen in den USA ausüben (wie etwa Rick Warren aus Kalifornien), finden bei Padderatz keine Erwähnung. Das würde auch erklären, warum die Rechten mit einem Präsidentschaftskandidaten John McCain in den Wahlkampf 2008 gezogen sind. Durch die einseitige Herausstellung bramarbasierender Verbalinjurien der „alten Garde", die sich noch gegen den Spott und die Herablassung des linken Establishments Gehör verschaffen mußte, unterschätzt der Autor den „ganz normalen" gesellschaftspolitischen Konservativismus in den Reihen der christlichen Rechten, z.B. in der Frage der rechtlichen Stellung von Homosexuellen oder der Spätabtreibungen. Der Alarmruf des Autors hängt auch deswegen in der Luft, weil er seinen Vertrauensverlust in die Selbstheilungskräfte des amerikanischen Verfassungsstaates unzureichend begründet. Die gegenwärtige Grobheit des amerikanischen Meinungsgeschäfts scheint wesentliche systemtheoretische und kulturhistorische Faktoren zu übertünchen, die auf eine langfristige Systemstabilität hindeuten, zu denen auch die politisch-kulturelle Akzeptanz fesselloser Meinungskämpfe gehört. Der Moment einer immanenten Verletzbarkeit des amerikanischen Republikanismus wäre wohl erst gekommen, wenn allzu besorgte Beschwörungen enttäuschter Amerikafreunde liberalen Zuschnitts auch in einem so freien und eben deshalb auch irrationalen Land wie Amerika Fuß fassen würden.
Lazaros Miliopoulos

Harald Bergsdorf, Die neue NPD. Antidemokraten im Aufwind, München 2007 (*Olzog*), 160 S.
Kurt Möller/Nils Schuhmacher, Rechte Glatzen: Rechtsextreme Orientierungs- und Szenezusammenhänge – Einstiegs-, Verbleibs- und Ausstiegsprozesse von Skinheads, Wiesbaden 2007 (*VS Verlag für Sozialwissenschaften*), 568 S.

Der Rechtsextremismus in Deutschland scheint derzeit wieder auf dem Vormarsch. Von besonderem Interesse ist dabei das Erstarken der NPD, die ihre Stimmenanteile bei Wahlen steigert, mittlerweile in zwei Landtagen sitzt und beginnt, professionelle Strukturen zu entwickeln. Harald Bergsdorf nimmt den Bedeutungszuwachs der NPD zum Anlaß, eine aktuelle Bestandsaufnahme der Partei vorzulegen. Er beschäftigt sich mit ihrer Geschichte, Strategie, Organisation und Ideologie sowie ihren Wählern und dem Auftreten der Parteifunktionäre in den Medien. Bergsdorfs Beschreibung umfaßt dabei alle wesentlichen Aspekte. Wer das Buch liest, ist bestens über das Erscheinungsbild der „neuen NPD" informiert. Dabei wird deutlich, daß die Partei den Schwerpunkt ihrer Aktivitäten in den neuen Ländern hat und ihre Stellung dort ausbaut. Von einer flächendeckenden Verankerung oder „Massenbewegung" ist sie allerdings noch weit entfernt. Ein besonderes Augenmerk des Buches liegt auf möglichen Abwehrstrategien gegenüber der NPD. Bergsdorf lehnt ein erneutes Verbotsverfahren ab und rät zu konsequenter Abgrenzung und inhaltlicher Bekämpfung.

Der Hang zur Entdeckung von Modernisierungstendenzen, nicht nur bei der NPD, sondern im deutschen Rechtsextremismus insgesamt, hat dazu geführt, daß klassische Erscheinungsformen etwas aus dem Blickfeld geraten. Ein solches Phänomen sind die Skinheads, welche in den 90er Jahren das Bild des Rechtsextremismus prägten, heute aber weit weniger öffentliche Aufmerksamkeit genießen. Die Subkultur der Skinheads existiert allerdings nach wie vor und stellt ein weiterhin beachtliches Rekrutierungsreservoir für die extreme Rechte dar. Eine über Klischees hinausgehende, empirisch fundierte sozialwissenschaftliche Forschung zu dieser Szene und ihrer Kultur ist äußerst sinnvoll. Kurt Möller und Nils Schuhmacher tragen mit ihrer Studie zu „Rechten Glatzen" genau dazu bei, und zwar auf hohem Niveau. Der Schwerpunkt ihrer Untersuchung liegt in der Frage, welche Zusammenhänge zwischen einer Zugehörigkeit zur Skinhead-Kultur und rechtsextremen Orientierungen bestehen. Wichtigste empirische Grundlage der Studie sind qualitative Leitfaden-Interviews mit 40 Personen, welche dem Skinheadmilieu zuzurechnen sind. Die Probanden befanden sich über drei Jahre (2002-2005) im Forschungsprozeß. Ergänzend wurden Expertengespräche geführt und Feldbeobachtungen unternommen. Die Autoren analysieren, welche Umstände und Motive hinter einem Einstieg in die Szene und dem Verbleib in ihr bzw. dem Ausstieg stecken. Ihren Ergebnissen zufolge kommt Sozialisationsbereichen wie Familie, Beruf und Peergruppe sowie medialen Erfahrungen die entscheidende Rolle zu. Einstiegsprozesse vollziehen sich häufig aufgrund der Erfahrung von Ausgrenzung, Unzufriedenheit mit den eigenen Lebensbedingungen oder mangelnder Wertschätzung durch andere. Ein Ausstieg erfolgt beispielsweise dann, wenn sich Partizipationsmöglichkeiten außerhalb der Szene eröffnen. Es ist ein ausdrückliches Anliegen von Möller und Schuhmacher, mit ihrer Studie eine Hilfestellung zum Anstoßen solcher Prozesse zu geben.
Henrik Steglich

Stephan Braun/Ute Vogt (Hrsg.), Die Wochenzeitung „Junge Freiheit". Kritische Analysen zu Programmatik, Inhalten, Autoren und Kunden, Wiesbaden 2007 (*VS Verlag für Sozialwissenschaften*), 362 S.
Clemens Heni, Salonfähigkeit der Neuen Rechten. „Nationale Identität", Antisemitismus und Antiamerikanismus in der politischen Kultur der Bundesrepublik Deutschland 1970-2005: Henning Eichberg als Exempel, Marburg 2007 (*Tectum*), 509 S.

Mit Beschluß vom 24. Mai 2005 gab das Bundesverfassungsgericht der Verfassungsbeschwerde der Wochenzeitung „Junge Freiheit" (JF) statt. Das oberste deutsche Gericht sah in den vorausgegangenen Verwaltungsgerichtsentscheidungen die Pressefreiheit im Hinblick auf die Erwähnung der JF in Verfassungsschutzberichten nicht ausreichend berücksichtigt. Der 2006 durch Vergleich zwischen der Wochenzeitung und den Ländern Nordrhein-Westfalen und Baden-Württemberg beendete Rechtsstreit war Anlaß für die Herausgeber Stephan Braun und Ute Vogt, in einem Sammelband eine umfassende Bestandsaufnahme zur JF vorzulegen. Insgesamt 17 Autoren analysieren die im Hinblick auf das verbreitete Geschichts-, Gesellschafts- und Staatsverständnis oftmals problematischen Inhalte der JF, beleuchten die Hintergründe zu Redakteuren und Autoren und skizzieren Möglichkeiten für den weiteren Umgang mit dieser Publikation. Die historischen Ansätze etlicher JF-Beiträge sind in Bezug auf die deutsche NS-Vergangenheit nach wie vor revisionistisch grundiert, wie Michael Pechel zeigt. Das Denken in geschlossenen kulturell-ethnischen Kategorien ist weiterhin wesentlich für die Gesamtausrichtung der Wochenzeitung, so vor allem Helmut Kellershohn. Auf einem im April 2006 in der JF erschienenen „Fahndungsplakat" waren Fotos bekannter Politiker und Intellektueller zu sehen, die unter der Bezeichnung „Multikulturalisten" als Schwerverbrecher verunglimpft wurden. Der JF-Stammautor Götz Kubitschek forderte mit Blick auf die Zuwanderung nach Deutschland gar eine „zweite Vergangenheitsbewältigung". Diese Wortwahl läßt mit Blick auf das Thema Migration Seriosität vermissen.

Eher widersprüchlich ist das von den Autoren unterbreitete Konzept zum weiteren Umgang mit der JF. Der allzu häufige Verweis auf die von der Neuen Rechten angestrebte „kulturelle Hegemonie" suggeriert eine Wirkmächtigkeit, die weit über das tatsächliche Einflußpotential dieser politischen Strömung hinausreicht. Die ständigen Warnungen vor der „Interview-Falle" (so Helmut Lölhöffel) offenbaren kein großes Zutrauen in die argumentative Kraft der offenen Debatte und passen nicht zu der Forderung, die Auseinandersetzungen mit der JF zukünftig weniger konfliktscheu zu führen. Warum sollte es kompetenten Interviewpartnern nicht möglich sein, im unmittelbaren Gespräch mit der JF deren intellektuelle Engstirnigkeit wirksam vorzuführen? Albert Scherr lehnt es hingegen zu Recht ab, die Artikulation verfassungsrechtlich fragwürdiger Positionen von vornherein verhindern zu wollen, denn dies hieße, die Wirksamkeit des öffentlichen Diskurses, eines genuin demokratischen Mittels, in Frage zu stellen.

In seiner Dissertation „Salonfähigkeit der Neuen Rechten" spricht Clemens Heni nicht etwa nur von einem Bedeutungszuwachs dieses ideologischen Spektrums, sondern postuliert vielmehr eine „paradigmatische" Relevanz der dort vertretenen Positionen für die gesamte politische Kultur der Bundesrepublik Deutschland. Dies glaubt er am Beispiel des nationalrevolutionären Vordenkers Henning Eichberg – einer schillernden, selbst im rechtsextremistischen Lager nie über eine Außenseiterrolle hinauskommenden Persönlichkeit – belegen zu können. Auf Basis dieses methodisch fragwürdigen Untersuchungsansatzes mag die Arbeit die ideologischen Überzeugungen des Autors bestätigen, doch kann er seine zentrale These empirisch nicht belegen. Mit bemerkenswerter Überheblichkeit weist Heni eine Reihe unterschiedlicher Forschungsrichtungen zum Rechtsextremismus als defizitär zurück, ohne deren komplementäre Aussagekraft auch nur annähernd zu prüfen. Immerhin bietet das Buch eine reichhaltige Detailfülle zum publizistischen Wirken Eichbergs. Dessen Versuche, die tatsächliche Schuld im und für den historischen Nationalsozialismus durch Verwischung der Verantwortlichkeiten zu verschleiern, sowie die durchgehend völkisch-ideologische Ausrichtung seiner Schriften, werden akribisch herausgearbeitet.

Matthias Weber

Frank Decker/Viola Neu (Hrsg.), Handbuch der deutschen Parteien, Wiesbaden 2007 (*VS Verlag für Sozialwissenschaften*), 440 S.
Olaf Jandura, Kleinparteien in der Mediendemokratie, Wiesbaden 2007 (*VS Verlag für Sozialwissenschaften*), 303 S.

Die beiden Neuerscheinungen zur Parteienforschung haben ganz unterschiedliche Anliegen. Das „Handbuch der deutschen Parteien" läßt sich in eine Reihe ähnlicher Vorgänger von Autoren wie Mintzel, Oberreuter und Stöss einordnen. Das Handbuch von Decker/Neu ist zweigeteilt und enthält in einem allgemeinen Teil vier Beiträge zur Parteiendemokratie im Wandel, zur Typologie der politischen Parteien, zu rechtlichen Grundlagen der Parteiendemokratie und der Entwicklung des bundesdeutschen Parteiensystems. Unter diesen Stichworten werden grundlegende Fragen des Legitimationsproblems des parteiendemokratischen Systems sowie unter dem Stichwort der rechtlichen Grundlagen Dauerthemen zur Parteienforschung wie Parteienfinanzierung oder Parteienverbote erörtert.

Im lexikalischen Teil werden insgesamt 82 Parteien behandelt, die sich seit Anfang der 1980er Jahre auf Landes-, Bundes- oder Europaebene an Wahlen beteiligt haben. Die Artikel folgen weitgehend einem einheitlichen Aufbau, in dem von der Entwicklungsgeschichte über Wahlergebnisse und Wählerstruktur zur Programmatik und Organisation der Parteien hingeführt wird. Bei einem Überblick aller Artikel überrascht, wie viele der kleineren Parteien untereinander in Verbindung stehen. Das Handbuch erfüllt ohne weiterreichende wissenschaftliche Ansprüche in guter Weise die Funktion einer soliden Basisliteratur zu Grundfragen der politischen Parteien in der Bundesrepublik Deutschland.

Ein anders ausgerichtetes wissenschaftliches Anliegen verfolgt die als Dissertation entstandene Untersuchung zu „Kleinparteien in der Mediendemokratie" von Olaf Jandura. Auf der Suche nach einer Forschungslücke zur Parteienforschung hat Jandura Fragestellungen der Parteienforschungen mit methodischen Möglichkeiten der Kommunikationswissenschaft zusammengeführt. Nach einem Überblick zum Forschungsstand nutzt er Qualitätskriterien der Berichterstattung als Maßstab für die Einschätzung der Berichterstattung über Kleinparteien in Deutschland. Hierzu gehören insbesondere Relevanz, inhaltliche Vielfalt und Ausgewogenheit der Darstellung. Aus den Determinanten „politisches Handeln", „Presse- und Öffentlichkeitsarbeit" und „Journalistische Selektionskriterien" ergeben sich hypothetische Konsequenzen für die mediale Darstellung von Kleinparteien, die Jandura im empirischen Teil seiner Arbeit überprüft. Wie komplex eine solche Untersuchung ist, und wie offen damit auch Interpretationsspielräume sind, ergibt sich schon aus einer gerafften Übersicht von Variablen, die das Selektionsverhalten der Journalisten beeinflussen wie z.B. die kommerziellen Ziele eines Mediums, redaktionelle Kontrollmechanismen oder schlicht die Kompetenz des Berichterstatters. Trotz teilweise diffus wirkender Einflußfaktoren, führt die Untersuchung zu einigen für die Parteienforschung wichtigen und bislang so nicht verfügbaren Ergebnissen. Medien werden immer mehr zu einem eigenständigen Akteur. Sowohl für die Parteien als auch für Aussagen der Wissenschaft von der Politik fordern einige Schluß-

folgerungen zu einer weiteren politischen und wissenschaftlichen Diskussion heraus: „Die Präsenz der Parteien in der tagesaktuellen Berichterstattung ist unabhängig von der Quantität der Pressearbeit. Eine an Sachthemen orientierte Pressearbeit der Parteien hat keinen Einfluß auf eine umfangreiche, thematisch breite Darstellung der Parteien in der Medienberichterstattung." Kleinparteien vor allem in der Opposition haben allenfalls dann eine Chance auf Wahrnehmung in Medien, wenn sie eine charismatische Führungspersönlichkeit offerieren können. Die parlamentarische Realität wird in der Medienberichterstattung dagegen nicht widergespiegelt. Dem Bürger wird somit nur ein eingeschränktes Bild von den Kleinparteien geliefert, das jedoch seine Wahlentscheidung bestimmt. Anders gesagt: Janduras Studie ist eine eindrucksvolle Illustration der These vom Übergang des Parteienstaates zum Medienstaat.
Hans-Otto Mühleisen

Klaus Eichner/Gotthold Schramm (Hrsg.), Angriff und Abwehr. Die deutschen Geheimdienste nach 1945, Berlin 2007 (*Das Neue Berlin*), 639 S.
Klaus Behling/Jan Eik, Vertuschte Verbrechen, Kriminalität in der Stasi, Leipzig 2007 (*Militzke*), 224 S.

Die von zwei Obersten des Ministeriums für Staatssicherheit der DDR (MfS), Eichner und Schramm, herausgegebene und mit eigenen Beiträgen versehene Publikation zielt einerseits auf den Nachweis einer „ungebrochenen reaktionären, antidemokratischen Traditionslinie" in der Bundesrepublik Deutschland bis zur Gegenwart. Dafür dient u.a. eine aus der Sekundärliteratur entnommene Auflistung hunderter von Kurzbiographien vermeintlicher oder tatsächlicher nationalsozialistischer Verbrecher mit ihren funktionalen Kontinuitäten in Polizei und Ministerien der Bundesrepublik. Im Zentrum stehen die mit amerikanischer Unterstützung erfolgten Übernahmen von Geheimdienstspezialisten aus NS-Organisationen (z.B. SS, SD, MAD) in den nach 1949 aufgebauten Bundesnachrichtendienst unter seinem Leiter Gehlen. Unterschiedlich fallen in den einzelnen Beiträgen massive Einlassungen des Antiamerikanismus aus sowie an die USA und die Bundesrepublik gerichtete Anklagen wegen feindseliger, „reaktionärer" Aktivitäten gegen die DDR. Aufbau und Tätigkeit des Geheimdienstes in der DDR erfahren eine weniger umfangreiche, ausnahmslos „antifaschistische" Bewertung. Als Nachweis werden die Biographien von 267 Mitarbeitern des MfS präsentiert. Konkrete Angaben zur Zusammenarbeit mit dem sowjetischen Geheimdienst oder der Besatzungsmacht fehlen. Den fast ausnahmslos im DDR-Politjargon formulierten 14 Beiträgen fehlt es trotz ihres teils diskussionswürdigen und informativen Gehaltes an Überzeugungskraft. Die geheimdienstliche Tätigkeit des MfS erscheint ausschließlich in positivem Licht, wird nicht hinterfragt, schon gar nicht unter Einbeziehung einschlägiger kritischer Literatur. Jegliche antikommunistische, antisowjetische politische Ausrichtung oder Aktivität erfährt ex ante eine Qualifikation als verbrecherisches Tun. Zudem dominiert eine unwissenschaftliche Interpretationsvereinfachung. Sie unterstellt ungeprüft und pauschal den Inhabern bestimmter Funktionen oder allein ihrer Mitgliedschaft in politischen Organisationen des nationalsozialistischen Deutschlands deckungsgleiches Denken und Handeln mit der herrschenden politischen Orientierung.

Die weitestgehend auf Dokumenten aus der Gauck-Birthler-Behörde zum DDR-Geheimdienst fußende Analyse von Klaus Behling und Jan Eik untersucht mit großer wissenschaftlicher Akribie eine Reihe verfolgter bis vertuschter Kriminalfälle innerhalb des sich als sozialistische Elite begreifenden Staatssicherheitsdienstes. Sie fördert erstaunliche Resultate z.B. zu ausgedehnter Korruption, Erpressungen, Begünstigungen, Rechtsübertretungen diverser Art bis hin zu Mord zutage. Zugleich vermittelt der Blick auf diesen Teil des Innenlebens der Staatssicherheit ein erschreckendes Bild von der Allmacht des Geheimdienstes in der DDR und ihren Folgen. Die gefährliche Interdependenz zwischen strikter Geheimhaltung aller Aktivitäten von Mitgliedern der Staatssicherheit und den systemimmanent kaum kontrollierbaren Tendenzen zu Willkür markiert einen zentralen Systemstrukturfehler. Er war geeignet, selbst die Disziplinierungsmacht der SED zu begrenzen. Diese solide, nahezu spannend zu lesende Pionierarbeit verdient einen breiten Leserkreis.

Hannelore Horn

Joachim Fest, Nach dem Scheitern der Utopien. Gesammelte Essays zu Politik und Geschichte, Reinbek 2007 (*Rowohlt*), 448 S.

Der 2006 verstorbene Joachim Fest, FAZ-Herausgeber, Verfasser der weltweit meistverkauften Hitler-Biographie, war einer der großen Essayisten deutscher Sprache, vielleicht der größte seiner Zeit. Dieser Band, im Jahr nach seinem Tode erschienen und nicht mehr von ihm editiert, versammelt Kommentare, Leitartikel, politische Essays und historische Porträts und Betrachtungen aus drei Jahrzehnten. Die weitaus meisten Beiträge stammen aus der FAZ, dies gilt vor allem für die wieder abgedruckten Leitartikel und Kommentare. Durch die Aufnahme von eher der Aktualität verpflichteten Kommentaren enthält der Band auch einiges, was nicht über den Tag hinausreicht, etwa die Bemerkungen zu den Begleiterscheinungen des Wahlkampfes von Helmut Schmidt und Franz-Josef Strauß im Jahre 1980, die Anmerkungen zur Veröffentlichung der gefälschten Hitler-Tagebücher oder zum Ausscheiden der deutschen Fußballer bei der Weltmeisterschaft in Argentinien.

Die politischen und historischen Essays, umfangreicher und grundsätzlicher, sind über den jeweiligen Anlaß hinaus auch heute noch höchst lesenswert. Dies trifft beispielsweise für die hellsichtigen, tiefgründigen Ausführungen zum Verhältnis der Deutschen zur Revolution zu, für die skeptischen Anmerkungen des überzeugten Berliner Preußen Fest über den Standort Preußens in der Geschichte oder seine Analyse der im „Historikerstreit" vertretenen Grundpositionen. Ohne den Standpunkt Ernst Noltes zu teilen, läßt er ihm doch durch die ernsthafte Art der Auseinandersetzung mit dessen Beweisführung und seinen Gegnern Gerechtigkeit zukommen.

In diesen Essays erweist sich Joachim Fest als Autor von eminenter Belesenheit, großem Scharfsinn und vor allem als ein Meister des geschriebenen Wortes, der treffenden, knappen Formulierung. Es ist ein Vergnügen und ein großer intellektueller Gewinn, diese Essays zu lesen, wobei schon alleine der letzte im Band wieder abgedruckte Essay über „Zeitgenosse Hitler" den Kauf des Buches rechtfertigen würde. Hier versucht Fest das schlechthin Unbegreifliche wenigstens andeutungsweise begreifbar zu machen, stellt er die strukturgeschichtliche Aufarbeitung des Nationalsozialismus der Komplexität der historischen Figur Hitler, der Komplexität seiner Zeit und der Wechselwirkungen, in denen beide standen, gegenüber. Seine hellsichtigen Überlegungen zu den Erfolgsbedingungen des Nationalsozialismus sind noch einmal ein Plädoyer für die von ihm gewählte Vorgehensweise in seiner monumentalen Hitler-Biographie, von der er auch nach dreißig Jahren noch überzeugt war, daß sie das Phänomen Hitler begreifbarer mache als alle noch so gelehrten sozialhistorischen Annäherungsversuche. Er zitiert zustimmend einen Satz von Johann Gustav Droysen, dem zufolge „das wahre Faktum [...] nicht in den Quellen" stehe. Was vom Historiker erwartet werde, seien Einfühlungsvermögen, Phantasie, Urteilsvermögen und die Fähigkeit, den Zusammenhang zu sehen; nur so sei es möglich, einer Person wie Hitler und einer Epoche wie der der Zwischenkriegszeit jenseits der Mengen inzwischen verfügbaren sozial- und wahlhistorischen Materials gerecht zu werden. Nicht minder brillant ist seine Auseinandersetzung mit dem Romantizismus der Studentenbewegung oder seine von Anerkennung, Bewunderung und Distanz geprägten Ausführungen zu Person und Leistung Winston Churchills als einem „unzeitgemäßen Helden seiner Zeit" sowie seine umfassende, den Gang durch die Jahrhunderte wagende Analyse „Vom Ende des utopischen Zeitalters".

Fest erweist sich in diesem Band, ähnlich wie später in seiner Jugendbiographie, als ein antitotalitär eingestellter Liberal-Konservativer, der, auch das zeigt sich im Band in der chronologischen Abfolge der wieder abgedruckten Arbeiten, in den letzten Jahren seines Lebens konservativer geworden, aber seiner ablehnenden Grundeinstellung gegenüber allen Extremismen und Utopien stets treu geblieben ist. Die hier versammelten Arbeiten zeigen, welch großen Intellektuellen Deutschland mit seinem Tode verloren hat.
Jürgen W. Falter

Martha Friedenthal-Haase (Hrsg.), Evangelische Akademien in der DDR. Quellen und Untersuchungen zu Bildungsstätten zwischen Widerstand und Anpassung, Leipzig 2007 *(Evangelische Verlagsanstalt)*, 712 S.
Joachim Garstecki (Hrsg.), Die Ökumene und der Widerstand gegen Diktaturen. Nationalsozialismus und Kommunismus als Herausforderung an die Kirchen, Stuttgart 2007 *(Kohlhammer)*, 207 S.

Kaum nachvollziehbar, aber wahr: Erst in jüngster Zeit wurden erstmals überhaupt Geschichte, Leistung und Qualität der fünf evangelischen Akademien in der DDR zwischen 1945 und 1989/90 wissenschaftlich untersucht. Zu verdanken ist dies einem dreijährigen Forschungsprojekt unter Leitung von Martha Friedenthal-Haase – sie lehrt als Professorin für Erwachsenenbildung am Institut für Erziehungswissenschaft der Friedrich-Schiller-Universität Jena. Als Institutionen kirchlicher Erwachsenenbildung haben die evangelischen Akademien in der Zeit der Teilung Beachtliches vollbracht. Sie nahmen insoweit eine singuläre Stellung ein, als sie nicht dem kommunistischen Bildungsmonopol unterlagen, sondern eine Alternative dazu boten. „Von Seiten des Staates wurden die Akademien im Ganzen geduldet, sie waren jedoch wofür Zeugnisse aus allen Akademien vorliegen, unter mißtrauischer Beobachtung, wurden immer wieder eingegrenzt, zumindest punktuell behindert und in Einzelfällen durch Diffamierung, Einschüchterung und Verfolgung von Personen empfindlich gestört" (S. 429 f.). In der Tat wurden die evangelischen Akademien unter der Herrschaft der SED von vielen Menschen als Stätten allgemeiner und politischer Bildung und Selbstbildung geschätzt und genutzt. Viereinhalb Jahrzehnte vermochten sie sich im Spannungsfeld zwischen Anpassung und Widerstand zu behaupten. Damit ist die Fragestellung umrissen, der sich in dem Sammelband die Herausgeberin und ihre Autoren (Susanne Böhm, Kathrin Henkel/Michael Koch, Sabine Nagel, Aribert Rothe) in verschiedenen historischen Untersuchungen zuwenden. Harald Jung hat themenbezogene Dokumente, Briefe, Zeitzeugenberichte und Interviews, Sitzungsprotokolle und andere Quellen, vielfach Zeugnisse protestantischen Selbstbewußtseins, zusammengestellt und akribisch kommentiert. Mit dem Werk wird kirchengeschichtliches Neuland erschlossen. Zugleich stellt es einen eindrucksvollen Beitrag zur Alltags- und Diktaturgeschichte der DDR dar.

Einer gleichsam verwandten Thematik ist der von Joachim Garstecki herausgegebene Tagungsband gewidmet, in dem aus unterschiedlicher Perspektive das stets ambivalente Verhältnis von Ökumene und Widerstand unter dem Nationalsozialismus einerseits, unter dem Kommunismus andererseits ausgeleuchtet wird. Im Einzelnen werden zwölf Vorträge von Historikern, Ökumene-Experten und Theologen wiedergegeben, die die Stiftung Adam von Trott/Imshausen e.V. aus Anlaß des 60. Jahrestages des 20. Juli 1944 zu einem internationalen Kolloquium zu Ehren von Willem Adolph Visser't Hooft zusammengeführt hatte. „Vor dem Hintergrund der Geschichte Imshausens sollte an die in Deutschland wenig bekannten, intensiven Wechselbeziehungen zwischen ökumenischer Bewegung und Vertretern des europäischen – einschließlich deutschen – Widerstandes gegen die NS-Diktatur erinnert werden" (S. 9) – freilich auch des Widerstandes gegen die Diktatur der SED. Der Sammelband reflektiert eindringlich die Rolle des 1948 gegründeten Ökumenischen Rates der Kirchen, seine nicht immer unproblematische Position gegenüber kommunistischen Regimes in der bipolaren Welt des Kalten Krieges. Über Belange der Ökumene weit hinausgehend werden Kernfragen der Widerstandsgeschichte vor und nach 1945 aufgeworfen. Der Band ist zwar schmal, doch äußerst instruktiv.

Karl Wilhelm Fricke

Saul Friedländer, Das Dritte Reich und die Juden, München 2007 (*C.H. Beck*), 1317 S.
Saul Friedländer, Den Holocaust beschreiben. Auf dem Weg zu einer integrierten Geschichte, Göttingen 2007 (*Wallstein Verlag*), 173 S.

Das 2007 in einer einbändigen Sonderausgabe erschienene Hauptwerk von Saul Friedländer besteht aus den Teilen *Die Jahre der Verfolgung 1933-1939*, zuerst vor zehn Jahren publiziert, und *Die Jahre der Vernichtung 1939-1945*, erschienen 2006. Es handelt sich dabei um ein ungemein informationsreiches und den Völkermord an den Juden umfassend und vor allem auch, aber nicht ausschließlich aus der Perspektive der Opfer darstellendes Werk. Die Erzählform verbindet individuelle Schicksale und kollektives Verhalten in einer Weise, die dem Leser häufig den Atem nimmt. Es handelt sich hier um ein unter den Historiker-Kollegen weithin anerkanntes historiographisches Meisterwerk.

Im Wintersemester 2006/07 war Friedländer Gastprofessor am *Jena Center Geschichte des 20. Jahrhunderts* (kurioser Name!) der Universität Jena. Einige der Vorlesungen und Texte von Saul Friedländer sowie zwei protokollierte Gespräche mit ihm sind in dem schmalen Band *Den Holocaust beschreiben* zusammengestellt. Er ist eine aufschlußreiche Lektüre für alle, die sich für die fachlichen, psychologischen und wissenschaftstheoretischen wie -praktischen Fragen interessieren, die sich einer Geschichtsschreibung stellen, deren Gegenstand wegen seiner schieren Schrecklichkeit zunächst Fassungslosigkeit erzeugt. Friedländer hatte sich zu seinem Buch von der Auseinandersetzung mit Martin Broszat anregen lassen, in welcher Broszat eher implizit als explizit die These vertrat, die Erinnerung an die nationalsozialistische Vergangenheit werde, solange keine Historisierung des Dritten Reiches eingesetzt habe, nur eine subjektiv-parteiische, eine „mythische“ Erinnerung sein. Tatsächlich differenzieren sich in der historischen Forschung die Antworten auf so heikle Fragen wie die nach der Beteiligung von Nichtdeutschen an der systematischen Judenvernichtung entlang der ethnischen Identitätslinien der beteiligten Wissenschaftler – jedenfalls sehr oft, wenn auch nicht immer. Friedländers Ansatz einer „integrierten Geschichte“ des Holocaust versucht, unterschiedliche Erklärungsansätze für die nationalsozialistische Judenvernichtungspolitik, die verschiedenen Perspektiven von Opfern, Tätern und Zuschauern sowie unterschiedliche nationale Beteiligungsintensitäten an der Vernichtungspolitik zusammenzubringen und miteinander zu konfrontieren. Er erläutert diesen Ansatz und seine Methode der Darstellung auf recht überzeugende Weise. Als Illustration dient ihm dabei die u.a. von Hannah Arendt (*Eichmann in Jerusalem*) aufgeworfene Frage nach der organisatorischen und damit moralischen Beteiligung vieler Judenräte an der Vertreibung der Juden aus den von Deutschen eroberten Gebieten oder mit Deutschland verbündeten Ländern. – Auf sanfte Art ist Friedländer durchaus ein streitbarer Geist, wie man an seinen Einwänden gegen die Arbeiten von Götz Aly ablesen kann. Man kann die Texte in *Den Holocaust beschreiben* mit Gewinn als eine Art Einführung in das Standardwerk Friedländers über das Dritte Reich und die Juden lesen.

Wilfried von Bredow

Klaus Froh/Rüdiger Wenzke, Die Generale und Admirale der NVA. Ein biographisches Handbuch, Berlin 2007 (*Ch. Links Verlag*), 407 S.

In fünfter Auflage widmen sich Klaus Froh und Rüdiger Wenzke dem militärischen Führungspersonal des deutschen „Arbeiter- und Bauernstaats“. Die Historiker bearbeiten ein Terrain, das Forscher bis 1990 kaum betreten konnten. Ostberlins Geheimhaltung verwehrte tiefgehende Einblicke. Lediglich „Vorzeigemilitärs“ sollten die „Armee des Volkes" öffentlich repräsentieren. Die Autoren, langjährige Kenner des Ostberliner Militärapparats, arbeiteten sich für ihr Nachschlagewerk beflissen durch Archivdokumente, scheuten aber auch Befragungen der ehemaligen Generalität wie in deren Umfeld nicht. Nach einer Einführung in die Genese der militärischen Elite, in Dienstgradabzeichen und Uniformierung sowie einem Exkurs auf das Ende der DDR-Streitkräfte gliedern sie ihr Buch in drei Teile. Zunächst präsentieren sie 337 Kurzbiographien von führenden DDR-Militärs mit Schwerpunkt auf deren Diensttätigkeiten. Die so erfaßten Informationen verarbeiten sie anschließend in 91 teils kommentierten Tabellen. Der dritte Abschnitt besteht aus einer Sammlung von Photographien und Originaldokumenten.

Das Handbuch ist auch in der Neuauflage ein zugleich komprimiertes wie nüchternes Lexikon. Während die Biographien grundlegende Informationen zu Einzelpersonen geben und die Tabellen ausgewählte Personalentwicklungen im Militärapparat prägnant reflektieren, äußern sich die Autoren im vorangestellten Textteil betont sachlich. So hadern sie mit einer eigenen moralischen Bewertung des Militärs der zweiten Diktatur auf deutschem Boden. Einerseits vergessen sie zwar nicht, punktuelle Mißstände bis hin zu „Machtmißbrauch", „Größenwahn" und „Realitätsverlust" (S. 27, 33-35) anzusprechen. Wo sie andererseits das Stigma der „Diener und Täter eines Unrechtsregimes" (S. 64) streifen, umschiffen sie das persönliche Urteil zu den „Soldaten", die „sich nicht nur der Erhaltung des Friedens und der ‚Arbeiter- und Bauernmacht', sondern im besonderen Maße auch der Staatspartei verpflichtet fühlten" (S. 66). Zweifellos richtig führen sie mit Sozialisation, Ideologieglauben und Pflichtbewußtsein entscheidende Momente für den Lebensweg ihrer Untersuchungsobjekte an. Doch wie erleben diese passive Darstellung wohl die Menschen, denen politische Dogmen und deren Verfechter die Umsetzung privater und beruflicher Sehnsüchte verwehrten? Wie erscheint das denjenigen, die in der Enge der DDR resignierten und die es als wenig befriedigend empfanden, sich etwa, weil sie nun einmal unter der „Diktatur des Proletariats" lebten, anpassungsfähig dem Dienst an einer Ideologie oder der Sicherung eines politischen Systems hinzugeben? Genoß die Erstausgabe des Lexikons im Jahre 2000 in ihrem Forschungsbereich nahezu Alleingeltung, drangen mittlerweile tiefergehende biographische Sammlungen wie Einzeldarstellungen, vor allem zu höchsten Repräsentanten des DDR-Militärs, in diesen ein. Gemessen am Umfang des einbezogenen militärischen Personals bleibt das Handbuch jedoch einzigartig. Es ist auf seinem Gebiet zu Recht als Grundlagenwerk nachfolgender Forschungen zu bezeichnen.
Marco Metzler

Margrit Frölich/Benno Hafeneger/Christa Kaletsch/Holger Oppenhäuser (Hrsg.), Zivilgesellschaftliche Strategien gegen die extreme Rechte in Hessen, Frankfurt a.M. 2007 *(Brandes & Apsel)*, 184 S.
Julius H. Schoeps/Gideon Botsch/Christoph Kopke/Lars Rensmann (Hrsg.), Rechtsextremismus in Brandenburg. Handbuch für Analyse, Prävention und Intervention, Berlin 2007 *(Verlag für Berlin-Brandenburg)*, 455 S.

Wer ohne genauere Kenntnisse der tatsächlichen Situation die beiden Bücher über Rechtsextremismus in Brandenburg und Hessen liest, muß den Eindruck gewinnen, die

Rechtsextremisten stünden kurz vor der Machtübernahme. Dagegen würden die „demokratischen Kräfte“, wie sich die einst unter „fortschrittlich“ firmierenden Initiativen und Personen heute nennen, einen verzweifelten Kampf führen, der unter mangelnden Ressourcen und geringer Resonanz in der Normalbevölkerung leide.

Die etwas großspurig als Handbuch deklarierte Publikation über Rechtsextremismus in Brandenburg enthält neben einigen Analysen auch Beiträge zur Prävention und Intervention und zu Erziehung und Bildung. Viele Autoren sprechen zwar von Rechtsextremismus, lehnen aber den „Extremismus-Ansatz“ ab, der von der Werteordnung der Verfassung ausgeht. Statt dessen wird unter Bezugnahme auf Heitmeyer u.a. der Rechtsextremismus indirekt als zwangsläufige Folge des Kapitalismus gesehen. Eine Autorin, Bärbel Möller, sieht gar einen Zusammenhang zwischen Kapitalismus und Rassismus. Zugleich behauptet sie, ebenso wie andere Autoren dieses Bandes, der Rechtsextremismus in den neuen Ländern sei vornehmlich Produkt des Vereinigungsprozesses. Da in den meisten Beiträgen die gleichen Autoren und Studien berücksichtigt und zitiert werden, wird die Lektüre schnell ermüdend. Warum die Herausgeber auf einen Beitrag zur Entstehung und Entwicklung von Ausländerfeindlichkeit und Rechtsextremismus in der DDR verzichtet haben, erschließt sich dem Leser nicht. Gelobt werden dagegen die so genannten Antifa-Gruppen, die liebe Leute seien und ihre Militanz nur aus Imagegründen demonstrierten. Christoph Schulze attestiert der Antifa: „Die Gruppen stellen ein Reservoir an humanistischen Grundüberzeugungen dar, wie sie in der restlichen Bevölkerung nicht ausreichend stark anzutreffen sind. Die Haltung der Antifa beruht auf Zivilcourage, auf dem Willen zum Eingreifen, wenn Unrecht geschieht. Die Antifa-Aktiven sind Experten für die rechtsextreme Szene in ihrer Region“ (S. 294).

Die Mitte der Gesellschaft, d.h. die Normalbevölkerung, die sowohl rechts- als auch linksextremistische Gewalttäter unabhängig von deren Motiven ablehnt, wird dagegen in die Nähe des Rechtsextremismus gerückt. Unter Bezugnahme auf zweifelhafte Studien wird in vielen Aufsätzen ohne weitere Begründung behauptet, der Rechtsextremismus und die NPD hätten schon die Mitte der Gesellschaft erreicht. Die Autoren des von Margrit Frölich u.a. herausgegebenen Buches haben es ungleich schwerer als ihre Brandenburger Kollegen, die Umrisse des Rechtsextremismus zu beschreiben, da es in Hessen im Vergleich zu Brandenburg weniger rechtsextreme Aktivisten und nur sehr wenige Gewalttaten gibt. Um den Kampf gegen die extreme Rechte auch in Hessen erfolgreich führen zu können, werden Pappkameraden aufgebaut. Die Argumentation läuft indirekt darauf hinaus, den Kampf gegen den Rechtsextremismus nicht dem Staat und den ihn tragenden demokratischen Parteien zu überlassen, sondern den selbst ernannten zivilgesellschaftlichen Akteuren, die schon jeden Deutschlandfahnen schwenkenden Fußballfan für einen potentiellen Rechtsextremisten halten, die Führung in dieser Auseinandersetzung zu geben. Dem Staat bleibt die vornehme Aufgabe, diesen Kampf gegen die extreme Rechte, in diesem Fall auch den gegen die Mitte, zu finanzieren.

Klaus Schroeder

Klaus Gensicke, Der Mufti von Jerusalem und die Nationalsozialisten. Eine politische Biographie Amin el- Husseinis, Darmstadt 2007 (*Wissenschaftliche Buchgesellschaft*), 247 S.

Idith Zertal/Akiva Eldar, Die Herren des Landes. Israel und die Siedlerbewegung seit 1967, München 2007 (*DVA*), 570 S.

Anthony D. Kauders, Unmögliche Heimat. Eine deutsch-jüdische Geschichte der Bundesrepublik, München 2007 (*DVA*), 301 S.

Jüdische Geschichte – ebenso deutsch-jüdische, palästinensisch-jüdische, israelische Zeitgeschichte – findet breites Interesse, denn sie bestimmt nicht nur die Vergangenheit und Gegenwart, sondern ebenso die Zukunft. Klaus Gensicke legt eine biographische Dokumentation über Amin el-Husseini vor, der ab 1921 als Mufti von Jerusalem den Konflikt zwischen Arabern und Juden ständig schürte. Im Aufbau gut strukturiert, beschreibt sie den Werdegang des Muftis und offenbart die Ursprünge des islamischen Antisemitismus, der bis in unsere Tage wirkt. Der machtbesessene Intrigant suchte nicht nur im arabischen Lager Verbündete zur Lösung des Palästina-Problems. Sein radikaler Kampf gegen die britische Mandatsherrschaft und den Zionismus führte ihn geradewegs zur Kooperation mit den Nationalsozialisten. Die fanden in ihm einen Verbündeten gegen die Briten – und zugleich einen Holocaust-Mittäter. El-Husseinis Kontakte zur NS-Elite stellt der Autor detailliert dar, nur die Analyse der Dokumente gerät etwas kurz. Ob der Mufti, dessen fanatische Machtpolitik Massaker wie 1929 in Jerusalem, Safed und Hebron forcierte – gleichsam ausnutzte –, wirklich als Urheber der islamischen Selbstmordattentate unserer Tage verstanden werden kann?

Idith Zertal und Akiva Eldar greifen den ungelösten israelisch-palästinensischen Konflikt auf. Ein demokratisches Land wie Israel könnte längst mit den unmittelbaren Nachbarn in Frieden leben – wäre da nicht die Siedlerbewegung. Seit 1967 sorge die Gründung von jüdischen Siedlungen auf Palästinensergebiet für blutige Unruhen. Die Autoren zeichnen das Bild fundamentalistischer Siedler, denen die „Eroberung" des Heiligen Landes hehres Ziel ist. Den israelischen Regierungen bescheinigen sie hingegen Machtlosigkeit. Für den Siedlungsausbau flossen reichlich Steuergelder. Die halbherzigen Versuche der Behörden, illegale „Außenposten" der Siedler zu beseitigen, ermunterten diese, neue Wohncontainer in den umstrittenen Gebieten aufzustellen. Justiz und Regierung begegneten radikalen Ausschreitungen gegenüber arabischen Nachbarn überaus nachsichtig. Am Schluß stand zwar die Anerkennung vieler Siedlungen, ebenso aber die schwierige Räumung des Gaza-Streifens 2005. Diese ausführliche Reflexion des israelischen Dilemmas läßt den Eindruck entstehen, als sei der palästinensische Terror allein Folge der radikalen Siedler-Pioniere, die mit Übergriffen auf arabische Dörfer den ersten Schritt zur Gewaltspirale provoziert hätten. Doch die Mehrheit der Israelis ist weder rassistisch noch fundamentalistisch eingestellt, sie will den Frieden.

Anthony Kauders legt ein Buch vor, das nachdenklich stimmt: Die „Unmögliche Heimat" beschreibt die Schuldgefühle deutscher Juden, die nach 1945 in ihr Vaterland zurückkehrten. Sechs Kapitel dokumentieren, wie die Rückkehrer damit umzugehen lernten: mit der Schuld der Täter wie mit der eigenen. Sie kamen aus persönlichen oder

wirtschaftlichen Gründen freiwillig zurück, doch im Land der Täter zu leben verursachte Gewissensqualen. Die Recherche beschreibt sechzig Jahre Judentum in Deutschland, sie spart allerdings die ostdeutschen Gemeinden aus. Eine intensive Solidarität mit Israel, ein leidenschaftliches Engagement für Demokratie begleitete die jüdischen Gemeinden der Bundesrepublik auf allen Etappen bis zur wirklichen „Ankunft" in der Heimat. Am Ende ist der Titel widerlegt. Trotz allem, die Zukunft jüdischer Identität in Deutschland läßt der Autor offen.
Dorit Seichter

Jens Gieseke (Hrsg.), Staatssicherheit und Gesellschaft. Studien zum Herrschaftsalltag in der DDR, Göttingen 2007 (*Vandenhoeck & Ruprecht*), 388 S.
Thomas Klein, „Frieden und Gerechtigkeit!". Die Politisierung der Unabhängigen Friedensbewegung in Ost-Berlin während der 80er Jahre, Weimar 2007 (*Böhlau*), 548 S.

Die Forschungsabteilung der Bundesbeauftragten für die Stasi-Unterlagen (BStU) ist zu neuen wissenschaftlichen Ufern aufgebrochen, wie der von Jens Gieseke herausgegebene Sammelband „Staatssicherheit und Gesellschaft" unterstreicht. Sie rückt nunmehr die Rolle des Staatssicherheitsdienstes im Verhältnis von Herrschaft und Gesellschaft in den Vordergrund der Aufarbeitung. In der Tat ist dieser Paradigmenwechsel notwendig. Während der Apparat und die Methoden des Staatssicherheitsdienstes, sein Verhältnis zur SED und das Ausmaß der Bekämpfung politischer Opposition mittlerweile gut analysiert und dokumentiert sind, wissen wir nach wie vor wenig über die Einflußmöglichkeiten und -grenzen des Staatssicherheitsdienstes im Zusammenspiel mit der SED und anderen Instanzen auf den Alltag der Mehrheit der DDR-Bürger in den Betrieben, den Wohngebieten und Massenorganisationen.

Die Veröffentlichung gliedert sich in fünf Abschnitte mit insgesamt 18 Aufsätzen, die sich einerseits mit theoretischen Modellen und methodologischen Überlegungen auseinandersetzen, andererseits erste sektorale und regionale Fallstudien präsentieren. Die Aufsätze sind von unterschiedlicher Qualität und Lesbarkeit. Einige werfen mehr Fragen als Antworten auf. Dabei will der ambitionierte Sammelband wichtige Anstöße für eine „Reformulierung" der MfS-Forschung „als Teil einer neuen, politischen Sozialgeschichte der staatssozialistischen Diktatur" (S. 12) geben. Er verdeutlicht aber, was für ein schwieriges Unterfangen dies ist, und daß es noch weiterer methodologischer Anstrengungen und Abgrenzungen bedarf, um dem Forschungsgegenstand gerecht zu werden. Dazu gehört die Beantwortung der Frage, wie man die Geschichte von Repression und Opposition in eine Gesellschaftsgeschichte der Staatssicherheit integrieren will.

Die von Thomas Klein herausgegebene zeithistorische Studie „Frieden und Gerechtigkeit!" zeigt am Beispiel der Friedens-, Umwelt- und Menschenrechtsgruppen in der DDR, wie das MfS versuchte, auf sogenannte „feindlich-negative" Menschen Einfluß zu nehmen und die Beziehungen zwischen ihnen zu manipulieren. Klein konzentriert

sich in seiner Untersuchung auf die Politisierung des oppositionellen Milieus in den 80er Jahren, sucht nach inhaltlichen und strukturellen Gründen, nimmt den Wandel der staatlichen Repressionstechniken in den Blick und untersucht die Folgen dieses Wandels auf die Interaktion der Oppositionsgruppen mit den staatlichen Kräften und innerkirchlichen Konfliktpartnern. Im Fokus der Untersuchung stehen ausschließlich die Oppositionsgruppen in Berlin. Das Buch lebt vor allem von den intimen Kenntnissen des Autors über die Berliner Oppositionsszene, der einer der Protagonisten jahrelang war. Daraus resultiert mitunter eine eigenwillige Sicht von Klein auf bestimmte Entwicklungen im Milieu, die politischen Mitstreitern nicht gerecht wird. Seine theoretische Auseinandersetzung mit den Begriffen „Widerstand" und „Opposition" kann ebenso nicht überzeugen. Denn in Diktaturen gibt es aufgrund der Herrschaftsansprüche keine Trennlinie zwischen legalistisch agierenden und nicht legalistischen Gruppen, wie sie Klein vornimmt. Die große Stärke von Kleins Buch liegt in dem umfassenden empirischen Teil, wo dem Leser viel Neues präsentiert wird. Trotz der gewichtigen Kritik vor allem an Kleins ideologisch begrenzter Perspektive ist seiner Monographie große Beachtung zu wünschen.
Sandra Pingel-Schliemann

Philipp Harfst, Wahlsystemwandel in Mittelosteuropa. Strategisches Design einer politischen Institution, Wiesbaden 2007 (*VS Verlag für Sozialwissenschaften*), 320 S.

Die Untersuchung der Auswirkungen von Wahlsystemen auf Parteiensysteme ist seit Jahrzehnten Allgemeingut der vergleichenden Politikwissenschaft. Phillip Harfst nimmt in seiner Dissertation zwar keinen revolutionär neuen, aber bislang eher vernachlässigten Perspektivwechsel vor. Die Kernfrage für seine Untersuchung des Wahlsystemwandels im östlichen Europa seit Beginn des Transformationsprozesses lautet: Sind es tatsächlich Wahlsysteme, die die Struktur des Parteiensystems prägen? Oder sind Wahlsysteme vielmehr als abhängige Variable zu betrachten? Die Analyse überzeugt in vielerlei Hinsicht – inhaltlich, methodisch und sprachlich. Harfst schreibt einfach, ohne Wissenschaftlichkeit zu vernachlässigen. Wo Vorwissen vorausgesetzt werden kann, referiert der Autor prägnant den aktuellen Forschungsstand; wo Erklärungen notwendig sind, erläutert er verständlich seine Vorgehensweise. Methodisch erfüllt die makro-qualitative Untersuchung höchste politikwissenschaftlich-komparative Standards, obwohl die Fallauswahl eher pragmatisch als hypothesengeleitet scheint. Zum einen wird der Ostmitteleuropa-Begriff zugunsten einer möglichst breiten Datenbasis bis nach Rumänien und Bulgarien gedehnt. Zum anderen wurden die tiefgreifendsten Wahlsystemveränderungen in den 1990er Jahren in der Slowakei und Kroatien durchgeführt – die damaligen autoritären Strukturen beider Länder widersprechen augenscheinlich einem *most similiar systems design*. Die empirische Untersuchung der verschiedenen Wahlsystemveränderungen in den elf untersuchten Staaten besticht dagegen durch ihre übersichtliche und vollständige Darstellung.

Die Schwächen der Arbeit stecken im Detail. Unfreiwillig komisch wirkt die inflationär verwendete Formulierung „einer empirisch gehaltvollen Bestandsaufnahme des Wahlsystemwandels“ – zum einen wegen ihrer massiven Übertonung, zum anderen wegen der Quellen aus den untersuchten Ländern. So sind auch kleinere Unsauberkeiten bei den Fallbeispielen zum osteuropäischen Wahlsystemwandel unterlaufen. Die Verringerung der Wahlkreisgröße in der Slowakei 1998 von vier auf einen nationalen Wahlkreis ging keinesfalls – wie Harfst in Anlehnung an die allgemeine Theorie vermutet – auf die Allgemeinwohlorientierung der autoritären Regierung Mečiar zurück. Vielmehr war es der (mißlungene) Versuch, kleinere Parteien mit regionalen Hochburgen zu schwächen, vor allem die Parteien der ungarischen Minderheit im Süden der Slowakei. Diese Defizite mindern die Qualität der Ergebnisse kaum: Harfst kommt mit Hilfe multivariater statistischer Verfahren zu dem Ergebnis, „daß sich Wahlsystemwandel durch strategisch zweckrationale Akteure als plausibel erwiesen hat“ (S. 311). Dies hat weitreichende Auswirkungen – für Politik und Politikwissenschaft. Die Demokratie kann durch Wahlsystemmanipulationen gefährdet werden; umgekehrt sind Fehlentwicklungen durch strategische Veränderungen korrigierbar. Die Politikwissenschaft ist gefordert, den für Osteuropa nachgewiesenen Kausaleffekt von Parteiensystemen auf Wahlsysteme auch in den westlichen Demokratien zu überprüfen und das Stabilitätsparadigma der Wahlsystemforschung nicht nur in Frage zu stellen, sondern aus dieser erweiterten Perspektive generell zu revidieren.

Tom Thieme

Heiko Haumann (Hrsg.), Die Russische Revolution 1917, Köln/Weimar 2007 (*Böhlau*), 182 S.

Hermann Weber/Ulrich Mählert (Hrsg.), Verbrechen im Namen der Idee. Terror im Kommunismus 1936-1938, Berlin 2007 (*Aufbau Verlag*), 342 S.

Die Anzahl der Publikationen über die Oktoberrevolution ist unüberschaubar, was angesichts ihrer weltpolitischen Bedeutung wenig überraschen mag. Der weit über die Grenzen des zaristischen Rußlands hinausreichende Umsturz vom Oktober 1917 leitete doch nicht nur das kurze, „nicht-kalendarische“ (Anna Achmatova) 20. Jahrhundert ein. Die Oktober-Umwälzung ermöglichte auch das Aufkommen einer neuen Denkweise, die im stalinistischen Terror gipfelte und das „Zeitalter der Extreme“ heraufbeschwor. Den Ursachen des revolutionären Prozesses wie seinen Folgen und Ergebnissen, den Hoffnungen und Enttäuschungen, den langfristigen Utopien und der Resonanz in der Welt widmet sich der Sammelband eines Autorenkollektivs um den Baseler Historiker Heiko Haumann. Das Besondere an diesem Buch ist nicht die Themenauswahl, sondern der Ansatz, die Lebenswelt der historischen Akteure in den Mittelpunkt zu stellen, das Ereignis „aus dem Blickwinkel der Menschen“, in dem „sich individuell-persönlich und übergreifend-strukturelle Faktoren“ bündeln. Eine der wichtigsten Fragen des Buches untersucht den Zusammenhang der Oktober-Umwälzung von 1917 und dem späteren stalinistischen Terrorregime. Das Fazit der Forscher lautet: Das Stalin-Regime sei das

Ende der Versuche gewesen, die Ziele der Revolution zu verwirklichen. „Etwas völlig anderes war Realität geworden, als es sich die Menschen 1917 erhofft und die sozialistischen Revolutionäre erträumt haben. Von nun an mußte man von neuen Bedingungen ausgehen, um eine bessere, eine gerechtere Gesellschaft anzustreben – auch wenn viele Menschen noch lange weiter hofften und die Ideen von 1917 bis heute lebendig sind" (S. 14).

Schockierende Einblicke in eine „an die Inquisition erinnernde Scheinjustiz" des kommunistischen Terrors gibt der von Hermann Weber und Ulrich Mählert im Auftrag der Stiftung zur Aufarbeitung der SED-Diktatur herausgegebene Sammelband über die stalinistischen Säuberungen der Jahre 1936-1938, infolge derer planmäßig mehr als zwei Millionen Menschen verhaftet und über 700.000 von ihnen hingerichtet wurden. Die Autoren beschreiben den Stalinismus als gesellschaftspolitisches System der Willkürherrschaft, die Logik der innenparteilichen Säuberungen und des Terrors in kommunistischen Volksdemokratien sowie den permanenten Einfluß von Gewalt auf die Sowjetgesellschaft. Das Ziel des Sammelbandes besteht in der „Auseinandersetzung mit der Geschichte des Stalinismus als terroristische und menschenmörderische Ausprägung des Kommunismus in Deutschland" (S. 10). Dennoch hat die Aufarbeitung des stalinistischen Terrors nicht nur historischen Wert. Die Schatten der Vergangenheit sind lang – die Eigenschaften des Stalinismus spiegeln sich heute in manchem postsowjetischen Staat wider. So sind in Rußland die Empfindung der Nichtigkeit des menschlichen Lebens und der Freiheit, die Gewöhnung an die „gelenkte Rechtsprechung" und die Imitation demokratischer Prozesse allgegenwärtig. Auch um die Entwicklungen im modernen Rußland nachvollziehen zu können, ist eine Analyse der historischen und politischen Prozesse im vergangenen Jahrhundert nötig. Diese Aufgabe wird durch das Erscheinen beider Sammelbände enorm erleichtert.

Michail Logvinov

Roman Herzog, Jahre der Politik. Die Erinnerungen, München 2007 (*Siedler*), 384 S.

Nicht nur Politiker haben ihre Schicksale, sondern auch ihre – meist – selbst verfaßten Biographien. Oftmals landen diese schon nach kurzer Zeit zu Tiefpreisen auf den Wühltischen der Bücherläden. Dieses Schicksal wäre Herzogs Buch nur zu wünschen, wenn dadurch eine größere Leserschaft erreicht würde. Denn Herzog schreibt flüssig, offen und verständlich, kaum phrasenhaft, sehr selbstbewußt, aber nicht im Übermaß eitel. Bei all seinen Erfolgen würdigt er auch die Verdienste anderer. Dies ist eine selten anzutreffende Haltung in der Politik. Seine Befürchtungen, dieses Buch könnte steril wirken, weil er aufgrund seiner ausgeübten Ämter bei den interessantesten Fragen zur Vertraulichkeit verpflichtet sei, hat er in diesem Buch selbst ausgeräumt.

So mancher Student kann sich ein Politikseminar durch das genauere Lesen des Buches ersparen. Denn dieses Werk liest derjenige mit Gewinn, der wissen will, wie Politik funktioniert, wieviel Einfluß Sympathien oder Antipathien der einzelnen Politiker auf politische Lösungen haben, ob eigentlich die Politik oder der Beamtenapparat die Gesetze „machen“ (eindrücklich ist das Beispiel, wie steuerpolitische Vorgaben der Steuerreform 1975 durch den Beamtenapparat torpediert wurden, weil es um dessen eigene Besitzstände ging), wie die ersten Deeskalationsstrategien der Polizei 1980 in Stuttgart entwickelt wurden, wie lange an – unnötigen – politischen Regelungen gearbeitet werden kann (z.B. drei Jahre an dem Erlaß über das Stillen von Kindern durch Lehrerinnen während der Unterrichtszeit), wie verlogen politische Sprache sein kann, die ständig Reformen anmahnt und gleichzeitig die Belastungen und Zumutungen für die Bevölkerung verschweigt, warum Ignatz Bubis 1995 im Konzentrationslager mit Journalisten eine Schlägerei anfing und warum sich Roman Herzog nicht daran beteiligte.

Der Titel trügt. Ganz gleich, ob Herzog über soziale Marktwirtschaft, Fundamentalismus und Terrorismus, Freiheit und Initiative, Globalisierung und Strategien der Erneuerung, Verwaltungsreformen, Überlebensstrategien oder Energiefragen schreibt, man glaubt sich mitten in der heutigen Diskussion – wobei nicht unbedingt die politischen Antworten beeindruckend sind, sondern die Art und Umkehr der Fragestellungen. Wenn Roman Herzog zum Beispiel in der Stammzellenforschung nach dem Abwägen aller verfassungsrechtlichen und ethischen Positionen die Frage aufwirft, wie man all diese Erkenntnisse einem Opfer schwerer Erbkrankheiten, dem man eine mögliche Heilung verweigern will, plausibel erklären kann. Oder als Herzog sich angesichts vieler Repräsentantenreden 1995 im Gedenkjahr zu Auschwitz entschließt, kein Statement abzugeben, weil alle sprachlichen Möglichkeiten fehlen, um das Entsetzen über diese Untaten zum Ausdruck zu bringen. Beredtes Schweigen als Symbol! – Wer Roman Herzog privat kennt, ist gespannt, wie viel von seiner humorig-ironisch nachdenklichen Art in dieses Buch eingeflossen ist. Dafür hat er nach jedem Kapitel die Spalte: APROPOS eingeführt. Das ist, nebenbei bemerkt, nicht nur der Sache, sondern auch ihm ausgesprochen angemessen.

Heinz Eggert

Jürgen Hofmann/Michael Schneider (Hrsg.), ArbeiterInnenbewegung und Rechtsextremismus, Wien 2007 *(Akademische Verlagsanstalt)*, 312 S.
Bodo Zeuner/Jochen Gester/Michael Fichter/Joachim Kreis/Richard Stöss, Gewerkschaften und Rechtsextremismus, Münster 2007 *(Westfälisches Dampfboot)*, 143 S.

Der Sammelband von Jürgen Hofmann und Michael Schneider faßt die Beiträge zur 42. Linzer Konferenz der Internationalen Tagung der Historiker der Arbeiterbewegung (ITH) zusammen. Die Autoren nehmen die jüngsten Erfolge rechtspopulistischer Parteien in Europa und den Trend zur „Proletarisierung“ ihrer Elektorate zum Anlaß, die Zusammenhänge von Arbeiterbewegung und Rechtsextremismus aus historischer und zeitgeschichtlicher Sicht unter die Lupe zu nehmen. Nach einer problemeinführenden Einleitung befaßt sich der erste Teil des Buches mit den Erfahrungen der Zwischenkriegszeit und den faschistischen Diktaturen in der ersten Hälfte des 20. Jahrhunderts.

Dabei werden nicht nur die Phänomene des Nationalsozialismus in Deutschland und Österreich und des Faschismus in Italien behandelt, auch die Anfälligkeit von Arbeitern für rechtsextremistische Ideologien und Bewegungen in Ungarn, Großbritannien, Südafrika, Argentinien sowie in den USA werden in Einzelbeiträgen von zumeist aus den jeweiligen Ländern stammenden Fachhistorikern beleuchtet. Der zweite Teil ist aktuelleren Phänomenen gewidmet, wobei insbesondere die Einbeziehung der „sozialen Frage" durch Rechtsextremisten und -populisten sowie dem Problem dementsprechender Einstellungsmuster bei Gewerkschaftsmitgliedern nachgegangen wird. Der Band enthält eine jener raren Darstellungen zum griechischen Rechtsextremismus, zu dem sich in der internationalen Forschungsliteratur nur wenige Analysen finden.

Mit dem zweiten Buch liegen nun in Kurzform die Ergebnisse der Studie „Gewerkschaften und Rechtsextremismus" vor, die – gefördert durch gewerkschaftsnahe Stiftungen – zwischen 2002 und 2004 das rechtsextreme Einstellungspotential von Gewerkschaftsmitgliedern im Vergleich zum Rest der Bevölkerung untersuchte. Mit Hilfe qualitativer Gruppendiskussionen sowie einer Umfrage unter Gewerkschaftsmitgliedern und Nicht-Mitgliedern wird der Frage nachgegangen, ob sich die Einstellungsmuster von Gewerkschaftsmitgliedern mit Blick auf rechtsextreme Orientierungen vom Rest der Bevölkerung unterscheiden („Spiegelbildthese") und ob spezifische Anziehungs- bzw. Abwehreffekte verzeichnet werden können. Insbesondere die quantitativen Analysen ergeben, daß sich im Westen Deutschlands Gewerkschaftsmitglieder in ihrem rechtsextremistischen Einstellungspotential kaum von Nicht-Mitgliedern unterscheiden. Hingegen kann im Osten der Republik, wo die Affinität zu rechtsextremen Orientierungen insgesamt höher ist, von einem gewissen Abwehreffekt der Gewerkschaftsmitgliedschaft gesprochen werden. Besonders starke Anziehungskräfte entwickelt der Rechtsextremismus auf gewerkschaftlich organisierte Mitglieder der Mittelschicht, die im Vergleich zu Unorganisierten in ähnlichen Gesellschaftsteilen deutlich eher rechtsextreme Orientierungen aufweisen. Die Kurzfassung der Studie legt keinen besonderen Schwerpunkt auf die empirischen Ergebnisse, sondern bettet sie in konkretere Aspekte ein, die offenbar auf einen höheren Gebrauchswert der Studie in der Gewerkschaftsarbeit zielen. Neben einer Darstellung sozioökonomischer Trends, die rechtsextremistische Orientierungen begünstigen, steht im Vordergrund, wie der Instrumentalisierung der „sozialen Frage" durch Rechtsextremisten begegnet werden kann. So enthält der Band nicht nur Handlungsempfehlungen, sondern auch Erfahrungsberichte von Gewerkschaftern im Umgang mit Rechtsextremismus.

Tim Spier

Jerzy Holzer, Polen und Europa. Land, Geschichte, Identität, Bonn 2007 (*Verlag J.H.W. Dietz Nachf.*), 163 S.
Volker Weichsel, Tschechien in Europa. Nationalpolitische Traditionen und integrationspolitische Konzepte, Berlin 2007 (*Lit Verlag*), 273 S.

Die postkommunistischen Staaten Ostmitteleuropas stellen ein interessantes Forschungsfeld für verschiedene Teilbereiche der gegenwärtigen Politikwissenschaft dar, einschließlich der Extremismusforschung. Aus dieser Sicht sind nicht nur die Fallstudien über konkrete Parteien, Organisationen oder ganze extremistische Szenen wichtig, sondern auch allgemein orientierte Publikationen, die die Rahmenbedingungen des Extremismus erklären können. Autoritäre und totalitäre Traditionen, Transformationsprozesse nach dem Fall des Kommunismus, der Weg der ostmitteleuropäischen Staaten „zurück nach Europa" und der Einfluß der Europäisierung auf die nationale politische Kultur – das alles sind Themen, die eng mit der Problematik verbunden sind. Deshalb sind zwei Neuerscheinungen zu begrüßen. Das erste Werk beschäftigt sich mit Polen im europäischen Kontext. Der erfahrene Autor Jerzy Holzer analysiert die komplizierte polnische Geschichte und nationale Traditionen, den spezifischen Charakter des polnischen Kommunismus, die Entwicklung nach dem Fall des Kommunismus, einschließlich der Integration in die euroatlantische Gemeinschaft, die Kultur Polens, die Beziehungen zu den Juden sowie zum Katholizismus. Holzer versucht, mit einzelnen Stereotypen zu polemisieren. Er fragt sich zum Beispiel, ob der Antisemitismus in Polen wirklich eine politische Besonderheit in Europa darstellt. Leider läßt er diese Frage ohne eindeutige Antwort. Er schreibt auch, daß das Stereotyp „Pole = Katholik" (S. 145) zu Beginn des 21. Jahrhunderts anachronistisch erscheinen mag. Holzer bestätigt, daß der polnische Katholizismus „stärker nationalen und weniger universalistischen Charakter hat" (S. 145). Das Buch kann für eine erste Orientierung sehr hilfreich sein.

Das zweite Buch von Volker Weichsel befaßt sich mit Tschechien in Europa. Es handelt sich um eine Publikation in einem politikwissenschaftlichen Stil. Weichsel bestätigt seine fundierten Kenntnisse. Er hat eine repräsentative Menge an Primärquellen sowie Sekundärliteratur genutzt. Seine Publikation stellt eine originelle Analyse der europapolitischen Konzeptionen der wichtigsten tschechischen politischen Parteien dar. Dabei charakterisiert Weichsel sechs Typen unterschiedlicher nationalpolitischer Grundorientierung. Zudem erforscht er die radikalen und extremistischen Parteien. Die rechtsextreme *Versammlung für Republik – Republikanische Partei der Tschechoslowakei* hat der Autor als tschechoslowakisch-staatsnationale „Rechte" apostrophiert (S. 237); die *Kommunistische Partei Böhmens und Mährens* wird als tschechoslowakisch-staatsnationale „Linke" charakterisiert (S. 237), einzelne Mitglieder der KSČM hat er den tschechisch-staatsnationalen Postkommunisten zugeordnet (S. 244). – Beide Bücher über die europäische Identität der Polen bzw. Tschechen haben neue Erkenntnisse gebracht. Jedes Buch hat einen anderen Charakter. Doch beide können den Extremismusforschern mit Interesse für den ostmitteleuropäischen Raum dienen.
Miroslav Mareš

Bert Hoppe, In Stalins Gefolgschaft. Moskau und die KPD 1928-1933, München 2007 (*Oldenbourg*), 395 S.

Wie kam es zu der selbstzerstörerischen Strategie der KPD, die sich gegen die SPD als den Hauptfeind richtete und dem Todfeind Hitler keinen Widerstand bot? Mit seiner erstmals ins praktische Detail gehenden, auf einer breiten Quellenbasis ruhenden Untersuchung bestätigt Bert Hoppe zwar die hergebrachte Ansicht, daß dem die Politik Stalins zugrunde lag. Er zeigt aber auch, daß die deutschen Kommunisten keinem Zwang unterlagen, sondern sich aus freiem Willen trotz besserer Einsicht dem Willen des Kremlherrn beugten. Das wechselseitige Verhältnis war von Spannungen geprägt, die von partiell gegensätzlichen Interessen und/oder soziokulturellen Unterschieden bestimmt waren und bei Stalin tiefen Argwohn hervorriefen, aber die Führer der KPD waren bestrebt, die Wünsche des Diktators möglichst schon vorauseilend zu erfüllen. Wenn es zu offenen Konflikten kam, gaben sie so gut wie immer dem fremden Willen vor der eigenen Einsicht Vorzug. Die genaue Darstellung, wie dies jeweils geschah und welche Motive zum Nachgeben bewogen, gibt generelle Einblicke in die Herrschaftspraxis Stalins, die weit über das Thema der Studie hinausgehen. Stalin stützte, anders als übliche Totalitarismusthesen vermuten lassen, seine monokratische Position als unanfechtbarer oberster Führer auf polykratische Strukturen. Auf persönliche, quasi-feudalistische Loyalität gegründete Seilschaften konkurrierten um seine Gunst. Dadurch kam keine Entscheidung von Bedeutung zustande, ohne daß sein Machtwort gefragt war – und das nicht nur in der UdSSR, sondern auch in der KPD.

Bert Hoppe läßt das grundlegende Spannungsverhältnis zwischen den revolutionär-ideologischen Ambitionen von Komintern und Parteiapparat (aus denen sich nicht immer die gleiche Linie ergab) und den realpolitisch-pragmatischen Leitvorstellungen des Volkskommissariats für Auswärtige Angelegenheiten deutlich werden. Da sich Stalin als Revolutionär fühlte und trotz seiner notwendig begrenzten Kenntnis der Lage vor Ort die allein gültige Weisheit für sich beanspruchte, wurde seine Fehleinschätzung für die deutschen Genossen verhängnisvoll. Er war auf die politische Konkurrenzsituation zur SPD als der anderen, das Interesse des Proletariats verratenden Arbeiterpartei fixiert und wandte daher der heraufziehenden Herausforderung durch die NSDAP lange Zeit keine Aufmerksamkeit zu. Als sich diese dann nicht mehr ignorieren ließ, hielt er an seinem Standpunkt fest, indem er die von den Nationalsozialisten drohende Gefahr bagatellisierte. Sie seien ein zusammengewürfelter Haufen, dem die einheitliche Klassenbasis fehle und der daher auseinanderbrechen werde. Das gestattete es ihm, das von den deutschen Genossen, vor allem den mittleren und unteren Rängen, die den Haltungsunterschied zwischen SPD und NSDAP täglich erlebten, geforderte „antifaschistische Bündnis" mit den Sozialdemokraten durch unannehmbare Bedingungen zu vereiteln. Die daraus resultierende Uneinigkeit lähmte die deutsche Arbeiterbewegung und beseitigte damit ein wesentliches Hindernis auf Hitlers Weg zur Macht. Bert Hoppe hat mit dem Buch ein hervorragendes Werk vorgelegt, dessen Kenntnis zur Beurteilung sowohl des Endes der Weimarer Republik als auch der Herrschaft Stalins unentbehrlich ist.
Gerhard Wettig

Institut für Sicherheitspolitik an der Universität Kiel (ISUK), Jahrbuch Terrorismus 2006, Opladen 2007 *(Budrich)*, 259 S.

Manuel Ladiges, Die Bekämpfung nicht-staatlicher Angreifer im Luftraum: Unter besonderer Berücksichtigung des § 14 Abs. 3 LuftSiG und der strafrechtlichen Beurteilung der Tötung von Unbeteiligten, Berlin 2007 *(Duncker & Humblot)*, 557 S.

Stefan Middel, Innere Sicherheit und präventive Terrorismusbekämpfung, Baden-Baden 2007 *(Nomos)*, 422 S.

Dieter Wiefelspütz, Die Abwehr terroristischer Anschläge und das Grundgesetz: Polizei und Streitkräfte im Spannungsfeld neuer Herausforderungen, Frankfurt am Main 2007 *(Verlag für Polizeiwissenschaft)*, 108 S.

Wie weit kann, darf, soll der Staat in der Bekämpfung von Terroristen gehen? Nur wenige Fragen der Innen-, Rechts- und Sicherheitspolitik bergen mehr Konfliktpotential. Die Frage nach dem rechten Maß, nach der Verhältnismäßigkeit staatlichen Handelns zieht sich wie ein roter Faden durch politische wie auch wissenschaftliche Debatten. Die allermeisten Autoren, die zur vermeintlichen Gretchenfrage „Freiheit oder Sicherheit?“ Stellung beziehen, nähern sich von einem der beiden demokratische Staatlichkeit definierenden Schutzgüter her. „Die Gewalt nimmt zu“ lautet der Untertitel eines Beitrags von Joachim Krause, der mit ISUK- Geschäftsführerin Kristina Eichhorst das „Jahrbuch Terrorismus“ des Kieler Instituts herausgibt. „Wir sind noch einmal davongekommen“, so seine Bilanz des Konfliktgeschehens 2006 aus deutscher Sicht. Zu Recht verweist Krause auf eine kontinuierlich zunehmende Zahl an Anschlägen, Toten und Verwundeten.

In der Diskussion über den richtigen Umgang mit der terroristischen Bedrohung rükken zwei Fragen in den Vordergrund. Erstens: Ab welcher Schwelle darf bzw. muß der Staat zum Schutz der Sicherheit in Freiheitsrechte eingreifen? Zweitens: Welche Lösungen bieten sich an für den Umgang mit dem nicht nur juristischen, sondern ethisch-moralischen Grenzbereich? Der ersten Frage spürt Stefan Middel in seiner Dissertation umfänglich nach. Vom Begriff der „Inneren Sicherheit“ bis zu konkreten Fallstudien wie der präventiv-polizeilichen Rasterfahndung: Das Werk bietet einen Schatz an Wissen und aktueller Information. Die Analyse der „Gretchenfrage“ setzt spät, wenngleich systematisch ein. Das 50 Seiten starke Schlußkapitel stünde gut für sich als Monographie. Der Autor macht deutlich: Die weitaus größere Gefahr für bürgerliche Freiheiten geht in den westlichen Staaten nicht von deren Institutionen, sondern privaten Kräften aus. Der Staat ist verpflichtet, sein Handeln wie auch Unterlassen veränderten Umständen anzupassen. Middel sieht Deutschland nach Analyse insbesondere der Anti-Terror-Pakete nicht auf dem Weg in den Überwachungsstaat. Gleichwohl wurden nach dem 11. September 2001 Einwände, die für mehr Kontrolle von Grundrechtseingriffen hätten sorgen können, nicht hinreichend gehört. Middel fordert den Schutz *freier* Bürger ein, rückt somit nicht die Gegensätzlichkeit, sondern Interdependenz beider Schutzgüter in den Vordergrund.

Wille und Fähigkeit zur Differenzierung zeichnet auch die rechtspolitische Erörterung von Dieter Wiefelspütz zum Grenzbereich staatlicher Gefahrenabwehr aus. Wie Manuel Ladiges in seiner Dissertation setzt sich der Sozialdemokrat primär mit dem Dilemma eines Abschusses von Zivilisten in einem entführten Flugzeug auseinander.

Ladiges zeigt Widersprüche in der herrschenden Meinung wie im einschlägigen Urteil des Bundesverfassungsgerichts auf. In bestimmten Grenzsituationen erlaube die Schutzpflicht des Staates eine Abwägung des Lebens der Bedrohten am Boden gegen die der Flugzeugpassagiere. Ladiges greift hierzu auf die Grundsätze der Gefahrengemeinschaft und die (Ungleich-)Verteilung von Rettungschancen in dieser zurück. Auch Wiefelspütz lehnt den Einsatz von Streitkräften zur Gefahrenabwehr im Inneren nicht pauschal ab. Insbesondere bei Bedrohungen aus der Luft und von See sei Gefahrenabwehr nur gemeinsam mit den Streitkräften wirksam. Der Rechtspolitiker geht damit deutlich auf Abstand zur Position seiner Partei. Es geht ihm um die Lösung des Dilemmas, nicht um profilschärfende Kritik an Parteien und Personen. Sein Vorschlag für eine Änderung des Art. 35 GG ist pragmatisch und lesenswert.
Johannes Urban

Vladimir Ivanov, Alexander Dugin und die rechtsextremen Netzwerke. Fakten und Hypothesen zu den internationalen Verflechtungen der russischen Neuen Rechten, Stuttgart 2007 *(ibidem)*, 255 S.

Beobachter des politischen Geschehens im Putin-Rußland konstatieren beunruhigende Entwicklungen in Richtung einer „Diktatur" (bzw. einer „defekten Demokratie") – die wenigsten würden diese Entwicklungen mit dem Namen Alexander Dugin (geb. 1962) in Verbindung bringen, obgleich er schon seit einigen Jahren unter Beobachtung der internationalen Rechtsextremismusforschung steht. Oft wird Dugin als postmoderner Provokateur abgetan. Das Buch von Vladimir Ivanov wendet sich entschieden gegen eine solche Bagatellisierung Dugins. Es stellt, wie der Spezialist der russischen Rechtsextremismusforschung Andreas Umland in seinem Vorwort festhält, die erste größere Untersuchung des Dugin-Phänomens in der postsowjetischen Politik dar – damit ist das Werk als eine Pionierleistung zu würdigen. Ivanov zeigt auf, wie Dugin bereits in den frühen 90er Jahren des 20. Jahrhunderts die Ideologie der Kommunisten Gennadij Zjuganov und Aleksandr Prochanov entscheidend beeinflußte und sie mit führenden Vertretern der europäischen Neuen Rechten zusammenbrachte. Im Jahre 1993 gründete Dugin gemeinsam mit dem exzentrischen Schriftsteller Eduard Limonov die Nationalbolschewistische Partei. In dieser Zeit gewann die Duginsche Ideologie Einfluß auf die jugendliche Subkultur Rußlands. Die Ideologie Dugins, der sich bei der Propagierung seines Traumes eines „sakralen eurasischen Imperiums" stets auf ewige Werte beruft, destruiert letztlich alle Werte und schreckt auch vor einer positiven Wertung Hitlers und Stalins nicht zurück. Dennoch verfügt Dugin über gute Beziehungen zum politischen Establishment des Putinschen Rußlands. Im Jahre 2001 gründete er die Bewegung Evrazija, die für kurze Zeit gar in eine Partei umgewandelt wurde, um als Teil des Parteienbündnisses Rodina den Kurs Vladimir Putins zu unterstützen.

Was nun die internationalen Verflechtungen der „Neoeurasier" betrifft, so zeigt sie Ivanov als parallele praktische Umsetzung der theoretischen Synthese Dugins: Ivanov stellt die These auf, daß die Neue Rechte aus Netzwerken von Nationalsozialisten, Faschisten und Kollaborateuren entstanden sei, die in die westlichen Geheimdienste integriert wurden, um den Kommunismus wirkungsvoll zu bekämpfen. Diese Gruppen seien in den östlichen Geheimdiensten auf Gesinnungsgenossen gestoßen, mit denen sie neue Netzwerke gebildet hätten. Ivanov stützt sich auf eine breite Basis von russisch-, englisch-, französisch-, deutschsprachigen Quellen, die er einer deutschsprachigen Leserschaft zugänglich macht. Die ausführliche Zitierung Dugins macht den Leser mit dessen bizarrer Ideologie vertraut. Somit stellt, wie Umland meint, das Buch eine Art Fundgrube für die russische Rechtsextremismusforschung dar. Ob man alle Thesen Ivanovs über die Verwicklungen der „Neoeurasier" teilt oder nicht: Das Buch läßt sich, so könnte man als Resümee festhalten, als ein Sittenbild des Putinschen Rußlands und als eine eindringliche Warnung lesen, sich ernsthaft mit ideologischen und politischen Akteuren wie Dugin auseinanderzusetzen – zumal diese versuchen werden, auch über die Ära Putins hinaus ihren Einfluß auf die kulturellen und politischen Eliten Rußlands zu bewahren.

Alexander Höllwerth

Christian Jansen/Henning Borggräfe, Nation, Nationalität, Nationalismus, Frankfurt a.M./New York 2007 (*Campus*), 212 S.

Peter Walkenhorst, Nation – Volk – Rasse. Radikaler Nationalismus im Deutschen Kaiserreich 1890-1914, Göttingen 2007 (*Vandenhoeck & Ruprecht*), 400 S.

Über „Nation" und „Nationalismus" wird seit Beginn der 1990er Jahre wieder verstärkt diskutiert. Einen einführenden Überblick zu den wissenschaftlichen Aspekten dieser Thematik liefert der Band „Nation, Nationalität, Nationalismus" des Berliner Historikers Christian Jansen und seines Mitarbeiters Henning Borggräfe. Er ist in fünf zentrale Abschnitte untergliedert: Zunächst gehen die Autoren auf Fragestellungen und Leitbegriffe der Nationalismusforschung ein und beschreiben Entstehung und Entwicklung des deutschen Nationalismus. Danach stehen einzelne Nationalismustheorien (Benedict Anderson, Karl Deutsch, Ernest Gellner, Anthony D. Smith) und Kontroversen (Exklusion, Geschlecht, Massenbewegung, Religion) im Zentrum. Abschließend veranschaulichen die Autoren unterschiedliche Modelle von Nation anhand der historisch-politischen Entwicklungspfade in Frankreich, Mazedonien und der Schweiz.

Herausgekommen ist ein interessantes und kenntnisreiches Werk, das gut strukturiert und leicht verständlich über die jeweiligen Aspekte informiert. Fair stellen die Autoren die jeweiligen Positionen in der Forschung vor, ohne die eigenen Auffassungen zu verschweigen. Hierbei betonen sie die Janusköpfigkeit des Nationalismus, sei ihm doch immer Emanzipation und Machtzuwachs, Einschließung und Ausschließung eigen gewesen. Statt zwischen Nationalismus und Patriotismus, Liberal- und Radikalnationalismus solle besser von ethnischem und politischem Nationalismus gesprochen werden. Hierfür können Jansen und Borggräfe gute Argumente vorbringen. Einen wichtigen Gesichtspunkt behandeln sie leider nicht näher: Inwieweit kann „Nationalismus" mit den Werten moderner Verfassungsstaaten konform gehen? Oder: Sollte nicht besser begrifflich zwischen einem demokratischen Patriotismus und einen extremistischen Nationalismus unterschieden werden?

Eine besondere Form des Nationalismus untersucht der Historiker Peter Walkenhorst in seiner Studie über den radikalen Nationalismus in der Spätphase des Deutschen Kaiserreichs. Er will darin die ideologische Konstruktion und politische Praxis der seinerzeit neuen Form dieses politischen Denkens hinsichtlich Aufkommen und Verbreitung analysieren. Unter „radikalem Nationalismus" versteht der Autor einen aggressiven und intransigenten Nationalismus, der auf grundlegenden Systemwandel und territoriale Expansion ausgerichtet war. Er untersucht vor allem den Beitrag der „nationalen Verbände" zur ideologischen Nationsbildung. Dabei geht es zentral um die gesellschaftliche und ideengeschichtliche Genese des radikalen Nationalismus, die Konstruktion der Deutungsmuster „Nation", „Rasse" und „Volk", Grundlagen und Praxis des radikalnationalistischen Imperialismus und den Umgang mit ethnisch-kulturellen Minderheiten. Walkenhorst legt eine analytisch und methodisch ambitionierte Studie vor. Sie erschöpft sich nicht wie viele geschichtswissenschaftliche Arbeiten in der Auflistung historischer Informationen, sondern geht das Thema mit einem Analyseraster auf der Basis des gegenwärtigen Forschungsstandes an. Mitunter scheint der Autor dabei in den ersten beiden Kapiteln etwas die Bodenhaftung zum historischen Material verloren zu haben. Gleichwohl zeigt ein Blick in die Quellenlage der Studie, wie intensiv das Thema nicht nur analytisch, sondern auch empirisch aufgearbeitet wurde. Deutlich macht der Autor dabei, daß sich der radikale Nationalismus als umfassendes Weltbild mit totalitären Potentialen präsentierte. Dessen Protagonisten wollten nicht zurück zu einer traditionellen „Vormoderne", sondern eine „andere Moderne". Solche Erkenntnisse hätten deutlicher aus der insgesamt wertvollen Studie hervorgehen können.
Armin Pfahl-Traughber

Susanne Kailitz, Von den Worten zu den Waffen. Frankfurter Schule, Studentenbewegung, RAF und die Gewaltfrage, Wiesbaden 2007 (*VS Verlag für Sozialwissenschaften*), 246 S.
Kristin Wesemann, Ulrike Meinhof. Kommunistin, Journalistin, Terroristin – eine politische Biographie, Baden-Baden 2007 (*Nomos*), 439 S.

Die Politikwissenschaftlerin Susanne Kailitz hat in ihrer Dissertation die Beziehungen zwischen Frankfurter Schule, Studentenbewegung und RAF insgesamt genauer unter die Lupe genommen. Um der Gefahr von Pauschalurteilen zu entgehen, hat sich die Autorin von vornherein dafür entschieden, individuell vorzugehen und die jeweiligen Äußerungen einzelner Exponenten und Wortführer zu Gewalt und Terrorismus zu untersuchen. Im Falle der Frankfurter Sozialwissenschaftler bezieht sie sich daher neben Adorno auf das Werk von Max Horkheimer, Herbert Marcuse und Jürgen Habermas, im Falle der Studentenbewegung auf Äußerungen der drei führenden SDS-Mitglieder Rudi Dutschke, Hans-Jürgen Krahl und Daniel Cohn-Bendit und in dem der RAF auf die Gründungsmitglieder Andreas Baader, Gudrun Ensslin, Horst Mahler und Ulrike Meinhof. Kailitz gelangt auf diesem Wege zu einem durchweg differenzierten Ergebnis. Ihr Hauptresultat lautet, daß es keine Kausalverbindung zwischen Frankfurter Schule und Terrorismus gegeben habe. In Fortführung einer berühmten, von einigen Sozialwissenschaftlern seinerzeit selbst verwendeten Metapher heißt es: „Aus der Flaschenpost ist keine Kalaschnikow geworden" (S. 229). Der einzige, der aus dem Kreis der von ihr genannten Theoretiker einen positiven Bezug zum Gewaltbegriff aufweise, dem Terrorismus aber ebenfalls eine Absage erteilt habe, sei Marcuse gewesen. Damit scheint der Sachverhalt zunächst geklärt zu sein. Am Ende ihrer Arbeit versucht die Autorin jedoch noch eine Art Entsprechung zu konstruieren, in der die Frankfurter Schule als „Inbegriff der Theorie" der RAF als Verkörperung „revolutionärer Praxis" gegenübergestellt und daraus wiederum die Schlußfolgerung gezogen wird: „Kritische Theorie [...] war Ausgangspunkt allen revolutionären Handelns der RAF" (S. 216). Das muß jedoch vermessen erscheinen. Denn die sozialrevolutionären Ideologien, die für die RAF von Bedeutung waren, stammten hauptsächlich aus dem Arsenal von Lenin, Mao Tse-tung und Che Guevara. Die wenigen Spuren, die sich in handschriftlichen Aufzeichnungen führender RAF-Mitglieder von Adorno und Marcuse finden lassen, sind nicht geeignet, eine solche Feststellung rechtfertigen zu können. Der einzige, der einmal an prominenter Stelle von ihnen öffentlich genannt worden ist, war ein Theoretiker, der in der Dissertation überhaupt nicht auftaucht. Im Stammheimer Hauptverfahren gegen die führenden RAF-Mitglieder bezog sich Gudrun Ensslin nicht ohne Pathos auf Walter Benjamin und zitierte ausführlich aus dessen Thesen „Über den Begriff der Geschichte". Auf welche Weise etwa mit Oskar Negt als einem anderen wichtigen Exponenten der Frankfurter Schule seitens der RAF umgegangen worden ist, bleibt in der Studie leider ebenfalls unerwähnt. Nachdem Negt im Juni 1972 die Neue Linke zu einem völligen Bruch mit der RAF aufgefordert hatte, war er von Ulrike Meinhof nur noch als „das Schwein" verunglimpft worden. Diese Versäumnisse ändern allerdings nichts daran, daß sich in den materialen Teilen des Bandes zutreffende Analysen der in den drei genannten Bezugsgruppen vorherrschenden Gewaltauffassungen finden.

Mit dem Werk von Kristin Wesemann, ebenfalls eine Chemnitzer Dissertation, ist nun eine Biographie über Ulrike Meinhof erschienen, die sich mit dem Leben der eine höhere Moral beanspruchenden Terroristin befaßt. Wesemann verfolgt eine These – die von der politischen Kontinuität im Leben der Ulrike Meinhof. Die Begründerin des bewaffneten Kampfes sei keine Moralistin, sondern eine Kommunistin und damit von Anfang an eine entschiedene Gegnerin der Bundesrepublik und der parlamentarischen Demokratie gewesen. Mit Jürgen Seifert hatte ein ehemaliger politischer Weggefährte Meinhofs darauf hingewiesen, daß sie sich als Mitglied der illegalen KPD bereits zum Zeitpunkt der RAF-Gründung ein Jahrzehnt lang in der Illegalität befunden habe. Mutmaßungen wie die des Schriftstellers Peter Rühmkorf, Meinhof sei durch ihre gescheiterte Ehe mit dem damaligen „konkret"-Chef Klaus Rainer Röhl aus der Bahn geworfen und auf diese Weise in den Untergrund gedrängt worden, werden damit ins Reich der Legenden verwiesen.

Wolfgang Kraushaar

Herbert Kierstein (Hrsg.), Heiße Schlachten im Kalten Krieg. Unbekannte Fälle und Fakten aus der Spionageabwehr der DDR, Berlin 2007 (*edition ost*), 256 S.

Armin Wagner/Matthias Uhl, BND contra Sowjetarmee. Westdeutsche Militärspionage in der DDR, Berlin 2007 (*Ch. Links Verlag*), 294 S.

Die operative Arbeit gegen die DDR wird von Oberstleutnant a. D. Herbert Kierstein und den Wissenschaftlern Armin Wagner und Matthias Uhl aus denkbar unterschiedlicher Perspektive reflektiert. Herbert Kierstein war von 1958 bis 1989 Untersuchungsführer der MfS-Hauptabteilung IX/1, die sich überwiegend mit Spionagedelikten befaßte, und versammelt in „Heiße Schlachten" Beiträge ehemaliger Mitstreiter dieser Abteilung wie die von Oberstleutnant a.D. Peter Emmerich (Referatsleiter), Oberstleutnant a.D. Günter Roth (Arbeitsbereichsleiter) sowie Oberstleutnant a.D. Guntram Engelhardt (stellvertretender Abteilungsleiter). Ein Beitrag stammt aus der Feder von Oberst a.D. Gotthold Schramm (HV A-Abteilungsleiter). „Unbekannt", wie der Untertitel verspricht, ist kaum einer der beschriebenen Fälle. Interessant ist vielmehr, daß Akteure jenes spezifischen Repressionsbereiches der Staatssicherheit berichten, der maßgeblich die Tätigkeiten der Staatssicherheit legitimiert: die Abwehr von nachrichtendienstlichen Aktivitäten gegen die DDR. Die weithin sachlich gehaltenen Beiträge werden einleitend politisch erhöht – und in alter Frontstellung heißt es: „Es ist ein und derselbe Gegner, mit dem wir uns auseinandersetzten und noch immer auseinandersetzen müssen. Selbst die Institutionen sind die gleichen geblieben" (S. 10). Gelistet werden die nachrichtendienstlichen Versuche, überwiegend der fünfziger Jahre, Funknetze in der DDR aufzubauen, militärische Objekte und Truppenbewegungen aufzuklären und auch das Bemühen, in politische Führungsgremien der DDR einzudringen. Letztere werden anschaulich von Günter Roth beschrieben.

Während sich diese Beiträge vornehmlich auf publiziertes, seltener auf Aktenmaterial stützt, arbeiten Armin Wagner und Matthias Uhl anhand von erstmals freigegebenen Akten des Bundesnachrichtendienstes die Strukturen, Methoden und den Alltag bundesdeutscher Nachrichtendienstaktionen heraus. Sie spiegeln diese mit Stasi-Unterlagen. Detailliert wird vor allem für die fünfziger Jahre das Bemühen des Bundesnachrichtendienstes nachgezeichnet, die Dislokation sowjetischer Truppen in der DDR zu ermitteln. Zum Einsatz gelangten Tausende Geschäftsreisende, Kraftfahrer, Studenten, Hausfrauen und Rentner, die nicht selten mit langjähriger Haft oder ihrem Leben bezahlen mußten. Wagner und Uhl betreten Neuland und nutzen die ersten Schritte des BND, operatives Material zugänglich zu machen. Die Autoren gelangen zu dem Ergebnis, daß die hohe Zahl von ostdeutschen Zuträgern bis zum Mauerbau die „wichtigste Quelle" zur militärischen Lage in der DDR war. Der Mauerbau schränkte dies erheblich ein. Diesen Informationseinbruch versuchte der BND mit Transit- und Reisequellen auszugleichen. Allerdings waren Informationserfolge „teuer erkauft, denn Pullach verlor eine große Anzahl seiner Quellen" (S. 187). Oftmals hatte das MfS sie überworben – allein Mitte der achtziger Jahre waren es 27 Quellen des BND, 18 der amerikanischen und vier der britischen Nachrichtendienste.

Helmut Müller-Enbergs

Harald Welzer (Hrsg.), Der Krieg der Erinnerung. Holocaust, Kollaboration und Widerstand im europäischen Gedächtnis, Frankfurt a.M. 2007 (*Fischer*), 293 S.

Serge Klarsfeld, Vichy – Auschwitz. Die „Endlösung der Judenfrage" in Frankreich, Darmstadt 2007 (*Wissenschaftliche Buchgesellschaft*), 607 S.

Jacek Andrzej Młynarczyk, Judenmord in Zentralpolen. Der Distrikt Radom im Generalgouvernement 1939 –1945, Darmstadt 2007 (*Wissenschaftliche Buchgesellschaft*), 408 S.

Verbrechen im Zweiten Weltkrieg sind Bestandteil einer zunehmend europäischen Erinnerungskultur. Hat die Aufarbeitung der deutschen Besatzung und Kollaboration in Frankreich bereits Tradition, bringen seit dem Ende der Teilung Europas und der Öffnung osteuropäischer Archive Arbeiten aus dem früheren „Ostblock" neue Perspektiven ein. Der von Harald Welzer herausgegebene Sammelband trägt diesem erweiterten Blickwinkel Rechnung. Die Leitfragen lauten: Welchen Sinn und welche Grenzen hat das europäische Herangehen an die Holocausterinnerung? Und läßt sich die europaweite Judenverfolgung mit einer deutschfreundlichen und eigenständig antisemitischen Haltung der Völker von der Adria bis zum Nordkap begründen? Studien über Dänemark, die Niederlande, Norwegen, das frühere Jugoslawien und die Schweiz legen zunächst die Unterschiede dar: Nur Norweger tradieren noch „militärisches Heldentum" (S. 28), die Schweizer nagen am „Raubgold" (S. 187), Serben und Kroaten nutzen eigene Kriegserfahrungen der 1990er Jahre als Folie für die Erinnerung an den Zweiten Weltkrieg. Eines ist dem europäischen Gedächtnis gemein: Heroisierung und Opfermythos haben mehr Raum als die Tradierung von Schuld. Das kommunikative Gedächtnis stellt, wie zugegeben wird, nur einen Teil der Erinnerungskultur dar, deren anderer Teil das kulturelle Gedächtnis ist. Während die persönliche Erinnerung Welzers Frage bejaht, würde die kollektive Erinnerung diese verneinen.

Diese Perspektive nehmen auch der französische Historiker Serge Klarsfeld und sein polnischer Kollege Jacek Andrzej Młynarczyk ein. Sie nähern sich dabei der amerikanischen Sichtweise etwa Raul Hilbergs oder Christopher Brownings an. Klarsfeld legte mit „Vichy – Auschwitz" 1983 ein zum „Denkmal der Geschichtswissenschaft" avanciertes Werk vor. Die Neuausgabe ist wichtig, um das Ineinandergreifen von Besatzern und Kollaborateuren nachvollziehen zu können. Pétain habe Hitler durch Polizeiaktionen beweisen wollen, daß Vichy „zu den authentisch judenfeindlichen Regimes gerechnet werden durfte" (S. 359). Jacek Andrzej Młynarczyk belegt mit seiner Untersuchung zum besetzten polnischen Distrikt Radom, wie die Nationalsozialisten „nahezu in aller Öffentlichkeit" Hunderttausende Juden ermorden konnten. Bemerkenswert ist die Bezugnahme der Polen auf Erschießungen und Deportationen: Wenige halfen, viele haßten Juden, selbst im kommunistischen Untergrund. Während bei Klarsfeld Frankreich mitverantwortlich für die Judenvernichtung war, sieht Młynarczyk die Polen als passiv an – bedingt durch die unterschiedliche Besatzungspolitik. Beide konstatieren eine erhebliche Judenfeindschaft der jeweiligen Bevölkerung. Während Klarsfeld Rechenschaft der „Tätergeneration" fordert, mahnt Młynarczyk zur Erinnerung an NS-Verbrechen – vor dem Hintergrund der fast ausgestorbenen Zeugengeneration. Trotz unterschiedlicher Interpretationen und Konsequenzen kann von einem Krieg der Erinnerung,

wie ihn Harald Welzer postuliert, keine Rede sein. Fraglich bleibt indessen, ob aus der Entstehung eines europäischen Gedächtnisses auch eine auf gemeinsamen Grundlagen basierende antiextremistische Haltung wachsen wird?
Sebastian Liebold

Hubertus Knabe (Hrsg.), Gefangen in Hohenschönhausen. Stasi-Häftlinge berichten, Berlin 2007 (*List Taschenbuch*), 382 S.

Udo Scheer, Jürgen Fuchs. Ein literarischer Weg in die Opposition, herausgegeben von der Stiftung Gedenkstätte Hohenschönhausen, Berlin 2007 (*Jaron Verlag*), 384 S.

Martin Sabrow/Rainer Eckert u.a. (Hrsg.), Wohin treibt die Erinnerung? Dokumentation einer Debatte, Göttingen 2007 (*Vandenhoeck & Ruprecht*), 446 S.

Selbstdarstellung und Selbstrechtfertigungen früherer MfS-Offiziere haben nicht nur Konjunktur, sondern, wie es scheint, auch beachtliche Resonanz. Der für eine moderne Gesellschaft in seinen Dimensionen beispiellose Unterdrückungsapparat der DDR wird verharmlost, verniedlicht, relativiert. Angesichts dessen kommt den drei hier anzuzeigenden Titeln eine besondere Bedeutung zu, geben sie doch auf der einen Seite detaillierte und zuverlässige Einblicke in die Haftbedingungen einer zentralen Stasi-Haftanstalt, auf der anderen Seite werden die schwierigen und nicht widerspruchsfreien Debatten um das Gedenken an die DDR-Herrschaft an Hand der vom deutschen Bundestag eingesetzten Kommission, der so genannten „Sabrow-Kommission“, dokumentiert.

Hubertus Knabe, mehrfach als unerbittlicher Kritiker „revisionistischer“ Stasi-Literatur hervorgetreten, editierte eine insgesamt vorzügliche Sammlung von Häftlingsberichten der zentralen Untersuchungshaftanstalt der Stasi in Berlin-Hohenschönhausen, die den Zeitraum von mehr als vierzig Jahren abdeckt. Zeugnisse Prominenter und weniger Prominenter sind wiedergegeben, von Heinrich George über Arno Wend, ehemaliger Kommunisten wie Kurt Müller oder Walter Janka, Journalisten und Schriftsteller wie Karl Wilhelm Fricke, Dieter Borkowski oder Jürgen Fuchs. Den Bogen schließen die Berichte von Bürgerrechtlern wie Vera Lengsfeld oder Freya Klier. Für die politische Bildung und die Auseinandersetzung mit der Hinterlassenschaft der Staatssicherheit stellt das Unternehmen eine Pflichtlektüre dar. Den einzigen Wehmutstropfen bildet der (zu) schmale Abschnitt über die siebziger Jahre (mit nur zwei Beiträgen). Die wachsende Zahl von Inhaftierungen und anschließendem Freikauf aus Gründen der „Republikflucht“ hätte hier gut dokumentiert werden können.

Die beiden lange vergriffenen Bände von Jürgen Fuchs – „Gedächtnisprotokolle“ (1977) und „Vernehmungsprotokolle“ (1978) – haben das Unterdrückungs- und Zersetzungssystem der Staatssicherheit in den Siebzigern eindrucksvoll bekannt gemacht. Daß sein Jenenser Weggefährte Udo Scheer unter Einbeziehung längerer, dokumentarisch angelegter Textauszüge und Interviewprotokolle seinen Lebensweg rekonstruiert, ist sinnvoll und einleuchtend. Sichtbar wird der Weg in die Opposition, die sich auf literarischem Gebiet entfaltet. Eindringlich sind die Schilderungen der Verhältnisse in der thüringischen Universitätsstadt vor und nach der KSZE-Schlußakte, sowie die Bemühungen im West-Berlin der achtziger Jahre, auf DDR-Unrecht aufmerksam zu machen. Schließlich endete für Fuchs die Auseinandersetzung mit seinen Verfolgern bekanntlich beileibe nicht mit dem Zusammenbruch der DDR.

Die „Dokumentation einer Debatte“ ist kein Text zur schnellen Lektüre. Im Gegenteil. Sie ist fast so komplex wie die Liste der Herausgeber des Bandes. Wer sich über die Arbeit der „Sabrow-Kommission“ informieren will, kann unter anderem das Wortprotokoll der Anhörung des Deutschen Bundestages (vom Juni 2006) nachlesen. Die Grundkontroversen wurden naturgemäß in den Fachzeitschriften ausgetragen, vor allem dem „Deutschland Archiv“ und den „Vierteljahrsheften für Zeitgeschichte“. Im Stellenwert von Alltags- und Sozialgeschichte versus politische Geschichte (als Diktaturgeschichte) manifestierte sich der bis heute umstrittene Kern der Debatten.
Werner Müller

Helmut Kohl, Erinnerungen 1990-1994, München 2007 (*Droemer Knaur*), 784 S.
Jürgen Mittag/Klaus Tenfelde (Hrsg.), Versöhnen statt spalten. Johannes Rau: Sozialdemokratie, Landespolitik und Zeitgeschichte, Oberhausen 2007 (*Asso Verlag*), 415 S.

Es fällt schwer, bei Johannes Rau und Helmut Kohl Gemeinsames zu benennen. Doch gehören sie zur gleichen Generation, haben, wie es nur wenigen anderen vergönnt war, die Demokratie der alten Bundesrepublik bis in die Anfänge der Berliner Republik mitgeprägt und konnten nur schwer von der Politik Abschied nehmen. Helmut Kohl hat seine Erinnerungen veröffentlicht, über Johannes Rau ist ein Sachbuch veröffentlicht worden. Beide Bücher sind so unterschiedlich, wie die Politiker. Im Mittelpunkt von Helmut Kohls Erinnerungen steht er selbst, seine Bräsigkeit. Sein egozentrisches Weltbild ist vor allem in seinen Erinnerungen zu besichtigen, lesenswert für den Historiker, der seine Studien über die Geschichte der Bundesrepublik in der ersten Hälfte der 1990er Jahre mit den Erinnerungen seines Kanzlers komplettieren muß. Dieser Kanzler hat zwar Geschichte geschrieben, aber kein gutes Buch darüber. Man legt es spätestens nach der Hälfte der Lektüre beiseite, weil man ihm kein Wort mehr glauben kann: So sehr sind alle Ideen von ihm, hat er immer Recht gehabt, sind die anderen Irrtümern und Ideologien aufgesessen. Erstaunlich, daß dieser Mann vier Bundestagswahlen gewonnen hat – mit zum Teil überwältigenden Wahlergebnissen. Selten, daß er mal Details preisgibt, daß er Einblicke in das Innenleben seines gewiß interessanten politischen Lebens gewährt. Statt dessen zelebriert er gefühlig seine politischen Triumphe. Das ist langweilig.

Johannes Rau war nicht der Versuchung erlegen, seine Memoiren zu schreiben. Sein Wahlspruch „Versöhnen statt spalten“, hier zum Buchtitel avanciert, ziert eine Sammlung von lesenswerten Essays, eine Mischung aus Reflexionen und Erinnerungen an eine der profiliertesten protestantischen Politikerpersönlichkeiten, die die alte Bundesrepublik gehabt hat. Man erhält Einblicke in Raus familiären und kulturellen Hintergrund, ja ein Stück auch ins protestantische Seelenleben, und man erfährt etwas über die sozialdemokratischen Wählermilieus der 1960er bis in die 1990er Jahre hinein, ihr Werden und Vergehen. Rau hat viel zu einer demokratischen Identität in Nordrhein-Westfalen, und ebenso auf nationaler Ebene beigetragen. Er ist authentisch, redlich und hinreichend ehrlich, so daß man versteht, wie hier das Vertrauen der Bürger zu ihm entstehen konnte und über Jahre hinweg Bestand hatte. Es gelingt den Herausgebern mit ihrer Sammlung an Beiträgen die Rolle, die Johannes Rau der Kunst für regionales Selbstverständnis zumaß und geschickt inszenierte, herauszustellen.

Rau war gewiß nicht nur eine Vaterfigur, sondern auch ein Wegweiser in der Moderne, der Demokratie so verstand, daß bei großen Entscheidungen alle politischen Lager und Kräfte gefragt und einzubeziehen waren. Auch hierin war Kohl das glatte Gegenteil. Er führte nicht intellektuell, sondern setzte Zeichen durch Machtpolitik, durchs Schaffen vollendeter Tatsachen. Doch hatten beide Politiker etwas Patriarchalisches. Rau und Kohl haben tiefe Spuren in der Bundesrepublik hinterlassen, nicht zuletzt wegen der langen Dauer, die sie ihre Spitzenämter bekleiden konnten. Beide haben viel verändert. Rau hat die Umstrukturierung des durch Kohle und Stahl geprägten Nordrhein-Westfalens beispielgebend durchgesetzt, Kohl die Deutsche Einheit gemanagt und die europäische Integration vorangebracht. Doch beide haben auch große Niederlagen erlebt. Rau wurde ausgerechnet als Kanzlerkandidat von seiner Partei verlassen, als er sie am nötigsten brauchte. Und Kohl räumt ein, daß durch sein Wirken der bundesdeutsche Sozialstaat an die Grenze der Belastbarkeit getrieben wurde. Gleichwohl: Die Leistungen und Erfolge beider überwiegen bei weitem. Deutschland ist mit ihnen nicht schlecht gefahren.

Stefan Hilsberg

Michael Kraske/Christian Werner, … und morgen das ganze Land. Neue Nazis, „befreite Zonen" und die tägliche Angst – ein Insiderbericht, Freiburg/Basel/Wien 2007 (*Herder*), 219 S.

Stefan Glaser/Thomas Pfeiffer (Hrsg.), Erlebniswelt Rechtsextremismus. Menschenverachtung mit Unterhaltungswert. Hintergründe – Methoden – Praxis der Prävention, Schwalbach 2007 (*Wochenschau Verlag*), 238 S.

Die Journalisten Michael Kraske und Christian Werner haben sich durch ausgezeichnete Reportagen in diversen Medien einen Namen gemacht. Mit „… und morgen das ganze Land" haben sie nun einen lesenswerten Bericht über die Gefährdung der Bundesrepublik durch Fremdenfeindlichkeit und Rechtsextremismus vorgelegt. Sie berichten unter anderem über Rassismus und Antisemitismus in Fußballstadien, Kameradschaften vor Ort und die Strategien der NPD und ihrer Vorfeldorganisationen, junge Menschen an sich zu binden, und lassen darüber hinaus Opfer fremdenfeindlicher Übergriffe zu Wort kommen. Als Beobachter vor Ort vermögen sie eindrucksvoller als die Hochschulforschung über Fremdenfeindlichkeit und Rechtsextremismus im Alltag der Bundesrepublik zu berichten. Aber die Autoren lassen es nicht dabei. Sie beanspruchen, eine exakte Analyse des Rechtsextremismus in der Bundesrepublik zu liefern und kritisieren, daß die Berichterstattung darüber wellenartig verlaufe und sich an Sensationen orientiere. Kraske und Werner legen jedoch einen Bericht über Rechtsextremismus im

Alltag vor, der sich wie andere Beiträge von Journalisten an selektiv ausgewählten Phänomenen orientiert. Dies ist legitim. Problematisch ist es allerdings, wenn auf der Grundlage selektiv ausgewählter Ereignisse Verallgemeinerungen über die Bundesrepublik erfolgen. So behaupten die Autoren u.a., daß Neonationalsozialisten die Städte erobern, Gemeinden, ja ganze Landstriche in die Hände von Rechtsextremisten fallen, Fremdenfeindlichkeit, Rassismus und Rechtsextremismus kontinuierlich zunehmen und die Macht im Alltag erobern. Passagen des Buches vermitteln den Eindruck, als wenn die Bundesrepublik kurz vor der Übernahme durch Rechtsextremisten steht. Dem Stand der sozialwissenschaftlichen Forschung entsprechen derartige Thesen nicht. Die politische Wirklichkeit sieht anders aus. Die Zahl der Käufer mag so aber gesteigert werden.

An den Graswurzeln des Rechtsextremismus setzt auch das von Stefan Glaser und Thomas Pfeiffer herausgegebene Buch an. Der Sammelband „Erlebniswelt Rechtsextremismus“ vereinigt Überblicksbeiträge zu Fremdenfeindlichkeit und Rechtsextremismus in der Bundesrepublik, analysiert Aspekte des Rechtsextremismus im Internet, berichtet über Erfahrungen mit dem Thema Rechtsextremismus in der Bildungsarbeit und stellt auf rund 50 Seiten 15 Projekte gegen Rechtsextremismus vor. Im Anhang und auf der zugehörigen CD finden sich Materialien und Tips für jene, die sich in Projekten gegen Fremdenfeindlichkeit und Rechtsextremismus engagieren. Der Band klärt über die Mittel auf, mit denen rechtsextreme Organisationen Jugendliche ansprechen, und erörtert, wie Schule und außerschulische Jugendbildung darüber Aufklärung betreiben und die Demokratie unter Jugendlichen festigen können. Lehrer, Sozialarbeiter und Projektmitarbeiter können dem Band Anregungen für die eigene Arbeit entnehmen. Neue Erkenntnisse über Rechtsextremismus liefert das Buch nicht.

Jürgen R. Winkler

Hanspeter Kriesi, Vergleichende Politikwissenschaft. Teil I: Grundlagen, Baden-Baden 2007 (*Nomos*), 314 S.
Hubertus Buchstein/Gerhard Göhler (Hrsg.), Politische Theorie und Politikwissenschaft, Wiesbaden 2007 (*VS Verlag für Sozialwissenschaften*), 194. S.

Im Gegensatz zu vielen anderen Einführungen in die Vergleichende Politikwissenschaft stammt dieses Werk aus der Feder eines Autors, der seit vielen Jahren zu den international führenden Vertretern der Komparatistik gehört. Der an der Universität Zürich lehrende Hanspeter Kriesi versteht es dabei, fachwissenschaftliche Autorität und hohe Standards mit guter Lesbarkeit und Verständlichkeit zu verbinden. In methodisch-theoretischer Hinsicht grundlegend ist Kriesis eklektischer Ansatz, welcher sich der makroanalytischen Geschichtsschreibung, dem historischen Institutionalismus, der politischen Soziologie und Ökonomie sowie einer Handlungstheorie, die von begrenzt rationalen Autoren ausgeht, verpflichtet weiß. Der regionale Schwerpunkt der Arbeit liegt auf den heute konsolidierten westlichen Demokratien, insbesondere jenen Westeuropas. Kriesis Analysen basieren auf der Einschätzung, daß Europa sich in einer Periode des fundamentalen Umbruchs befindet, daß Globalisierung und Europäisierung die Bedingungen von Politik und Demokratie tiefgreifend und nachhaltig verändern. Allerdings gibt es für den Autor bis auf weiteres nur bescheidene Ansätze zu einer Konvergenz der nationalen politischen Systeme Europas und einem Bedeutungsverlust nationaler Politik, womit für ihn auch die Existenzberechtigung der international vergleichenden Politikwissenschaft außer Frage steht. Band I der Studie ist auf Aspekte der politischen Modernisierung, der historischen Evolution der Nationalstaaten in Westeuropa und ihrer internen politischen Strukturierung konzentriert. Ausführlich behandelt werden die Staatsentwicklung, die Nationenbildung, die Demokratisierungsprozesse der ersten und zweiten Welle sowie Parteiensysteme und politische Netzwerke als grundlegende politische Strukturierungen. Es ist der Souveränität des Autors zu danken, daß auf ein aufgeblähtes Verzeichnis von Nachweisen und Literatur verzichtet wird – zugunsten einer Konzentration auf ausgewählte Meisterwerke der internationalen Komparatistik, welche dem Schweizer Meister selbst als Grundlage einer „persönlichen Synthese des aktuellen Diskussionsstands" (S. 5) dienen.

Auch der Band von Buchstein und Göhler ist gelungen. Dessen zentrales Thema ist das Verhältnis der Politikwissenschaft als akademischer Disziplin auf der einen und der Politischen Theorie und Ideengeschichte als einer ihrer Teildisziplinen auf der anderen Seite. Zu den zentralen Aspekten der auf sieben Beiträge verteilten Bestandsaufnahme gehört die Klärung des Gegenstandsbereiches von Politischer Theorie und Ideengeschichte, deren Status und Rolle innerhalb der Gesamtdisziplin und deren Verhältnis zu anderen Teilgebieten der Politikwissenschaft. Vor dem Hintergrund der durch die umfangreichen Studiengangsreformen der vergangenen Jahre mächtig unter Druck geratenen Position der Politischen Theorie sind das Selbstbewußtsein und der Optimismus der meisten Autoren bemerkenswert. Ob es der Politischen Theorie tatsächlich, wie Grit Straßenberger und Herfried Münkler mutmaßen, gelingen wird, ihre disziplinäre Randständigkeit als eine Chance zu nutzen, „um zur alten Zentralität unter den neuen Bedingungen moderner Wissensgesellschaften zurückzufinden" (S. 47), erscheint ein wenig fraglich – vielleicht deshalb, weil die Position der Politischen Theorie und Ideengeschichte, wie Hubertus Buchstein und Dirk Jörke in Erinnerung rufen, auch in früheren Phasen der deutschen Politikwissenschaft keineswegs stets eine unangefochten zentrale war. In der Summe liefern die Autoren jedoch zahlreiche gute Argumente, die für eine starke Politische Theorie und Ideengeschichte innerhalb der Politikwissenschaft des 21. Jahrhunderts sprechen, sie zumindest als überaus wünschenswert erscheinen lassen. Für die Leser des *Jahrbuchs* dürfte der inspirierende Beitrag von Peter Niesen über „Politische Theorie als Demokratiewissenschaft" von besonderem Interesse sein.
Ludger Helms

Kurzbesprechungen

Erwan Lecoeur (Hrsg.), Dictionnaire de l'extrême-droite, Paris 2007 (*Larousse*), 310 S.
Michaël Prazan/Adrien Minard, Roger Garaudy. Itinéraire d'une négation, Paris 2007 (*Calmann-Lévy*), 442 S.

Erwan Lecoeur, Autor eines exzellenten Werkes über den französischen „Neopopulismus", hat in Zusammenarbeit mit einer Mannschaft von Politikwissenschaftlern und Soziologen ein Handbuch komponiert, das wenige Monate vor den französischen Präsidentschaftswahlen auf den Markt kam, zu einem Zeitpunkt, als man noch annahm, der „Front national" werde ein hohes Wahlergebnis erzielen. Nach einer allgemeinen Einleitung zum Zustand und den Aussichten der Partei Le Pens präsentiert der Band Ideologie, Wählerschaft, Organisationsgeschichte und Schlüsselkonzepte der französischen extremen Rechten, ihrer Vereinigungen und führenden Persönlichkeiten. Der klar strukturierte und konzise Band bietet auf, was die Sozialwissenschaften zum Thema erarbeitet haben, liefert vor allem eine Entschlüsselung des Vokabulars der extremen Rechten und des FN – und dies auf eine Weise, die sich nicht nur dem engeren Fachpublikum erschließt. Das Konzept des Handbuches, das auch für andere ideologische Familien Frankreichs Anwendung findet, legt den Schwerpunkt auf die Schlüsselworte und die semantischen Kämpfe, indem der oftmals verborgene oder verdeckte Sinn sprachlicher Worte und Wendungen erschlossen wird. Dabei gehen die Autoren der Frage nach, ob die extreme Rechte über eine eigene Sprache verfügt, ein Vokabular, das dem Denken der sich als Gegengesellschaft verstehenden politischen Familie eigen ist. Verweise am Ende jedes Stichworts erschließen das Werk und erleichtern die Orientierung.

Nicht umstandslos dem Rechtsextremismus ist Roger Garaudy zuzuordnen. Wie ist der intellektuelle Werdegang eines vom religiösen Glauben ergriffenen Philosophen zu verstehen, der nacheinander Widerstandskämpfer gegen den Nationalsozialismus, leitender stalinistischer Funktionär, Anhänger des Reformer-Flügels nach der sowjetischen Invasion in der Tschechoslowakei war und schließlich in der arabischen Welt zur Symbolfigur des Negationismus und radikalen Antizionismus wurde? Die Antwort erfährt man in dieser ersten Garaudy-Biographie aus der Feder eines bekannten Fernsehjournalisten und eines jungen Historikers. Sie setzt den Akzent auf den intellektuellen Synkretismus ebenso wie auf den Haß gegenüber dem Westen, der sein Engagement für die Dritte Welt bestimmt zu haben scheint und sich wie ein roter Faden durch sein Werk zieht. Die Autoren heben darüber hinaus auf die Schlacken des christlichen Antijudaismus ab, die bereits vor der Konversion zum Islam die Aversion gegen Israel bestimmten. Dennoch scheint es, daß im Fall Garaudys wie bei Rassinier und Faurisson der Hauptantrieb der Konversion zum Negationismus das Gefühl der Marginalisierung, der Nichtanerkennung durch das politische, mediale und universitäre Establishment war. Hinzu tritt der Wille Garaudys, der Chefideologe des arabischen Antizionismus zu werden. Während er am Ende einer langen Wüstenwanderung nach dem Ausschluß aus der Kommunistischen Partei und dem gescheiterten Versuch, in der alternativen Linken Fuß zu fassen, in Frankreich lediglich zur Ikone einer marginalen Strömung wurde, genießt er in der muslimischen Welt mannigfache staatliche Unterstützung. Auch wenn einige Einschätzungen der Autoren (insbesondere mit Blick auf den Einfluß Garaudys

bei Ahmadinejad und der Hizbollah) mit einem vorsichtigen Fragezeichen zu versehen sind, bietet das Buch dennoch ein zuverlässiges Bild der rot-grün-braunen Verflechtungen, wie sie sich um das Hauptwerk Garaudys über die „Gründungsmythen der israelischen Politik" ranken.
Jean-Yves Camus

Alexander Litwinienko/Yuri Felshtinsky, Eiszeit im Kreml. Das Komplott der russischen Geheimdienste, Hamburg 2007 (*Hoffmann und Campe*), 352 S.
Margareta Mommsen/Angelika Nußberger, Das System Putin. Gelenkte Demokratie und politische Justiz in Rußland, München 2007 (*C.H. Beck*), 224 S.

Einerseits passen beide Bücher nicht zusammen. Die Abhandlung von Mommsen und Nußberger ist eine kritisch-wissenschaftliche Analyse der Lage in Rußland. Die Autorinnen beschreiben auf der Basis umfassender Recherchen die Ursprünge, Kernelemente und Merkmale der Amtszeit von Wladimir Putin. Jede Behauptung im Buch wird belegt. Obwohl die Einschätzung der Situation in Rußland durchaus negativ ist, geben beide Wissenschaftlerinnen zu, „Rußland sei nicht die Sowjetunion" (S. 9). Sie erwähnen neben negativen positive Beispiele der Entwicklung dieses Landes. Die Veröffentlichung von Litwinienko und Felshtinsky hat dagegen nichts mit einer nüchternen Beschreibung zu tun. Sie ist eine höchst emotionale Darstellung von Insidern, die den geheimdienstlichen Alltag Rußlands kennen und der Öffentlichkeit zeigen wollen. Die Autoren sind Russen, die in der Sowjetunion gelebt bzw. als Mitglieder der sowjetischen bzw. russischen Geheimdienste gedient haben. Da einer von ihnen unter ungeklärten Umständen ums Leben kam, richtet sich die These des zweiten Autors eindeutig gegen Putin persönlich und gegen die Leitung der russischen Sicherheitsbehörden als Mordauftraggeber. Obwohl im Buch mehrere hundert Fakten, Personen und Daten erwähnt werden, fehlen Beweise. Es wird aber behauptet, daß diese bei Bedarf unabhängige Gremien erhalten können. Der Leser hofft, daß „eines Tages die Archive der Ministerien, die die im Buch gemachten Vorwürfe bestätigen, der Öffentlichkeit zugänglich gemacht werden" (S. 235).

Andererseits sind sich beide Publikationen sehr ähnlich und ergänzen sich. Litwinienko und Felshtinsky vertreten die Meinung, daß die Nachfolgedienste des KGB alles tun wollten, um die absolute Macht in Rußland zu erobern. Der Amtsantritt des ehemaligen KGB-Mannes Putin war der Höhepunkt entsprechender Handlungen. Der Tschetschenien-krieg 1994 und mehrere Attentate in Rußland 1999 waren dagegen nur die Elemente, die dazu beitrugen, die absolute Macht des ehemaligen KGB in Rußland wiederherzustellen. Und in der Tat sind alle erwähnten Ereignisse mit Blick auf die Bestätigung der These überzeugend dargestellt. Sie betreffen jedoch nur die technischen und „taktischen" Aspekte, etwa die Vorbereitung der Attentate durch die russischen Geheimdienste oder bestimmte Operationen während des Krieges in Tschetschenien. Mommsen und Nußberger dagegen konzentrieren sich auf die Strategie. Sie betrachten kein einzelnes Element des politischen Systems, etwa die Geheimdienste, sondern Rußland als Ganzes, als Land mit eigener Geschichte und eigenen Traditionen. Sie weisen auf die autokratischen Gewohnheiten der russischen Gesellschaft hin und liefern unabsichtlich die Beweise für Litwinienkos Thesen, indem sie undemokratisches Handeln der Regierung Putins und seiner Dienste (Machtkonzentration, Manipulation der Medien, Mißbrauch des Justizsystems oder des Grundgesetzes). Entsprechend düster fällt das Fazit beider Bücher aus: Die absolute Macht Putins und/oder der Geheimdienste in Rußland wird in absehbarer Zeit bestehen bleiben.

Dennoch ist bei der Lektüre beider Publikationen eine gewisse Skepsis angebracht. Felshtinsky bleibt die Antworten auf die wichtigen Fragen schuldig, etwa zur Rolle Litwinienkos im Geheimdienst, bevor er aus Rußland geflohen ist. Litwinienko wird immer positiv gezeigt, ebenso wie Chodorkowski bei Mommsen und Nußberger.
Tytus Jaskułowski

Wilfried Loth, Die Sowjetunion und die deutsche Frage. Studien zur sowjetischen Deutschlandpolitik von Stalin bis Chruschtschow, Göttingen 2007 (*Vandenhoeck & Ruprecht*), 318 S.
Peter Ruggenthaler (Hrsg.), Stalins großer Bluff. Die Geschichte der Stalin-Note in Dokumenten der sowjetischen Führung, München 2007 (*Oldenbourg*), 256 S.

Wilfried Loth hält unbeirrbar daran fest, Stalin habe die DDR als „ungeliebtes Kind" nie gewollt, sondern einen gesamtdeutschen Staat mit westlichem System angestrebt, für den nur ein neutraler Status vorgesehen gewesen sei. Der Band enthält Aufsätze, die aufgrund ausgewählter Textstellen die These mit neuen Quellen belegen und die Einwände entkräften sollen. So wird dem Argument, daß in der sowjetischen Diktion das Qualitätsmerkmal „demokratisch" allein den kommunistisch beherrschten Staaten und Kräften, niemals irgendeinem westlichen Land, etwa der Bundesrepublik, zuerkannt wurde, entgegengehalten, Stalin – und nach ihm Malenkow – habe für ein „bürgerlich-demokratisches" Gesamtdeutschland auf der Basis der Verfassung von Weimar plädiert. Dabei wird übersehen, daß der Kreml seit jeher mit diesen Worten die DDR und ihr System charakterisierte. Wie Loth mit den Quellen umgeht, möge ein Beispiel zeigen. Er bezieht sich auf einen Bericht zur Vorgeschichte der Deutschland-Note vom 10. März 1952, den Semjonow engen Freunden gab. Danach begegnete Stalin der Anregung eines Friedensvertragsvorschlags mit Mißtrauen. Während die Initiatoren, zu denen Semjonow gehörte, der UdSSR ein Alibi für die ins Auge gefaßte Absage an das bis dahin erklärte Ziel der deutschen Einheit (auf der Basis des östlichen Systems, wie intern deutlich gemacht wurde) verschaffen wollten, hatte er die Sorge, die Westmächte könnten darauf eingehen und so die Ausführung der sowjetischen Pläne stören. Erst als man ihm versichert hatte, das sei mit Gewißheit nicht zu befürchten, war er einverstanden – freilich mit dem drohenden Hinweis, wenn sich die Voraussage als falsch erweise, würden die Schuldigen zur Rechenschaft gezogen. Loth gibt diese Aussage nicht wieder, sondern resümiert, „daß Stalin für das Vorhaben erst noch gewonnen werden mußte". Der entscheidende Tatbestand, daß der Kremlchef die mögliche Annahme des Verhandlungsangebots als gravierendes, unbedingt zu vermeidendes Risiko ansah, wird verschleiert.

Bisher war die Vorgeschichte der Note vom 10. März 1952 zwar aus quellengestützten Darstellungen, aber nur aus wenigen Dokumententexten bekannt. Peter Ruggenthaler schließt diese Lücke mit 141 Akten zur Vor-, Begleit- und Nachgeschichte. Sie entstammen vor allem dem Nachlaß Molotows, bis Sommer 1952 der entscheidende außenpolitische Berater und Mitarbeiter Stalins. Molotow und Stalin gingen bei der Vorbereitung der Note davon aus, die Westmächte würden den Vorschlag von Friedensvertragsverhandlungen von vornherein zurückweisen. Es bestand also kein Grund für die Sorge, daß die offene und vollständige Einbeziehung der DDR in die politische und militärische Front gegen die NATO gestört würde. Ebenso wie die sowjetische Seite verband die SED-Führung, von der die Anregung zur Note ursprünglich ausging, damit sogar den Zweck, mit der Ablehnung des Vorschlags durch den Westen die Ausrichtung der DDR auf das sozialistische Lager zu rechtfertigen. Demgemäß wartete der Kreml bei allen längst fixierten Maßnahmen ab, bis das westliche Vorgehen Anlaß zu der Erklärung bot, man sehe sich gezwungen zu reagieren. Die Akzente der Dokumente liegen auf den Ersterwägungen von Februar bis Mai 1951, den Grundsatzbeschlüssen im August und September 1951, deren Ausführung im ausgehenden Winter 1952, den Ausweichreaktionen angesichts des westlichen Vorschlags eines „Kurzvertrags" mit Österreich und der „Notenschlacht" um Deutschland vom Frühjahr bis zum Herbst 1952. Es fehlen die Notenentwürfe vom Herbst 1951, denn die Dokumente entstammen dem Russischen Staatsarchiv für soziale und politische Geschichte, das die Unterlagen des Zentralen Parteiapparats, nicht des Außenministeriums aufbewahrt. Der Band enthält die primär wichtigen Akten. Ruggenthalers Einleitung gibt dem Leser einen guten Überblick über den Gesamtvorgang. Mit der Veröffentlichung ist der Streit, ob Stalin das in der Note enthaltene Angebot ernst gemeint habe, abschließend in negativem Sinne geklärt.

Gerhard Wettig

Leonid Luks, Zwei Gesichter des Totalitarismus. Bolschewismus und Nationalsozialismus im Vergleich, Köln u.a. 2007 (*Böhlau*), 306 S.
Cathleen Pohl, Politische Irrwege. Die Totalitarismuskonzeption Karl Raimund Poppers, Stamsried 2007 (*Verlag Ernst Vögel*), 221 S.

Im Zuge des Zusammenbruchs des sowjetisch dominierten Herrschaftskommunismus hat die Totalitarismusforschung eine unerwartete Renaissance erfahren und so auch eine Reihe älterer Theorien und Konzepte wiederbelebt, die jedoch nur teilweise als fruchtbar gelten können. In den vergangenen Jahren dominierten eher empirisch gesättigte Studien über eine oder mehrere der untergegangenen Weltanschauungsdiktaturen. Direkt vergleichende Untersuchungen bildeten ebenso große Ausnahmen wie Weiterentwicklungen im Bereich der Totalitarismustheorien. Die beiden Bände versuchen diesen Mangel wenigstens partiell zu beheben, in dem sie sich – wie im ersten Fall – den beiden Großtotalitarismen in vergleichender Betrachtung nähern oder aber – wie im zweiten Fall – mit neuen methodologischen Ansätzen beschäftigen.

Bei dem Werk von Luks handelt es sich um einen Sammelband, der (mit einer Ausnahme) bereits veröffentlichte Aufsätze (und Rezensionen) bündelt. Seine 16 „Skizzen“ kreisen um Fragestellungen zur Genese der „totalitären Doppelrevolution des 20. Jahrhunderts“, zum bolschewistischen und nationalsozialistischen Herrschaftstotalitarismus und zu den totalitären Bewegungen im postsowjetischen Rußland. Bereits in seiner Einführung weist Luks auf ein wichtiges Manko der bisherigen empirischen Forschungen hin: nämlich auf die Tatsache, daß „Faschismus- und Kommunismusforschung wenig Berührungspunkte“ haben und – mit Blick auf Courtois – betreffende Wissenschaftler „in der Regel“ nicht über das eigentlich nötige „Doppelwissen“ (S. 9) verfügen. Der aus Rußland stammende und in Deutschland lehrende Luks versteht sich unausgesprochen – und anders als Courtois und Nolte – als Kenner beider Materien und Sprachen, was in der Tat in seinen „Skizzen“ immer wieder deutlich wird. In seinem Aufsatz über „Programmatische Anleitungen zur totalitären Doppelrevolution des 20. Jahrhunderts“ beschäftigt er sich z.B. kenntnisreich mit den „beiden Denkschulen“ des Totalitarismus, der „Klassenkampftheorie“ von Marx und der „Rassenlehre“ von Gobineau, die aber erst mit den beiden Grundlagenwerken von Chamberlain („Grundlagen des neunzehnten Jahrhunderts“) und Lenin („Was tun?“) militant-kämpferisch aufgeladen wurden und so intellektuelle „Prologe“ (S. 81) für die „Doppelrevolution“ bildeten. Gerade weil Luks diese (für Deutschland und Rußland so wirksamen) „Denkschulen“ betont, vermag er mit guten Argumenten Noltes und Biebersteins Thesen, den Holocaust mit der „realen“ Gefahr des „jüdischen Bolschewismus“ zu „erklären“ (S. 186), zurückzuweisen.

Pohls Monographie über die Totalitarismuskonzeption Poppers folgt einem politikwissenschaftlichen Ansatz. Im Mittelpunkt ihrer Studie steht die Frage, inwieweit „falsche Methodenlehren“ (der Historizismus, der Holismus, die Methode des intuitiven Verstehens, der soziologische Essentialismus und Determinismus) in totalitäres Denken und totalitäre Herrschaft münden. Grundlage ihrer Überlegungen ist Poppers Werk, das sich mit den Vorstellungen Platons, Hegels und Marx‘ auseinandersetzt. Pohl kommt zu dem Schluß, daß Popper „tatsächlich einen brauchbaren Kriterienkatalog zum Identifizieren totalitärer Programme und Ideologien“ (S. 162) vorgelegt habe. Dieses „zeitlose Frühwarnsystem“ beziehe sich vor allem auf Fragen nach der Berufung von Vertretern politischer Bewegungen auf „historische Entwicklungsgesetze“ oder deren etwaiges Ganzheits- und Rechtfertigungsdenken. Zweifellos handelt es sich bei dem von Pohl ermittelten „Kriterienkatalog“ um eine wichtige „Sonde“ zur Früherkennung totalitären Denkens; ob er allerdings eine „Totalitarismuskonzeption“ darstellt, ist zumindest fraglich.

Mike Schmeitzner

Heinz Lynen von Berg/Kerstin Palloks/Armin Steil, Interventionsfeld Gemeinwesen: Evaluation zivilgesellschaftlicher Strategien gegen Rechtsextremismus, Weinheim/München 2007 (*Juventa*), 379 S.

Leider wird die Auseinandersetzung mit dem Phänomen des Rechtsextremismus häufig durch eine Kreuzzugsmentalität geprägt oder politisch instrumentalisiert. Umso wichtiger ist es, daß Strategien gegen Rechtsextremismus einer seriösen und empirisch abgesicherten wissenschaftlichen Analyse unterzogen werden. Genau damit befaßt sich der Band „Interventionsfeld Gemeinwesen" von Heinz Lynen von Berg, Kerstin Palloks und Armin Steil. Es handelt sich um eine Begleitstudie zum Programm CIVITAS des Bundesfamilienministeriums. CIVITAS förderte von 2001 bis 2006 Maßnahmen zur Stärkung der demokratischen Kultur und zur Bekämpfung des Rechtsextremismus in den neuen Bundesländern. Die mit der Evaluierung beauftragten Wissenschaftler sollten die (Prozeß-)Qualität und Wirksamkeit der im Rahmen des Programms durchgeführten Projekte untersuchen. Ihre Ergebnisse, die mit dem 2007 vorgelegten Band einer breiten Öffentlichkeit zur Verfügung stehen, sind nicht nur eine aufschlußreiche Einordnung der Effektivität von CIVITAS, sondern stellen zugleich eine Grundlage für künftige Vorhaben dar. Für die Zukunft geplante staatlich geförderte Projekte werden sich an den Erkenntnissen der Studie messen lassen müssen. Das Programm CIVITAS erfuhr eine differenzierte Beurteilung durch die Autoren. Das Hauptanliegen, die Stärkung zivilgesellschaftlicher Strukturen, wurde nur bedingt und in von Kommune zu Kommune unterschiedlichem Ausmaß erreicht. Als ein zentrales Problem erwies sich z.B. die Fixierung von Akteuren auf die „Bekämpfung des Rechtsextremismus". Eine solche einseitige Ausrichtung war für das Ziel einer nachhaltigen Förderung und Vernetzung zivilgesellschaftlichen Engagements eher hinderlich, weil es eine Einbindung breiter gesellschaftlicher Gruppen verhinderte. Allerdings sollen die Erfolge des Programms nicht verschwiegen werden. Es hat insbesondere „mit den Strukturprojekten Mobile Beratung, Opferberatung und Netzwerkstellen innovative Projektformate entwickelt" (S. 339). Insgesamt, so das Resümee der Autoren, hat CIVITAS das Problem Rechtsextremismus nicht verschwinden lassen, was ja auch nicht zu erwarten war, jedoch einen wichtigen Beitrag zur Weiterentwicklung einer sinnvollen Auseinandersetzung mit dem Phänomen geleistet.

Die Befunde der Studie stützen die Ansicht, daß solide zivilgesellschaftliche Strukturen und gelebte Demokratie den wirksamsten Schutz vor der Ausbreitung des Rechtsextremismus darstellen. Beides drückt sich im besten Falle nicht in Demonstrationen, Konzerten, Initiativen usw. „gegen Rechts" aus, sondern in einem engagierten und wertgebundenen Bekenntnis zum freiheitlichen Gemeinwesen. Wertevermittlung, stabile soziale Verhältnisse, politische Bildung und dauerhaftes bürgerschaftliches Engagement stellen eine weitaus wirksamere Barriere gegenüber den Extremisten am rechten Rand dar als anlaßbezogene Krisenintervention oder ein von oben verordneter „Aufstand der Anständigen". Eine ernsthafte inhaltliche Erwiderung auf den Rechtsextremismus statt Verbotsgeschrei entspricht dem freiheitlichen Charakter unserer Verfassung und Gesellschaft.

Henrik Steglich

Frank R. Pfetsch, Das neue Europa, Wiesbaden 2007 *(VS Verlag für Sozialwissenschaften)*, 216 S.
Helmut Schmidt/Richard von Weizsäcker (Hrsg.), Innenansichten aus Europa: Die neue Mittwochsgesellschaft, München 2007 *(C.H. Beck)*, 336 S.

Europa hat wieder politische Konjunktur. Das zeigen vor allem optimistisch geprägte Studien wie die von Jeremy Rifkin über den europäischen Traum und selbst wenn so erklärte Europaskeptiker wie Tony Judt jetzt in den Chor der Europaenthusiasten mit einstimmen, dann verwundert es nicht, daß im konservativen Lager, wo Europa-Skepsis lange Jahre überwog, nun auch das europäische Loblied angestimmt wird.

Die Arbeit von Frank R. Pfetsch über das neue Europa hat soliden Handbuchcharakter und ist vor allem für Studierende geeignet, weil Fakten übersichtlich geordnet werden und die Zusammenhänge nicht nur begrifflich, sondern auch logisch in sich stimmen. In vier Kapiteln werden zunächst verschiedene Weltordnungsmodelle vorgestellt und in diesem Zusammenhang eine gegenwartsbezogene Interpretation Europas versucht. Im zweiten Teil beschäftigt sich der Verfasser mit der inneren Entwicklung der Europäischen Union, wobei er die systemischen, wirtschaftlichen, kulturellen und politischen Dimensionen untersucht. In einem dritten Teil wird, relativ knapp, die Europäische Union mit Blick auf ihre Außenbeziehungen untersucht und im abschließenden vierten Teil die Entwicklung von der Satzung der Europäischen Gemeinschaft zum Verfassungsvertrag dargestellt. Das Buch ist didaktisch ansprechend aufgebaut, z.B. wenn Pfetsch sechs verschiedene Modelle für Europa nach historisch-kulturellen Mustern vorstellt oder wenn er ähnlich übersichtlich über Identität, Legitimität und Föderalismus räsoniert. Zu bemängeln bleibt allenfalls, daß der außenpolitische Teil relativ knapp ausfällt, daß man den einen oder anderen Aspekt des „neuen Europa" durchaus kritischer sehen kann, aber insgesamt gesehen ist ein sehr übersichtlicher, kenntnisreicher und gut zu lesender Band entstanden, der von Sympathie für das neue Europa durchzogen ist.

Der von Helmut Schmidt und Richard von Weizsäcker herausgegebene Band versammelt Beiträge herausragender Vertreter des kulturellen, wissenschaftlichen, wirtschaftlichen und politischen Lebens im Rahmen der 1863 in Berlin begründeten Mittwochsgesellschaft. Sie nimmt als Forum für offenen Dialog einen herausragenden Rang ein. Von Marion Grafin Döhnhoff neu ins Leben gerufen, wird sie nun von Helmut Schmidt und Richard von Weizsäcker weitergeführt. Die Beiträge werden sehr großzügig unter der Rubrik „Innenansichten aus Europa" zusammengehalten, wenn z.B. der Literaturwissenschaftler und Schriftsteller Adolf Muschg über die Frage referiert, ob Goethe Antisemit war. Anders verhält es sich mit der Analyse von Egon Bahr über Probleme und Aussichten des europäischen Weges. Lesenswert sind die Beiträge von Friedrich Wilhelm Graf über die Renaissance der Religionen, von Dieter Grimm über europäische Verfassung, Identitätsstiftung und Handlungsfähigkeit. Wer sich solide, übersichtlich und kenntnisreich über das neue Europa informieren will, dem sei das Buch von Frank R. Pfetsch ans Herz gelegt; der Sammelband von Schmidt und Weizsäcker ist leider weniger systematisch orientiert.

Christian Hacke

Alan Posener, Imperium der Zukunft: Warum Europa Weltmacht werden muß, München 2007 *(Pantheon)*, 224 S.

Alan Posener plädiert originell für eine Neubewertung Europas, sieht er das Römische Reich und das britische Empire als Vorbild für Europa als liberale Schutzmacht, als Imperium der Zukunft. Zwar sind Poseners Ausführungen über die Geschichte der Imperien interessant, doch sein Bemühen, Begriff und Inhalt von Imperium auf das heutige Europa zu übertragen, wirkt doch etwas verkrampft. Schon die politikwissenschaftlichen Diskussionen der vergangenen Jahre über Neoimperialismus in den USA haben gezeigt, daß der Begriff Imperium an der Schwelle des 21. Jahrhunderts nicht mehr taugt, um innen- oder außenpolitische Phänomene von großräumigen Staaten oder Staatengebilden zu erklären.

Gleichwohl ist das Buch ein engagierter, teils polemischer, aber immer interessanter Ritt durch die Geschichte von Imperien und europäischer Integration. Das Heilige Römische Reich wird „reloaded", die neue Macht Brüssels als Zentrum eines neuen europäischen Imperiums beschworen, um somit die Selbstbehauptung Europas an der Schnittstelle von Amerikas Niedergang und den neuen Gefahren in der Welt zu apostrophieren. In Poseners Studie nehmen deshalb der Aufstieg Rußlands, Chinas, der Terrorismus und insbesondere die islamische Welt breiten Raum ein. Während sich der neue Traum Europas in der Regel auf ein Europa als unabhängige dritte Kraft, also in Distanz zu den USA bezieht, plädiert Posener für ein machtvolles Europa an der Seite der USA. Er gehört also nicht zu denjenigen, die ihre Enttäuschungen über den amerikanischen Traum auf ein neues „dream team" der europäischen Staaten übertragen, sondern Posener schwebt etwas vor, was Hannah Arendt als „atlantische Zivilisation" umschrieben hat. Vielleicht wäre Arendts Begriff passender als Poseners Imperium, wenn er die neue Macht Brüssels als Zentrum eines neuen europäischen Imperiums beschwört. Posener hat sich vielleicht doch zu sehr vom polnischen Politologen Jan Zielonka faszinieren lassen, der für ein neo-mediävales Imperium plädiert.

Selbst wenn Poseners Plädoyer für Europa als Imperium der Zukunft in die Irre führt, so sind manche Betrachtungen überlegenswert. Allerdings erscheint seine Besorgnis über einen drohenden Vierten Weltkrieg übertrieben: „Der Kampf für die Demokratie und gegen den Islamofaschismus ist der Vierte Weltkrieg nach dem Ersten und Zweiten Weltkrieg und dem weltumspannenden Kalten Krieg." Bei aller Sympathie für eine Weltpolitik, die Europa Seite an Seite mit den USA zeigt, hier wird Vereinfachung zur Gefahr, hat doch z.B. Olivier Roy nachgewiesen, daß die Idee des Islamofaschismus höchst problematisch ist. Umgekehrt könnte Poseners Sympathie für einen Imperialismus neuen Typs mit globalem Anspruch geradezu islamofaschistische Tendenzen begünstigen. Poseners Vorschlag für Demokratisierung und Modernisierung lädt vor diesem Hintergrund geradezu zu Mißverständnissen ein. Schon Napoleon hat sich vergeblich vor 200 Jahren darum bemüht, die islamische Welt mit der westlichen Zivilisation zu durchdringen. Nur wenig spricht dafür, daß dieser Kulturkreis heute dem europäischen Imperialismusgedanken aufgeschlossener gegenübersteht; deshalb sollte man Poseners Imperialismusgedanken kritisch bewerten. Weil der Westen und vor allem Europa heute vor einer Phase der Selbstbehauptung steht, kann man im defensiven Sinne Posener zustimmen, wenn er hofft, daß „wir Europäer die kleinmütige Angst vor Entgrenzung verlieren und Europa als Abenteuer begreifen und begrüßen; daß wir erkennen, daß wir Teil des Westens sind, den kulturellen Relativismus überwinden und die Universalität der Menschenrechte und der Aufklärung begreifen; daß wir nationale Egoismen überwinden, um durch Schaffung eines wirklich freien Marktes vom Schwarzen Meer bis zum Atlantik das Potential des Kontinents voll zu entfalten und durch Schaffung gemeinsamer Streitkräfte Europas Rohstoffreserven und Menschen vor dem Zugriff seiner imperialen Rivalen und chaotischer Glaubenskrieger sichern". Posener hat Recht: In der multipolaren Welt von morgen muß Europa stärker agieren, um bestehen zu können. Daß dies nur an der Seite der USA möglich sein wird, ist stimmig.

Christian Hacke

Elke Scherstjanoi, SED-Agrarpolitik unter sowjetischer Kontrolle 1949-1953. Quellen und Darstellungen zur Zeitgeschichte, München 2007 (*Oldenbourg*), 648 S.

Ingrid Miethe, Bildung und soziale Ungleichheit in der DDR. Möglichkeiten und Grenzen einer gegenprivilegierenden Bildungspolitik, Opladen 2007 (*Budrich*), 387 S.

Frank Willmann (Hrsg.), Stadionpartisanen. Fans und Hooligans in der DDR, Berlin 2007 (*Verlag Neues Leben*), 233 S.

In ihrer Darstellung setzt sich Elke Scherstjanoi mit Zielvorgaben und Handlungsspielräumen der SED-Agrarpolitik in den ersten vier Jahren nach Gründung der DDR auseinander. Auf der Basis zahlreicher Publikationen, auch unter Einbeziehung von russischen/sowjetischen Archivalien, ist eine äußert beachtenswerte Arbeit zur deutschen Agrargeschichte in der zweiten Hälfte des 20. Jahrhunderts entstanden. Zwei der insgesamt fünf groß angelegten Kapitel dienen dabei der Einführung in den Themenkomplex. In ihnen wird der Leser umfassend in die unmittelbare Vorgeschichte der neuen, im Kontext der antifaschistisch-demokratischen Ordnung stehenden Agrarpolitik eingewiesen. Im Zeitraum zwischen 1949 und 1953 beschleunigten sich im Landwirtschaftssektor der DDR die Prozesse der Verstaatlichung und Kollektivierung. Geschuldet war diese Entwicklung wohl weniger einem Drängen der Sowjetunion; vielmehr setzte die SED aufgrund großer Versorgungsmängel bei Lebensmitteln in Anlehnung an die sowjetische Agrarpolitik der frühen 1930er Jahre einen Konzentrations- und Vergrößerungsprozeß – insbesondere in der Viehwirtschaft – in Gang, der automatisch zur Bildung von Agrarbetrieben führen mußte. Eine grundsätzliche, gleichsam offiziöse Weichenstellung zur Bildung von Genossenschaften erfolgte dann 1952. Scherstjanois beachtliche Arbeit wird der Forschung neue Impulse verleihen.

Ingrid Miethe geht in ihrer Habilitationsschrift am Beispiel der „Arbeiter-und-Bauern-Fakultäten" (ABF) der Frage nach, inwieweit diese in der frühen DDR zur Aufhebung des Zusammenhangs von Bildung und sozialer Verortung beigetragen haben, um ursprünglich „bildungsfernen" Milieus den Zugang zu höherer Bildung zu ermöglichen. Die theoretisch überaus fundierte und auf einer breiten Quellenbasis fußende Studie ist in ihrer Aussage eindeutig: Für eine begrenzte Zeit gelang es der DDR-Bildungspolitik tatsächlich, den tradierten Konnex von Bildung und sozialer Herkunft aufzuheben und Arbeiterkindern einen Hochschulzugang zu ermöglichen. Daß dieser Konzeption ein durchgängiger und dauernder Erfolg nicht beschieden war, führt Miethe einerseits vor allem auf die überaus hohen Durchfall- bzw. Abbrecherquoten, andererseits auf das geforderte weltanschauliche Bekenntnis zur DDR, die politische Loyalität zum Staat zurück; ein Ausschlußkriterium, das auch für Arbeiter- und Bauernkinder verbindlich blieb. So entfaltete dieses Charakteristikum schließlich eine Eigendynamik, die anstelle alter Grenzen „gegenprivilegierender Bildungspolitik“ neue errichtete. Die Arbeit stellt nicht allein für Zeithistoriker, sondern auch für Pädagogen und Bildungspolitiker eine lehrreiche Lektüre dar.

Unbestritten gehörte Gewaltkriminalität zu den zentralen Tabus der sozialistischen Gesellschaft. Gleichwohl wußte die Öffentlichkeit um die insbesondere während der Oberliga-Spielsaison teils exzessiv ausgetragenen Randale zahlreicher „Fußballfans” in und um die Stadien in den größeren Städten der DDR. In dem von Frank Willmann herausgegebenen Band kommen neben Wissenschaftlern einstige Akteure in zahlreichen Interviews zu Wort. Fußballanhänger, Spieler, Trainer, Fanforscher, Kriminalisten und MfS-Mitarbeiter erhalten Gelegenheit, das Phänomen Gewalt im DDR-Fußball aus ihrer ganz eigenen Perspektive zu schildern. Sichtbar tritt hier ein Stück DDR-Geschichte zutage, das in seinen schillernden Facetten Auskunft gibt über vielfältige Gemeinsamkeiten wie Unterschiede zur gewaltbereiten Fankultur der alten Bundesrepublik und das in seiner Spezifik als *eine* Wurzel für heutige tagesaktuelle Gewaltakte im Amateur- wie im Profifußball zwischen Ostsee und Erzgebirge angesehen werden kann.
Hendrik Thoß

Andreas Schmidt-Schweizer, Politische Geschichte Ungarns von 1985 bis 2002. Von der liberalisierten Einparteienherrschaft zur Demokratie in der Konsolidierungsphase, München 2007 (*Oldenbourg*), 485 S.

Bis heute bildet das „politische“ Ungarn ohne das Auffangbecken „Ostmitteleuropa“ eine Lücke in der politischen Systemforschung. Berichterstattungen über das Karpatenland sind meist „Schnappschüsse“ der aktuellen sozialpolitischen Lage ohne Reflexion. Es fehlt der Blick auf die kausalen Zusammenhänge der Vergangenheit und der Gegenwart, die dem Bild des heutigen „Sorgenkindes“ Klarheit verleihen würden. Dieser fehlenden historischen Aufarbeitung versucht Andreas Schmidt-Schweizer in seinem Werk nachzukommen, in dem er die Parteiengeschichte von 1985 bis 2002 chronologisch erörtert und einer Analyse unterzieht. Dabei versucht er zu „sagen, wie es eigentlich gewesen ist“ und zu beantworten „warum es eigentlich so gekommen ist“ (S. 11).

Die Studie leitet, nach einer kurzen Darstellung des Kádárschen Regierungscharakteristikums der drei Jahrzehnte, mit dem Jahr 1985 ein, das den langsamen Abgang von der liberalisierten Planwirtschaft mit all deren Schattenseiten markiert. Den radikalen Kurswechsel zum freien Markt und gesellschaftlichen Pluralismus behandelt der Autor in dem Kapitel der Liberalisierung, in das er auch die Post-Kádár-Zeit unterteilt. Die Liberalisierungspolitik von Károly Grósz und seinen Reformern Imre Pozsgay, Miklós Németh sowie Rezsö Nyers sieht Schmidt-Schweizer als die indirekte Vorbereitungsphase zum Schlüsseljahr 1989. Unter Miklós Németh kam es schließlich nicht nur zum Systemwechsel mit einer Demokratisierung „von innen" und dem Ausgleich am „Runden Tisch", sondern auch zur Neubewertung der Ereignisse um den 1956er Aufstand.

Die Hoffnungen der „Reformer" aus den Reihen der Staatspartei MSZMP, ihre Privilegien in das neue demokratische System hinüberzuretten, sollten sich zumindest für die erste Garnitur als Illusion erweisen. Die Gründungswahlen vom Frühjahr 1990 führten mit einer Koalitionsregierung um den Ministerpräsidenten József Antall zu einer „bürgerlichen Wende", wie es der Autor etwas unglücklich ausdrückt. Erstaunlich schnell konnte sich die sozialistische „Nachfolgepartei" regenerieren. Bei den Parlamentswahlen von 1994 erreichte sie sogar die absolute Mehrheit der Stimmen. Bis heute ist die politische Kultur im Lande von der politischen und gesellschaftlichen Spaltung zwischen Bürgerlichen und Sozialisten geprägt. Schmidt-Schweizer geht mit der bürgerlichen Regierung Viktor Orbáns zwischen 1998 und 2002 hart ins Gericht: Mit „nationalen Attitüden" und einer an der Symbolik der Zwischenkriegszeit anknüpfenden Symbolik sei er maßgeblich für die „Rückschritte bei der Entwicklung einer demokratischen und modernen europäischen politischen Kultur" (S. 425) verantwortlich. Der Autor kommt in seinem gründlich recherchierten Buch zu einem ambivalenten Urteil. Einerseits schreite die demokratische Konsolidierung voran, andererseits fehle es an einer modernen, europäischen Bürgerkultur. Probleme wie die Ausgrenzung der Roma wirkten sich nach wie vor negativ aus. Durch die schlechte wirtschaftliche Entwicklung hat sich auch nach dem EU-Beitritt die politische Lage des Landes nicht verbessert. Andreas Schmidt-Schweizer ist mehr als ein zeitgeschichtlicher Chronist. Er analysiert mit zahlreichen ungarischen Quellen den Übergang Ungarns von der Diktatur zur Demokratie. Sein Fazit ist treffend: Entscheidend für die Zukunft des Landes wird sein, ob die ungarische Politik endlich zu mehr konsensdemokratischen Strategien greift.

Melani Barlai

Sven Schönfelder, Rechtspopulismus. Teil Gruppenbezogener Menschenfeindlichkeit, Schwalbach/Ts. 2007 (*Wochenschau Verlag*), 242 S.
Juliane Fendt, Jugendlicher Extremismus. Biographische Hintergründe und sozialpädagogische Jugendarbeit, Saarbrücken 2007 (*VDM Verlag*), 90 S.

In den umfangreichen Forschungen auf dem Gebiet des Populismus wird das Phänomen zumeist als strategisches Verhalten von Politikern oder Parteien charakterisiert, das sich Stilmitteln der Vereinfachung, Dichotomien gegen vermeintliche innere („die da oben") und äußere („die Fremden") Feindbilder und dem Rekurs auf das „einfache Volk" bedient. Was alle wichtigen Forschungsbeiträge eint, ist die Konzentration auf die Parteien und deren Protagonisten. Sven Schönfelders Ansatz überrascht daher vor dem Hintergrund des bisherigen Forschungsstandes: Der Autor definiert Rechtspopulismus nicht als Strategie oder Stilmittel, sondern als Einstellung, der klare Merkmale zugewiesen werden: autoritäre Aggression, Fremdenfeindlichkeit, Etabliertenvorrechte und sekundärer Antisemitismus.

Nicht in der inhaltlichen Begriffsbestimmung, sondern in der Übertragung eines wissenschaftlich etablierten Begriffs von der Akteurs- auf die Nachfrageseite liegt das Besondere in Schönfelders Arbeit. Allerdings ist die Verwendung des Wortes „Populismus" als Einstellungsmerkmal problematisch, da sie die Grenze zwischen Akteursstrategie und politischer Nachfrage verwischt. Deutlich wird die fehlende Trennschärfe, wenn Schönfelder unter demselben theoretischen Überbau sowohl die Akteursseite (in Form von Interviews mit hessischen Kommunalpolitikern der *Republikaner*) als auch die Wählerseite (unter anderem durch Umfragedaten des Forschungsprojekts *Gruppenbezogene Menschenfeindlichkeit*) untersucht.

Interessant ist die Ergründung der Zusammenhänge zwischen der eigenen, objektiven und subjektiv empfundenen sozialen Stellung der untersuchten Personen und deren politischer Einstellung. Zentrales Ergebnis der Untersuchung: Es besteht kein statistischer Zusammenhang zwischen rechtspopulistischen Einstellungen und sozialer Herkunft. Die – nicht zuletzt in der politischen Arena – populäre „Modernisierungsverliererthese" sieht der Autor anhand des Datenmaterials nicht bestätigt. Vielmehr gibt es einen Zusammenhang zwischen kollektiver relativer Deprivation – also der Angst vor dem Verlust der kulturellen Identität durch „Überfremdung" – sowie politischer Deprivation und jener als rechtspopulistisch charakterisierten Einstellung. Bei aller berechtigten Kritik an der „Modernisierungsverliererthese" läßt der Autor jedoch außer Acht, daß Arbeiter und Arbeitslose einen beachtlichen Anteil der Wähler rechtspopulistischer Parteien ausmachen.

Juliane Fendt vermeidet in ihrer Analyse über die Ursachen des jugendlichen Rechtsextremismus den Begriff des Populismus. Sie konzentriert sich auf Einstellungs- und Verhaltensmerkmale und deren soziale Ursachen. In ihrer stark theoretischen Arbeit führt sie die Ergebnisse der Extremismusforschung und erziehungswissenschaftliche Erkenntnisse zusammen, um die Hintergründe rechtsextremistischer Einstellungen zu erklären und etwaige Gegenmaßnahmen zu skizzieren – mit dem Verweis, daß eben jene in der Erziehungswissenschaft äußerst umstritten sind. Neues bietet Fendt in dem schmalen Band kaum; er eignet sich eher als Einstieg in das Thema denn als tiefergehende Auseinandersetzung mit der Problematik. Die Autorin kommt zu dem insgesamt wenig überraschendem Ergebnis, daß es auch und gerade die Wandlungen und Erosionen familiärer Bindungen sind, welche die Entstehung rechtsextremer Verhaltensmuster bei Jugendlichen unterstützen.

Marcel Lewandowsky

Richard Schröder, Die wichtigsten Irrtümer über die deutsche Einheit, Freiburg 2007 (*Herder*), 254 S.

Unter der aktuellen Literatur über die Folgen der deutschen Wiedervereinigung legen die jüngeren Veröffentlichungen den Verdacht nahe, daß die Vereinigungsskeptiker zuletzt mehr und mehr Terrain gewinnen. Wolfgang Herles' viel beachtete Polemik „Wir sind kein Volk" ist nur ein Beispiel von vielen. Mitten hinein in diese allgemeine publizistische Katerstimmung hat Richard Schröder seine Sicht der Dinge veröffentlicht und greift darin Kritiker und Miesmacher der – aus seiner Sicht – Erfolgsgeschichte seit 1990 couragiert an. Sein Buch ist unterteilt in drei große Abschnitte, die „Irrtümer über die DDR", „Irrtümer über die Vereinigung" und „Irrtümer über das vereinigte Deutschland" beleuchten. Die meisten der gängigen Meinungen über Negatives am und im Einigungsprozeß tauchen dabei auf, so das Diktum von den arbeitsscheuen Ostlern oder das anschauliche Bild von den neuen Bundesländern als dem Faß ohne Boden, in dem die milliardenschweren Aufbauhilfen aus dem Westen verschwinden.

Verschieden lang sind Schröders Ausführungen jeweils, aber sie erörtern und erschüttern das Vorurteil fast immer treffend und gekonnt. Akribisch listet er Statistiken und Fakten auf und arbeitet sich an verbreiteten Fehleinschätzungen ab. Als gewichtigen Grund für niedrigere Produktionsraten in der DDR zeigt er etwa die mangelhafte Versorgung von Betrieben und Werkstätten mit den notwendigen Ausgangsmaterialien auf. Und wie vertragen sich die 1,7 Millionen Gewerbeanmeldungen durch Ostdeutsche seit 1990 mit dem Klischee vom „faulen Ossi" – oder die Zufriedenheit vor allem im Süden der Republik, wenn offene Stellen mit jungen Arbeitnehmern aus Sachsen oder Thüringen besetzt werden können?

Allerdings machen die Statistiken, die der Autor so reichhaltig präsentiert, seine Arbeit stellenweise auch angreifbar. Wenn inzwischen bei Umfragen prozentual mehr Ostdeutsche als früher angeben, ihre persönliche Situation habe sich verbessert, kann dies auch der Abwanderung der besonders Unzufriedenen oder Hoffnungslosen geschuldet sein. Zu hinterfragen wären außerdem einige von Schröders Thesen zur politischen Kultur in Ostdeutschland: Weder ist die Wahlbeteiligung überall „sehr hoch", noch vermag das Buch auf gerade einmal siebzehn Seiten zum Rechtsradikalismus hinreichende Antworten auf die Frage zu geben, warum rechtsextreme Parteien in vier der fünf ostdeutschen Landtage einziehen konnten. Die Wahlergebnisse der NPD im Westdeutschland der 60er-Jahre als Vergleichsbasis heranzuziehen, kann die Erklärung kaum sein.

Doch trotz dieser Mängel: Richard Schröder legt aufs Ganze gesehen plausibel dar, warum für ihn weder das Verbuchen der Einheit unter „Pleiten, Pech und Pannen" gelten darf noch der Grundsatz „Wer klagt, gewinnt". Es gelingt ihm, der Bundesrepublik einen Spiegel vorzuhalten in ihrer niedergeschlagenen Nüchternheit, mit der sie zu oft auf das Zusammenwachsen von Ost und West blickt. Daß es Rückschläge und Enttäuschungen gab, streitet Schröder dabei nicht ab. Doch wichtig ist ihm der Blick auf das Gelungene, das Erreichte. Läßt sich der Leser auf den gedanklichen Rundgang durch Mythen und Vorurteile über die deutsche Wiedervereinigung ein, wird klarer, warum solch ein Plädoyer gegen Polemiker und Bedenkenträger abgegeben wurde – nach der Lektüre könnte man versucht sein, zu sagen: endlich.

Johannes Kimmel

Markus Steinbrecher/Sandra Huber/Hans Rattinger, Turnout in Germany. Citizen Partizipation in State, Federal, and European Elections since 1979, Baden-Baden 2007 (*Nomos*), 342 S.
Tilo Görl, Klassengebundene Cleavage-Strukturen in Ost- und Westdeutschland. Eine empirische Untersuchung, Baden-Baden 2007 (*Nomos*), 242 S.

Die politikwissenschaftliche Wahl- und Wählerforschung in der Bundesrepublik Deutschland ist, so Max Kaases Urteil aus dem Jahr 2000, „sehr gut etabliert", ihre Bilanz überwiegend positiv. Die von Oscar W. Gabriel, Hans Rattinger und Rüdiger Schmitt-Beck im Nomos-Verlag herausgegebenen „Studien zur Wahl- und Einstellungsforschung" erweitern erfreulicherweise dieses Fundament. Die beiden ersten Bände dieser Studienreihe bilden einen gelungenen, da qualifizierten Einstand – wohl nicht immer leichte, dafür aber bestens bekömmliche Kost.

Als Teil eines Projektes zur politischen Partizipation in europäischen Föderalstaaten widmet sich der erste Band der deutschen Wahlbeteiligung im Zeitraum 1978 bis 2004. Die mit Daten gesättigte, gut strukturierte Studie fokussiert gleichzeitig „first-", „second-" sowie „third-order elections" und behebt damit eine zentrale Schwachstelle in der deutschen Wahlbeteiligungsforschung. In impliziter Anlehnung an Seymour Martin Lipsets Aussage erklären und begründen die Autoren mannigfaltige Beteiligungsunterschiede zwischen den politischen Ebenen. Neben bekannten Zusammenhängen, etwa der positiven Stimulanz von Bundestagswahlen auf die Beteiligung bei parallel abgehaltenen Landtagswahlen, birgt die Arbeit Neues. Beispielsweise determinieren bei „first-order elections" die Wahlnorm und der Grad der Parteiidentifikation die Wahlteilnahme, während bei nachgeordneten Wahlen neben der Wahlnorm weniger die Nähe zu einer Partei, als vielmehr das persönliche Interesse an Politik entscheidet. Die aufgrund der instabilen, kaum berechenbaren ostdeutschen Wahlbeteiligung durchweg auftretenden Ost-West-Unterschiede berücksichtigen die Autoren, bleiben dem Leser aber eine abschließende Erörterung schuldig. Auch die eingangs aufgeworfene Frage, ob eine niedrige Wahlbeteiligung als demokratisches „Krisensymptom" oder „Ausdruck der Systemzufriedenheit" zu bewerten ist, harrt vergeblich ihrer Beantwortung.

Tilo Görl untersucht unter Zuhilfenahme des westdeutschen cleavage-basierten Wahlverhaltens als „Referenzstruktur" die klassenstrukturelle Verankerung der ostdeutschen Parteipräferenzen in den 1990er Jahren. Die quantitative Längs- und Querschnittsanalyse arbeitet unter Rückgriff auf Albus-Daten heraus, daß von 1990 an die ostdeutsche Parteipräferenz „relativ stark durch die Klassenzugehörigkeit strukturiert" (S. 88) gewesen sei. Görl bestätigt die „Kristallisationsthese", wonach das ostdeutsche Wahlverhalten und die ostdeutsche Sozialstruktur im Verlauf des Transformationsprozesses eine eigenständige Politisierung erfuhren. Ökonomische und verteilungsrelevante Wertorientierungen als Determinanten der Wahlentscheidung gewännen im Osten in dem Maße an Bedeutung, wie der das Wahlverhalten dominierende post-sozialistische Wertekonflikt erodiere. Auch findet der Autor Indizien für die „Konvergenzthese", da sich die anfänglich völlig atypische sozialstrukturelle Wählerverteilung in Ostdeutschland auf „sehr geringem Niveau" (S. 111) dem westdeutschen class-voting annähere. Die für alle Nichtstatistiker zuweilen kryptisch wirkende Studie bietet erhellende Ant-

worten, kaum aber Begründungen. So belegt Görl klar den Wandel der administrativen Dienstklasse in Ostdeutschland weg von einer PDS hin zu einer CDU-Präferenz, läßt aber die maßgeblichen Gründe dafür im Dunklen. Der erklärende Charakter des ersten Bandes findet leider nur bedingt eine Fortsetzung.
Thomas Schubert

Horst Stowasser, Anarchie! Idee – Geschichte – Perspektiven, Hamburg 2007 (*Edition Nautilus*), 512 S.

In den 1970er Jahren waren in Deutschland Fahndungsplakate unter der Überschrift „Gesuchte anarchistische Gewalttäter" zu sehen. Diese Charakterisierung als „gewalttätige Anarchisten" zeugte von einem tradierten Vorurteil, das aus ungenügender Kenntnis des Anarchismus resultierte. Anarchisten waren die gesuchten Personen in der Regel nicht, sondern Terroristen, deren Ansichten sich aus einem kruden Gebräu aus leninistischen Organisationsstrukturen und Anleihen aus der lateinamerikanischen Stadtguerilla speisten. Sie orientierten sich eher an Mao Tse-tung als an Bakunin oder Kropotkin. Als die RAF und ähnliche Organisationen entstanden, war der antiautoritäre Impetus der Studentenbewegung, der sich mit einiger Phantasie mit dem Anarchismus in Verbindung bringen läßt, längst zu Gunsten autoritärer Organisations- und Denkstrukturen verlorengegangen. Was gemeinhin als die „Propaganda der Tat" bezeichnet wurde, hat oft die Absichten des Anarchismus und die Favorisierung der Gewaltfreiheit überschattet und in der öffentlichen Wahrnehmung bis zur Unkenntlichkeit verzerrt.

Horst Stowasser, einer der besten Kenner der Materie im deutschsprachigen Raum, hat nun nach seinem ersten Versuch einer umfassenden Darstellung des Anarchismus unter dem Titel „Freiheit pur" (1995) eine erneute Gesamtschau des Anarchismus, seiner Ideen und Bewegungen vorgelegt. Der erste Vorzug des Buches besteht darin, daß es nicht missionieren und belehren will, sondern erklären, und das nicht ohne Ironie und einer großen Portion Selbstkritik. Der zweite Vorzug ergibt sich aus der Gliederung („Die Idee", „Die Vergangenheit", „Die Zukunft"). Auch wer dem Anarchismus ablehnend gegenübersteht, kann dessen Geschichte faszinierend finden. Dazu trägt Stowassers materialgesättigtes Buch bei.

Stowasser ist bekennender und praktizierender Anarchist. Aus diesem Grunde ist es um so erstaunlicher, wie kritisch er mit der eigenen Bewegung, deren Geschichte und den darin agierenden Personen umgeht. Er scheut sich nicht, am Nimbus der anarchistischen Überväter zu kratzen und beklagt die, „selbst gewählte Ghettoisierung des deutschen Mainstream-Anarchismus". Dabei läßt er aber keinen Zweifel aufkommen, daß er das anarchistische Konzept allen anderen gesellschaftspolitischen Entwürfen gegenüber für das überlegenere und zukunftsträchtigere hält. Die Erfahrungen aus zahllosen Experimenten könnten irgendwann zur Realisierung des anarchistischen Ideals führen.

Stowassers Aussage, die Anarchisten hätten eine freie Gesellschaft der Gleichberechtigung angestrebt, macht plausibel, weshalb die Anarchisten des 19. und 20. Jahrhunderts den Kommunismus ablehnten und sein Scheitern voraussagten. Wo der Anar-

chismus die Gelegenheit für den Versuch bekam, die Gesellschaft nach seinen Idealen zu organisieren, wurden diese Bemühungen schon in den Anfängen mit militärischer Gewalt unterbunden und schließlich zerschlagen. Die entschiedensten Gegner des Anarchismus waren hier nicht etwa Allianzen aus Bürgertum, Adel und Klerus, sondern die zur Macht gekommenen oder sich in der Überlegenheit wähnenden Kommunisten, die die anarchistische Machno-Bewegung in der Ukraine (1918-1921), die Kommune von Kronstadt (1921) ebenso vernichteten wie die sozialrevolutionären Experimente der libertären Bewegungen im Spanischen Bürgerkrieg. Nirgendwo im kommunistischen Herrschaftsbereich hatte der Anarchismus die Spur einer Chance, überlebt aber hat er in den liberalen politischen Systemen, und reizvoll wäre es allemal für die politische Theorie, das Denken und Wirken der bekannteren Anarchisten des 20. Jahrhunderts für die Kritik des Totalitären zu nutzen. Ansätze und Anregungen dazu finden sich in Stowassers Buch zuhauf. Wer sich für die Geschichte der politischen Ideen oder speziell für den Anarchismus in seinen verschiedenen Facetten und Erscheinungsformen interessiert, sollte das Buch von Horst Stowasser lesen.
Werner Abel

Veit Straßner, Die offenen Wunden Lateinamerikas. Vergangenheitspolitik im postautoritären Argentinien, Uruguay und Chile, Wiesbaden 2007 *(VS Verlag für Sozialwissenschaften)*, 389 S.
Berthold Molden, Geschichtspolitik und Demokratisierung in Guatemala. Historiographie, Nachkriegsjustiz und Entschädigung 1996-2005, Wien 2007 (*Lit Verlag*), 482 S.

Der Titel der Dissertation von Veit Straßner erinnert an den Klassiker „Die offenen Adern Lateinamerikas" von Eduardo Galeano über die Ausbeutung der ehemaligen Kolonien Lateinamerikas. Straßner widmet sich in seiner Area Study aus dem Bereich der vergleichenden Politikfeldforschung der politischen Aufarbeitung der „offenen Wunden" durch staatliche Menschenrechtsverletzungen während der Zeit der Militärdiktaturen in Argentinien, Uruguay und Chile. Der theoretische Ansatz erscheint komplex, da der Autor mehrere Strömungen aus der Policy-Analyse – gepaart mit einem kultur-soziologischen Institutionenverständnis – zur Erklärung der Effekte der Vergangenheitspolitik auf die Bewertungs- und Verhaltensebene von Opferorganisationen wählt. Mit Blick auf diese Problemstellung sind die Ergebnisse der Studie mit Hilfe von Interviews und internen Dokumenten der Opferorganisationen präzise herausgearbeitet. Die Analyse der Ergebnisse der Vergangenheitspolitik zeigt, daß die Bewertung der Politikergebnisse durch die Opferorganisationen unabhängig von den Anstrengungen der Aufarbeitung ist. Straßner identifiziert eine generelle „Grundunzufriedenheit" (S. 331 ff.). Die Betrachtung weiterer unabhängiger Variablen, wie der Agenda-Setzung oder der parteipolitischen Instrumentalisierung der Opferorganisationen, beschreiben dieses Phänomen in einem Modell. Unklar bleibt die Einordnung der Fälle in die beiden Idealtypen der Politik des Verdrängens und der umfassenden Ausarbeitung, da die Indikatoren willkürlich zugeordnet werden.

Dient dem Politikwissenschaftler Straßner die Vergangenheitspolitik als Gegenstand der Untersuchung, ist es für den Historiker Molden die Geschichtspolitik. Im Fokus stehen nicht die Opferorganisationen als Adressaten der Vergangenheitspolitik, sondern geschichtspolitische Debatten im Demokratisierungsprozeß Guatemalas. Molden argumentiert, daß ein offener Diskurs über Ursachen und Wesen des internen Konflikts zur Demokratisierung beiträgt. Im Stile einer poststrukturalistischen Analyse sieht der Autor die Entwicklung einer breiten Geschichtsdebatte hinter einem oberflächlichen gesellschaftlichen Konsens als Bedingung für diesen Prozeß. Für ihn reichen die beiden Idealtypen der Politik des Verdrängens bzw. der Aufarbeitung mit Blick auf historisch politische Interessen bis vor den internen Konflikt. Der *holcausto maya* ist daher in der guatemaltekischen Aufarbeitungsdebatte nicht weniger relevant als die Suche nach Kriegsverbrechern. Im Ergebnis spiegeln unterschiedliche Deutungstendenzen der Zeitgeschichte in Guatemala und eigene Erfahrungen die politischen Handlungen und Aussagen der Protagonisten wider. Deutlich wird dies am oppositionellen Verhalten der Opferorganisationen und indigenen Organisationen, welche ihr Handeln durch unterschiedliche Interpretationen des Bürgerkriegs legitimieren. Der Beitrag der Geschichtsdebatten zur Demokratisierung bleibt weitgehend unbeantwortet. Die erhöhte Partizipation der *sectores populares*, das Entschädigungsprogramm und die Rolle der Justiz in der Nachkriegszeit genügen nicht, um den Demokratisierungsprozeß im Ganzen zu fassen.

Wie beide Arbeiten zeigen, bringen nachfolgende Generationen das Vergessene immer wieder durch den gesellschaftlichen Diskurs auf die politische Agenda. Die Opferorganisationen als zentrale Akteure werden ihrer Rolle im politikwissenschaftlichen Verständnis als Agenda-Setzer gerecht und kanalisieren im historischen Verständnis eigene Erfahrungen und die ihrer Vorfahren.

Florian Ranft

Jean-Daniel Strub/Stefan Grotefeld (Hrsg.), Der gerechte Friede zwischen Pazifismus und gerechtem Krieg. Paradigmen der Friedensethik im Diskurs, Stuttgart 2007 *(Kohlhammer)*, 288 S.

Der Sammelband ist das Ergebnis einer internationalen Tagung am Ethik-Zentrum der Universität Zürich, die, so die Herausgeber, der Leistungsfähigkeit, der Problemdimension und der Grenzen des Konzepts „gerechter Friede“ gewidmet war. Die Tagung hatte das Ziel, dieses in der gegenwärtigen Friedensethik erörterte Konzept genauer zu beleuchten und seine Spezifik im Vergleich zu den etablierten Paradigmen des Pazifismus und des gerechten Krieges herauszuarbeiten. Zwar gelingt es dem Band durchaus, verschiedene Interpretationen des Konzepts des gerechten Friedens sichtbar zu machen, gleichwohl wird man den Herausgebern nicht widersprechen, wenn sie meinen, daß der „gerechte Friede“ bis heute „konzeptionell unterbestimmt“ bleibt (S. 11). Von den insgesamt 16 durchweg instruktiven Beiträgen sei an dieser Stelle nur der erste näher beleuchtet.

Olaf L. Müller entwickelt, eine Spielart des Pazifismus, deren Vorzug im Vergleich zu einem rigoristischen Pazifismus darin besteht, daß Kriege nicht unter allen Umstän-

den als moralisch falsch gelten. Müller rekonstruiert seine pazifistische Sichtweise mit Hilfe dreier epistemischer Imperative: eines Imperativs zur Natur des Menschen, der dazu auffordert, sich gegen Dämonisierungen der Gegenseite zu wehren; eines Imperativs zugunsten friedfertiger Alternativen, der dazu auffordert, immer nach friedfertigen Alternativen zu einem geplanten Militäreinsatz zu suchen, sowie einem Imperativ bezüglich unkontrollierbarer Eskalation, der dazu auffordert, den Blick für die unkontrollierbaren, irreversiblen Nebenfolgen eines militärischen Einsatzes zu schärfen. Diese epistemischen Imperative dürften sich unabhängig davon begründen lassen, ob man die Behauptung akzeptiert, daß der bei der Anwendung moralischer Kriegskriterien üblicherweise auftretende Streit um Faktenfragen seine Wurzeln, wie Müller meint, in umstrittenen Werten hat. Eine verantwortbare Anwendung beliebiger Kriterien erfordert eine epistemisch angemessene Urteilsbildung – und zwar nicht nur bei kontrafaktischen Konditionalen. Selbstverständlich spielen bei solchen Urteilsbildungen Interpretationen, Zuschreibungen von Verhaltensdispositionen, Entscheidungen verschiedenster Art eine Rolle. Unter Gebrauch eines sehr weiten Wertbegriffs davon zu sprechen, daß die Befolgung der epistemischen Imperative jeweils Ausdruck von Werten sei, trägt nach Meinung des Rezensenten nichts zur Klärung bei. Man muß sich nur klarmachen, daß im Falle hinreichend komplizierter Fragen selbst der Umstand, daß alle Beteiligten ihre kognitiven Pflichten erfüllen, keinen Konsens garantiert. Die Befolgung der genannten epistemischen Imperative sollte man daher nicht als Ausdruck einer spezifischen wertbeladenen Weltsicht von Pazifisten deuten. Vielmehr gilt: Wer diese Imperative verletzt, verletzt kognitive Pflichten bei der Anwendung der üblichen moralischen Kriegskriterien. Diese Kriterien stehen gleichsam im Dienste eines gedeihlichen Zusammenlebens, der Gerechtigkeit und Opferminimierung. Sie fordern von jedem ihrer Anwender, „den Fall aus der Sicht der Gegenseite zu verstehen" (S. 42), um der Gefahr von nicht gerechtfertigten Dämonisierungen zu entgehen; nach friedlichen Alternativen zu suchen, um einen nicht notwendigen Militäreinsatz zu vermeiden, sowie die möglichst umfassende Berücksichtigung von Nebenfolgen, um eine unkontrollierbare Eskalation des Krieges als Gefahr vorauszusehen. Die beiden ersten Forderungen ergeben sich aus dem Kriterium der Erforderlichkeit, nämlich nur unbedingt notwendige Kriege (und diese unter Einsatz der mildesten Mittel) zu führen; die dritte Forderung ergibt sich aus dem Kriterium der Verhältnismäßigkeit, nämlich einen Krieg, für dessen Führung es einen legitimen Grund gibt, nur dann zu führen, wenn die von ihm verursachten Kosten in einem angemessenen Verhältnis zu seinem Nutzen stehen.
Lothar Fritze

Bassam Tibi, Die islamische Herausforderung. Religion und Politik im Europa des 21. Jahrhunderts, Darmstadt 2007 (*Wissenschaftliche Buchgesellschaft*), 182 S.

Bassam Tibi, ein mutiger Muslim, der seit vier Jahrzehnten in Deutschland lehrt, ist wahrlich kein Unbekannter. Unablässig verficht er seine Thesen – im Fernsehen, im Rundfunk, in Büchern, in Zeitschriften und in großen Zeitungen. Nun heißt es, dies sei vermutlich sein letztes Buch in deutscher Sprache. Seine Meinung werde in Deutschland unterdrückt. „Seit einem Jahrzehnt werde ich als Buchautor, Zeitungskolumnist und Fernsehkommentar marginalisiert“ (S. 13). Das ist so nicht richtig. Tibi, ein scharfer Kritiker des Islamismus, wendet sich zu Recht gegen political correctness und die verbreitete Tabuisierung der Kritik am Islamismus. Mit seinem Geltungsbedürfnis, wie es leider nicht nur in der „Vorrede“ zu diesem Buch zum Ausdruck kommt, schwächt er das eigene unterstützungswürdige Anliegen: ein Euro-Islam, der die strikte Trennung von Religion und Politik wahrt. Sein Ziel ist die Europäisierung des Islam, nicht die Islamisierung Europas.

Auch in diesem Buch bleibt Tibi seiner Position treu. Nach einer Einleitung, die das entreligionisierende Europa mit einer religionisierten Welt konfrontiert und für Kulturpluralismus plädiert, nicht für Multikulturalismus, präsentiert der Autor in sechs Kapiteln seine Position: u.a. mit Blick auf die Öffnung Europas für den Islam. Tibi hebt die Notwendigkeit hervor, die zivilisatorischen Werte nicht preiszugeben. Der Islam möge die Prinzipien des säkularen demokratischen Verfassungsstaates akzeptieren, den kulturellen und religiösen Pluralismus, die individuellen Menschenrechte. Er verhehlt jedoch seine Skepsis nicht, ob dies möglich ist und wehrt sich entschieden dagegen, daß seine Ablehnung des Islamismus nicht in dem Sinne zu deuten sei, als mache er sich ein „Feindbild Islam“ mit seinem Votum gegen den „Kopftuch-Islamismus“ und gegen die Aufnahme der Türkei in die Europäische Union zu eigen. Heftig Kritik erfahren islamistische Parallelgesellschaften und die falsch verstandene Toleranz derer, die dies zulassen. Die Vorstellung von Politikern, der Djihadismus gehe Europa nichts an, sei falsch. Die Art und Weise der europäischen Zuwanderungspolitik habe den Djihadismus begünstigt (u.a. durch Vernachlässigung vitaler Sicherheitsinteressen). Der Djihadismus stelle mittlerweile eine dezentrale Bewegung dar. Eine an universalistischen Prinzipien ausgerichtete europäische Leitkultur müsse ihr entgegentreten. Der islamistischen Herausforderung mit ihrem Messianismus ist nach Tibi durch Wertrelativismus nicht erfolgreich standzuhalten. Der Konflikt des Westens mit dem Islamismus werde der zentrale Konflikt des 21. Jahrhunderts sein.

Die von Wiederholungen nicht ganz freie Argumentation Tibis, eines leidenschaftlichen Anhängers der offenen Gesellschaft, ist im Kern einleuchtend. Allerdings huldigt der Autor Zweckpessimismus. Mit seiner Kritik sowohl am neoabsolutischen Islamismus, der als „neuer Totalitarismus“ firmiert, als auch am kulturrelativistischen Multikulturalismus finde er kaum Verbündete. Das stimmt so nicht. Wer für Einwanderung plädiert, votiert zugleich oft für die Prinzipien einer säkularen Demokratie. Das war früher nicht immer der Fall. Insofern ist Tibi kein Außenseiter – eher vielleicht durch die Schärfe seiner Warnungen. Er wolle die Hoffnung nicht aufgeben, „daß es einmal in Deutschland einen ‚Aufstand der Anständigen‘ gegen den Gesinnungsterror geben wird. Ein solcher Aufstand gegen die Unterdrücker der Meinungsfreiheit ist überfällig, gleich ob sie deutsche Vertreter der Deutungshoheit oder Anhänger des islamistischen, ‚neuen Totalitarismus‘, also gleich ob sie ‚links‘ oder ‚rechts‘ stehen“ (S. 14 f.).

Eckhard Jesse

Jens Urbat, Rechtspopulisten an der Macht. Silvio Berlusconis Forza Italia im neuen italienischen Parteiensystem, Hamburg 2007 (*Lit Verlag*), 554 S.

Stefan Köppl, Das politische System Italiens. Eine Einführung, Wiesbaden 2007 (*VS Verlag für Sozialwissenschaften*), 294 S.

Rechtspopulisten sind innerhalb der Europäischen Union keine singuläre Erscheinung. Allerdings war es lange Zeit undenkbar, daß ein Rechtspopulist Regierungschef werden könnte – bis Silvio Berlusconi kam. Seit Mai 2008 steht der Medienmogul und Selfmade-Staatsmann zum dritten Mal an der Spitze des italienischen Kabinetts. Jens Urbat hat mit seiner Dissertation eine profunde Studie über Berlusconis Partei Forza Italia von ihrer Gründung bis Ende 2004 vorgelegt. Auf drei Schwerpunkte konzentriert er sich: Welchen Charakter hat Forza Italia? Wie ist ihr Erfolg zu erklären? Und ist sie mit ihrem *Leader* Silvio Berlusconi eine Gefahr für die italienische Demokratie verbunden? Um diese Fragen zu beantworten, greift Urbat auf Frank Deckers Populismuskonzept zurück. Der neue Rechtspopulismus wird als eigene Parteienfamilie in den westeuropäischen Demokratien verortet. Es folgt eine umfassende Darstellung des traditionellen Parteiensystems Italiens und die Gründe für seinen Zusammenbruch 1992/1993. Erst auf diesem Nährboden konnte die Forza Italia gedeihen und bereits im März 1994 – wenige Wochen nach ihrer Gründung – einen fulminanten Wahlsieg erringen. In einem Exkurs wird die Forza Italia mit der österreichischen FPÖ Jörg Haiders und dem französischen Front National Jean-Marie Le Pens verglichen. Alle drei Parteien können mit Deckers Konzept erklärt werden; gleichwohl gibt es gewichtige Unterschiede, wie Urbat nachweist. Im Gegensatz zu den beiden anderen ließen sich in der Forza Italia keine rechtsextremistischen Tendenzen feststellen. Außerdem sei die Gründung einer Partei aus einem Wirtschaftsunternehmen heraus einzigartig. Nach den Gründen für das Scheitern der ersten Berlusconi-Regierung bereits Ende 1994 werden die Entwicklungen in der Oppositionszeit aufgezeigt, bis hin zum zweiten Wahlsieg Berlusconis im Mai 2001. Urbat belegt an vielen Beispielen, daß sich die Aktivität der Regierung fortan vor allem auf eines konzentrierte: die Interessenpolitik in eigener Sache. Dies sei allerdings (noch) keine Gefahr für die italienische Demokratie, da es ausreichend Gegenwehr durch die Justiz, den Staatspräsidenten und die Wähler gebe. Berlusconis rasanter Aufstieg kann nicht nur mit seiner Medienmacht erklärt werden, auch wenn dies außerhalb Italiens allzu gerne getan wird. Die Gründe sind vielschichtiger, wie Urbats Studie überzeugend und faktenreich herausarbeitet. Deren Stärke sind zahlreiche Gespräche mit Analytikern innerhalb und außerhalb Italiens. Schwächen – inhaltliche Redundanzen – fallen im Vergleich dazu kaum ins Gewicht. Und obwohl die Arbeit auf die beiden vergangenen Parlamentswahlen nicht mehr eingeht, bietet sie doch Antworten auf die Frage, wieso Silvio Berlusconis Mitte-Rechts-Bündnis trotz wenig erbaulicher Bilanzen seiner ersten beiden Amtszeiten im April 2006 nur äußerst knapp verloren und im April 2008 erneut klar gewonnen hat.

Das politische System Italiens unterscheidet sich deutlich von den anderen Systemen Westeuropas. Es ist vor allem von Instabilität der Regierungen und Fragmentierung der Parteienlandschaft geprägt. Um einen Überblick über die Entstehung und Entwicklun-

gen des politischen Systems zu bekommen, empfiehlt sich die Einführung von Stefan Köppl. Sie bietet einen systematischen und fundierten Einblick in das italienische Staats- und Parteiensystem – und spart auch die politische Kultur und die Medienlandschaft nicht aus. Nur so läßt sich das Phänomen Silvio Berlusconi begreifen.
Jochen Blind

Adelheid Zinell, Europa-Konzeptionen der Neuen Rechten, Frankfurt a.M. 2007 (*Peter Lang*), 543 S.
Christoph Butterwegge/Gudrun Hentges (Hrsg.), Rechtspopulismus, Arbeitswelt und Armut. Befunde aus Deutschland, Österreich und der Schweiz, Leverkusen 2007 (*Budrich*), 306 S.

Die Klagenfurter Dissertation von Adelheid Zinell behandelt in historisch-vergleichender Perspektive die Entwicklung der Neuen Rechten in Frankreich, Italien und Belgien. Im Mittelpunkt steht die Frage nach den Europa-Konzeptionen. Zunächst geht Zinell ausführlich auf die Traditionen rechter Europavorstellungen ein – vor allem im Kontext der Konservativen Revolution in der Zwischenkriegszeit. Den rechten Intellektuellen in der ersten Hälfte des 20. Jahrhunderts zufolge ist die Identität Europas gefährdet. Europa ist zerrissen und geknechtet durch demokratische und liberale Ideen. Es ist jedoch unverständlich, warum die Autorin hier auf Moeller van den Bruck und Niekisch ausführlich eingeht, andere Denker der Konservativen Revolution jedoch vernachlässigt oder gar nicht beachtet, Ernst Jünger etwa oder Carl Schmitt. Zinell arbeitet deutlich heraus, daß die neurechten Bewegungen nach 1945 geprägt worden sind durch die rechten Intellektuellen der Vorkriegs- und Kriegszeit – in Italien vor allem durch Julius Evola, in Frankreich durch Maurice Bardèche, Robert Brasillach und Drieu la Rochelle, in Belgien durch Jean-Francois Thiriart. Der nächste Abschnitt untersucht die Beziehungen des alten, parteienförmigen Nachkriegs-Rechtsextremismus in Frankreich, Italien und Belgien zu den Ideen der konservativen Revolution und der späteren Neuen Rechten. Die Tradition der europäischen Faschismen der Zwischenkriegszeit lebt in der alten Rechten fort, wobei national geprägte Unterschiede durchaus eine Rolle spielen, so etwa der im Vergleich zu Frankreich gemäßigte Rassismus der italienischen Neofaschisten. Zwischen Ende der siebziger Jahre – dem publizistischen Durchbruch der Nouvelle Droite in Frankreich – und Anfang der neunziger Jahre hatte die Neue Rechte nachweisbare Einflüsse auf die Modernisierung des traditionellen, parteienförmigen Rechtsextremismus; das betrifft Ideen und Begriffe wie etwa den des „Ethnopluralismus", vollzog sich aber auch durch Dissidenten, die aus der Neuen Rechten kamen und ihre politische Karriere in den rechtsextremen Parteien fortsetzten. Zusammenfassend vertritt Zinell die These, es handele sich bei den Aktivisten der Neuen Rechten um „junge Rebellen" (S. 507) auf der ewigen Suche nach der eigenen Identität durch die Konzentration auf die kollektive Identität der Nation. Die Flucht in die Gruppe und die Gemeinschaft sei eine Antwort auf das schwach ausgeprägte Selbstwertgefühl. Diese wenig überzeugende sozialpsychologische Wendung gibt freilich kaum eine Antwort auf die Frage, welche Wirkungen die Neue Rechte in Europa gehabt hat und in Zukunft haben könnte.

Der von Butterwegge und Hentges herausgegebene Sammelband präsentiert zehn Beiträge. Es geht darum, Umbrüche in der Arbeitswelt wie die Folgen der Globalisierung, Prekarisierung und Ausgrenzungsprozesse in Beziehung zu setzen zu den Wahlerfolgen rechtsextremer und rechtspopulistischer Parteien. Dieses Forschungsfeld ist vor allem deshalb bedeutsam, weil die gängige Betrachtung von Rechtsextremismus als Problematik jüngerer, männlicher Wähler und Aktivisten aus schwierigen sozialen Verhältnissen die Ebene der Erfahrung in der Arbeitswelt mehr oder weniger ausblendet. Nach einer ausführlichen Einleitung von Butterwegge folgen empirische Beiträge aus dem europäischen Forschungsprojekt Siren und drei weitere über den Zusammenhang von Arbeitswelt, Armut und soziale Exklusion. Die Ergebnisse sind durchaus beeindruckend, so etwa der von Fichter, Stöss und Zeuner dargelegte hohe Grad rechtsextremer Einstellungen bei Gewerkschaftsmitgliedern, doch der Wert des Bandes besteht eher darin, ein bisher sehr vernachlässigtes Forschungsfeld zu öffnen für weitere empirische Forschungen und theoretische Debatten.
Hans-Gerd Jaschke

Kommentierte Bibliographie

Aldis, Anne/Graeme P. Herd (Hrsg.), The Ideological War on Terror. Worldwide strategies for counter-terrorism, London/New York 2007 (*Routledge*), 285 S. – Die Autoren des Bandes entwerfen eine umfassende Bilanz zur Prävention und Repression des Terrorismus auf allen Kontinenten.

Alonso, Rogelio, The IRA and Armed Struggle, London/New York 2007 (*Routledge*), 228 S. – Auf der Grundlage zahlreicher ausführlicher Interviews mit (ehemaligen) IRA-Mitgliedern vermittelt der Autor wichtige Einsichten, die wesentlich zum Verständnis der Dynamik des nordirischen Friedensprozesses beitragen.

Aly, Götz, Fromms. Wie der jüdische Kondomfabrikant Julius Fromms unter die deutschen Räuber fiel, Frankfurt a.M. 2007 (*Fischer*), 228 S. – Ein gelungenes Porträt ostjüdischen Aufstiegs: Entwicklung und Erfolg eines Massenprodukts, sorgfältig recherchiert und überaus unterhaltsam zu lesen. Die spannende Firmengeschichte, zuweilen anekdotenhaft erzählt, offenbart zugleich detailliert die Enteignungspolitik der Nationalsozialisten.

Anti-Defamation League (Hrsg.), Extremism in Florida. The Dark Side of the Sunshine State, New York 2007 (*Bezugsadresse: http://www.adl.org*), 23 S. – Der Bericht behandelt „Hate Groups", „Anti-Government Extremist Groups", „Anti-Abortion Extremism", „Animal Rights Extremism" und „Islamic Radicalism".

Barth, Bernd-Rainer/Werner Schweizer (Hrsg.), Der Fall Noel Field. Schlüsselfigur der Schauprozesse in Osteuropa, 2. Bd.: Asyl in Ungarn 1954-1957, Berlin 2007 (*BasisDruck*), 698 S. – Das Werk basiert auf langjährigen Archivrecherchen des Filmemachers Schweizer, der seine Ergebnisse 1996 erstmals in einem Dokumentarfilm präsentierte. Während der erste Band die Untersuchungshaft, den Schauprozeß und die Gefängnisjahre (1949-1954) Noel Fields näher beleuchtete, untersucht der zweite Band mittels authentischer Zeugnisse Fields' Freilassung und seinen Kampf um Rehabilitierung. Die Kommentierung von Bernd-Rainer Barth erschließt ein ganzes Jahrzehnt Geheimdienstgeschichte.

Bayerische Landeszentrale für politische Bildungsarbeit (Hrsg.), Weltprobleme, München 2007 (*Bosch-Druck)*, 431 S. – Der Sammelband faßt die wesentlichen Menschheitsprobleme – einschließlich ihrer wechselseitigen Abhängigkeiten – unserer heutigen Zeit zusammen. Dabei wird deutlich, daß sich Herausforderungen wie u.a. der islamischer Fundamentalismus, die Armutsbekämpfung oder die demographische Entwicklung nicht mehr national, sondern nur noch global von der Staatengemeinschaft insgesamt lösen lassen.

Beinhorn, Elly, Alleinflug. Mein Leben, München 2007 (*Herbig*), 381 S. – Der zufriedene Rückblick auf ein erfülltes und aufregendes Leben. Die Starpilotin der deutschen Luftwaffe, kein NSDAP-Mitglied, erzählt von einem unpolitischen Leben, doch Beinhorns Flugzeug trug das Hakenkreuz. Auch nach dem Krieg bleibt das Fliegen ihre große Leidenschaft. Der Stolz auf die zahlreichen Erfolge, die Medaillen und ihr zufriedenes Resümee eines Fliegerlebens, das am Anfang echtes Abenteuer war, wirken sympathisch. Beinhorn starb 100jährig im November 2007 bei München.

Benz, Arthur/Susanne Lütz/Uwe Schimansk/Georg Simonis (Hrsg.), Handbuch Governance. Theoretische Grundlagen und empirische Anwendungsfelder, Wiesbaden 2007 (*VS Verlag für Sozialwissenschaften*), 477 S. – Das mangels eindeutiger definitorischer Abgrenzung mitunter willkürlich genutzte Governance-Konzept findet in diesem Sammelband mehrdimensionale Aufmerksamkeit und wird nach strukturellen, theoretischen und funktionalistischen Aspekten geordnet exemplarisch erhellt.

Bernard, Mathias, La guerre des droites. Droite et extrême droite en France de l'affaire Dreyfus à nos jours, Paris 2007 (*Odile Jacob*), 311 S. – Der junge Historiker hat eine sachkundige Geschichte des komplizierten Wechselverhältnisses von extremer und gemäßigter Rechten in Frankreich geschrieben – von Dreyfus bis Nikolas Sarkozy.

Beyme, Klaus von, Föderalismus und regionales Bewußtsein. Ein internationaler Vergleich, München 2007 (*C.H. Beck),* 267 S. – Deutschlands bekanntester Politikwissenschaftler bilanziert die föderalen Demokratien der westlichen Welt. Er analysiert dabei nicht nur das Verhältnis und die rechtliche Stellung der Zentral- und Einzelstaaten, sondern vor allem die politischen Dimensionen von regionaler Identität und nationalen Minderheiten.

Bienentreu, Sara, „Euthanasie" im Nationalsozialismus. Die Frage der Beteiligung der Universitätspsychiatrie am Beispiel der Heidelberger Klinik, Saarbrücken 2007 (*VDM Verlag*), 275 S. – Die Humanmedizinerin untersucht in ihrer Dissertation das Schicksal der zwischen 1936 und 1945 von der Heidelberger Psychiatrischen Universitätsklinik verlegten Patienten. Die Autorin stellt fest, daß an der Universitätsklinik selbst keine beabsichtigten Patiententötungen stattgefunden haben. Zudem konnte sie das Schicksal von rund zwei Dritteln der in dem besagten Zeitraum verlegten Patienten klären.

Boentert, Annika, Kinderarbeit im Kaiserreich 1871-1914, Paderborn 2007 (*Schöningh*), 475 S. – Die Dissertation untersucht einerseits die Entwicklung und das Ausmaß der Kinderarbeit während der Industrialisierung. Anderseits geht es um die sich wandelnde gesellschaftliche Wahrnehmung des Problems und um die schrittweise gesetzliche Verankerung des Kinder- und Jugendschutzes.

Bogner, Daniel, Ausverkauf der Menschenrechte? Warum wir gefordert sind, Freiburg 2007 (*Herder*), 142 S. – Der Autor erörtert angesichts weltpolitischer Krisen und „neuen“ sicherheitspolitischen Herausforderungen die Rolle und Aufgabe der christlichen Religion. Seine Hauptthese lautet: Die Kirchen müssen stärker und vernehmbarer als bisher zu öffentlichen Anwältinnen der Menschenrechte werden!

Bremer, Thomas, Kreuz und Kreml. Kleine Geschichte der orthodoxen Kirche in Rußland, Freiburg 2007 (*Herder*), 256 S. – Das Buch schildert die wichtigsten Entwicklungsstränge der orthodoxen Kirche in Rußland wie das Verhältnis der russischen Orthodoxie zum Westen. Der Autor der „Kleinen Geschichte“ überzeugt durch seine Kenntnis der Historie und Kirchenstrukturen und ermöglicht Einblicke ins religiöse Denken und die Praxis. Das Buch ist eine zu empfehlende Lektüre für alle, die sich ein Bild von der russisch-orthodoxen Kirche und ihrem Verhältnis zum Staat machen wollen.

Brettschneider, Corey, Democratic Rights. The Substance of Self-Government, Princeton/Oxford 2007 (*Princeton University Press*), 179 S. – Angesichts des Spannungsverhältnisses von Verfassungsgerichtsbarkeit und demokratischer Mehrheitsentscheidung und in Auseinandersetzung mit einem rein prozeduralen Demokratieverständnis entwickelt die Autorin im Anschluß u.a. an John Rawls und Jürgen Habermas eine Werttheorie der Demokratie, zu deren Grundbestandteilen prozedurale ebenso wie „substantielle“ Rechte gehören.

Brodersen, Inge/Rüdiger Dammann, Das neue Europa. In Vielfalt geeint – Geschichte und Zukunft der Europäischen Union, Ravensburg 2007 (*Ravensburger Buchverlag*), 159 S. – Reich bebilderter, sinnvoll strukturierter Band zu Geschichte, Gegenwart und Zukunft der Europäischen Union. Der dominierende Anspruch der politischen Bildung verhindert streckenweise eine kritischere Darstellung.

Broszat, Martin, Der „Staat Hitlers“ und die Historisierung des Nationalsozialismus, Göttingen 2007 (*Wallstein*), 224 S. – Mit seinem Aufsatz „Plädoyer für eine Historisierung des Nationalsozialismus“, der 1985 erschien, löste der deutsche Zeithistoriker Martin Broszat (gestorben 1989) eine bis heute nachwirkende Kontroverse in der deutschen Sozial- und Geschichtsforschung aus. Ein viel beachtetes internationales Symposion beleuchtete aus Anlaß seines 80. Geburtstags im Dezember 2006 das historiographische Werk Broszats. Jene Tagung und ihre eindrucksvollen Debatten dokumentiert Norbert Frei in dem vorliegend Band.

Brownlee, Jason, Authoritarianism in an Age of Democratization, Cambridge/New York 2007 (*Cambridge University Press*), 264 S. – Warum überdauern bestimmte autoritäre Regime hartnäckig weltweit wirkende Demokratisierungswellen? Der Autor geht dieser Frage vor allem anhand der Regime in Ägypten, Malaysia, im Iran und auf den Philippinen nach.

Brubaker, Rogers, Ethnizität ohne Gruppen, Hamburg (*Hamburger Edition*), 343 S. – Das Werk versammelt Essays zu einer Reihe eng verflochtener Themen: Ethnizität, Rasse, Nationalismus, ethnische Gewalt, Identität, kollektives Gedächtnis, Migration, Assimilation und Nationalstaat. Der Soziologe analysiert Ethnizität, „ohne abgegrenzte Gruppen ins Feld zu führen“, die nur eine Modalität der Ethnizität unter mehreren darstellen. Er leistet eine klare, scharfsinnige Begriffsarbeit.

Brunnenbauer, Ulf/Stefan Troebst (Hrsg.), Zwischen Amnesie und Nostalgie. Die Erinnerung an den Kommunismus in Südosteuropa (*Böhlau*), 308 S. – Der Sammelband vereint Beiträge zu Thema kommunistischer Vergangenheitsbewältigung im südöstlichen Europa aus interdisziplinärer Perspektive. Im Mittelpunkt steht die Unterscheidung zwischen staatlich verordneter Erinnerungskultur durch politische Akteure und persönlichen Erinnerungen.

Bruns, Tissy, Republik der Wichtigtuer. Ein Bericht aus Berlin, Freiburg 2007 (*Herder*), 224 S. – Die Leiterin des Berliner Parlamentsbüros des „Tagesspiegels“ rechnet in ihrem Buch mit der Abgehobenheit und Eitelkeit des Berliner Establishments ab. Ihre Hauptthese lautet: Der diagnostizierte Realitätsverlust von Politikern und Medien ist wesentliche Ursache für gegenseitige Wahrnehmungslücken und allgemeine Demokratieverdrossenheit.

Buckmiller, Michael/Klaus Meschkat (Hrsg.), Biographisches Handbuch zur Geschichte der Kommunistischen Internationale. Ein deutsch-russisches Forschungsprojekt, Berlin 2007 (*Akademie Verlag*), 486 S. – Mit der Öffnung des Moskauer Komintern-Archivs wurde der Zugang zu biographischen Daten prominenter Entscheidungsträger der Komintern bis hin zu bislang anonymen Mitarbeitern von Hilfsorganisationen erschlossen. Unter Rückgriff auf die neuen Informationen analysieren international renommierte Wissenschaftler in ihren

Beiträgen die kommunistische Weltorganisation und gelangen zu neuen Erkenntnissen. Das Buch enthält eine für jede künftige quellengestützte Komintern-Forschung unverzichtbare Datensammlung (CD-ROM).

Bundesamt für Polizei, EJPD (Hrsg.), Bericht Innere Sicherheit der Schweiz 2006, Bern 2007 (*Bezugsadresse: http://www.sinoptic.ch*), 91 S. – Im Mittelpunkt des Berichts steht der „gewalttätige Extremismus und Terrorismus", gegliedert nach Rechtsextremismus, Linksextremismus, Islamismus (weltweit und national) und ethnisch geprägtem albanischem, türkischem, kurdischem sowie tamilischem Extremismus. Ein eigener Abschnitt ist der Finanzierung der entsprechenden Gruppierungen gewidmet.

Bundesministerium für Inneres/Bundesamt für Verfassungsschutz und Terrorismusbekämpfung (Hrsg.), Verfassungsschutzbericht 2007, Wien 2007 (*Bezugsadresse: http://www.bmi.gv.at/staatsschutz*), 173 S. – Der Bericht konzentriert sich auf gewaltorientierte extremistische und terroristische Vorgänge im Jahr 2006.

Bytzek, Evelyn, Ereignisse und ihre Wirkung auf die Popularität von Regierungen. Von der Schleyer-Entführung zur Elbeflut, Baden-Baden 2007 (*Nomos*), 229 S. – Die Dissertation arbeitet anhand von 43 ausgewählten positiven und negativen politischen Ereignissen im Zeitraum von 1977 bis 2003 neben vielfältigen Zusammenhängen zwischen Ereignis und Regierungspopularität vor allem die Bedeutung der Medienpräsenz auf die Wirkungsmacht politischer Ereignisse heraus.

Capoccia, Giovanni, Defending Democracy. Reactions to Extremism in Interwar Europe, Paperback edition, Baltimore/London 2007 (*The Johns Hopkins University Press*), 335 S. – Die bedeutende Studie zum Demokratieschutz in den europäischen Staaten der Zwischenkriegszeit liegt jetzt in einer preisgünstigen Paperback-Edition vor.

Castan, Joachim, Der Rote Baron. Die ganze Geschichte des Manfred von Richthofen, Stuttgart 2007 (*Klett-Cotta*), 360 S. – Der Autor legt neue Dokumente vor und prüft den Fliegermythos Richthofen gründlich. Die viel gepriesene Noblesse des „Roten Barons" gegenüber dem Feind erweist sich als Legende. Er war der Beste, der Star unter den Kampffliegern, Träger des Ordens Pour le Mérite – und ein schwieriger Held.

Cosseron, Serge, Dictionnaire de l'extrême gauche, Paris 2007 (*Larousse*), 288 S. – In einer überwiegend wertabstinenten, aber gut informierten und differenzierten Darstellung werden die wichtigsten Strömungen der französischen extremen Linken porträtiert. Nicht weniger als acht Strömungen/„Familien" werden ausgemacht: Altermondialisten, Ökologisten, stalinistische Marxisten-Leninisten, revolutionäre Marxisten (Trotzkisten), Terroristen, Libertäre (Anarchisten), Ultralinke (u.a. Luxemburgisten) und Autonome.

Courtois, Stéphane (Hrsg.), Communisme en France. De la Révolution documentaire au renouveau historiographique. Actes du colloque organisé par le Centre de Recherches Hannah Arendt le 11 mai 2006, Paris 2007 (*Éditions Cujas*), 284 S. – Die Beiträge des Bandes umspannen die Geschichte des PCF von seiner Gründung bis in die jüngste Zeit. Die Gründe für die einstige Stärke und die heutige Schwäche werden sichtbar.

Depkat, Volker, Lebenswenden und Zeitenwenden. Deutsche Politiker und die Erfahrungen des 20. Jahrhunderts, München 2007 (*Oldenbourg*), 573 S. – Die Habilitationsschrift fragt danach, welche Rolle historische Zäsuren auf das Wirken sozialistischer (u.a. Otto Buchwitz, Wilhelm Dittmann, Albert Grzesinski) und bürgerlicher (u.a. Konrad Adenauer, Arnold Brecht, Ferdinand Friedensburg) Politiker gehabt haben.

Diekmann, Kai, Der große Selbstbetrug. Wie wir um unsere Zukunft gebracht werden, München 2007 (*Piper*), 255 S. – Der „Bild"-Chefredakteur holt zum Rundumschlag gegen politische Korrektheit aus. Die von Diekmann zum Stilmittel erhobene Polemik des Buches entartet mitunter zu einem flammenden Populismus und wird damit selbst zum Instrument des Selbstbetruges.

Diner, Dan, Gegenläufige Gedächtnisse. Über die Geltung und Wirkung des Holocaust, Göttingen 2007 (*Vandenhoeck & Ruprecht*), 128 S. – Der Autor beleuchtet in seinem Essay die weltgeschichtliche Geltung des Holocausts. Diner plädiert dafür, den Holocaust nicht als Ereignis zu lesen, das uns philosophisch begreiflich macht, wozu Menschen fähig sind, sondern als historisch klar einzuordnendes Geschehen. Der Holocaust besitzt in der Perspektive der Osteuropäer oder der Araber wegen ihrer eigenen Leiderfahrungen jeweils unterschiedliche Bedeutung.

Eber, Irene, Ich bin allein und bang. Ein jüdisches Mädchen in Polen 1939-1945, München 2007 (*C.H. Beck*), 287 S. – Die Holocaust-Überlebende erzählt in erschütternder Weise von ihrem Lebenswillen als Zwölfjährige, von der Flucht aus dem Zwangsarbeitslager von Dêbica und ihrer Rückkehr in den Heimatort Mielec, wo sie dank einer polnischen Familie, im Hühnerstall versteckt, bis zur Befreiung durch die Rote Armee überlebt. Irene Eber verfaßt ein wichtiges Zeitzeugendokument und offenbart zugleich eine tiefe innere Zerrissenheit samt unbewältigter Schuldgefühle. Ihr Buch schließt mit pessimistischen Tönen: voller Zweifel daran, die Erinnerung an die Opfer lebendig halten zu können.

Egle, Christoph/Reimut Zohlnhöfer (Hrsg.), Ende des rot-grünen Projektes. Eine Bilanz der Regierung Schröder 2002-2005, Wiesbaden 2007 (*VS Verlag für Sozialwissenschaften*), 540 S. – Unterteilt in allgemeine Entwicklungen des politischen Systems, speziell des Parteienwettbewerbs, und Entwicklungen der zentralen Politikfelder, reflektieren die 20 Beiträge kritisch die zweite Periode des „rot-grünen Projekts" und verdeutlichen Kontinuität und Wandel gegenüber der ersten Etappe rot-grüner Regierungspolitik 1998-2002.

Ekardt, Felix, Wird die Demokratie ungerecht? Politik in Zeiten der Globalisierung, München 2007, (*C.H. Beck*), 214 S. – Im Zentrum der geistreichen Erörterung, ob eine globalisierte Demokratie den Anspruch einer gerechten Ordnung bewahren kann, steht der Ruf nach einem neuen, weder ökonomisch noch egomanisch verengten universalen Freiheitskonzept.

El-Nawab, Susanne, Skinheads – Gothiks – Rockabillies. Gewalt, Tod & Rock'n'Roll, Berlin 2007 (*Archiv der Jugendkulturen Verlag*), 368 S. – Die Autorin untersucht und vergleicht in ihrer Dissertation drei jugendliche Subkulturen hinsichtlich Gewaltmerkmalen in deren Auftreten, Musik und Texten. Zahlreiche Interviews und Abbildungen geben Einblicke in die Binnensoziologie der Jugendszenen; Fragen zur politischen und (anti)demokratischen Gesinnung bleiben dagegen unterbeleuchtet.

Eppelmann, Rainer, Gottes doppelte Spur. Vom Staatsfeind zum Parlamentarier, Holzgerlingen 2007 (*Hänssler Verlag*), 357 S. – Gott hat den oppositionellen Pfarrer stets getragen, aber auch immer wieder gefordert: Der Bürgerrechtler verweigerte den Dienst an der Waffe in der NVA, feierte gigantische Bluesmessen in Ost-Berlin und wurde zum Staatsfeind erklärt. Von 1990 bis 2005 war er Bundestagsabgeordneter. Ein bewegendes Leben im geteilten und vereinten Deutschland.

Fließgarten, Anja, Divided we stand – Partnerschaft oder Konkurrenz? Die Frage der Europäischen Sicherheits- und Verteidigungspolitik als Kontroverse im transatlantischen Rahmen, Bonn 2007 (*Bouvier*), 143 S. – Die Europäische Sicherheits- und Verteidigungspolitik (ESVP) stellt eines der Grundelemente der Europäischen Union dar, um ihre Sicherheit selbstständig zu organisieren. Allerdings bewegt sie sich in engen Grenzen und muß u.a. darauf aus sein, die transatlantische Kooperation nicht zu gefährden. Eben jene Kontoverse untersucht die Autorin im Hinblick auf die Entwicklung der ESVP, ihre Inhalte und Möglichkeiten.

Focke, Sandra, „Politik-Marketing". Die Marketing-Strategien der beiden großen Volksparteien (CDU, SPD) im Bundestagswahlkampf 2002 mit Schwerpunkt auf Materialien der CDU, Frankfurt a.M. 2007 (*Peter Lang*), 524 S. – Die Dissertation bietet eine umfangreiche und detaillierte Makro-Betrachtung des „Phänomens Polit-Marketing" anhand des Bundestagswahlkampfes 2002. Dabei räumt die Autorin den Aspekten des „Politainment", des „Infotainment" und der politischen Inszenierung als Merkmale „moderne Marketingstrategien" theoretisch und empirisch breiten Raum ein.

Forum für kritische Rechtsextremismusforschung/Herbert-und-Greta-Wehner-Stiftung (Hrsg.), Diffusionen. Der kleine Grenzverkehr zwischen Neuer Rechter, Mitte und Extremen, Dresden 2007 (*Druckhaus Dresden*), 158 S. – In dem Sammelband werden die Grenzziehungen zwischen der „Mitte" und den „Extremen" kritisch hinterfragt. Obwohl der politische Rechtsextremismus in Deutschland seinen Platz am Rande der Gesellschaft einnimmt, läßt sich mit Blick auf die Debatten um Demographie und Leitkultur fragen, ob „rechte" Positionen nicht eher aus der „Mitte" kommen und inzwischen zum politischen Alltag gehören.

Frey, Gerhard, Das letzte Geheimnis. Wie es wirklich zur Katastrophe des Zweiten Weltkrieges kam, München 2007 (*FZ-Verlag*), 224 S. – Das Vorspiel des Zweiten Weltkrieges, genauer gesagt die geschichtlichen Abläufe von 1918 bis zu seinem Beginn stehen im Mittelpunkt des Werkes. Der Autor, Verleger der rechtsextremen National-Zeitung und Gründer sowie Bundesvorsitzender der Deutschen Volksunion greift dabei vor allem die Debatte um die deutsche Alleinschuld am Ausbruch des Krieges auf, hinterfragt und bezweifelt diese These unter Verwendung einseitiger Argumente.

Gehrke, Bernd/Gerd-Rainer Horn (Hrsg.), 1968 und die Arbeiter. Studien zum „proletarischen Mai" in Europa, Hamburg 2007 (*VSA-Verlag*), 334 S. – Der Sammelband stellt nicht klar genug dar, daß das Schlüsseljahr „1968" in Ost- und Westeuropa Unterschiedliches bedeutet hat. Die damaligen Revolten werden überschätzt.

Gerwarth, Robert, Der Bismarck-Mythos. Die Deutschen und der Eiserne Kanzler, München 2007 (*Siedler*), 285 S. – Ein flüssig zu lesendes Buch über die Funktion und den Wandel des Bismarck-Bildes: vom konsolidierenden Mythos des „Eisernen Kanzlers" im Kaiserreich bis zu dessen Mißbrauch in Propagandafeldzügen gegen die Weimarer Republik. Die Nationalsozialisten deuteten ihn zur Rechtfertigung ihrer Herrschaft kurzweg um. Eine Betrachtung für die Zeit nach 1945 fällt knapp aus.

Geulen, Christian, Geschichte des Rassismus, München 2007 (*C.H. Beck*), 128 S. – Der kurze Band erörtert stringent die lange Geschichte des Rassismus als kontinuierliche Veränderung des „Phänomens" – vom antiken Rassismus als Mechanismus zur „Rettung oder Regeneration des Eigenen" durch gezielte Negation des „Fremden", hin zum politisch beliebig instrumentalisierbaren „abstrakten Welterklärungsprinzip", zu Eugenik und Rassenkampf des 20. Jahrhunderts.

Grasselt, Nico/Karl-Rudolf Korte, Führung in Politik und Wirtschaft. Instrumente, Stile und Techniken, Wiesbaden 2007 (*VS Verlag für Sozialwissenschaften*), 229 S. – Der Band analysiert Führungsstile, Führungsinstrumente und Führungstechniken. Ein angemessenes Politikmanagement kann extremistische Versuchungen schwächen.

Greser, Achim/Heribert Lenz, Wir sind eine Welt. Die Chronik eines Jahres III, Frankfurt a.M. 2007 (*Frankfurter Allgemeine Buch*), 230 S. – Seit 2005 veröffentlichen die beiden preisgekrönten Karikaturisten einen Jahresband aller Zeichnungen aus der Frankfurter Allgemeinen Zeitung. Auch das Jahr 2007 wird vor allem mit witzig-absurden, weil wirklichkeitsnahen Bildern des „Kleinen Mannes" resümiert.

Griffin, Roger, Modernism and Fascism. The Sense of a Beginning under Mussolini and Hitler, Houndmills/New York 2007 (*Palgrave Macmillan*), 470 S. – Der britische Historiker, dem wichtige Beiträge zur Konzeptualisierung des Faschismusbegriffs zu verdanken sind, legt in seiner kultur- und ideengeschichtlich angelegten Studie die Wurzeln des „alternativen Modernismus" von italienischem Faschismus und deutschem Nationalsozialismus frei.

Grzymała-Busse, Anna, Rebuilding Leviathan. Party Competition and State Exploitation in Post-Communist Democracies, Cambridge/New York 2007 (*Cambridge University Press*), 274 S. – In ihrem neuen Buch untersucht die mit einer Studie zu den postkommunistischen Parteien bekannt gewordene Politikwissenschaftlerin den Einfluß der Struktur des Parteienwettbewerbs auf Staatsbildung und Regimekonsolidierung in den neuen Demokratien Mittel- und Osteuropas.

Haegel, Florence (Hrsg.), Partis politiques et système partisan en France, Paris 2007 (*Presses de la Fondation nationale des Sciences politiques*), 452 S. – Für die Extremismusforschung von besonderem Wert sind die Beiträge von Julian Mischi über die sozialen Ursachen des Niedergangs der französischen KP und von Alexandre Dézé zur Ideologiebildung beim Front national.

Hansen, Henning, Die Sozialistische Reichspartei (SRP). Aufstieg und Scheitern einer rechtsextremistischen Partei, Düsseldorf 2007 (*Droste Verlag*), 317 S. – Die Studie beschreibt und analysiert die Geschichte der 1952 verbotenen SRP. Ihr besonderer Wert liegt in der Fülle der herangezogenen Archivalien. Die Arbeit meidet die teils „volkspädagogische" Sichtweise von Büsch und Furth, kommt aber zu ähnlichen Ergebnissen.

Harich, Anne, „Wenn ich das gewußt hätte…". Erinnerungen an Wolfgang Harich, Berlin 2007 (*Das Neue Berlin*), 431 S. – Die Autorin, Harichs fünfte Ehefrau, blickt auf das Leben des Philosophen zurück. Sie schildert aus persönlicher Erfahrung Harichs Kampf um wissenschaftliche Anerkennung und politische Rehabilitierung.

Hartl, Peter, Belogen, betrogen und umerzogen. Kinderschicksale aus dem 20. Jahrhundert, München 2007 (*dtv*), 220 S. – Der ZDF-Redakteur schildert in seinem Werk exemplarisch sieben bewegende Lebensläufe von Männern und Frauen. Totalitäre Staaten beraubten sie ihrer Identität, indem man sie als Kinder aus ihrem Heimatland entführte, zur Adoption freigab, über ihre Herkunft belog und umerzog – bis sie Jahre später die Wahrheit erfuhren.

Hatzfeld, Helène/Julian Mischi/Henri Rey (Hrsg.), Dictionnaire de la gauche, Paris 2007 (*Larousse*), 288 S. – Wie die Autoren des Bandes zeigen, könnte das gewachsene Stimmengewicht trotzkistischer Gruppierungen die Mehrheitsfähigkeit der gemäßigten Linken Frankreichs gefährden.

Heinen, Armin, Rumänien, der Holocaust und die Logik der Gewalt, München 2007 (*Oldenbourg*), 208 S. – Die Studie untersucht, warum Antisemitismus in Rumänien bis 1940 (angeblich) selten zu beobachten war, danach jedoch Zehntausende Juden dem nationalistischem Terror zum Opfer fielen. Analysiert werden lokale Strukturen, die Bedeutung des Nationalsozialismus und dessen antisemitische Ideologie sowie das Handeln bzw. Wegschauen der politisch Verantwortlichen.

Hilbrenner, Anke, Diaspora-Nationalismus. Zur Geschichtskonstruktion Simon Dubnows, Göttingen 2007 (*Vandenhoeck & Ruprecht*), 315 S. – Die Autorin rekonstruiert und interpretiert in der überarbeiteten Fassung ihrer Dissertation die Darstellung der jüdischen Vergangenheit seitens des russisch-jüdischen Historikers Dubnow. Dessen national verstandene Geschichtserzählung ist ein historiographischer Gegenentwurf zur herkömmlichen jüdischen Geschichtsschreibung.

Hinck, Gunnar, Eliten in Ostdeutschland. Warum den Managern der Aufbruch nicht gelingt, Berlin 2007 (*Ch. Links Verlag*), 215 S. – Mit Hilfe von 14 biographischen Porträts erfolgreicher Politiker, Unternehmer und Medienschaffender Ostdeutschlands wird versucht, eine Art Wechselbeziehung zwischen der ostdeutschen Krise und ihrem gesellschaftlichem Spitzenpersonal zu konstruieren. Da es den „Ostpromis" sicher an vielem fehlt, aber nicht an mangelndem Selbstvertauen, muß die Frage gestattet sein: Warum dieses Buch?

Hofmann, Gerhard, Die Verschwörung der Journaille zu Berlin, 2. verbesserte Auflage, Bonn 2007 *(Bouvier)*, 470 S. – Gerhard Hofmann führt Tagebuch vom 22. Mai 2005 – der Verkündigung von Neuwahlen durch SPD-

Chef Franz Müntefering – bis zum Wahlabend des 18. September 2005 und legt dabei chronologisch alle relevanten Ereignisse des vergangenen Bundestagswahlkampfes dar. Im Zentrum seiner Aufmerksamkeit steht jedoch das Verhältnis von Medien und Politik in diesem Zeitraum. Dabei betrachtet der Autor ebenso die Frage nach Medienmanipulation als auch die Rolle der Presse als vierte Macht im Staate.

Hülsemann, Wolfram/Michael Kohlstruck/Dirk Wilking (Hrsg.), Einblicke II. Ein Werkstattbuch, Potsdam 2007 (*Demos – Brandenburgisches Institut für Gemeinwesenberatung*), 208 S. – Wie der erste Band (Einblicke I, 2004) vermittelt der Band Erfahrungen des „Mobilen Beratungsteams Tolerantes Brandenburg" (MBT) im Umgang mit Fremdenfeindlichkeit und Rechtsextremismus. Einen Themenschwerpunkt bilden die rechtsextremen Aufmärsche am Soldatenfriedhof in Halbe.

Human Rights Watch (Hrsg.), World Report 2007, New York 2007 (*Bezugsadresse: http://www.hrw.org*), 556 S. – Der Bericht informiert über Menschenrechtsverletzungen weltweit (Berichtsjahr 2006).

Institut Catholique d'Études Supérieures (Hrsg.), Memento Goulag. Mémoire et jugement du communisme. Actes de la journée d'étude organisée par le Centre de Recherches Hannah Arendt le 7 novembre 2006, Paris 2007 (*Éditions Cujas*), 141 S. – Im Zentrum der Beiträge stehen Massenrepression und Internierung in Rußland, der Tschechoslowakei und Rumänien bis zur Entstalinisierung.

Irving, David, Meine Gefängnisse, München 2007 (*FZ-Verlag*), 159 S. – Der englische Rechtsextremist und Holocaust-Leugner berichtet in dem Büchlein von seinen Erlebnissen und Gedanken während seiner 13-monatigen Haftzeit (November 2005 bis Dezember 2006) in Österreich. Der Hauptvorwurf Irvings: Das Urteil sei substanzlos und auf gesellschaftlichen Druck hin gefällt worden.

Jäger, Thomas/Gerhard Kümmel (Hrsg.), Private Military and Security Companies. Chances, Problems, Pitfalls and Prospects, Wiesbaden 2007 (*VS Verlag für Sozialwissenschaften*), 502 S. – Private Militär- und Sicherheitsunternehmen sind in den vergangenen Jahren zu einem wichtigen Akteur internationaler Verteidigungs- und Sicherheitspolitik geworden. 30 Einzelbeiträge untersuchen verschiedene Fallbeispiele und Leistungsangebote privater Sicherheitsdienste sowie historische und rechtliche Aspekte der Problematik.

Just, Gustav, Deutsch, Jahrgang 1921. Ein Lebensbericht, Berlin 2007 (*Vorwärts Buch*), 335 S. – Die Autobiographie gibt aufschlußreiche Einblicke in das wechselvolle Leben des DDR-Oppositionellen. Just reflektiert seine Wandlung vom Nationalsozialisten zum Kommunisten und vom Kommunisten zum Sozialdemokraten. Er schildert sehr detailliert seinen Lebensweg und dessen wichtigste Stationen: seine Verhaftung und Verurteilung zusammen mit der sogenannten Harich-Gruppe, seine politische Rehabilitierung und sein Rücktritt vom Amt als Alterspräsident des brandenburgischen Landtags.

Kadeer, Rebiya/Alexandra Cavelius, Die Himmelsstürmerin. Chinas Staatsfeindin Nr. 1 erzählt ihr Leben, 3. Auflage, München 2007 *(Heyne)*, 415 S. – „Die Himmelsstürmerin" stellt die eindrucksvolle Biographie der Menschenrechtlerin Rebiya Kadeer dar. In Zusammenarbeit mit der Autorin Alexandra Cavelius wird der erstaunliche Werdegang einer Frau beschrieben, die von einer einfachen Wäscherin zur mehrfachen Millionärin ihr Leben dem Kampf gegen die chinesische Unterdrückung widmet. Nach jahrelangem Gefängnisaufenthalt und der Flucht ins amerikanische Exil gilt sie bis heute als Staatsfeindin Nr. 1 in China. Sie wurde zu Recht mehrfach für den Friedensnobelpreis nominiert.

Karlsch, Rainer, Uran für Moskau. Die Wismut – eine populäre Geschichte, Berlin 2007 (*Ch. Links Verlag*), 276 S. – Das Buch dokumentiert die Geschichte der Wismut-AG: von der Gründung 1947 über die schweren Arbeitsbedingungen in den 50er Jahren bis zum wirtschaftlichen Kollaps der DDR – und über die schwerwiegenden Folgen für die Menschen sowie Landschaften in Sachsen und Thüringen. Angesichts des Kalten Krieges rangierte der Uran-Bergbau für Stalin zuoberst. Zwar wurden die Arbeiter anfangs zwangsrekrutiert, aber der Autor relativiert die Mythen über die Lagerbedingungen. Die hohen Löhne für die Kumpel waren die eine Seite der Wismut-AG unter Sonderstatus, das Strahlen-Risiko, über das nie aufgeklärt wurde und viele Menschen das Leben kostete, war deren Schattenseite.

Kirsch, Benno, Walter Linse. 1903 – 1953 – 1996, Dresden 2007 (*Stiftung Sächsische Gedenkstätten zur Erinnerung an die Opfer politischer Gewaltherrschaft*), 117 S. – Walter Linse vom „Untersuchungsausschuß freiheitlicher Juristen" wurde 1952 nach Ostberlin entführt und ein Jahr später in Moskau hingerichtet. Die gut gestaltete Schrift geht dem Werdegang Linses nach – bis zu seiner Rehabilitierung 1996.

Knoch, Habbo (Hrsg.), Bürgersinn mit Weltgefühl. Politische Moral und solidarischer Protest in den sechziger und siebziger Jahren, Göttingen 2007 (*Wallstein*), 332 S. – Die 68er-Bewegung stelle nicht den einzigen Ausschnitt aus der bundesdeutschen Protestkultur dar, so die These des Sammelbandes. In 13 Beiträgen, die in vier Sektionen gegliedert sind, zeichnet der Band ein äußerst differenziertes und facettenreiches Bild der politischen Bürgerlichkeit, mit der die Bundesrepublik ihre demokratische Form fand.

Knox, MacGregor, To the Threshold of Power, 1922/33. Origins and Dynamics of the Fascist and National Socialist Dictatorships, Band 1, Cambridge/New York 2007 (*Cambridge University Press*), 448 S. – Im ersten Band der auf zwei Bände angelegten vergleichenden Geschichte stehen die politischen, sozialen, ökonomischen und kulturellen Rahmenbedingungen sowie die Entwicklungsdynamik der faschistischen und der nationalsozialistischen Bewegung vor ihrer Machtübernahme im Mittelpunkt einer brillanten Darstellung und Analyse.

Kobakhidze, Irakli, Die Funktionsfähigkeit der Parteien und ihre Freiheit. Eine vergleichende rechtswissenschaftliche Untersuchung des deutschen und georgischen Parteiwesens, Baden-Baden 2007 *(Nomos)*, 185 S. – Freiheit, Chancengleichheit, Öffentlichkeit und innerparteiliche Demokratie zählen zu den ureigenen Prinzipien des Parteienrechts. Sind sie gewährleistet, so gilt dies auch für die Funktionsfähigkeit der Parteien, sei es im deutschen, sei es im georgischen Parteiensystem. Mit Hilfe der vergleichenden Analyse beider Systeme untersucht der Autor die Realisierung und Etablierung dieser grundlegenden Merkmale.

König, Frank, Die Gestaltung der Vergangenheit. Zeithistorische Orte und Geschichtspolitik im vereinten Deutschland, Marburg 2007 (*Tectum*), 353 S. – Der Autor beschreibt die „Gedenkstättenlandschaft" – mit Blick auf die NS- und DDR-Vergangenheit (Forschungs- und Gedenkstätte Normannenstraße, Gedenkstätte Berlin-Hohenschönhausen).

Koop, Volker, Dem Führer ein Kind schenken. Die SS-Organisation Lebensborn e.V., Köln 2007 (*Böhlau*), 306 S. – Die Geschichte des „Lebensborn" berichtet über die fatale Symbiose zwischen nationalsozialistischem Rassenhaß und vermeintlicher Fürsorge. Keiner der Beteiligten wurde vom Nürnberger Tribunal zur Rechenschaft gezogen. Koop widerlegt, der Verein habe einzig als Entbindungsanstalt gedient, wenngleich in den Heimen diskret außereheliche Kinder zur Welt gebracht wurden. Doch Kinderraub und ideologische Umerziehung gehörten in den besetzten Gebieten zum Programm.

Kriwat, Karsten, Schwarzbuch BRD. Die größten Skandale der Republik, München 2007 (*FZ-Verlag*), 160 S. – Der Jurist Kriwat versucht mit seinem Buch auf der Welle erfolgreicher Schwarzbücher mitzureiten, vermutlich erfolglos. Reich bebildert bedient das Buch populistische Stereotype von der – angeblich – skandalgebeutelten Bundesrepublik und korrupten etablierten Politikern.

Kroll, Frank-Lothar (Hrsg.), Die Herrscher Sachsens. Markgrafen, Kurfürsten, Könige. 1089-1918, München 2007 (*C.H. Beck*), 377 S. – Der Sammelband bietet einen profunden, aufgrund der maßgerechten Einzelbeiträge kurzweiligen Überblick über Leben und Wirken der Markgrafen, Kürfürsten, Herzöge und Könige aus 829 Jahren sächsischer Wettinerherrschaft.

Krueger, Alan B., What Makes a Terrorist. Economics and the Roots of Terrorism, Princeton/Oxford 2007 (*Princeton University Press*), 180 S. – Im Zentrum des Buches stehen die ökonomischen Hintergründe und Auswirkungen terroristischer Anschläge. Auf der Höhe des derzeitigen wissenschaftlichen Forschungsstandes unterzieht der in Princeton lehrende Wirtschaftswissenschaftler einander widerstreitende Hypothesen einer eingehenden Prüfung.

Kruke, Anja, Demoskopie in der Bundesrepublik Deutschland. Meinungsforschung, Parteien und Medien 1949-1990, Berlin 2007 (*Droste Verlag*), 563 S. – Ausgezeichnete Studie zur Rolle der Meinungsforschung in der Bundesrepublik Deutschland bis zur Wiedervereinigung. Die Autorin weist gut den immer größer gewordenen Einfluß der Demoskopie in der Bundesrepublik nach – auf die Öffentlichkeit wie auf die Parteien („Medialisierung") nach.

Kubitschek, Götz, Provokationen, Schnellroda 2007 *(Edition Antaios)*, 80 S. – Das Establishment umhüllt Deutschland mit wirklichkeitsfremden Idealen, überlagert den gesellschaftlichen Diskurs mit dem Entwurf der politischen Korrektheit und beraubt das Land einer lebenswerten deutschen Zukunft. Die Schieflage zwischen öffentlichem Sprechen und Handeln einerseits und den realen Verhältnissen wie Notwendigkeiten andererseits ist offenbar. Jedoch bedeutet es Opferbereitschaft, sich dem „Kulissenschieben" zu verweigern. In belehrendem Stil bringt das Büchlein sein durchaus provozierendes Programm.

Künnecke, Arndt, Eine Hürde auf dem Weg zur EU-Mitgliedschaft? – Der unterschiedliche Minderheitenbegriff der EU und der Türkei, Hamburg 2007 (*Verlag Dr. Kovač*), 297 S. – Die Dissertation analysiert Unterschiede und Gemeinsamkeiten der europäischen und türkischen Minderheitenpolitik. Die Erörterung zu einer Annäherung beider Minderheitenbegriffe hat nicht zuletzt vor dem Hintergrund einer möglichen türkischen EU-Mitgliedschaft zentrale Bedeutung.

Kuntz, Friederike, Der Weg zum Irak-Krieg. Groupthink und die Entscheidungsprozesse der Bush-Regierung, Wiesbaden 2007 *(VS Verlag für Sozialwissenschaften)*, 205 S. – Nach der Groupthink-Theorie sind alle (politischen) Entscheidungsträger anfällig für das Phänomen des Gruppendenkens, welches sich wiederum negativ auf das Ergebnis von Gruppenentscheidungsprozessen auswirkt und Fehlkalkulationen nach sich zieht. Mit Hilfe empirischer Materialien und Beweise unterstreicht die Autorin diese These und zeigt auf, daß die Entscheidungsprozesse der Bush-Regierung nach dem 11. September 2001 als Paradebeispiel für Groupthink gelten können.

Lankov, Andrei, Crisis in North Korea. The Failure of De-Stalinization, 1956, Honolulu 2007 (*University of Hawai'i Press*), 275 S. – Auf der Grundlage bislang unzugänglichen Quellenmaterials analysiert der an der Kookmin Universität Seoul lehrende Autor die Etablierungsphase des totalitären Regimes um Kim Il-Sung.

Laruelle, Marlène (Hrsg.), Le rouge et le noir. Extrême droite et nationalisme en Russie, Paris 2007 (*CNRS Éditions*), 261 S. – Die Autoren des Bandes, allesamt ausgezeichnete Kenner der Materie, vermitteln ein umfassendes Bild der russischen extremen Rechten in ihren parteipolitischen ebenso wie in ihren subkulturell-aktionistischen und intellektuellen Formen – von der Perestrojka-Zeit bis heute.

Lindner, Erik, Die Reemtsmas. Geschichte einer deutschen Unternehmerfamilie, Hamburg 2007 (*Hoffmann und Campe*), 592 S. – Die Unternehmensbiographie schildert mehr als den außerordentlichen Aufstieg zum führenden deutschen Zigarettenkonzern in der Weimarer Republik. Das Porträt reicht über die drei Reemtsma-Generationen, die in der Tabakbranche tätig waren, ihre zeitgeschichtlichen Verwicklungen und den Konzernverkauf 1980 hinaus. Es erzählt daneben die Geschichte einer verzweigten Familie in verschiedenen Milieus und Tätigkeitsfeldern – bis zum Mäzen Jan Philipp Reemtsma.

Lösche, Peter, Verbände und Lobbyismus in Deutschland, Stuttgart 2007 (*Kohlhammer*), 196 S. – Der Göttinger Politikwissenschaftler Peter Lösche bietet eine unaufgeregte Überblicksdarstellung über Historie, demokratietheoretische Relevanz und politische Praxis der verschiedenen Spielarten politischer Interessenvertretung in der Bundesrepublik Deutschland. Die Betrachtung bietet wenig Neues, geht aber auf Reformmöglichkeiten zur Stärkung der Transparenz des Lobbyismus ein.

Marxen, Klaus/Gerhard Werle (Hrsg.), Rechtsbeugung, 2 Teilbde., Berlin 2007 (*De Gruyter*), 1172 S. – Mit dem fünften Band aus der Dokumentationsreihe „Strafjustiz und DDR-Unrecht" werden die Strafverfahren wegen Rechtsbeugung durch die DDR-Justiz beschrieben und analysiert. Wer die Dokumente liest, muß den Kopf über die schütteln, die die DDR nicht als Unrechtsstaat qualifiziert wissen wollen.

Mearsheimer, John J./Stephen M. Walt, Die Israel-Lobby. Wie die amerikanische Außenpolitik beeinflußt wird, Frankfurt a.M. 2007 (*Campus*), 503 S. – Die renommierten Politikwissenschaftler und Experten für Internationale Politik vertreten die kontrovers diskutierte These, daß im Wesentlichen der übermäßige Einfluß der so genannten Israel-Lobby für die verfehlte amerikanische Außenpolitik im Hinblick auf Israel, den Nahen und Mittleren Osten ursächlich sei. Erstmals wurden zahlreiche Fakten über die jüdische Lobby und ihre Arbeitsweise zusammengetragen. In ihrer Analyse unterschlagen die Autoren jedoch, daß diese Lobby nicht für alle negativen Entwicklungen verantwortlich gemacht werden kann.

Meddeb, Abdelwahab, 115 Gegenpredigten zwischen Europa und Islam, Heidelberg 2007 *(Wunderhorn)*, 418 S. – Die 115 Gegenpredigten – zwischen 2003 und 2006 als Radiobeiträge entstanden – richten sich gegen die fundamentalistischen Haßpredigten der neuen Fernsehsender. Mit seinen essayartigen Radiobeiträgen leistet der Islamkritiker Meddeb einen wesentlichen Beitrag für ein modernes Verständnis des Islam.

Messmer, Beatrix, Staatsbürgerinnen ohne Stimmrecht. Die Politik der schweizerischen Frauenverbände 1914-1971, Zürich 2007 (*Chronos*), 360 S. – Die Einführung des Frauenwahlrechts in der Schweiz 1971 war (trotz der Überfälligkeit) keine Selbstverständlichkeit. In dem Buch werden die zentralen gesellschaftlichen Konflikte bis zur politischen Gleichstellung aufgezeigt und die besondere Rolle der Schweizerischen Frauenverbände gewürdigt.

Milata, Paul, Zwischen Hitler, Stalin und Antonescu. Rumäniendeutsche in der Waffen-SS, Köln, Weimar, Wien 2007 (*Böhlau*), 349 S. – Die sorgsam recherchierte Studie geht der Frage nach, warum gegen Ende des Zweiten Weltkrieges die größte Auslandsrekrutierung der SS in Rumänien stattfinden konnte. Die Erklärung des Autors: Der freiwillige Eintritt war weniger ein Zeichen der Unterstützung Hitlers, sondern vor allem der Ablehnung des Sowjetsystems geschuldet.

Ministry of the Interior of the Czech Republic (Hrsg.), Information on the Issue of Extremism in the Czech Republic in 2006, Prag 2007 (*Bezugsadresse: http://aplikace.mvcr.cz*), 50 S. – Der Bericht vermittelt eine Lageanalyse zur Situation des politischen Extremismus und informiert ausführlich über die Gegenmaßnahmen der Sicherheitsbehörden.

Minnerath, Roland, Gegen den Verfall des Sozialen. Ethik in Zeiten der Globalisierung, Freiburg 2007 (*Herder*), 160 S. – Universale Sozialethik darf nur auf das zurückgreifen, worauf jedes Menschsein gründet. Hier setzt der Erzbischof von Dijon an. Er präsentiert katholische Sozialethik als vernunftgemäß. Seine unmißverständliche Forderung: Der Mensch muß im Zentrum stehen.

Münch, Ingo von, Die deutsche Staatsangehörigkeit. Vergangenheit – Gegenwart – Zukunft, Berlin 2007 (*De Gruyter Rechtswissenschaften Verlags-GmbH*), 410 S. – Der bekannte Staatsrechtler Ingo von Münch liefert eine fundierte und lesenswerte Darstellung zur deutschen Staatsangehörigkeit, beginnend mit einer prägnanten begrifflichen Erörterung, gefolgt von den wichtigsten Formierungsetappen des deutschen Staatsangehörigkeitsrechts bis hin zu einer ausführlichen Auseinandersetzung mit der aktuellen Gesetzeslage.

Naumann, Klaus, Generale in der Demokratie. Generationsgeschichtliche Studien zur Bundeswehrelite, Hamburg 2007 (*Hamburger Edition*), 383 S. – Die umstrittene Schau „Verbrechen der Wehrmacht" belebte Ressentiments gegenüber deutschem Militär. Davon berührt sucht der Autor nach jenen Männern, die trotz ihrer vormals meist engen Bindung an die Streitkräfte des nationalsozialistischen Staates die für Deutschland beispiellose „Armee in der Demokratie" führten. In Quellenstudien wie Interviews begegnet er der bundesrepublikanischen Militärelite. Wissenschaftlich leistet Naumann Pionierarbeit.

Newark, Tim, Mussolini, Hitler und die Mafia im Krieg, Graz 2007 *(Ares Verlag)*, 280 S. – Die Mafia im Pakt mit den USA im Zweiten Weltkrieg gegen das faschistische Italien und das nationalsozialistische Deutschland? Bisher als Legenden verschrieen, geht der Autor in dem aus dem Englischen – „Mafia Allies: The True Story of America's Secret Alliance with the Mob in World War II" übersetzten Werk diesen Erzählungen und Gerüchten anhand von bisher geschlossenen Dokumenten nach. Dabei erhält er erstaunliche Ergebnisse.

Niedersächsisches Ministerium für Inneres und Sport/Niedersächsisches Justizministerium (Hrsg.), Bericht zur Inneren Sicherheit in Niedersachsen 2002-2006, Hannover 2007 (*Bezugsadresse: http://www.mi.niedersachsen.de*), 285 S. – Der Bericht stützt sich für die politisch motivierte Kriminalität auf die Berichte des Landesamtes für Verfassungsschutzes, vertieft aber die Informationen zu den Hintergründen strafrechtlich relevanter Vorgänge.

Pappi, Franz Urban/Susumu Shikano, Wahl- und Wählerforschung, Baden-Baden 2007 (*Nomos*), 194 S. – Im Mittelpunkt stehen die Theorien und Methoden wichtiger Teilgebiete der modernen Wahl- und Wählerforschung. Die Darstellung dient weniger der Einführung in die Wahlforschung, ihr Charakter ist weiterführend.

Paris, Roland, Wenn die Waffen schweigen. Friedenskonsolidierung nach innerstaatlichen Gewaltkonflikten, Hamburg 2007 (*Hamburger Edition*), 483 S. – Der kanadische Politologe evaluiert in Fallstudien (Angola, Bosnien, El Salvador, Guatemala, Kambodscha, Kosovo, Kroatien, Liberia, Mosambik, Namibia, Nicaragua, Osttimor, Ruanda und Sierra Leone) die Befriedung nach Bürgerkriegen während der 1990er Jahre und zieht Lehren daraus. Grundlage seiner Untersuchung ist der Ansatz der liberalen Friedenstheorie.

Pasteur, Paul, Les États autoritaires en Europe, 1919-1945, Paris 2007 (*Armand Colin*), 215 S. – Der Autor konzentriert sich auf jene Regime, die im Kielwasser des italienischen Faschismus und des deutsche Nationalsozialismus in verschiedenen europäischen Staaten entstanden, sich häufig an ständestaatlichen Ideen orientierten und mehr oder weniger weit vom in Deutschland weit vorangetriebenen totalitären Idealtypus entfernt blieben.

Pfahl-Traughber, Armin/Monika Rose-Stahl (Hrsg.), Festschrift zum 25-jährigen Bestehen der Schule für Verfassungsschutz und für Andreas Hübsch, Brühl 2007 (*Fachhochschule des Bundes*), 638 S. – Der Sammelband enthält zahlreiche Beiträge zum Rechts- und Linksextremismus und zum Komplex des Demokratieschutzes.

Pinto, Antonio Costa/Roger Eatwell/Stein Ugelvik Larsen (Hrsg.), Charisma and Fascism in Interwar Europe, London 2007 (*Routledge*), 144 S. – Die Herausgeber und Autoren des Bandes stellen die Rolle des Charismas der faschistischen Führergestalten im weiten Sinne (dazu zählen sie auch Zelea-Codreanu, Quisling oder Salazar) in den Mittelpunkt ihrer Analyse.

Ranstorp, Magnus (Hrsg.), Mapping Terrorism Research. State of the art, gaps and future direction, London/New York 2007 (*Routledge*), 337 S. – Die Autoren des Bandes bilanzieren den Stand der Terrorismus-Forschung in einer Reihe von Disziplinen und formulieren Fragen für weiterführende Studien.

Rattinger, Hans/Oscar W. Gabriel/Jürgen W. Falter (Hrsg.), Der gesamtdeutsche Wähler. Stabilität und Wandel des Wählerverhaltens im wiedervereinigten Deutschland, Baden-Baden 2007 (*Nomos*), 438 S. – Ein Wahlgebiet, zwei unterschiedliche Elektorate; das ist auch 17 Jahre nach der deutschen Einheit der mehrheitliche Tenor der substantiellen Einzelbeiträge des Bandes. Die Studien über Wahlverhaltensformen, Wert-, Partei- oder Kandidatenorientierungen der Wähler forcieren durchweg den Ost-West-Vergleich.

Rau, Johannes, Der Berg-Karabach-Konflikt zwischen Armenien und Aserbaidschan. Ein kurzer Blick in die Geschichte, Berlin 2007 *(Verlag Dr. Köster)*, 96 S. – Die historischen Zusammenhänge der Auseinandersetzung zwischen Armenien und Aserbaidschan um die Region Berg-Karabach sind der Öffentlichkeit weitgehend unbekannt. Johannes Rau trägt zur Schließung dieser Lücke bei und macht es sich zur Aufgabe, über den Konflikt mit all seinen Folgen aufzuklären.

Reichelt, Hans, Die deutschen Kriegsheimkehrer. Was hat die DDR für sie getan?, Berlin 2007 (*edition ost*), 224 S. – Ein in der „Jungen Welt" hoch gelobtes Buch, das nachzuweisen versucht, die Archive würden hauptsächlich dazu genutzt, allein Konrad Adenauers Verdienste um die Freilassung der Deutschen aus sowjetischer

Kriegsgefangenschaft zu rühmen. Tatsächlich gebühre jedoch der SED/DDR-Führung, allen voran Wilhelm Pieck und Otto Grotewohl, die wahre Anerkennung. Den deutschen Kommunisten und deren beharrlichen Verhandlungsbemühungen in Moskau hätten die Heimkehrer ihre Freiheit zu verdanken.

Reichert, Steffen, Unter Kontrolle. Die Martin-Luther-Universität und das Ministerium für Staatssicherheit 1968-1989, 2 Bde., Halle 2007 (*Mitteldeutscher Verlag*), 533 S./142 S. – Die systematische Aufarbeitung der MfS-Aktivitäten betrachtet exemplarisch diese Universität. Feinmaschig – über alle Fachbereiche, Wohnheime und Studentenklubs – zog sich das Überwachungsnetz der Inoffiziellen Mitarbeiter. Der Autor analysiert deren Wirken für das MfS. Der zweite Band bietet ein umfassendes Quellen- und Personenverzeichnis.

Reinhard, Wolfgang, Geschichte des modernen Staates. Von den Anfängen bis zur Gegenwart, München 2007 (*C.H. Beck*), 128 S. – Das kurze Studienbuch widmet sich formal übersichtlich den theoretischen Grundlagen sowie dem Aufstieg und dem Niedergang des modernen Staates. Das Fazit des ausgewiesenen Kenners ist fatalistisch: der moderne Staat existiere nicht mehr, die unregulierte Machtkonkurrenz „substaatlicher" Akteure beschwöre die politische Ordnung eines „neuen Mittelalters" herauf.

Richter, Michael/Thomas Schaarschmidt/Mike Schmeitzner (Hrsg.), Länder, Gaue und Bezirke. Mitteldeutschland im 20. Jahrhundert, Halle (Saale) 2007 (*Mitteldeutscher Verlag*), 356 S. – Die Autoren des Bandes widmen sich in fundierten Beiträgen der wechselhaften staatsstrukturellen Geschichte Mitteldeutschlands vom Föderalismus der Weimarer Republik, über die regionale Gebietsordnung im Nationalsozialismus und die Bezirksstruktur der DDR, bis hin zur Wiedergründung der Länder Sachsen, Thüringen und Sachsen-Anhalt 1990.

Ringshausen, Gerhard, Widerstand und christlicher Glaube angesichts des Nationalsozialismus, Berlin 2007 (*Lit Verlag*), 511 S. – Der Band basiert auf akribischen biographischen Studien, die die geistig-religiöse Entwicklung von Dietrich Bonhoeffer, Hans Bernd von Haeften, Ernst von Harnack, Ewald von Kleist-Schmenzin, Carl Goerdeler, Heinrich Hermann und Ludwig Kaiser, Theodor Haubach, Helmut James Graf von Moltke, Cäsar von Hofacker und der Mitglieder des Solf-Kreises auf subtile Weise nachzeichnen.

Rosenthal, Donna, Die Israelis. Leben in einem außergewöhnlichen Land, München 2007 (*C.H. Beck*), 409 S. – Ein sympathisch anmutendes Buch mit vielen Porträts und großer Spannweite: sensible Schilderung der ethnischen, sozialen wie kulturellen Mischung und facettenreichen Gesellschaft Israels. Der Leser findet ein gründlich recherchiertes Gesamtbild Israels vor, das den Alltag gewöhnlicher Menschen in einem „außergewöhnlichen Land" erzählt; mit und trotz Terrorgefahr.

Rote Hilfe e.V. (Hrsg.), Der G8 2007 in Heiligendamm. Von Armeeeinsatz bis Zensur. Ein ABC der Repression, Göttingen 2007 (*Bezugsadresse: literaturvertrieb@rote-hilfe.de*), 72 S. – Die linksextremistische Häftlingshilfsorganisation sucht den „Repressionsaufbau" auf vier Feldern zu belegen: der Verwischung der Trennung zwischen Polizei, Justiz und Geheimdiensten, der Einschränkung individueller Grundrechte, dem Ausbau des Sicherheitsapparats und dem Einsatz des Militärs im Inneren.

Rundcratz, Xiao, Rote Staatsanwältin. Meine Entscheidung gegen Korruption und Machtmißbrauch in China, Freiburg/Basel/Wien 2007 (*Herder*), 352 S. – Die Autorin schildert sehr persönlich ihre Erlebnisse aus der Zeit ihrer Mitgliedschaft bei der Staatsanwaltschaft. Sie berichtet sowohl von der Korruption, Gewalt und Willkür aber auch von den Opfern der chinesischen Justiz, denen sie täglich und unmittelbar begegnete. Eine entscheidende Wende in ihrem Leben führte zur Emigration nach Schweden.

Ruttig, Thomas, Die Taliban nach Mulla Dadullah, SWP-aktuell, Nr. 31, Berlin 2007 (*Bezugsadresse: www.swp-berlin.org*), 8 S. – Prägnante Lageanalyse zur Schlagkraft, Organisation und sozialen Verankerung der afghanischen Taliban nach dem Tod des dritten Mitglieds des militärischen Führungsquartetts im Mai 2007.

Saadhoff, Jens, Germanistik in der DDR. Literaturwissenschaft zwischen „gesellschaftlichen Auftrag" und disziplinärer Eigenlogik, Heidelberg 2007 (*Synchron*), 455 S. – Die Dissertation im Fach Germanistik lotet das Spannungsverhältnis zwischen den politischen Vorgaben und den Eigenlogiken der Literaturwissenschaft in der DDR aus. Dies gelingt anhand zahlreicher Beispiele gut.

Saalfeld, Thomas, Parteien und Wahlen, Baden-Baden 2007 (*Nomos*), 350 S. – Parteien spielen in demokratischen Verfassungsstaaten eine zentrale Rolle. In diesem informativen Lehrbuch wird die Rolle extremistischer Parteien vernachlässigt.

Sächsische Landeszentrale für politische Bildung (Hrsg.), Ein ganz normaler Tag. Gedanken über Zivilcourage. Ein Lesebuch, Dresden 2007 (*Stoba-Druck GmbH*), 79 S. – Die Texte des Lesebuchs stützen sich überwiegend auf wahre Begebenheiten. Sie berichten von Vorfällen, bei denen couragiertes Auftreten zur Gefahr für die Mutigen selbst wurde und legen zugleich ein Zeugnis davon ab, daß für ein menschliches Miteinander jeder Einzelne Verantwortung trägt.

Sander-Nagashima, Johannes Berthold (Hrsg.), Die Bundesmarine 1950 bis 1972. Konzeption und Aufbau, München 2006 (*Oldenbourg*), 605 S. – Zweigleisig, in Quellenstudien und Zeitzeugeninterviews, nähert sich die Publikation der kleinsten Teilstreitkraft der Bundeswehr. Der Autor, Fregattenkapitän des Untersuchungsobjekts, liefert ein minutiös den komplexen Stoff analysierendes und dennoch flüssig lesbares Buch.

Sauermann, Nina, Gesellschaft ohne schwarz-rot-gold. Verfassungspatriotismus und Identität, Saarbrücken 2007 (*VDM Verlag Dr. Müller*), 100 S. – Die Autorin vergleicht das „verfassungspatriotische" Verständnis bei Jürgen Habermas und Dolf Sternberger. Sie plädiert für Habermas, da dieser keine Vermengung von Verfassungspatriotismus und Nationalpatriotismus zuläßt.

Schlumberger, Oliver (Hrsg.), Debating Arab Authoritarianism. Dynamics and Durability in Nondemocratic Regimes, Stanford 2007 (*Stanford University Press*), 345 S. – Warum sind viele der arabischen Autokratien so stabil? Weshalb bleibt die demokratische Opposition so schwach? Welche Chancen bieten sich für „democracy promotion"? Die Autoren des Bandes, ausgewiesene Experten, diskutieren diese Kernfragen für die Staaten Nordafrikas sowie den Nahen und Mittleren Osten.

Schneppen, Heinz, Odessa und das Vierte Reich. Mythen der Zeitgeschichte, Berlin 2007 (*Metropol*), 279 S. – Der Autor bestreitet die Existenz der Geheimorganisation Odessa (zur Rettung von „Nazigrößen"). Er hat Recht.

Scholl-Latour, Peter, Zwischen den Fronten: Erlebte Weltgeschichte, Berlin 2007 (*Propyläen*), 362 S. – Der Mann ist unheimlich: Jahr für Jahr erscheint von ihm ein Buch, Woche für Woche ist der über 80jährige im Fernsehen. Auch das neue Werk beruht auf Erkenntnissen aus zahlreichen Reisen. Eine Biographie folgt erst dann, „wenn mich mein Gesundheitszustand noch zur benediktinischen Tugend der ‚stabilitas loci' verurteilt."

Schütt, Hans-Dieter, Markus Wolf. Letzte Gespräche, Berlin 2007 (*Das Neue Berlin*), 224 S. – Schütts „Entlarvungsdrang" versucht sich an der „stets sehr freundlichen Unberührbarkeit" des jahrzehntelangen Leiters der Hauptverwaltung Aufklärung im MfS der DDR. Privates wie Berufliches zum Kampf des Zeitzeugen für den sozialistischen Gesellschaftsentwurf, für die seinerseits „beste Idee der Menschheit", füllt den Interviewband. Ihn überlagert die wiederkehrende Frage: Raubte das „vorläufige" Ende des Sozialismus dem Leben „Mischas" den Sinn? Der Tod Wolfs unterband eine breitere apologetische Schrift.

Schwarz, Hans-Peter, Anmerkungen zu Adenauer, München 2007 (*Pantheon*), 233 S. – Der beste und bekannteste Adenauer-Biograph wirft einen thematisch geordneten Blick auf die Lebensstationen und Leistungen des ersten Kanzlers. Der Band behandelt die innen- und außenpolitischen Konzeptionen „des Alten", aber auch seine Umstrittenheit sowie die „Nachtseiten" des Menschen Adenauer.

Sen, Amartya, Die Identitätsfalle. Warum es keinen Krieg der Kulturen gibt, München 2007 (*C.H. Beck*), 208 S. – Scharfe Kritik an der These Samuel P. Huntingtons vom Zusammenprall der Zivilisationen. Das Buch des Nobelpreisträgers ist allerdings nicht systematisch gehalten.

Shay, Shaul, The Red Sea Terror Triangle. Sudan, Somalia, Yemen, and Islamic Terror, New Brunswick/London 2007 (*Transaction Publishers*), 223 S. – Der Autor forscht am International Policy Institute for Counter-Terrorism/Interdisciplinary Center in Herzliya/Israel. Im Zentrum der Analyse stehen die Strukturen und Verbindungen im „Terror-Dreieck", die islamistischen Terroristen in der Vergangenheit als Zuflucht und Operationsbasis gedient haben.

Shields, J.G., The Extreme Right in France. From Pétain to Le Pen, London/New York 2007 (*Routledge*), 412 S. – Der Autor zeichnet ausführlich und facettenreich die Geschichte der französischen extremen Rechten vom Vichy-Regime bis in die Gegenwart nach.

Smelser, Neil J., The Faces of Terrorism. Social and Psychological Dimensions, Princeton/Oxford 2007 (*Princeton University Press*), 285 S. – Der in Berkeley lehrende Soziologe beleuchtet facettenreich Ursachen und Entwicklungsdynamik verschiedener Formen des Terrorismus ebenso wie die Problematik des angemessenen Umgangs mit dem Phänomen auf nationaler wie internationaler Ebene.

Smidt, Wolbert K./Ulrike Poppe/Wolfgang Krieger/Helmut Müller-Enbergs (Hrsg.), Geheimhaltung und Transparenz. Demokratische Kontrolle der Geheimdienste im internationalen Vergleich, Berlin 2007 (*Lit Verlag*), 365 S. – Der Sammelband befaßt sich u.a. mit der Kontrolle der Geheimdienste durch Parlament, Regierung und Medien. Der Reader ist ländervergleichend angelegt, allerdings nicht systematisch.

Souillac, Romain, Le mouvement Poujade. De la défense professionnelle au populisme nationaliste (1953-1962), Paris 2007 (*Presses de la fondation nationale de sciences politiques*), 415 S. – Die minutiöse Auswertung der archivalischen Quellen identifiziert vier Nährströme des Poujadismus: die Action française, die konservativsten Formen des Frontkämpfertums des Ersten Weltkriegs, die Ligen und der Bauernprotest der 30er Jahre, schließlich die reaktionären (nicht die modernistisch-technokratischen) Trägergruppen des Vichy-Regimes.

Soukup, Uwe, Wie starb Benno Ohnesorg? Der 2. Juni 1967, Berlin 2007 (*Verlag 1900 Berlin*), 272 S. – Die Ereignisse vom 2. Juni 1967 radikalisierten die Studentenbewegung. Der reich bebilderte Band ist gut geschrieben, auch gut recherchiert; der Verfasser urteilt jedoch nicht immer gerecht.

Sporn, Christiane, Musik unter politischen Vorzeichen. Parteiherrschaft und Instrumentalmusik in der DDR seit dem Mauerbau. Werk- und Kontextanalysen, Saarbrücken 2007 (*Pfau-Verlag*), 458 S. – Die Studie untersucht die „Musikpolitik" in der DDR. Es könne nicht die Rede davon sein, daß die zeitgenössische Musik in der DDR stets angepaßt gewesen sei.

Steinbach, Peter, Claus von Stauffenberg. Zeuge im Feuer, Leinfelden-Echterdingen 2007 (*DRW-Verlag Weinbrenner*), 128 S. – Knappes Porträt des mutigen Widerstandkämpfers: Der Weg vom Anhänger Hitlers zu seinem entschiedenen Gegner wird nachgezeichnet.

Steininger, Rolf (Hrsg.), Der Kampf um Palästina 1924-1939, München 2007 (*Olzog*), 532 S. – Eine außergewöhnliche Dokumentensammlung über die gesellschaftspolitischen Verhältnisse in Palästina zur Zeit der britischen Mandatsverwaltung. Unveröffentlichtes Material aus dem deutschen Generalkonsulat Jerusalems, das die krisengeschüttelte Vorgeschichte des Staates Israel mit eindrucksvollen Fotos untermalt, beschreibt die pronationalsozialistische, antisemitische Haltung der Palästinenser, vermittelt Eindrücke über die damalige deutsche Analyse des arabischen Aufstandes ebenso wie über die festgefahrene Besatzungspolitik der Briten.

Steinitz, Klaus, Das Scheitern des Realsozialismus. Schlussfolgerungen für die Linke im 21. Jahrhundert, Hamburg 2007 (*VSA-Verlag*), 118 S. – Mit Aussagen wie: „Die Ausstattung der Haushalte mit langlebigen technischen Konsumgütern erreichte ein im internationalen Maßstab durchaus beachtliches Niveau" liefert der Autor, langjähriger Mitarbeiter der staatlichen Plankommission der DDR und wirtschaftspolitischer Berater der PDS, wider der These von der maroden DDR-Wirtschaft, eine überzeugende Darstellung des ökonomischen Scheiterns des Realsozialismus – freilich aus Sicht der Linkspartei.

Struck, Peter, Gegen Gewalt, Darmstadt 2007 (*Primus Verlag*), 144 S. – Der Hamburger Professor für Erziehungswissenschaft erörtert zwei zentrale Fragenkomplexe: Wie entsteht bzw. äußert sich Gewalt unter Jugendlichen, und welche pädagogischen Erfolgskonzepte gegen Aggression sind Eltern und Erziehern zu empfehlen.

Swartz, Richard, Der andere nebenan. Eine Anthologie aus dem Südosten Europas, Frankfurt am Main 2007 (*Fischer*), 342 S. – 22 namhafte Autoren aus der Balkanregion nähern sich in teilweise glänzenden Essays der Frage, wie es um das Nachbarschaftsverhältnis in Südosteuropa bestellt ist. Vor allem Vorurteile und fehlende Einsicht untergraben heute die Versöhnung der Kriegsparteien aus den 1990-er Jahren.

The Steven Roth Institute for the Study of Antisemitism and Racism (Hrsg.), Antisemitism Worldwide 2005, Tel Aviv 2007 (*Bezugsadresse: http:anti-Semitism.tau.ac.il/publications.htm*), 252 S. – Der Bericht dokumentiert für das Berichtsjahr weltweit antisemitische Vorfälle.

Theuer, Werner/Bernd Florath, Robert Havemann Bibliographie. Mit unveröffentlichten Texten aus dem Nachlass, Berlin 2007 (*Akademie Verlag*), 432 S. – Der Band erfaßt die über 1.000 wissenschaftlichen und politischen Veröffentlichungen des populären DDR-Dissidenten und Naturwissenschaftlers Robert Havemann. Im Dokumententeil findet sich unter vielen bisher unveröffentlichten Texten auch ein MfS-Abhörprotokoll, das ein aufschlußreiches Gespräch zwischen Robert Havemann und Wolf Biermann wiedergibt.

Timmerman, Christiane/Dirk Hutsebaut/Sara Mels/Walter Nonneman/Walter van Herck (Hrsg.), Faith-based Radicalism. Christianity, Islam and Judaism between Constructive Activism and Destructive Fanaticism, Brüssel 2007 (*Peter Lang*), 309 S. – Theologen, Psychologen und Sozialwissenschaftler beleuchten in jeweils getrennten Abschnitten die komplexen Ursachen und Formen des religiösen Fanatismus.

Trefs, Matthias, Faktionen in westeuropäischen Parteien. Italien, Großbritannien und Deutschland im Vergleich, Baden-Baden 2007 (*Nomos*), 342 S. – Die Dissertation untersucht Machtgruppen innerhalb westeuropäischer Parteien. Die detailreichen Fallstudien vermitteln vielfältige Einblicke in das Innenleben der Parteien – dagegen wird der internationale Vergleich bedauerlicherweise nur knapp ausgeführt.

U.S. Department of State/Office of the Coordinator for Counterterrorism (Hrsg.), Country Reports on Terrorism 2006, Washington D.C. 2007 (*Bezugsadresse: http://www.state.gov*), 350 S. – Der Bericht bilanziert die Aktivitäten terroristischer Gruppen auf allen Kontinenten und beleuchtet knapp deren Organisation, Ideologie und Strategie.

Vedder, Christoph/Wolff Heintschel von Heinegg (Hrsg.), Europäischer Verfassungsvertrag. Handkommentar, Baden-Baden 2007 (*Nomos*), 1248 S. – Mit der Analyse des EVV sind die Herausgeber des Sammelbandes (noch immer) ihrer Zeit voraus. Die Kommentierungen sollen die Gemeinsamkeiten und Unterschiede der alten und neuen Rechtslage verdeutlichen sowie die vielfältigen Verbindungen der Teile und Vorschriften des EVV herausarbeiten.

Vogel, Bernhard/Dietmar Herz/Marianne Kneuer (Hrsg.), Politik – Kommunikation – Kultur: Festschrift für Wolfgang Bergsdorf, Paderborn u.a. 2007 (*Schöningh*), 701 S. – Die voluminöse Festschrift umfaßt eine Reihe von Beiträgen zum Thema dieses Jahrbuches, etwa über George W. Bushs „Krieg gegen den Terror" (von Marc Schattenmann).

Vollborn, Marita/Vlad Georgescu, Brennpunkt Deutschland. Warum unser Land vor einer Zeit der Revolten steht, Bergisch Gladbach 2007 (*Lübbe*), 364 S. – Die Autoren entwerfen ein Schreckensszenario. Die Zahl der Rechts- und Linksextremisten steige, ebenso die Zahl der Islamisten. Zudem lasse das Vertrauen in die Demokratie bei anderen Teilen der Bevölkerung nach. Die Gründe sehen die Verfasser vornehmlich in der Wirtschaftspolitik der Parteien.

Walke, Anika, Jüdische Partisaninnen. Der verschwiegene Widerstand in der Sowjetunion, Berlin 2007 (*Karl Dietz Verlag*), 189 S. – Die Autorin legt Ergebnisse ihrer Interviews mit acht Zeitzeugen aus Weißrußland und der Ukraine vor, die als jüdische Partisanen gegen die Wehrmacht kämpften. Zwei Diskurse rückt sie in den Mittelpunkt: die Hierarchisierung der Widerstandskämpfer – bedeutsam für die soziale und gesellschaftliche Position in der Nachkriegszeit – und den Antisemitismus in der Sowjetunion, der die Würdigung jüdischen Widerstandes verhinderte.

Wehler, Hans-Ulrich, Notizen zur deutschen Geschichte, München 2007 (*C.H. Beck*), 295 S. – Der Band vereint 35 Essays des Bielefelder Historikers zur deutschen und europäischen Geschichte des 20. Jahrhunderts. Wehler nimmt in den zwischen 2002 und 2006 erschienenen Beiträgen Stellung zu den „großen" zeithistorischen Kontroversen der Bundesrepublik zu aktuellen politischen Fragen insbesondere dem möglichen türkischen EU-Beitritt.

Wentker, Hermann, Außenpolitik in engen Grenzen. Die DDR im internationalen System 1949-1989, München 2007 (*Oldenbourg*), 612 S. – Der Autor zeichnet souverän die Entwicklung der ostdeutschen Außenpolitik von ihrem Anfang bis zum Ende nach. Durch die Vorgaben der Sowjetunion und die indirekten Einflüsse der Bundesrepublik einerseits und durch die DDR-Innenpolitik andererseits bestimmt, unterlag die Außenpolitik der DDR von 1949 bis 1989 mit Blick auf ihr außenpolitisches Gewicht erheblichen Schwankungen.

Wiegmann, Ulrich, Pädagogik und Staatssicherheit. Schule und Jugend in der Erziehungsideologie und -praxis des DDR-Geheimdienstes, Berlin 2007 (*Metropol*), 375 S. – Der Autor untersucht in seiner Studie eingehend die für die Nachwuchssicherung entwickelte pädagogische Praxis der Staatssicherheit. Die Studie geht der Einflußnahme des DDR-Geheimdienstes auf die schulische und außerschulische Erziehung nach und analysiert die Rekrutierung, Erziehung und Ausbildung junger Inoffizieller Mitarbeiter des MfS und den Versuch, die Bedingungen des Aufwachsens in der DDR in pädagogischer Absicht konspirativ zu korrigieren.

Wiegrefe, Klaus/ Dietmar Pieper (Hrsg.), Die Erfindung der Deutschen. Wie wir wurden, was wir sind, München 2007 (*DVA*), 319 S. – Die Autoren analysieren anschaulich die wechselvolle Entwicklung der deutschen Nation: ausgehend von den Stämmen ohne gemeinsame Sprache, über ein Auf und Ab in den Jahrhunderten bis zur Entstehung des Nationalstaates – und seiner Ankunft im heutigen Europa. Ein lesenswertes populärwissenschaftliches Buch, das einem wiedererwachten Interesse an der Geschichte des eigenen Landes entspricht.

Wildangel, René, Zwischen Achse und Mandatsmacht. Palästina und der Nationalsozialismus, Berlin 2007 (*Klaus Schwarz Verlag*), 444 S. – Die Dissertation analysiert das ambivalente Dreiecksverhältnis zwischen NS-Deutschland, Judentum und Arabern. Die palästinensische Seite war dabei keineswegs vorbehaltlos gegenüber dem rassistischem Nationalsozialismus, wenngleich sich der arabische Nationalismus gegenüber jüdischen Einwanderern zunehmend radikalisierte.

Wildt, Michael, Volksgemeinschaft als Selbstermächtigung. Gewalt gegen Juden in der deutschen Provinz 1919 bis 1939, Hamburg 2007 (*Hamburger Edition*), 412 S. – Während Gegner und Opfer der Judenverfolgung in den Großstädten noch eher untertauchen konnten, wurde antisemitische Gewalt vor allem in der Provinz unterstützt und angeheizt. Besonders lokale Partei, SS- und HJ-Gruppen gingen brutal und kompromißlos mit den Kollaborateuren der Juden um.

Winter, Friedrich, Propst Siegfried Ringhardt (1906-1991). Bekenner in zwei Diktaturen, Berlin 2007 (*Wichern-Verlag*), 232 S. – Ringhardts Nachfolger im Propstamt der Evangelischen Kirche in Berlin-Brandenburg beleuchtet in dieser sorgfältig recherchierten Biographie die wichtigsten Etappen im Leben des Kirchendieners. Ein ausführlicher und hilfreicher Dokumentenanhang rundet das Werk ab.

Wippermann, Wolfgang, Agenten des Bösen. Verschwörungstheorien von Luther bis heute, Berlin-Brandenburg 2007 (*be.bra Verlag*), 208 S. – Verschwörungstheoretiker und ihre Theorien durchziehen die gesamte Menschheitsgeschichte. Jenen Ideen widmet sich der Autor in einer zeitlich umfassenden Analyse. Dabei reicht das Spektrum von Martin Luther bis zu den Verschwörungstheorien im Zusammenhang mit dem 11. September 2001.

Wippermann, Wolfgang, Die Deutschen und der Osten. Feindbild und Traumland, Darmstadt 2007 (*Primus Verlag*), 158 S. – Für die Deutschen stellte der Osten aus historischer Perspektive ein Feindbild und Traumland zugleich dar. Einerseits gefürchtet, andererseits bewundert überwiegen aus heutiger Sicht – vom islamistischen Orient ausgehend – neue Bedrohungsängste des Ostens.

Wirsching, Andreas (Hrsg.), Herausforderungen der parlamentarischen Demokratie. Die Weimarer Republik im europäischen Vergleich, München 2007 *(Oldenbourg)*, 247 S. – Der Tagungsband, in dem die Ergebnisse eines von der Stiftung Reichspräsident-Friedrich-Ebert-Gedenkstätte organisierten Symposiums zusammengeführt werden, stellt die Krise des Parlamentarismus zur Zeit der Weimarer Republik in den Mittelpunkt der Betrachtung. Er blickt über die Grenzen der Weimarer Republik hinaus und untersucht vor allem durch namhafte Spezialisten die komplementären Entwicklungen in den anderen europäischen Staaten.

Xammar, Eugeni, Das Schlangenei. Berichte aus dem Deutschland der Inflationsjahre 1922-1924, Berlin 2007 (*Berenberg Verlag*), 179 S. – Der bekannte spanische Journalist porträtiert sachlich die von Wirren gekennzeichnete Inflationszeit. Er interviewt Hitler vor dem Putsch, reist ins Ruhrgebiet, informiert seine Leser über eine junge Republik, der es schwer fällt, Inflation, Ruhrbesetzung und die Angriffe ihrer politischen Feinde zu überstehen. Ein beklemmend wirkendes Buch: Deutschland scheint in den Grundfesten erschüttert.

Zentner, Christian (Hrsg.), Chronik Deutschland. Von der Reichsgründung bis heute, St. Gallen 2007 (*Otus Verlag*), 800 S. – Das schwergewichtige Werk in Großformat ist für einen großen Leserkreis verfaßt – gut bebildert und anschaulich geschrieben. Die Brüche der deutschen Geschichte werden gut verdeutlicht.

Zimmermann, Clemens, Medien im Nationalsozialismus. Deutschland, Italien und Spanien in den 1930er und 1940er Jahren, Wien/Köln/Weimar 2007 (*Böhlau*), 316 S. – In knappen Sequenzen zeichnet der Autor die Entwicklung der Medien im Nationalsozialismus nach. Der Blick auf das faschistische Italien und das franquistische Spanien komplettiert die Studie. Treffend werden Gemeinsamkeiten wie Unterschiede der Diktaturen aufgezeigt. Das breite Programm begrenzt allerdings die Präzision der Argumentation.

Zwahr, Hartmut, Die erfrorenen Flügel der Schwalbe. DDR und „Prager Frühling“. Tagebuch einer Krise 1968 bis 1970, Bonn 2007 (*Verlag J.H.W. Dietz Nachf.*), 434 S. – Das Tagebuch fängt authentisch die Erinnerungen des Leipziger Historikers ein. Zwahr sympathisierte mit den Prager „Reformkommunisten“.

Zeitschriftenauslese

Art, David, Reacting to the Radical Right. Lessons from Germany and Austria, in: Party Politics 13 (2007), H. 3, S. 331-349. – Der Beitrag versucht die Unterschiedlichkeit der beiden Länder Deutschland und Österreich mit Blick auf den Erfolg von Rechtsaußenparteien in den vergangenen Jahrzehnten zu erklären. Die Kernthese lautet, die Verschiedenheit der Entwicklung von FPÖ und REP sei auf die divergierenden Reaktionen der etablierten Parteien, der Boulevardpresse und der Zivilgesellschaft zurückzuführen. Der Autor unterscheidet zwei Typen der politischen Kultur im Umgang mit den rechten Flügelparteien. Während in Deutschland eine „Reuekultur" mit Blick auf die NS-Vergangenheit zu konsequenter Ausgrenzung geführt habe, begünstige die in Österreich vorherrschende „Viktimisierungskultur" bündnispolitische Machtspiele, die die Etablierungschancen der FPÖ erhöhten.

Backes, Uwe, Rechtsextreme Wahlmobilisierung und Demokratiekonsolidierung im östlichen Deutschland, in: Totalitarismus und Demokratie 4 (2007), H. 1, S. 17-43. – Der Beitrag erörtert die Ursachen für die NPD-Wahlerfolge in östlichen deutschen Ländern vor dem Hintergrund der Transformationsbelastungen und Konsolidierungsdefizite. Trotz unleugbarer Mobilisierungserfolge und gewisser Ansätze sozialer Verankerung in ländlichen Gebieten sei es unwahrscheinlich, daß die „politischen Bäume" der Partei „in den Himmel" wüchsen. Die Wettbewerbschancen würden auf Dauer insbesondere durch die unübersehbare NS-Affinität der NPD geschmälert.

Decker, Frank/Florian Hartleb, Populism on Difficult Terrain: The Right- and Left-Wing Challenger Parties in the Federal Republic of Germany, in: German Politics 16 (2007), H. 4, S. 434-454. – In Deutschland konnten rechtspopulistische Parteien im Unterschied zu vielen westeuropäischen Nachbarstaaten bislang nicht reüssieren. Nichtsdestotrotz gab es diverse Versuche, Parteien dieses Typs zu etablieren – bis hin in die politische Mitte, wo die FDP 2002 eine ausgesprochen populistische Wahlkampagne führte. Nach einer Klärung des Begriffs „Populismus" analysieren die Autoren die Gelegenheitsstrukturen, denen die jeweiligen Unternehmungen unterworfen waren, und die Gründe für ihr Scheitern. Anschließend wird die neue Partei „Die Linke" als bislang wenig diskutierter linkspopulistischer Anlauf behandelt. Der Beitrag schließt mit einer Erörterung der Frage, ob der linkspopulistische Etablierungsversuch von größerem Erfolg gekrönt sein könnte als seine rechtspopulistischen Vorläufer.

Frindte, Wolfgang/Siegfried Preiser, Präventionsansätze gegen Rechtsextremismus, in: Aus Politik und Zeitgeschichte, B 11/2007, S. 32-38. – Rechtsextremismus, kein gesellschaftliches Randphänomen, ist nicht nur in der Mitte der Gesellschaft angekommen, sondern ein Produkt dieser. Fremdenfeindliche Einstellungen nehmen bei der deutschen Bevölkerung zu. Daher sind Präventionsansätze unumgänglich. Mit dem 2001 verabschiedeten, bundesweiten Aktionsprogramm „Jugend für Toleranz und Demokratie – gegen Rechtsextremismus, Fremdenfeindlichkeit und Antisemitismus" konnte die Bundesregierung bis zum Jahre 2006 4.500 Projekte zur Stärkung der Zivilgesellschaft in Höhe von 192 Millionen Euro fördern. Gleichwohl sind die Erfolge der Präventionsmaßnahmen mäßig. Für das neue Aktionsprogramm „Jugend für Vielfalt, Toleranz und Demokratie – gegen Rechtsextremismus, Fremdenfeindlichkeit und Antisemitismus" bedarf es eines Evaluationskonzepts und der Qualitätssicherung.

Jesse, Eckhard, Die Ursachen des RAF-Terrorismus und sein Scheitern, in: Aus Politik und Zeitgeschichte, B 40-41/2007, S. 15-23. Die Hintergründe für den terroristischen „Aufstand im Schlaraffenland" (Matthias Horx) sind ebenso vielfältig wie die Ursachen des Scheiterns. Mit Hilfe von zehn plakativ-symbolträchtigen Charakterisierungen läßt sich die Machtkausalität für den Terrorismus in Deutschland einfangen: Die Terroristen waren „Hitlers Kinder", „Erhards Kinder", „Brandts Kinder", „Kennedys Kinder", „Albertz' Kinder", „Marcuses Kinder", „Dutschkes Kinder", „Guevaras Kinder", „Habaschs Kinder" und „Mielkes Kinder". Insgesamt ist die Geschichte der RAF die Geschichte ihres Scheiterns (letztlich bedingt durch den Zusammenbruch des kommunistischen Weltsystems), ebenso die Geschichte des demokratischen Rechtsstaats. Es kam weder zu Verstößen gegen rechtsstaatliche Prinzipien noch zur Anbiederung an terroristische Kreise. Auf beides hatte die RAF gehofft. Der Terrorismus in Deutschland läßt sich schwerlich als eine Geschichte wechselseitiger Aufschaukelung interpretieren, als unentwirrbare Geschichte von Aktion und Reaktion.

Kraushaar, Wolfgang, Agnoli, die APO und der konstitutive Illiberalismus seiner Parlamentarismuskritik, in: Zeitschrift für Parlamentsfragen 38 (2007), H. 1, S. 160-179. – Die Außerparlamentarische Opposition in der zweiten Hälfte der sechziger Jahre war durch Ambivalenz geprägt. Neben Reformen gab es Gegner des Rechtsstaats und seiner Institutionen. Das Traktat „Die Transformation der Demokratie“ von Johannes Agnoli (1967) stellte eine Radikalkritik an der bundesdeutschen Demokratie dar. Die Parteien entwickelten sich in autoritär orientierte vor- oder antiparlamentarische Formen zurück („Involution“). Jede Form innerparlamentarischer Opposition ist nach Agnoli kontraproduktiv, der antiparlamentarische Kampf hingegen demokratisch. Hinter dieser Argumentation steht ein rousséauistischer Kern. Die Grundgedanken Agnolis gehen auf Italiens präfaschistische Ära zurück, sind mithin von rechter Liberalismuskritik beeinflußt. Mitte der achtziger Jahre wehrte sich Agnoli gegen die an ihm geübte Kritik. Tatsächlich ist Agnolis Biographie durch eine jugendliche Faschismus-Begeisterung geprägt.

Lang, Jürgen P., Im Sog der Revolution. Die SED/PDS und die Auflösung der Staatssicherheit 1989/90, in: Deutschland Archiv 40 (2007), H. 1, S. 97-105. – Die SED/PDS lavierte bei der Auflösung der Staatssicherheit. „Einerseits war die SED/PDS bei Strafe der vollständigen Diskreditierung gezwungen, sich ab Anfang Dezember am Runden Tisch als ernst zunehmende, glaubwürdige Kraft zu präsentieren. Insofern konnte sie es sich nicht leisten, offen gegen die Auflösung der Staatssicherheit – damals eines der politisch sensibelsten Themen – zu agitieren. Andererseits hielten ihre Protagonisten grundsätzlich an einem Geheimdienst fest, der sich im Wesentlichen aus dem ehemaligen MfS rekrutierte. [...] Die fadenscheinigen ‚Antifaschismus‘-Kampagnen waren der letzte verzweifelte Versuch, das Blatt zu wenden und die Gunst der Bürger zurückzuerobern. Mit dem Scheitern dieser Strategie ließ die Partei der Entwicklung freien Lauf. Erst ab Mitte Januar 1990 befürworteten die SED/PDS-Vertreter die Auflösung der Staatssicherheit ohne Wenn und Aber. Schutzbehauptungen, die Partei habe mit dem MfS nichts zu tun gehabt, wurden nun wohlfeil.“

Möller, Kurt/Nils Schuhmacher, Ein- und Ausstiegsprozesse rechtsextremer Skinheads, in: Aus Politik und Zeitgeschichte, B 37/2007, S. 17-23. – Die Zusammenhänge zwischen der Jugendkultur und dem Rechtsextremismus sowie die Einstiegs- und Ausstiegsmuster bei rechtsextremen Skinheads wurden bisher vernachlässigt. Einstiegsprozesse basieren auf Alltagserfahrungen: dem subjektiven Empfinden geringerer Chancen, die eigenen Lebensbedingungen zu verbessern; einer emotionalen Verarmung und einer sozialen Ausgrenzung. Ausstiegsprozesse gehen zurück auf Enttäuschungen mit Blick auf „Zusammenhalt“, „Kameradschaft“, positiv erlebte Erfahrungen von Integration außerhalb der „Szene“, die Einsicht, nur durch Aufgabe der rechtsextremistischen Orientierung ein gesichertes Erwachsenenleben zu führen. Zudem spielen zentrale Sozialisationsbereiche wie Familie, Ausbildung und Beruf, Partnerschaft, Peer-Zusammenhang und mediales Erleben eine wichtige Rolle für Ein- und Ausstiegsprozesse.

U.B./E.J.

Verzeichnis der besprochenen Bücher

Diner, Dan, Gegenläufige Gedächtnisse – 445
Ditfurth, Jutta, Ulrike Meinhof – 253
Droste, Bernadette, Handbuch des Verfassungsschutzrechts – 320

Eber, Irene, Ich bin allein und bang – 445
Egle, Christoph/Reimut Zohlnhöfer (Hrsg.), Ende des rot-grünen Projektes – 445
Eichner, Klaus/Gotthold Schramm (Hrsg.) Angriff und Abwehr – 393
Ekardt, Felix, Wird die Demokratie ungerecht? – 446
El-Nawab, Susanne, Skinheads – Gothiks – Rockabillies – 446
Eppelmann, Rainer, Gottes doppelte Spur – 446

Fendt, Juliane, Jugendlicher Extremismus – 431
Fest, Joachim, Nach dem Scheitern der Utopien – 394
Fließgarten, Anja, Divided we stand – 446
Focke, Sandra, „Politik-Marketing" – 446
Forum für kritische Rechtsextremismusforschung/Herbert-und-Greta-Wehner-Stiftung (Hrsg.), Diffusionen – 446
Freitag, Markus/Uwe Wagschal (Hrsg.), Direkte Demokratie – 324
Frey, Gerhard, Das letzte Geheimnis – 446
Friedenthal-Haase, Martha (Hrsg.), Evangelische Akademien in der DDR – 395
Friedländer, Saul, Das Dritte Reich und die Juden – 396
Friedländer, Saul, Den Holocaust beschreiben – 396
Friedrich, Jörg, Yalu – 327
Froh, Klaus/Rüdiger Wenzke, Die Generale und Admirale der NVA – 397
Frölich, Margrit/Benno Hafeneger/Christa Kaletsch/Holger Oppenhäuser (Hrsg.), Zivilgesellschaftliche Strategien gegen die extreme Rechte in Hessen – 398

Gangl, Manfred/Gérard Raulet (Hrsg.), Intellektuellendiskurse in der Weimarer Republik – 274
Garstecki, Joachim (Hrsg.), Die Ökumene und der Widerstand gegen Diktaturen – 395
Gehrke, Bernd/Gerd-Rainer Horn (Hrsg.), 1968 und die Arbeiter – 446
Gensicke, Klaus, Der Mufti von Jerusalem und die Nationalsozialisten – 400
Gerwarth, Robert, Der Bismarck-Mythos – 446
Geulen, Christian, Geschichte des Rassismus – 446
Gieseke, Jens (Hrsg.), Staatssicherheit und Gesellschaft – 401
Gilcher-Holtey, Ingrid, Eingreifendes Denken – 274
Glaab, Sonja (Hrsg.), Medien und Terrorismus – 253
Glaser, Stefan/Thomas Pfeiffer (Hrsg.), Erlebniswelt Rechtsextremismus – 418
Görl, Tilo, Klassengebundene Cleavage-Strukturen in Ost- und Westdeutschland – 434
Grasselt, Nico/Karl-Rudolf Korte, Führung in Politik und Wirtschaft – 447
Greser, Achim/Heribert Lenz, Wir sind eine Welt – 447
Griffin, Roger, Modernism and Fascism – 447
Grzymała-Busse, Anna, Rebuilding Leviathan – 447

Haegel, Florence (Hrsg.), Partis politiques et système partisan en France – 447
Hansen, Henning, Die Sozialistische Reichspartei – 447
Hardtwig, Wolfgang (Hrsg.), Intellektuelle – 274
Harfst, Philipp, Wahlsystemwandel in Mittelosteuropa – 402
Harich, Anne, „Wenn ich das gewußt hätte…" – 447
Hartl, Peter, Belogen, betrogen und umerzogen – 447
Hatzfeld, Helène/Julian Mischi/Henri Rey (Hrsg.), Dictionnaire de la gauche – 447
Haumann, Heiko (Hrsg.), Die Russische Revolution 1917 – 403
Heinen, Armin, Rumänien, der Holocaust und die Logik der Gewalt – 447
Heni, Clemens, Salonfähigkeit der Neuen Rechten – 390
Herzog, Roman, Jahre der Politik – 404
Hilbrenner, Anke, Diaspora-Nationalismus – 447

Verzeichnis der besprochenen Bücher

Verzeichnis der besprochenen Bücher

Mitteilungen und Hinweise

Gedenkstätte Berlin-Hohenschönhausen

Die Gedenkstätte Berlin-Hohenschönhausen befindet sich an einem Ort, der wie kaum ein anderer in Deutschland mit der 44jährigen Geschichte politischer Verfolgung in der Sowjetischen Besatzungszone (SBZ) und der DDR verknüpft ist. Hier wurde nach dem Ende des Zweiten Weltkriegs ein sowjetisches Internierungslager eingerichtet, danach das zentrale sowjetische Untersuchungsgefängnis für Ostdeutschland. Anfang der fünfziger Jahre übernahm das Ministerium für Staatssicherheit (MfS) das Gefängnis und nutzte es bis 1990 als zentrale Untersuchungshaftanstalt. Tausende politisch Verfolgte waren an diesem Ort inhaftiert, darunter fast alle bekannten DDR-Oppositionellen.

Während die Häftlinge bis Mitte der 1950er Jahre oft mit brutaler Gewalt zu Geständnissen gezwungen wurden, kamen später vor allem psychologische Methoden zum Einsatz. Über den Ort ihrer Haft ließ man die Gefangenen bewußt im Unklaren. Systematisch bekamen sie das Gefühl vermittelt, einem allmächtigen Staat ausgeliefert zu sein. Von der Außenwelt hermetisch abgeschnitten und von den Mitgefangenen meist streng isoliert, wurden sie durch gut ausgebildete Vernehmer monatelang verhört. Erst die friedliche Revolution im Herbst 1989, die das Ende der SED-Diktatur einleitete, führte zur Auflösung des Staatssicherheitsdienstes und seiner Gefängnisse. Nach dem Beitritt der DDR zur Bundesrepublik wurde das Gefängnis in Berlin-Hohenschönhausen im Oktober 1990 geschlossen. Ehemalige Häftlinge setzten sich dafür ein, an diesem Ort eine Gedenkstätte zu schaffen. Die weitläufige Haftanstalt wurde 1992 unter Denkmalschutz gestellt und zwei Jahre später zur Gedenkstätte erklärt. Seit Juli 2000 ist sie eine selbständige Stiftung öffentlichen Rechts.

Die Gedenkstätte hat die gesetzliche Aufgabe, „die Geschichte der Haftanstalt Hohenschönhausen in den Jahren 1945 bis 1989 zu erforschen, über Ausstellungen, Veranstaltungen und Publikationen zu informieren und zur Auseinandersetzung mit den Formen und Folgen politischer Verfolgung und Unterdrückung in der kommunistischen Diktatur anzuregen". In der Regel werden die Besucher von ehemaligen Häftlingen durch das Gefängnis geführt und über Haftbedingungen und Verhörmethoden des DDR-Staatssicherheitsdienstes informiert. 2006 kamen über 170.000 Menschen, davon mehr als die Hälfte Schüler.

Führungen für Einzelpersonen ohne Voranmeldung: Montag bis Freitag 11.00 Uhr und 13.00 Uhr, Dienstag bis Donnerstag zusätzlich um 15.00 Uhr, Samstag und Sonntag stündlich zwischen 10.00 Uhr und 16.00 Uhr, Eintritt: 3,00 Euro, ermäßigt 1,50 Euro, Schüler frei, montags Eintritt frei. Führungen für Gruppen: täglich zwischen 9 und 16 Uhr. Ab einer Gruppenstärke von acht Personen wird um Anmeldung etwa vier bis fünf Wochen vor dem gewünschten Termin gebeten. Bei Schülergruppen mit mehr als 20 Personen sollten, wenn möglich, mindestens zwei Begleitpersonen dabei sein.

Kontakt: Gedenkstätte Berlin-Hohenschönhausen, Besucherdienst, Genslerstraße 66, 13055 Berlin, Telefon: (030) 98 60 82 30, Fax: (030) 98 60 82 34, E-Mail: info@stiftung-hsh.de, Homepage: www.stiftung-hsh.de.

Jahrbuch Terrorismus

In der vergangenen Dekade ist die sicherheitspolitische Bedeutung des Phänomens „Terrorismus“ signifikant gestiegen. Vor diesem Hintergrund hat es sich das Institut für Sicherheitspolitik an der Universität Kiel (ISUK) zur Aufgabe gemacht, die Entwicklungen im Bereich terroristischer Konflikte und Terrorismusbekämpfung in Form einer Jahrbuchreihe zu dokumentieren und zu analysieren. Hierfür gliedert sich das Konzept des Jahrbuchs in zwei zentrale Bereiche auf:

Der erste Teil besteht aus einer rein quantitativen Datensammlung. In dieser werden u.a. Urheber, Häufigkeit, Mittel, Ort und Auswirkungen von terroristischen Anschlägen weltweit in Form von Tabellen und Graphiken festgehalten. Die Datensammlung soll ermöglichen, einen Überblick über Anschläge zu gewinnen und auf Grundlage der Fakten eine möglichst objektive (länderspezifische und globale) Einschätzung des terroristischen Bedrohungspotentials zu treffen. Aufgrund des langfristig angelegten Beobachtungszeitraums soll die Datensammlung zudem dabei helfen, Trends zu identifizieren und neue Konfliktherde frühzeitig wahrzunehmen. Ein Beispiel hierfür ist Thailand, dessen interne Destabilisierung sich anhand steigender Zahlen terroristischer Anschläge bereits in den Jahren 2006 und 2007 abzuzeichnen begann. Indem in der Datensammlung auch die Mittel festgehalten werden, mit denen terroristische Anschläge durchgeführt wurden, können darüber hinaus auch Taktikwechsel und die Einführung innovativer Techniken erkannt werden. Dies ist insbesondere deshalb von Bedeutung, weil sich terroristische Organisationen in ihrer Vorgehensweise häufig durch einen hohen Grad an Anpassungs-, Wandlungs- und Lernfähigkeit auszeichnen. Derartige Veränderungen und Neuerungen frühzeitig zu erkennen, ist daher eine Grundvoraussetzung für eine effektive Terrorismusbekämpfung, insbesondere im Bereich der Prävention.

Den zweiten Teil des Jahrbuchkonzepts bildet eine Analyseeinheit, die sich nochmals in zwei Bereiche untergliedert. Im ersten Abschnitt werden terroristische Konflikte in „Brennpunktländern“ untersucht; der zweite Abschnitt widmet sich Maßnahmen und Mitteln der Terrorismusbekämpfung, die in unterschiedlichen Ländern oder von Seiten internationaler und regionaler Organisationen durchgeführt bzw. angewandt werden. Ein besonderer inhaltlicher Schwerpunkt der Analyseeinheit liegt hierbei auf Formen des islamistisch-fundamentalistischen Terrorismus’ und seiner Bekämpfung. Zudem wird Ländern, die in außerordentlichem Maße vom Terrorismus betroffen sind (so beispielsweise der Irak), besondere Aufmerksamkeit geschenkt. Die Analyse ähnlich gelagerter Konflikte (insbesondere ihrer Ursachen wie auch ihres Verlaufs) und durchgeführter Bekämpfungsmaßnahmen soll letztlich einen Vergleich ermöglichen, der dazu beitragen kann, das Verständnis des terroristischen Phänomens zu verbessern und Rückschlüsse auf erfolgreiche Strategien im Vorgehen gegen terroristische Gruppen ziehen zu können.

Am Projekt „Jahrbuch Terrorismus“ sind sowohl Nachwuchswissenschaftler als auch erfahrene Politikwissenschaftler und Terrorismusforscher beteiligt. Verantwortlich für die Datensammlung ist Robin Schroeder; die Leitung des Projekts (inklusive Redaktion des Jahrbuchs) haben Joachim Krause und Kristina Eichhorst.

Kontakt: Institut für Sicherheitspolitik an der Christian-Albrechts-Universität zu Kiel (ISUK), Postanschrift: Olshausenstraße 40, 24098 Kiel, Besucheradresse: Westring 400, 24118 Kiel, Telefon: (0431) 880-2697 oder -2179, Fax: (0431) 880-2483, E-Mail: info@isuk.org, Homepage: http://www.isuk.org.

Jahrbuch zur Liberalismus-Forschung

Das „Jahrbuch zur Liberalismus-Forschung“ versteht sich als ein interdisziplinäres Periodikum zu Fragen der wissenschaftlichen Aufarbeitung von Geschichte und Gegenwart des deutschen und internationalen Liberalismus. Es wird seit 1989 von der „Friedrich-Naumann-Stiftung für die Freiheit“ im Nomos-Verlag herausgegeben. Ungeachtet einer gewissen Nähe der herausgebenden Institution zum organisierten Liberalismus in der Bundesrepublik ist das „Jahrbuch“ von vornherein als ein Diskussions-Forum angelegt worden, das sowohl in wissenschaftlicher als auch weltanschaulicher Hinsicht Wert auf Pluralität legt. Wie es im Vorwort zum ersten Band heißt, steht das Jahrbuch „allen offen, die sich aus wissenschaftlicher Perspektive mit dem Themenkreis Liberalismus auseinandersetzten. [...] Liberalismuskritische Stimmen werden selbstverständlich nicht ausgeschlossen.“ Auch wenn sich in der Praxis entsprechend den Forschungsschwerpunkten hierzulande eine gewisse Konzentration auf die Geschichte des organisierten Liberalismus in Deutschland herausgebildet hat, so beschränken sich die Beiträge keineswegs darauf, sondern behandeln ebenso Aspekte aus der politischen Geschichte des Liberalismus in den Nachbarländern wie aus der Sozialgeschichte des europäischen Bürgertums; des weiteren werden die philosophisch-theoretischen Grundlagen liberalen Denkens und liberaler Programmatik thematisiert.

Einen Überblick über die inhaltliche Bandbreite können die Schwerpunkt-Themen in den letzten Jahrgängen geben: Liberalismus-Forschung und Biographie an deutschen und europäischen Beispielen (2003); „Risorgimento“ in Italien und Mitteleuropa (2004); Liberale und Widerstand gegen zwei Diktaturen in Deutschland (2005); Liberalismus und Kommune (2006); Eugen Richter und der deutsche und internationale Liberalismus seiner Zeit (2007); Sechs Jahrzehnte Freie Demokratische (Bundes-)Partei (2008).

Neben den Schwerpunktthemen bringt das „Jahrbuch“ weitere Einzelbeiträge. Allen bisherigen Bänden ist ein ausführlicher Rezensionsteil zur deutschen und internationalen Forschungsliteratur über den Liberalismus beigegeben. Als neuester Band liegt vor: Jahrbuch zur Liberalismus-Forschung (Bd. 20), herausgegeben im Auftrag der Friedrich-Naumann-Stiftung für die Freiheit von Birgit Bublies-Godau, Monika Faßbender, Hans-Georg Fleck, Jürgen Frölich, Hans-Heinrich Jansen und Carola Padtberg, Baden-Baden 2008 (Nomos), 406 S., 39,- € (ISBN 978-3-8329-3774-4).

Kontakt: Archiv des Liberalismus, Theodor-Heuss-Straße 26, 51645 Gummersbach, E-Mail: juergen.froelich@freiheit.org, Homepage: http://www.archiv.fnst.org

Personenverzeichnis

Autorenverzeichnis

Dr. Werner Abel, Wissenschaftlicher Mitarbeiter, TU Chemnitz, Politikwissenschaft, 09107 Chemnitz.

Dr. Uwe Backes, apl. Prof., Hannah-Arendt-Institut für Totalitarismusforschung an der TU Dresden, 01062 Dresden.

Melani Barlai, B.A., Hajnóczy u. 27/b, 7633 Pécs, Ungarn.

Jochen Blind, M.A., Doktorand, Brunnenstraße 41, 10115 Berlin.

Norman Bock, M.A., Doktorand, Döbritscher Straße 11, 99441 Großschwabhausen.

Marc Brandstetter, M.A., Doktorand, Ulmenlied 21, 21033 Hamburg.

Dr. Wilfried von Bredow, Prof., Universität Marburg, Politikwissenschaft, Wilhelm-Röpke-Straße 6, Block G, 35032 Marburg.

Jean-Yves Camus, Institut de Relations Internationales et Stratégiques, 2 bis, rue Mercoeur, 75011 Paris, Frankreich.

Dr. Christopher Daase, Prof., Ludwig-Maximilians-Universität München, Politische Wissenschaft, Oettingenstraße 67, 80538 München.

Dr. Frank Decker, Prof., Universität Bonn, Politikwissenschaft, Lennéstraße 27, 53113 Bonn.

Heinz Eggert, Staatsminister a.D., MdL, CDU-Fraktion, Jonsdorfer Straße 2, 02797 Oybin.

Dr. Birgit Enzmann, PD, Akad. Oberrätin, Katholische Universität Eichstätt-Ingolstadt, Politikwissenschaft, Universitätsallee 1, 85071 Eichstätt.

Dr. Jürgen W. Falter, Prof., Universität Mainz, Politikwissenschaft, Saarstraße 21, 55099 Mainz.

Dr. Hans Fenske, Prof. i.R., Universität Freiburg, Geschichtswissenschaft, 79085 Freiburg.

Dr. Iring Fetscher, Prof. em., Universität Frankfurt a.M., Politikwissenschaft, Ganghofer Straße 20, 60320 Frankfurt a.M.

Dr. Karl Wilhelm Fricke, Publizist, Dransdorferstraße 32, 50968 Köln.

Dr. Peter Frisch, Präsident des Bundesamtes für Verfassungsschutz a.D., Am Römerlager 13, 53117 Bonn.

Dr. Lothar Fritze, Prof., Wissenschaftlicher Mitarbeiter, Hannah-Arendt-Institut für Totalitarismusforschung an der TU Dresden, 01062 Dresden.

Dr. Manfred Funke, Prof. i.R., Im Ahlefeld 10, 53819 Neunkirchen-Seelscheid.

Dr. Alexander Gallus, Juniorprofessor, Universität Rostock, Geschichtswissenschaft, August-Bebel-Straße 28, 18051 Rostock.

Dr. Christian Hacke, Prof. i.R., Universität Bonn, Politikwissenschaft, Lennéstraße 27, 53113 Bonn

Dr. Florian Hartleb, Wissenschaftlicher Mitarbeiter, TU Chemnitz, Politikwissenschaft, 09107 Chemnitz.

Dr. Ludger Helms, Prof., Universität Innsbruck, Politikwissenschaft, Universitätsstraße 15, 6020 Innsbruck, Österreich.

Stefan Hilsberg, MdB, Deutscher Bundestag, SPD-Fraktion, Bundeshaus, Platz der Republik 1, 11011 Berlin.

Dr. Alexander Höllwerth, Instytut Filologii German'skiej, Collegium Novum, al. Niepodleglos'ci 4, 61-874 Posen, Polen.

Dr. Hannelore Horn, Prof. i.R., Freie Universität Berlin, Otto-Suhr-Institut, 14195 Berlin.

Dr. Hans-Gerd Jaschke, Prof., FHVR Berlin, Fachbereich 3 Polizeivollzugsdienst, Alt-Friedrichsfelde 60, 10315 Berlin.

Dr. Tytus Jaskułowski, Osteuropa-Zentrum Berlin, Ruschestr. 103, Haus 1, 10365 Berlin.

Dr. Eckhard Jesse, Prof., TU Chemnitz, Politikwissenschaft, 09107 Chemnitz.

Dr. Susanne Kailitz, Publizistin, Helmholtzstraße 4, 01069 Dresden.

Johannes Kimmel, Lodenstraße 13, 97209 Veitshöchheim.

Dr. Marianne Kneuer, PD, Gastprofessorin für Vergleichende Regierungslehre, Universität Erfurt, Politikwissenschaft, Nordhäuser Straße 63, 99089 Erfurt.

Dr. Ilko-Sascha Kowalczuk, Bundesbeauftragte für die Unterlagen des Staatssicherheitsdienstes der ehemaligen DDR – Fachbereichsleiter, Abt. Bildung und Forschung, Otto-Braun-Straße 70-72, 10178 Berlin.

Dr. Wolfgang Kraushaar, Hamburger Institut für Sozialforschung, Mittelweg 36, 20148 Hamburg.

Michael Lewandowsky, M.A., Erasmus coordinator for the Institute of Political Science and Sociology (Incomings), Lennéstraße 27, 53113 Bonn.

Autorenverzeichnis

Sebastian Liebold, M.A., Doktorand, Lindenaustraße 24, 09126 Chemnitz.
Mikhail Logvinov, M.A., Doktorand, Vettersstraße 54/617, 09126 Chemnitz.
Heinrich Lüchtenborg, Pastor, Niederländisch-Reformierte Gemeinde, Katernberger Straße 61/63, 42115 Wuppertal.
Dr. Miroslav Mareš, PD, Masaryk Universität, Politikwissenschaft, Joštova 10, 60200 Brünn, Tschechien.
Dr. Peter März, Direktor der Bayerischen Landeszentrale für politische Bildung, Brienner Straße 41, 80333 München.
Dr. Tilman Mayer, Prof., Universität Bonn, Politikwissenschaft, Lennéstraße 27, 53113 Bonn.
Marco Metzler, M.A., Doktorand, Goethestraße 18, 09569 Oederan.
Dr. Lazaros Miliopoulos, Wissenschaftlicher Mitarbeiter, Universität Bonn, Politikwissenschaft, Lennéstraße 27, 53113 Bonn.
Dr. Hans-Otto Mühleisen, Prof. i.R., Universität Augsburg, Politikwissenschaft, Universitätsstraße 10, 86159 Augsburg.
Dr. Werner Müller, Prof., Universität Rostock, Geschichtswissenschaft, August-Bebel-Straße 28, 18051 Rostock.
Dr. Helmut Müller-Enbergs, Wissenschaftlicher Mitarbeiter, Bundesbeauftragte für die Unterlagen des Staatssicherheitsdienstes der DDR, Abt. Bildung und Forschung, Otto-Braun-Straße 70-72, 10178 Berlin.
Dr. Viola Neu, Koordinatorin Wahl- und Parteienforschung, Konrad-Adenauer-Stiftung, Klingelhöferstraße 23, 10785 Berlin.
Dr. Lukáš Novotný, Wissenschaftlicher Mitarbeiter, Karls-Universität Prag, Padovska 58512, 10900 Prag 10 – Horní Měcholupy.
Tina Olteanu, M.A., Universität Wien, Dr.-Karl-Lueger-Ring 1, A-1010 Wien, Österreich.
Dr. Armin Pfahl-Traughber, Prof., Fachhochschule des Bundes, Außenstelle BMI-Schule 1, Gabrielweg 4, 53913 Swisttal.
Dr. Sandra Pingel-Schliemann, Publizistin, Münzstraße 6, 19055 Schwerin.
Dr. Tânia Puschnerat, PD für Neuere und Neueste Geschichte an der Ruhr-Universität Bochum, Pressesprecherin des Bundesamtes für Verfassungsschutz, Merianstraße 100, 50765 Köln.
Florian Ranft, Dipl.-Pol., Boddinstraße 28, 12053 Berlin.
Dr. Jens Reich, Prof., Max Delbrück Center, Postfach 740 238 10, 13092 Berlin.
Dr. Mike Schmeitzner, Hannah-Arendt-Institut für Totalitarismusforschung an der TU Dresden, Helmholtzstraße 6, 01062 Dresden.
Dr. Klaus Schroeder, Prof., Freie Universität Berlin, Forschungsverbund SED-Staat, Koserstraße 21, 14195 Berlin.
Thomas Schubert, M.A., Wissenschaftlicher Mitarbeiter, TU Chemnitz, Politikwissenschaft, 09107 Chemnitz.
Dr. Brigitte Seebacher, Publizistin und Lehrbeauftragte, Himburg 9, 56459 Rothenbach.
Dorit Seichter, Freiligrathstr. 33a, 08058 Zwickau.
Gilbert Siebertz, Islamwissenschaftler, Bundesamt für Verfassungsschutz, Merianstraße 100, 50765 Köln.
Dr. Alfons Söllner, Prof., TU Chemnitz, Politikwissenschaft, 09107 Chemnitz.
Tim Spier, M.A., Dipl.-Jur., Universität Düsseldorf, Politikwissenschaft, Universitätsstraße 1, 40225 Düsseldorf.
Henrik Steglich, Dr., Adolfsallee 24, 65185 Wiesbaden.
Dr. Martin Thein, TU Dresden, Politikwissenschaft, 01062 Dresden.
Dr. Tom Thieme, Wissenschaftlicher Mitarbeiter, TU Chemnitz, Politikwissenschaft, 09107 Chemnitz.
Dr. Hendrik Thoß, Wissenschaftlicher Mitarbeiter, TU Chemnitz, Geschichtswissenschaft, Reichenhainer Str. 39, 09126 Chemnitz.
Dr. Johannes Urban, Lehrbeauftragter an der TU Chemnitz, Friedrich-Junge-Straße 25, 10245 Berlin.
Dr. Evelyn Völkel, Hauptstraße 491, 53639 Königswinter.
Matthias Weber, Dipl.-Pol., Bundesamt für Verfassungsschutz, Merianstraße 100, 50765 Köln.
Dr. Bernd-Jürgen Wendt, Prof. em., Beim-Andreas-Brunnen 8, 20249 Hamburg.
Dr. Gerhard Wettig, Vor Selms 92, 54472 Kommen.
Dr. Jürgen R. Winkler, Universität Mainz, Politikwissenschaft, Saarstraße 21, 55099 Mainz.

Inhalt Band 16/2004

Inhalt Band 17/2005

Inhalt Band 18/2006

Inhalt Band 19/2007